Dicionário de Análise do Discurso

Patrick Charaudeau
Dominique Maingueneau

Dicionário de Análise do Discurso

Coordenação da tradução
Fabiana Komesu

Copyright © 2004 dos Autores

Dictionnaire D'Analyse du Discours
Authorised translation from French language edition
published by Éditions du Seuil

Direitos de publicação no Brasil adquiridos pela
Editora Contexto (Editora Pinsky Ltda.)

Projeto gráfico
Denis Fracalossi

Diagramação
Danilo Nikolaïdis
Gisele Gonçalves

Revisão
Luciana Salgado/Texto & Arte Serviços Editoriais

Capa
Antonio Kehl

Dados Internacionais de Catalogação na Publicação (CIP)
(Câmara Brasileira do Livro, SP, Brasil)

Charaudeau, Patrick
Dicionário de análise do discurso / Patrick Charaudeau,
Dominique Maingueneau; coordenação da tradução Fabiana
Komesu. – 3. ed., 4ª reimpressão. – São Paulo : Contexto, 2024.

Título original: Dictionnaire d'analyse du discours
Bibliografia.
ISBN 978-85-7244-262-6

1. Análise do discurso – Dicionários 2. Linguística – Dicionários
I. Maingueneau, Dominique. II. Título.

04-2777   CDD-401.41

Índices para catálogo sistemático:
1. Análise do discurso : Dicionários : Linguística   401.41
2. Dicionários : Análise do discurso : Linguística   401.41

2024

Editora Contexto
Diretor editorial: *Jaime Pinsky*

Rua Dr. José Elias, 520 – Alto da Lapa
05083-030 – São Paulo – SP
PABX: (11) 3832 5838
contato@editoracontexto.com.br
www.editoracontexto.com.br

Proibida a reprodução total ou parcial.
Os infratores serão processados na forma da lei.

Relação dos verbetes

A
Aberto/fechado (discurso –)
Ação
Ação linguageira
Ações /eventos (em narratologia)
Acontecimento discursivo
Acontecimento linguístico
Actante
Alocutário
Alocutivo (ato –)
Alteridade (princípio de –)
Ambiguidade
Anáfora
Análise automática do discurso
Análise conversacional
Análise de conteúdo
Análise do discurso
Analítica (abordagem –)
Analogia
Antífrase
Antítese
Apelativo
Apreciação
Argumentação
Argumento
Arqueológica (análise –)
Arquitexto
Arquitextualidade
Arquivo
Aspas
Asserção

Assinatura
Atenuador
Ato de fala
Ato de linguagem
Ato de linguagem indireto
Ato diretor
Ato subordinado
Ator
Atualização
Auditório
Autodesignação
Automática (análise –)
Autonímia
Autor
Autoridade
Avaliação

C
Cadeia de referência
Campo
Campo discursivo
Canal (de transmissão)
Canônico (gênero –)
Captação
Catáfora
Cena de enunciação
Cenário
Cenografia
Circunstâncias de comunicação
Clichê
Código linguageiro

Coenunciador
Coerência
Coesão
Colinguismo
Colocação
Competência discursiva
Complementar / simétrica (relação –)
Composição
Comunicação
Comunicacional (nível –)
Comunidade de fala
Comunidade discursiva
Comunidade translinguageira
Conativa (função –)
Concessão
Conclusão
Concordância
Condições de produção
Conectividade
Conector
Conector argumentativo
Configuração
Configuração / arquivo
Confirmativa (troca –)
Conhecimento / crença (saber de –)
Conotação
Constituinte (discurso –)
Conteúdo / relação
Contexto
Contra-argumentação
Contradição
Contrato de comunicação
Conversação
Coocorrência
Coocorrência (em lexicometria)
Cooperação
Corpus (pl. *corpora*)
Correferência
Cotexto

Credibilidade (estratégia de –)
Cristalização

D
Debreagem / embreagem
Dedução
Definição
Dêitico
Dêixis
Deliberação
Delocutivo (ato –)
Demonstração
Denominação / designação
Denotação
Desambiguização
Descrição
Descristalização
Desculpa (pedido de –)
Designação
Destinatário
Diafonia
Dialética
Dialogal / dialógico
Dialógico / monológico
Dialogismo
Diálogo
Didaticidade
Didático (discurso –)
Diegese
Diglossia
Dilema
Discursivo (nível –)
Discurso
Discurso / história (Benveniste)
Discurso citado
Disposição
Doxa
Dupla coerção

E
Efeito de sentido
Efeito pretendido / efeito produzido
Elaboração da intriga
Elipse
Elocutivo (ato –)
Embreado (plano –) / não embreado
Embreador
Embreagem
Emissor
Emoção
Endófora / exófora
Ênfase
Enquadramento
Entimema
Enunciação
Enunciado
Enunciador
Epitexto
Erística
Escola Francesa de Análise do Discurso
Escrito / oral
Espaço discursivo
Especialidade (discurso de – / língua de –)
Especificidades
Esquema
Esquematização
Estereótipo
Estilística
Estratégia de discurso
Ethos
Etimologia social
Etnografia da comunicação
Etnometodologia
Eufemismo
Evento de comunicação
Exófora

Exolíngue (comunicação –)
Explicação
Explicação e transmissão de conhecimentos
Explicitação / implicitação
Explícito
Exposição discursiva
Expressiva (função –)

F
Face
Fática (função –)
Fechado / aberto (discurso –)
Fiador
Figura
Figuração
Finalidade
Focalização
Footing
Formação discursiva
Formação linguageira
Formato
Formato participativo
Fórmula
Frase / enunciado
Fraseologia
Funções da linguagem
Funções da linguagem (no trabalho)

G
Generalização
Gênero de discurso
Gênero e história
Gênero retórico
Gestualidade
Gíria
Gramática de texto

H

Heterogeneidade mostrada / constitutiva
Hipérbole
Hipertextualidade
Hipotexto
História
História / discurso
História / discurso (Benveniste)

I

Identidade
Ideologia
Ilocucionário ou ilocutório (ato −)
Imagem
Implicação
Implicatura
Implicitação
Implícito
Incorporação
Indicialidade
Individuação
Indução
Inferência
Influência (princípio de −)
Informação
Insegurança discursiva
Instância de enunciação
Instauração discursiva
Instituição discursiva
Integradora (abordagem −)
Interação
Intercultural
Interdiscursividade
Interdiscurso
Interlíngua
Interlocutor
Intertexto

Intertextualidade
Intervenção
Intradiscurso
Intralocutor
Intrusão
Investimento genérico
Ironia
Isotopia
Itálico

L

Legitimação (estratégia de −)
Lei de passagem
Leis do discurso
Leitor
Leitor modelo
Letramento
Lexema / vocábulo
Lexia
Lexicalização
Léxico / vocabulário
Lexicometria
Língua de madeira
Linguística textual
Lítotes
Local de emprego
Locutivo (ato −)
Locutor
Locutor coletivo
Lógica / discurso
Lógica clássica
Lugar comum
Lugares (relação de −)

M

Macroato de linguagem
Mal-entendido
Marcador conversacional

Materialidade discursiva
Matriz discursiva
Máxima conversacional
Memória discursiva
Metacomunicação / metadiscurso
Metáfora
Metalinguística
Metatextualidade
Método harrisiano
Metonímia
Microuniverso
Midialogia
Mímica
Minimizador
Modalidade
Modalização
Modalização autonímica
Modelo (leitor – / ouvinte –)
Modo de organização do discurso
Modo discursivo
Módulo conversacional
Momento discursivo
Monologal / monológico
Monológico / dialógico
Monologismo
Monólogo

N
Narração
Narrador / narratário
Narrativa
Narrativa / discurso
Negociação
Neologia
Norma

O
Objeção
Objeto de discurso

Observação (situação de –)
Opinião
Oponente
Oral
Organizador
Orientação argumentativa
Ouvinte

P
Palavra
Papel
Par adjacente
Paradigma definicional / designacional
Paráfrase
Paralinguística
Paralogismo
Paratexto
Paratopia
Paraverbal
Parêntese
Paródia
Pastiche
Pathos
Performativo
Período
Peritexto
Perlocucionário ou perlocutório (ato –)
Persuasão
Petição de princípio
Pivô (termo –)
Plano de texto
Plurigrafia
Plurissemioticidade
Poética (função –)
Polêmica
Polidez

Polifonia
Poligrafia
Polílogo
Ponto de vista
Pontuação
Posicionamento
Pragmática
Prática discursiva
Prática linguageira
Praxema
Praxemática
Praxeograma
Pré-construído
Prescrito
Pressuposto / pressuposição
Processo discursivo
Progressão temática
Proponente
Propósito
Prosódia
Prova
Proxêmica

Q
Quadro participativo
Questão (em argumentação)

R
Receptor
Redator
Referência
Referencial (função –)
Reformulação
Reformulação argumentativa
Refutação
Regime discursivo
Registro
Regulação (princípio de –)
Regulador

Reinvestimento
Relação / conteúdo
Relação interpessoal
Relevância (princípio de –)
Rema
Reparação
Réplica
Representação social
Retórica
Retrato discursivo
Ritos genéticos
Ritual
Rotina

S
Script
Segmentação gráfica
Segmento repetido
Semiolinguístico (nível –)
Sequência
Sequência conversacional
Silogismo
Simétrica / complementar
Sincronização interacional
Sincronização intersemiótica
Sinédoque
Situação de comunicação
Situação de enunciação
Situacional (nível –)
Slogan
Sloganização
Sobredestinatário
Sofisma
Subentendido
Subjetividade
Subversão / captação
Sujeito comunicante
Sujeito destinatário
Sujeito do discurso

Sujeito enunciante
Sujeito falante
Sujeito interpretante
Superestruturas textuais
Superfície discursiva
Suporte de escrita

T
Taxema
Tema / rema
Terminologia
Termo
Território
Texto
Tipo de discurso
Tipologia dos discursos
Topologia discursiva
Tópos
Trabalho (discurso em situação de −)
Trajeto temático
Transfrástico
Transtextualidade
Tratamento (formas de −)
Trílogo
Troca
Tropo
Turno de fala

U
Universo de conhecimento
Universo de crença
Universo discursivo

V
Valor
Verossímil
Vocabulário / léxico
Vocábulo / lexema

Vocação enunciativa
Vulgarização

Prefácio

Este dicionário apresenta-se, antes de tudo, como um instrumento de trabalho para todos aqueles que, a cada dia mais numerosos, trabalham com as produções verbais de uma perspectiva da análise do discurso. Mas, ao publicá-lo, queremos igualmente assinalar a emergência de uma disciplina e marcar de alguma forma o território de um campo de pesquisas que é cada vez mais visível na paisagem das ciências humanas e sociais.

Após um período, nos anos 60-70, durante o qual a Linguística, sob o impulso do estruturalismo e do gerativismo, renovou os estudos filológicos e gramaticais com novas hipóteses sobre o funcionamento da linguagem e métodos novos de análise dos sistemas linguísticos, essa disciplina foi problematizada por múltiplas contribuições: a psicolinguística, a sociolinguística, a pragmática, a etnografia da comunicação, a etnometodologia, a psicossociologia da linguagem... Do mesmo modo, é plenamente justificado que se tenha mudado a denominação da disciplina, que, há algum tempo, pelo menos na França, tem passado a chamar-se "ciências da linguagem".

No interior das ciências da linguagem, a análise do discurso não nasceu de um ato fundador, mas como resultado da convergência progressiva de movimentos com pressupostos extremamente diferentes, surgidos nos anos 60 na Europa e nos Estados Unidos; eles se desenvolvem em torno do estudo de produções transfrásticas, orais ou escritas, cuja significação social se busca compreender. Uma grande parte dessas pesquisas foi desenvolvida em domínios empíricos, o que fez com que cada um elaborasse uma terminologia própria, ignorando aquilo que se fazia nos domínios vizinhos. A partir dos anos 80, e isso se vai acentuar consideravelmente nos anos 90, produziu-se uma descompartimentalização generalizada entre as diferentes correntes teóricas que tomaram o "discurso" como objeto. A publicação deste dicionário consagra esse fenômeno.

A França foi um dos maiores centros de desenvolvimento da análise do discurso. Nos anos 60, os trabalhos da "Escola francesa" e as reflexões de Michel Foucault em *A arqueologia do saber* produziram uma imagem muito forte das pesquisas francófonas, mas isso não aconteceu sem prejuízos, já que suas problemáticas também contribuíram para ocultar a grande diversidade de trabalhos realizados na

França sobre *corpora* e com desenvolvimentos muito diferentes. Hoje, a análise do discurso tornou-se internacional, mas a difusão cada vez mais vasta dos trabalhos, o contato cada vez mais forte entre correntes que antes se ignoravam não implicam uniformidade das problemáticas e das terminologias. A internacionalização vai principalmente no sentido da constituição de redes (os adeptos de tal ou tal forma de análise do discurso se repartem em um grande número de países).

Em matéria de pesquisa, não se pode raciocinar como se se tratasse de uniformizar pesos e medidas. O problema não é somente de terminologia. Ele diz respeito, também, aos pressupostos das pesquisas. As pesquisas em análise do discurso não se desenvolvem sobre o mesmo solo na Europa continental, e mais particularmente na França, e em outras regiões do mundo. Ao mesmo tempo, a análise do discurso se apoia em uma longa tradição de estudos de textos, na qual a retórica, a hermenêutica literária ou religiosa, a filologia deixaram traços profundos, e sobre uma história, muito mais curta, das ciências humanas e sociais, da psicanálise ou da filosofia. O desenvolvimento das pesquisas em análise do discurso tira grande proveito da confrontação de investigações que se baseiam em universos teóricos diversos.

Nossa intenção é, então, fazer deste dicionário a expressão de um campo de pesquisas apreendido em sua diversidade, e não apenas a expressão da doutrina de seus autores, como é o caso de outras obras. Mas não podemos, de maneira nenhuma, satisfazer a todos, oferecer uma paisagem conceitual caótica. Por isso, nos esforçamos em definir um caminho que nos pareceu realista. Tomamos em consideração diferentes domínios existentes no campo dos estudos do discurso e recorremos a especialistas, constituídos em equipe, que os estudam. É evidente que certos termos são próprios de um ou outro domínio ("minimizador"; "intrusão"...) e que outros são comuns a vários domínios, mas com sentidos diferentes ("arquivo"; "captação"...) e que outros, enfim, podem ser considerados como "transversais" ("discurso"; "enunciado"; "gênero"...). Também para evitar uma dispersão muito grande ou redundâncias, foi necessário fazer uma divisão equilibrada, focalizando os termos "transversais" e, em alguns momentos, inserir, em um mesmo verbete, diferentes definições. Além disso, para aqueles – raros – verbetes que nem os responsáveis pelo dicionário nem as equipes associadas ao projeto puderam ou quiseram tratar, recorremos a pesquisadores de disciplinas vizinhas.

Quais foram nossas opções no que diz respeito à nomenclatura e ao tratamento das definições? Para definir uma *nomenclatura* que seja útil àqueles que desenvolvem pesquisas em análise do discurso e àqueles que leem as publicações dessa área, pedimos às diferentes equipes que nos indicassem os termos que lhes pareciam deverem ser objeto de um verbete. Por outro lado, como os dois responsáveis pelo dicionário trabalham a partir de pressupostos e com objetos muito diferentes, o estabelecimento da nomenclatura e as múltiplas decisões necessárias foram objeto de uma negociação. Desse modo, evitamos toda definição *a priori*, de maneira a propor uma obra que não seja monolítica e que reflita toda a diversidade de um campo de pesquisa.

O estabelecimento de tal nomenclatura coloca problemas consideráveis, sem dúvida mais delicados quando se trata de resolvê-los em outra instância. A análise do discurso é, com efeito, pluridisciplinar, já que, de um lado, o discurso integra dimensões sociológicas, psicológicas, antropológicas... e, de outro lado, está no coração dessas mesmas disciplinas... Aliás, isso coloca problemas de relações complexos com essas outras disciplinas que trabalham sobre o discurso. A questão das fronteiras – ou de sua ausência – é fonte de discussões permanentes: retórica ou teoria da argumentação, sociolinguística, linguística textual, análise das conversações, estilística... Se pretendêssemos introduzir neste dicionário a totalidade dos termos que um leitor pode encontrar em um artigo ou em um livro que trate do discurso, seria necessário mobilizar a quase totalidade do campo das ciências humanas e sociais. Foi necessário, então, fazer escolhas, que foram guiadas por duas preocupações: de um lado, privilegiar os termos que os dicionários ou as enciclopédias já existentes ignoram ou marginalizam; de outro, incluir os termos indispensáveis para as pesquisas em análise do discurso. Também se encontram neste livro *dois* subconjuntos de termos: o primeiro – de longe o mais importante – constituído por termos surgidos nessas duas últimas décadas nos trabalhos sobre o discurso ("turno de fala"; "formação discursiva"; "ação linguageira"; "intradiscurso" etc.); o outro, constituído por termos que aparecem nas problemáticas ou disciplinas vizinhas ("anáfora"; "reformulação"; "tropo"; "argumento"...), mas tratados do ponto de vista da análise do discurso e não da maneira como são abordados em um dicionário da linguística, da retórica, da sociologia... Ademais, não consideramos verbetes relacionados aos tipos de *corpora* como a mídia, o discurso religioso ou escolar, nem aos gêneros de discurso como o panfleto político, a consulta médica, o jornal televisivo. Desse modo, face à impossibilidade de dar conta de uma nomenclatura que pretendesse cobrir a infinita diversidade das pesquisas empíricas, quisemos elaborar uma obra de um volume razoável que pudesse oferecer os vários pontos de vista teóricos e metodológicos.

Essas escolhas conferem uma característica importante a este dicionário: salvo exceções, ele registra a terminologia em uso nos trabalhos francófonos de análise do discurso, mesmo que um grande número desses termos sejam traduzidos ou adaptados de outras línguas, do inglês em particular, para aquilo que diz respeito à análise conversacional. Ocorre, com efeito, que os países francófonos – mas também, e cada vez mais, um certo número de países de línguas românicas, hispanófonos e lusófonos em particular – estão particularmente implicados nas pesquisas desenvolvidas em análise do discurso: basta observar a riqueza e a diversidade dos trabalhos que são feitos no espaço da Suíça românica. Parece-nos, em todo caso, que o público que se interessa pelas pesquisas inspiradas pela análise do discurso francófona tem todo o interesse em dispor de uma terminologia em francês.

Quanto ao *tratamento das definições*, tivemos que resolver um outro problema. É raro que no domínio do discurso as noções sejam unívocas. Em geral, há, para um mesmo termo, várias acepções, e é muito difícil deixá-las claras para os que não têm experiência nesse tipo de pesquisa. Como, então, fazer aparecerem várias definições sem cair em uma longa exposição das diferentes teorias nas quais elas se inscrevem, sem fazer do dicionário uma rede inextrincável? Uma outra solução seria proceder a uma simples recensão das acepções, mas se ela não fosse colocada em perspectiva, em nada esclareceria ao leitor. Por isso, optamos por uma exposição dos diferentes empregos dos termos referindo-nos aos diferentes autores que os definiram, sem, no entanto, deixar de colocar essas noções em perspectiva. Isso não impede que se encontrem certos artigos que privilegiem claramente a perspectiva teórica e outros que insistam, sobretudo, na recensão dos empregos.

Por outro lado, um sistema de *remissões* internas permite ao leitor circular melhor entre todas as definições. Essas remissões operam em dois níveis. *No interior dos artigos*, um asterisco colocado no final de um ou de outro termo indica que ele é objeto de um verbete no dicionário. Esse asterisco é regularmente colocado no primeiro termo quando se trata de um grupo de palavras. Assim, para "ato de linguagem", o asterisco é colocado sobre "ato*", conforme a ordem alfabética seguida pelo dicionário. Essa decisão tem inconvenientes, certamente, mas não mais do que se tivéssemos tomado a decisão contrária. Além disso, para não complicar a tipografia, esse asterisco não é repetido no interior do mesmo verbete, e é assinalado apenas na primeira ocorrência. O recurso ao asterisco não é, entretanto, sistemático: não se coloca o asterisco a cada ocorrência de termos como "discurso" ou "texto", por exemplo, que ocorrem constantemente. *No final de cada artigo*, em negrito, são indicados outros verbetes que permitem enriquecer a leitura. Não se trata de todos os verbetes suscetíveis de esclarecer o verbete em questão, mas somente de uma seleção de artigos realmente complementares.

Enfim, neste gênero de obra, a *bibliografia* é fonte de dificuldades. Nós desistimos de colocar ao final de cada artigo uma bibliografia de leituras sugeridas; elas estão inseridas no interior do texto, segundo as convenções atualmente dominantes. Essas referências desempenham dois papéis que se complementam: algumas assinalam uma publicação que apoia as propostas do redator do artigo; outras indicam a referência de uma citação. Uma bibliografia detalhada, no final do livro, reúne todas as indicações bibliográficas referidas no interior dos artigos.

Para concluir, gostaríamos de *agradecer* a todos aqueles que aceitaram colaborar nesta obra, submetendo-se a coerções às vezes pouco agradáveis. Recebemos sempre a melhor acolhida de sua parte e eles demonstraram uma enorme paciência. Cremos ver nisso o signo de que eles têm consciência de que esta empreitada vai além da simples produção de uma obra útil, que ela consagra a emergência de um novo campo de saber, o resultado de mais de quatro décadas de esforços por muito tempo deixados na obscuridade, para fazer prevalecer percursos que, frequentemente, os partidários das disciplinas mais antigas consideraram marginais ou supérfluos. Evidentemente, é muito mais difícil justificar a existência de pesquisas sobre o discurso do que sobre a linguagem, a literatura, a psique, a sociedade, a história... Mas as pesquisas em análise do discurso não são fruto de alguns espíritos originais, elas derivam de uma transformação profunda da relação que nossa sociedade estabelece com seus enunciados, presentes ou passados. Uma tal empreitada está ainda em seu início, mas, pela primeira vez na história, é a totalidade das produções verbais, em sua multiplicidade, que pode se transformar em objeto de estudo: das trocas mais cotidianas aos enunciados mais institucionais, passando pelas produções dos meios de comunicação de massa. Que o homem é um ser de linguagem, eis algo que não nos cansamos de repetir há muito tempo; que ele seja um homem de discurso, eis uma inflexão cuja dimensão ainda é impossível mensurar, mas que toca em algo de essencial.

Patrick CHARAUDEAU / Dominique MAINGUENEAU

(M. R. G.)

NOTA DOS TRADUTORES

É evidentemente desnecessário comentar os problemas que surgem no processo de tradução de uma obra qualquer. No caso em questão, o grande número de autores e de tradutores tenderia a produzir problemas mais numerosos. Algumas estratégias foram adotadas para evitar que isso ocorresse:

· as traduções são assinadas, assim como o foram os artigos; a medida permite preservar pelo menos algumas decisões de cada tradutor;

· fez-se o possível para que houvesse uniformidade total na tradução dos termos técnicos, especialmente das entradas;

· quando os exemplos originais eram suficientemente específicos ou claros, foram mantidos; eventualmente, foram traduzidos; em alguns casos, fizeram-se adaptações, que acabaram por ser pouquíssimas; nesses casos, os exemplos estão entre colchetes;

· utilizamos o *Dicionário eletrônico Houaiss da língua portuguesa* para decidir pela grafia de algumas palavras (ex.: coocorrência, correferência, espaçotemporal, preexistente, *tópos* e *topoi* etc.). No entanto, e separando-nos dele, mantivemos as grafias "ethos" / "pathos", mais correntes nas traduções e em outros textos técnicos. Também utilizamos o *Manual de redação e estilo de O Estado de S. Paulo* (Martins Filho, Eduardo Lopes. 3.ed. rev. e ampliada. São Paulo: O Estado de S. Paulo, 1997) para decidir sobre praticamente todos os afixos, caso em que, nos textos técnicos, a uniformidade não é um traço frequente;

· na bibliografia, as referências foram mantidas como no original; nos casos em que há tradução em língua portuguesa, as referências estão acrescentadas entre colchetes. Foram utilizados dois sistemas para a verificação: o *site* da Livraria Cultura (http://www.livrariacultura.com.br) e a base de dados das bibliotecas do Instituto de Estudos da Linguagem (IEL) e do Instituto de Filosofia e Ciências Humanas (IFCH) da Universidade Estadual de Campinas (Unicamp);

· em certas circunstâncias, apelamos para colegas cuja especialidade ou notório conhecimento os recomendavam – Rodolfo Ilari, José Luiz Fiorin, Luiz Antônio Marcuschi, Ingedore Grunfeld Villaça Koch. Para alguns casos, recorremos aos próprios organizadores da obra, Patrick Charaudeau e Dominique Maingueneau. Todos nos atenderam prontamente. Charaudeau e Maingueneau confrontaram a tradução das entradas e nos deram pelo menos meia dúzia de indicações essenciais.

nota dos tradutores

Sobre a relevância de traduzir a obra para o português, duas observações são mais do que suficientes: a) a situação de heterogeneidade do que se faz no Brasil sob o título de Análise do Discurso de certa forma replica o que ocorre em outros lugares, e, cremos, o que está dito no prefácio dos organizadores poderia ser quase literalmente repetido. Evidentemente, haverá quem estranhe a presença de certos verbetes e/ou o que se dirá no artigo correspondente (os tradutores não tiveram reação diferente...), mas haverá também quem comemore o que outros lamentam; b) obras que provocam debates são tão úteis, ou mais, do que as que fixam teorias e metodologias.

OS AUTORES

Patrick CHARAUDEAU (*P. C.*): *Professeur* na Universidade de Paris XIII.
Dominique MAINGUENEAU (*D. M.*): *Professeur* na Universidade de Paris XII.

Jean-Michel ADAM (*J.-M. A.*): *Professeur* na Universidade de Lausanne.
Simone BONNAFOUS (*S. B.*): *Professeur* na Universidade de Paris XII.
Josiane BOUTET (*J. B.*): *Professeur* no *Institut universitaire de formation des maîtres de Paris*.
Sonia BRANCA-ROSOFF (*S. B.-R.*): *Professeur* na Universidade de Paris III.
Catherine KERBRAT-ORECCHIONI (*C. K.-O.*): *Professeur* na Universidade de Lyon II.
Sophie MOIRAND (*S. M.*): *Professeur* na Universidade de Paris III.
Christian PLANTIN (*C. P.*): *Directeur de recherches* no CNRS.

Véronique TRAVERSO (*V. T.*): *Chargée de recherches* no CNRS.
Fabienne CUSIN-BERCHE (*F. C.-B.*): *Maître de conférences* na Universidade de Paris III.
Jean-Claude BEACCO (*J.-C. B.*): *Professeur* na Universidade de Paris III.
Gérard PETIT (*G. P.*): *Maître de conférences* na Universidade de Paris X.
Sylvie BRUXELLES (*S. Br.*): *Ingénieur d'études* no CNRS.
Jacques GUILHAUMOU (*J. G.*): *Directeur de recherches* no CNRS.
Maurice TOURNIER (*M. T.*): *Directeur de recherches émérite* no CNRS.
Béatrice FRAENKEL (*B. F.*): *Maître de conférences* na Universidade de Paris III.
Jacques COSNIER (*J. C.*): *Professeur honoraire* na Universidade de Lyon II.
Claude CHABROL (*C. C.*): *Professeur* na Universidade de Paris III.
Marc BONHOMME (*M. B.*): *Professeur* a Universidade de Berne.
Ruth AMOSSY (*R. A.*): *Professeur* na Universidade de Tel-Aviv.
André COLLINOT (*A. C.*): *Maître de conférences* na Universidade de Paris III.
Philippe LANE (*P. L.*): *Maître de conférences* na Universidade de Rouen.
Bernard GARDIN (*B. G.*): *Professeur* na Universidade de Rouen.
Pascal MARCHAND (*P. M.*): *Maître de conférences* na Universidade de Toulouse III.
Henning NØLKE (*H. N.*): *Professeur* na Universidade de Aarhus (Dinamarca).
Pierre FIALA (*P. F.*): *Maître de conférences* na Universidade de Paris XII.
Michèle GROSJEAN (*M. G.*): *Maître de conférences* na Universidade de Lyon II.
Annie BORZEIX (*A. B.*): *Directrice de recherches* no CNRS.

OS TRADUTORES

Tradução e Revisão Técnica:
Sírio Possenti (S. P.): Professor na Universidade Estadual de Campinas (Unicamp).
Maria do Rosário Gregolin (M. R. G.): Professora na Universidade Estadual Paulista (Unesp) de Araraquara (SP).
Dilson Ferreira da Cruz Júnior (D. F. C.): Doutorando em Semiótica e Linguística Geral na Universidade de São Paulo (USP).
Fabiana Cristina Komesu (F. C. K.): Doutoranda em Linguística na Unicamp.
Nílton Milanez (N. M.): Doutorando em Linguística e Língua Portuguesa na Unesp de Araraquara (SP).
Fábio César Montanheiro (F. C. M.): Doutorando em Linguística e Língua Portuguesa na Unesp de Araraquara (SP).

Tradução:
Pedro Luis Navarro Barbosa (P. L. N. B.): Professor na Universidade Estadual de Maringá (UEM).
Roberto Leiser Baronas (R. L. B.): Professor na Universidade do Estado do Mato Grosso (Unemat).
Roselene de Fatima Coito (R. F. C.): Professora na Universidade Estadual do Oeste do Paraná (Unioeste).
Sandoval Nonato Gomes-Santos (S. N. G.-S.): Professor na Escola de Aplicação da Universidade Federal do Pará (UFPA).
Vanice Maria Oliveira Sargentini (V. M. O. S.): Professora na Universidade Federal de São Carlos (UFSCar).
Maristela Cury Sarian (M. C. S.): Professora no Centro Universitário do Norte Paulista (Unorp).
Flávia Zanutto (F. Z.): Professora na Faculdade de Filosofia, Ciências e Letras de Jandaia do Sul (FaFiJan).

Revisão da bibliografia em língua portuguesa:
Gustavo Conde

Organização da tradução:
Roberto Leiser Baronas
Fabiana Cristina Komesu

Coordenação da tradução:
Fabiana Komesu

aberto/fechado (discurso –) – ver fechado/aberto (discurso –)

ação – Se a noção de **ação** é central na maior parte das ciências humanas, ela é aqui considerada de maneira diferente segundo as disciplinas.

Em certas perspectivas psicológicas, a *ação* é definida em termos de sua *finalidade* ("metas"), o que a inscreve em um quadro de intencionalidade e a estrutura em "plano de ação", e como fenômeno de *regulação*, que a inscreve em um quadro *intersubjetivo* a partir da existência de uma interatividade (ação-reação). Esse ponto de vista funda uma *teoria psicológica da ação*: "Falar, como já se afirmou, não consiste somente na colocação em funcionamento de um sistema linguístico, objeto da atenção dos linguistas, mas é, antes, uma forma de ação social..." (Bange, 1989: 27). Esse ponto de vista tem alguma afinidade com o princípio interacional dos conversacionalistas: "Um dos principais méritos de Grice é, talvez, o de ter chamado a atenção para essa verdade muito simples: o jogo de linguagem é jogado a dois. Isso significa que a comunicação verbal exige um ajuste permanente entre locutor e ouvinte [...]" (Caron, 1988: 124).

Na perspectiva pragmática, Austin e Searle sugeriram que "uma teoria da linguagem é uma parte de uma teoria da ação", e que ela se define em função de sua *finalidade*, representando um papel de *regulação* em um quadro *intersubjetivo*.

Na perspectiva da análise conversacional, a partir dos princípios da etnometodologia*, postula-se a existência de um quadro *intersubjetivo* (Garfinkel, 1967) no interior do qual se constrói o sentido em relação com as intenções e os interesses recíprocos dos parceiros da troca conversacional. Essa posição é criticada por Habermas, segundo o qual as abordagens etnometodológicas "se concentram de maneira tão exclusiva nos esforços exegéticos dos atores, que as ações se *reduzem* a atos de fala e as *interações sociais se reduzem* implicitamente a *conversações*" (1987b: 414). Como para a etnometodologia a finalidade da troca é a *intercompreensão*, procura-se descrever os fenômenos de *regulação* que a tornam possível, a saber: os processos de *ritualização* (Goffman, 1974).

Na perspectiva sociofilosófica de Habermas, uma teoria da linguagem deve se inscrever em uma teoria da ação, teoria que ele denomina "o agir comunicacional"

(1987a). Ela se caracteriza pelo fato de que toda ação é: *teleológica*, na medida em que os atores sociais põem em ação estratégias eficazes, racionais, a fim de chegar a um consenso; *regulada*, no sentido de que os movimentos acionais dependem de normas que são estabelecidas pelo grupo de que esses atores fazem parte; *intersubjetiva*, na medida em que os atores sociais colocam-se em cena, oferecendo ao outro uma certa imagem de si, para produzir um certo efeito sobre ele.

Na perspectiva de uma psicologia social da linguagem, a ação humana é considerada desde sempre como atividade social, porque é sempre orientada para uma significação socialmente relevante. Seus fundamentos são interacionais e intersubjetivos. Em suma, para essa perspectiva, uma teoria da comunicação linguageira (o agir comunicacional) é uma parte de uma teoria da interação simbólica, porque toda ação é "um comportamento significante, mutuamente orientado e socialmente integrado" (Weber, citado por Bronckart, 1996).

Para agir de maneira comunicacional, é necessário, então, que os parceiros, no início e durante o desenrolar da comunicação, possam definir aquilo que podem *fazer em conjunto* quanto às metas da interação e representá-las mutuamente de maneira cada vez mais concorde (Chabrol, 1994: 29). Os cognitivistas mostraram que as categorizações e as esquematizações relativamente partilhadas de situações e acontecimentos ("frames", segundo Van Dijk, 1977a) são necessárias como conhecimentos em parte comuns sobre o andamento e os resultados da ação coletiva que permitem planejar ou, ao menos, guiar e corrigir o seu desenvolvimento (Richard, 1990).

A ação comunicacional é estruturada por *objetivos* de ação socialmente significante sobre (influência) e com (coconstrução) o outro. Chabrol e Bromberg (1999: 298-300) caracterizam esses objetivos agrupando *os atos de fala* em cinco grandes categorias ou esferas: *fazer(-se) saber* (informar-se a fim de definir um modelo da realidade pública), *(co)avaliar* (gestão das normas e crenças majoritárias), *identificar-se* (coelaboração de identidades e de relações), *fazer(-se) fazer* (da incitação ao engajamento) e *regular* a comunicação (gestão das interlocuções em função da representação das normas e das metas ligadas à situação).

É possível articular os objetivos comunicacionais e as metas da interação quando se levam em conta *o que está em jogo* (motivações) para os atores sociais (Ghiglione e Trognon, 1993: 104). As *estratégias discursivas* acionadas pelos sujeitos comunicantes, tanto na produção quanto na interpretação, aparecem, assim, como comportamentos adaptadores, escolhidos entre outros no espaço de coerções impostas pelos quadros situacionais e pelas metas de ação, a fim de compor da melhor maneira o que pretendem. Essas estratégias determinam, também, as características constitutivas da identidade, social e pessoal, dos sujeitos do discurso ("*perfis interlocutórios*") que se podem definir justamente a partir dos atos de fala e de seus conteúdos semânticos. Aplicações importantes dessas investigações são desenvolvidas em didática para a aprendizagem dos conhecimentos (Beaudichon *et alii*, 1988 e Olry-Louis *et alii*, 1999) e na análise de debates televisivos ou de *talk-shows* (Charaudeau e Ghiglione, 1999).

No quadro de uma linguística do discurso, coloca-se um certo número de problemas derivados das diferentes maneiras de considerar e de tratar a ação. Pode-se considerar a ação como: (1) um encaixamento de fatos que formam uma "estrutura praxeológica" (Roulet, 1995: 131), cuja lógica leva a um certo resultado e cuja motivação se tenta descrever; (2) um objeto de representação que dá lugar à construção de uma narrativa, cujos actantes* se busca descrever, bem como os processos que os relacionam; (3) resultante do próprio ato de fala, momento de coincidência entre aquilo que se passa na ação e aquilo que se diz na linguagem e que faz com que a linguagem se torne ação (*ato performativo*); (4) um comportamento linguageiro que constrói um universo de influência entre os parceiros desse ato e que tende a modificar seus estados intelectivos e emocionais.

Charaudeau (1995c) propõe articular (1) a (4) opondo as noções de *ação* e de *meta* às noções de *linguagem* e *objetivo*. "A *ação* se funda sobre a perseguição da *meta* inscrita em um projeto que tem uma finalidade, para cuja realização deve ser seguida uma lógica de encaixamento sequencial linear dos fatos (plano de ação), caso em que a experiência diz que é a aplicação correta das regras de ordenamento das sequências que garante o sucesso. [...] A ação se realiza de maneira 'unidirecional', [...] em um espaço de 'irreversibilidade total" (1995c: 150). A linguagem, como ato de comunicação, obedece a uma outra finalidade. Ela "se realiza de maneira ao mesmo tempo simétrica e assimétrica, não depende da decisão de uma única instância, mas das duas em reciprocidade aberta, [...] e, então, se instaura em um espaço de 'reversibilidade aberta'" (1995b: 152). Assim, o ato de comunicação se define por meio de um *objetivo* que "constitui uma tensão em direção à 'resolução do problema' colocado pela existência do outro e [...] um projeto de influência" (1995c: 153).

ver ação/evento (**em narratologia**), **ação linguageira**

P. C. e C. C. (M. R. G.)

ação linguageira – No interior do quadro do "interacionismo sociodiscursivo" defendido por Bronckart, a **ação linguageira** constitui a unidade fundamental de análise. Ela recebe duas definições (Bronckart, 1996: 101) que correspondem a dois pontos de vista distintos: sociológico ("parte da atividade linguageira do grupo, delimitada pelo mecanismo geral das avaliações sociais e imputada a um organismo humano singular") e psicológico ("o conhecimento, disponível no organismo ativo, das diferentes facetas de sua própria responsabilidade na intervenção verbal"). Não é, portanto, uma entidade de ordem linguística: uma mesma ação linguageira pode corresponder a textos empíricos muito diversos. Quanto à **situação da ação linguageira**, ela designa os conjuntos de representações sociais, "as propriedades dos mundos formais (físico, social e subjetivo) que são susceptíveis de exercer uma influência sobre a produção textual" (1996: 93). É a situação linguageira interna, que foi interiorizada pelo agente, que influi realmente sobre a produção.

ver **contexto, discurso**

D. M. (M. R. G.)

ações/eventos (em narratologia) – A reflexão sobre o agir humano interessa tanto à psicologia do comportamento e à sociologia da ação quanto à ética (desde o livro III da *Ética a Nicômaco* de Aristóteles) e à filosofia analítica (dos atos* de linguagem à teoria da ação de Anscombre e Danto). Entretanto, como afirma Brémond: "As ações, 'em si mesmas' não nos são menos inacessíveis do que as coisas em si da antiga metafísica; [...] cabe a um certo tipo de discurso, denominado narrativa, organizá-las para torná-las inteligíveis" (1973: 128). Essa ideia foi mantida pelos teóricos recentes da narrativa* mais atentos à complexidade da própria noção de ação (Ricoeur e Tiffeneau, 1977; Ricoeur, 1983-1985; Gervais, 1990; Revaz, 1997).

Toda construção diegética* expõe dois tipos de fatos reais ou imaginários: os **eventos** e as **ações**. Se, nos dois casos, qualquer coisa e/ou qualquer um é modificado, transformado, a *ação* se caracteriza pela presença de um *agente* – ator humano ou antropomorfo – que provoca a transformação (ou tenta impedi-la), enquanto o *evento* ocorre como efeito de *causas*, sem a intervenção intencional de um agente.

Para circunscrever a intencionalidade das ações humanas, além das *metas* ou *finalidades*, consideradas em relação ao fim da ação, é necessário distinguir, quanto a seu início, os *motivos* e as *causas*. Quando se trata de *causa* e efeito, o antecedente, logicamente disjunto do consequente, pode ser descrito independentemente dele: se um furacão devasta uma região, pode-se identificar separadamente a tempestade e os estragos que resultaram de sua passagem. Ao contrário, existe sempre ligação entre a ação de um agente e aquilo que o leva a agir, a saber, seu *motivo*. Esse motivo (ou razão para agir) não pode ser pensado senão a partir da ação. A distinção entre causa e motivo não significa que, desde que um ator humano esteja presente, tudo é motivação pura: as fronteiras entre *causalidade* e *motivação* são muito fluidas.

Toda narrativa – e não apenas o gênero policial – pode ser definida como uma interrogação sobre as razões do agir, sobre os graus de intencionalidade (motivos, metas) e, portanto, sobre a responsabilidade dos sujeitos.

ver **narrativa**

J.-M. A. (M. R. G.)

acontecimento discursivo – Em um texto, datado significativamente de 1968, abrindo "o campo dos acontecimentos discursivos", Foucault assinala ser conveniente, a partir de então, "restituir ao enunciado sua singularidade de acontecimento", enunciado de arquivo que "não é mais simplesmente considerado a mobilização de uma estrutura linguística [...], uma vez que passa a ser tratado em sua irrupção histórica" (1994, I: 706). É com base na análise de um acontecimento de maio de 1968 (Charléty) que se iniciariam as análises de **acontecimentos discursivos** propostas conjuntamente por historiadores e por linguistas (Guilhaumou, Maldidier e Robin, 1994).

DA FORMULAÇÃO DA EXPERIÊNCIA
À INDIVIDUALIZAÇÃO DO ACONTECIMENTO

No interior da *análise de discurso – segundo uma perspectiva histórica –*, o acontecimento discursivo se define em relação à inscrição do *que é dito* em um momento determinado em *configurações* de enunciados*. Certamente, Benveniste já havia assinalado o valor de ato do enunciado performativo, o fato de que "ele é acontecimento porque cria o acontecimento" (1966: 273), abrindo, assim, a via do estudo do "acontecimento enunciativo" (Fenoglio, 1997). Entretanto, a perspectiva de Foucault é mais ampla: o filósofo considera que um enunciado é sempre um acontecimento, na medida em que sua análise não pode ser reduzida a considerações sobre a língua, o sentido e o referente.

Depois da análise do acontecimento "Charléty" em maio de 1968, as abordagens configuracionais que a ela se seguiram, relativas aos primeiros acontecimentos da Revolução Francesa, da "tomada da Bastilha" (Lusebrink e Reichardt, 1990), aos massacres de setembro de 1792 (Conein, 1978) – estudos tão numerosos que permitem, a partir de então, uma síntese (Guilhaumou, 1998b) –, o "retorno ao acontecimento" em análise de discurso acentuou-se até o ponto de ter permitido, durante os anos 90, a perspectiva segundo a qual o movimento social é tomado como *acontecimento*, em seu laço com o passado, a memória e a história. Trata-se, assim, de afirmar que o acontecimento se traduz em uma linguagem específica, que essa linguagem fornece fontes para "formular" a experiência e permite elaborar procedimentos para individualizá-la (Quéré, 1999). A ênfase é colocada, assim, no processo complexo de transformação de uma situação em um acontecimento discursivo; portanto, na singularidade universal dos pontos de vista individuais constitutivos do *caráter de acontecimento* desse processo. O conhecimento reflexivo do acontecimento pelos atores, autores, espectadores e leitores integra-se, assim, a uma abordagem estética (no sentido kantiano) do acontecimento (Guilhaumou, 1998a), ou seja, uma abordagem que considera seriamente a capacidade de julgar desses "novos sujeitos", bem como seu potencial inovador. Desse modo, a tradição discursiva se liga à novidade sem determinar-lhe os limites, em um movimento, portanto, de invenção do futuro humano que respeita a memória discursiva. Uma linguística de historiadores orientada para o estudo dos acontecimentos linguageiros (Tournier, 1998) é reconhecida, assim, como particularmente promissora. Entretanto, ela precisa fazer a necessária distinção entre o campo linguageiro dos acontecimentos discursivos portanto, do que se diz e se faz no enunciado como fonte da fala reflexiva dos sujeitos e o "mundo lingual" dos acontecimentos* linguísticos, em que a inscrição de nomes e de objetos em posição referencial constitui um reservatório empírico de arquétipos "vazios de sentido", suscetíveis, portanto, de fixar o "sentido comum" do acontecimento, verdadeiro denominador comum na inter-relação das significações tecidas entre os atores do acontecimento.

UM ACONTECIMENTO IRREDUTÍVEL A TODA SITUAÇÃO

Assim, o acontecimento discursivo não é mais redutível a uma situação de conjunto do que a um contexto particular. A abordagem da situação "social" dá apenas uma vaga ideia do contexto de um *corpus* definido em uma ordem prévia. Ela escamoteia a heterogeneidade dos enunciados constitutivos do acontecimento discursivo, torna supérflua a *leitura de arquivos*, limitando-se efetivamente aos elementos histórico-textuais julgados adequados à validação da constituição de um *corpus**. Em outros termos, o acontecimento discursivo não provém de um encadeamento causal, na medida em que nem toda situação histórica engendra obrigatoriamente um evento discursivo. O lugar discursivo do acontecimento decorre mais de uma *apresentação subjetiva* do que de uma representação *a priori*: sua maneira de ser lhe é imanente, irredutível, portanto, a toda situação histórica. Badiou (1988: 200) pôde assim afirmar que a dimensão imanente, criadora do acontecimento da Revolução Francesa, refere-se ao fato de que ele "próprio atesta que é um termo do acontecimento que ele é". Estamos, nesse caso, o mais distante possível do que convém denominar o evento de comunicação, significado por um processo discursivo, portanto, sem significação própria, sem fenomenalidade, que se impõe ao sujeito, despossuindo-o de sua capacidade interpretativa.

Finalmente, o sujeito enunciativo valorado pelo acontecimento discursivo não é necessariamente um sujeito* falante já constituído, um ator e/ou um autor. Ele é também um *espectador*, e/ou um *leitor* imprevisível, desinteressado no início da ação; depois, tornado apto a julgar, no decorrer da ação e, em seguida, completamente *protagonista* do acontecimento. Nesses termos, o acontecimento discursivo não se dissocia da formação de um "senso comum" pela universalização da singularidade do acontecimento da qual o espectador é reconhecido como o elemento central, na medida em que permite a finalização narrativa do acontecimento discursivo (Ricoeur, 1990). É nesse ponto que se estabelece o laço com o acontecimento* linguístico, que fixa as expressões advindas do "senso comum" no esquema histórico da língua empírica – tomada como "língua comum".

Do acontecimento discursivo ao acontecimento linguístico: trata-se da questão do caráter de acontecimento no modo da dação linguística: *o que é dado não pode ser separado do que é dito, o que é dito nos é dado pelo único fato de ser dito* (Petit, 1991). Afirmar a potência absoluta desse caráter de acontecimento é distinguir, de imediato, o fato tomado em um mundo pré-definido e o acontecimento irredutível ao contexto, apreensível, então, em sua própria efetuação discursiva (Romano, 1998, 1999), marcando, de maneira também diferente nesse caso, sua inscrição referencial no universo da língua empírica.

ver **ação, acontecimento linguístico, arquivo, configuração,** *corpus,* **enunciado, etnografia da comunicação, trajeto temático**

J. G. (S. N. G.-S.)

acontecimento linguístico – Criticando a perspectiva relativa à consciência linguística em história da língua, propôs-se inicialmente, em história do discurso, caracterizar o espaço das práticas linguageiras pela noção de economia linguística (Guilhaumou, 1989) e, em seguida, em diálogo com os historiadores das teorias linguísticas (Auroux, 1989-2000), pela noção de **acontecimento linguístico** (Guilhaumou, 1996).

O CASO DA LÍNGUA FRANCESA NO SÉCULO XVIII

Enunciados como "a língua francesa", "a assembleia nacional", "a tomada da Bastilha", "a língua nacional" etc., que comandam a instalação progressiva do francês nacional como língua política, inscrevem-se, no século XVIII, em posição referencial: sua significação ultrapassa a compreensão do acontecimento discursivo de que eles decorrem.

Assim, *o caso francês* é reconhecido como particularmente propício à explicitação de acontecimentos linguísticos. Contentemo-nos em marcar o ponto de partida e a curva final mais importante. Tudo começa, no universo dos instrumentos linguísticos, com a identificação da "língua francesa" a uma "língua comum" no seio do primeiro dicionário monolíngue, o *Dictionnaire de l'Académie* (1694). Esse dicionário suscita a construção de um primeiro "estado da língua francesa". O acontecimento linguístico procede, aqui, da nomeação, com maiúsculas, da "A Língua Francesa" como referente incontornável de um corpo de saber e de prescrições sobre a língua julgada adequada à expressão discursiva do corpo do rei (Collinot e Mazière, 1997). Menos de um século mais tarde, a Revolução Francesa é inaugurada pela *invenção colíngue** da expressão arquetípica da representação política moderna, "a Assembleia Nacional" (Balibar, 1995). Retoma-se a figura do "escritor patriota" – cuja potência absoluta, em 1789, é encarnada por Sieyès (Guilhaumou, 2001) – capaz de comandar esse acontecimento linguístico maior. Essa figura mediadora do "sujeito político da língua" (Auroux, 1986) cria o nome da instituição dominante por uma tradução colíngue entre palavras francesas, inglesas e latinas (Guilhaumou, 2001) no contexto da narrativa dos *acontecimentos da Assembleia* de 15, 16 e 17 de junho de 1789 (Guilhaumou, 1998b).

DA HIPERLÍNGUA AO ACONTECIMENTO LINGUÍSTICO

Enquanto o acontecimento* discursivo refere-se à abordagem configuracional do *que é dito nos enunciados de arquivo sob uma forma atestada*, o acontecimento linguístico se define para além de um tal sentido recebido, já dado. Nós o encontramos, com efeito, em pontos singulares do *continuum* da realidade constitutiva da língua, em que *a matéria da língua empírica* – ou seja, suas manifestações próprias (quer dizer, os fatos da língua empírica) – preenche *o espaço-tempo de comunicação* em que os *sujeitos da língua* encontram os meios e os instrumentos do conhecimento dessa língua tornada historicamente comum. Assim, "o espaço-tempo, em relação à intercomunicação humana não é vazio. Ele dispõe de uma certa estrutura que lhe conferem os objetos e os sujeitos que o ocupam. Chamemos de hiperlíngua esse espaço-tempo assim estruturado" (Auroux, 1998: 115). O acontecimento linguístico emerge, assim, da parte dinâmica da *hiperlíngua* que permite a inovação linguística e, em seguida, sua estabilização em uma língua a partir de então comum, o que o historiador linguista chama de um *estado de hiperlíngua*. Não se trata, aqui, de se fixar na descrição histórica de manifestações linguísticas empíricas que emergem da história da língua, mas de evoluir em momentos históricos em que *alguma coisa* e/ou *alguém* fixa, por um tempo, nosso conhecimento comum da língua e sua extensão progressiva no conjunto de suas manifestações discursivas.

Da existência incontornável da *língua empírica*, nós retemos a ideia de que a língua existe inicialmente sob a forma de *singularidades com caráter de acontecimento*, mas que ela adquire sua estabilidade na sua identificação no interior de esquemas fundadores de uma língua a partir de então julgada comum por seus usuários. *Alguma coisa existe, alguém fala* no seio de um acontecimento ele próprio originário, ele próprio "vazio de sentido", mas decide sobre o pertencimento de cada um a uma comunidade de linguagem.

Trata-se, então, no que diz respeito aos acontecimentos linguísticos, de direcionar nossa atenção para as *dinâmicas cognitivas*, ou seja, de nos interessar pelo processo histórico de conhecimento pelo qual nós utilizamos expressões para nos referir a alguma coisa e/ou a alguém. Assim, em um espaço cognitivo irredutível ao simples elenco de fatos de língua, o conhecimento dos acontecimentos linguísticos consiste em elucidar o estatuto referencial de expressões atestadas, em inseri-las em esquemas e tipos que ligam a realidade empírica da língua à produção discursiva do sentido. Os acontecimentos linguísticos podem, então, delimitar-se com base em uma tripartição entre *sujeitos cognitivos* que dispõem de capacidades linguísticas próprias – tais como as diversas figuras do sujeito político da língua (do acadêmico a serviço do rei ao "gramático patriota" inscrito no espaço republicano) –, *objetos cognitivos* identificados a *instrumentos linguísticos* – tais como as gramáticas e os dicionários – e *julgamentos cognitivos* circunscritos ao que se convencionou chamar, de modo certamente muito restritivo, de *consciência linguística*.

No final das contas, a história dos acontecimentos linguísticos se inscreve em diferentes domínios de investigação em que a pesquisa da materialidade* discursiva, própria à análise do discurso, permanece em primeiro plano. Associada ao movimento da língua empírica no interior da hiperlíngua, ela permite apreender a produção de nomeações arquetípicas no momento em que se estabilizam novos estados de língua. Tomada no espaço de formação dos *instrumentos linguísticos*, ela dá conta de sua dinâmica discursiva (Collinot e Mazière, 1997). Estendida a uma interpretação ampla do léxico, desde o tratamento das unidades lexicais nos dicionários até a consideração do que se diz e se faz pelo recurso a unidades de uso, ela permite compreender como a instituição histórica da língua se inscreve, a partir de uma dinâmica do saber da língua pelos locutores ordinários, em um saber sobre a língua.

Assim, delineia-se, no campo das ciências da linguagem, uma figura do *observador-historiador* suscetível de descrever empiricamente a contribuição ao saber da língua de sujeitos implicados em acontecimentos linguísticos, sem reduzir suas formas de expressão às manifestações explícitas da *consciência linguística* (Branca-Rosoff *et alii*, 1995) ou, mais amplamente, a fatos de língua.

ver **acontecimento discursivo, arquivo, colinguismo, enunciado, hipertextualidade, interlíngua**

J. G. (S. N. G.-S.)

actante – O termo **actante** serve para designar os diferentes participantes que estão implicados em uma ação e que têm nela um papel ativo ou passivo.

Em Linguística, essa noção se inscreve no quadro da frase. Em Tesnière, por exemplo, "os actantes são seres ou coisas que [...] participam do processo" (1965), os quais se opõem aos "circunstantes" (de tempo ou de lugar). Ele propõe distinguir três tipos de actantes: o agente (aquele que age como responsável pela ação), o objeto (aquele que sofre a ação), o beneficiário (aquele em benefício ou em detrimento do qual se realiza a ação). Em "João oferece flores a Catarina", "João" é o agente (primeiro actante), "flores" é o objeto (segundo actante), "Catarina" é o beneficiário (terceiro actante).

Essa designação foi estendida, no interior do que se denomina gramática de casos (ou gramáticas casuais ou gramáticas actanciais) a outros participantes como o destinatário, o adjuvante ou o oponente da ação (Fillmore, 1975), mas permanecendo no quadro estrito da sintaxe da frase (mais ou menos explícito, já que os casos, segundo Fillmore, se encontram em um nível mais profundo que aquele postulado por Tesnière).

Em Semiótica narrativa, no quadro da análise estrutural da narrativa, o termo "actante" designa os diferentes protagonistas que participam do processo narrativo. Eles podem ser considerados em diferentes níveis: um nível de superfície, que concerne à organização narrativa do enunciado, em que se encontram os actantes da narração determinados pelos papéis* (agente, paciente, beneficiário etc.) que eles desempenham no desenvolvimento da história narrada ("actante" opõe-se, então, à "personagem", uma mesma personagem pode desempenhar papéis actanciais diferentes, e duas personagens, o mesmo papel) (Propp, 1970); um nível profundo, que concerne à organização da encenação da narrativa, em que se encontram as oposições entre sujeito vs objeto do ato enunciativo e destinador vs destinatário do ato de enunciação (Greimas e Courtés, 1979).

Em análise do discurso, esse termo é igualmente utilizado em semiótica narrativa, já que se trata de analisar o aspecto narrativo de um texto, mas ele serve, igualmente, para designar as instâncias do ato de comunicação. Certos autores utilizam o termo "interactantes" para designar o locutor* e o interlocutor* do ato* de linguagem. Essa noção, em todos esses empregos, deve ser distinguida da de ator*.

ver **ator, interlocutor, locutor, narrativa, papel**

P. C. (M. R. G.)

alocutário – ver **destinatário**

alocutivo (ato –) – ver **locutivo (ato –)**

alteridade (princípio de –) – Essa noção é derivada da filosofia, no interior da qual serve para definir o ser em uma relação que é fundada sobre a diferença: o *eu* não pode tomar consciência do seu *ser-eu* a não ser porque existe um *não-eu* que é outro, que é diferente. Ela se opõe, então, ao conceito de *identidade*, que concebe a relação entre dois seres sob o modo do *mesmo*. Ricoeur, por sua vez, "trata como uma dupla a alteridade e a ipseidade [de tal forma] que ela possa ser constitutiva da própria ipseidade" (1990: 13).

Na análise do discurso, esse termo é retomado com essa mesma definição aplicada à relação de comunicação. Ele é empregado por Charaudeau (1995b) na expressão *princípio de alteridade* (algumas vezes, *princípio de interação*, 1993a) para designar um dos quatro princípios que fundam o ato de linguagem (com os princípios de *influência**, de *regulação** e de *relevância**). Esse princípio define o ato de linguagem como um ato de troca entre dois parceiros que são, no caso, o sujeito* comunicante (*eu*) e o sujeito* interpretante (*tu*). Eles se encontram em uma relação interacional não simétrica, já que cada um deles desempenha um papel diferente: um, o da produção do sentido do ato de linguagem, o outro, o da interpretação do sentido desse ato. "Instaura-se, então, entre os dois parceiros, um olhar avaliador de reciprocidade que postula a existência do outro como condição para a construção do ato de comunicação no qual se *coconstrói* o sentido" (1995a).

ver **influência (princípio de –)**, **regulação (princípio de –)**, **relevância (princípio de –)**

P. C. (M. R. G.)

ambiguidade – A **ambiguidade** é um fenômeno ligado à discursivização de um enunciado. Esse fenômeno se produz sempre que uma mesma frase apresente vários sentidos e seja, então, susceptível de ser interpretada de diversas maneiras.

A ambiguidade pode ter causas diversas. Ela pode ser de ordem *lexical*, devido à *polissemia* das palavras (um significante com vários significados). Assim, a frase "Eu tenho uma nova *passadeira*" será ambígua se o sujeito interpretante não souber a que se refere "passadeira" (uma pessoa ou um objeto). Ela pode, igualmente, ser de ordem *sintática*, na medida em que, desta vez, é a construção da frase que está em causa, já que ela não revela, em sua estrutura de superfície, a qual construção subjacente corresponde. Assim, a frase "Ele trouxe a bandeira da França" não diz de forma explícita se "a bandeira foi trazida da França" ou se ele trouxe a "bandeira francesa"; da mesma forma, "Pedro fez as meninas dançarem" não diz se "Pedro dançou com as meninas" ou se "ele fez com que elas dançassem tocando a música".

Na análise do discurso, pode-se falar de **ambiguidade discursiva** quando ela se localiza não no sentido das palavras do léxico nem na construção frástica, mas no sentido implícito*. Com efeito, um mesmo enunciado pode ter uma significação diferente de acordo com a inferência* produzida pelo intérprete. Por exemplo, o enunciado "Tenho trinta anos", sozinho, não permite compreender se o sujeito falante disse que ele é "velho" ou "jovem". Quando se trata de um *esportista*, há chance de que o locutor signifique, implicitamente "que ele já é velho e que deve se retirar da competição"; mas quando o enunciado é produzido por um *artista*, é provável que queira significar "que ele é ainda jovem e que tem anos de atividade artística pela frente". A ambiguidade discursiva é, então, constitutiva de todo fato de comunicação, já que não há ato de discurso que não seja portador de um ou de vários implícitos. O fenômeno de *desambiguização* consiste, consequentemente, em produzir inferências*

que, apoiando-se nos índices contextuais e no saber previamente registrado na memória, constroem os implícitos previstos pelo sujeito falante. Esse fenômeno está ligado à implicitação* e à explicitação*.
ver **explicitação/implicitação, implícito, inferência**

P. C. (M. R. G.)

anáfora – A questão da **anáfora** (do grego *ana*– "para o alto", "para trás", e *–phorein* "levar") pertence àquela mais geral das cadeias* de referência, da coesão* textual e da progressão* temática. O estudo das relações anafóricas constitui um dos principais objetivos da gramática* de texto. A anáfora recobre um tipo de relação simétrica à catáfora*. Certos autores denominam **diáfora** o fenômeno que subsume essas relações. O uso corrente, entretanto, é a utilização de *anáfora* como etiqueta única para os dois termos.

Tradicionalmente, desde Benveniste, opõe-se o emprego *anafórico* de uma expressão a seu emprego *dêitico**. A anáfora pode ser definida como o relacionamento interpretativo, em um enunciado ou sequência de enunciados, de ao menos duas sequências, sendo que a primeira tem a função de guiar a interpretação da outra ou das outras. Duas concepções desse fenômeno se opõem: uma vê na anáfora um fenômeno *textual*, a outra a entende, sobretudo, como um relacionamento *cognitivamente determinado*.

DUAS CONCEPÇÕES DE ANÁFORA

A concepção textual define uma expressão anafórica "como uma expressão cuja interpretação referencial depende de uma outra expressão (ou de outras expressões) mencionada no texto e geralmente chamada seu *antecedente*" (Kleiber, 1993a: 22). A relação entre as duas expressões é orientada, o anaforizado situando-se necessariamente *antes* do anafórico no texto. A anáfora está na origem da conceituação da catáfora, definida como uma relação posicionalmente inversa: a expressão reformulante *precede* o reformulado no texto.

A relação entre o antecedente e o anafórico pode não ter relação com a *correferência**: "João perdeu seu casaco e Paulo, *o dele*" ou então "O carro está com defeito. A *suspensão* quebrou" (Corblin, 1985). Todavia, a interpretação referencial do anafórico deve necessariamente levar em conta aquela do seu antecedente. Essa última exigência, muito forte, impede que se considerem como anafóricas as frases elípticas do tipo "Eu não conheci Paris, apesar de minha visita. Aliás, nem gostei tanto." (Corblin, 1985), chamadas, também, de *anáfora zero*, pelo fato de que a posição anafórica não é substituída por um material lexical. Isso levou a uma definição mais ampla do fenômeno: "Tem-se anáfora quando uma estrutura manifesta *in situ* uma incompletude determinada por uma posição; naturalmente, só se chega a essa concepção por *comparação* com uma estrutura completa [...]. O *motor* da anáfora seria a necessidade de chegar, graças ao contexto, a uma estrutura completa a cada vez que ela não o seja" (Corblin, 1985). Entretanto, para Kleiber (1993a), essa necessidade não é suficiente em si mesma; o mecanismo interpretativo deve também levar em conta as propriedades *lexicais* e *sintáticas* das expressões relacionadas.

A *concepção cognitiva* apoia-se no critério de "saliência prévia" (Kleiber, 1993a: 25): o referente já é conhecido do interlocutor, porque está presente na memória imediata (*universo de discurso* para Lyons, 1980; "memória discursiva" para Berrendonner, 1986; "modelo do discurso" para Cornish, 1986, 1988, 1990). A vantagem dessa concepção é renunciar à necessidade de uma passagem por uma sequência anterior e, consequentemente, admitir como anafóricos enunciados rejeitados pela abordagem anterior ("*Ele* está atrasado de novo!"). Assim, ela generaliza o tratamento de certas sequências pronominais e, mais geralmente, admite como anafóricos os empregos que a concepção clássica entendia exclusivamente como dêiticos. A saliência prévia do referente pode ser fornecida pelo cotexto, pelo contexto situacional ou, então, pelos conhecimentos partilhados pelos protagonistas. Todavia, aqui, é preciso ressaltar que a estrutura léxico-semântica das sequências em questão deve ser levada em conta. Isso permitirá explicar por que, em um caso como "*Ela* corre na calçada" (*ela* = "a chuva"), não se pode aceitar "Chove e *ela* corre na calçada" (Kleiber, 1993a: 28).

Com essas duas concepções, a identificação do antecedente se apoia seja em dados *textuais e discursivos*, seja em informações fornecidas pelo *contexto extralinguístico* e/ou que decorrem dos *conhecimentos partilhados* pelos locutores. Ela se apoia seja nas regras *semânticas* e *sintáticas* de construção de frases (concordância de gênero, número, posição referencial, proximidade dos dados temáticos), seja no princípio de *relevância*. Kleiber (1993a: 30 ss.) sublinha os excessos da abordagem pragmática, no sentido de que ela visaria a validar anáforas perfeitamente transparentes, mas agramaticais: "Chove e *ela* corre na calçada"; "Chegamos a uma cidade. *Aquela igreja* situa-se numa colina".

VÁRIOS TIPOS DE ANÁFORAS

Na anáfora pronominal, o anaforizado é uma sequência linguística (sintagma) e o anafórico é um pronome: "Paulo estava com frio. *Ele* tinha esquecido de colocar a blusa". Usualmente, considera-se que certos pronomes, denominados **representantes**, retomam um grupo nominal antecedente. Entretanto, como demonstraram Brown e Yule (1983), é preferível dizer que o pronome tem por função principal assegurar uma *continuidade referencial*. Da mesma forma, se aos pronomes de primeira e de segunda pessoa (singular e plural) pode-se atribuir uma função de identificação dêitica, em "Paulo disse: '*Eu* estou com fome'", a interpretação de "eu" se estabelece relativamente ao antecedente *Paulo*.

Na anáfora lexical (Milner, 1982), a expressão anafórica é um grupo nominal: "Um cachorro mordeu Paulo. O *animal* estava faminto". O nome núcleo da expressão anafórica deve estabelecer uma relação de sinonímia ou de hiperonímia com o antecedente (*Um cachorro... O animal...*). Essa relação se situa na língua ou, então, é construída pelo discurso. Nesse caso, ela repousa, geralmente, sobre termos axiológicos (*Paulo... Esse imbecil...*) ou sobre unidades co-hiponímicas ("Há três selos no envelope. *Essas figurinhas* não têm valor"). Esse tipo de anáfora lexical está na origem da conceituação, em lexicologia e em análise do discurso, dos paradigmas* designacionais de Mortureux (1993).

A **anáfora associativa** apoia-se na conceituação da anáfora lexical (Charolles, 1990; Kleiber, 1993b, 1997a e 1997b). Em "Chegamos à cidade. *A igreja* estava fechada" ou, então, "Guardei meu carro na garagem. *A suspensão* estava quebrada", o antecedente (*cidade, carro*) está ligado à anáfora (*igreja, suspensão*) por uma relação *locativa* de tipo parte/todo (a igreja se encontra dentro da cidade) ou *meronímica* (a suspensão é uma parte constituinte do carro).

A **anáfora adverbial** consiste na retomada de uma expressão por um advérbio: "Paulo esteve ontem na biblioteca universitária. *Lá* ele não encontrou o livro que procurava, mas eu encontrei *lá* aquilo que eu queria".

Uma anáfora é chamada de "correferencial" quando as expressões utilizadas remetem ao mesmo referente: "Um cachorro sem dono mordeu Paulo. *O animal* estava faminto / *ele* estava faminto". Ela se denomina **divergente** (ou "indireta", "*in absentia*") quando as sequências não remetem aos mesmos referentes: "Eu preparei minha comunicação. E você, já pensou *na sua*?". A anáfora se situa, então, no nível conceitual (ou *correferência virtual*, segundo Milner, 1982). Todavia, certos enunciados permanecem ambíguos. "O exame dos diferentes tipos de anáforas reconhecidas como divergentes faz aparecerem, de fato, casos de falsas anáforas divergentes" (Kleiber, 1993a: 29). Um enunciado como "Não lhe dê esse livro, ele já *o* tem" (Kleiber, 1993a: 29) pode ser considerado como anáfora divergente se *o* remete a um exemplar preciso, mas não quando se refere a uma entidade definida por seu título, como *O Vermelho e o Negro*. A noção de *metonímia integrada* (Kleiber, 1988) permite resolver os casos metonímicos de anáforas ditas não correferenciais.

Uma anáfora fiel se define como uma retomada léxico-sintática do antecedente com uma simples mudança de determinante: "*Um cachorro... Esse cachorro...*". A anáfora é **infiel** quando o anafórico é lexicalmente diferente do anaforizado: "*Um cachorro... O animal...*". A anáfora é chamada **conceitual** ou, ainda, **resumidora**, quando a expressão anafórica condensa ou resume o conteúdo do antecedente, sendo este constituído por um sintagma estendido ou por uma frase: "Os jogadores de futebol franceses derrotaram os brasileiros. *Essa vitória* os fez campeões do mundo". Incluem-se, igualmente, na anáfora conceitual, certos fenômenos atribuídos à anáfora adjetival. Riegel, Rioul e Pellat (1994: 616) consideram que "Esse adolescente arrancou uma criança de um carro em chamas. *Tal conduta* valeu-lhe uma medalha" é uma ocorrência de anáfora adjetival (por causa da retomada por *tal*). Ou é o grupo nominal inteiro *Tal conduta* que anaforiza, ao condensar e interpretar o conteúdo expresso pela frase precedente.

A *anáfora pressuposicional* não é, tradicionalmente, reconhecida como anáfora. Em uma relação como "Parmentier... *O homem que introduziu na França a cultura da batata*...", há quem considere que a segunda expressão, correferencial da primeira, não é anafórica, mas independente, pelo fato de que sua interpretação pode ser feita a partir dela mesma. Essa abordagem é contestada por Kleiber (1993a: 22), na medida em que essa segunda expressão pressupõe uma identidade referencial com a primeira (*Parmentier é o homem que...*), inscrita nos conhecimentos partilhados dos locutores. Uma ligação de tipo anafórico se estabelece entre as duas expressões. Além disso, em uma sequência como "François Mitterrand assistiu às cerimônias comemorativas. *O presidente* pronunciou um breve discurso", a incompletude da expressão anafórica *o presidente* precisa levar em conta o antecedente para ser saturada (preenchendo a pressuposição). De fato, as anáforas pressuposicionais apresentam, estruturalmente, as propriedades das expressões anafóricas clássicas.

ver **cadeia de referência, correferência, paradigma definicional/designacional, referência**

G. P. (M. R. G.)

análise automática do discurso – O sintagma *"análise automática do discurso"* remete, primeiramente, ao título do livro de Michel Pêcheux, publicado em 1969 (doravante AAD). Essa obra, como aquelas que a seguiram, constitui um questionamento das intuições da leitura empírica: o trabalho crítico proposto se apoia, por sua vez, nos procedimentos automatizados da informática, sobre a linguística de Harris e sobre uma teoria global da interpretação, articulando linguística, psicanálise e materialismo histórico. Pêcheux denuncia as ilusões do sujeito falante (e aquelas da semântica que as reduplica ao considerar que um texto comunica um sentido que o leitor pode depreender a partir da combinatória das palavras e frases desse texto). A análise de discurso permite, ao contrário, afirmar a ideia de que o sentido depende da formação* discursiva a que o texto pertence. Para localizar as correspondências entre formações discursivas e interpretações, é necessário constituir em *corpus** um conjunto de textos que permitam confrontar os efeitos de sentido heterogêneos. Esse primeiro modelo ("AAD 69") focaliza os discursos doutrinários estáveis e que podem ser fechados

(Pêcheux, 1983). Do ponto de vista dos instrumentos de análise, essa AAD 69 adota a análise harrisiana, que seleciona classes de enunciados elementares em relação de paráfrase*, sem levar em conta a enunciação.

Os anos 80 assistiram à crítica dos recursos homogeneizantes aos procedimentos harrisianos e à atribuição de um lugar cada vez mais importante à problemática da heterogeneidade*: Courtine e Marandin (1981), Courtine (1981) ou Authier-Revuz (1982a), seguidos por muitos outros, exploraram sistematicamente a imbricação entre uma formação discursiva e seu exterior, colocando em causa a própria possibilidade de uma exploração estrutural do *corpus*. Enquanto o método harrisiano obrigava a "delinearizar" o *corpus*, a nova AAD alterna momentos de análise linguística sintática (analisador Deredec em Plante, 1988) e momentos de análises sequenciais abrangendo o estudo da construção de objetos discursivos (Marandin, 1986) e reservando um lugar importante para a heterogeneidade enunciativa (formas de heterogeneidade mostrada e de heterogeneidade constitutiva, estudadas por Authier-Revuz). O último artigo de Pêcheux (1984) debruça-se sobre a tensão ("espelhamento") entre os efeitos de sentido de duas análises possíveis de uma mesma forma sintática.

ver **condições de produção**, *corpus*, **formação discursiva, materialidade discursiva, método harrisiano**

S. B.-R. (M. R. G.)

análise conversacional – Análise conversacional é a expressão utilizada para traduzir *Conversation Analysis*, expressão que designa uma corrente da etnometodologia*, desenvolvida nos Estados Unidos no final dos anos 70, nas investigações de Sacks e de seus colaboradores (Schegloff; Jefferson).

Apesar de seu sentido extremamente preciso, uma certa flutuação pode, às vezes, rondar esse termo, e isso ocorre por diferentes razões. Primeiramente, o amplo emprego que é feito da palavra **conversação***, empregada aqui no seu sentido genérico. Em alguns estudos, derivados de tradições diferentes da etnometodologia, em particular da análise do discurso, *análise conversacional* é utilizada para designar modos de análise das trocas verbais autênticas. Essas duas abordagens do mesmo **objeto** se distinguem em diferentes pontos (discutidos em detalhe em Levinson, 1983), que concernem, além da sua origem disciplinar (sociologia ou linguística) a seus **métodos**: abordagem dedutiva, fundada na delimitação de unidades e de categorias para as quais se procura formular as regras de encaixamento e de composição para a análise de discurso; abordagem indutiva, fundada na localização de regularidades e de recorrências na construção colaborativa e ordenada das trocas produzidas em situação para a análise conversacional (esse contraste é também discutido em Coulthard e Brazil, 1992; Moeschler e Reboul, 1994). A fim de evitar essas confusões, é, sem dúvida, preferível reservar *análise conversacional* para *Conversation Analysis*, e empregar outros termos para outras tradições de análise: análise das interações verbais – expressão escolhida, por exemplo, nas obras de Bange (ed., 1987) e de Kerbrat-Orecchioni (1990/92/94) –, análise do discurso em interação, análise das conversações e outras formas de interações verbais; quanto à Escola de Genebra, conforme se observa no título da obra de 1985 (*L'Articulation du discours en français contemporain*), ela não distingue as conversações de outras formas de discurso, como explica Roulet: "Utilizo o termo discurso de maneira genérica para designar todo produto de uma interação predominantemente linguageira, seja dialógica ou monológica, oral ou escrita, espontânea ou fabricada, em suas dimensões linguística, textual e situacional" (1999: 188).

Considerando a fala (talk) *como uma atividade central da vida social*, a análise conversacional concentra-se na maneira como ela é organizada nas trocas cotidianas. A questão central é a ordem coelaborada pelos participantes em um esforço para a realização das ações. Ela leva, por um lado, a descrever os *arranjos locais*, quer se trate dos *procedimentos de organização*, tais como as alternâncias dos turnos* de fala, ou dos *procedimentos de sequencialização*, tais como os que regem o funcionamento do par* adjacente, evidenciando o caráter ordenado das conversações e de outros tipos de interações. Por outro lado, por meio da descrição desses procedimentos, ela mostra como os participantes de uma interação são mutuamente orientados e esforçam-se para tornar mutuamente inteligível aquilo que estão fazendo.

No plano dos métodos, a análise conversacional baseia-se na gravação de interações naturais em situações variadas, o que explica a grande importância que é dada, nos trabalhos dessa corrente, aos procedimentos de constituição dos *corpora* (gravação e, sobretudo, transcrição). Essa base metodológica é essencial já que, decididamente indutiva, a análise conversacional parte dos dados e recusa as categorizações prévias que o analista poderia efetuar: ao contrário, ela pretende pôr em relevo as categorizações efetivamente realizadas pelos participantes das interações.

Devido a esses dois postulados metodológicos – a abordagem indutiva e a preeminência atribuída à sequencialização na descrição – a análise conversacional se distingue tanto da análise de discurso quanto das abordagens interacionistas inspiradas em Goffman, o qual, ao lado das coerções de sistemas (que se assemelham à sequencialidade), atribui um lugar importante, até mesmo predominante, às coerções rituais* (ver, por exemplo, Conein, 1987, que compara essas duas abordagens sobre o tratamento da saudação; ver, também, as duas concepções da reparação*).

ver **conversação, etnometodologia, interação, par adjacente, reparação, sequência, turno de fala**

V. T. (*M. R. G.*)

análise de conteúdo – A análise de conteúdo é cronologicamente anterior à análise de discurso, que é, em parte, construída em oposição àquela. Forte nos anos 70, a antinomia entre as duas abordagens está, atualmente, atenuada e não é raro que estudos tentem conciliar os dois métodos.

A análise de conteúdo nasceu nos Estados Unidos no início do século XX, no quadro das pesquisas empíricas sobre os efeitos da comunicação e da sociologia funcionalista das mídias. Nos anos 40-50, Lasswell, Berelson e Lazarsfeld sistematizaram suas regras e Berelson cunhou a definição que se tornou célebre: "a análise de conteúdo é uma técnica de pesquisa para a descrição objetiva, sistemática e quantitativa do conteúdo manifesto da comunicação" (Bardin, 1993: 21). As duas operações fundamentais da análise de conteúdo são a pré-categorização temática dos dados textuais e seu tratamento quantitativo, geralmente informatizado, como demonstra o célebre *General Inquirer*, primeira obra importante a tratar dos procedimentos automatizados de pesquisa. Essa concepção e essa prática da análise do conteúdo, muito normativas e limitadoras, são ainda dominantes na França, desde os anos 70, e são, sobretudo, utilizadas no quadro dos estudos de *marketing* e de pesquisas de opinião.

Na França, a análise de discurso dos anos 70 é concebida como uma extensão da linguística no domínio do discurso. Articulando teorias da língua*, do discurso*, do inconsciente e das ideologias*, ela foi frequentemente muito crítica em relação à análise de conteúdo. As críticas recaíam primeiramente sobre a neutralização das diferenças entre significantes e sobre o fato de não levar em conta a estruturação dos textos: "[...] esses estudos negligenciam o nível discursivo como tal, como se as ideologias não se concretizassem também como sistema de representações nos discursos e como se a ordem do discurso, sua estrutura, não comportasse implicação ideológica" (Robin, 1973: 61). Mas recaíam também sobre os *a priori* implícitos da categorização dos dados textuais: "Há outro perigo, o do redobramento da evidência ideológica. Se as noções são dadas na transparência de seus sentidos, não será possível explicá-las, analisá-las, dar conta delas. Resta apenas enrolar-se no interior do sistema ideológico que se deve explicar e redobrá-lo no plano da paráfrase – esse silêncio tagarela – aceitando sem questionamento o jogo de suas evidências e de suas representações" (Robin, 1973: 63).

Os anos 80 e 90 conheceram uma dupla evolução: aquela da análise do discurso, marcada pela diversificação das abordagens linguísticas, o interesse por *corpora* midiáticos e por pesquisa de opinião e pelo incremento dos estudos sob encomenda, mas também a da análise de conteúdo que se abriu amplamente a outras técnicas além da análise categorial, algumas delas de inspiração linguística. Análises da enunciação (D'Unrug, 1974), da expressão e da avaliação, já que elas utilizam indicadores de ordem formal visando às inferências de ordem social ou psicológica, fizeram a ligação entre a análise do discurso e a análise do conteúdo (Bardin, 1993: 4ª parte). Atualmente, não é raro que, retomando uma prática inaugurada por *Des tracts en politique* (Demonet et alii, 1978), as pesquisas baseadas em vastos *corpora* combinem variantes da análise do conteúdo, como a análise proposicional do discurso (Ghiglione e Blanchet, 1991), com estudos sobre atos* de linguagem, da enunciação*, das modalizações* etc. (CAD, 1999).

ver **análise do discurso**

S. B. (M. R. G.)

análise do discurso – Disciplina relativamente recente, que constitui o objeto deste dicionário. À **análise do discurso** podem-se atribuir definições as mais variadas: *muito amplas*, quando ela é considerada como um equivalente de "estudo do discurso", ou *restritivas* quando, distinguindo diversas disciplinas que tomam o discurso como objeto, reserva-se essa etiqueta para uma delas.

Histórico

É difícil retraçar a história da análise do discurso, pois não se pode fazê-la depender de *um* ato fundador, já que ela resulta, ao mesmo tempo, da *convergência* de correntes recentes e da *renovação* da prática de estudos muito antigos de textos (retóricos*, filológicos ou hermenêuticos).

O próprio termo "análise do discurso" vem de um artigo de Harris (1952), que a entendia como a extensão dos procedimentos distribucionais a unidades transfrásticas. É preciso considerar o ambiente dos anos 60 para compreender as correntes que modelaram o atual campo da análise do discurso. Assinalem-se, em particular, a etnografia* da comunicação (Gumperz e Hymes, 1964), a análise* conversacional de inspiração etnometodológica* (Garfinkel, 1967), a Escola* francesa; a isso se junta o desenvolvimento das correntes pragmáticas*, as teorias da enunciação* e a linguística textual*. É necessário, também, dar um lugar para reflexões vindas de outros domínios, tais como a de Foucault (1969b), que desloca a história das ideias para o estudo dos dispositivos enunciativos, ou a de Bakhtin, no que diz respeito, em particular, aos gêneros* de discurso e à dimensão dialógica* da atividade discursiva.

Definições

Alguns pesquisadores, a exemplo de Harris, denominam de "análise do discurso" àquilo que se designa também como "linguística textual". É o caso de Charolles e Combettes (1999) ou de Reboul e Moeschler, que contestam, aliás, sua legitimidade:

"A motivação da análise de discurso é dupla: as frases contêm elementos que não podem ser interpretados no nível da própria frase e a interpretação de um dado discurso não se reduz à soma das interpretações das frases que o compõem" (1998: 13).

Mas, em geral, como no presente dicionário, preferimos associar a análise do discurso, sobretudo, à relação entre texto e contexto. Não se fala, então, de análise do discurso em relação a trabalhos de pragmática*, como os de Ducrot, por exemplo, que incidem sobre enunciados descontextualizados.

A análise do discurso como estudo do discurso. Se ela é concebida como estudo do discurso, sem especificação mais precisa, "o estudo do uso real da linguagem, por locutores reais em situações reais" (Van Dijk, 1985: 1, 2), a análise do discurso aparece como a disciplina que estuda a linguagem como atividade ancorada em um contexto e que produz unidades transfrásticas, como "utilização da linguagem com fins sociais, expressivos e referenciais" (Schiffrin, 1994: 339). Nessas condições, a análise do discurso faz coexistirem "abordagens" (Schiffrin, 1994) muito diversas: análise da conversação, etnografia da comunicação, sociolinguística interacional (Gumperz) etc.

A análise do discurso como estudo da conversação. Sobretudo nos países anglo-saxônicos, muitos consideram o discurso como uma *atividade* fundamentalmente *interacional*, identificando, mais ou menos, análise do discurso e análise conversacional. No interior da análise conversacional, Levinson (1983) opõe duas correntes: a *análise do discurso* ("*discourse analysis*") fundada sobre uma análise linguística hierárquica de textos conversacionais, e *análise conversacional* ("*conversation analysis*") propriamente dita, que estaria na esfera da etnometodologia*. A primeira corrente seria representada por linguistas como Sinclair e Coulthard (1975) ou pelos primeiros trabalhos da Escola de Genebra (Roulet *et alii*, 1985). Essa distinção é retomada por Moeschler e Reboul (1994).

A análise do discurso como ponto de vista específico sobre o discurso. Nos numerosos trabalhos inspirados por Halliday, linguista britânico, a meta última do analista do discurso é "explicitar e interpretar ao mesmo tempo a relação entre as regularidades da linguagem e as significações e as finalidades ("*purposes*") expressas por meio do discurso" (Nunan, 1993: 7). No entanto, não se é obrigado a raciocinar em termos de "finalidade" para ver nisso uma disciplina que não se reduz nem à análise linguística de um texto nem a uma análise sociológica ou psicológica do "contexto". Para Maingueneau, a análise do discurso não tem por objeto "nem a organização textual em si mesma, nem a situação de comunicação", mas deve "pensar o dispositivo de enunciação que associa uma organização textual e um lugar social determinados" (1991/1997: 13). Nessa perspectiva, a análise do discurso relaciona-se de maneira privilegiada aos gêneros* de discurso. Assim entendida, como uma das disciplinas que estudam o discurso, a análise do discurso pode se interessar pelos mesmos *corpora* que a sociolinguística, a análise conversacional etc., mas, considerando-as de *um ponto de vista diferente*.

O estudo de uma consulta médica, por exemplo, leva a tomar em consideração as regras do diálogo (objeto da análise conversacional), as variedades linguageiras (objeto da sociolinguística), os modos de argumentação (objeto da retórica*) etc., e esses diversos aportes são integrados a uma pesquisa cujo objetivo é distinto.

A análise do discurso, situada no cruzamento das ciências humanas, é muito instável. Há analistas do discurso antes de tudo sociólogos, outros, sobretudo linguistas, outros, antes de tudo psicólogos. A essas divisões acrescentam-se as divergências entre as múltiplas correntes. Assim, nos Estados Unidos, a análise do discurso é muito marcada pela antropologia. Independentemente das preferências pessoais deste ou daquele pesquisador, existem afinidades naturais entre certas ciências sociais e certas disciplinas da análise do discurso: entre as que trabalham com as mídias e a sociologia ou a psicologia social, entre as que estudam as conversações e a antropologia, entre as que estudam os discursos constituintes* e a história ou a filosofia etc.

Às vezes, na literatura francófona, tenta-se estabelecer uma distinção entre "análise *do* discurso" e "análise *de* discurso", mas ela não se impôs. Adam (1999: 40), por sua vez, propõe a distinção entre "análise DE / DO discurso", que seria "uma teoria geral da discursividade", e "análise DOS discursos, atenta à diversidade das práticas discursivas humanas".

Alguns grandes polos

Os *corpora* da análise do discurso tornaram-se progressivamente diversificados. Assistimos a uma descompartimentalização generalizada das pesquisas. Isso se deve à abertura de um diálogo entre as diferentes disciplinas que trabalham com o discurso e entre as diversas correntes de análise do discurso. Pode-se, entretanto, distinguir alguns grandes polos: (1) os trabalhos que inscrevem o discurso no quadro da *interação** social; (2) os trabalhos que privilegiam o estudo das *situações** de comunicação linguageira e, portanto, o estudo dos gêneros de discurso; (3) os trabalhos que articulam os funcionamentos discursivos com as condições de *produção* de conhecimentos ou com os *posicionamentos ideológicos*; (4) os trabalhos que colocam em primeiro plano a *organização textual* ou a seleção de *marcas* de enunciação.

Por outro lado, várias pesquisas que se dizem de análise do discurso não visam, prioritariamente, a compreender funcionamentos discursivos, mas se contentam em estudar fenômenos muito localizados para elaborar interpretações sobre *corpora ideologicamente sensíveis*. Nesse caso, os conhecimentos produzidos pela análise do discurso são colocados a serviço de um projeto militante. A Escola Francesa dos anos 60 tinha esse projeto militante, apoiado em uma teoria do discurso de inspiração psicanalítica e marxista. A corrente mais recente, da "análise crítica do discurso" (*Critical Discourse Analysis*) visa a estudar – para fazê-las evoluir – as formas de poder que se estabelecem, por meio do discurso, entre os sexos, as raças, as classes sociais...

(Van Dijk, 1993; Wodak, 1996, 1997). Em um quadro teórico diferente, citemos os trabalhos de Sarfati sobre o antissemitismo (1999). Tipo de empreendimento que provoca a inevitável interrogação: o desvelamento de uma ideologia nos textos não implica uma outra ideologia no analista? (Widdowson, 1995; Beaugrande, 1999).

Emergência de uma disciplina

Alguns são tentados a ver na análise do discurso apenas um espaço transitório, um campo parasitário da linguística, da sociologia ou da psicologia, as quais sim, seriam verdadeiras disciplinas. Outros, inspirados em particular pela Escola Francesa, a veem como uma espécie de espaço crítico, lugar de interrogação e de experimentação em que se podem formular, deslocando-os, os problemas que as disciplinas constituídas encontram; nesse último caso, seu estatuto aproximar-se-ia da filosofia. Tanto em um caso quanto no outro, trata-se menos de uma verdadeira disciplina do que de um espaço de problematização. Mas a história da análise do discurso, desde os anos 60, mostra que seu caráter disciplinar só se reforçou. Se é indiscutível que, no seu início, ela teve, sobretudo, um olhar crítico, progressivamente alargou seu campo de estudo para o conjunto das produções verbais, desenvolveu um aparelho conceitual específico, fez dialogarem cada vez mais suas múltiplas correntes e definiu métodos distintos daqueles da análise* de conteúdo ou das abordagens hermenêuticas tradicionais.

A própria existência de uma disciplina como a análise do discurso constitui um fenômeno que não é banal: pela primeira vez na história, a *totalidade* dos enunciados de uma sociedade, apreendida na multiplicidade de seus gêneros, é convocada a se tornar objeto de estudo. Movimento que implica, por si próprio, que existe uma "ordem do discurso" específica: "Não se trata, aqui, de neutralizar o discurso, transformá-lo em signo de outra coisa e atravessar-lhe a espessura para encontrar o que permanece silenciosamente aquém dele, e sim, ao contrário, de mantê-lo em sua coerência, fazê-lo surgir na complexidade que lhe é própria" (Foucault, 1969b: 65).

ver **análise conversacional, análise de conteúdo, discurso, etnografia da comunicação, Escola Francesa de Análise do Discurso, etnometodologia**

D. M. (M. R. G.)

analítica (abordagem –) – ver **Escola Francesa de Análise do Discurso**

analogia – Conceito empregado desde a Antiguidade clássica, nas primeiras discussões sobre a gramática (Baratin, 1989), e que designa as semelhanças de qualquer natureza entre os elementos de uma língua.

Para Aristarco e a Escola da Alexandria, a **analogia** define o caráter regular das línguas naturais. Isso se manifesta nos agrupamentos de formas, os paradigmas, que apresentam relações estáveis de semelhança: nas declinações nominais ou na flexão verbal, as variações das formas dos signos linguísticos são previsíveis e essas formas são dedutíveis umas das outras (*rosa / rosam, aquila / aquilam*). Em contrapartida, os gramáticos anomalistas acentuaram a complexidade das línguas e seu caráter fortemente irregular. No livro VIII *De Língua Latina* (45-44 a.C.), Varrão fez eco a esse debate. É esse ponto de vista analógico que explica por que, de uma certa maneira, Saussure considera o conceito de *parole** individual como não descritível, precisamente porque ele parece imprevisível. O conceito de discurso*, fundador dos campos disciplinares posteriores às ideias saussurianas, enfatiza, ao contrário, que os discursos podem ser abordados como apresentando regularidades que não são, entretanto, aquelas do sistema da língua.

Na análise de dados textuais, o exame das realizações semânticas derivadas da analogia constitui uma entrada descritiva muito esclarecedora. Em um dado *corpus*, pode-se examinar sistematicamente as relações específicas entre certos objetos de discurso (por exemplo, no quadro de uma definição, de uma explicação*, de uma retomada nas cadeias anafóricas*) ou descrever as atualizações linguísticas de algumas delas no quadro dessas categorias retóricas: aquelas que registram, à sua maneira, o fato, fundamental para a análise, de que os discursos constroem seus sistemas de correferência, os quais traduzem linguisticamente representações sociais ou ideológicas. Assim, a quantificação ou a definição* (em um quadro discursivo) podem realizar-se por meio de tropos de natureza analógica. Por exemplo, nos discursos científicos das mídias cotidianas, encontram-se formulações como "A lei de Hubble descreve o universo como um ventre que incha com o tempo" (*Le Monde*, 23 de abril de 1997). Nos discursos de divulgação dos conhecimentos científicos, observa-se a utilização de elementos lexicais que são usados devido a sua capacidade de esclarecer e que não são, necessariamente, específicos à disciplina. Eles são considerados como pertencentes à experiência do leitor e poderiam, assim, explicitar melhor os conceitos supostamente desconhecidos para ele, por meio de palavras ou de representações familiares. Mais geralmente, a analogia desempenha, discursivamente, um papel de ilustração, de exemplo ou de prova, já que ela, em parte, liga-se à explicação*, apesar de se distinguir dela (Grize, 1990: 96-109). Certos discursos podem, mesmo, ser sustentados por analogias fundadoras, que estão ligadas a estereótipos*. Para Charbonnel (1993), o discurso sobre a educação, independentemente das épocas ou do nível teórico, é estruturado por uma dezena de analogias recorrentes: a *educação* é apresentada como um *combate*, uma *arquitetura*, como desempenhando o papel da *luz*.

ANALOGIA, METÁFORA E METONÍMIA

Tropos* da retórica clássica muito conhecidos, que já foram objeto de inúmeras teorizações, essas figuras caracterizam relações analógicas particulares criadas no discurso ou estabilizadas no léxico. A **metáfora*** é a figura por meio da qual se designa um referente através da utilização de um signo diferente daquele que o designa correntemente, por uma comparação subentendida tal como é definida usualmente (a primavera da vida = a juventude); a **metonímia*** consiste em designar um referente por um signo que é distinto do signo habitualmente empregado, mas que está ligado a ele por uma relação definível (como a parte pelo todo: *teto* por *casa*, ou continente pelo conteúdo: *tomar um copo*, cf. Le Guern, 1973). Para descrever o léxico, podem-se utilizar as relações de metáfora e de metonímia ou, recentemente, relações analógicas de uma outra ordem, que permitem identificar combinatórias preferenciais na língua, espécie de clichês do discurso semelhantes às locuções. Assim, em formulações como: *chuva / diluviana, chorar / rios de lágrimas, censura / grave*; *diluviana* está para *chuva* assim como *grave* está para *censura*, uma expressão lexical da quantidade; o que leva a postular a existência de uma "função" intensidade (Mel'cuk, 1993: 89) que se baseia em relações analógicas idênticas.

A metáfora é privilegiada na descrição de certos discursos. Por exemplo, ela serve frequentemente para caracterizar os textos científicos, às vezes como manipulação cientificamente não controlada dos destinatários, ou como meio, legítimo tanto no plano didático quanto no heurístico, de transmitir ou de difundir os conhecimentos: "A metáfora [...] é um 'catalizador' de compreensão. Ela 'fala' à imaginação, ela visualiza, encarna, especifica aquilo que, segundo o julgamento do redator, não pode ser 'apanhado' intelectualmente de outra maneira" (Loffler-Laurian, 1994: 78).

ver **paradigma definicional/designacional**

J.-C. B. (M. R. G.)

antífrase – Noção emprestada da retórica*, que designa um tipo de tropo* no qual o locutor dá a entender que ele disse *o contrário* do que ele pensa.

A relação da **antífrase** com a *ironia** constitui uma grande dificuldade. Alguns consideram as antífrases como as enunciações irônicas prototípicas (Kerbrat-Orecchioni, 1986). Para outros, o domínio da ironia excede o da antífrase, e assim elas se distinguem: a antífrase suporia a existência de um sentido verdadeiro que aparece dito de maneira indireta, enquanto a ironia desestabilizaria o sentido (Berrendonner, 1981).

ver **figura, ironia, tropo**

D. M. (M. R. G.)

antítese – A análise do discurso não tem uma problemática própria em relação à antítese, noção herdada da retórica* e que ocorre na língua comum, devido à imprecisão inevitável que lhe é própria.

A antítese prototípica contrasta dois termos opostos sobre um mesmo eixo semântico e dispostos em construções paralelas: "O homem nasce livre, mas vive o tempo todo preso". Ela oscila, então, naturalmente, entre uma definição como figura de construção e como figura de pensamento, conforme a ênfase seja colocada na estrutura que permite contrastar os dois termos ou no próprio conteúdo da oposição. A oposição pode-se fazer por meio de recursos variados: entre termos contraditórios ("um governo morto" / "uma política viva") ou contrários ("o dinheiro limpo" / "o dinheiro sujo"), entre uma afirmação e uma negação ("Ele quer a verdade" / "ele não quer o caos"), entre enunciados opostos por um conector* adversativo ("Ele trabalha, mas se diverte"). A antítese pode intervir de maneira muito local ou estruturar o conjunto de um texto. Ela pode incidir sobre relações já estabelecidas pela língua ou pela doxa*, ou, ao contrário, criar oposições inéditas para uma cultura ou um posicionamento* determinados.

D. M. (M. R. G.)

apelativo – ver tratamento (formas de –)

apreciação – A **apreciação**, em sentido *estrito*, pode dizer respeito somente à categoria das *modalidades* apreciativas*, ou, em sentido *amplo*, ao conjunto das marcas por meio das quais o enunciador exprime um julgamento de valor ou uma reação afetiva.

A MODALIDADE APRECIATIVA

Ao lado das modalidades *lógicas*, que dizem respeito ao grau de certeza do enunciador em relação à realização do processo expresso pelo enunciado, as modalidades *apreciativas* são modalidades "subjetivas" (Le Querler, 1996) que permitem exprimir toda uma gama de atitudes: prazer, indignação, lamento... por meios variados: em particular, entonacionais, lexicais, morfossintáticos: "*Como* ele é inteligente!", "*Oba!* Ele chegou!", "*Infelizmente*, ele está atrasado", "É *lamentável* que ele tenha perdido", "*Felizmente*, ele dorme!", "*Eu me alegro* que ele tenha passado", "*Que pena* que ele está aqui" etc. Ora a modalidade apreciativa *domina* sintaticamente o enunciado sobre o qual ela incide (cf. "que sorte que..."), ora ela está *justaposta* ("felizmente", "que pena"...), ora ela está *integrada* nele ("Que menina!"). A modalidade apreciativa, qualquer que seja seu lugar na frase, incide sobre o conjunto do enunciado: não se deve confundir, por exemplo, *lamentavelmente*, advérbio de constituinte ("O caso terminou lamentavelmente") e advérbio sentencial ("Lamentavelmente [é lamentável que], acabou").

Encontramos em Charaudeau uma distinção entre **apreciação** e **opinião**. A *opinião* resultaria de "um cálculo de probabilidade ao termo do qual o sujeito define uma atitude intelectiva a favor ou contra a verossimilhança do mundo" (1997a: 96). Ao contrário, a *apreciação* seria resultado "de uma reação do sujeito diante de um fato" ou um saber, em relação ao qual "o sujeito exprime uma visão positiva ou negativa, mas não a calcula" (1997a: 97). *"Creio* que o presidente está do nosso lado" seria uma "opinião"; *"Acho bom* que o presidente tenha se colocado do nosso lado" seria uma "apreciação".

As marcas de apreciação

Com relação a esse assunto, a terminologia não está estabilizada. Pode-se empregar "apreciação" de maneira muito geral, para todas as marcas, de ordem não dêitica*, por meio das quais o locutor exprime sua subjetividade; todavia, muito frequentemente, excluem-se as modalidades lógicas. A apreciação recobre, então, tudo aquilo que diz respeito à reação afetiva ou de julgamento de valor. Mas pode-se, também, conferir a ela um sentido mais restrito, como o faz Kerbrat-Orecchioni (1980a), que vê no **apreciativo** um equivalente de **avaliativo** (neutralizando, assim, a oposição entre *apreciação* vs *depreciação*) e a opõe a **afetivo**. O "afetivo" indica, por sua vez, uma propriedade do objeto ou do estado de coisas considerado e uma reação *emocional* do sujeito falante. "Apreciativas" ou "afetivas", essas marcas estão localizadas em todos os planos da estrutura linguística: do sufixo à prosódia*; mas é extremamente difícil inventariá-los, pois se trata de fenômenos essencialmente graduais e muito instáveis, muito sensíveis ao cotexto e à situação de comunicação. Entretanto, elas encontram pontos de ancoragem privilegiados em certas categorias lexicais.

No que concerne aos adjetivos, pode-se considerar, com Kerbrat-Orecchioni, como "afetivos" termos como "engraçado", "esplêndido", ao passo que os "avaliativos" se dividem em **axiológicos** e **não axiológicos**. Os "axiológicos" (*bonito, bom...*) implicam uma dupla norma: interna à classe do objeto (a beleza não é a mesma no caso de uma bandeira ou de um caminhão), relativa aos sistemas de avaliação do locutor, que se compõe de um julgamento de valor positivo ou negativo. Os "não axiológicos" (*grande, quente, querido...*) são adjetivos que, "sem enunciar julgamento de valor nem engajamento afetivo do locutor [...], implicam uma avaliação qualitativa ou quantitativa do objeto denotado pelo substantivo que eles determinam" (1980a: 85-86). Mas essas três categorias não são estanques; existem, por exemplo, os "afetivo-axiológicos".

Os substantivos trazem os mesmos problemas que os adjetivos quando eles são derivados (exemplo: *pequeno > pequenez*), mas também em si mesmos, já que são axiológicos (pejorativos / melhorativos). Encontramos aqui categorias como as dos nomes de qualidade (*gênio, idiota, bruto...*) e os de insulto (Milner, 1978), os sufixos pejorativos (*valentão, cagão*), os níveis de linguagem (*tira / policial, barraco / casa*), as palavras tabus (ligadas ao sexo ou à escatologia)...

Os verbos subjetivos implicam, para Kerbrat Orecchioni (1980a: 101) uma tripla distinção: (1) quem é portador do julgamento avaliativo? O locutor (exemplo: "*Irrita-me* essa afirmação...") ou um actante do processo (exemplo: "Paulo *deseja* que..."). (2) Sobre o que incide a avaliação? Sobre o processo (exemplo: g*ritar*), sobre o objeto do processo (exemplo: y em: "x detesta y"). (3) Qual é a natureza do julgamento avaliativo? Bom / mau (*axiológico*) ou verdadeiro / falso / incerto (*modalização*); nesse último caso, não se está mais na apreciação em sentido estrito. Pode-se, assim, distinguir: (1) os verbos *subjetivos ocasionais*, que só veiculam uma avaliação quando estão conjugados na primeira pessoa ("eu espero...", "eu deploro...", "eu acuso..."); (2) os verbos *intrinsecamente subjetivos*, nos quais a avaliação tem sempre como fonte o locutor ("ele fede", "ele reconhece que...").

Do ponto de vista da Análise do Discurso

A consideração das marcas apreciativas é de grande importância para a análise do discurso. Mas ela depende de várias condições: (1) Deve-se admitir que há frequentemente interação entre as potencialidades da língua e os valores em discurso: um cotexto apropriado pode atenuar, anular, e até inverter um grande número de apreciações. (2) Elas não se mostram necessariamente como tais no mesmo grau, elas podem se dissimular mais ou menos; a simples detecção de marcas não é suficiente, é necessário, também, levar em conta a maneira como o enunciado as integra: "Como é bonito!" coloca em evidência a apreciação, o que não é o caso em "É bonito", que apaga a presença do enunciador. (3) Deve-se relacionar as marcas de apreciação ao conjunto da situação de comunicação; na análise do discurso, por definição, tomam-se textos *situados* e as apreciações estão ligadas às estratégias de construção da imagem do locutor e de ação sobre o destinatário, mas também às coerções próprias a um gênero* de discurso ou a um posicionamento*. Alguns gêneros de discurso, por exemplo, excluem a presença de apreciações (boletim de ocorrência, dicionário, artigos científicos...) o que dá um estatuto particular àquelas que, apesar disso, figurem neles. A estética naturalista incitou os romancistas a apagarem a presença do narrador em relação à história contada, o que não é o caso de outras estéticas narrativas.

ver **emoção, enunciação, modalidade, subjetividade**

D. M. (M. R. G.)

argumentação – A argumentação está no centro da concepção antiga da retórica*. Depois de ter conhecido um certo descrédito, relacionado ao declínio da retórica e à ascensão de certas formas de cientificismo, os estudos de argumentação foram *refundados* na segunda metade do século XX, a partir dos trabalhos de Perelman e Olbrechts-Tyteca (1970), Toulmin (1958), Hamblin (1970), assim como os de Grize e Ducrot nos anos 70 (Plantin, 1990, 1996).

O discurso argumentativo foi caracterizado de maneira intradiscursiva por suas diferentes **formas estruturais**, e de maneira extradiscursiva pelo efeito perlocutório ao qual estaria vinculado, a **persuasão***. Esse efeito foi colocado em primeiro plano pela definição neoclássica de Perelman e Olbrechts-Tyteca, para quem "o objeto [da teoria da argumentação] é o estudo das técnicas discursivas que permitem provocar ou ampliar a adesão dos espíritos às teses que se apresentam ao seu assentimento" (1970: 5). O domínio da argumentação foi expandido para além dos grandes gêneros* retóricos tradicionais, para coincidir com o do **debate** em todas as suas formas. Mais ainda, para a teoria da argumentação na língua, bem como para a lógica natural, a atividade argumentativa é coextensiva à atividade de fala (enunciar é esquematizar*; significar é dar uma orientação* argumentativa).

Distinguiremos a argumentação definida como *a expressão de um ponto de vista*, em vários enunciados ou em um único, e mesmo em uma única palavra; e a argumentação como *modo específico de organização de uma constelação de enunciados*. As duas definições não são, de modo algum, incompatíveis.

A ARGUMENTAÇÃO COMO APRESENTAÇÃO DE UM PONTO DE VISTA, ELUCIDAÇÃO, ESQUEMATIZAÇÃO

Se definirmos a argumentação como uma tentativa de *modificar as representações* do interlocutor, fica claro que toda informação desempenha esse papel e que pode ser considerada argumentativa nesse sentido (Benveniste, 1966: 242). Todo enunciado, toda sucessão coerente de enunciados (descritiva, narrativa) constrói um ponto de vista ou "esquematização", cujo estudo constitui o objeto da lógica* natural. Para Grize, a argumentação é "uma atividade que visa a intervir sobre a opinião, a atitude, e mesmo sobre o comportamento de qualquer indivíduo", por intermédio do discurso. "Tal como a compreendo, a argumentação considera o interlocutor não como um objeto a manipular, mas como um alter ego que se quer levar a fazer partilhar sua visão. Agir sobre ele é procurar modificar as diversas representações que lhe atribuímos, evidenciando certos aspectos das coisas, ocultando outros, propondo novidades, tudo isso com a ajuda de uma esquematização apropriada" (Grize, 1990: 40). Um clássico enunciado informativo como "São 8 horas" é argumentativo nesse sentido: "Argumentar equivale a enunciar algumas proposições que decidimos encadear. Reciprocamente, enunciar equivale a argumentar, pelo simples fato de que decidimos falar e desenvolver um determinado sentido em detrimento de outros" (Vignaux, 1981: 91; Vignaux, 1988).

A ARGUMENTAÇÃO COMO COMPOSIÇÃO DE ENUNCIADOS

Como discurso lógico, a argumentação é tradicionalmente definida no quadro de uma teoria das três operações mentais: a compreensão, o julgamento e o raciocínio. Pela *compreensão*, a mente concebe a ideia de um objeto; pelo *julgamento*, afirma ou nega alguma coisa dessa ideia para chegar a uma proposição ("O homem é mortal"); pelo *raciocínio*, encadeia julgamentos, de modo a avançar do conhecido ao inexplorado. No plano linguístico, essas operações cognitivas correspondem respectivamente: (1) à *ancoragem referencial* do discurso por intermédio de um termo; (2) à *construção do enunciado* por imposição de um predicado a esse termo; (3) ao *encadeamento das proposições* ou argumentação, pelo qual produzem-se novas proposições a partir das já conhecidas. A **argumentação** no plano discursivo corresponde assim ao **raciocínio** no plano cognitivo.

Como discurso natural monológico, a argumentação "parte de proposições não questionáveis ou verossímeis e delas extrai aquilo que, considerado separadamente, parece duvidoso ou menos verossímil" (Cícero, *Divisions*: 46). Dessa perspectiva, a argumentação é um procedimento que permite estabilizar um enunciado controverso, conectando-o a um enunciado não submetido a disputa.

De uma perspectiva dialógico-racional, "a argumentação é uma atividade verbal e social que tem por objetivo reforçar ou enfraquecer a aceitabilidade de um ponto de vista controverso junto a um auditório ou a um leitor, alegando uma constelação de proposições destinadas a justificar (ou a refutar) esse ponto de vista diante de um júri racional" (Van Eemeren *et alii*, 1996: 5).

FORMAS DO DISCURSO ARGUMENTATIVO PROPOSICIONAL

A linguística* textual distingue cinco **tipos de sequências***: narrativa, descritiva, argumentativa, explicativa e dialogal (Adam, 1996: 33). Pode-se considerar que as estruturas que as seguem correspondem ao mesmo número de características, compatíveis, da sequência de base argumentativa.

*Argumento, conclusão**. Seja uma sequência de enunciados $\{E_1, E_2\}$. Essa sequência é argumentativa se podemos parafraseá-la por pelo menos um ou vários dos enunciados seguintes: "E_1 apoia, sustenta, motiva, justifica... E_2"; "E_1, portanto, donde... E_2"; "E_2, visto que, sendo dado que... E_1".

A teoria da argumentação na língua formula a mesma relação de um modo que se revelou extremamente fértil: a conclusão é *o que se tem em vista*, o que se quer alcançar quando se enuncia o argumento: "Se o locutor enuncia E_1, é na perspectiva de E_2" → "A razão pela qual enuncia-se E_1 é E_2" → "O sentido de E_1 é E_2".

Argumento, conclusão, tópos*. Em geral, a ligação argumento-conclusão é garantida por um *tópos*, frequentemente implícito; a coerência da cadeia "O vento sopra, vai chover" é fundamentada no *tópos* "Em geral, quando o vento sopra, chove". Diz-se, às vezes, que há *mais* no argumento do que na conclusão, na medida em que o argumento é mais garantido do que a conclusão (que é somente uma projeção hipotética do argumento). Pode-se também dizer que há *menos*, na medida em que a conclusão somente desenvolve analiticamente o argumento, ela é o produto desse argumento, *enriquecido* por sua combinação com um princípio geral ou *tópos*.

O modelo de Toulmin (1958: cap.3) articula a célula argumentativa monológica em torno de cinco elementos:

· **Dado** (D) ("*Data*"): "Harry nasceu nas Bermudas".
· **Conclusão** (C) ("*Claim*", "*Conclusion*"): "Harry é cidadão britânico".
· **Lei de passagem** ou **Fiador** (L) ("*Warrant*"): "visto que as pessoas nascidas nas Bermudas são, em geral, cidadãos britânicos".
· **Suporte** (S) ("*Backing*"): "dados os estatutos e decretos seguintes...". Fundamentando a lei de passagem em uma garantia, empreende-se uma regressão potencial ao infinito (a garantia também deve ser garantida). A mesma regressão poderá ser observada no argumento, que pode requerer que ele mesmo seja fundamentado.
· **Modalizador** (M) ("*Qualifier*"), que corresponde a um advérbio e remete a uma **Restrição** (R) ("*Rebuttal*"): "a menos que seus pais sejam estrangeiros ou que ele tenha sido naturalizado americano". Pode-se considerar que o modalizador representa o indício monológico de um possível contradiscurso.

O modelo é resumido no quadro seguinte:

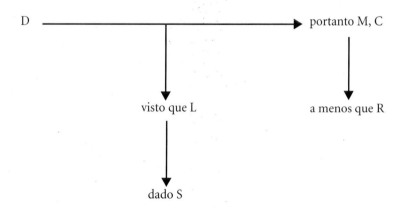

Segundo esse modelo, o discurso argumentativo plenamente desenvolvido estrutura-se em *cinco componentes funcionais*. Tem-se aqui uma proposição a ser comparada com outras visões do discurso argumentativo, por exemplo, a que se encontra na *Retórica a Herennius* (autor desconhecido), segundo a qual "a argumentação mais completa e mais perfeita [epicherema] é a que compreende cinco partes: a proposição, a prova, a confirmação da prova, a valorização, o resumo" (II, 28: 58) – em outros termos, a conclusão, o argumento, os subargumentos, a reformulação (acessória), o resumo.

É preciso ainda acrescentar que uma mesma conclusão pode ser sustentada por vários argumentos. Às vezes, cada um deles fornece uma condição necessária cuja *conjunção* é necessária e suficiente: "Chove, estou longe do ponto de ônibus, pego um táxi!". Em geral, temos mais necessidade de acúmulo de argumentos *convergentes* (conglobação) que, tomados separadamente, não são nem necessários nem suficientes, mas que, tomados em bloco, fortalecem-se e podem levar à adesão (duas razões valem mais do que uma): "Meu computador começa a ficar obsoleto, há promoções de minha marca preferida, acabo de receber um abono, vou comprar!".

Da composição de enunciados ao retorno do enunciado

Do ponto de vista da teoria do conhecimento, a condição de validade fundamental de uma argumentação é que ela seja expressa por uma sequência coordenada "argumento + conclusão". A conclusão não é uma **reformulação*** do argumento, pois os dois enunciados são separadamente distintos e avaliáveis: "O vento sopra, vai chover". No discurso ordinário, o enunciado-argumento pode ser inserido no enunciado-conclusão sob forma de subordinada, ou de determinante de um dos termos do enunciado-conclusão ("Essas pessoas vêm a nosso país para trabalhar, acolhamo-las" → "Acolhamos essas pessoas que vêm para trabalhar"); no limite, integra-se ao sentido de um dos termos do enunciado ("Acolhamos esses trabalhadores"). Nesse caso, o enunciado é um **autoargumento**, exprime um ponto de vista completo, que se mostra como evidente.

A argumentação como diálogo e interação

Para as teorias dialógicas, o estopim da atividade argumentativa é a **dúvida** lançada sobre um ponto de vista, que obriga o interlocutor a justificá-lo. Como a dúvida pede que seja justificada, a situação argumentativa típica caracteriza-se dialeticamente pelo desenvolvimento e pela confrontação de pontos de vista em contradição* a respeito de uma mesma questão*.

Essa definição da situação argumentativa é fundamental para a **dialética***, seja ela antiga e de orientação lógica e filosófica, ou "nova" e interessada na regulamentação de controvérsias sob o controle de normas de razão e de discurso. Ela está na base da argumentação retórica antiga, na qual se encontra a primeira problemática das controvérsias, juntamente com a teoria das questões* ou "estados de causa". Ela é retomada nas abordagens de orientação **interacionista**; assim, para Schiffrin, "a argumentação é um modo de discurso nem puramente monológico, nem puramente dialógico... um discurso pelo qual os locutores defendem posições discutíveis" (1987: 17, 18).

As questões para uma teoria da argumentação linguageira

A explosão das interrogações teóricas em torno da noção de argumentação (Van Eemeren *et alii*, 1996) e a multiplicidade das disciplinas relacionadas tornam redutora e arriscada qualquer definição global e, principalmente, incitam a caracterizar o domínio pelo feixe de problemas que o organizam. Toda visão da argumentação poderia ser caracterizada pelo conjunto das respostas dadas a questões como as seguintes:

Uma concepção dos objetos (hipóteses externas). Cada teoria tem seus dados preferenciais: a argumentação como ponto de vista é estudada, no mais das vezes, em sequências coerentes de enunciados; a teoria das orientações argumentativas ou argumentação na língua, em pares de enunciados; a argumentação retórica, no discurso monológico planificado; a argumentação dialética, no diálogo regrado; a argumentação interativa, no debate com vários locutores. Os resultados estabelecidos sobre os fatos prototípicos são, em seguida, aplicados a novos dados.

Uma concepção da teoria (hipóteses internas, ligadas às hipóteses externas), que supõe decisões que tocam notadamente os seguintes pontos: é necessário atribuir a argumentatividade à linguagem ou ao pensamento? Se a argumentatividade é linguageira, trata-se de um fato de língua, de fala em geral, ou de uma característica de certas formas de discurso? Se for um fato discursivo, trata-se, fundamentalmente, de monólogo ou de diálogo?

Uma decisão sobre a questão das normas do discurso argumentativo; pode-se escolher como norma:

· **A coerência textual**: todos os encadeamentos apresentados como argumentativos são argumentativos. A única avaliação incide sobre a coerência do discurso. A teoria é descritiva.

· **A eficácia**: o melhor discurso é o que melhor atinge seus objetivos, do ponto de vista do locutor, quer se trate de votar, de comprar ou de amar. A retórica é assim justificada com base em sua utilidade.

· **A veridicção**: o bom discurso seleciona as premissas verdadeiras e transmite corretamente sua verdade à conclusão.

· A **retidão ética**: o bom discurso está adequado a um sistema de normas político-morais (para a fala pública); ou religiosas (para a fala religiosa).

A consideração de normas mais rígidas do que a simples coerência funda a possibilidade de uma **crítica** do discurso argumentativo.

Retórica e argumentação

O título da obra de Perelman e Olbrechts-Tyteca, *Tratado da argumentação: a nova retórica* (1958) contribuiu decisivamente para *assimilar* esses dois termos. Procura-se, às vezes, *isolar* uma argumentação livre de toda retórica, neutralizando as manifestações ou manipulações éticas e patéticas, função das pessoas em interação, assim como as características espaçotemporais específicas da enunciação e da interação em geral. No limite, o dizer é visto como uma operação puramente intelectual, e a passagem à linguagem lógica permite eliminar a língua natural. Empregado literalmente, esse programa de uma argumentação sem retórica faria do discurso descontextualizado, **alexitímico** ("sem palavra para exprimir a emoção"), o ideal do discurso argumentativo. Evidentemente, não permite a análise do discurso ordinário, em que a argumentação é sempre situada e vivida por sujeitos portadores de interesses, de paixões e de valores.

ver **argumento, conclusão, contra-argumentação, interação, lógica/discurso, persuasão, questão (em argumentação), retórica**

C. P. (F. C. K.)

argumento – Segundo Rey, a palavra **"argumento"** somente tornou-se corrente no século XIX, "com aplicações particulares na publicidade e nas vendas" (1998: artigo "Argumento"). É utilizada em três domínios, com acepções diferentes. *Em lógica*, corresponde a um termo designativo; *em literatura*, a um discurso que resume um outro discurso; em *retórica argumentativa*, define-se como um enunciado que legitima uma conclusão.

Em lógica

Denomina-se **argumento de uma função** cada um dos lugares vazios ou variáveis (designados como x, y, z...) a ele associados. Na gramática da língua natural, a função corresponde ao verbo (predicado); assim, o verbo "dar" corresponde a um predicado com três argumentos "x dá y a z". O número de argumentos corresponde à *valência* do verbo. Quando os nomes de objetos adequadamente escolhidos (respeitando as relações de seleção impostas pelo verbo) são substituídos por cada uma das variáveis, obtém-se uma frase, que exprime uma **proposição** (verdadeira ou falsa): "Pedro dá uma maçã a João".

Em literatura

O argumento de uma peça de teatro ou de um romance corresponde ao plano, à sinopse ou ao **fio condutor** da intriga. A crítica literária não emprega os derivados "argumentar", "argumentação" com os sentidos correspondentes a essa acepção, que, por outro lado, não se opõe à "conclusão".

Em retórica argumentativa

A teoria retórica argumentativa distingue, tradicionalmente, três tipos de argumentos (ou provas*): *os argumentos éticos, patéticos e lógicos*. Os argumentos **éticos**, ligados à pessoa do locutor (sua autoridade*, seu ethos*), assim como os argumentos **patéticos**, de ordem emocional* (pathos*), não são obrigatoriamente expressos por um enunciado. Para inspirar confiança ou comoção, a melhor estratégia não é, necessariamente, dizer-se digno de confiança ou comovido; é preferível agir nos registros semióticos não verbais. Somente o argumento dito **lógico** é proposicional: é um enunciado (ou um fragmento de discurso) verossímil* que exprime uma razão que dá autoridade a uma proposição controversa, com estatuto de conclusão. Para caracterizar a relação argumento / conclusão, recorre-se igualmente às seguintes oposições: (1) enunciado **consensual** / enunciado dissensual, contestado, debatido; (2) enunciado que pertence à **doxa*** / enunciado que expressa um ponto de vista específico; (3) enunciado **plausível** / enunciado duvidoso; (4) enunciado sobre o qual não pesa **a responsabilidade pela prova*** / enunciado que suporta a carga da prova; (5) do ponto de vista funcional, enunciado **legitimador** / enunciado legitimado.

Argumentos verdadeiros e verossímeis. Os enunciados argumentos são considerados (ou apresentados) como indubitáveis a partir de bases extremamente diversas: (1) *Factual*: o enunciado exprime um fato, acessível pelos sentidos ("A neve é branca"). (2) *De direito*: o enunciado é objeto de um consenso geral em uma comunidade ("Não matarás"). (3) *Por convenção*: o enunciado é objeto de um acordo explícito entre os contendores, no espaço de uma disputa dialética, ou entre o público e o orador, em um espaço retórico. (4) *Por simples constatação* do fato: o enunciado não é questionado nem pelo adversário nem pelo público.

Se o argumento é contestado, ele próprio deve ser legitimado. No decorrer dessa nova operação, ele tem o estatuto de *conclusão* proposta como verdadeira por um locutor e defendida por uma série de argumentos que são **subargumentos** em relação à conclusão inicial. Se o acordo não se concretiza em enunciado algum, as réplicas podem ser infinitas e a disputa, eterna. O acordo do público* sobre os enunciados estáveis, suscetíveis de servir de suporte à conclusão, não é necessariamente assegurado; o do adversário, menos ainda. A escolha do que será aceito como verossímil é, pois, uma convenção de **estratégia**, adotada em função das circunstâncias.

"Argumento" é, por vezes, tomado no sentido de "argumentação". Em francês, pertencem à mesma família conceitual a palavra **"argumentateur"**, aquele que argumenta, e **"argumentaire"**, conjunto de argumentos mobilizáveis tendo em vista um objetivo particular ("argumentaire" de um partido político, "argumentaire" de vendas...). O termo "argumentaire" foi proposto em 1960 (Rey, 1998: "Argument"). Por extensão, o "argumentaire" relacionado a uma questão é constituído pelo conjunto dos argumentos mobilizados por uma ou outra parte quando tal questão é debatida.

ver **argumentação, doxa, prova**

C. P. (F. C. K.)

arqueológica (**análise–**) – O projeto de análise do discurso de Foucault alcançou sua completude teórica com a publicação d'*A arqueologia do saber* (1969b). Em sua introdução, Foucault afirmava que já era tempo de dar coerência às tarefas que havia somente esboçado em obras anteriores (*História da loucura na idade clássica*, 1962; *O nascimento da clínica*, 1963; *As palavras e as coisas*: uma arqueologia das ciências humanas, 1966). Consideraremos aqui o projeto foucaultiano sob um duplo aspecto: é um exercício *retrospectivo* de um trajeto textual datado, em que o termo "arqueologia" é mencionado por duas vezes, cujo objetivo é escrever uma história dos sistemas discursivos constitutivos das ciências do homem; é, também, um *programa de pesquisas* sobre a formação e as mutações das práticas* discursivas, que exclui qualquer forma de análise linguística dos fatos de língua. Assim, ao mesmo tempo, esse projeto de análise **arqueológica** fecha e abre um procedimento de análise que se pretende totalizante e toma o discurso como conjunto de fatos determinantes para uma história discursiva do pensamento. Depois dessa tentativa de uma análise arqueológica dos discursos constitutivos de um saber anônimo, Foucault volta-se para uma genealogia das formas institucionais de poderes e de preservação do cuidado de si. "O genealogista compreendeu que as práticas culturais eram mais indispensáveis que as formações discursivas (ou que qualquer outra teoria) e que a importância desses discursos só poderia ser compreendida na medida em que se integram ao processo de desenvolvimento histórico da sociedade" (Dreyfus e Rabinow, 1984: 183).

Arquivo, saber, episteme

No título *A arqueologia do saber*, os dois termos da expressão merecem esclarecimentos:

· *"Arqueologia" deve ser entendida como um ato de denominação* que teria o efeito ilocutório de constituir conjuntos de enunciados que constroem um segmento de saber na contingência de um espaço-tempo dado em **arquivos**. Foucault se entrega aqui a uma dupla captura terminológica que afasta as palavras de seu emprego habitual:

(1) "*Arqueologia* [...], como o nome indica de forma bastante clara, é a seleção e a descrição do arquivo" (1994, I: 681). (2) "Denominarei *arquivo** não a totalidade dos textos que foram preservados por uma civilização [...], mas o jogo das regras que determina em uma cultura o surgimento e o desaparecimento dos enunciados, sua permanência e seu apagamento, sua existência paradoxal como *acontecimentos* e como *coisas*" (ibid.: 708). Com efeito, esses enunciados são considerados como fatos discursivos manifestados nesse ou naquele momento da história de uma sociedade e que irão fundar o saber apreendido em sua historicidade.

· *O "saber" aparece aqui como o objetivo último do projeto de análise arqueológica* do discurso. Foucault o define por uma via negativa, opondo-o ao tema do conhecimento: "Pode-se dizer que o saber, como campo de historicidade em que emergem as ciências, é livre de toda atividade constituinte, independente de qualquer referência a uma origem ou a uma teleologia histórico-transcendental, desvinculado de todo suporte de uma subjetividade fundadora" (ibid.: 731). O saber seria formado a partir de enunciados-arquivos, apreendidos em sua performatividade em um espaço-tempo determinado. O saber não seria submetido às regras lógicas do verdadeiro / falso. Sua validade, sua eficácia seriam da ordem da historicidade dos discursos que o constituem. Essa concepção de saber assimilado como um espaço em que se desdobra e se transforma o dizível sobre a loucura ou o corpo seviciado ou, ainda, sobre domínios de objetos como a natureza, as riquezas, a linguagem, manifestar-se-á no que Foucault denomina **episteme**. Uma episteme apresenta-se como um espaço de formação, de transformação, de correlação dos enunciados, que permite "descrever não a soma dos conhecimentos de uma época, o espírito de um século" ou uma etapa do progresso incessante da razão, "mas o afastamento, as distâncias, as oposições, as diferenças, as relações de seus múltiplos discursos científicos: [...] é um campo aberto e talvez indefinidamente descritível de relações" (ibid.:676).

Observemos que as duplas terminológicas *arqueologia / arquivo, saber / episteme* apresentam-se não como elementos, mas antes como campos de investigação pela elaboração de um segundo dispositivo de conceitos operatórios, mediante os quais deveria funcionar uma análise arqueológica do discurso. É, pois, no quadro de uma concepção arqueológica do saber que será aqui proposta a descrição de uma segunda junção terminológica: *discurso / enunciado, positividade / formação discursiva*.

Enunciado, discurso, formação discursiva, positividade

Discurso / enunciado*. Em seus escritos, Foucault emprega frequentemente um ou outro desses termos sem distinção significativa. Em ambos, trata-se de uma instrumentação conceitual construída pelo arqueólogo do discurso para descrever realizações enunciativas. Com efeito, *discursos* e *enunciados*, para Foucault, somente são descritíveis em sua instância de acontecimentos enunciativos.

O enunciado foucaultiano "não mais é considerado como a utilização de uma estrutura linguística (frase ou proposição e mesmo sintagma), nem como a manifestação episódica de uma significação mais profunda; é qualificado em sua irrupção histórica" (ibid.: 706). Essa concepção pragmática de enunciado como acontecimento enunciativo tem como efeito situá-lo em uma rede complexa de relações que o vincula a outros enunciados (relações de *colateralidade*), leva-o a um domínio de objetos e a uma instância enunciativa (relações de *correlação*), posiciona-o em um exterior institucional (relações de *complementaridade*). O enunciado foucaultiano é assim descrito em sua trajetória no duplo plano de uma sincronia e de uma diacronia. Em sincronia, no sentido de que a singularidade de sua enunciação é distinguida como uma *fissura* em um tecido discursivo situado e "que ele está ligado às situações que o provocam e às consequências que suscita"; em diacronia, no sentido de que é, como acontecimento único, "dado à repetição, à transformação, à reativação; [...] que está associado, ao mesmo tempo e segundo uma modalidade diferente, a enunciados que o precedem e o sucedem" (ibid.: 707).

Dreyfus e Rabinow qualificam esses enunciados como atos discursivos "sérios", devido a sua instância enunciativa. "Qualquer ato de discurso pode ser considerado sério, desde que se observem os procedimentos de validação necessários, a comunidade de especialistas etc." É por esse motivo, prosseguem os autores, "que as afirmações sérias são tão raras, e é justamente por essa raridade e por essa pretensão de 'seriedade' que elas nos são caras" (1984: 76-77). Isso permitiria compreender porque, definitivamente, os enunciados desse tipo são, por um lado, basicamente *raros, poucas coisas* podem *ser ditas*, e, por outro, positivamente *regulares*, visto que estão sempre disponíveis no tempo e no espaço, prontos para ser utilizados. "Há, é claro, 'lugares' de sujeito para cada enunciado, aliás, muito variáveis. Entretanto, é precisamente porque, em cada caso, indivíduos diferentes podem ocupá-los, que o enunciado é o objeto específico de um acúmulo a partir do qual ele se conserva, se transmite ou se repete. O acúmulo é como a constituição de um estoque, não é o contrário da raridade, mas seu próprio efeito", assim Deleuze comenta as duas especificidades do enunciado foucaultiano (1986: 13-16): a *raridade* e a *regularidade* do enunciado tomado em sua pura condição de acontecimento.

Discurso. O discurso, em sua versão arqueológica, não poderia ser confinado nos limites de um texto, de uma obra, de uma ciência, e nem mesmo de um domínio circunscrito de objetos. Ele será definido como espaço de dispersão, de reminiscência ou de apagamento de enunciados. O termo "discurso" designará, enfim, um artefato construído para e por um procedimento de análise que terá a função de situar e configurar, em um dado espaço-tempo, enunciados em arquivos. Daí as questões colocadas pelo arqueólogo do discurso: como individualizar esses conjuntos de enunciados? Como lhes conceder uma unidade? A resposta será esquadrinhada na construção foucaultiana da segunda dupla de conceitos operacionais: **positividade/formação discursiva**.

Formação* discursiva. Uma formação discursiva é uma construção de enunciados segundo quatro momentos de análise. Esse tipo de operações permite constituir uma configuração de enunciados em arquivo, fundamentando, assim, a análise em quatro níveis:

· *No nível do referente*. "Direi, por exemplo, que 'a loucura' não é o objeto (ou referente) comum a um grupo de proposições, mas o referencial, ou lei de dispersão dos diferentes objetos ou referentes utilizados por um conjunto de enunciados, cuja unidade encontra-se precisamente definida por essa lei" (1994, I: 712). É dessa maneira que a unidade dos enunciados constitutivos do objeto "loucura" é construída por uma operação de reconfiguração de enunciados dispersos em uma multiplicidade de domínios de discurso: discursos médicos, jurídicos, religiosos, institucionais. Finalmente, não é por intermédio das palavras nem das coisas que se pode definir uma formação discursiva, mas por um trabalho de arqueólogo que coleta fatos discursivos nos diferentes territórios em que se enuncia o que poderá ser reunido sob o nome de "loucura". O que coloca a questão da instância enunciativa.

· *No nível das modalidades enunciativas*. A unidade de uma formação discursiva "não é a manifestação, grandiosamente desenvolvida, de um sujeito que pensa, conhece e diz: é, ao contrário, um conjunto em que se podem determinar a dispersão do sujeito e sua descontinuidade consigo mesmo" (1969b: 74). A heterogeneidade do domínio do objeto corresponde àquela do sujeito, concebido como um feixe de vozes dispersas em uma multiplicidade de lugares institucionais. Tomando por exemplo o discurso clínico, Foucault dirá que a unidade desse discurso não é constituída segundo uma linearidade formal, sintática ou semântica, mas que ela é reconhecida em uma diversidade de instâncias enunciativas simultâneas (protocolos de experiências, regulamentos, administrativos, política de saúde pública etc.). Foucault chama de "distância enunciativa" "a regra de formação (das modalidades enunciativas) desses enunciados em sua heterogeneidade, em sua impossibilidade mesma de se integrarem em uma única cadeia sintática" (1994, I: 714).

· *No nível da rede conceitual ou teórica*. Aqui, o objetivo da análise seria estabelecer a permanência e coerência dos conceitos entre si. Foucault emprega o termo **esquemas** quando busca caracterizar, em *As palavras e as coisas*, o que funda a unidade do discurso da gramática geral (séculos XVII e XVIII), a saber, as duplas de noções *atribuição* e *articulação*, *designação* e *derivação*. Com isso, procura mostrar que não se trata de conceitos explicitamente definidos nos textos analisados, mas de processos de formação de conceitos, disponibilizados pelo arqueólogo do discurso para configurar em formação discursiva uma pluralidade de enunciados, na medida em que se pode confirmar ao mesmo tempo sua regularidade e sua raridade, suas relações de equivalência ou de incompatibilidade (1994, I: 716). Esses esquemas de formação de conceitos assim articulados no desenvolvimento da análise constituem a rede teórica como espaço de visibilidade de uma formação discursiva. Esse procedimento requer escolhas estratégicas na produção dos discursos.

· *No nível do campo das possibilidades estratégicas.* Certamente, escreve Foucault, "poder-se-ia tentar constituir unidades de discurso a partir de uma identidade de opinião" (1994, I: 716); posição que o autor considera falaciosa porque "nem a permanência das opiniões através do tempo (por exemplo, a ideia de evolução de Buffon até Darwin), nem a dialética de seus conflitos são suficientes para individualizar um conjunto de enunciados" (1994, I: 718). Por isso a configuração do nível do que Foucault denomina "campo de possibilidades estratégicas", definido como "a lei de formação e de dispersão de todas as opções possíveis" (1994, I: 719). Em outras palavras, tratar-se-ia de estabelecer o que tornaria possível a dispersão dos enunciados segundo *as opções possíveis* assumidas em função dos posicionamentos dos discursos. Por outro lado, Foucault mostra que esse *campo de possibilidades estratégicas* integraria, como *elementos formadores, os elementos* considerados *perturbadores*, excluídos, recalcados pela doxa de uma época. Em *As palavras e as coisas* (1966: 221-222), sob o título "O desejo e a representação", Foucault escreve a respeito da reviravolta da episteme da representação, contemporânea de Sade: "[...] essa obra incansável – aquela de Sade – manifesta o precário equilíbrio entre a lei sem lei do desejo e a organização meticulosa de uma representação discursiva [...] Há uma ordem estrita da vida libertina: toda representação deve animar-se logo no corpo vivo do desejo, todo desejo deve enunciar-se na pura luz de um discurso representativo."

Positividade. Esse procedimento de análise desdobrada em quatro níveis, que permite descrever uma formação discursiva, dá uma visibilidade a fenômenos discursivos que permaneciam invisíveis na superfície dos discursos, sem por isso ter uma existência dissimulada nas dobras do discurso. "Este sistema [...] que rege uma formação discursiva e deve justificar não seus elementos comuns, mas o jogo de seus afastamentos, de seus interstícios, de suas distâncias é o que proponho chamar de sua **positividade**" (1994, I: 719).

O PROCEDIMENTO ARQUEOLÓGICO

O que poderíamos reter do conjunto de proposições reunidas sob a forma de procedimento de análise do discurso e denominado "arqueologia do saber" é que:

· Tal procedimento de análise é deliberadamente direcionado a uma *pragmática sócio-histórica das práticas discursivas,* na medida em que são conceitualizáveis como fatos de discurso construídos no quadro do espaço-tempo de uma episteme.

· O enunciado é distinguido *em sua pura condição de acontecimento, para além de suas formas de língua.* Apenas o fato de ter sido dito ou escrito permite considerar o enunciado-acontecimento como um momento de discurso, que só tem coerência no e pelo jogo complexo de suas relações com outros momentos de enunciação. A análise consiste então na (re)construção arqueológica de uma memória* discursiva constituída, como toda memória, de reminiscências e de esquecimentos. Deve-se observar que esta noção de condição de acontecimento enunciativa tem um duplo alvo: transformando este ou aquele enunciado em acontecimento, o discurso da análise torna-se ele mesmo acontecimento.

· O discurso, na medida em que é constitutivo de um saber, é *regido por coerções de múltiplas ordens* (Foucault, 1971): coerções externas que excluem, na modalidade da loucura ou da vontade de verdade, os discursos que põem em funcionamento o poder e o desejo (1971: 10-23); coerções internas que constituem a maneira de ser dos discursos, os quais exercem seu próprio controle (1971: 23) pelo comentário, pelo sistema das disciplinas, pelas regulações institucionais (1971: 38-47). É desse modo que, em última instância, a análise do discurso renunciará ao objetivo arqueológico para dirigir-se a uma genealogia das formas de comportamento, não mais exclusivamente *discursivas*, mas principalmente *institucionais* e *pessoais* (1971: 62-72).

ver **acontecimento discursivo, acontecimento linguístico, arquivo, discurso, enunciado**

A. C. (F. C. K.)

arquitexto – Noção introduzida por Maingueneau e Cossutta (1995: 118) para designar as obras que possuem um estatuto exemplar, que pertencem ao *corpus* de referência de um ou de vários posicionamentos* de um discurso constituinte*.

Os *Diálogos* de Platão ou as *Investigações filosóficas* de Wittgenstein no discurso filosófico, a *Bíblia* no discurso religioso cristão, *A lenda dos séculos* de Victor Hugo ou as *Fábulas* de La Fontaine no discurso literário etc., são todos **arquitextos**. Como tais, figuram nos manuais, nas antologias e são objeto de incessantes comentários.

Seu estatuto pragmático varia em função do discurso constituinte no qual estão inscritos. Em literatura, fala-se em "obras-primas", objetos de admiração estética; o discurso religioso organiza-se em torno de arquitextos que são autoridades absolutas, enquanto no discurso científico moderno os arquitextos (por exemplo, os *Principia* de Newton) são somente exemplares, não possuem força de autoridade. Certos arquitextos são partilhados, reconhecidos como tais, pelo conjunto dos atores de um campo* discursivo; outros são locais, porque não são reconhecidos por todos: os *Escritos* de Lacan não são um arquitexto para um discípulo de Jung. Cada posicionamento em um campo discursivo luta para impor sua própria distribuição dos arquitextos.

ver **constituinte (discurso –)**

D. M. (F. C. K.)

arquitextualidade – ver **intertextualidade**

arquivo – Noção herdada d'*A arqueologia do saber* de Foucault e empregada em análise do discurso com três valores distintos.

Em Foucault (1969b: 171), o **arquivo** possibilita pensar as práticas discursivas de uma sociedade: "Entre a *língua* que define o sistema de construção das frases possíveis e o *corpus* que recolhe passivamente as palavras pronunciadas, o *arquivo* define um nível particular: o de uma prática que faz surgir uma multiplicidade de enunciados como se fossem acontecimentos regulares, como coisas oferecidas ao tratamento e à manipulação [...] entre a tradição e o esquecimento, ele faz aparecer as regras de uma prática que permite aos enunciados subsistir e modificar-se regularmente. É *o sistema geral da formação e da transformação dos enunciados*". Prolongando essa perspectiva, Guilhaumou e Maldidier (1990) fundam a análise do discurso "sobre dois suportes materiais: o arquivo e a língua". Esse arquivo "não é o conjunto de textos deixados por uma sociedade" nem "o quadro institucional que permitiu conservar as marcas", mas "cada dispositivo do arquivo estabelece sua própria organização. Assim, do ponto de vista do arquivo, o sentido é convocado a partir de uma diversidade máxima de textos, de dispositivos de arquivo específicos de um tema, de um acontecimento, de um itinerário" (in Guilhaumou, Maldidier e Robin, 1994: 195).

Para Pêcheux e Fuchs (1975: 29), o arquivo é assumido em uma oposição entre os *corpora* obtidos pela via *experimental*, na qual o analista monta "uma cenografia" que "reproduz uma 'situação concreta'", e os *corpora* produzidos pela via *arquivista*, isto é, recortados pelo analista entre os enunciados que foram conservados, aqueles que podem ser trabalhados pelos historiadores.

No lugar de "formação* discursiva", Maingueneau (1991) introduz a noção de *arquivo* para reunir enunciados advindos de um mesmo posicionamento*, enfatizando (mediante a polissemia do étimo de *arquivo*, o grego *archéion*) que esses enunciados são inseparáveis de uma *memória** e de *instituições* que lhe conferem sua *autoridade**, legitimando-se por meio delas.

ver **arqueológica (análise –)**, **configuração / arquivo**, **formação discursiva**

D. M. (F. C. K.)

aspas – Marca tipográfica que enquadra sequências verbais para assinalar que essas últimas são relativas à **autonímia*** ou à **modalização*** autonímica. Recorre-se também ao *itálico*, até ao *acúmulo de itálico e de* **aspas**, como o faz a imprensa para citações.

Dois empregos

O emprego autonímico das aspas permite indicar que uma sequência é **tomada em menção** e não **em uso**, isto é, que o escrevente refere-se ao *signo*, em vez de, como no emprego padrão, indicar o referente por meio do signo. Os dois regimes principais de emprego autonímico são o *discurso direto*, no qual as aspas enquadram o conjunto de um enunciado, e *a palavra (ou a série de palavras) entre aspas* no fio do texto: "'Cavalo' é um nome masculino".

O emprego em modalização autonímica é particularmente interessante para os analistas do discurso. Enquanto a maior parte dos modalizadores autonímicos ("hum", "de alguma forma", "se me permitem a expressão"...) insere-se no fio do discurso e não indicam claramente sobre quais elementos incidem, as aspas, sem romper o fio da sintaxe, *enquadram tipograficamente* os elementos sobre os quais incidem. Cabe, entretanto, ao leitor compreender qual valor podem ter tais aspas em tal contexto. O que as aspas indicam "é um tipo de *ausência*, de vazio a ser preenchido interpretativamente" (Authier-Revuz, 1995: I 136). Colocando palavras entre aspas, o enunciador contenta-se, com efeito, em *atrair a atenção* do receptor sobre o fato de ele empregar precisamente essas palavras que coloca entre aspas; ele as sublinha, deixando ao receptor o cuidado de compreender porque chama sua atenção, porque abre assim uma falha no seu próprio discurso. Em contexto, as aspas podem, portanto, tomar significações muito variadas.

Os dois valores das aspas, autonímico e modalizador, segundo Fónagy (1980, 1988), podem ser tomados como tendo um *significado fundamental*, aquele de "signos de alienação", que indicariam "uma mudança de estatuto verbal da expressão, uma mudança de registro, um afastamento em relação ao nível de discurso que precede e que segue o texto entre aspas" (1988: 90).

As aspas são um signo tipográfico, mas elas podem ser oralizadas ("Eu digo isso entre aspas").

A INTERPRETAÇÃO DAS ASPAS

Diferentemente do emprego autonímico, as aspas de modalização autonímica *não são obrigatórias*. O enunciador indica ao leitor que seu discurso não coincide com ele mesmo, sem fornecer a razão disso. Para interpretar as aspas, o leitor deve levar em conta o contexto e, em particular, o gênero* de discurso. Num jornal regional, as aspas são muito menos frequentes que na imprensa de um partido político e elas não exigem grandes esforços interpretativos da parte do leitor. O discurso publicitário faz também pouco uso das aspas, pois seu objetivo não é suscitar clivagens no público, conivências no interior de grupos restritos, mas agrupá-lo de maneira consensual. Aquele que usa aspas, conscientemente ou não, deve construir uma certa representação de seus leitores para antecipar suas capacidades de decifração: ele colocará aspas onde presume que sejam esperadas (ou que, não o sendo, criarão um choque, uma surpresa). Reciprocamente, o leitor deve construir uma certa representação do universo ideológico do enunciador para ser capaz de decifrar. O escrevente coloca aspas porque presume que seu leitor* modelo tem uma certa representação da posição de onde é enunciado o texto e à qual o escrevente deve-se conformar colocando aspas... Há, pois, um jogo sutil com as expectativas do leitor.

Pode-se, ainda, opor dois tipos de textos: aqueles que reforçam a conivência com seu leitor não aspeando as expressões comumente marcadas como "outras" e aqueles que as reforçam aspeando as unidades que, em um outro contexto, não seriam provavelmente aspeadas. Nesse último caso, expor suas ideias é tornar o leitor capaz de decifrar as aspas do texto que apresenta essas ideias. De forma ideal, somente aquele que chegou ao fim do texto e que o compreendeu bem é capaz de decifrar as aspas como convém. De fato há, frequentemente, um excesso de aspas sobre a interpretação delas: o texto libera possibilidades de interpretação que seu autor não pode prever quando coloca suas aspas.

Itálico e aspas

O itálico, como as aspas, emprega-se ao mesmo tempo para a autonímia e para a modalização autonímica. Mas as aspas *juntam-se* ao enunciado, enquanto o itálico é por ele *incorporado*: é somente uma mudança de caracteres. Nada impede, portanto, acumular aspas e itálico. Em modalização autonímica, o itálico emprega-se de maneira preferencial para as *palavras estrangeiras* e para *insistir* sobre algumas unidades. Em contrapartida, as aspas são mais convenientes quando se trata de uma *reserva* da parte do enunciador, que indica com isso uma não coincidência de sua fala. Mas isso é apenas uma tendência; muito frequentemente, aspas e itálico são empregados indiferentemente. Como isso acontece quando várias formas (aspas, itálico, acúmulo das aspas e do itálico) estão em concorrência, instalam-se usos próprios de um autor singular, de uma disciplina, de um gênero ou de um tipo de discurso. O leitor é assim coagido a se adaptar da melhor maneira a essas flutuações.

ver autonímia, heterogeneidade mostrada/constitutiva, modalização

D. M. (V. M. O. S.)

asserção – A noção de **asserção** tem sido objeto de discussões no campo filosófico desde Descartes. Na *Gramática de Port Royal* de Arnauld e Lancelot, a *asserção* confunde-se com a *afirmação*, a operação pela qual um *predicado* é atribuído ao *sujeito*, sendo o verbo "uma palavra cujo uso principal é *significar a afirmação*, isto é, marcar o discurso em que essa palavra é empregada como sendo o discurso de um homem que não somente concebe as coisas, mas as julga e as afirma" (1969: 66).

Mais tarde, a lógica formal propõe, com Frege, considerar que a asserção não acontece na proposição, mas na articulação que une duas proposições. É discutida, então, a questão de saber se, por exemplo, não seria contraditório qualificar como asserção uma sentença condicional, se seria possível opor a sentença assertiva à interrogativa ou à imperativa, e se a asserção opõe-se à negação. A questão é saber, portanto, se a asserção designa somente os enunciados que seriam dados como verdadeiros pelo sujeito falante ou se uma asserção pode ser contestada em sua veracidade, e se é possível, portanto, falar de *asserções falsas, asserções mentirosas* e, ao mesmo tempo, de *asserção verdadeira*, caso se queira insistir em sua veracidade.

Podemos utilizar esse termo para designar todo enunciado que contém uma certa visão do mundo, quer se apresente sob forma positiva, negativa, hipotética ou condicional. A asserção diz respeito ao próprio fato de pôr em relação elementos para dizer alguma coisa sobre o mundo, independentemente de sua forma negativa, afirmativa ou interrogativa. "Assim, em *O encanador veio* é afirmada 'a vinda do encanador', e em *O encanador não veio* é negada 'a vinda do encanador'. Nos dois casos, é assegurada uma verdade que não se fundamenta na existência desse ou daquele elemento do conteúdo do enunciado, mas no que se pode chamar de *acontecimento de discurso* que coloca em relação dois elementos" (Charaudeau, 1992c : 553).

P. C. (F. C. K.)

assinatura – A atual definição da **assinatura** – "aplicação autografada do nome patronímico desobrigada do contexto" (Le Robert) – decorre do direito francês. Ela indica perfeitamente o caráter híbrido da assinatura, signo marcante que conjuga a função de um nome próprio – ela designa um indivíduo – a força ilocucionária de um ato de linguagem – assinar é fazer – e se comporta como um dêitico, uma vez que fornece ao escrevente uma ancoragem situacional.

História do signo

As particularidades semiológicas, pragmáticas e enunciativas características da assinatura são o resultado de um processo histórico de longa duração (Fraenkel, 1992), que começa em meados do século VI e termina no século XVI, quando a assinatura torna-se obrigatória (decreto de Fontainebleau, 1554). Durante esses dez séculos, muitas transformações afetarão a "vida social dos signos". O sistema antroponímico evolui através da fórmula que conhecemos, aquela do nome patronímico de dois elementos. Outros signos de identidade que permitiriam aos indivíduos marcar seus bens, validar seus atos jurídicos, afirmar sua personalidade são onipresentes: selos, brasões, sinetes e assinaturas formam, de acordo com as regiões, as classes sociais, os períodos, um sistema de signos, que exprimem pela imagem e pelo grafismo, tanto quanto pelos nomes, as diversas facetas do homem medieval. A obrigação de assinar põe um fim a essa diversidade, pois ela implica a interdição, para os particulares, de validar os atos com seus selos. Esses servem, sobretudo, para representar as "pessoas morais" – cidades, corporações, capítulos etc. – criados pelo direito medieval.

Assinatura e dêixis

A assinatura é situada, geralmente, na margem inferior de um escrito. Assim destacada do corpo do texto, ela é particularmente visível. Sua forma manuscrita é apenas mais saliente, tanto que o signo, frequentemente ilegível, implica mais o grafismo do que a escritura. Essas características permitem reaproximar a assinatura do funcionamento de um gesto: ela chama a atenção, mas o objeto para o qual ela aponta não é outro senão ela mesma. A autorreflexividade assim provocada tem por consequência fazer aparecer, sobre o suporte escrito, um indício. O signo remete de fato, nesse momento, ao sujeito, ao lugar de enunciação. Nesse sentido, a assinatura pode ser considerada como um indicador da dêixis, associando o indicador da pessoa e o indicador de ostensão.

Autografia e função performativa

A autografia do signo merece uma análise mais aprofundada. É ela que faz toda a diferença entre a simples menção de um nome próprio e a assinatura.

A autografia é um modo de inscrição caracterizado pelo fato de que um signo é escrito "por si mesmo", da própria mão do autor. Ela supõe um contato direto com o suporte escrito e, desse modo, constitui uma espécie de prova da presença daquele que a assinou. Essa particularidade que aproxima a enunciação manuscrita da enunciação oral assinala o contexto de origem do desenvolvimento da prova escrita. Até pelo menos o século XV, os compromissos jurídicos eram validados em momentos de cerimônias, no decorrer das quais os parceiros proferem juramentos. Trata-se de pronunciar certas fórmulas acompanhadas de gestos simbólicos de conteúdo religioso e habituais. A autografia estende a simbologia gestual dos juramentos. Escrever de próprio punho apoiando-se equivale a apor um signo em um suporte, como o gesto de colocar a mão sobre a *Bíblia* quando se jura. O ato de assinar é também um ato de tocar. Paralelamente, e com um peso menor, outras formas de performatividade se desenvolvem, reservadas aos chanceleres, aos notários, aos eruditos. Os atos que emanam das chancelarias reais são validados pela fórmula "*subscripsi*", "eu subscrevo", que é um enunciado performativo típico. No entanto, curiosamente é, talvez para fins de proteção dos documentos, os escriturários criarão o hábito de dar à última parte da fórmula (a marca –*i* da primeira pessoa) formas gráficas exuberantes. A rubricas são sua continuação.

A difusão da escritura, especialmente acentuada na França a partir do século XVI (Furet e Ozouf, 1977), fará evoluir a significação primeira e ritual da autografia. A personalização das escrituras amplia-se com os progressos da alfabetização e com a ampliação das funções da escrita. A possibilidade de uma expressão gráfica individual transforma a relação do escrevente com sua própria escrita. Ela toma lugar entre os signos de identidade e de identificação, suscitando sonhos tenazes de deciframento da alma.

De um ponto de vista semiológico, essa evolução é importante, pois afeta a interpretação do signo. A assinatura permite ao sujeito validar os atos escritos porque ela exprime a vontade consciente de quem assina, mas também porque parece carregada de uma certa força interior, inconsciente, que se exterioriza.

A ASSINATURA ELETRÔNICA

As recentes transformações do direito em matéria de assinatura denotam essa ligação íntima, tecida desde séculos, entre o sujeito e sua assinatura, visto que a assinatura eletrônica impõe-se progressivamente. O edifício semiológico, tornando-se pouco a pouco obsoleto, deixa transparecer as crenças atribuídas ao signo. A autografia não é mais necessária doravante para validar os atos. É assinatura toda escritura do nome pelo autor, seja qual for o modo dessa escritura. Em 8 de fevereiro de 2000, os deputados franceses aprovaram a lei sobre a assinatura eletrônica. A expressão "próprio punho", que definia a assinatura autógrafa no Código Civil, é substituída pelas palavras "por ela mesma". Por detrás desse ajuste, projeta-se uma nova relação com a escrita, com novas formas de performatividade e, talvez, com outras crenças.

ver **autonímia, dêitico**

B. F. (P. L. N. B.)

atenuador – Essa noção se inscreve no quadro da *teoria da polidez** desenvolvida recentemente (Brown e Levinson, 1978, 1987) no campo da pragmática* e da análise das interações*. Ela remete ao fato de que, para manter um mínimo de harmonia entre os interactantes, estes devem se esforçar para "atenuar" os diversos *Face Threatening Acts* (FTAs, "atos ameaçadores da face*") que eles são levados a dirigir a seus parceiros de interação (ordens, críticas, refutações, recriminações etc.); isto é, "polir", aparar arestas e brunir as pedras, a fim de não serem muito agressivos para as faces sensíveis e vulneráveis dos participantes.

Os procedimentos atenuadores – *softners* para Brown e Levinson, mas outros falam no mesmo sentido de *mitigators* (Fraser, 1980), ou de *downgraders* (House e Kasper, 1981) – são de natureza muito diversa: procedimentos lexicais, morfossintáticos, prosódicos (tom da voz, marcas de hesitação) ou mímico-gestuais (sorriso, inclinação da cabeça), alguns são "*passe-partout*", enquanto outros se aplicam de preferência a um tipo particular de atos de linguagem. Eles podem consistir em *substituir* a expressão "ameaçadora" por uma formulação edulcorada, ou em fazê-la *acompanhar* de uma espécie de "bemol". Entre os procedimentos substitutivos estão os **atos*** **de linguagem indiretos**, cujo uso se baseia em um cuidado de polidez (por exemplo, para a ordem, a substituição da construção imperativa por uma pergunta: "Você pode/quer fechar a janela?", por uma asserção: "A janela está aberta", ou por uma sugestão: "E se fechássemos a janela?"); pode-se, assim, atenuar um FTA recorrendo a diversos **desatualizadores** modais, temporais ou pessoais (condicional: "Você *poderia* fechar a janela?", "Você *deveria* ir embora"; imperfeito de polidez: "Eu *queria* perguntar se..."; condicional + passado: "Eu *teria gostado* muito de saber se..."; construção impessoal ou passiva: "Aqui *não se fuma*", "Esse problema *não foi resolvido* corretamente"; ou certos procedimentos retóricos como a **lítotes***: "*Eu não estou completamente de acordo* com o senhor", "*Gostaria tanto* que o senhor não fumasse", ou o **eufemismo***: em um estabelecimento comercial – "O que posso te *oferecer*?", em contexto acadêmico: "Menção *honrosa*", "Informação *confidencial*", "Esse trabalho me deixa *perplexo*" etc.). E entre os procedimentos que os acompanham: as **fórmulas de polidez** há muito tempo repertoriadas ("obrigado", "por favor", "de nada" etc.); mas também os enunciados **preliminares** ("Você pode me fazer um serviço?", "Posso pedir uma coisa?", "Posso fazer uma observação?"); os procedimentos **reparadores** (desculpas e justificativas); os **desarmadores**, por meio dos quais ao mesmo tempo alguém se antecipa e tenta desarmar uma eventual reação negativa do destinatário ("*Não gostaria de incomodar*, mas...", "*Sem querer mandar*, feche a porta"); os **apaziguadores**, que visam a compensar, com algum tipo de "doçura", a dureza do FTA ("*Tenha a bondade* de me acompanhar", "*Querida*, me passe o sal", "*Meu anjo*, feche a porta", "*Minha flor*, pode me dar uma mão?"); os **modalizadores**, que imprimem um tom menos peremptório à asserção ("*Parece-me que...*", "*Acho/Penso que...*", "(Pelo menos) *do meu ponto de vista*"); os **minimizadores**, enfim, que têm a função de reduzir, aparentemente, a ameaça do FTA, e que constitui um dos procedimentos favoritos da polidez negativa ("Eu *só* queria...", "Queria *só* (*apenas*) perguntar se...", "Isso é *só* para saber se...", "Posso te dar um *pequeno* conselho?", "Você pode me dar uma *mãozinha*?", "Você pode me dar cinco *minutinhos*?", "Mais um *dinheirinho*, por favor", e esse exemplo que ilustra bem a diferença entre os dois valores, ritual* e dimensional, do diminutivo:

"–Eu gostaria de um *bifinho*. – Grande? – Médio."

Esses diferentes procedimentos são cumulativos; exemplo de refutação: "Desculpe, pode ser que você se aborreça, mas me parece que isso que você acaba de dizer não está exatamente correto" (desculpa + desarmador + modalizador + lítotes); exemplo de pedido: "Gostaria de te pedir, se isso não te atrapalhar, para me levar, se você for na minha direção, pois eu acabo de perder o último metrô..." (formulação indireta + imperfeito de polidez + minimizador de incursão + justificativa).

Ao contrário dos atenuadores, os **intensificadores** têm a função de reforçar o ato de linguagem em vez de amortecê-lo e de aumentar o impacto em vez de atenuá-lo. Quando acompanham um FTA, eles "agravam" o caráter não polido ("Feche essa janela *imediatamente!*"). Mas eles podem, também, acompanhar um "ato valorizador da face" (agradecimento, cumprimento, promessa etc.) no interior do qual o intensificador está, então, a serviço da polidez ("*Mil vezes* obrigado", "Você é *mesmo* charmoso", "Desejo, *do fundo do meu coração*, excelentes férias").

Na maior parte das línguas, o conjunto de atenuadores e de intensificadores é rico e diversificado. Esses procedimentos desempenham, com efeito, um papel fundamental no sistema de preservação / valorização das faces dos interlocutores, garantia do bom funcionamento da interação.

ver **ato de linguagem indireto, eufemismo, face, lítotes, polidez**

C. K.-O. (M. R. G.)

ato de fala – ver **ato de linguagem**

ato de linguagem – Que se pode *agir* por meio da *linguagem* não é uma ideia nova. Mas somente na segunda metade do século XX foi edificada, sobre essa base, no campo da filosofia analítica anglo-saxônica, uma verdadeira teoria pragmática* da linguagem: a teoria dos *speech acts*.

A teoria dos "*speech acts*"

Admite-se, geralmente, que a publicação, em 1962, da obra de Austin, *How to do things with words* (livro que reúne doze conferências pronunciadas em 1955 pelo filósofo inglês na Universidade de Harvard) constitui o verdadeiro ato de nascimento dessa teoria. O título da obra enuncia claramente a hipótese de partida: "dizer" é, sem dúvida, transmitir ao outro certas informações sobre o objeto de que se fala, mas é também "fazer", isto é, tentar agir sobre o interlocutor e mesmo sobre o mundo circundante. Em vez de opor, como se fazia frequentemente, a fala à ação, propõe-se que a própria fala é uma forma e um meio de ação.

Na base da teoria austiniana está a descoberta da existência de um tipo particular de enunciados, os **enunciados performativos***, que têm a propriedade de poder e, em certas condições, realizar o ato que eles denotam, isto é, "fazer" qualquer coisa pelo simples fato do "dizer": enunciar "Eu te prometo que venho", é, *ipso facto*, realizar um ato, o de prometer.

Mas pode-se, também, prometer por outros meios, por exemplo, dizendo simplesmente "Eu virei". Ao lado dos performativos explícitos, Austin reconhece a existência de **performativos implícitos** (ou "primários") – e, aos poucos, são todos os enunciados que são tidos como dotados de uma **força ilocucionária** ou **ilocutória** (esses dois adjetivos são correntemente utilizados em português para traduzir o termo inglês *illocutionary*); ou ainda, todos os enunciados, para Austin, realizam três tipos de atos, denominados, respectivamente, "locutórios" (atos de "dizer qualquer coisa"), "ilocutórios" (atos efetuados "ao dizer qualquer coisa") e "perlocutórios" (atos efetuados "pelo fato de dizer qualquer coisa"). Encontra-se, no texto de Austin, uma classificação dos diferentes tipos de "insucessos" (*infelicities*: fracassos, insucessos, abusos) que podem afetar os atos ilocucionários, assim como um inventário e a classificação desses mesmos atos.

Todas essas noções são retomadas e sistematizadas por Searle, primeiramente, em *Speech Acts* (publicado em 1969, traduzido em português como *Actos de fala*, mas outros autores preferem falar de "atos de discurso" ou "atos de linguagem") e depois em *Expression and Meaning* (1979). Searle insiste na necessidade de distinguir (1) **os atos ilocutórios** (que correspondem às diferentes ações que se podem realizar por meios linguageiros: prometer, ordenar, agradecer, criticar etc.); (2) as **forças** ou **valores ilocutórios** (componentes de um enunciado que lhe permitem funcionar como um ato particular, combinando-se com o conteúdo proposicional próprio a esse enunciado); e (3) os **verbos ilocutórios**, unidades lexicais que permitem, em uma língua dada, designar os diferentes atos (por exemplo: o verbo "ordenar" designa, em português, o ato de ordem, que realiza um enunciado como "Feche a porta", no qual o valor de ordem entra em composição com um conteúdo proposicional particular). Ou seja, Searle revisa a classificação proposta por Austin, distinguindo cinco grandes categorias de atos de linguagem: os **assertivos**, os **diretivos**, os **promissivos**, os **expressivos** e os **declarativos**. Ele aprofunda, igualmente, a questão das **condições de felicidade** (*felicity*) a que um enunciado deve obedecer a fim de que possa cumprir seu objetivo ilocutório. Enfim, ele se interessa pelas diferentes maneiras, diretas e indiretas, por meio das quais os atos de linguagem podem realizar-se (problemática dos atos* de linguagem indiretos).

A ABORDAGEM INTERACIONISTA

Na perspectiva da teoria "padrão", os atos de linguagem correspondem, em geral, a frases. Mas pode-se também ver, no nível mais amplo do texto ou do discurso, **macroatos*** produzidos pela integração sucessiva de microatos (Van Dijk, 1977b; Nef, 1980) (por exemplo, um discurso eleitoral tem como valor pragmático global o valor incitativo de "Vote em mim").

Por outro lado, na comunicação ordinária, que coloca em presença vários interlocutores, os enunciados, e os atos de linguagem que eles realizam são produzidos em um circuito de troca. Considerar os enunciados como atos é, então, admitir que eles são realizados para agir sobre os outros, mas também para levá-los a *reagir*: o dizer não é somente fazer, mas também *fazer fazer*. Retomando a noção de ato de linguagem, a abordagem interacionista enriqueceu-a consideravelmente, por exemplo,

(1) admitindo que, já que um enunciado se destina a vários destinatários, ele pode muito bem estar carregado de diferentes valores para esses diferentes destinatários (Clark e Carlson, 1982); (2) considerando a organização sequencial dos atos de linguagem e as regras que lhes permitem entrar em composição para constituir as **trocas***, simples ou complexas (as trocas simples ou **pares*** **adjacentes** constituem-se de um **ato iniciativo** e de um **ato reativo**, por exemplo: saudação-saudação, pergunta-resposta; oferecimento-aceitação/recusa etc.); (3) analisando o papel que podem desempenhar os atos de linguagem na construção da relação* interpessoal: a ordem ou o consentimento, a desculpa ou cumprimento não instauram o mesmo tipo de relação; em particular, eles podem provocar efeitos extremamente variáveis sobre as faces* dos participantes.

A noção de atos de linguagem deixa, atualmente, vários problemas não resolvidos, que concernem, entre outros, ao nível do sistema: seu inventário, sua delimitação (parece que se tem, de fato, um *continuum* de um ato a outro), sua classificação, sua universalidade; ao nível de seu funcionamento no discurso: a identificação dos valores que se ligam a um dado enunciado (geralmente há vários, diversamente organizados e mais ou menos *negociáveis* na interação). Essa noção é indispensável à descrição do funcionamento dos discursos e das interações.

ver **ato de linguagem indireto, face, polidez, pragmática, relação interpessoal, troca**

C. K.-O. (M. R. G.)

ato de linguagem indireto – Os atos* de linguagem realizam-se linguisticamente "encarnando-se" nos enunciados. Mas não há uma correspondência biunívoca entre um certo significante (forma declarativa, interrogativa ou imperativa do enunciado) e um certo significado (valor de asserção, de pergunta ou de ordem). Com efeito: um mesmo ato de linguagem pode receber um grande número de realizações diferentes (por exemplo, em certas circunstâncias, os enunciados a seguir são pragmaticamente equivalentes: "Feche a porta", "Você pode/poderia fechar a porta?", "Você quer/queria fechar a porta?", "Eu gostaria que você fechasse a porta", "A porta está aberta!", "Aqui tem corrente de ar!" etc.). Inversamente, uma mesma estrutura pode exprimir valores ilocutórios diversos: "Aqui tem corrente de ar" pode, então, exprimir uma constatação, uma recriminação, um pedido, ou tudo isso ao mesmo tempo. Os diferentes valores podem, com efeito, *adicionar-se: dizer é fazer várias coisas ao mesmo tempo*; ou *substituir um enunciado por outro: dizer é fazer uma coisa sob a aparência de outra*.

Fala-se de **ato de linguagem indireto** (expressão elíptica que designa o *ato de linguagem formulado indiretamente*) sempre que um ato se exprime sob a cobertura de um outro ato. Por exemplo, em "Você pode fechar a porta?", o valor de ordem se exprime por meio de um ato aparente de interrogação (valor "normal" da estrutura interrogativa). Searle (1982: cap.2) denomina de "secundário" o ato de interrogar e de "primário" o ato de ordenar. No entanto, do ponto de vista da interpretação, pode-se dizer que o valor de pergunta é "literal", e o valor de ordem, "derivado". Os atos de linguagem indiretos se assemelham, guardadas as diferenças, aos tropos* (ver Kerbrat-Orecchioni, 1986 e 2001 sobre **tropos ilocutórios**).

Como os outros tropos, os atos de linguagem indiretos podem ser **convencionais** ou **não convencionais** (princípio de oposição que é, na realidade, gradual). No caso de "Você pode fechar a janela?", todos admitem que, fora de certos contextos particulares, a estrutura *vale por* um pedido; esse valor, que pode, ainda, ser reforçado por um marcador como "por favor", é "convencional". Por outro lado, se o enunciado "Aqui tem corrente de ar" pode, em certas circunstâncias, receber esse mesmo valor, ele é, então, "não convencional" e fortemente tributário do contexto (fala-se, também, nesse caso, de "derivação alusiva").

Por outro lado, Searle mostrou que realizar um ato de linguagem indireto consistia, sobretudo, em *afirmar* ou *questionar uma das condições de felicidade* às quais está submetido o ato em questão: "Eu gostaria que você fechasse a janela" afirma a condição de sinceridade (fixada no locutor), "Você poderia/gostaria de fechar a janela?" questiona certas condições de sucesso que concernem ao destinatário, "A porta está aberta" afirma uma característica sobre o estado de coisas (o qual não deve estar já realizado no momento da enunciação do pedido para que o ato seja bem "sucedido") etc.

A **decodificação dos atos de linguagem indiretos** implica, além da natureza do conteúdo proposicional, a estrutura do enunciado e, na oralidade, o acompanhamento prosódico e mímico-gestual: certas "regras de derivação ilocutória" (Anscombre, 1980); a intervenção de "máximas* conversacionais", cujo papel na gênese das implicaturas* foi mostrado por Grice; assim como certos dados contextuais relevantes, no caso, sobretudo, das formulações indiretas não convencionais (quanto mais um valor ilocutório é fortemente codificado linguisticamente, menos ele necessita do contexto para se atualizar, e vice-versa). Mecanismo muito complexo, então: não é surpreendente que a identificação dos valores indiretos esteja sempre sujeita a **mal-entendidos** (geralmente involuntários, às vezes voluntários), mal-entendidos que podem ser decorrentes de (1) uma *superinterpretação* (o destinatário vê um valor indireto onde o locutor pretendeu falar diretamente); (2) uma *subinterpretação* (o destinatário não percebe, ou finge não perceber o valor derivado); (3) uma *interpretação errada* (o destinatário se equivoca sobre o valor, por exemplo: "Você está de carro?", pergunta que tem valor de pedido para o locutor, pode ser interpretada como um oferecimento para o destinatário). Os atos de linguagem indiretos, como atenuadores* dos "atos ameaçadores das faces*" das partes em presença, desempenham, igualmente, um papel decisivo no funcionamento da polidez* e na gestão da relação* interpessoal.

ver **atenuador, ato de linguagem, face, máxima conversacional, polidez, tropo**

C. K.-O. (M. R. G.)

ato diretor – ver **troca**

ato subordinado – ver **troca**

ator – Este termo que, na origem, era empregado para designar a personagem de uma peça de teatro, e, em seguida o artista que representa o papel de uma personagem no teatro ou no cinema, acabou por tomar um sentido muito mais amplo e passou a designar toda pessoa que toma parte ativa em uma atividade qualquer ("Ele foi um importante ator da última guerra").

Sob a influência da sociologia e da psicologia social, o termo **ator social** é igualmente empregado para designar os atores da comunicação do ponto de vista de seu estatuto social e das representações* sociais de que são portadores, e não necessariamente da perspectiva do papel linguageiro que eles podem ser levados a representar: "Para interagir, os atores sociais referem-se a representações supostamente partilhadas das normas, papéis e planos, cenários e *scripts* esperados e específicos" (Chabrol, 1994: 92).

Na análise do discurso, fala-se dos atores da comunicação para designar os locutores* e interlocutores*, externos ao ato de linguagem, que estão implicados na troca comunicativa. Nesse caso, esse termo tem um sentido mais preciso do que o de **participantes***. É possível haver vários participantes em uma discussão em grupo sem que necessariamente eles intervenham todos ao mesmo tempo nem que estejam implicados da mesma maneira. É no instante em que um participante toma a palavra dirigindo-se a um outro que esses dois intervenientes tornam-se atores da comunicação. Ainda resta especificar sua identidade* e os papéis* que eles representam. Desse modo, diz-se de um indivíduo que ele é jornalista, como ator social, e que, na situação de comunicação em que se encontra, pode assumir diferentes papéis comunicativos, de "entrevistador", de "cronista", de "analista" etc.

ver **identidade, papel, quadro participativo, sujeito falante**

P. C. (M. R. G.)

atualização – Noção cunhada em Bally e Guillaume no entre-guerras. Ela é estreitamente ligada à noção de *discurso**, já que serve para designar a conversão, em cada tomada de palavra, do *sistema* linguístico em enunciado singular. Mas seu valor continua instável.

"Atualização" é solidária de distinções do tipo *língua/fala*. Refere-se, em geral, a Bally (1965: 82): "A atualização tem a função de converter a língua em fala: é por meio da atualização modal que uma ou mais palavras exprimem representações que se tornam uma frase (a frase é o ato de fala por excelência); é também pela atualização que os signos da língua podem tornar-se termos da frase".

Nessa noção misturam-se diversas oposições: entre as palavras isoladas e integradas em uma frase, entre uma palavra com e sem determinante, entre o abstrato e o concreto, entre o virtual e o efetivo... Oscila-se entre duas concepções de atualização, que se poderiam denominar "ampla" e "estrita". Na concepção "ampla", "atualização" está próxima de "enunciação*", é um processo fundamentalmente modal que diz respeito ao conjunto do enunciado; na concepção "estrita", "atualização" designa somente os traços desse processo: atualizar um signo é, então, converter um conceito em uma representação particular de sujeitos falantes, inscrevê-lo no tempo e no espaço, determiná-lo. Os afixos flexionais de pessoa, tempo, número, gênero... os determinantes do nome (definidos, demonstrativos...) são marcadores privilegiados dessa atualização "estrita".

O conceito de atualização "abre pistas promissoras para a exploração da dimensão processual da linguagem" (Barbéris, Bres e Siblot, 1998: 47). Mas há o inconveniente de que se encontra no coração dos assuntos mais controversos da reflexão contemporânea sobre a linguagem. Ele traz à tona, com efeito, a questão das relações entre sistema linguístico e uso desse sistema, mas também a questão da referência*, dos atos* de linguagem, da enunciação*, do contexto*...

ver **ato de linguagem, contexto, enunciação, referência**

D. M. (M. R. G.)

auditório – ver **destinatário**

autodesignação – Termo utilizado em análise do discurso para remeter ao conjunto dos procedimentos que servem ao enunciador de um texto para designar a si próprio, como indivíduo ou como membro de uma coletividade.

O estudo dos marcadores da autodesignação concentra-se, em geral, em duas grandes categorias de formas: os pronomes pessoais e os grupos nominais. Refere-se, pois, linguisticamente, ao mesmo tempo, às questões de embreagem* e às de categorizações nominais e de pré-construídos*.

Os estudos dos usos sociopolíticos do *nous* [nós] e do *on* [índice de indeterminação do sujeito; em português, o funcionamento do pronome "se" é semelhante] foram particularmente abundantes e produtivos. Além das pesquisas fundadoras de Courdesses (1971) e de Guespin (1976) sobre os embreadores no discurso socialista e comunista, tem-se uma boa avaliação no número 10 da revista *Mots* (1985). São enfatizadas em particular a força ilocutória* da enunciação do *nous* [nós] e a relação entre a coesão de um *nous* [nós] e a exclusão de um terceiro.

O estudo das formas nominais da autodesignação foi frequentemente associado ao dos termos da alteridade (Ebel e Fiala, 1983; Bonnafous, 1991), dos quais ela constitui uma espécie de espelho. Esse fato explica porque frequentemente esses estudos relacionam-se aos discursos nacionalistas, racistas e segregacionistas.

O estudo da autodesignação distingue-se do estudo da autoqualificação, que remete sobretudo às fórmulas atributivas do tipo "eu sou X" ou "eu sou um X". Esses últimos participam do trabalho de construção da imagem de si no sentido goffmaniano. "O dia em que vocês compreenderem que sou um intransigente que evolui, um austero que brinca e um protestante ateu, escreverão menos besteiras", declarou Lionel Jospin aos jornalistas, em 18 de dezembro de 1999.

Ainda que distintos, esses dois tipos de estudo evidentemente se complementam para explicar a figura do locutor.

ver **embreagem, esquematização, ethos, pré-construído**

S. B. (F. C. K.)

automática (análise –) – O recurso à informática para analisar textos decorre de duas preocupações: (1) *a pesquisa baseada em dados ditos "qualitativos"* (perguntas abertas, protocolos verbais, entrevistas, artigos de imprensa...): no universo das palavras possíveis, quais são as que foram escolhidas e como elas se organizam? (2) *Os "sistemas aplicativos"*: como simular o raciocínio humano na produção e na compreensão de sequências verbais? Nos dois casos, trata-se de definir as palavras, suas funções, suas relações, seja para revelar estruturações textuais ou linguísticas, seja para criar ferramentas de tradução ou de resumo automático, de síntese vocal e de edição automática, de indexação e de pesquisa documental para as novas tecnologias da informação e da comunicação.

Após aproximadamente dez anos, a evolução das teorias da comunicação e da ferramenta da informática tornou possível a elaboração de métodos de *Analyse du discours assistée par ordinateur* (Marchand, 1998), que permitem passar da "apreensão" do texto à leitura de resultados com uma facilidade ampliada por interfaces e auxílios de leitura cada vez mais acessíveis aos não especialistas em informática, e com durações cada vez mais reduzidas. Duas abordagens podem ser distinguidas: a da *estatística lexical* (a análise dos dados textuais ou **lexicometria***) e das *ciências humanas* (ciências da linguagem, ciências cognitivas), confrontadas com os fenômenos de comunicação (a análise do discurso, da enunciação, a pragmática).

Definição das unidades de análise

Qualquer que seja a abordagem, o ponto de partida comum é a necessidade de segmentar o texto "apreendido" em máquina (ou *corpus**) em unidades analisáveis automaticamente. A "palavra" é assim definida como uma *forma gráfica*, isto é, uma sequência de caracteres compreendida entre dois caracteres delimitadores. Antes de qualquer coisa, é necessário, pois, definir os caracteres relevantes (letras, algarismos, símbolos), assim como os delimitadores pertinentes (o caractere "branco", "espaço em branco" ou " ", a "paragrafação", a pontuação). A partir desse momento, surge um número variado de ambiguidades que demandam a construção de regras específicas para o reconhecimento exclusivo dos caracteres para identificar, por exemplo, com a ajuda de dicionários de análise, as locuções ou as expressões cristalizadas (Gross e Senellart, 1998; Silberztein, 1993, 1998).

A **lematização** é igualmente uma operação comum às diversas abordagens automáticas dos *corpora* textuais: trata-se de reagrupar as diferentes flexões de uma mesma forma lexical. Duas operações são aqui possíveis: (1) A partir do índice alfabético das formas do *corpus*, pode-se reduzir à raiz comum (ou **lema**) as formas que começam pelas mesmas letras e que terminam por um sufixo regular (marcadores de sintaxe, de gênero, de número...) (Reinert, 1990). (2) No momento da segmentação, cada forma do léxico pode ser "etiquetada" de acordo com suas características morfológicas e sintáticas. Por exemplo (Sabah, 1988-1989), o verbete de dicionário *ferma* [em português, *parou*] será representado pelo esquema:

Categoria	=	Verbo
Tempo	=	Passado simples
Tipo	=	Ação
Raiz	=	Fermer [parar]
Lexia	=	Ferme [par–]

Esse último procedimento permite levar de novo as formas flexionadas à sua **raiz**, guardando, sob a forma de etiqueta, um traço da forma inicial. Ele necessita da construção de dicionários consideráveis (Gross, 1975, 1986; Gross e Senellart, 1998).

Dado o *corpus* "segmentado", pode-se preparar a lista das formas lexicais: seu conjunto constitui a **dimensão** do *corpus* e o número de formas diferentes institui seu **vocabulário** (o índice). A relação entre a dimensão e o vocabulário está na base dos indícios de **riqueza** do vocabulário (Labbé, Thoiron e Serant, 1988). Pode-se igualmente procurar as concordâncias* de uma forma lexical particular e selecionar os segmentos* repetidos.

ANÁLISE ESTATÍSTICA E ANÁLISE DO DISCURSO

Uma vez constituído o índice, pode-se distinguir duas abordagens: a da *estatística textual* (lexicométrica) e a da *análise do discurso*. Para a estatística textual, "cada discurso é para os programas de cálculo um *amontoado de palavras* do qual somente o perfil de frequências é efetivamente explorado" (Lebart e Salem, 1994: 146). A análise do discurso, ao contrário, considera categorias funcionais de palavras (artigos, substantivos, verbos, adjetivos, conectores, operadores...) e se interessa por suas relações sintagmáticas. Busca-se associar uma categoria a cada palavra, e aplicar as regras de relações entre as categorias. Essa abordagem fundamenta-se, por um lado, na constituição de dicionários de formas flexionadas (lemas, plurais, femininos, verbos conjugados etc.), de tipos de flexões (concordâncias, conjugações), de terminações etc., aos quais o *corpus* em análise será comparado; e, por outro lado, na definição de algoritmos que permitam identificar a função das formas no interior da proposição gramatical ou da frase. Além da constituição de dicionários exaustivos, a dificuldade dessa abordagem é a listagem das *ambiguidades**, isto é, a inclusão de uma mesma forma lexical em muitos dicionários. A automatização da listagem de ambiguidade sintática deve levar em conta as regras de combinação das formas em frases gramaticalmente corretas, e baseia-se em algoritmos da informática (Silberztein, 1993) ou em uma lógica de inteligência artificial (Sabah, 1988-1989; Ghiglione, Bromberg, Landré e Molette, 1998). Assim, a proposição "O progresso mata a mata" não é mais ambígua no momento em que se considera que o segundo "mata", precedido do determinante "a", não pode ser um verbo.

Percebe-se facilmente a importância de tais indexações morfossintáticas para a construção de programas aplicativos. Em análise do discurso, elas permitem igualmente calcular estatísticas de frequência de cada uma das categorias de um *corpus*. Uma síntese desses inventários revelará, então, um diagnóstico da maneira como um locutor descreve, identifica ou classifica cada coisa ou alguém, e permitirá deduzir tanto o estilo geral do texto analisado (Charaudeau, 1992), quanto estratégias cognitivo-discursivas adotadas pelo recurso privilegiado a alguns "marcadores sociolinguageiros" (Scherer e Giles, 1977; Ghiglione *et alii*, 1998; Marchand, 1998).

ANÁLISE DE CONTEÚDO TEMÁTICO E
ANÁLISE AUTOMÁTICA DOS CONTEÚDOS

As análises precedentes, por fim, não consideram a palavra em si, mas relações, estatísticas ou sintáticas, que evidenciam redes significantes independentes do conteúdo referencial e de seu sentido. Para analisar o próprio conteúdo, pode-se recorrer a duas abordagens: *a primeira* opera uma classificação dos enunciados com base em hipóteses e grades de análise definidas (antes ou durante a análise) especificamente para o *corpus* a ser analisado (é o que se chama geralmente "a análise* de conteúdo");

a segunda procura inicialmente estabelecer categorias e relações semânticas gerais na língua para, em seguida, aplicá-las a diversos *corpora* a serem analisados.

A análise de conteúdo temático (Bardin, 1993) apresenta-se como uma quantificação de "dados qualitativos". Os programas mais conhecidos nesse domínio permitem dividir o texto em sequências (proposições, frases, parágrafos...) às quais se associam códigos pré-definidos para que se possam calcular as correlações entre os próprios códigos ou entre os códigos e as características de produção do texto. A corrente anglo-saxã CAQDAS (*Computer Assisted Qualitative Data Analysis Software*) é majoritariamente composta de ferramentas desse tipo (Weitzman e Miles, 1995, *Bulletin de méthodologie sociologique*, 1997). O fato de esse método ser assistido por computador não o exime das reprovações fundamentais que foram dirigidas à análise de conteúdo, notadamente em relação à *fidelidade* e à *validade* das operações de codificação (Ghiglione e Matalon, 1978: 170-172).

A análise automática dos conteúdos (Ghiglione, Bromberg, Landré e Molette, 1998) difere radicalmente da análise temática não por buscar interpretar a significação de um dado texto, mas por procurar definir as relações semânticas e pragmáticas gerais em uma língua. Essa perspectiva é associada à utilização de dicionários que permitem reagrupar os termos de um *corpus* em um número limitado de categorias semânticas em função de regras definidas fora de qualquer trajeto interpretativo. O *General Inquirer* (Stone, Bales, Namenwirth e Ogilvie, 1962) é um dos pioneiros desse tipo de análise, originalmente desenvolvido no Laboratório das Relações Sociais da Universidade de Harvard para estudar *corpora* em psicologia e em sociologia. A questão que se coloca é a construção de um dicionário geral independente de tal ou tal domínio de pesquisa e, para isso, é necessário recorrer às regras que regem a *estrutura lexical* de uma língua.

Guiraud (1967: 191-193) definiu as diferentes ligações estruturais que se podem encontrar no léxico da seguinte maneira: "Uma categoria lexical é formada pelo conjunto das palavras que possuem caracteres lexicais comuns. No entanto, a palavra é dupla, significante e significado; as palavras que formam a categoria lexical terão, pois, em comum, ao mesmo tempo, caracteres semânticos (no nível dos conteúdos significados) e caracteres morfológicos (no nível da expressão significante). [...] O objeto de uma lexicologia estrutural consiste em identificar, definir, analisar e classificar as categorias lexicais cujo conjunto constitui a língua". Mencionaremos Sabah (1988-89) em relação a um detalhe das diferentes teorias de redes semânticas. O programa *Tropes* (Ghiglione *et alii*, 1998) permite reagrupamentos automáticos com base em relações de sentido paradigmáticas tais como hiponímia / hiperonímia, co-hiponímia, sinonímia ou antonímia. Ele integra um dicionário (mais de um milhão de formas flexionadas) e uma rede semântica do francês (160.000 classificações canônicas), o que lhe permite efetivamente analisar, de um ponto de vista semântico, um *corpus* que seleciona classes de equivalentes, as quais reagrupam as palavras (substantivos comuns ou nomes próprios) que frequentemente aparecem no texto e têm uma significação próxima. Três níveis podem ser utilizados para visualizar as classes de equivalentes, e o exemplo seguinte, extraído da apresentação de *Tropes*, permite ilustrar progressivamente essa categorização.

O interesse desses reagrupamentos semânticos é duplo: (1) *Para a análise do discurso*, indicam quais são as categorias presentes no texto, levando em consideração equivalências paradigmáticas, assim como "cenários" correntes. (2) *Para a pesquisa documental*, permitem expandir uma busca com base em uma "forma pivô" a outras formas associadas na língua.

Palavras	Nível 1	Nível 2	Nível 3
Comunismo	comunismo	doutrina política	política
Marxismo	comunismo	doutrina política	política
Capitalismo	liberalismo	doutrina política	política
Liberalismo	liberalismo	doutrina política	política
Chefe de Estado	chefe de Estado	político	política
Presidente da República	chefe de Estado	político	política
Chanceler	ministro	político	política
Ministro	ministro	político	política
Governo	governo	instância política	política
Ministério	governo	instância política	política

Para concluir, se é impossível que um computador possa compreender a linguagem humana, suas riquezas e suas diversidades infinitas, é possível que ele calcule o que é dito e a maneira como é dito de modo relativamente rápido e com probabilidades de erros que diminuem ano a ano. Ele pode então revelar indicadores de intenção que são empregados sem que se tenha, necessariamente, consciência deles, com a condição, entretanto, de não confundir complexidade tecnológica dos tratamentos com estatuto científico dos resultados (Jenny, 1997).

ver **análise de conteúdo, concordância, coocorrência, especificidades, lexicometria**

P. M. (F. C. K.)

autonímia – A *autonímia* estava no centro das preocupações filosóficas e lógicas mais amplas antes mesmo de esse conceito ser reexaminado pelos linguistas e utilizado em análise do discurso. O termo *autônimo*, que significa literalmente "nome de si próprio", provém do neologismo alemão *autonym*, forjado pelo lógico Carnap (1934).

DA LÓGICA À ANÁLISE DO DISCURSO

Os precursores. Aristóteles não ignora a potencialidade metalinguística da linguagem, mas ele considera que é uma falha línguas porem em perigo a existência de uma ligação "natural" entre palavra e coisa, o que se chama atualmente de *fato autonímico* – que se manifesta quando a(s) palavra(s) refere(m)-se à(s) palavra(s) e não às coisas. Santo Agostinho, convencido da arbitrariedade do signo e aderindo à concepção estoica do signo de dupla face, para dar conta do fenômeno autonímico propõe estabelecer uma distinção entre as palavras que funcionam como "*signos de coisas*", que remetem à "coisa significada", e as que são "*signos de signos*", que remetem às "palavras tomadas como signos".

Os lógicos, em particular os medievalistas, que se ocuparam em repertoriar as propriedades lógicas das palavras no discurso, falam de *suppositio formalis* quando a palavra é atualizada por aquilo que ela significa (ex. "O autônimo imita a língua no sistema do mundo", Rey-Debove, 1978: 139), e de *suppositio materialis* quando a palavra é empregada para si mesma (ex. "A palavra 'autônimo' foi julgada inapropriada"). Enfim, de maneira mais contemporânea, Quine (1951: 23), mediante a fórmula dicotômica *palavra em uso / palavra em menção*, prolonga o pensamento de Carnap.

Em análise do discurso, o autônimo caracteriza-se pelo fato de ser uma sequência linguística (um signo constituído por um fonema, por um morfema, por um lexema ou por um sintagma) formalmente idêntica a uma sequência ordinária, mas que tem um comportamento sintaticossemântico específico, na medida em que se inscreve em ruptura cotextual em relação ao enunciado que atualiza e porque funciona de maneira autorreferencial. De um ponto de vista semântico, o signo autônimo possui a particularidade de ser "um signo da metalinguagem que designa o signo da linguagem que é seu homônimo, e que é uma parte de seu significado em comum" (Rey-Debove, 1978: 132). O estatuto autonímico de certas sequências pode gerar confusão, a não ser que elas estejam munidas de indícios formais que eliminem o equívoco; por exemplo, podem ser precedidas de um apresentador metalinguístico (como uma *palavra* ou *frase*: "A palavra 'legal' não convém na frase 'Estou indo legal'"), ser destacadas do cotexto por aspas* ou por itálico. Contrariamente às palavras metalinguísticas, a sequência autonímica não dispõe nem de sinônimo nem de antônimo e não é traduzível.

CONOTAÇÃO AUTONÍMICA

De uma perspectiva semiótico-linguística, Rey-Debove (1978: 253) – com base no sistema semiótico proposto por Hjelmslev (1943) e repensado por Barthes (1964a) – propõe chamar "a situação de um signo que significa, como conotador, seu significante e seu significado denotativo" de *conotação* linguageira reflexiva*, ou *autonímica*. Por exemplo, no enunciado "Pedro é um marginal, como se diz hoje em dia", o termo *marginal* é inicialmente empregado de maneira usual para falar da coisa (significado denotativo), em seguida, por efeito do comentário metalinguístico, é designado como signo (significado conotativo). O comentário metalinguístico pode ser substituído por marcadores tipográficos que isolam a sequência linguística referida pela conotação autonímica ("Pedro é um 'marginal'"). Segundo Rey-Debove, uma palavra com conotação autonímica distingue-se de um autônimo pelo fato de que representa uma única e mesma palavra munida de sentidos diferentes, e, assim, tem a ver com polissemia e não com homonímia.

MODALIZAÇÃO AUTONÍMICA

De uma perspectiva enunciativa, Authier-Revuz considera a estrutura descrita como "conotação autonímica" da perspectiva de uma modalização reflexiva do dizer, e essa mudança de ponto de vista a leva a pensar a questão sob o ângulo da *modalização* autonímica*. Essa *modalização* corresponde a "um modo dividido que opacifica o dizer, no qual o dizer (1) realiza-se ao falar das coisas com palavras, (2) representa-se enquanto se constitui, (3) apresenta-se, pela autonímia, em sua própria forma" (1995: 33). Manifesta-se, pois, sempre que o enunciador comenta seu próprio dizer ao pronunciá-lo; o "comentário" testemunha um desdobramento da enunciação e pode, em sua forma mais reduzida, resumir-se à presença de aspas ou exprimir-se por enunciados metadiscursivos do tipo "se você me permite...", "como diz X", "no sentido original". Sendo um "fato de enunciação modalizado por uma autorrepresentação opacificante", a *modalização autonímica* opõe-se à *conotação autonímica*, apreendida em termos de signo com conotação, e essa abordagem permite ampliar os fatos considerados.

Destacam-se dois conceitos antagônicos da autonímia: de um lado, o dos lógicos, que a consideram como "uma única palavra que teria dois empregos" (Rey-Debove, 1978: 87), do outro, o dos linguistas, presente de maneira implícita em Aristóteles, que consideram que o fenômeno "faz sobrevir duas palavras [a palavra e seu nome]" (ibid.). O fato autonímico, tratado do ponto de vista da modalização, revela-se como um instrumento de análise produtivo para a análise do discurso, visto que toca a estrutura enunciativa, participa da heterogeneidade* discursiva, e permite, entre outras coisas, refinar a abordagem dos discursos* citados e abordar os fenômenos dialógicos*.

ver **aspas, metacomunicação/metadiscurso, modalização, referência**

F. C-B. (F. C. K.)

autor – Em francês, o termo aparece ligado à escritura e à obra. A noção de **autor** transforma-se durante os séculos XVII e XVIII, à medida que se constrói o "primeiro campo literário" (Viala, 1985). Inicialmente, o autor é quem responde por seus escritos, é o alvo potencial da censura e por esse motivo deve assinar suas obras. Paralelamente a essa obrigação, afirma-se a reivindicação do direito de propriedade pelos escritores sobre suas próprias obras: sabe-se que são, sobretudo, os editores que se beneficiarão quando, em 1777, as primeiras disposições jurídicas são tomadas. O debate sobre o próprio princípio dos direitos do autor será acalorado. A uma concepção de texto como não pertencente a ninguém, porque concebido em uma língua, com ideias que pertencem a todos, opõe-se o princípio de um reconhecimento de texto como "obra", produto de um trabalho, portanto, suscetível de uma apropriação e de uma remuneração.

A "FUNÇÃO-AUTOR"

Em 1968, Barthes anuncia "a morte do autor": "A linguagem conhece um sujeito, não uma pessoa" (Barthes, 1984: 63). Com essa fórmula provocadora, o autor exprimia a necessidade de uma "nova crítica", de uma abordagem das obras literárias desvencilhada da pesquisa infrutífera sobre as intenções do autor. Foucault, no mesmo período, em uma conferência que se tornou célebre, "O que é um autor?" (1969a), expõe a tese de que o autor é uma *função* que permite organizar o universo dos discursos. O nome de autor age como uma marca distintiva, os textos que lhe pertencem formam a categoria das **obras**, e se opõem a outros, anônimos ou meros produtos de um sujeito qualquer. Essas críticas são acompanhadas da difusão de uma influente corrente de análise, a análise estrutural das narrativas, que contribuiu para o desaparecimento do autor até então onipresente na cena científica.

EM ANÁLISE ESTRUTURAL

Os trabalhos de Propp (1970) sobre as funções narrativas nos contos russos estão na origem da análise estrutural e da narratologia. Lévi-Strauss (1958) foi um dos primeiros a utilizar as funções apresentadas por Propp para desenvolver seu programa de "análise estrutural do mito". Greimas, por sua vez, buscará uma síntese dos trabalhos de Propp e de Lévi Strauss para fundar uma "semântica estrutural" (Greimas, 1966). Todos esses trabalhos resultam da análise de obras *a priori* sem autores: contos populares, mitos. Os "modelos actanciais" greimasianos não levam em conta nem o autor nem o leitor: o microuniverso da obra basta a si mesmo.

NAS CIÊNCIAS DA LINGUAGEM

A noção de "Autor Modelo" proposta por Eco define-o como uma "hipótese interpretativa" construída pelo leitor (Eco, 1985a). O autor desempenha então um papel actancial da mesma forma que uma personagem da narrativa; é distinto do autor "empírico", sujeito individual. A colocação em relação entre o Autor Modelo e seu equivalente, o Leitor* Modelo, "hipótese interpretativa" forjada pelo autor, define "a cooperação interpretativa". Esse tipo de modelo, embora sirva, sobretudo, para explicitar os processos interpretativos trabalhados pelo leitor, não o faz sem evocar os trabalhos de Bakhtin (1979), que foi, talvez, entre os fundadores da sociolinguística, o que mais se preocupou com a questão do autor.

Os autores não literários

A importância dos debates sobre o autor literário certamente contribuiu para protelar a identificação de outros tipos de autores que poderíamos chamar, de maneira global, autores não literários, que não são menos "figuras". Assim, *de um ponto de vista jurídico*, a noção de autor é objeto de uma conceituação particular. Para executar um ato jurídico, dois autores são necessários: o autor da ação, que se engaja, e o autor do ato, que representa a autoridade habilitada a estabelecer o documento original. *No mundo do trabalho*, o exame dos fenômenos de enunciação nos escritos de trabalho coloca em evidência a complexidade da noção de autor, que é, ao mesmo tempo, responsável por seus atos e membro de uma coletividade, de uma organização ela própria responsável, juridicamente, pelas atividades de seus agentes (Pene, 1997). A simples questão: "Quem escreveu esta carta?" pode suscitar respostas variadas, se foi proposta do ponto de vista do trabalho efetuado ou do ponto de vista da imputação de uma responsabilidade (Fraenkel, 1997). No primeiro caso, teremos um **redator**; no segundo, um **autor**.

ver **enunciador, escrito/oral, locutor, polifonia**

B. F. (F. C. K.)

autoridade – A problemática da **autoridade** engaja a análise do discurso em uma reflexão nos planos *epistêmico* (sobre as condições de aceitabilidade não vericondicionais dos enunciados), *da influência social* (sobre o poder no discurso) e *interpessoal* (sobre as manifestações e efeitos sobre a interação das posições superiores / inferiores dos interactantes).

De um ponto de vista lógico-científico, um discurso é admissível se reúne e articula procedimentos admitidos pelas proposições verdadeiras, isto é, correspondentes à realidade. Numerosos enunciados são aceitos por motivos outros que não sua conformidade à realidade. O caso mais célebre é o dos enunciados performativos*, admitidos com base em sua enunciação.

Em argumentação, a aceitação de um ponto de vista ou de uma informação é fundada na autoridade se é reconhecida não pelo exame da conformidade do enunciado com as próprias coisas, mas em função **da fonte e do canal** pelos quais a informação foi recebida (autoridade epistêmica, "fazer acreditar"). **O argumento de autoridade** corresponde à substituição por uma prova periférica da prova ou do exame diretos, considerados inacessíveis ou impossíveis. Ele pode-se justificar por um princípio de economia ou de divisão do trabalho, ou por um efeito de posição. Normalmente, os pedidos de informação dirigidos aos indivíduos "ricos e sabidos" são recebidos sem outra prova: se perguntarmos "Que horas são?" ou "Você está com dor de cabeça?", contentamo-nos com a resposta, sem pedir para consultar o relógio do interlocutor ou sem procurar indícios corporais.

Se se trata de uma injunção, o princípio de autoridade sob sua forma radical determina a obediência a uma ordem em função da sua origem, sem que uma justificativa a acompanhe; segundo a célebre expressão, a pessoa que recebeu uma ordem deve obedecê-la *perinde ac cadáver*, "como um cadáver", isto é, sem intervenção de seu livre arbítrio ou de sua vontade própria (autoridade deontológica, "fazer fazer").

Autoridade mostrada e autoridade citada

Na medida em que a fonte da mensagem é ou não explicitada, distingue-se *a autoridade mostrada* e *a autoridade citada*.

*A **autoridade mostrada*** manifesta-se na interação face a face. Ela é ligada à fonte da mensagem por meio de **diversos códigos semiológicos** (expressivos, comportamentais, indumentários...). Como a autoridade carismática (relacionada ao indivíduo e a certos papéis sociais), ela funciona implicitamente colocando seu detentor *em* posição superior na interação.

*A **autoridade citada*** funciona como apoio do discurso proferido por um locutor L_1 para legitimar, em presença de um locutor L_2, um dizer ou uma maneira de fazer, referindo-os a uma fonte considerada legitimadora. Essa fonte pode ser objeto de uma remissão explícita – o exemplo prototípico que funda essa categoria é o de Pitágoras, citado por seus discípulos: "Ele mesmo o disse", portanto, é verdade. O locutor pode assim contentar-se com uma simples alusão que conota um discurso dominante, prestigioso ou especializado. Essa forma de apelo à autoridade conhece *uma infinidade de variantes* (correspondendo aos *topoi* dos discursos de autoridade): autoridade do especialista (professor, médico, mecânico...), que é digno de crédito / de obediência em função de uma competência reconhecida socialmente (autoridade racional legal de Weber); competência do Mestre (associada à autoridade carismática do guru); inscrição no Livro; autoridade do número maior (decisão tomada pela maioria); sabedoria dos ancestrais ou dos Chineses; verdades que escaparam da boca das crianças; manifestações da opinião dominante ("Todo mundo age desse modo em Paris / nos Estados Unidos", "Meus amigos recomendaram").

O testemunho, a citação, o exemplo, o precedente fazem parte das estratégias argumentativas suscetíveis de serem expressas pela autoridade.

ver **constituinte** (discurso –), **doxa, persuasão**

C. P. (F. C. K.)

avaliação

I. Avaliação – ver **apreciação**

II. Avaliação (em Bakhtin)

Para Bakhtin e Volochinov, a **avaliação** integra a percepção que todo locutor faz do contexto extraverbal em que toma a palavra. Por conseguinte, toda avaliação, todo julgamento que se atribui aos enunciados da vida cotidiana englobam, a um mesmo tempo, a palavra e a situação do enunciado, como mostra Todorov (1981: 67 ss.) a propósito da teoria do enunciado desenvolvida por Bakhtin: a parte não verbal do enunciado (o contexto extraverbal) é uma parte integrante do enunciado, e não uma causa exterior a ele. Entretanto, se o "*contexto extraverbal* do enunciado se decompõe em três aspectos: (1) o horizonte espacial comum aos locutores [...], (2) o *conhecimento e a compreensão da situação* [...], (3) a *avaliação* [...] que eles fazem dessa situação", o discurso "não reflete, nesse caso, a situação extraverbal como o espelho reflete um objeto. [...] ele lhe atribui, de algum modo, o *balanço avaliativo*" (Volochinov, 1981: 190).

Peytard, invocando o modelo bakhtiniano, efetua um deslocamento da noção, relacionando-a à inserção do discurso do outro, particularmente quando o enunciador busca apropriar-se das palavras do **terceiro** (ou de enunciados pertencentes à massa interdiscursiva à qual recorrem os interlocutores para sustentar seu propósito em um movimento locutório de tipo "eu-te-digo-que-as-pessoas-dizem-que") ou quando ele visa a transmitir a um público X enunciados advindos de outro lugar: "Parece haver algum interesse em refletir sobre aquilo que, no discurso, assinala essas operações de retomada, de reformulação, de variação, de ajuste do dito do outro e dos outros a meu próprio dito [...]. Entretanto, isso não ocorre sem uma incessante *avaliação* que acompanha qualquer inserção de um segmento na cadeia do enunciado" (Peytard, 1994: 69). Não se trata necessariamente de um julgamento explícito, mas de uma avaliação de *relevância discursiva*: "o locutor, ao situar o *discurso de terceiros* em seu discurso, avalia esse enunciados terceiros, embora, assim agindo, nada mais faça do que situar-se, a si mesmo, em relação a esses enunciados" (ibid.: 71).

A avaliação da situação, que Bakhtin considera constitutiva do contexto extraverbal, assim como o *jogo avaliativo* que se dá entre o enunciador e o terceiro por meio de diferentes índices, sintáticos, lexicais, prosódicos – que permitem, para Peytard, medi-lo e interpretá-lo – não se dissociam da categoria da apreciação, por um lado, e da noção de avaliação de Labov, por outro.

ver **apreciação, contexto, enunciado, modalidade, reformulação, situação de comunicação, sobredestinatário**

S. M. (S. N. G.-S.)

cadeia de referência – A noção de **cadeia de referência** corresponde à de **cadeia anafórica**. Ambas foram conceituadas por Chastain (1975: 205 ss.) e retomadas por Corblin (1995: 151 ss.). Em um enunciado ou um texto, chamaremos de *cadeia de referência* toda sequência de itens que remetem a um mesmo referente. Trata-se das sequências constituídas de um SN e de pronomes (anafóricos* ou catafóricos*): "*O cachorro... ele... este...*"; das sequências que englobam determinantes demonstrativos ou possessivos: "*No dia 18 de janeiro... esta manhã... seu dia começava mal*"; ou ainda de constituintes de paradigmas* designacionais: "*Um selo comemorativo da Copa do Mundo... a figurinha... uma produção desse gênero não se encontra todos os dias...*". A anáfora* associativa pode entrar da mesma forma nas cadeias anafóricas: "Pegue *seis ovos*, separe *as gemas*, bata *as claras* em neve", pelo fato de que ela contém um predicado elíptico.

Dois tipos de elos não têm a ver com cadeia de referência: os que se fundamentam em uma relação de correferência* *stricto sensu* ("*O autor do Crátilo... Platão...*") e os que repousam sobre relações de anáfora ligada ("*Platão* esforçou-*se* para demonstrar a motivação da linguagem..."). A noção de cadeia de referência fundamenta-se em dois tipos de propriedades, *linguísticas* e *pragmáticas*. A relação que une um pronome (ou um sintagma nominal demonstrativo, ou uma descrição definida) a seu antecedente é *linguística*, na medida em que o anafórico apresenta por definição uma incompletude semântica que exige a consideração de um elemento do cotexto* para ser preenchida. No entanto, os fatores que conduzirão à construção de uma ponte ligando-a à sequência fonte selecionam, por vezes, o bom candidato em função de sua relevância (coerência textual), isto é, com base em considerações *pragmáticas*.

Na ótica de Chastain e Corblin, as cadeias de correferência não são constituídas sobre bases linguísticas, mas fazem os conhecimentos sobre o mundo intervir crucialmente. Essa posição é contestada por Kleiber (1993a: 22), para quem existe um elo interpretativo entre as duas, o que as aproxima das anáforas lexicais e, em particular, dos paradigmas designacionais.

As relações de anáfora ligada são igualmente separadas das cadeias de referência por razões simétricas às da correferência: sua determinação não é pragmática, mas exclusivamente *linguística*. O antecedente do pronome reflexivo é definido somente por regras sintáticas e semânticas. Essas sequências constituem, na terminologia de Corblin (1995), "cadeias anafóricas", o sentido de "anafórico sendo restrito a um tipo específico de anáfora".

Para a análise de discurso, tanto a noção de cadeia de referência quanto a de cadeia anafórica raramente são mencionadas como tais, isto é, com essa denominação e com essa definição, a não ser em círculos restritos. São preferidas conceituações hiponímicas como a de paradigma* designacional ou ainda anexos como o de coesão* que, indiretamente, permite o acesso aos fenômenos de anáfora e também de correferência. De uma maneira geral, o estudo das cadeias de referência permite determinar a topicalização do discurso. A variação entre os diversos reformulantes de uma mesma sequência possibilita interpretar sua esquematização* feita pelo discurso e, no limite, o implícito* no qual se fundamenta.

ver **anáfora, catáfora, correferência**

G. P. (F. C. K.)

campo – Este termo é empregado por muitas disciplinas das ciências humanas e sociais. Ele designa as situações ou lugares empíricos onde o pesquisador vai coletar os dados, construir seus *corpora*. Fala-se de **disciplinas de campo** por oposição às disciplinas especulativas.

Em etnologia

A etnologia não pode ser concebida sem o campo: é em torno dessa questão que a disciplina se constituiu. Ela desenvolveu métodos de observação participante, graças aos quais os pesquisadores tentaram imergir nas comunidades estudadas. Depois de muito tempo dedicado a regiões longínquas e a culturas muito diferentes das nossas, os métodos de campo foram progressivamente adaptados a outros domínios e, em particular, ao campo urbano.

Em sociolinguística

A sociolinguística pode ser considerada como uma forma de linguística de campo. Ela não pode ser exercida sem recorrer a observações de situações sociais efetivas, qualquer que seja sua natureza: espaços públicos, famílias, reuniões associativas, situações de trabalho, escolas etc. Os dados são recolhidos em situações sociais reais. Eles não são autoconstruídos por introspecção como fazem os linguistas estruturalistas ou formalistas. A presença do pesquisador no campo permite ter acesso a fatos linguísticos e discursivos que ele não poderia inventar. É o caso das mistura de língua ou de línguas próximas em situação multilíngue. É o caso do conjunto de diálogos que nenhum linguista poderia reconstruir por autoanálise.

O sociolinguista americano Labov explicitou claramente, sob o nome de "paradoxo do observador", a posição particular na qual se encontra o linguista de campo: ele tenta ter acesso às formas da língua, aos tipos de discursos mais vernáculos, mais autênticos, àqueles que os locutores produzem na ausência do observador, mas em sua presença. Numerosas reflexões metodológicas tentaram contornar esse paradoxo. Trata-se de aproximar o observador dos atores do campo, seja fazendo-se uma só e mesma pessoa: o linguista é também membro da comunidade observada, como o fez Labov em seu estudo do gueto do Harlem (1978), seja o linguista tornando-se um membro da comunidade, graças a uma imersão e a um longo tempo de observação do campo. Esta é a posição dos etnólogos, que passam vários meses, às vezes vários anos, em seus campos, de modo a compreender de dentro as culturas e as línguas estudadas.

A CONSTRUÇÃO DO CAMPO

Os "campos" não são lugares objetivos e exteriores ao pesquisador. Da mesma forma que ele constrói seus dados a partir de materiais brutos que recolhe, o pesquisador deve *construir seu campo*, ou seja, tomar um conjunto de decisões: escolher os lugares mais pertinentes ao olhar de sua problemática, convencer o conjunto dos atores concernidos, explicar o sentido de sua presença, obter autorizações quando, como é o caso nas situações de trabalho, o pesquisador se encontra em lugares regidos pelo direito privado, construir suas observações (quando? onde? por quanto tempo? com quem?), decidir métodos de coleta dos dados: escrever em uma caderneta à maneira dos etnógrafos, usar um gravador, equipar os atores com microfones de lapela, instalar câmeras de vídeo.

ver *corpus*

J. B. (F. Z.)

campo discursivo – Termo introduzido por Maingueneau (1983: 15), juntamente com **universo discursivo** e **espaço discursivo**. Essa noção – que mantém relações com a teoria dos "campos" desenvolvida pelo sociólogo Bourdieu (1976) – é solidária do princípio do primado do interdiscurso* sobre o discurso.

No **universo discursivo**, isto é, no conjunto dos discursos que interagem em uma dada conjuntura, o analista do discurso é levado a recortar **campos discursivos**, em que um conjunto de formações* discursivas (ou de posicionamentos*) estão em relação de concorrência no sentido amplo, delimitando-se reciprocamente: por exemplo, as diferentes escolas filosóficas ou as correntes políticas que se defrontam, explicitamente ou não, em uma certa conjuntura, na tentativa de deter o máximo de legitimidade enunciativa.

campo discursivo

O campo discursivo não é uma estrutura estática, mas um jogo de equilíbrio instável. Ao lado das transformações locais, existem momentos em que o conjunto do campo entra em uma nova configuração. Ele também não é de forma alguma homogêneo: há posicionamentos *dominantes* e *dominados*, posicionamentos *centrais* e *periféricos*. Um posicionamento "dominado" não é necessariamente "periférico", mas todo posicionamento "periférico" é "dominado".

Na maior parte dos casos, não se estuda a totalidade de um campo discursivo, mas se extrai um subconjunto, um **espaço discursivo**, constituído ao menos de dois posicionamentos discursivos, cuja correlação é considerada importante pelo analista para sua pesquisa.

ver **formação discursiva, posicionamento**

D. M. (F. C. K.)

canal (de transmissão) – Esse termo é empregado em *teoria da comunicação* para designar os modos pelos quais os sinais de um código são transmitidos de uma fonte a um lugar de recepção da mensagem.

Em análise do discurso, esse termo é pouco empregado, a não ser quando, querendo falar das circunstâncias materiais da comunicação, é-se levado a considerar as particularidades do suporte físico que serve de veículo à palavra de um emissor para um receptor. Fala-se, então, das características de um **canal de transmissão**. Essas características exercem uma influência indiscutível sobre os modos da comunicação, a começar pelo fato de que não se utiliza a linguagem da mesma maneira segundo se comunique de modo oral ou escrito, de maneira direta ou diferida, através de um meio de difusão de suporte papel, áudio-oral ou audiovisual. A **midialogia*** é a disciplina que se preocupa, entre outras coisas, com o estudo das particularidades dos suportes ou canais de transmissão (Debray, 1994; cf. também a revista *Les cahiers de médiologie*, Gallimard, Paris).

ver **escrito/oral, midialogia**

P. C. (F. C. K.)

canônico (gênero –) – Noção introduzida por Cossutta (1996: 164) para o estudo do discurso filosófico, mas que pode ser estendida ao conjunto dos discursos constituintes* e, de maneira mais ampla, aos discursos que implicam um posicionamento* claramente doutrinal (político, por exemplo).

O gênero *diálogo* ou o gênero *meditação* são, respectivamente, os **gêneros canônicos** do platonismo e do cartesianismo, na medida em que é nesses gêneros que esses posicionamentos encontraram o modo de manifestação discursiva mais apropriado a suas doutrinas. Pode-se estender essa ideia a outros tipos de discurso.

O discurso literário, por exemplo: o romance é canônico para o naturalismo do fim do século XIX, mas a poesia lírica não o é.

Essa noção equivale a atribuir um gradiente de adequação aos textos que dependem de um mesmo posicionamento sem invocar a prototipicidade dos semanticistas. Ela permite estruturar a diversidade dos gêneros* de discurso associados a um mesmo posicionamento.

ver **gênero de discurso, investimento genérico, posicionamento**

D. M. (F. C. K.)

captação – Noção que, em análise do discurso, é utilizada com dois valores diferentes: um da perspectiva *retórica* da captação de um auditório (1), outro em uma perspectiva *interdiscursiva* (2).

I. A ESTRATÉGIA DE CAPTAÇÃO

Para Charaudeau, a **captação** é, com a *legitimação** e a *credibilidade**, um dos três espaços em que são trabalhadas as estratégias* de discurso. "As **estratégias de captação** visam a seduzir ou a persuadir o parceiro da troca comunicativa, de tal modo que ele termine por entrar no universo do pensamento que é o ato de comunicação e assim partilhe a intencionalidade, os valores e as emoções dos quais esse ato é portador" (1994b : 40). "Para tal feito, o sujeito falante pode escolher dois tipos de atitude: (a) *polêmica**, que o leva a questionar certos valores que seu parceiro defende (ou um terceiro a que faz referência), ou a questionar a própria legitimidade do parceiro; (b) *dramatização*, que leva o sujeito a colocar em prática uma atividade discursiva feita de analogias, de comparações, de metáforas etc., e que se apoia mais em crenças do que em conhecimentos para forçar o outro a experimentar certas emoções" (1998a: 14).

As estratégias de captação dão lugar a configurações discursivas particulares de acordo com as situações de comunicação. Por exemplo, na comunicação midiática, elas "consistem em pôr em cena a informação de tal maneira que essa participe de um espetáculo que, como todo espetáculo, deve sensibilizar o espectador" (Charaudeau, 1994a: 17). É por esse motivo que as mídias tratam a informação buscando produzir efeitos discursivos de conivência (jogo de palavras), de emoção (descrições da "desordem social") (2000a: 148). Na comunicação publicitária, elas consistem em fabricar diferentes figuras de destinatário para tentar seduzir o consumidor em potencial (1994b: 40).

ver **credibilidade (estratégia de –), estratégia de discurso, legitimação (estratégia de –)**

P. C. (F. C. K.)

II. Captação vs subversão

O estudo das relações interdiscursivas* e, mais precisamente, da hipertextualidade*, permite colocar em evidência duas estratégias opostas de **reinvestimento** (Maingueneau, 1991: 155) de um texto ou de um gênero de discurso em outros: a **captação** e a **subversão** (Grésillon e Maingueneau, 1984: 115). Essa metáfora financeira do "reinvestimento" permite enfatizar que um texto ou um gênero, uma vez inscritos na memória, são portadores de um capital variável de autoridade*, avaliado positiva ou negativamente. Captação e subversão podem atingir um *texto* particular associado a um gênero ou somente o *gênero*: (1) A *captação* consiste em transferir para o discurso reinvestidor a autoridade relacionada ao texto ou ao gênero fonte: o pregador cristão que imita uma parábola evangélica ou o gênero da parábola, o *slogan* que imita um provérbio ou o gênero proverbial. (2) Contrariamente, na *subversão*, a imitação permite desqualificar a autoridade do texto ou do gênero fonte. Reconhecem-se aqui os fenômenos da *paródia* depreciadora.

O reinvestimento implica que o destinatário perceba sempre da mesma maneira o discurso fonte, o que confirma a conivência entre produtor e destinatário. Pode acontecer que um reinvestimento seja ambíguo, que seja interpretável ao mesmo tempo como captação e como subversão.

Essa problemática *atravessa a da polifonia**, já que se deixa ouvir na voz do enunciador uma outra voz, a do discurso reinvestido. De maneira mais geral, a subversão sempre envolve um certo reconhecimento do valor do discurso reinvestido. "O sujeito parodista mantém uma posição ambígua em relação ao parodiado: distancia-se, permanecendo próximo; ele lhe é infiel, apesar de ser-lhe fiel" (Machado, 1999: 330).

De um ponto de vista da análise do discurso, é preferível não cair em uma concepção puramente retórica do reinvestimento: o discurso reinvestido não é qualquer um, mas um discurso que foi escolhido porque é precisamente a captação ou a subversão *desse discurso* que é crucial para a legitimação do discurso reinvestidor: os surrealistas subverteram o gênero proverbial porque esse gênero encarnava no mais alto nível um uso do discurso (a doxa*, o senso comum) ao qual eles se opunham.

ver **autoridade, hipertextualidade, ironia, pastiche, polifonia**

D. M. (F. C. K.)

catáfora – Do grego *cata-* "para baixo" e *phorein* "levar". A **catáfora** é uma relação simétrica da anáfora*. A diferença reside no fato de que a expressão cuja interpretação é dependente dela se situa antes daquela que a rege: "*Ele* chegou, o Paulo?". Entretanto, apesar dessa simetria, a catáfora não possui as mesmas propriedades.

Contrariamente ao que se observa na anáfora, a catáfora não é objeto de uma concepção cognitiva (por essa razão, é possível falar de *endófora* catafórica*, mas não de *exófora* catafórica*). Ela é necessariamente infiel ("*Esse cachorro...* Um cachorro") e não poderia ser pressuposicional. Para esse último caso, a relação, que se fundamenta nas sequências que dispõem de uma autonomia sintática e semântica, é conceituada em termos de anáfora ainda que *a priori* não seja possível distinguir o anafórico do anaforizado: "Platão... O autor do *Crátilo*"; "O autor do *Crátilo...* Platão...".

A *anáfora* aparece mais nas sequências narrativas, na modalidade escrita. No entanto, encontramo-la frequentemente na modalidade oral nos procedimentos de ênfase ("Paulo, eu *o* vi ontem"), de deslocamento ("É Paulo *que* eu vi ontem"); encontra-se mais a *catáfora* em orações enfáticas ("*Eles* são loucos, esses Romanos"), e nas orações pseudoclivadas ("*Aquele* que eu vi é o Paulo").

ver **anáfora, cadeia de referência, reformulação**

G. P. (F. C. K.)

cena de enunciação – Noção que, em análise do discurso, é frequentemente empregada em concorrência com a de "situação* de comunicação". Mas, ao falar de "**cena de enunciação**", acentua-se o fato de que a enunciação acontece em um espaço *instituído*, definido pelo gênero* de discurso, mas também sobre a dimensão *construtiva* do discurso, que se "coloca em cena", instaura seu próprio espaço de enunciação.

A METÁFORA TEATRAL

A metáfora teatral é frequente entre os analistas do discurso inspirados pelas correntes pragmáticas: "A língua comporta, a título irredutível, todo um catálogo de relações inter-humanas, toda uma panóplia de papéis* que o locutor pode escolher para si próprio e impor ao destinatário" (Ducrot, 1972b: 4). Essa ideia se impõe ainda com mais evidência quando se relacionam os textos a seus gêneros de discurso. Pode-se, na verdade, falar de "cena" para caracterizar qualquer gênero do discurso que implica um tipo de dramaturgia. A cena de fala não pode, portanto, ser concebida como um simples quadro, uma decoração, como se o discurso sobrevivesse no interior de um espaço já constituído e independente desse discurso. Ela é constitutiva dele.

Utiliza-se, mais particularmente, a noção de "cena" para a representação que um discurso faz de sua própria situação de enunciação. Assim, Charaudeau (1983: 51) fala de *encenação* para "o espaço interno" da comunicação, isto é, o papel que o locutor, por meio de sua fala, escolhe para se dar e para atribuir a seu parceiro; Authier (1982b) fala de *encenação* do discurso da vulgarização científica; Cossuta fala de *cena filosófica* para "esse trabalho de escritura por meio do qual o filósofo apresenta o processo de pensamento no próprio interior do texto" (1989: 14).

As três cenas

Maingueneau (1993, 1998) propõe uma análise da **cena de enunciação** em três cenas distintas:

• *A cena englobante* é aquela que atribui um estatuto pragmático ao tipo de discurso a que pertence um texto. Quando se recebe um panfleto, deve-se ser capaz de determinar se ele pertence ao tipo de discurso religioso, político, publicitário...; dito de outra forma, em qual cena englobante é necessário se colocar para interpretá-lo, a que título (como sujeito de direito, consumidor etc.) ele interpela seu leitor.

• *A cena genérica* é definida pelos *gêneros de discurso* particulares. Cada gênero de discurso implica, com efeito, uma cena específica: papéis para seus parceiros, circunstâncias (em particular um modo de inscrição no espaço e no tempo), um suporte material, um modo de circulação, uma finalidade etc.

• *A cenografia* não é imposta pelo tipo ou pelo gênero de discurso, mas instituída pelo próprio discurso. As dez primeiras *Provinciais* (1656) de Pascal, por exemplo, apresentam-se como libelos (cena genérica) religiosos (cena englobante). Esses libelos não se apresentam como tais, mas como uma série de "cartas" dirigidas a um amigo da província: essa cena epistolar é a *cenografia* construída pelo texto. Esses libelos poderiam se manifestar por meio de outras cenografias, sem mudar a cena genérica. A cenografia tem por função fazer passar a cena englobante e a cena genérica para o segundo plano: supõe-se que o leitor receba esse texto como uma carta, não como um libelo.

Um discurso impõe sua cenografia de imediato: mas, por outro lado, a enunciação, em seu desenvolvimento, esforça-se para justificar seu próprio dispositivo de fala. Tem-se, portanto, um processo *em espiral*: na sua emergência, a fala implica uma certa cena de enunciação, que, de fato, se valida progressivamente por meio da própria enunciação. A cenografia é, assim, *ao mesmo tempo, aquilo de onde vem o discurso e aquilo que esse discurso engendra*; ela legitima um enunciado que, em troca, deve legitimá-la, deve estabelecer que essa cenografia da qual vem a fala é, precisamente, *a* cenografia necessária para contar uma história, denunciar uma injustiça, apresentar sua candidatura em uma eleição etc.

Além de uma figura de enunciador e uma figura correlativa de coenunciador, a cenografia implica uma *cronografia* (um momento) e uma *topografia* (um lugar) das quais o discurso *pretende* surgir. São três polos indissociáveis: em tal discurso político, por exemplo, a determinação da identidade dos parceiros da enunciação ("os defensores da pátria", "um grupo de trabalhadores explorados", "administradores competentes", "excluídos"...) vai de par com a definição de um conjunto de *lugares* ("a França eterna", "os países dos Direitos do homem", "uma província carregada de história"...) e *momentos de enunciação* ("um período de crise profunda do capitalismo", "uma fase de renovação"...) a partir dos quais o discurso pretende ser proferido, de maneira a fundir seu direito à fala em uma perspectiva de ação determinada sobre outrem.

CENA DE ENUNCIAÇÃO E GÊNERO DE DISCURSO

Nem todos os gêneros de discurso são suscetíveis de suscitar uma cenografia. Certos gêneros, pouco numerosos, mantêm-se em sua cena genérica, não suscitam cenografias (cf. a lista telefônica, os textos de lei etc.). Outros gêneros *exigem* a escolha de uma cenografia; eles se esforçam, assim, para atribuir a seu destinatário uma identidade em uma cena de fala. É o caso, por exemplo, dos gêneros ligados ao discurso publicitário: certas propagandas exploram cenografias de conversação, outras de discurso científico etc. Entre esses dois extremos situam-se os gêneros suscetíveis de cenografias variadas, mas que, *muito frequentemente*, mantêm a sua cena genérica *rotineira*. Assim, uma crônica de variedades em um jornal obedece a rotinas, sem sofrer total coerção: ela pode, por exemplo, adotar uma cenografia de romance policial. Os gêneros de discurso que mais recorrem a cenografias são aqueles que visam a agir sobre o destinatário, a modificar sua convicções.

Para um analista do discurso, a noção de "cena" permite evitar categorias como "contexto*" ou "situação de comunicação", que deslizam facilmente para uma concepção sociologista da enunciação.

ver **enunciação, gênero de discurso**

D. M. (N. M.)

cenário – ver **praxeograma**

cenografia – ver **cena de enunciação**

circunstâncias de comunicação – ver **contrato de comunicação, situacional (nível–), situação de comunicação**

clichê – ver **estereótipo**

código linguageiro – Noção introduzida por Maingueneau (1993: 104) para definir a maneira como um posicionamento* mobiliza a linguagem apreendida na pluralidade das línguas e de seus registros em função do universo de sentido que procura impor. Essa noção é particularmente útil para estudar os discursos constituintes*.

O **código linguageiro** resulta de uma determinação da **interlíngua**, isto é, da interação das línguas e dos registros ou das variedades de língua acessíveis – tanto no tempo como no espaço – em uma conjuntura determinada. A interlíngua é, portanto, o espaço máximo a partir do qual se instauram os códigos linguageiros. Um posicionamento define seu próprio código linguageiro por sua maneira singular de gerir a interlíngua.

"Código" tem aqui um duplo valor de sistema de comunicação e de norma: "Por definição, o uso da língua implicado pela obra se mostra como a maneira *necessária* de enunciar, pois é a única conforme ao universo que ela instaura" (Maingueneau, 1993: 104). Por exemplo, um político que se exprime na variante popular da modalidade oral pode mostrar por esse fato o que é a "verdadeira" fala política: direta, próxima do povo. O *Discurso do método* de Descartes não é simplesmente escrito em francês, ele especifica um certo uso da língua francesa (o das "pessoas ilustradas"), que corresponde aos conteúdos doutrinais transmitidos por essa obra: escrito em latim, esse *Discurso* teria uma significação filosófica totalmente diferente. Entretanto, pode-se igualmente considerar o código linguageiro cartesiano em um segundo nível, o do conjunto de seus escritos, em que também se gere a coexistência do francês e do latim.

Um código linguageiro pode combinar diversas variedades linguísticas. Assim, os primeiros romances de Jean Giono são enunciados mediante um código linguageiro que associa estreitamente o francês literário narrativo a uma oralidade presumidamente camponesa.

ver **cena de enunciação, colinguismo, ethos**

D. M. (F. C. K.)

coenunciador – ver **destinatário, enunciador**

coerência – A noção de **coerência** aparece, em linguística, em *Leçons*, de Guillaume, que a assume como uma propriedade da língua como sistema, como "totalmente sistemática, cujas partes estão em coerência" (1992: 4). Passando da linguística da língua à do discurso, a noção tem um outro sentido. No cerne da definição do texto, a **coerência** é, em linguística* textual, inseparável da noção de **coesão**, com a qual é frequentemente confundida.

A palavra **coesão** designa, a partir de *Cohesion in English* de Halliday e Hasan (1976), o conjunto dos meios linguísticos que asseguram as ligações intra- e interfrásticas que permitem a um enunciado oral ou escrito aparecer como um texto. A Linguística transfrástica* e a gramática* de texto insistem nos marcadores (ligações coesivas) responsáveis por um tal efeito de coesão (anáforas* pronominais e definidas, correferência*, anáfora retórica, conectores*, sucessão dos tempos verbais, pressuposição, nominalização etc.). A **coesão** é, em gramática de texto, inseparável da noção de **progressão temática***. Todo texto apresenta um equilíbrio entre informações pressupostas* e informações retomadas de frase em frase, sobre as quais os novos enunciados se apoiam (*princípio de coesão-repetição* assegurado pelos temas*), de um lado, e a contribuição de novas informações (*princípio de progressão* assegurado pelas remas*), do outro.

A essa "textualidade baseada na forma", Beaugrande (1979: 490) opõe a coerência como "textualidade baseada na informação". Para esse autor, a *coesão* é um aspecto da *gramaticalidade* e a *coerência*, um aspecto da *aceitabilidade*. Como certos laços de ordem lógico-semântica devem ser deduzidos para construir a *coerência*, essa não aparece como uma propriedade estritamente linguística dos textos. Resulta de um julgamento que se apoia no conhecimento da situação e nos saberes léxico-enciclopédicos dos sujeitos. Charolles (1988b: 55; 1995) faz da "necessidade de coerência" um princípio geral de interpretação, uma forma *a priori* da identificação de um conjunto verbal como texto.

Os marcadores de *conectividade* induzem a um efeito semântico de *coesão* (um efeito de isotopia semântica que permite extrair o tema geral do texto). Mas é por que apresenta marcas de conectividade-coesão que um texto é julgado coerente? Uma anáfora é, ao menos, tanto uma marca de conectividade e de coesão semântica inscrita na materialidade textual quanto uma instrução interpretativa de busca, no co(n)texto, de um candidato ao papel de antecedente. É assim que se explicam, por exemplo, as anáforas associativas. Um conector* argumentativo dá a instrução de buscar e construir inferências que conduzem a conclusões convergentes ou opostas. Os marcadores de coesão são apenas indícios de uma coerência a ser construída pelo trabalho interpretativo, eles estão aí para facilitar esse trabalho. Fundamentando-se nas instruções cotextuais e contextuais, o julgamento da *coerência textual* permite formular hipóteses pragmáticas sobre o propósito do texto (configuração* e macroato* de linguagem), inseparável de sua relevância situacional.

Com o objetivo de "articular a unidade contraditória do texto, objeto formal abstrato, e do discurso, prática social concreta", Slakta (1975: 30) considera que a coesão é determinada linguisticamente no plano da ordem (interna e abstrata) do texto. A linguística textual tem, portanto, como objetivo principal, a teorização da *coesão*. Sendo a *coerência*, ao contrário, da ordem das práticas discursivas, ela tem mais a ver com uma análise do discurso atenta ao gênero* de discurso, ao objetivo do texto, aos saberes recíprocos dos coenunciadores* no contexto de uma dada interação. Essa redefinição pragmática da coerência, contudo, situa essa noção no cruzamento da linguística textual e da análise do discurso.

ver **anáfora, configuração, conector, macroato de linguagem, texto, tema/rema**

J.-M. A. (F. C. K.)

coesão – ver **coerência**

colinguismo – Balibar introduziu o termo **colinguismo** em um artigo de 1983, primeiro esboço de *L'Institution du français. Essai sur le colinguisme des Carolingiens à la*

Republique, publicado em 1985. A noção que, em seguida, será generalizada em 1993 em *Le Colinguisme*, é definida como "a associação, pelo ensino e pela política, de certas línguas escritas que fazem parceiros legítimos comunicarem-se" (1993: 7). Balibar propôs esse neologismo para defender uma abordagem original, pluridisciplinar, dos fenômenos de comunicação no espaço público. Mais do que um conceito estabilizado, trata-se de uma importante problemática que aborda em sua interação, por um lado, os processos políticos e históricos que levaram a colocar em correspondência línguas e territórios políticos e, por outro, as representações letradas das línguas.

Por oposição ao conceito de plurilinguismo do qual nos valemos para abordar as repartições sociais entre os falantes, o colinguismo trata da *instituição das línguas*, que põe em jogo sua simbolização pela escrita e pelos atos políticos que as investem de um estatuto oficial, situando-as em oposição a outras línguas, também dotadas de um estatuto oficial ou cultural. A problemática do colinguismo confere um lugar determinante às instâncias legislativas, jurídicas e escolares que difundem e ensinam normas de comunicação comuns ou que regulam as tensões entre a língua dominante e outras práticas linguageiras (idiomas locais, língua do clero, uso administrativo etc.).

Uma segunda perspectiva advém principalmente da análise dos discursos, visto que ela considera *as formas de consciência linguística elaboradas pela elite intelectual* e seus efeitos sobre a construção imaginária das identidades linguísticas e as práticas discursivas efetivas. Segundo Balibar, o próprio dos letrados é ultrapassar o enclausuramento do monolinguismo. Porque dominam muitas línguas, os letrados são capazes de transferir para sua língua nativa conceitos e "aparelhos" originados do horizonte colíngue. O colinguismo é, então, um "organismo de equilíbrio que não para de elaborar a comunicação sob a forma de conceitos e de aparelhos definidos e continuamente substituídos" (1993: 18).

DIVERSAS EXPLORAÇÕES DA NOÇÃO

Inicialmente, o trabalho nesse campo diz respeito ao plano das representações eruditas graças às quais uma comunidade idealiza sua unidade (Branca-Rosoff, ed., 2001). O papel do colinguismo é evidente, uma vez que os tratados de ortografia, as gramáticas e os dicionários são sempre historicamente derivados de análises concebidas para as línguas letradas precedentes. Esses "aparelhos" linguísticos permitem a *gramaticalização das populações*, que caracteriza a aprendizagem refletida de uma língua representada nas gramáticas mediante o exercício gramatical (Balibar, 1985: 172-177).

O colinguismo diz respeito, ainda, aos efeitos da *associação das línguas* aos estilos literários e ao vocabulário. Balibar interessou-se particularmente pelas renovações produzidas pela circulação dos modelos estilísticos de um espaço de comunicação a um outro (cf. as sugestivas páginas sobre o ideal democrático do estilo simples na Europa, em Balibar, 1985: 3ª parte), da mesma maneira que as perturbações provocadas pelo encontro de registros eruditos e populares (cf., principalmente, em uma perspectiva marcada pelo pensamento de Bakhtin a respeito de Rabelais [Balibar, 1991: 41]).

Finalmente, a associação das línguas voltou sua atenção para o vocabulário intelectual que as traduções conheceram historicamente e que ainda se transforma graças aos neologismos* de sentido que sempre acompanham os empréstimos e os decalques (Balibar, 1993). Essa noção foi explorada, em particular, pela análise do discurso político (Guilhaumou, 1989) e pela análise do discurso lexicográfico (*Langage et société*, 1998, n° 83-84).

ver **diglossia, escrito/oral**

S. B.-R. (F. C. K.)

colocação – ver **coocorrência**

competência discursiva – A noção de **competência discursiva**, frequentemente confrontada com a de "competência linguística", introduzida por Chomsky, assume valores variáveis segundo o sentido que é dado a "discursivo".

Em reação a uma conceituação estritamente linguística de atividade verbal, recorre-se comumente ao conceito de "competência discursiva" para designar a aptidão para dominar as regras de *uso* da língua nas diversas situações. Uma tal **competência** distingue-se não só da **competência linguística**, mas também da competência enciclopédica, e mesmo da **competência lógica** (Kerbrat-Orecchioni, 1986: 165). Se é difícil traçar uma linha divisória entre o domínio dessas diversas competências, não é menos difícil ver que ela recobre noções vizinhas como a de **competência comunicativa** ou de **competência de comunicação**, emprestadas da etnografia* da comunicação: para comunicar, a competência linguística não é suficiente; é preciso ainda considerar os contextos sociais (Hymes, 1973). Entretanto, enfatizar as regras de comunicação não implica propriamente uma sobreposição entre língua e práticas de comunicação, pois um mesmo grupo sociocultural pode compreender diversas línguas ou dialetos. Essa competência comunicativa interfere na **competência pragmática*** ou **competência retóricopragmática** (Kerbrat-Orecchioni, 1986: 194); isto é, no domínio dos princípios gerais da atividade discursiva, em particular das máximas* conversacionais, que pode também ser qualificada de "competência discursiva". Se a competência *comunicativa*, orientada para as perspectivas sociolinguísticas, inclui, em primeiro lugar, o domínio dos gêneros* de discurso concretos, a competência *pragmática* inclui principalmente princípios muito gerais de troca verbal, que são comuns aos múltiplos gêneros de discurso.

Para Charaudeau (2000b), existem três tipos de competência, cada qual determinando uma aptidão para reconhecer e manipular um certo tipo de material: (1) a **competência situacional**, que "exige de todo sujeito que comunica a aptidão para construir seu discurso em função da *identidade** dos parceiros da troca, da *finalidade** da troca, do *propósito** em jogo e das *circunstâncias** materiais da troca"; (2) a **competência discursiva**, que "exige de todo sujeito a aptidão para manipular–reconhecer os *procedimentos de encenação discursiva* que farão eco às coerções situacionais*" e os *saberes de conhecimento* e de crença* supostamente partilhados que testemunham um certo *posicionamento**; (3) a **competência semiolinguística**, que "exige de todo sujeito que comunica a aptidão para manipular–reconhecer as formas dos signos, suas regras de combinação e seu sentido".

Para Maingueneau (1984), a noção de **competência discursiva** recebe um valor mais restrito. É a aptidão, historicamente definida, de um sujeito para produzir e interpretar enunciados que decorrem de uma *formação** *discursiva determinada* (concebida em termos de posicionamento). Na verdade, é preciso explicar como um mesmo indivíduo produz sucessiva ou simultaneamente enunciados que decorrem de várias formações discursivas e, além disso, como ele é "capaz de reconhecer enunciados que [...] decorrem de... sua própria formação discursiva" e de "produzir um número ilimitado de enunciados inéditos que pertencem a essa formação discursiva", (Maingueneau, 1984: 53). Essa competência é exemplificada por uma prática como o pastiche*, no qual o locutor interioriza de maneira intuitiva as regras de um estilo. Uma tal competência é *interdiscursiva*: enunciar no interior de uma formação discursiva é também saber tratar as que são concorrentes e, em particular, as adversárias. Além disso, ela se relaciona *ao conjunto de parâmetros do discurso,* sem opor "fundo" (conteúdos) e "forma" (gêneros de discurso) e se diversifica em função dos tipos* de discurso. Para os tipos de discurso fortemente doutrinários (religiosos, filosóficos...), essa competência pode ser semanticamente muito clara; em contrapartida, para as práticas discursivas produzidas sobre a doxa (imprensa, política...), ela integra estratégias estabelecidas principalmente sobre as conjunturas imediatas.

ver **comunidade de fala, etnografia da comunicação, gênero de discurso, máxima conversacional, prática discursiva, situacional (nível –)**

D. M. (D. F. C.)

complementar/simétrica (relação –) – ver **relação interpessoal**

composição – ver **plano de texto**

comunicação – O termo **comunicação** tem sido objeto de numerosas definições que dependem das diferentes disciplinas relacionadas, sendo, portanto, difícil expor todas, pois, para isso, seria preciso uma obra inteira. Neste dicionário serão apresentadas as que servirão para compreender como essa noção se inscreve no campo do discurso.

Na origem, a comunicação não era um assunto técnico e menos ainda tecnológico. Segundo o *Dictionnaire historique de la langue française* (Le Robert), essa palavra "foi emprestada (fim do século XIII e início do XIV) do derivado latino *communicatio* 'tornar comum, troca de palavras, ato de fazer parte' [...] e foi introduzida no francês com o sentido genérico de 'maneira de estar junto', sendo enfocada desde o francês antigo como um modo privilegiado de relações sociais" (1994: 456). Esses diferentes traços definidores (*tornar comum, troca, fazer parte, estar junto, relações sociais*) serão definitivamente conservados ao longo do tempo nas diferentes definições que se sucederam, cada qual especificando-os de uma maneira particular. O que essas definições têm em comum é que a comunicação é dada como uma espécie de resposta à grande questão da comunidade social. A comunicação permitiria aos homens estabelecer relações que lhes dão a medida do que os diferencia e os assemelha, criando assim elos psicológicos e sociais. Suas relações não seriam apenas de conflito, luta e destruição, mas também de intercompreensão, de enriquecimento mútuo, de coconstrução de saber e de valor. Esse conjunto de interações simbólicas leva-os a reunirem-se em comunidades segundo uma certa mediação social, construindo, assim, *uma consciência de si*, ao mesmo tempo individual e coletiva. Entretanto, é, sobretudo, nos domínios da filosofia, da antropologia e da sociologia que a comunicação foi tratada nesses termos gerais de processo de construção das relações sociais.

Um segundo momento importante é o que viu aparecer *a teoria da informação*. Esta, inspirando-se nos esquemas de transmissão de energia desenvolvidos pela física (transmissão de ondas eletromagnéticas e eletroacústicas entre um aparelho fonte e um receptor), operou uma distinção entre forma e conteúdo; entre o que serve para transportar uma matéria qualquer e a natureza daquilo que é transportado, dando origem ao que se tornará, de um lado, um sistema de formas e, de outro, o sentido representado por essas formas, considerado como secundário. A partir desse momento, tornou-se fácil definir, nesse modelo, a comunicação humana como um processo de transmissão entre uma fonte (emissor*) e um indivíduo alvo da mensagem (receptor*), segundo um esquema simétrico em torno das noções de *código, canal, emissor, receptor, codificação* e *decodificação*: o emissor codifica sua intenção de sentido em um esquema de formas: o receptor decodifica essas formas para encontrar o sentido, o que supõe que o emissor e o receptor dispõem do mesmo código (Shannon e Weaver, 1975). Ao mesmo tempo, a distinção entre forma e sentido deu lugar à conscientização de que a comunicação humana se faz não somente por meio de signos verbais, orais e escritos, mas também por meio de gestos, mímicas, ícones e símbolos que podem substituir aqueles. Isso deu lugar a numerosos estudos sobre a descrição dos sistemas, tanto nas comunidades ditas desenvolvidas quanto nas ditas primitivas (etnologia), e a estudos sobre a eficácia da comunicação, isto é, sobre os meios de que disporia o emissor para influenciar o receptor da maneira mais eficaz possível.

Esse modelo de comunicação foi em seguida criticado por reduzir o processo a um esquema simétrico, simplista e mecanicista, como se cada um dos elementos (emissor–codificador, receptor–decodificador, código e canal) fosse transparente: o emissor não colocaria problema algum na relação entre suas intenções de sentido e as formas nas quais deveria codificá-las; o receptor reconstruiria perfeitamente a intenção de sentido do emissor; o código seria apenas o conjunto de relações unívocas entre forma e sentido; o canal (apesar de alguns ruídos) não deformaria de maneira significativa a transmissão da mensagem. Em outras palavras, esse esquema reduzia o conjunto dos fatos da comunicação humana a uma simples transmissão de informação, que é uma parte importante do processo, mas não a única.

Em linguística, Jakobson, inspirando-se no esquema triádico de Bulher, que definia a atividade linguística com a ajuda das três funções de *expressão*, *apelo* e *representação*, propõe um esquema da comunicação verbal enriquecido pelas seis funções* da linguagem (*emotiva*, *conativa**, *referencial**, *poética**, *metalinguística** e *fática**). Por muito tempo considerado uma referência, o esquema da comunicação de Jakobson foi mais tarde criticado, particularmente pelos semioticistas, por seu caráter "muito geral para permitir uma taxonomia e uma sintaxe apropriadas e, ao mesmo tempo, muito particular por tratar apenas da comunicação verbal" (Greimas e Courtés, 1979: 45). Isso não impediu que tenha tido o mérito de introduzir na língua a atividade da linguagem, ao fazer com que a linguística não se reduzisse ao estudo dos sistemas da língua então considerados como testemunhando apenas uma visão referencial do mundo. Acrescente-se que muitas dessas funções foram retomadas posteriormente sob denominações diversas por diferentes disciplinas, com maior ou menor precisão.

No domínio do discurso, as diversas teorias que vieram questionar esses diferentes esquemas, considerados muito restritivos do ponto de vista da ancoragem psicológica e social do fenômeno, tomaram duas orientações ao mesmo tempo opostas e complementares. Uma defende a ideia de que não se consegue jamais comunicar. Algumas observações parecem ir nesse sentido: os mal-entendidos, as falsas interpretações, a incompreensão, tanto individual quanto coletiva. Na realidade, haveria apenas a incomunicabilidade e a incompreensão. A comunicação seria um jogo de espelhos que envia àquele que quer se comunicar uma espécie de "imagem refletida", de espelhamento em série, pois o que vale para a construção do sentido é "a relação simbólica de troca [na qual] não há emissor nem receptor de um lado e de outro da mensagem, nem tampouco mensagem..." (Baudrillard, 1972: 227). A comunicação seria apenas uma *ilusão*. Uma outra posição conclui pela "impossibilidade de não comunicar" (Watzlawick *et alii*, 1972: 45), considerando que qualquer comportamento é comunicação" (ibid.). Diante do aspecto explícito, transparente e mecanicista da comunicação, certos autores defendem a ideia de que a meta da comunicação humana é essencialmente produzir e interpretar o sentido, que este é em grande parte implícito ou, mais exatamente, uma combinação de implícito e de explícito, de consciente e de inconsciente, de interindividual e de intercoletivo etc., mediante relações de "simetria ou de complementaridade" (Watzlawick *et alii*, 1972: 66). Enfim, filiada à teoria da informação, continua a desenvolver-se uma concepção do *tudo é comunicável*, dado que o que é considerado é apenas o fenômeno de transmissão de uma mensagem de uma fonte A para um receptor B. Neste momento, são levados em conta apenas os meios materiais dessa transmissão, impulsionada por um desenvolvimento considerável da tecnologia, mais preocupada com a *velocidade* das transmissões, a *ubiquidade* da posição do receptor (abrangem-se cada vez mais espaços e lugares) e a *realização das conexões*. Não tomaremos posição, e assinalaremos somente que, ilusória ou não, eficaz ou não, relativa apenas à transmissão ou não, a comunicação é própria dos indivíduos que vivem em sociedade, que não cessam de trocar mensagens com a ajuda de sistemas de signos, com o objetivo de persuadir e seduzir, de estabelecer relações de influência mais ou menos eficazes.

Assim, pode-se observar que diferentes teorias trouxeram elementos que progressivamente têm enriquecido a concepção de comunicação linguageira: a pragmática, com as noções de força *ilocutória** e *perlocutória** e com a teoria dos *atos* de fala*, que permite perceber nos enunciados como a intencionalidade é orientada (Austin, 1970); a etnografia* da comunicação, que tenta definir os diferentes componentes dos atos de comunicação (Hymes, 1984); a etnometodologia*, que se ocupa dos fenômenos de ritualização dos atos de linguagem e propõe ferramentas para descrevê-los; as sociolinguísticas: a "variacionista" de Labov (1978), para quem a hierarquia social condiciona os usos linguísticos; a "funcional" de Bernstein (1975) e Halliday (1973), para quem a linguagem é determinada pelo uso que se faz dela, sendo sua organização interna reflexo do social; a "interacional" de Gumperz (1989a) e de Goffman (1974), que propõem o quadro teórico do interacionismo simbólico para incorporar um componente sociológico e cultural na descrição dos atos de linguagem. Enfim, uma perspectiva psicossociolinguageira, que descreve a comunicação como um conjunto de níveis de coerções que se autodeterminam uns aos outros: o nível das coerções *situacionais*, que define os níveis das *características discursivas e semiológicas*, em termos de finalidade*, de identidade*, de propósito* e de circunstâncias*, constituindo o todo um contrato* de comunicação (Charaudeau, 1995c). A análise dos discursos midiáticos, publicitários e políticos mostra como se realizam as combinações entre o implícito e o explícito do sentido, de um lado, pelas coerções da situação* de comunicação (contrato), e, de outro, pelas estratégias* discursivas utilizadas pelo sujeito (individuação*).

ver **contrato de comunicação, estratégia de discurso, situação de comunicação**

P. C. (D. F. C.)

comunicacional (nível –) – ver **situacional (nível –)**

comunidade de fala – Conceito originalmente introduzido por Hymes como *speech community* (1967), usualmente traduzido para o português como **comunidade de fala**, para definir formas externas de regulação da comunicação verbal, isto é, não consideradas do ponto de vista do funcionamento de um sistema linguístico.

No quadro da etnografia* da comunicação, esse conceito é central para a construção de uma forma não abstrata de análise dos enunciados (em oposição ao ponto de vista teórico constitutivo da *gramática gerativa e transformacional*). Ele permite concebê-los como inseridos no quadro dos comportamentos comunicativos (não restritos aos comportamentos verbais) considerados constituintes da identidade de um grupo. Uma comunidade de fala é descrita como um conjunto de locutores constituídos como grupo porque "têm em comum regras que definem o desenvolvimento e a interpretação de pelo menos uma variedade linguística" (Hymes, 1972). Uma comunidade de fala não é caracterizada pelas línguas faladas no seu interior, mas pelos seus modos (ou convenções) de emprego.

Nessa perspectiva, a **comunidade fala** é uma unidade de análise, de nível superior, dos comportamentos discursivos. Ela permite caracterizar a competência* discursiva dos locutores na medida em que partilham as mesmas regras de comunicação e formas de avaliação das trocas comunicativas (conformidade de todos às regras de comunicação). Por exemplo, em português, o uso de *você* ou de *senhor* remete a escolhas complexas, não deixadas a critério do locutor e que não dependem do domínio da gramática, mas de regras complexas intuitivamente aplicadas, socialmente variáveis: um enunciado como "seus papéis!" talvez não seja considerado cordial por muitos membros de uma comunidade de fala, apesar do emprego de um *você* familiar.

As regulações internas definem, frequentemente de forma implícita, o que convém dizer e, mais amplamente, o comportamento comunicativo e as formas verbais adequadas a uma dada situação ou evento* de comunicação específico: uma troca de decoração, uma conferência internacional, um processo, uma conversa entre amigos, um cumprimento... Pode-se assim caracterizar a conveniência de um discurso, isto é, a adequação de uma produção verbal às circunstâncias da enunciação, e distingui-la da gramaticalidade, que permite avaliar apenas a compatibilidade ou incompatibilidade de um enunciado com o sistema de uma dada língua.

Em análise do discurso, pode-se ter como objeto de estudo a caracterização de certos elementos constitutivos da competência de comunicação, mais ou menos partilhada entre seus membros. Tratar-se-á, então, de caracterizar, em função de diferenças atribuíveis a parâmetros identificados, as formas discursivas (suas invariantes ou suas variações previsíveis) que se relacionam às normas de um dado acontecimento. Por exemplo, em um texto do tipo* científico, é possível citar outros textos, avaliando-os (no quadro de uma determinada citação); contudo, as possibilidades autorizadas por essas avaliações* não são ilimitadas, pois são restringidas pelas normas de comunicação que fazem com que se possa escrever "no excelente estudo de..., na importante obra de...", mas certamente nunca: "na formidável tese de...". Um dos parâmetros de análise dos eventos de comunicação próprios de uma comunidade de fala é, na verdade, constituído pelas regras de comunicação propriamente ditas (*norms*), convenções que frequentemente estão em uso e que podem determinar o que convém dizer, as formas apropriadas de fazê-lo e talvez as fórmulas desse dizer, como as saudações e os inícios das conversações (de Salins, 1987) ou as formas de polidez* verbal. Essas regulações são constitutivas da identidade linguística dos gêneros* discursivos.

Uma comunidade de fala pode caracterizar-se pelas diferenciações internas, cuja natureza não é precisada por Hymes. Ela pode ser entendida como sendo homogênea se comparada a outras, mas pode também ser estudada no nível dos seus subconjuntos particulares, em que se desenvolvem culturas comunicativas específicas. A maior parte dos estudos disponíveis foi efetuada com grupos circunscritos, como a aula de língua, a fábrica e a empresa. No estado atual do conhecimento, praticamente não é possível reconstituir as regras gerais comuns a todos os membros de uma comunidade de fala. Do ponto de vista da análise do discurso, cabe à descrição caracterizar o repertório comunicativo, isto é, a experiência e a especialidade dos gêneros discursivos (em interpretação e/ou em produção) dos subgrupos de locutores, assim como as regulações dos gêneros discursivos comuns ou eruditos. Um locutor pode pertencer a diferentes subcomunidades no interior de uma mesma comunidade de fala global ou a duas comunidades de fala distintas, como pode ser o caso de filhos de imigrantes arabofalantes instalados na França.

A **comunidade de fala** é também interpretável sob a forma de comunidade* discursiva (Maingueneau, 1984), denominação pela qual se enfocam as comunidades de fala sob dimensões menos culturalistas e mais claramente institucionais.

ver **comunidade discursiva, formação discursiva**

J.-C. B. (D. F. C.)

comunidade discursiva – Essa noção, relativamente unívoca no seu início, nos anos 80, foi sendo progressivamente carregada de múltiplos sentidos no decorrer dos anos 90; sintoma de uma evolução da análise do discurso.

Na problemática de Maingueneau (1984, 1987), a noção de **comunidade discursiva** é solidária à de formação* discursiva. Efetivamente, a hipótese subjacente é que não basta opor as formações discursivas em termos puramente *textuais*: de um discurso a outro, há "mudança na estrutura e no funcionamento dos grupos que gerem esses discursos" (1984: 135). Em outros termos, os modos de organização dos homens e de seus discursos são indissociáveis; as doutrinas são inseparáveis das instituições que as fazem emergir e que as mantêm. Essa hipótese diz respeito, em primeiro lugar, aos grupos de *produtores* de textos, que não devem ser considerados como mediadores *transparentes*. Uma tal hipótese recusa toda interpretação ingênua da distinção entre "interior" e "exterior" de uma formação discursiva. Nessa perspectiva, a noção de comunidade discursiva permite sobretudo caracterizar os locutores, destacando posicionamentos* (um jornal, um partido político, uma escola científica...) que são *concorrentes em um mesmo campo* discursivo*. Pode-se assim perguntar se a comunidade discursiva deve incluir apenas os *produtores* de texto ou estender-se àqueles que participam da sua elaboração ou difusão.

Pode-se estender essa noção a toda comunidade* de fala restrita, organizada em torno da produção de discursos, qualquer que seja sua natureza: jornalística, científica etc. Seus membros compartilham um certo número de estilos de vida, de normas etc. Nesse caso, as divergências de posicionamento são colocadas em segundo plano. Um exemplo desse tipo de *comunidade discursiva* são as **comunidades* discursivas translinguageiras** (Beacco, 1992b: 15).

Diversos tipos de comunidades discursivas podem ser distinguidos. Beacco (1999: 14) as descreve da seguinte maneira: (1) Comunidades discursivas predominantemente econômicas (empresas, organizações...). Nem todos os seus membros têm direito de produzir certos gêneros de texto; a distinção entre comunicações interna e externa é clara. (2) Comunidades discursivas "predominantemente ideológicas que são produtoras de valores, de opiniões e de crenças" (partidos políticos, associações...): produzem numerosos textos proselitistas. (3) Comunidades predominantemente científicas e técnicas que produzem conhecimentos: são produtoras de textos fechados*, acessíveis essencialmente a seus membros. (4) Comunidades do espaço midiático que difundem e confrontam conhecimentos, opiniões, valores, organizando um mercado de textos; são fundamentalmente voltadas para seu exterior e, ao mesmo tempo, têm pontos em comum com as comunidades ideológicas e as comunidades econômicas.

Para Charaudeau (2001), existem três tipos de comunidades (ligadas a três tipos de memória*) com identidade de pensamento e opinião: uma **comunidade comunicacional** cuja identidade é marcada pelo reconhecimento, por seus membros, dos *dispositivos* e *contratos** de comunicação. A existência de tal tipo de comunidade explica por que um mesmo discurso (por exemplo, sobre "a morte") é aceito por uma comunidade de telespectadores diante de um telejornal e recusado pela comunidade de consumidores diante de determinado *slogan* da Benetton. Uma **comunidade discursiva** (próxima da definida por Maingueneau) tem sua identidade marcada pelos *saberes de conhecimento** e de *crença** nos quais seus membros se reconhecem e dos quais dão testemunho ao produzirem discursos que circulam no grupo social. Essa comunidade discursiva é portadora de julgamentos, portanto, é formadora de opiniões*. Finalmente, uma **comunidade semiológica**, cuja identidade é marcada por *maneiras de dizer* mais ou menos rotineiras, constitui o "saber-dizer", os "estilos", nos quais os membros da comunidade se reconhecem. Ela é, portanto, portadora de julgamentos de ordem estética, ética e pragmática sobre a maneira de falar.

A problemática da comunidade discursiva tornou-se, a partir dos anos 90, um espaço de pesquisa particularmente ativo, mas que deve ser especificado para considerar a diversidade dos tipos* de discurso.

ver **comunidade de fala, comunidade translinguageira, formação discursiva, gênero de discurso, posicionamento**

D. M. (D. F. C.)

comunidade translinguageira – Comunidade translinguageira (Beacco, 1992) é um conceito que especifica o de comunidade* discursiva. É utilizado particularmente nos trabalhos de análise do discurso que têm por objeto *corpora* multilíngues e que se situam no quadro da etnografia* da comunicação (de Salins, 1992). É relacionado aos trabalhos inspirados no comparativismo (em particular no domínio da estilística) e reintroduz a diversidade das línguas naturais em um domínio, como o da análise do discurso, frequentemente centrado nas produções verbais de uma só língua.

Chama-se **comunidade discursiva translinguageira** uma comunidade de fala particular constituída, ao menos parcialmente, de locutores bilíngues ou multilíngues e na qual, em virtude desse fato, as trocas efetuam-se em várias línguas naturais. O funcionamento dessas comunidades não apresenta diferenças fundamentais com o de outras comunidades de fala, exceção feita às comunidades internacionais cujas línguas de trabalho oficiais são múltiplas, como ocorre com as comunidades científicas que se materializam em eventos comunicativos como congressos ou conferências internacionais, comunidades de jornalistas que manipulam os intertextos em várias línguas (despachos de agências), empresas multinacionais, instâncias internacionais cujas línguas de trabalho oficiais são múltiplas (por exemplo, Unesco, Conselho Europeu, Organização das Nações Unidas...).

Para a análise do discurso, essas comunidades particulares constituem um campo de observação específico: na verdade, elas partilham normas de interação homogêneas, reconhecidas como tais e que normalmente são caracterizáveis sob a forma de normas ou de rituais (Cali, 1999). Dessa maneira, aparecem como lugares nos quais os discursos são produzidos e circulam nas mesmas condições; por exemplo: intervenções em sessões plenárias de cientistas (mesmo estatuto) presentes em um congresso (mesmo evento de comunicação) intervindo em conteúdos próximos dos de seus colegas, no mesmo intervalo de tempo, diante do mesmo auditório, no mesmo gênero discursivo. A única variável visível parece ser, então, a língua utilizada.

Se os discursos produzidos nessas condições apresentam forte parentesco, ainda que verbalizados em línguas diferentes, essas afinidades poderão ser atribuídas a maneiras idênticas de agir (métodos de pesquisa científica, por exemplo) ou à influência de uma forma discursiva sobre a outra (extensão do modelo anglo-saxão de escrita de textos científicos). Caso apresentem diferenças, embora sendo produzidas em línguas comparáveis do ponto de vista de sua macro-organização (línguas indo-europeias, semíticas...), então talvez estas possam ser atribuídas diretamente ao que é preciso considerar como diferenças etnolinguísticas.

Uma análise discursiva de dados multilíngues que não se situe nem no nível das línguas em presença nem no das hipotéticas sensibilidades verbais nacionais, mas precisamente no quadro reconhecido dos gêneros discursivos e de suas condições de produção (Moirand, 1992) pode ser fundada na linha do conceito de comunidade discursiva translinguageira, no quadro dessa variedade intercultural da análise do discurso. Reorganiza-se dessa maneira a problemática da estilística comparada, cujo propósito era destacar o estilo coletivo de uma comunidade linguística: "O estilo coletivo relaciona-se à escolha preferencial própria de toda coletividade que, por meio das possibilidades de expressões afetivas, privilegia algumas dentre elas segundo um modo de sensibilidade particular" (Scavée e Intraia, 1979: 14).

Esse fato implica as condições particulares de constituição dos *corpora** multilíngues: para poder caracterizar as diferenças que decorrem das variações etnolinguísticas, convém invocar intertextualidades multilíngues efetivas, como as descritas acima (discursos produzidos em conferências internacionais, congressos...) e não intertextos prospectivos. Estes se definem como não tendo outra existência social senão a decisão de um pesquisador de comparar conjuntos textuais que não estariam em contato em outro contexto (por exemplo, manchetes dos jornais franceses e tchecos). Esses *corpora* são pouco adequados a uma caracterização das relações entre as formas textuais e as condições* de produção, pois há o risco destas não serem homogêneas.

ver **comunidade de fala, etnografia da comunicação**

J.-C. B. (D. F. C.)

conativa (função –) – ver **funções da linguagem**

concessão – Pela **concessão**, o argumentador modifica sua oposição diminuindo suas exigências ou concedendo ao adversário pontos controversos. Do ponto de vista tático, ele faz uma retirada estratégica. A concessão é um momento essencial da **negociação***, entendida como uma discussão sobre um desacordo aberto e que tende ao estabelecimento de um acordo.

Do ponto de vista da argumentação, ao manter um discurso concessivo, um locutor reconhece certa validade em um discurso que exprime um ponto de vista diferente do seu, mantendo, ao mesmo tempo, suas próprias conclusões. Ele pode supor que dispõe de argumentos mais fortes ou mais numerosos; pode ter argumentos de outra ordem aos quais não quer renunciar; ou pode não dispor de nenhum argumento, mas manter seu ponto de vista apesar e contra tudo, seguindo a fórmula "eu sei, mas mesmo assim". Na interação, a concessão surge como um passo feito em direção ao adversário; ela é constitutiva de um ethos* positivo (abertura, atenção para com o outro).

Em gramática, as construções concessivas monológicas são formadas pela união, por meio de um conector* concessivo, de dois enunciados D_1 e D_2, respectivamente orientados para as conclusões C e não C. A construção tem por orientação global o segundo membro D_2: "concedo D_1, mas D_2"; "ainda que D_1, D_2"; "admito D_1, mas mantenho D_2". D_1 retoma ou reformula o discurso de um oponente real (ou evoca o discurso de um oponente fictício), D_2 reafirma a posição do locutor.

ver **conector, diafonia, objeção, polifonia, refutação**

C. P. (D. F. C.)

conclusão – *Como fechamento*, a conclusão constitui, com a introdução, uma sequência no enquadramento do texto ou da fala pública na qual o locutor adota posições de transição (Goffman, 1987: 182-183). A retórica judiciária atribui à conclusão (peroração, epílogo) duas funções: recapitulação dos fatos e tomada de posição; estímulo dos afetos, essencialmente indignação (para o discurso de acusação) e apelo à piedade (para o discurso de defesa).

Como ponto de vista, a conclusão, em argumentação, é, realmente, *o ponto de vista do argumentador* sobre uma questão controversa, em função da qual ele organiza seu discurso. Esse ponto de vista equivale à resposta à questão levantada e que compete com outras respostas/pontos de vista. A conclusão-ponto de vista da argumentação pode aparecer na introdução do *discurso argumentativo monológico** (anúncio da posição que será defendida); e aparece necessariamente no momento da abertura do *episódio ou da interação argumentativa*, com a confrontação dos pontos de vista. Quando da conclusão–fechamento da troca de argumentos, as conclusões–pontos de vista divergentes podem subsistir tais e quais; podem ser amalgamadas em uma posição negociada; uma delas pode ter se imposto ou ter sido imposta.

Na teoria da argumentação na língua de Anscombre e Ducrot, a conclusão é definida como *o sentido* ("intenção") do argumento.

Em lógica, em ciência, a conclusão é ao mesmo tempo a última linha e o ponto de chegada de uma demonstração*.

ver **argumentação, argumento, orientação argumentativa, retórica**

C. P. (D. F. C.)

concordância – Oriundo de tradições muito antigas, o nome **concordâncias** (*"Concordantiae"*) teve várias definições ao longo dos séculos. Retenhamos a de Mackenzie: "Índice ou dicionário no qual as palavras da *Bíblia* são ordenadas por ordem alfabética e acompanhadas de um conjunto de versículos que as citam e de uma indicação dos lugares em que se encontram os textos procurados" (1840, *in* Sekhraoui, 1995: 137). Trata-se essencialmente de uma ferramenta de trabalho, "um instrumento de estudo que fornece, para um dado texto, a lista completa dos empregos de todas as palavras desse texto com uma referência e um contexto, o que dá ao usuário a possibilidade, segundo as necessidades, tanto de encontrar esta ou aquela citação quanto de estudar paralelamente os diversos empregos de um vocábulo" (*Interface*, Maredsous, 1981, ibid.: 171).

As primeiras *concordâncias*, índices, repertórios ordenados, seleções e numerações a partir de divisões sistemáticas introduzidas nos textos, índices remissivos, anotações, comentários, ou mesmo estatísticas da quantidade de palavras ou de consoantes se referiram à *Bíblia* e são devidas aos Massoretas, autores da tradição rabínica da "Massorah", que remonta ao século VI (Weil, 1964). No século XVI, os trabalhos massoréticos foram retomados por Elie Lévita e organizados por Jacob Ben Chaïm. Esses são os primórdios dessas práticas.

Entretanto, a primeira concordância verbal completa, atribuída a centenas de dominicanos parisienses sob a direção de Hughes de Saint Chef (ou Cher), prior de Saint Jacques, foi elaborada no século XIII sobre o texto latino da Vulgata de Jerônimo (Sekhraoui, 1995). Muitos outros textos de outras épocas têm sido objeto da elaboração cuidadosa de concordâncias, do levantamento de *Exempla*; das primeiras tábuas alfabéticas do século XII aos grandes índices-concordanciários que abriram a época moderna: *Hymnes,* depois a *Suma Teológica* de Tomás de Aquino trabalhados mecanograficamente em Gallarate, na Itália, por Roberto Busa, a partir de 1949 (*Index Thomisticus,* 1974); concordâncias de grandes escritores franceses (Centro de estudo do vocabulário francês de Besançon), a partir de 1959 (Quemada, 1959); programas KWIC (KeyWords–In–Context) e KWOC (KeyWords–Out–of–Context) em 1959; concordâncias do poeta Matthew Arnold, por James Painter na Universidade de Cornell, sempre em 1959; concordâncias de Rousseau em Princeton, por Launay em 1965; depois índices e concordâncias de textos na INALF–Saint–Cloud, por Pierre Lafon, a partir de 1966; o *Corão* em cartões perfurados em 1967; a Tábua pastoral da *Bíblia* em 1974, e *Mikrah-Compucord* em 1985, do Centro de Informática e *Bíblia* de Maredsous; concordanciário dos 17 volumes de Malebranche por Majid Sekhraoui, 1972-1985; tratamento sistemático de Giraudoux, Rousseau, Proust, Zola, Hugo, Chateaubriand na INALF–Nice por Étienne Brunet (Brunet, 1994) e, claro, o banco textual de FRANTEXT na INALF–Nancy, elaborado e colocado em rede por Jacques Dendien.

Atualmente, chamamos mais estritamente – o campo das pesquisas linguísticas no computador tornou-se muito vasto – **concordâncias** ou **concordanciário** um conjunto de *contextos imediatos* (de 1 a *n* linhas) reunidos em torno de uma mesma unidade de sentido ou de funcionamento (forma textual, norma lematizada, raiz, noção, figura de retórica, imagem etc.) chamada **polo, pivô, manchete** ou *heading–word*. É sobre essa primeira base que, por exemplo, foi elaborado no INALF–Nancy o *Trésor de la langue française* (Imbs e Quemada, 1971-1998). Todos os programas relativos ao vocabulário no computador possuem hoje em dia, mais ou menos atualizados, tratamentos automáticos desse tipo, mas as possibilidades de pesquisa foram aumentadas em dez vezes. As ligações hipertextuais permitem acessar o concordanciário completo de qualquer unidade semântica e, a partir dele, as estatísticas contextualizadas e as operações linguísticas mais diversas (Heiden, 1998). É assim que o instrumento de exegese bíblica, verdadeiro pré-computador, encontra-se perfeitamente adequado aos meios e problemáticas modernas dos bancos de dados e da análise do discurso.

ver **coocorrência**

M. T. (D. F. C.)

condições de produção – A noção de **condições de produção** do discurso substituiu a noção muito vaga de "circunstâncias" nas quais um discurso é produzido, para explicitar que se trata de estudar nesse contexto o que *condiciona* o discurso. Trata-se, portanto, de uma noção que separa o enunciado considerado do ponto de vista da pragmática* (como uso da língua) do enunciado considerado do ponto de vista da análise de discurso*. As duas acepções coexistem em análise do discurso: uma se inscreve na filiação da Escola Francesa de Análise do Discurso; a outra, no quadro de uma teoria da comunicação.

I – NA ESCOLA FRANCESA DE ANÁLISE DO DISCURSO

Alicerçada na expressão marxista *condições econômicas de produção,* esta noção aparece em Pêcheux (1969) com a hipótese de "que a um estado determinado das condições de produção (discursivas)" correspondem "invariantes semanticorretóricas, estáveis", no conjunto dos discursos suscetíveis de serem produzidos. O autor modifica o esquema da comunicação de Jakobson: Pêcheux substitui os dois polos do destinador e do destinatário por um dispositivo em que as situações objetivas do locutor e de seu interlocutor são desdobradas em representações imaginárias dos lugares que um atribui ao outro. As relações entre os lugares* não constituem comportamentos individuais, não remetem nem à *parole* saussuriana nem à psicologia, mas dependem da estrutura das formações sociais e decorrem das relações de classes, tais como descritas pelo materialismo histórico.

As condições de produção desempenham um papel essencial na construção dos *corpora**, que comportam necessariamente vários textos reunidos em função das hipóteses do analista sobre suas condições de produção consideradas estáveis.

A correlação muito mecanicista entre o discursivo e as classes sociais foi criticada pelos especialistas da microssociologia das interações* que insistem nas margens de manobra dos sujeitos (sob o risco de considerar sujeitos sem contexto e sem memória). Em uma perspectiva que deve muito a Foucault, ela cedeu a vez a uma visão mais complexa das instituições discursivas e da relação entre o interior e o exterior do discurso (Maingueneau, 1991; ou Guilhaumou, 1998b, a propósito do papel dos mediadores).

ver **contexto, Escola Francesa de Análise do Discurso, gênero e história, situação de comunicação**

S. B.-R. (D. F. C.)

II – Condições de produção e situação de comunicação

Além do seu emprego na linha dos trabalhos de Pêcheux e de sua redefinição por Courtine (1981: 19-25), essa noção terminou por adquirir um sentido geral, assimilando-se algumas vezes a contexto*, termo também ambíguo, entendido como o conjunto dos dados não linguísticos que organizam um ato de enunciação. Evidentemente, isso representa um problema, pois, nesse conjunto de dados, há os que decorrem apenas da situação* de comunicação e outros, de um saber pré-construído* que circula no interdiscurso* e sobredetermina o sujeito falante. Dito de outra forma, algumas dessas condições são de ordem situacional e outras de ordem do conteúdo discursivo. É certo que um sujeito falante é sempre parcialmente sobredeterminado pelos saberes, crenças e valores que circulam no grupo social ao qual pertence ou ao qual se refere, mas ele é igualmente sobredeterminado pelos dispositivos de comunicação nos quais se insere para falar e que lhe impõem certos lugares, certos papéis* e comportamentos.

ver **contrato de comunicação, situação de comunicação**

P. C. (D. F. C.)

conectividade – ver **coerência**

conector – No verbete "Palavra" da *Encyclopédie méthodique* do século XVIII, Beauzée incluía as conjunções na categoria que ele chama das "palavras discursivas", unidades que "fazem a ligação das proposições e que constituem a força, a alma e a vida do discurso". Na mesma época, em seu *Cours de rhétorique et de belles-lettres*, o escocês Blair relacionava as conjunções como *as, because, although* na categoria de "conectivos" que "geralmente são utilizados para conectar orações ou membros de oração. [...] É o bom ou mau emprego dessas partículas de conexão que confere ao discurso um ar firme e estruturado ou, ao contrário, frouxo e desorganizado, é isso que o faz progredir em um movimento sem choques e regular, ou com um passo desarticulado e claudicante" (1788).

A partir dos trabalhos pragmáticos sobre as "palavras do discurso" (Ducrot, 1980), desenvolveu-se na linguística a reflexão sobre advérbios, conjunções e locuções conjuntivas que desempenham um papel de conexão entre unidades do discurso. Adotando um ponto de vista pragmático e textual, logrou-se classificar em um contínuo vários tipos de conectores que preenchem uma mesma função de ligação entre unidades de um nível diferente (proposições ou grupos de proposições): (1) assegurando a *simples função de conexão*; (2) adicionando a essa função um papel de *marcador* de (re)tomada enunciativa; (3) completando essas duas funções com uma *orientação argumentativa marcada*.

| conector

1. SEGMENTAR E RELIGAR: A SIMPLES CONEXÃO
(OS ORGANIZADORES)

Função comum a (1), (2) e (3)
Proposição(ões) p ◄——— < C > ———► *proposição(ões) q*
...fechar] [abrir...

Os organizadores desempenham um papel importante na sinalização dos planos* do texto. Podem-se distinguir os que ordenam os elementos da representação discursiva em dois eixos maiores do espaço e do tempo: os **organizadores espaciais** (*à esquerda, à direita, na frente, atrás, em cima, embaixo, além, de um lado – do outro...*) e os **organizadores temporais** (*então, em seguida, [e] depois, após, na véspera, no dia seguinte, três dias mais tarde, agora...*). Outros, os **organizadores enumerativos**, recortam e ordenam a matéria textual e com ela, o conteúdo representado. Podem-se distinguir os simples aditivos (*e, ou, também, como, com isso, da mesma maneira, igualmente, e mais ainda...*) e os **marcadores de integração linear**, que abrem uma série (*por um lado, inicialmente, primeiramente, em primeiro lugar, de um lado...*), assinalando sua continuação (*em seguida, depois, em segundo lugar, e...*) ou seu encerramento (*por outro lado, enfim, de outro lado, em último lugar, e, é tudo, para terminar, como conclusão...*). Alguns dentre eles adicionam ao valor de ordem um valor temporal.

2. MARCAR ENUNCIATIVAMENTE (E) UMA PORÇÃO DE TEXTO: CONEXÃO COMBINADA A UMA ASSUNÇÃO ENUNCIATIVA

Função comum a (2) e (3)
Proposição(ões) p (E) ◄——— < C > ———► *proposição(ões) q (E)*
zona indexada enunciativamente E_1] [zona indexada enunciativamente E_2

A importante categoria dos **conectores de reformulação*** assinala, em um certo ponto do texto, uma retomada metalinguística (*isto é, dito de outra forma, [N_1] é / significa [um N2], em uma palavra, em outros termos...*) e/ou associa a essa retomada metalinguística um marcador comparável aos marcadores de integração linear conclusivos (*enfim, em suma, finalmente, ao final, no fundo, considerados todos os pontos, em resumo, em conclusão, para dizer tudo, na realidade, de fato, na verdade, enfim...*). A esse primeiro tipo de conector é preciso acrescentar os **organizadores marcadores da estruturação da conversação** (*bom, bem, mal, então...*) e outros **fáticos** (*você sabe, veja você, é...*) que, pontuando-os, desempenham um papel importante na estruturação de textos orais.

3. ORIENTAR ARGUMENTATIVAMENTE:
   OS CONECTORES ARGUMENTATIVOS

Função própria a (3)

Proposição(ões) p ⟵ < C > ⟶ *Proposição(ões) q*

Instrução para considerar *p* como: Argumento ou Argumento sustentador ou Contra-argumento ou Conclusão

Instrução para considerar *q* como: Conclusão ou Contra-argumento ou Argumento sustentador ou Argumento

Os conectores argumentativos adicionam à função de segmentação dos enunciados um marcador forte de assunção enunciativa. Diferentemente de outros conectores, eles orientam argumentativamente a cadeia verbal, desencadeando a retomada de um conteúdo proposicional seja como argumento, como uma conclusão, como um argumento encarregado de apoiar ou reforçar uma inferência ou ainda como um contra-argumento. Como os demais, eles delimitam as unidades abrindo ou fechando porções de texto desde o nível intraproposicional ("O juá-bravo no pasto é bonito, *mas venenoso*") até o nível interproposicional (segmentar e ligar as proposições no interior de um período*) e textual (segmentar e religar os retalhos de textos inteiros). Incluem-se nessa categoria tanto os argumentativos e concessivos (*mas, entretanto, no entanto, todavia, embora, apesar de...*) quanto os introdutores de explicação e de justificação (*pois, porque, uma vez que, se – é que...*), o *se* hipotético (*se – então*), e os simples marcadores de um argumento (*mesmo, além disso, ainda mais, não somente...*).

ver **argumentação, coerência, marcador conversacional, período, texto**

J.-M. A. (D. F. C.)

conector argumentativo – A noção de **conector** ampliou a noção tradicional de coordenante, ao reagrupar termos pertencentes a diversas categorias gramaticais: conjunções de coordenação, conjunções e locuções conjuntivas de subordinação, advérbios. Sua análise enfatiza a **função** comum dessa classe de palavras, a conexão que estabelecem entre o contexto linguístico à esquerda do enunciado ao qual estão ligados e esse próprio enunciado, procurando constituir subclasses segundo a natureza semântica dessa ligação; por exemplo, de analogia, de reformulação, de enumeração ou de argumentação. A interpretação "argumentativa" dos conectores como constituintes da subclasse dos conectores argumentativos é o produto, mais ou menos unificado, de *três grades de interpretação* que têm a ver com a implicação lógica, com a relação física causa–consequência e com a ligação argumento–conclusão.

Conectores lógicos

Por analogia a seus homônimos da lógica proposicional, certos conectores podem ser interpretados em termos de **condições de verdade** das proposições que eles ligam, especialmente "e/∧" "ou/∨", "Se... então.../→". *Os limites dessa interpretação* são devidos ao fato de que ela considera somente o valor de verdade de duas proposições ligadas, excluindo seu sentido e suas condições de emprego. As principais consequências são, primeiramente, a validade de encadeamentos *semanticamente absurdos* (a implicação "Se a lua é um requeijão, então Napoleão morreu em Santa Helena" é válida, pois a primeira proposição é falsa, a segunda é verdadeira e, pela definição da implicação lógica, o falso acarreta o verdadeiro: do falso pode-se deduzir o que quer que seja, tanto o falso quanto o verdadeiro). Em seguida, ela considera que os conectores são *maciçamente sinônimos*. Na verdade, o enunciado composto "O restaurante é bom (=A), mas [ele é] caro (=B)" é verdadeiro se e somente se o restaurante é ao mesmo tempo bom e caro; dito de outra forma: "A, mas B" ou "A, entretanto B", tendo as mesmas condições de verdade que "A e B", os conectores "e", "mas", "entretanto"... são considerados como equivalentes. Enfim, tal interpretação tem igualmente consequências contraintuitivas no plano argumentativo: "P → P" é uma fórmula válida, enquanto a argumentação correspondente "P portanto P" é falaciosa por *petição de princípio*: não se pode dar como argumento em favor de uma conclusão a própria conclusão. É o custo do "ganho decisivo" que a lógica paga "ao abandonar a linguagem usual" (Quine, 1972: 20-21).

Conectores e circunstantes

Os conectores são igualmente interpretáveis no quadro *da teoria retórico–ontológica das circunstâncias de ação,* adaptada à gramática sob o nome de teoria dos complementos circunstanciais. Sua metalinguagem é mais rica que a precedente. Por exemplo, o encadeamento "A, mas B" pode ser analisado como "A (Oposição) B". Da mesma forma, enquanto, no quadro da interpretação lógica, a análise dos conectores "pois", "portanto", "porque", "uma vez que", "em consequência" era atribuída apenas à **implicação**, nesse novo quadro, pode-se fazer apelo à relação **causa-consequência**. Isso introduz sentido nas implicações e permite rejeitar a construção indesejável "Se a lua é um requeijão, então Napoleão morreu em Santa Helena". Essa teoria se ajusta bem às paráfrases intuitivas e contempla uma problemática da **explicação*** e da **argumentação***.

Conectores argumentativos

A relação causa-consequência se deixa facilmente reformular em termos de argumento–conclusão. Assim, segundo os contextos, considera-se "uma vez que" e "porque" introdutores de causa ou de argumento; "portanto", "em consequência" como introdutores de consequência ou de conclusão. Esse tipo de análise, tradicional para certos termos, foi ampliado por Ducrot (1980) a novos itens; por exemplo: "além disso", "justamente" ou "mas". O encadeamento "A, mas B" ("Este restaurante é bom, mas caro") é então analisado segundo duas variantes.

Segundo a concepção instrucional (Ducrot *et alii*, 1980: 12), pela enunciação de A ("Este restaurante é bom"), o locutor fornece a instrução "Procurar uma conclusão C para a qual A é um argumento"; por exemplo: "Então vamos a este restaurante!". Pela enunciação de "mas B", ele fornece a instrução: "Considerar B como argumento para a conclusão "não C", portanto: "Não iremos!", tendo o enunciado como um todo a orientação global não C.

Segundo a concepção polifônica (Ducrot *et alii*, 1980: 44), pela enunciação de "A", o locutor coloca em cena um enunciador E_0 argumentando de "A" em favor de "C". Pela enunciação de "mas B", ele coloca em cena um enunciador E_1 argumentando de "B" em favor de "não C "; enfim, ele se identifica a E_1, argumentando, portanto, em favor de "não C" (Ducrot, 1988: 66 - 71).

A teoria de Ducrot, chamada "teoria da argumentação na língua", sob sua forma radical, assimila a ligação argumentoconclusão à relação de significação, sendo que o sentido do enunciado (o argumento) é sua sequência (a conclusão a que ele visa). Ele generaliza esse estilo de descrição a todos os usos de "mas" e, em teoria, a todos os conectores.

ver **conector**, **orientação argumentativa**

C. P. (D. F. C.)

configuração – Emprestada da reflexão filosófica sobre a interpretação da narrativa histórica (Gallie, 1968; Mink, 1965-68-69), essa noção foi desenvolvida por Ricoeur no quadro de sua teoria geral da narrativa. Como afirma Mink: "mesmo quando todos os fatos estão estabelecidos, resta sempre o problema da sua compreensão em um ato de julgamento que consiga apreendê-los conjuntamente em vez de vê-los em série" (1965). Em outros termos, e isso vai ao encontro de uma das principais hipóteses da linguística* textual, compreender uma narrativa – e, de forma mais abrangente, o conteúdo de qualquer texto – não é decodificar uma a uma as frases e as fases de uma intriga; é passar de uma sucessividade a um todo de sentido coesivo–coerente*, percebido na formação de um texto*.

Como assinala Ricoeur, a narrativa mais simples é sempre mais do que uma série cronológica de eventos* e de ações*. Ao apreender, pela elaboração da intriga, o conjunto das f(r)ases de uma narrativa, aquele que narra propõe um sentido (uma esquematização*). A leitura–compreensão de um texto é um julgamento reflexivo que (re)configura o texto. Em outros termos, o ato de **configuração** é tanto um ato de produção–esquematização quanto de leitura–interpretação. Sublinhando seu parentesco com o julgamento, Ricoeur insiste no fato de que, tanto no caso particular da narrativa histórica quanto no da narrativa de ficção, trata-se de um ato "que compreende – 'coapreende' – os acontecimentos da ação na unidade da intriga" (1983: 116).

Considerando qualquer texto como "um conjunto de *instruções* que o leitor individual ou o público *executam* de maneira passiva ou criativa" (1983; 117), Ricoeur inscreve o conceito de configuração no quadro pragmático da interação verbal. Ele parte da definição enunciativa da frase formulada inicialmente por Benveniste: unidade do discurso e não da língua, qualquer frase é ato de referência e construção interativa do sentido ("pretendido"). "O *pretendido* pelo discurso cessa de se confundir com o significado correlativo de cada significante na imanência de um sistema de signos. Com a frase, a linguagem é orientada além dela mesma: diz-se qualquer coisa *sobre* qualquer coisa. Esse enfoque de um referente do discurso é rigorosamente contemporâneo de seu caráter de acontecimento e de seu funcionamento dialogal" (Ricoeur, 1983: 118).

ver **coerência, esquematização, linguística textual, macroato de linguagem, narrativa, texto**

J.-M. A. (D. F. C.)

configuração/arquivo – Na perspectiva aberta por Foucault (1969b), uma concepção original do enunciado oriunda da leitura de arquivos, portanto, do **arquivo**, surge no início dos anos 80 no campo da *análise do discurso segundo uma perspectiva histórica*. A estruturação do campo de estudos do historiador do discurso agregou-se à do "discurso como objeto da história", tornando-a mais precisa ao dar mais atenção às **configurações** de enunciados.

A ANÁLISE CONFIGURACIONAL

Com a análise configuracional, deixa-se a prática inicial de homogeneização do *corpus** em análise do discurso e passa-se à constituição de dispositivos de enunciados necessariamente heterogêneos. Isso acontece com a configuração existente em torno dos enunciados do tipo "pão e X" dominada, na tradição da Revolução Francesa, pela coordenação–pivô "pão e liberdade" (Guilhaumou, Maldidier e Robin, 1994). Em simbiose com a análise arqueológica* de Foucault, não se trata mais de dividir os *corpora* no interior de séries textuais já repertoriadas e analisadas pelos historiadores como no início da análise do discurso. Trata-se, ao contrário, de "descrever as regras de constituição dos objetos, de formação dos conceitos e das posições de sujeitos" (Foucault, 1994, II: 162) a partir de configurações de enunciados* de arquivo.

Assim, a situação discursiva de um arquivo, em particular manuscrito, não é jamais dada *a priori*. Na verdade, apesar das marcas institucionais e temporais (um selo, o nome próprio de uma instituição, uma data etc.), sua identificação discursiva permanece opaca enquanto o enunciado de arquivo não for materializado por um gesto de leitura*. Isto quer dizer que o arquivo não é o reflexo passivo de uma sociedade no interior da totalidade de textos conservados. Ele é definido como "o jogo de regras que, em uma cultura, determina o surgimento e o desaparecimento dos enunciados, sua permanência e seu apagamento, sua existência paradoxal como acontecimentos e como coisas" (Foucault, 1994, I: 708). Ele se oferece, portanto, a uma leitura hermenêutica que recorta os dispositivos discursivos, as configurações significantes. Por isso mesmo, ele valoriza *a capacidade interpretativa própria de atores da história,* muitas vezes desconhecidos no centro dos acontecimentos e ainda mais frequentemente reduzidos às suas causas e ou às suas consequências. O arquivo modifica completamente, portanto, a abordagem do *corpus* dos primeiros momentos da análise do discurso, *corpus* doravante aberto à textualidade que o rodeia.

Atualmente, a análise do discurso segundo uma perspectiva histórica organiza-se em torno de um dispositivo metodológico no qual os estudos histórico-discursivos, nascidos da *relação entre a história e a linguística* (Robin, 1973) só adquirem sentido ao final de um trabalho configuracional. Trabalha-se com os enunciados de arquivo no interior de um trajeto* temático (e de seus momentos de *corpus*), verdadeiras pausas em um dispositivo de enunciados suscetível de uma análise linguística precisa. Em outros termos, em um primeiro momento, os enunciados não são análogos às expressões, proposições e frases estudadas pelo linguista: eles decorrem da tripla função histórica de sujeito, de objeto e de conceito (Deleuze, 1986: 18). É apenas ao final de sua descrição configuracional que se pode depreender as recorrências linguísticas: é o que se passa com a recorrência da coordenação "pão e X" ao final da descrição do trajeto temático dos meios de subsistência no século XVIII (Guilhaumou, 1984, 2000a).

Desse modo, ao descrever, por exemplo, o itinerário do *sujeito histórico* (o corpo de Marat), a organização de um *objeto discursivo* (o tema dos meios de subsistência), a emergência de um *conceito* (a palavra de ordem empregada na ordem do dia durante O Terror, em 1793) e, mais amplamente, a construção de um acontecimento* discursivo com a base em *configurações de enunciados atestados em arquivo,* Guilhaumou considera, simultaneamente, as fontes interpretativas da tripla função do enunciado de arquivo. O enunciado atestado na vizinhança de outros permite atingir a compreensão "direta" do *sentido manifesto,* sem desviar-se pela explicação contextual de um sentido oculto, contido no metadiscurso* do historiador.

A REFLEXIDADE

Na linha das considerações de Ricoeur (1983), podemos estabelecer que toda descrição de enunciados atestados participa, na sua dimensão autorreferencial, de um *ato configurante* centrado numa intriga. A relação com o acontecimento discursivo é aqui privilegiada na medida em que o valor reflexivo do enunciado, suas fontes interpretativas, provém da atuação de argumentos no interior de um processo discursivo, de sua dimensão performativa*. Uma elaboração da intriga que se desenvolve ao longo de um trajeto* temático adquire sua dimensão mais ampla, sua última significação, no momento em que emerge *uma expressão suscetível de resumir a inteligibilidade de um processo discursivo*. Isso ocorre, por exemplo, com a expressão "Marat não está morto", ao final de uma descrição configuracional do *acontecimento "Morte de Marat"* – do assassinato à exposição do corpo e ao funeral (13-16 de julho de 1793) – que permite idealizar o corpo de Marat (Guilhaumou, 1986a, 1988).

Entretanto, o aporte linguístico mais notável de uma investigação configuracional do tipo arquivística em análise do discurso diz respeito à sua capacidade de considerar a *materialidade da língua na discursividade do arquivo*. Trata-se, então, de descrever os desafios discursivos de uma recorrência sintática. Assim ocorre com o paradigma sintático "pão e X", estudado em um momento de *corpus* (Guilhaumou, Maldidier e Robin, 1994) no final da descrição do *tema dos meios de subsistência no século XVIII* (Guilhaumou, 1984, 2000a). Um dado gramatical, a *coordenação*, leva em conta a *materialidade discursiva* no interior dos afrontamentos discursivos em torno da demanda por pão. Uma questão linguística aberta (a relação entre a coordenação de sintagmas e a coordenação de orações) pode ser abordada no próprio processo de descrição dos dispositivos discursivos.

Na linha dos trabalhos de Faye (1972), o historiador do discurso esforça-se para explicar como as configurações discursivas fazem sentido em uma *conjuntura histórica* sem recorrer à noção de condições* de produção, que induz a um corte entre texto e contexto, bastante contestável em uma *abordagem hermenêutica* que considera a *reflexividade das descrições sociais* tal como ela é formulada na etnometodologia*.

ver **acontecimento discursivo/linguístico, arqueológica (análise–), ato de linguagem, condições de produção,** *corpus*, **enunciado, materialidade discursiva, narrativa, trajeto temático**

J. G. (D. F. C.)

confirmativa (troca –) – ver **troca**

conhecimento/crença (saber de –) – Se aceitarmos a hipótese segundo a qual comunicar ou interpretar uma mensagem supõe que os interlocutores afetados por ela partilham o mesmo saber, então somos levados a nos perguntar qual é a natureza desse saber. A hipótese do *saber compartilhado* como condição necessária à interpretação dos enunciados foi discutida por Sperber e Wilson (1989), que propõem a noção de "ambiente cognitivo mútuo" (1989: 70) como sendo o conjunto de conhecimentos manifestos partilhados. Sem entrar nos detalhes dessa discussão, podemos reter para a análise do discurso que o sentido dos enunciados não depende somente do que é codificado pela língua, mas igualmente, e ainda constitutivamente, do saber que possuem os interlocutores de um ato de linguagem; saber que investem na mensagem tanto para produzi-la quanto para interpretá-la, saber que é a parte comum desse investimento e que permite que haja *intercompreensão*. Defenderemos, portanto, que, de maneira geral, o *saber partilhado* é necessário à produção-interpretação de todo ato de linguagem.

Em psicologia cognitiva (Rosch e Lloyd, 1978) e depois em *semântica linguística* (Lakoff, 1987; Langacker, 1987) foi desenvolvida uma teoria semântica dos protótipos que propõe distinguir, entre outras coisas, dois eixos de constituição do saber em torno do que seria o conhecimento prototípico de uma palavra–objeto do mundo: um eixo *estereotípico* e um eixo *enciclopédico*. Graças à linguagem, o conhecimento **prototípico** seria constituído de traços universais de caracterização de seres do mundo. Por exemplo, o fato de um "pássaro" ser reconhecido como sendo um "animal" que tem "penas", "bico", "asas" e que pode "voar".

No entanto, o homem fabrica outros tipos de saber além do saber meramente prototípico, que constitui uma base mínima de reconhecimento. Esses outros tipos de saber dividem-se em dois eixos, segundo as propriedades que são atribuídas aos seres mais ou menos universais. Assim, reconhecer que um "pássaro" é "singular" ("É um pássaro esquisito"), que ele é "frugal" ("Um apetite de passarinho") ou que "é difícil de pegar" ("Como um pássaro em cima de um galho"), são propriedades que, ao mesmo tempo, são reconhecidas e amplamente partilhadas, mas apenas no interior de um grupo social ou de uma cultura dados. Esse saber que repousa sobre propriedades simultaneamente universais e relativas é chamado **estereotípico**.

Enfim, poder dizer de um pássaro que ele é vertebrado, que possui papo, que é um animal de sangue quente e com respiração pulmonar supõe um saber especializado, técnico, que é partilhado apenas por um grupo restrito de indivíduos. Falaremos então de saber **enciclopédico** (Martin, 1991).

Em análise do discurso, uma distinção ligeiramente diferente foi proposta por Charaudeau, que distingue **saber de conhecimento** de **saber de crença**. Os conhecimentos "derivam de uma representação racionalizada da existência dos seres e dos fenômenos do mundo. [...] Considera-se que esses explicam o mundo da maneira mais objetiva possível" (1997a: 44) e que são adquiridos pela experiência de vida ("quanto mais pesado é um objeto, mais difícil é erguê-lo") e por meio de um saber técnico ou erudito ("É a Terra que gira em torno do Sol e não o contrário"). Referem-se, portanto, a tudo que é de ordem factual, que pode ser verificado e explicado segundo um princípio de causalidade verossímil. As **crenças** resultam do olhar subjetivo que o homem lança sobre os acontecimentos do mundo; correspondem mais a uma tentativa de inteligibilidade do mundo do que a uma tentativa de "*avaliação* dos seus fundamentos e da *apreciação* do seu efeito sobre o homem e suas práticas" (1997a: 46). Essas crenças decorrem, portanto, de julgamentos que contribuem para fabricar normas de referência mediante as quais serão avaliados os comportamentos dos indivíduos ("Foi buscar lã e voltou tosquiado").

ver **opinião, representação social**

P. C. (D. F. C.)

conotação – Inicialmente utilizado pelos lógicos, o termo **conotação** foi em seguida incorporado ao léxico da linguística (e mesmo hoje, em certa medida, à língua em geral, na qual o verbo "conotar" é uma espécie de equivalente de "evocar").

Em lógica, a conotação de um conceito corresponde à sua "compreensão", isto é, ao conjunto de atributos que o definem (por oposição à **denotação**, que corresponde à sua extensão): "A palavra *branco* denota todas as coisas brancas como neve, papel, espuma das ondas etc.; e implica [...] o atributo *brancura*" (Stuart Mill, citado por Lalande no seu *Dictionnaire de philosophie*). A *Gramática de Port Royal*, contudo, utiliza o termo em um sentido diferente (a conotação de um conceito como "significação confusa"), no qual vemos emergir o sentido que lhe dará a linguística moderna a partir de Bloomfield (1933).

Em linguística, a conotação de um termo é somente uma parte de sua significação – que Pottier (1964) chama de "virtuema" – isto é, o conjunto de valores que vêm se sobrepor aos traços "denotativos" diretamente ligados às propriedades do referente discursivo (a palavra **denotação** designa ao mesmo tempo um mecanismo de correlação de um termo e seu referente e a parte da significação lexical que permite esse mecanismo). Por exemplo, o termo "aguardente de cana" se opõe a "pinga": (1) *denotativamente*, quando designa "bebida alcoólica obtida a partir da fermentação do melaço de cana-de-açúcar", mas (2) *conotativamente*, quando é um equivalente técnico da popular "pinga".

As conotações aparecem, portanto, como valores "acrescidos", "secundários", "periféricos", que têm menos a ver com a linguística propriamente dita do que com a estilística*, a psicolinguística ou a sociolinguística, e que constituem um conjunto extremamente fluido e diverso (segundo Bloomfield, "as variedades de conotação são inumeráveis e indefiníveis"). Deve-se a Martin (1976: 88-101) e depois a Kerbrat-Orecchioni (1977) terem levado a cabo seu inventário e sua classificação sistemática em função da natureza particular de seu significante e/ou significado: no que concerne ao *significante da conotação* (ou *conotador*) pode ser, por exemplo: o material fônico e/ou gráfico, tal fato prosódico ou tal construção sintática, o significante lexical ou o próprio referente (suporte de uma conotação que vai "entrar na língua" quando da verbalização desse referente). No que concerne ao *significado de conotação*, distinguiremos, entre outros, as conotações estilísticas (problema do registro no nível de língua), as conotações enunciativas (afetivas ou axiológicas, socioculturais ou ideológicas) e quaisquer tipos de "valores associados" de origem diversa.

Para Hjelmslev (1968: cap. 22), a "linguagem de conotação" é uma linguagem segunda, que toma por plano de expressão os signos bifaciais da linguagem de denotação nos quais vêm-se implantar novos conteúdos (o oposto exato da "metalinguagem", que seria uma "linguagem cujo conteúdo já é uma linguagem"). Frequentemente retomado (entre outros por Eco, Barthes, Greimas, Prieto), esse esquema foi com razão criticado, em particular por Kerbrat-Orecchioni (1977: 80-87) e Metz (1973).

O próprio Metz aplicou a noção de conotação a seu objeto específico, a linguagem do cinema: na verdade, trata-se aqui de uma noção *trans-semiótica*, particularmente apta a dar conta do funcionamento semântico das mensagens icônicas – ver a célebre análise de um cartaz publicitário para as massas Panzani proposta por Barthes (1964b), na qual o autor identifica a presença de um certo número de significados de conotação, como a "italianidade", significado cujos suportes são tanto linguísticos (a sonoridade do nome do produto, o recurso à língua italiana em certos fragmentos do texto) quanto icônicos (os objetos representados, símbolos da gastronomia italiana, e as três cores dominantes, branco-verde-vermelho, símbolos da Itália). Esse exemplo mostra, ao mesmo tempo, que os conotadores não são sempre "erráticos" na mensagem, mas que também podem organizar-se em redes e constituir "isotopias*".

Ainda que sejam logicamente *segundas*, as conotações não são, por isso, *secundárias* em relação aos conteúdos denotativos: elas desempenham um papel fundamental no discurso ordinário (exercendo coerção sobre as escolhas lexicais e individuais e às vezes sobre a própria evolução do léxico: cf., por exemplo, a substituição de "Sena Inferior" por "Sena Marítimo", de "Baixos Pirineus" por "Pirineus Atlânticos" e de "Costa do norte" por "Costa de Armor"); o mesmo acontece em outros gêneros discursivos, como o discurso publicitário ou o discurso literário: qualquer texto literário constitui por definição, segundo Arrivé (1972: 67), uma linguagem de conotação.

ver **emoção, palavra**

C. K.-O. (D. F. C.)

constituinte (discurso –) – Noção introduzida por Maingueneau e Cossuta (1995) para delimitar um conjunto de discursos que servem de alguma forma como fiadores de outros discursos e que, não tendo eles mesmos discursos que os validem, devem gerir em sua enunciação seu estatuto, de alguma maneira "autofundado".

Os **discursos constituintes** alimentam uma relação constitutiva com o **archéion** de uma sociedade, seus valores fundadores: "ligado à *archè* 'fonte', 'princípio', e a partir dele, 'comando', 'poder', o *archéion* é a sede da autoridade; por exemplo, um palácio, um corpo de magistrados, mas também os arquivos públicos. Assim, o *archéion* associa intimamente o trabalho de *fundação* no e pelo discurso, a determinação de um *lugar* associado a um corpo de *enunciadores consagrados* e uma elaboração da *memória*" (Maingueneau e Cossuta, 1995: 112).

A categoria "discurso constituinte" não é apenas uma categoria definida sobre a base de sua única função social nem uma categoria que remete a propriedades textuais ou enunciativas; ela participa dessas duas dimensões. A hipótese subjacente a essa categoria é, de fato, que a posição singular que eles ocupam no interdiscurso* tem por correlato que esses discursos partilham de um certo número de invariantes enunciativas. Apesar de suas diferenças evidentes, um texto literário, um texto filosófico ou um texto religioso, por exemplo, partilham de um certo número de invariantes quanto à maneira de gerir seu mundo, de se inscrever na sociedade (campo* discursivo, comunidade* discursiva, posicionamento*, paratopia*...) e suas cenas* de enunciação e seus modos de organização textual. De fato, a noção de "constituição" associada a "constituinte" atua sobre duas dimensões inseparáveis: a constituição como *organização textual* e a constituição como *ato jurídico* (ato de constituição de uma entidade jurídica e constituição como o texto que estabelece as normas de uma coletividade). "É somente por sua maneira de organizar seus próprios discursos que eles podem mostrar e atestar sua legitimidade, sua conformidade com os critérios do Verdadeiro" (Maingueneau, 1999: 197).

O caráter *heteroconstituinte* é a outra face do caráter *autoconstituinte* desses discursos: eles não podem servir de fiadores dos *outros* discursos a não ser construindo mediante sua enunciação as condições de sua *própria* validade, processo que é indissociável de seu modo de existência. Este trabalho de autolegitimação supõe uma inscrição profunda no interdiscurso* e a elaboração de cenas de enunciação específicas.

ver **arquitexto, arquivo, instituição discursiva**

D. M. (D. F. C.)

conteúdo/relação – Além de seu emprego em "análise* de conteúdo" o termo **conteúdo** é correntemente oposto a **relação** na Escola de Palo Alto e nas teorias da comunicação.

Em uma enunciação, distingue-se a informação transmitida, dita "conteúdo", e a "relação", que institui a enunciação entre os interactantes, o quadro que ela implica. A relação pode exprimir-se de maneira verbal, mas também não verbal (sorrisos, por exemplo). "Assim, no nível da relação, uma ou mais das asserções seguintes estão sempre em jogo: 'É assim que eu me vejo... É assim que vejo você... É assim que vejo você me vendo...' e assim por diante" (Watzlawick *et alii*, 1972: 49). A relação é uma forma de *metacomunicação**, isto é, ela indica a maneira pela qual o enunciado deve ser recebido. Pode-se igualmente metacomunicar de maneira explícita sobre essa "relação", dizendo, por exemplo, "Isto é uma ordem", ou "Estava brincando".

ver **análise de conteúdo, ethos, metacomunicação/metadiscurso, relação interpessoal**

D. M. (D. F. C.)

contexto – O **contexto** de um elemento X qualquer é, em princípio, tudo o que cerca esse elemento. Quando X é uma unidade linguística (de natureza e dimensões variáveis: fonema, morfema, palavra, oração, enunciado), o entorno de X é ao mesmo tempo de natureza linguística (ambiente verbal) e não linguística (contexto situacional, social, cultural). Segundo os autores, o termo "contexto" é utilizado para remeter principalmente ao **ambiente verbal** da unidade (que outros preferem chamar cotexto, em conformidade a um uso que se generaliza) e à **situação de comunicação**.

Seja linguístico ou não linguístico, o contexto pode ser enfocado de maneira *estrita* (contexto imediato) ou *abrangente* (contexto ampliado), em um eixo evidentemente gradual. No que concerne ao contexto não linguístico, o contexto *estrito* (ou *micro*) faz sobressair, por exemplo, o quadro espaçotemporal e a situação social local nos quais a troca comunicativa, seus participantes (número, características, *status*, papéis, e a relação que mantêm entre si), o tipo de atividade e as regras que a regem ("contrato* de comunicação", "*script*" da interação sobre os diferentes ingredientes do contexto, veja o modelo SPEAKING de Hymes, ou Brown e Fraser, 1979). Enfocado de forma *abrangente,* o contexto (nível *macro*) faz sobressair o aspecto institucional, e se apresenta, portanto, como uma série sem fim de encaixes: assim, o quadro físico último será o conjunto do mundo físico, e o quadro institucional último será o conjunto do mundo social (e poderíamos dizer o mesmo do cotexto que, pelo viés do intertexto*, recobre uma extensão discursiva teoricamente ilimitada).

A reflexão recente sobre o contexto (Auer e Di Luzio, eds., 1992; Duranti e Goodwin, eds., 1992; Schmoll, ed., 1996) pôs em evidência os seguintes pontos: (1) Os diferentes ingredientes do contexto intervêm na comunicação apenas sob a forma de "saberes" e de "representações": *o contexto identifica-se ao conjunto das representações que os interlocutores têm do contexto*, representações que podem ser ou não *partilhadas* pelos participantes do processo comunicativo. (2) O discurso é uma atividade ao mesmo tempo *condicionada* (pelo contexto) e *transformadora* (desse mesmo contexto); *dada* a abertura da interação, o contexto é ao mesmo tempo *construído* na e pela maneira como se desenvolve; *definida* de antemão, a situação é sem cessar *redefinida* pelo conjunto de acontecimentos discursivos. Em outros termos: a relação entre texto e contexto não é absolutamente unilateral, mas *dialética*: "O contexto delimita a linguagem ao mesmo tempo em que é ele próprio delimitado por ela. [...] O contexto não restringe simplesmente a linguagem, mas é também um produto de seu uso." (Duranti e Goodwin, 1992: 30). Na linha de Van Dijk (1977b), pouco a pouco impôs-se uma concepção não mais estática, mas dinâmica e "processual" (Grunig, 1995) do contexto. (3) O contexto desempenha um papel fundamental no funcionamento dos enunciados, tanto no que diz respeito às atividades de produção quanto no que concerne às de interpretação (resolução de certas ambiguidades, decifração de subentendidos e outros valores indiretos, direção, ativação e inibição de certos traços do sentido, intervenção no processo de encadeamento monologal ou dialogal). Não se deve, contudo, concluir que um discurso é interpretável apenas quando o receptor tem acesso à totalidade das informações contextuais, pois, felizmente para o analista, nem todas essas informações são *relevantes* no mesmo nível; além disso, algumas dentre elas estão inscritas no texto sob a forma de *índices de contextualização* (noção introduzida por Gumperz, que insiste sobretudo na importância, sob esse ponto de vista, das informações prosódicas, vocais e mímico-gestuais na comunicação face a face).

Em 1964, surge um artigo de Goffman intitulado "*The Neglected Situation*" ("A situação negligenciada"). No entanto, se é verdade que a linguística moderna, no seu conjunto, seja ela estrutural ou gerativa, "negligenciou" a dimensão do contexto e se edificou a partir da ideia que era possível, na verdade, necessário, descrever as unidades linguísticas independentemente de seu contexto de atualização, depois, com o desenvolvimento da abordagem pragmática*, as coisas mudaram bastante. Hoje, a maior parte dos linguistas admite a importância do contexto e reconhece que a atividade linguageira é um fenômeno social em dois sentidos: ela é *determinada* pelo contexto social e é *em si* uma prática social.

ver **etnografia da comunicação, etnometodologia,** *footing*, **pragmática, quadro participativo**

C. K.-O. (D. F. C.)

contra-argumentação – A noção de **contra-argumentação** designa uma forma de refutação proposicional, aplicável ao modelo *argumento–conclusão*. Brandt e Apothéloz distinguem "quatro modelos de contra-argumentação": (1) o argumento

é negado; (2) sua relevância é contestada; (3) a completude da argumentação é colocada em dúvida; (4) sua orientação argumentativa é invertida (1991: 98-99).
ver **refutação**

C. P. (D. F. C.)

contradição – O termo **contradição** pode ser utilizado para designar um conceito que cobre uma *série de atividades linguageiras reativas,* orais ou escritas, expressas por numerosos verbos (contestar, contradizer, desqualificar, desmentir, desacreditar, (de)negar, objetar, refutar, rejeitar, replicar, retorquir, opor-se...).

Esse conjunto de atividades, marcado pelo uso da negação sob todas as formas sintáticas e lexicais (antonímia), caracteriza a abertura e o desenvolvimento de uma situação de argumentação dialógica. Os fatos que interessam à análise do discurso são de natureza *lógica* (proposições contrárias e contraditórias), *retórica* (figuras de oposição) e *conversacional.*

EM LÓGICA: PROPOSIÇÕES CONTRÁRIAS E CONTRADITÓRIAS

As relações lógicas de contrariedade e de contradição são definidas como proposições não analisadas; a contrariedade como negação da conjunção, e a contradição como negação da equivalência: (1) duas proposições P e Q são **contrárias** se e somente se não são simultaneamente verdadeiras; mas podem ser simultaneamente falsas. (2) Duas proposições P e Q são **contraditórias** se e somente se não podem ser nem simultaneamente verdadeiras nem simultaneamente falsas; ou seja, uma é verdadeira e a outra é falsa.

No diálogo argumentativo, podemos nos aproximar da *contradição lógica:* "– A aula acontecerá como de costume! – Ah não! – Ah sim!" As posições estão geralmente em relação de *contrariedade.* À mesma pergunta, dois argumentadores apresentam respostas contrárias: "– O filme era muito bom! / Era horrível!", "– Onde se deve construir a nova escola? – Aqui! – Lá!". O filme era simplesmente mediano ou haveria interesse em construir a escola em outro lugar. Mas se as duas proposições são as únicas apresentadas e a negociação* impossível, se é preciso votar a favor de uma delas, encontramo-nos de fato em uma situação de proposições contraditórias.

EM RETÓRICA: OPOSIÇÃO E DISCORDÂNCIA

Os dicionários de retórica reúnem numerosas figuras* sob o termo genérico de figuras de oposição: antimetábole, antítese, coabitação, comutação, definição, discordância, distinção, distinguo, enantioses, inversão, ironia, metátese, oposição, oxímoro, paradiástole, paradoxo, reversão. Essas figuras são importantes numa retórica das figuras, e *capitais* para a argumentação* fundada na oposição de discursos.

Contradição conversacional e argumentação

Em uma situação face a face, a oposição ao discurso pode ser *verbal* ou *paraverbal*. No último caso, ela se manifesta pelos comportamentos ou técnicas de obstrução ao encadeamento regular dos turnos de fala: pela recusa em emitir reguladores* (ou um excesso irônico de signos de aprovação), por um comportamento de parceria não orientado, não ratificado... A contradição surge a partir de um turno de fala seguido de uma *sequência não preferida* ("A: Ei, era muito bom! /(breve silêncio.) – B: "Puf..."). A aparição de uma tal sequência marca uma ruptura, exprime uma divergência que pode ou não ser tematizada na conversação. Esses *episódios de contradição conversacional* caracterizam-se por sua ocorrência **não planejada**, seu desenvolvimento igualmente não planejado ou fracamente planejado, sua possível incidência negativa sobre as metas da interação global, sua tensão entre a ameaça para **a relação** (afirmar sua diferença persistindo no seu discurso) e ameaça para **a face** (sacrificar sua diferença renunciando a seu discurso); enfim, o fato de que eles podem ou não conter argumentos. A contradição conversacional pode ser **reparada** pelos procedimentos de ajuste e de negociação* ou evoluir em direção ao aprofundamento do desacordo. A aparição de um terceiro turno de fala que ratifica a divergência que se manifesta no segundo turno desempenha um papel essencial na passagem à argumentação.

As interações fortemente argumentativas repousam na verdade sobre um desacordo que não é imediatamente reparável no curso da interação em que surgiu. Esse desacordo é ratificado, **tematizado**, e pode ser levado a um *lugar* argumentativo específico (tribunal, plateia de televisão). A interação que então se desenvolve é **organizada** em torno de um conflito preexistente; ela dá lugar a intervenções desenvolvidas e **planejadas**; o conflito (a ser resolvido ou aprofundado) é a **razão de ser** da interação e ele estrutura seu desenvolvimento.

ver **diafonia, negociação, refutação, reparação**

C. P. (D. F. C.)

contrato de comunicação – O termo **contrato de comunicação** é empregado pelos semioticistas, psicossociólogos da linguagem e analistas do discurso para designar o que faz com que o ato de comunicação seja reconhecido como *válido* do ponto de vista do sentido. É a condição para os parceiros de um ato de linguagem se compreenderem minimamente e poderem interagir, *coconstruindo o sentido*, que é a meta essencial de qualquer ato de comunicação.

Diversas filiações estão na origem dessa noção. Elas não mencionam explicitamente a noção de contrato, mas pode-se considerar que a encontramos na sua maneira de definir o ato de linguagem. Quer se trate da hipótese de "intersubjetividade", proposta por Benveniste, "a única que torna possível a comunicação linguística" (1966: 266) e implica "uma polaridade das pessoas" *eu* e *tu* que fundam a atividade de linguagem (op. cit.: 260); da hipótese de "dialogismo", proposta por Bakhtin (1984), que afirma que nunca se fala sem o já dito; da hipótese de "coconstrução do sentido" dos filósofos da linguagem, que implica a necessidade de condições de "intenção coletiva" para que a comunicação seja possível (Searle, 1991: 227), de "intencionalidade conjunta" e de "acordo" (Jacques, 1991: 118), de "negociação" (Kerbrat-Orecchioni, 1984: 225); de "comunidade em falas" (Parret, 1991); e da hipótese de "relevância" proposta por Grice (1975), Flahaut (1979) e Sperber e Wilson (1989); todas essas hipóteses convergem para uma definição contratual do ato de linguagem, que implica: a existência de dois sujeitos em *relação de intersubjetividade*, a existência de *convenções*, de *normas* e de *acordos* que regulamentam as trocas linguageiras, a existência de *saberes comuns* que permitem que se estabeleça uma intercompreensão, o todo em uma certa situação* de comunicação (Charaudeau, 1995c). Isso explica que a comunicação seja bem-sucedida "não quando os ouvintes reconhecem o sentido linguístico do enunciado, mas quando inferem o '*querer-dizer*' do locutor" (Sperber e Wilson, 1989: 42). Atualmente, várias definições coexistem, com orientações ligeiramente diferentes, tendo, contudo, um fundo comum.

Em semiótica, segundo Greimas e Courtés, "ainda que não se possa dar uma definição rigorosa dessa noção intuitiva, trata-se de fixar o termo **contrato** a fim de determinar progressivamente as condições mínimas nas quais se efetua a 'tomada de contato' entre os dois sujeitos, condições que poderão ser consideradas como pressupostos do estabelecimento da estrutura da comunicação semiótica" (1979: 69).

Em psicologia social da linguagem, Ghiglione liga a noção de **contrato de comunicação** aos desafios do que ele chama "situação potencialmente comunicativa" (1984: 186). Mas, "para que o contrato de comunicação seja efetivo e dê lugar a um diálogo regular, é preciso que a enunciação do interlocutor A seja validada pelo interlocutor B" (1984: 187). Essa concepção está, portanto, ligada à de situação conversacional. Chabrol, por sua vez, considera que a noção de contrato comunicacional não pode ser entendida senão como "metafórica e analógica" (1994: 32). "É claro, esclarece ele, que nenhuma convenção jurídica ou legal reconhecida funda a maioria das trocas linguísticas nos encontros comuns. [...] O emprego e o respeito a um dado modelo de comunicação em uma situação de ação específica serão concebidos como um jogo de direitos e deveres, em grande parte implícitos, supostos como sendo mutuamente partilhados" (op. cit.: 33), isto é, baseados em presunções. O autor lembra as noções de "expectativas cruzadas" de Max Weber e de "esperas cruzadas" dos psicossociólogos (op. cit.: 33). Além disso, o autor propõe avaliar experimentalmente certas propriedades do contrato de comunicação, usando a noção de **contrato de leitorado**, concebido como um esquema linguístico que permite a *pré-programação* de formas semiolinguísticas específicas, bem situadas histórica e culturalmente, em particular quanto ao gênero. Esse esquema, que seria "*familiar e normativo*", é adquirido pela interiorização das regularidades textuais dos discursos conhecidos, está disponível na memória de longa duração e pode ser ativado pela associação a uma categorização dos acontecimentos e dos objetos em interação (Georget e Chabrol, 2000). Uma dimensão *situacional* e *normativa* é, portanto, acrescida ao conceito psicolinguístico de *esquema de texto* (Kintsch *et alii*, 1977) até então definido pela memorização da *forma* e da *organização* dos textos. Ora, o contrato de leitorado é relacionado, por hipótese, a uma situação de comunicação típica e permite otimizar os tratamentos linguageiros pela adoção de "rotinas" e pela orientação das avaliações (*normas discursivas preferenciais*). Nessa linha experimental, "o contrato de comunicação constitui um quadro de referência que assegura não apenas 'a estabilidade e a previsibilidade dos comportamentos', mas também, e isso é essencial, torna mais ou menos acessíveis as inferências contextuais e, como tal, fornece um quadro de interpretação" (Bromberg,1999: 2ª parte).

Em análise do discurso, Charaudeau faz do **contrato de comunicação** (por um tempo chamado "contrato de fala", 1983: 50 e 93) um conceito central, definindo-o como o conjunto das condições nas quais se realiza qualquer ato de comunicação (qualquer que seja sua forma, oral* ou escrita, monolocutiva ou interlocutiva). É o que permite aos parceiros de uma troca linguageira reconhecerem um ao outro com os traços identitários que os definem como sujeitos desse ato (*identidade**), reconhecerem o objetivo do ato que os sobredetermina (*finalidade**), entenderem-se sobre o que constitui o objeto temático da troca (*propósito**) e considerarem a relevância das coerções materiais que determinam esse ato (*circunstâncias**). "O contrato de comunicação define essas condições em termos de *desafio psicossocial* pelo viés de seus componentes situacionais* e comunicacionais*" (1995c: 162), constituindo, assim, nos seres de linguagem, uma "memória coletiva" ancorada "sócio–historicamente" (ibid.). Do ponto de vista do sujeito* interpretante, é o que permite compreender, em parte, um ato de comunicação sem que se conheçam todos os detalhes: diante de um cartaz publicitário, compreende-se parte do que está em jogo mesmo antes que se saiba de qual publicidade se trata. Da mesma maneira, a teoria do contrato remete a uma teoria do gênero, pois pode-se dizer que o conjunto de coerções trazido pelo contrato é o que define um gênero* de discurso. Diferentes contratos de comunicação (tipos ou gêneros) foram assim descritos: *publicitário* (1983, 1994b), de *informação* (1983, 1994a, 1997a), de

entrevista (1984), da *crítica cinematográfica* (1988a), dos *debates televisivos* (1991a, 1993a), da *situação de sala de aula* (1993c).
ver **comunicação, estratégia de discurso, gênero de discurso, situação de comunicação**

P. C. (D. F. C.)

conversação – No campo da análise do discurso, o termo **conversação** é utilizado em sentido estrito, designando um tipo particular de interação verbal ou, em sentido genérico, referindo-se a qualquer tipo de troca verbal, quaisquer que sejam a natureza e a forma.

O emprego genérico de "conversação" é ilustrado na própria expressão *análise* conversacional*, que explicita um dos fundamentos da corrente: "*Eu emprego 'conversação' de uma maneira abrangente. Não pretendo restringir sua referência à 'arte civilizada de conversar' ou a um 'intercâmbio culto' [...], também não pretendo insistir em seu caráter usual, excluindo assim as ocasiões de contatos de serviço, ou mesmo exigir que seja um ato social, uma ação conjunta, relacionada a identidades sociais etc.*" (Schegloff, 1968: 1075). Nesse quadro, como termo genérico, é hoje substituído por "*talk-in-interaction*".

Como tipo de interação, a conversação é frequentemente considerada como uma espécie de protótipo da interação ("*a conversação é, sem dúvida, o gênero prototípico do uso da linguagem, a forma na qual somos todos primeiramente expostos à linguagem – a matriz para sua aquisição*", Levinson, 1983: 284). Qualquer que seja o modelo da situação* ao qual alguém se refere, pode-se dizer que os elementos externos que enquadram a interação são pouco coercitivos na conversação, quer se trate do *lugar*, do *tempo* ou do *número de participantes* (ver, entretanto, André-Larochebouvy, 1984 sobre a noção de proximidade, e Traverso, 1996, sobre a de prodigalidade temporal). No que concerne à relação* interpessoal, a conversação funciona com base em uma *igualdade de princípio* entre os participantes; assim, no quadro das relações hierarquizadas ou funcionais, a passagem à conversação supõe um abandono momentâneo dessas posições marcadas (Donaldson, 1979). Enfim, o elemento central para definir a conversação em relação a outros tipos de interações é seu objetivo, que caracterizamos, às vezes, por sua ausência, qualificando a conversação de atividade "gratuita". Para qualificar esse tipo de interação "sem utilidade direta e imediata, em que se fala de tudo por falar, por prazer, por entretenimento, por educação" (Tarde, 1989), pode-se empregar a noção de *finalidade interna*, isto é, relativa ao próprio encontro e à relação entre os participantes, em oposição a uma *finalidade externa*, tal como a tomada de uma decisão ou uma transação, por exemplo.

Quanto ao funcionamento interno das trocas, na conversação todos os participantes têm *direito igual à posição de locutor*. Esse tipo de interação caracteriza-se ainda pelo seu *caráter imediato*, isto é, pelo fato de que tudo acontece instantaneamente:

a distribuição de turnos de fala, a escolha e a circulação dos temas, a duração e o tom das trocas (ver, por exemplo, as análises de conversação cotidianas e familiares em Tannen, 1984, André-Larochebouvy, 1984, Traverso, 1996). Esse caráter fracamente programado e pouco coercitivo favorece a aparição de uma grande variedade de negociações* conversacionais.

ver **análise conversacional, interação**

V. T. (D. F. C.)

coocorrência – A noção de **coocorrência** corresponde à de coexistência de várias **palavras*** distintas em um mesmo **contexto***. Por exemplo, "porta" pode, em um discurso, encontrar-se na vizinhança de (isto é, em coocorrência com) um substantivo como "saída". Trata-se de uma noção fundamental para a análise do discurso – tal como ela foi elaborada por Harris – que estabelece como fato fundamental que "a análise da ocorrência dos elementos em um texto é feita apenas em função desse texto particular; isto é, em função dos outros elementos desse mesmo texto e não em função do que existe além dele na língua " (Harris, 1969: 8).

Em estatística textual, para Lebart e Salem, a coocorrência corresponde à "presença simultânea, mas não necessariamente contígua, de duas formas dadas em um fragmento de texto (sequência, frase, parágrafo, vizinhança de uma ocorrência, parte do *corpus* etc.)" (1994: 312).

Em Halliday (1962), o termo *colocação*, introduzido quase como um sinônimo de *coocorrência*, será pouco a pouco reservado à coexistência consecutiva e frequente de várias unidades, em numerosos discursos.

Em uma perspectiva discursiva, Hausmann (1979: 187-195) define as colocações como associações sintagmáticas não lexicalizadas, em contraste com os sintagmas cristalizados (substantivos compostos ou locuções). Em virtude das unidades constitutivas desses sintagmas manterem uma certa afinidade entre si, na medida em que estatisticamente são frequentemente consecutivas e adquirem, no mais das vezes, seu sentido pleno apenas por contaminação, ele as distingue do que chama "cocriações", isto é, combinações livres. Por exemplo, em "solteiro convicto", o sentido do **colocativo** "convicto" não adquire seu valor pleno senão em relação com a **base** "solteiro". Disso resulta, para Hausmann, que se "a base não tem necessidade do colocativo [...] para ser claramente definida [...] tudo se dá de forma completamente diferente para o colocativo, que só realiza plenamente sua significação em combinação com uma base" (1979: 191-192). Todavia, na colocação, o valor semântico de cada um dos elementos contribui para o sentido do conjunto, contrariamente ao que se passa com os componentes de lexias complexas cristalizadas.

Por exemplo, quando mencionamos um "muro rachado" (colocação), temos certeza de que se trata de um muro que contém rachaduras; entretanto, é pouco provável que a mesa em torno da qual nos sentamos ao participar de uma "mesa redonda" (lexia complexa) seja realmente redonda.

As colocações, construções sintagmáticas mais ou menos convencionais, distinguem-se facilmente das coocorrências acidentais quando compreendem um elemento cuja distribuição é muito reduzida (por exemplo, "gravemente" é empregado apenas nas adjacências de "ferido" ou "atingido"; atualmente "menear" só pode ser associado a "cabeça"). Contudo, torna-se difícil discerni-las das combinações livres, mas recorrentes, como "apertar a mão" ou "ver um vídeo", uma vez que nenhum índice sintático permite diferenciá-los.

ver **analogia, cristalização, lexicometria, segmento repetido**

F. C.-B. (D. F. C.)

coocorrência (**em lexicometria**) – Em lexicometria*, a **coocorrência** é o encontro, no interior de um mesmo espaço textual, de duas unidades de vocabulário (diremos "palavras"). Esse espaço pode ser uma concordância*, um certo número de linhas, uma frase (definida por suas pontuações fortes), um parágrafo, um texto etc. O *corpus** é recortado em "espaços" pelo computador, nos quais o programa manda selecionar todas as duplas de palavras copresentes, quer tomadas em conjunto (coocorrência de **pares**, não orientados), quer apreendidas em sequência (coocorrência de **duplas orientadas**). Todas as aparições desses pares ou dessas duplas são destacadas e compatibilizadas de acordo com a frequência de cada palavra. Ou seja, o número de seus encontros, **cofrequência** obtida a partir de um índice da distância média que separa as duas palavras (várias palavras podem se interpor entre elas no espaço definido; cada distância varia de 0, caso do segmento* repetido, a N-2, número de palavras contidas no espaço menos 2).

Munido dessas instruções, o computador calcula para qualquer dupla ou par a probabilidade de sua cofrequência, considerando o número total de ocorrências e de espaços no *corpus*, o número de duplas em coocorrência, a frequência de cada palavra e as cofrequências constatadas para cada uma. As triagens permitem em seguida ampliar a lista obtida em função de uma cofrequência mínima, de um nível de probabilidade (em geral < 5% ou < 1%) e/ou da distância média. Isso permite listar as coocorrências selecionadas na ordem das cofrequências, na das probabilidades e na das distâncias, e depois construir os **lexicogramas** em torno de um **polo** escolhido. Constata-se, por exemplo, que o polo *trabalhadores*, nas resoluções confederativas da CGT [*Confédération générale du travail*], "atraem estatisticamente" para sua direita e para sua esquerda duas séries muito diferentes de **coocorrentes** (*Collectif Saint-Cloud*, 1982):

Trabalhadores (CGT, congresso de 1972 – 1975)							
Coocorrentes Esquerdos	f	cf	prob.	dm	Coocorrentes Direitos	f	cf	prob.	dm
juros	29	18	1,7 E-09	6	povos	19	12	9,5 E-07	6
defesa	17	11	1,0 E-06	11	população	9	7	3,0 E-06	5
fazer	27	12	1,0 E-04	16	sofrem	5	4	1,8 E-03	8
democráticos	8	6	1,7 E-04	13	mundo	20	8	3,8 E-03	7
descontentamento	6	5	3,0 E-04	8	agressão	6	4	4,8 E-03	17
participação	10	6	9,9 E-04	11	empresas	25	9	4,8 E-03	18
conjunto	38	13	1,1 E-03	8	franceses	10	5	7,7 E-03	8
grande	18	8	1,7 E-03	8					
maioria	5	4	1,8 E-03	4					
sucesso	9	5	4,3 E-03	5	Regras de construção: nas formas lexicais somente cf > 3; prob. < = 9,9 E-03 (0,99%); dm < 20				
organização	30	10	5,4 E-03	15					
austeridade	10	5	7,7 E-03	15					
patrões	7	4	9,9 E-03	6					

Situado preferencialmente em fim de frase (espaço definido nessa pesquisa), *trabalhadores* (f = 178) possui ligações estatísticas privilegiadas com *juros* e *defesa* à sua esquerda e com *povos* e *populações* à sua direita. O lexicograma *trabalhadores* na CFDT [*Confédération française démocratique du travail*] (f = 144) e na FO (f = 148) para o mesmo período e com as mesmas regras apresenta traços comuns: mesmo desequilíbrio em coocorrentes entre a esquerda e a direita do polo, alguns coocorrentes idênticos (*participação* e *conjunto* na CFDT, *defesa* e *juros* na FO [*Force ouvrière*]. Todos os outros coocorrentes são diferentes. Multiplicando as experiências, vê-se gravitar em torno das palavras principais do discurso os diversos universos lexicais que caracterizam seus empregos mais estereotipados. Isso significaria algo? Certamente, do ponto de vista do sentido em contexto imediato, dos hábitos discursivos, da estratégia da implicação das palavras ou, pelo menos, da **sloganização*** usada no discurso.

Tal coocorrência atraída por um polo é ela própria alvo de coocorrências que lhe são específicas; é tomada na rede das palavras que, por sua vez, ela atrai em torno de si. Se a pesquisa parte, por exemplo, de *ação* (f = 147), que faz parte do lexicograma *trabalhadores* na CFDT, deixa claro um sistema de atrações que caracteriza o funcionamento dessa palavra em contexto de frase, com *unidade, prática, métodos...* à esquerda, e *sindical, massa, trabalhadores...* à direita. Passar sistematicamente de um polo a outro é construir o **gráfico de conexões** que pode, ele também, servir para destacar grupos de atrações e caracterizar o funcionamento estatístico das palavras em contexto (Heiden e Lafon, 1998).

O interesse desses métodos descritivos reside na flexibilidade dos índices parametrizáveis, na possibilidade de serem implantados em computador (desde que os textos estejam na máquina e as regras de análise e construção, definidas) e na possibilidade de adaptar-se a quaisquer espécies de unidades de cálculo (formas, segmentos repetidos* e ainda lemas, raízes, locuções, índices de conteúdo etc.). Hoje em dia, os gráficos são gerados automaticamente, sem intervenção do pesquisador, a quem cabe apenas fazer falar, segundo sua competência interpretativa, as comparações entre polos (Miller, 1975; Tournier, 1975), entre locutores a propósito do mesmo polo (*Collectif Saint-Cloud*, 1975) e/ou entre períodos (*Collectif Saint-Cloud*, 1982), entre locais* de emprego etc.

Partindo de uma problemática exposta em 1970, o primeiro *software* explorava os contextos esquerdos e direitos imediatos de um polo escolhido (Lafon, 1975; *Collectif Saint-Cloud*, 1973, 1975). O segundo *software* partia dos pares sistematicamente selecionados no espaço das orações (Lafon, 1984); o terceiro, construído com base no segundo, trata da construção totalmente automática de gráficos e de ligações hipertextuais, sendo todo o conjunto gerado *on line* na internet (Heinden, 1999).

ver **automática (análise–), concordância, lexicometria, segmento repetido**

M. T. (D. F. C.)

cooperação – ver **máxima conversacional**

corpus (pl. corpora) – No vocabulário científico, *corpus* designa uma extensa e, por vezes, exaustiva coletânea de documentos ou de dados: *corpus* de textos jurídicos, *corpus* das inscrição em hitita, *corpus* dos vasos atenienses com figuras de atletas etc.

I. 1. EM LINGUÍSTICA E NAS OUTRAS DISCIPLINAS CIENTÍFICAS

Nas ciências humanas e sociais mais particularmente, *corpus* designa o conjunto de dados que servem de base para a descrição e análise de um fenômeno. Nesse sentido, a questão da constituição do *corpus* é determinante para a pesquisa, pois trata-se de, a partir de um conjunto fechado e parcial, analisar um fenômeno mais vasto que essa amostra. Tomando a definição de Sinclair (1996: 4, citada por Habert *et alii*, 1997: 11), "um *corpus* é uma coleção de dados linguageiros que foram selecionados e organizados segundo critérios linguísticos explícitos para servir de amostra da linguagem". Somos levados, então, a discutir as metodologias de constituição dos *corpora* em termos de representatividade quantitativa e qualitativa em relação aos fenômenos a descrever e analisar: um *corpus* deve produzir análise objetiváveis, e sua representatividade pode depender de sua dimensão. No entanto, na prática é muito difícil definir com precisão a extensão do *corpus* de forma a garantir sua representatividade. Além disso, a dimensão de um *corpus* depende também, praticamente, da possibilidade de coligir os dados (onde e como registrar os balbucios de crianças?), de estocá-los e de prepará-los para o tratamento (transcrição de registros espontâneos, que coloca a questão do sistema de transcrição) assim como de avaliá-los. É possível operar sobre *corpora* linguísticos exaustivos ou quase exaustivos (trabalhos sobre o verbo francês, tal como o de Gross, 1968, por exemplo), o que é relativamente raro, sobre *corpora* enriquecidos ou examinados de maneira crítica (ver um inventário parcial desse tipo de trabalho em Habert *et alii*, 1997: 17-8) ou sobre as seleções de exemplos, como nas gramáticas de uso. Os *corpora* são constituídos por dados orais, escritos, audiovisuais, que são extraídos de discursos efetivamente produzidos pelos locutores em suas trocas sociais ou que são obtidos por elicitação (dados considerados, às vezes de maneira polêmica, "fabricados"): pesquisa de informações explícitas junto a informantes, questionários, dispositivos experimentais de produção de fala (por exemplo, verbalização por diferentes locutores de um mesmo curta metragem mudo).

I. 2. Em análise do discurso

A questão parece se colocar em termos próximos, agravados, entretanto, pelo fato de que se trata de descrever fenômenos discursivos que se desdobram em superfícies textuais importantes. Privilegia-se, pois, os *corpora* de grande dimensão (frequentemente, conjuntos de textos), que são tratados manualmente, mas também por procedimentos informatizados de tratamento automático, que propiciaram alhures a emergência do domínio (Pêcheux, 1969). Poder-se-ia, pois, pensar que a questão primordial é também a da representatividade estatística de dados inéditos, os quais poderiam ser identificados e pesquisados a partir da definição explícita do problema a ser tratado: por exemplo, onde observar a presença de verbos no passado simples em um contexto pretérito perfeito / imperfeito, a partir de textos midiáticos, e qual quantidade de exemplos pode ser considerada significativa?

Em Análise do Discurso, no entanto, como em outras ciências sociais, geralmente é o *corpus* que de fato define o objeto de pesquisa, pois ele não lhe preexiste. Mais precisamente, é o ponto de vista que constrói um *corpus*, que não é um conjunto pronto para ser transcrito.

Os discursos são abordados a partir de uma problemática que os constitui em um conjunto homogêneo, do qual são, ao mesmo tempo, os próprios dados. Porém, as conclusões sobre as características desse conjunto só poderão ser interpretadas (e, portanto, não será possível extrair os dados pertinentes do *corpus* através de conceitos descritivos) caso se formulem a *priori*, explicitamente, condições sobre a natureza dos dados pertinentes (para um discurso didático, a origem das citações, o estatuto discursivo dos autores que assumem posições que vão da do pesquisador universitário à do praticante comum). A própria possibilidade de constituir um conjunto de textos em um *corpus* pode ser vista como decorrendo de condições sócio-históricas, que podem ser determinantes para a análise linguística, e que é necessário investigar, por sua vez, como em espelho.

Dessa maneira, há intrinsecamente um risco de circularidade, o qual levaria a considerar, por exemplo, que textos reunidos em *corpus*, porque produzidos nas condições julgadas homogêneas, apresentam características convergentes que confirmam a homogeneidade das condições de produção colocadas inicialmente como hipótese para a constituição do *corpus*, sem que se levem em conta, por exemplo, suas variações. A Análise do Discurso de tradição francesa se mantém de uma extrema prudência a respeito das análises quantitativas, dado que podem induzir a análises puramente descritivas. No entanto, estas permanecem potencialmente como uma das formas objetivas da validação das análises. Os *corpora* multilíngues construídos nas comunidades* discursivas translinguageiras colocam, além disso, problemas específicos.

O modo de constituição do corpus não é, pois, em análise do discurso, um simples gesto técnico que reponde às exigências ordinárias da epistemologia das ciências sociais: é problemática na medida em que coloca em jogo a própria concepção da discursividade, sua relação com as instituições e o papel da análise do discurso. Desse modo, Branca-Rosoff (1999b) descreve como os *corpora* constituídos com base de diferentes concepções dos gêneros discursivos levam a privilegiar abordagens puramente linguísticas ou sócio-históricas. A legítima perspectiva heurística, que implica construir um ponto de vista sobre dados discursivos, começa sua realização primeira e crucial na construção do *corpus*, que delimita e constrói, em um mesmo movimento, dados e teoria do discursivo em suas relações com um exterior do discurso. Essas escolhas de tipo axiomática, que são, no entanto, o objeto de debates teóricos, podem conduzir, pelo menos no que concerne às interpretações dos resultados da análise linguística, a uma confrontação com as exigências epistemológicas próprias a outras disciplinas, em particular com as da sociologia e da história. (Borillo e Virbel, 1977). A multiplicidade dos verbetes sobre a discursividade, mesmo limitados às ciências da linguagem, pode assim levar as análises linguísticas sobre *corpora* a não ser mais do que argumentos nas discussões teóricas nas quais pontos de vista se confrontam. Quando se trata de generalizar resultados ou de propor explicações que, por definição, não poderiam ser internas à análise do discurso, mas que, partindo de estudos monográficos limitados, mesmo que quantitativamente confiáveis, implicam o conjunto da sociedade, a relativa juventude da disciplina análise* do discurso, somada à massa de textos ainda a descrever e ao caráter frequentemente irredutível dos pontos de vista fundadores adotados, convida à prudência e ao debate.

*Em lexicometria**, a questão do *corpus* toma um caminho particular.

ver **campo**

J.-C. B. (R. L. B.)

II. Os *corpora* de arquivo em Análise do Discurso

Para os historiadores e os linguistas que colaboravam com a Análise do Discurso nos anos 70, o *corpus* é o conjunto dos enunciados organizados em série, submetidos aos rigorosos procedimentos da linguística. O *corpus* é homogeneizado em relação ao pertencimento ideológico dos sujeitos ou à conjuntura histórica. As equipes reunidas por Dubois na Universidade Paris X – Nanterre – (método dos "*termos-pivôs**"), por Tournier na Universidade de Saint-Cloud (*lexicometria**) ou por Pêcheux (*método* harrisiano de análise sintática*) têm objetos e modos de abordagem diferentes, mas todos esbarram no fato de que as condições* de produção dos enunciados, admitidas como pertinentes para constituir os *corpora*, já são opções teóricas que condicionam a interpretação.

A impossibilidade de fechamento do **corpus**. Os historiadores do discurso rapidamente distanciaram-se desse primeiro modelo. Guilhaumou e Maldidier (1979), assim, denunciaram o caráter *tautológico* da análise: a covariação entre formas da língua e posicionamentos* sociais aparece como uma consequência da montagem do *corpus*, o qual se fundamenta inteiramente sobre um procedimento prévio.

Destacou-se também a *implicação do receptor* tanto na construção quanto na interpretação do *corpus*, o que abre o texto para o contexto no qual trabalha o intérprete. Enfim, a reflexão sobre a historicidade dos discursos colocou em primeiro plano o lado constitutivo da *intertextualidade** (Bakhtin e Volochinov, 1977) ou do *interdiscurso** (Pêcheux, 1975). No entanto, permanecendo fechado no *corpus*, não é possível ver, sob as palavras do locutor, a presença das palavras dos outros, que seriam utilizadas voluntariamente ou retomadas inconscientemente, reproduzidas fielmente ou transformadas. Para dar conta do interdiscurso, o analista alarga a investigação em direção ao texto anterior, até esvaziar de seu sentido a noção de *corpus* fechado.

O trabalho é então parcialmente reorientado em direção a um viés *genealógico* no qual tornam-se essenciais as retomadas e as modificações dos discursos outros. Desse modo, em seu estudo do tema dos meios de subsistência que se inscreve na longa duração, Guilhaumou (2000a) somente faz intervir o *corpus* monográfico em momentos episódicos da análise. Ele abandona a homogeneização dos dados em relação às condições de produção em proveito de uma pluralidade de séries arquivísticas (administrativas, econômicas, políticas etc.), pois não lhe é mais possível considerá-los exaustivamente. Como a meta é localizar rupturas e descontinuidades, o *corpus* constituído pela acumulação de formas vizinhas de enunciados dá lugar ao "enunciado de arquivo [que] é inicialmente apreendido em sua raridade, no momento em que emerge no acontecimento*, afirmando por isso mesmo seu valor de ato que configura o acontecimento". (Guilhaumou, 1998b: 16). O controle que a constituição de um *corpus* fechado e a consequente automatização das análises permitiriam dá lugar ao procedimento hermenêutico do historiador do discurso. Paralelamente, os progressos da informática colocam à disposição dos pesquisadores uma massa de dados de amplitude inigualável. Não obstante os progressos das ferramentas que permitem analisar minuciosamente esses "grandes" *corpora*, o risco de artefato existe sempre, mas ele se desloca em direção aos parâmetros fixados, em número bastante limitado, e que valem o que valem as hipóteses que eles levam a propor.

A consideração da dinâmica dos gêneros. A primeira análise de discurso considerava os gêneros* de discurso como categorias pré-construídas e bastante normativas; era necessário desconstruir a falsa evidência a fim de atingir o que é enunciável em uma dada conjuntura (Maldidier, ed., 1990: 44). Há alguns anos, numerosos analistas denunciam, por sua vez, a maneira pela qual o modelo anterior relacionava grosseiramente enunciados e posicionamentos* ideológicos, colocando em curto-circuito o campo de produção a partir do qual os indivíduos elaboram os enunciados. Influenciados pelas perspectivas pragmáticas sobre a comunicação e pelas reflexões de Foucault sobre os dispositivos institucionais, esses pesquisadores organizaram *corpora* que permitem descrever a articulação entre um lugar social e um modo de enunciação (Maingueneau, 1993: cap. 3). Os *corpora* genéricos podem ser contrastados diacronicamente para observar os processos constantes de modificação que eles renovam.

Os atores comuns. A primeira análise do discurso tinha como objetos quase exclusivos os discursos "autorizados" proferidos nos quadros institucionais fortemente restringidos (livros de queixas, discursos das assembleias) ou na tradição de Foucault (*corpora* jurídicos, científicos, religiosos... cf. Beacco, ed., 1992). Os objetos da análise do discurso se opunham fortemente aos *corpora* dos interacionistas, especialistas da conversação*. O interesse cada vez mais marcado pelos fenômenos de emergência de novos atores* sociais na cultura política implica uma relativa interferência das oposições. O campo histórico, propriamente dito, que inclui doravante a história oral, estende-se a grupos até então "invisíveis" (mulheres, analfabetos etc.); o historiador se abre aos problemas que a coconstrução das fontes provoca por meio da entrevista (Joutard, 1983). Os historiadores do discurso incluem também *corpora* de pessoas comuns. Branca-Rosoff e Schneider (1994) se debruçam, por exemplo, sobre os escritos dos pouco letrados que participaram da experiência revolucionária, cujo discurso manifesta desvios ortográficos, linguísticos e discursivos tais que a operação de transcrição torna-se um momento importante na constituição do *corpus*. Guilhaumou (1998b), que estuda os discursos dos porta-vozes dos movimentos revolucionários que escapam ao controle das organizações, privilegia, de seu ponto de vista, a dimensão do "ato" de sua fala (é de novo o acontecimento, mais do que sua estabilização, que o historiador procura no arquivo) e a maneira pela qual os porta-vozes interpretam e racionalizam sua experiência (é no *corpus* e não fora dele que o historiador procura validar sua interpretação).

ver **condições de produção, escrito/oral, gênero de discurso, interdiscurso, intertextualidade, trajeto temático**

S. B.-R. (R. L. B.)

correferência – A **correferência** designa tradicionalmente a propriedade que têm duas palavras ou sequências de *se referirem ao mesmo referente*.

Segundo essa definição tradicional, será considerada como correferencial qualquer relação anafórica* (pronominal, lexical, adjetival, adverbial), com exceção da anáfora* associativa, que se constitui em uma relação da parte com o todo. Em contrapartida, para Chastain (1975: 205 ss.) e Corblin (1995: 151 ss.), a correferência se constitui como a propriedade de duas (ou mais) sequências de se referirem ao mesmo referente *sem que a interpretação de uma seja dependente da outra*. Assim, as sequências "Platão... O autor do *Crátilo*", embora se refiram à mesma personagem, são interpretadas independentemente uma da outra. Fundamentando-se exclusivamente em bases *pragmáticas*, a correferência deixa fora de seu campo qualquer relação anafórica *stricto sensu*, com a finalidade única de apoiar-se nas propriedades *linguísticas* (a interpretação anafórica precisa levar em consideração seu antecedente). Na terminologia de Corblin (1995), uma cadeia de correferentes não poderia ser considerada nem como uma cadeia* de referentes, nem como uma cadeia anafórica. Uma posição também radical já foi criticada em Kleiber (1993a: 22), para quem, no nível textual, existe um elo semântico entre as sequências colocadas em jogo (notadamente, no exemplo precedente, "Platão" vem proporcionar sua interpretação de *re* a "O autor do *Crátilo*").

Duas expressões correferenciais não são necessariamente sinônimas. Essa questão é de uma importância particular no quadro dos paradigmas* designacionais (Mortureux, 1993). As sequências que as constituem são todas correferenciais e anafóricas, senão entre elas, ao menos com um antecedente comum. Todavia, sua realização sob a forma de grupos nominais plenos (e não de pronomes) se apoia sobre nomes que estabelecem relações muito variadas na língua (*o cão...*, *este animal...*, *este perigo público*), excluindo a sinonímia. Por essa razão, é falso e lamentável confundir os dois tipos de propriedades: uma é de ordem *semântica* e diz respeito ao *lexema**, a outra, *referencial* e concernente ao *vocábulo**.

Em análise do discurso, a pesquisa de correferências permite circunscrever o campo da reformulação*, mas também delimitar as facetas sob as quais um mesmo dado é esquematizado e construído pelo discurso. Como a anáfora e a catáfora*, a correferência possibilita um acesso privilegiado à constituição do objeto* de discurso.

ver **anáfora, catáfora, cadeia de referência**

G. P. (R. L. B.)

cotexto – ver **contexto**

credibilidade (estratégia de –) – A **credibilidade** é uma noção que define o caráter de veracidade dos propósitos de uma pessoa ("o que ele diz é verdadeiro") ou de uma situação ("essa situação não é confiável"). Ela resulta, pois, de um julgamento feito por alguém sobre o que vê ou ouve e, por consequência, sobre a pessoa que fala, que é, desse modo, julgada "confiável". Esse julgamento, que consiste em avaliar a aptidão do sujeito falante de *dizer o verdadeiro* por meio de seu ato de enunciação, faz com que todo sujeito falante que visa a ser confiável procure colocar em cena seu discurso de tal maneira que ele possa receber esse selo de credibilidade. Para consegui-lo, ele entra em um processo de *construção de credibilidade*. A credibilidade pode, portanto, ser considerada como um *estado* ou um *processo* (nesse caso, seria necessário falar de "credibilização").

Para Charaudeau, a **credibilidade** é um fato de estratégia de discurso que, à semelhança das estratégias de *legitimação** e de *captação**, consiste, para o sujeito falante, em "determinar uma posição de verdade, de maneira que ele possa [...] ser levado a sério" (1998b: 14). Com essa finalidade, o sujeito pode recorrer a três tipos de posicionamento: (1) colocar-se em uma posição enunciativa de *neutralidade* quanto à opinião que exprime, "posição que o levará a apagar, em seu modo de argumentação, qualquer traço de julgamento e de avaliação pessoal, seja para explicitar as causas de um fato, seja para demonstrar uma tese (ibid.); (2) colocar-se em uma posição de *engajamento*, "o que conduzirá o sujeito, contrariamente ao caso precedente, a optar (de maneira mais ou menos consciente) por uma tomada de posição na escolha dos argumentos ou na escolha das palavras, ou por uma modalização avaliativa associada a seu discurso" (ibid.), o que produzirá um discurso de *convicção* destinado a ser partilhado pelo interlocutor; (3) colocar-se numa posição de *distanciamento* que o levará a tomar a atitude fria do especialista que analisa sem paixão, como o faria um *expert*.

Essas posições se exprimem de maneira particular segundo a situação de comunicação na qual se inscrevem. Por exemplo, na comunicação midiática, trata-se, para a instância jornalística, "de trazer a prova do *dizer verdadeiro*, seja do ponto de vista da própria *existência* dos fatos em questão, seja do ponto de vista da *explicação* usada para dar uma razão de ser aos fatos" (Charaudeau, 1994a: 16).

ver **captação (I), estratégia de discurso, ethos, legitimação (estratégia de –)**

P. C. (R. L. B.)

cristalização – O termo designa a integração de uma expressão livre do discurso no sistema da língua. Designa também essa mesma expressão ou qualquer **colocação*** de caráter neológico em curso de lexicalização. No plano linguístico, as **expressões cristalizadas**, ou **locucionais**, ou **idiomáticas**, ou **lexias**, se definem pelas coerções que limitam sua morfologia (Danlos, 1981), e pela não composicionalidade de seus componentes semânticos (Simatos, 1986, Gross, 1996). Entretanto, a **cristalização** não é independente dos textos nos quais se realiza; parece difícil descrever sem se apoiar sobre dados provenientes do *corpora* situados (Fiala, Habert, Lafon e Pineira, 1987).

A **descristalização**, operação inversa, consiste em restituir sua liberdade combinatória e seu valor semântico próprio aos componentes de uma expressão cristalizada. Não tem a mesma sustentação que a cristalização. Essa parece uma tendência geral, parcialmente controlada, da evolução da língua. A descristalização, ao contrário, parece salientar uma operação consciente e voluntária do sujeito locutor, que visa a um efeito expressivo pela remotivação de propriedades semânticas e sintáticas que a cristalização tinha apagado. Numerosas práticas linguageiras salientam isso, a começar pelo trocadilho, mas também todas as formas de desvio das unidades fraseológicas* que encontramos nas práticas publicitárias, nos títulos midiáticos, que pretendem, assim, revificar e enriquecer o sentido de seus discursos (Fiala e Habert, 1989).

ver **fórmula, fraseologia, língua de madeira**

P. F. (V. M. O. S.)

debreagem/embreagem – ver **embreador**

dedução – A lógica reconhece *dois modos de inferência**, a dedução e a indução*. A dedução corresponde ao modo de inferência que liga duas premissas à conclusão no silogismo* válido. Ela vai do geral ao particular, segundo um processo que foi redefinido e formalizado em lógica e em matemática. Em sentido amplo, pode-se falar de dedução quando se demonstra *a priori* as consequências de uma proposição postulada.
ver **entimema, indução, inferência, silogismo**

C. P. (R. L. B.)

definição – O étimo latino *definitio* permite reativar a relação desse termo com *fim* [*fim* < *fine*], sugerindo, assim, a ideia de um fechamento, de uma delimitação. Esse conceito já ocupava um lugar central na teoria semântica de Aristóteles e interessa aos filósofos, aos lexicógrafos bem como aos locutores anônimos, pois a definição tem a função de guiar o destinatário na sua busca pelo sentido. Se todas as definições, quer elas sejam descritivas ou construtivas de conceito (e, portanto, prescritivas) perseguem um mesmo objetivo, a explicitação* de um item por meio de uma glosa, sendo que suas formas e seus conteúdos variam em função do estatuto dos autores, dos propósitos e das estratégias adotadas.

Para os lógicos e para os filósofos pós-kantianos, a verdadeira definição é sempre construtiva, ela modifica o uso. Nessa perspectiva, a realização ideal é a definição matemática.

Os linguistas, em contrapartida, examinam de maneira privilegiada a *definição descritiva*, fundada no uso, que eles opõem à definição *prescritiva*. O interesse por essa manifestação discursiva reside no fato de que "a definição constitui [...] um fenômeno global que articula uma atividade com finalidade com os tipos de enunciados que a realizam e com as representações metalinguísticas que eles veiculam" (Riegel, 1987: 32).

1. Definição natural vs definição convencional

Num primeiro momento, baseando-se na posição do enunciador, Martin propõe distinguir a *definição natural*, que "não é somente uma definição de objetos naturais, mas, ainda, uma definição formulada pelos próprios locutores e não pelo técnico que é o lexicógrafo" (Martin, 1990: 87), da *definição convencional*, que "vem de uma atividade prescritiva ou, se preferir, estipulatória" (ibid.). No entanto, a própria formulação desse paralelismo tende a provar que a diferença de enunciador induz a uma diferença de ponto de vista, visto que a segunda é modalizante, independentemente de ser construtiva ou descritiva: "*A priori*, ela cria o objeto que coloca; *a posteriori*, ela modela os contornos de um conteúdo preexistente, mas vago" (ibid.). Desse modo, o cientista, que não é um lexicógrafo, é levado a propor definições convencionais correspondentes aos conceitos mobilizados.

2. Definição enciclopédica vs Definição lexicográfica

As definições convencionais não têm todas o mesmo objeto; algumas têm o objetivo de descrever as noções, as realidades concretas, e aparecem de maneira privilegiada no interior de "dicionários de coisas"; outras têm um propósito linguístico e figuram, mais frequentemente, nos "dicionários de palavras". As primeiras são chamadas de *enciclopédicas*, o que sublinha o fato de que elas são suscetíveis de conter desenvolvimentos assimiláveis a um resumo de conhecimentos culturais ou científicos. Pode-se associar a essa categoria as *definições terminográficas* na medida em que o ponto de partida adotado pelos terminógrafos é igualmente onomasiológico (vai do conceito ao signo), enquanto o lexicógrafo procede semasiologicamente (ele parte do signo para chegar à ideia). Todavia, a definição terminológica não contém *a priori* glosas enciclopédicas, ela termina quando já ofereceu todas as informações que permitam situar e diferenciar um conceito no interior de um sistema conceitual" (Bésse, 1990: 254). Bésse sugere distinguir as *definições terminográficas* que dariam "uma descrição de conceitos pertencentes a um sistema preexistente" e as *definições terminológicas* que seriam produtoras de conceitos. Mas os terminógrafos / terminólogos se diferenciam dos lexicógrafos por seus objetos, visto que uns se preocupam com os **termos** e os outros, com as **palavras***.

Em análise do discurso, interessam as estratégias definicionais a que os enunciadores recorrem. Se os discursos lexicográficos são suscetíveis de serem objeto de uma investigação comparativa, as definições naturais, pela diversidade de seus modos operatórios, são ricas de ensinamento. Além disso, não se pode ignorar, de um ponto de vista puramente discursivo, que a eficácia do ato é fortemente dependente da situação de enunciação. Como o ato definitório é impregnado de performatividade, ele supõe que seu autor seja investido de uma autoridade social ou científica reconhecida por seus interlocutores.

ver **ato de linguagem, explicação, paradigma definicional/designacional, reformulação**

F. C.-B. (R. L. B.)

dêitico – Empregado tanto como adjetivo ("valor dêitico", "elemento dêitico") quanto como nome ("um dêitico"), esse termo designa um dos grandes tipos de referência* de uma expressão, aquela em que o referente é identificado por meio da própria enunciação* dessa expressão. Opõe-se, classicamente, à referência de tipo anafórico*.

A referência dêitica se caracteriza pelo fato de que "seu referente só pode ser determinado em relação à identidade ou à situação dos interlocutores no momento em que falam" (Ducrot e Schaeffer, 1995: 310). Essa definição apoia-se na *reflexividade enunciativa* ("no momento em que eles falam"), por isso o lógico Reichenbach (1947) denomina esse tipo de elemento como *"token-reflexives"*. Kleiber (1986: 19) propõe uma definição mais precisa, que acentua o modo de doação do referente: "Os dêiticos são expressões que remetem a um referente cuja identificação é operada necessariamente por meio da ambiência espaçotemporal de sua ocorrência. A especificidade do sentido indicial é a de "dar" o referente por intermédio de seu contexto." Alguns pesquisadores sublinham a diferença entre os dêiticos ditos **diretos** (Vuillaume, 1986) ou **transparentes** (Kleiber, 1983) tais como *je, tu, ici, maintenant...* (eu, tu, aqui, agora)... cujo referente, necessariamente unívoco, é um componente obrigatório da situação de enunciação, e os dêiticos **indiretos** ou **opacos**, como, por exemplo, *este cavalo, este...* cuja identificação do referente não pode ser imediata.

De fato, a etiqueta de **dêitico** não recobre sempre as mesmas unidades linguísticas. Para alguns pesquisadores, ela se aplica a todos os *elementos* que, por natureza, suscitam uma referência de tipo dêitico (pessoas, indicadores espaçotemporais); já outros reservam esse conceito somente para os indicadores *espaçotemporais* (*isto, ontem...*), e mesmo somente aos indicadores *espaciais*, seguindo o fio da etimologia ("mostrar por um gesto"). Concomitantemente a "dêitico", na literatura, empregam-se outras denominações (*embreador, símbolo indicial, expressão sui-referencial*), no entanto, somente *embreador** é comumente utilizado.

A oposição tradicional entre dêitico* e anafórico* apoia-se em uma diferença de localização do referente: se ele se encontra *no texto*, há uma relação **anafórica**, mas, se o referente encontrar-se *na situação de comunicação imediata* (fazendo intervir os interlocutores, o momento de enunciação, ou os objetos perceptíveis) há uma referência **dêitica**. Contudo, as abordagens de inspiração cognitivista propuseram tratar a oposição dêixis/anáfora com base na oposição *novo / saliente*, isto é, sobre a memória: ocorre anáfora quando há remissão a um referente presumivelmente já conhecido do interlocutor ou inferível por ele, e dêitico quando há a introdução, no universo de discurso, de um referente novo, ainda não manifesto (Ehlich, 1982; Prince, 1981). Sendo a oposição novo/saliente redutora, é necessário pensar em termos de graus. Uma mesma unidade linguística pode servir nos dois tipos de emprego: "Paulo chegou: *ele* está furioso" (referente já conhecido, continuidade) e, "*ele* está furioso" (referente novo, o locutor mostrando alguém presente na situação).

ver **anáfora, dêixis, embreador**

D. M. (R. L. B.)

dêixis – A noção de dêixis é solidária à noção de dêitico*, pois entende-se comumente por **dêixis** "a localização e a identificação de pessoas, objetos, processos, eventos e atividades [...] em relação ao contexto espaçotemporal, criado e mantido pelo ato de enunciação" (Lyons, 1980: 261).

A dêixis, geralmente, é classificada segundo três domínios constitutivos da situação de enunciação: **dêixis pessoal, espacial** e **temporal**. Alguns pesquisadores, contudo, reservam a noção de dêixis às relações espaçotemporais. Com efeito, como mostra Danon-Boileau (Morel e Danon-Boileau, eds., 1992: 11), os linguistas oscilam entre três concepções da dêixis: (1) a dêixis relacionando os objetos e os eventos do mundo ao lugar que ocupa o locutor no espaço e no tempo, dando localização a uma referência já constituída; (2) a dêixis como tipo de *construção referencial* que não separa modalidade e ato de referência; (3) a dêixis como fator de coesão textual (tematização, focalização) permitindo introduzir *novos objetos* no discurso.

Fala-se de "dêixis textual" para os dêiticos que se referem aos lugares e aos momentos *do próprio texto* no qual eles figuram: *acima, no capítulo precedente* etc. Nesse caso, a localização não é o momento ou o lugar de enunciação, mas o lugar ou o momento do texto em que aparece a expressão dêitica.

A *"dêixis memorial"* (Fraser e Joly, 1980) concerne às expressões nominais demonstrativas cujo referente não está presente nem no cotexto* nem na situação de comunicação: "Eis que se surge em minha lembrança, bruscamente, *esse velho muro repleto de hera*" (Saint-Exupéry, *Correio Sul*). Esse procedimento cria um efeito de empatia com o enunciador. Para Kleiber (1990b: 163), esse fenômeno está relacionado com o "pensamento indicial" do sujeito. Fala-se também de **dêixis emotiva** ou **dêixis empática**.

Em análise do discurso, não se pode contentar em relacionar a dêixis a uma ambiência puramente empírica; é preciso considerar a situação que é pertinente para o *gênero* de discurso* referenciado: a situação de comunicação de um debate televisivo não é a mesma de uma revista ou de um sermão. Acrescenta-se a isso, eventualmente, a situação que constrói o próprio discurso e a partir da qual ele pretende enunciar, sua cena* de enunciação; é nessa perspectiva que Maingueneau (1987: 28) fala de **dêixis discursiva**.

ver **anáfora, dêitico, embreador, cena de enunciação**

D. M. (R. L. B.)

deliberação – Como *gênero* retórico interativo*, a deliberação é um debate que visa à tomada de decisão.

Fala-se igualmente de **deliberação (interior)** para designar o modo de estruturação do discurso monológico, que um debate coloca em cena. As diferentes opções ou posições que constituem esse debate, citado ou imaginado, são propostas passo a passo, geralmente de forma interrogativa, para serem refutadas ou defendidas ("O que fazer? Reformar as formações atuais? Nesse caso...Criar novas? Nesse caso... Ou nada fazer? Nesse caso..."). A retórica das figuras* diferencia a **deliberação** (na qual a posição do locutor está firmemente determinada, e as outras posições são convocadas para serem refutadas) e a **dubitação** (o locutor se contenta em percorrer as diversas posições sem abandonar sua posição). Por outro lado, se o interlocutor é parte integrante nesse debate (convocado a testemunhar ou a tomar partido), fala-se de **figura de comunicação**. O emprego desses termos é ainda inusitado, contudo o sentido dessas distinções é claro: trata-se de designar formas de debate em função de dois parâmetros: o grau de adesão do locutor a uma posição e, o grau suposto de implicação do interlocutor nesse debate.

ver **gênero retórico, polifonia, retórica**

C. P. (R. L. B.)

delocutivo (ato –) – ver **locutivo (ato –)**

demonstração – *Em lógica,* uma **demonstração** é uma sequência de proposições de forma que cada uma dessas proposições ou bem é uma **premissa** ou bem é deduzida de uma proposição precedente a partir de uma regra de inferência*. Nas disciplinas científicas particulares, uma demonstração é um discurso: (1) que se baseia em proposições *verdadeiras*: por hipótese, como resultados de observações conduzidas segundo um protocolo válido, ou como resultados de demonstrações precedentes; (2) *encadeado de maneira válida*, ou seja, conforme procedimentos específicos definidos na disciplina (respeitando, pois, as leis do cálculo lógico e matemático); (3) que conduz a uma proposição nova, estável, e marca um *avanço* no domínio, suscetível de orientar o desenvolvimento ulterior da pesquisa.

Supõe-se que a demonstração desempenha três papéis: *provar, desenvolver os conhecimentos* e *convencer*.

A **oposição** *argumentação / demonstração* pode remeter à oposição discursivo/cognitivo. Ela é geralmente discutida em referência à *demonstração lógica elementar* que seria, de certa forma, o inacessível ideal da argumentação. Em relação a essa demonstração lógica, a argumentação joga duas vezes sobre o provável-plausível: ela parte de premissas prováveis e as articula por meio de *topoi**, que são formas de dedução consideradas válidas. A argumentação é, então, vista como uma demonstração lógica fraca, abandonando simplesmente o provável, enquanto a demonstração produziria o verdadeiro. Essa oposição deve ser acrescida de três observações: (1) O caráter demonstrativo de um discurso científico pode sempre ser questionado por um remanejamento dos dados, por intervenção de novos instrumentos de cálculo, ou por um questionamento geral da metodologia. (2) As argumentações comuns podem partir de proposições absolutamente certas ("Há cheiro de *gás*"), e deduzir consequências de maneira perfeitamente válida ("Há cheiro de gás mesmo quando o fogão está desligado, o vazamento encontra-se, pois, na ligação do encanamento de gás ao fogão"). Quando um discurso emprega um método e princípios racionais, a diferença argumentação / demonstração torna-se inteiramente não conceitual e uma simples *questão de uso*. (3) *Os corpora argumentativos autênticos* apresentam frequentemente afirmações certas e prováveis, modos de encadeamento assegurados e convencionais, relacionados a diversas disciplinas (para determinar se é possível aprofundar um rio, combinam-se dados ecológicos, políticos, econômicos, geológicos, geográficos etc.) A análise do discurso argumentativo deve descrever essa *heterogeneidade* de modos demonstrativos, não se limitando ao que se relaciona com o provável e levando também em conta aquilo que é o certo.

ver **dialética**

C. P. (R. L. B.)

denominação/designação – A noção de **denominação** foi conceitualizada por Kleiber, que a opõe a **designação**. A **denominação** pode ser definida como um ato que "consiste na instituição de uma associação referencial durável entre um objeto e um signo X" (1984: 80). A unidade por meio da qual se opera esse ato de referência* deve ser codificada, isto é, assimilada, memorizada, e ter sido *objeto de um ato prévio* (também chamado de *ato de batismo*: por exemplo, o adjetivo *verdadeiro-falso* apareceu em 1986 na pena de um jornalista) ou, então, de *um hábito associativo* (não há necessidade de se conhecer as circunstâncias de criação de uma palavra para dominar sua utilização). Considerando esses critérios, essa unidade deve ser um nome próprio ou um nome comum. A **designação** se define contrastivamente como o fato de criar uma associação *ocasional* entre uma sequência linguística e um elemento da realidade. Ela não é objeto de um ato prévio, nem de um hábito associativo. Do mesmo modo, ela não é codificada e não foi memorizada (ex. a sequência "tubérculo com o qual se faz purê" é uma designação, ao contrário de "batata inglesa").

Essa divisão entre relação denominativa de um lado e designativa de outro é estimulante, pois permite ordenar os percursos referenciais, diferenciar por tipos funcionais as diferentes expressões linguísticas. Ela apresenta, todavia, uma deficiência maior: a designação só é definida relativamente à denominação. Ora, precisamente, a caracterização dessa última não está livre de incertezas. Entre outros, colocam problemas:

as expressões axiológicas (*imbecil, camelô, gigolô* etc.), por isso, Kleiber só considera como denominativas as unidades que não são apreciativas; os diferentes níveis da língua (o registro familiar, supõe-se, não denomina); as unidades lexicais referenciais outras que o nome (o verbo e o adjetivo, embora apresentem propriedades semióticas análogas àquelas do nome, não são consideradas *a priori* como denominantes).

Para a análise do discurso, a noção de denominação não recebeu uma conceitualização particular, contrariamente à designação que está na origem dos paradigmas* designacionais. Indiretamente, todavia, estes convidam a refletir sobre o que pode ser a denominação como um ato de discurso. Atendo-se à definição proposta por Kleiber, a denominação no discurso surgiria em um enunciado metalinguístico do tipo ("X é o nome de um Y que.../um Y que... se chama um X", ao qual pode-se acrescentar "um X, como seu nome o indica..."). Uma definição* estipulatória (*chamaremos "X" um Y que...*) constituiria a manifestação de um ato de batismo e por isso um índice de denominação potencial, como a presença, em um texto, de paradigmas definicionais. Por outro lado, um discurso que só se referisse por meio da denominação limitaria, ou ainda, suprimiria o recurso à reformulação*: utilização de grupos nominais não modificados (*o cão* vs *o cãozinho*), ausência de anáfora*, de correferência* (tais realizações podem ser observadas, mesmo esporadicamente, nos discursos regulamentares ou em certos manuais de ensinamento profissional, produzidos pela administração). De maneira geral, denominação e designação coexistem no discurso (ex. o antecedente ao qual se relaciona um paradigma designacional é geralmente uma sequência denominativa). No plano heurístico, a questão de se dotar de uma conceitualização coerente da denominação permanece, todavia, colocada para a análise do discurso: a conceitualização dos paradigmas designacionais se apoia em uma definição da denominação que não distingue satisfatoriamente as propriedades *semânticas* das unidades e as propriedades *lógicas* dos grupos nominais (Petit, 2001).

ver **paradigma definicional/designacional**

G. P. (R. L. B.)

denotação – ver **conotação**

desambiguização – ver **ambiguidade, explicitação/implicitação**

descrição – A **descrição**, que figura em formas discursivas tão variadas quanto catálogos, guias de viagem ou romances, merece uma atenção tanto maior na medida em que faz parte da língua corrente e da herança escolar.

Para a retórica

Nos manuais de retórica clássica e de ensino das formas discursivas, a descrição tem sido sistematicamente preterida desde a Antiguidade até nossos dias (Hamon, 1991; Adam,1993).

A descrição tem sido preterida em razão de uma imperfeição constitutiva. Bem menos precisa, racional e universal que a definição, a descrição não atinge jamais a essência dos seres e das coisas, ela alcança apenas o acidental e o singular. Na visão do ideal da idade clássica, ela não é senão uma cópia insatisfatória e medíocre do real. No que diz respeito à invenção, essa imperfeição é acompanhada de uma propensão para os clichês e para outros lugares comuns, que agrava, no tocante à disposição ou à composição, o caráter arbitrário da amplitude de seu desenvolvimento e da ordem de apresentação dos seus elementos. Como ela constitui, ainda, segmentos ornamentais inúteis que vêm enfraquecer a dinâmica da narrativa, os manuais preferem o modelo homérico da descrição mínima (pelo epíteto) e da animação sistemática àquilo que poderia ser muito estático (colocação em movimento de uma personagem e deslocamento em uma paisagem).

A descrição divide-se em subcategorias: descrições de pessoas, de coisas, de lugares (*topografia e paisagem*), de tempos (*cronografia*), de animais e de plantas. A descrição de pessoas foi ela própria dividida em retrato moral (*etopeia*) e retrato físico (*prosopografia*); ao retrato que visa o singular, corresponde o *caráter* que visa um tipo. A montagem *em paralelo* (duas descrições consecutivas ou alternadas, fundadas na semelhança ou na oposição) é uma das técnicas recomendadas, com a *hipotipose* (exposição viva do objeto, literalmente presentificada e tornada viva pelo trabalho estilístico do orador ou do escritor) e com o *quadro* (colocação em situação, reagrupamento em torno de um motivo ou personagem principal). Não faltaram vozes para denunciar essas taxonomias excessivas e tentar defender a descrição – da poesia descritiva ao romance realista.

Em poética e semiótica literária

Com os trabalhos de Hamon (1972, 1981, 1993), a descrição adquiriu, ao lado das teorias modernas da narrativa, seu título de nobreza. Partindo de uma leitura atenta dos romances de Zola e de Julio Verne, Hamon propôs uma teoria geral que ele define como um determinado "efeito de texto" ou de "dominante" (1993: 5). Inicialmente, ele destacou os procedimentos de abertura e de fechamento dos momentos descritivos (ou sequências*), a natureza profundamente tabular da organização dos enunciados descritivos e procedimentos de metaforização, de animação e de ordenação que permitem lutar contra o efeito de lista. Os trabalhos de Hamon introduziram a descrição no campo da teoria literária; a retiraram das armadilhas referenciais nas quais estavam atoladas as classificações taxionômicas, desalienaram-na definitivamente da narrativa. Faltava, como ele próprio observa (1993: 6), sair do campo literário para fazê-la entrar na análise do discurso, tal como Gardies logrou fazer ao introduzi-la na semiologia do cinema em *Décrire à l'écran* (1999).

EM LINGUÍSTICA DO DISCURSO

A descrição é inicialmente identificada no nível dos enunciados mínimos. Quando o procedimento descritivo se estende, a linguística textual o aborda como fenômeno de sequenciação.

No nível dos enunciados, a descrição é inerente ao exercício da palavra. Searle (1972) localiza a parte descritiva dos enunciados no conteúdo proposicional (p) ao qual vem-se aplicar um marcador de força ilocutória $F(p)$. A atribuição minimal de um predicado a um sujeito constitui a base de um conteúdo proposicional. A variável F recobre não somente o valor performativo de promessa, mas igualmente de simples asserções, pedidos, alertas, questões. A essa posição dita *descritivista* de Searle opõe-se o *ascritivismo* de Austin que instala o ilocutório não somente nas enunciações, mas no próprio léxico (teorias da argumentação na língua desenvolvidas por Ducrot e Ascombre, 1983). Assim, o adjetivo "bom", para qualificar um restaurante ou a rocha de uma parede a ser escalada, é, de maneira inseparável, a afirmação descritiva de alguma coisa a propósito de um objeto do mundo e ato ilocutório de recomendação. Para o *ascritivismo*, os enunciados não exprimem um conteúdo descritivo objetivo independente de uma atitude subjetiva. A teoria enunciativa de Bally desenvolve, desde 1932, uma posição próxima. A parte descritiva de todo enunciado, que o autor propõe chamar "*dictum*" ("processo que constitui a representação"), é inseparável de uma modalidade "correlativa à operação do sujeito pensante": o "*modus*". É o que exprime a fórmula: "não há *representação pensada* sem *sujeito pensante*, e todo sujeito pensante pensa em qualquer coisa" (Bally, 1965: 38). Do caráter indissociável de um conteúdo descritivo e de uma posição enunciativa que orienta argumentativamente todo enunciado, decorre o fato de que um procedimento descritivo é inseparável da expressão de um ponto* de vista, de um propósito do discurso.

No nível composição textual, quaisquer que sejam o objeto do discurso e a extensão da descrição, a aplicação de um repertório de operações de base engendra proposições descritivas que se reagrupam em sequências de extensão variável e que apresentam um certo "ar familiar":

· *Operação de ancoragem* (denominação de entrada do objeto da descrição) ou *de afetação* (denominação do todo no final de sequência; quando o todo é assim dado tardiamente, ele é dado em resposta à questão implícita: "O quê / quem estava em questão?").

• *Operação de aspectualização*, seja por *fragmentação* do objeto do discurso em partes, seja por *qualificação* (propriedades do todo ou das partes enfocadas são colocadas em evidência). A operação de *qualificação* é mais frequentemente realizada pela estrutura do grupo nominal NOME + ADJETIVO e pelo recurso predicativo ao verbo SER: "O rochedo é excelente". É preferencialmente uma relação predicativa do tipo *ter* que executa a operação de *partição*, raramente sem qualificação relacionada: "Você tem belos olhos".

• *Operação de correlação por contiguidade*, colocação em situação temporal (a situação do objeto do discurso em um tempo histórico ou individual) ou espacial (relação de contiguidade entre o objeto do discurso e outros suscetíveis de tornarem-se objetos de um procedimento descritivo ou ainda contiguidade entre as diferentes partes previamente consideradas).

• *Operação de correlação por analogia*: assimilação comparativa ou metafórica que permite descrever o todo ou suas partes colocando-os em relação com outros objetos-indivíduos.

• *Operação de reformulação**: o todo (ou suas partes) pode ser renomeado durante ou no final da sequência.

A extensão da descrição se produz pelo enxerto de não importa qual operação sobre (ou em combinação com) uma operação anterior. Sozinha, a *qualificação* pode prosseguir apenas por *analogia** ("A terra é azul como uma laranja"). Na medida em que uma sequência descritiva não comporta nenhuma linearidade intrínseca, a passagem desse repertório de operação a uma textualização implica a adoção de um plano. Os planos* de texto e suas marcas específicas têm uma importância decisiva para a legibilidade e para a interpretação de toda descrição. Daí o papel particularmente importante dos conectores* de enumeração e de reformulação (Adam, 1990: 143-190).

ver **conector, plano do texto, sequência, texto**

J.-M. A. (R. L. B.)

descristalização – ver **cristalização**

desculpa (pedido de –) – ver **polidez**

designação – ver **denominação/designação**

destinatário – O termo **destinatário** é empregado para designar o sujeito ao qual se dirige um sujeito falante quando escreve ou fala. Contudo, frequentemente esse termo é empregado de maneira ambígua, como é ambígua a expressão "aquele a quem é endereçada a mensagem". Com efeito, tanto ele representa o receptor* exterior ao processo de enunciação do sujeito falante, o indivíduo que recebe efetivamente a mensagem e a interpreta, quanto o sujeito ideal, visado pelo sujeito falante, que o inclui no seu ato de enunciação*. Por outro lado, o que não simplifica as coisas, o destinatário pode ser a instância à qual se dirige explicitamente e que é, por isso, marcada como tal no enunciado ou assinalada por índices exteriores (olhar, gesto ou mímica, turno de fala organizado) ou ele pode ser o destinatário segundo ou indireto (ver mais à frente) que não é a instância à qual se dirige explicitamente, mas uma outra, implícita. Sem contar que o termo destinatário, no seu uso corrente, designa aquele a quem é endereçada uma carta, qualquer que seja o uso que dele é feito.

Dito de outro modo, a questão que se coloca a propósito do emprego desse termo é a de saber se ele designa o receptor empírico que se encontra numa posição simétrica àquela do emissor* como parceiros do ato de troca verbal, ou aquele que se encontra no interior do processo de enunciação, numa posição simétrica àquela de enunciador* e à qual o locutor acredita que se dirige. Várias propostas de distinção são feitas por diversos autores, de acordo com o ponto de vista teórico e metodológico que defendem.

P. C. (R. L. B.)

I. Coenunciador

No quadro de uma linguística da enunciação, Culioli (1968, 1973) introduziu o termo "coenunciador", correlativo de enunciador, para acentuar que a enunciação é, de fato, uma coenunciação, na qual dois participantes desempenham um papel ativo. Empregado no *singular*, esse termo designa o lugar do destinatário; empregado no *plural* designa os dois parceiros da comunicação verbal. Para Culioli, há, com efeito, coenunciador porque no decorrer de uma conversação o locutor se torna ouvinte e o ouvinte torna-se locutor, mas também porque ele pode mudar o curso de sua enunciação se o ouvinte emitir sinais divergentes. Ou seja, quando fala, o locutor é seu próprio ouvinte e o ouvinte é um locutor virtual; o ouvinte se esforça em se colocar no lugar do locutor para interpretar os enunciados e influenciá-lo constantemente por meio de suas reações.

O termo coenunciador não é de manejo simples, pois no plural não se sabe se trata-se de uma pluralidade de destinatários (Tu (Você) + Tu (Você)...) ou dos dois interlocutores (Eu + Tu (Você)...). No entanto, a dificuldade mais séria é a oscilação entre (1) uma interpretação do coenunciador em termos de alocutário*, de destinatário presente na situação de comunicação; nesse caso, inscreve-se em uma problemática interacionista, para a qual todo discurso é uma construção coletiva (Kerbrat-Orecchioni, 1990: 13); (2) uma interpretação em termos de posição abstrata correlativa àquela do enunciador*: o coenunciador é, então, o polo de alteridade necessário à enunciação. Sobre esse ponto, encontramos os problemas colocados pela noção de situação* de enunciação. No uso, há muito frequentemente interferência entre as duas interpretações.

D. M. (R. L. B.)

II. Sujeito destinatário

Na perspectiva da linguística da comunicação, e para evitar a confusão mencionada acima, Charaudeau (1988c: 74) propõe empregar o termo sujeito destinatário para designar o ser de fala (intralocutor) que é construído pelo ato de enunciação do locutor (ou sujeito* comunicante). Ele se encontra, assim, numa relação simétrica com o sujeito enunciante (ou enunciador*), os dois sendo os "protagonistas" da encenação discursiva, protagonistas que se opõem ao emissor (sujeito comunicante) e ao receptor (sujeito interpretante), participantes empíricos do ato de comunicação. Desse fato, pode-se afirmar que o sujeito comunicante tem pleno domínio sobre o sujeito destinatário, pois é ele próprio quem o constrói idealmente, procurando produzir sobre ele efeitos correspondentes ao seu projeto de fala, contudo, por antecipação ele não pode saber se o receptor (sujeito interpretante) coincidirá com o sujeito destinatário assim construído (1988e).

P. C. (R. L. B.)

III. Alocutário

Em análise das conversações e de outras formas de interação verbal, o destinatário se define em relação à noção de **quadro* participativo**. Goffman (1987) mostrou a necessidade de se distinguir, na relação interlocutiva, *diferentes papéis* (ou estatutos) dos ouvintes: naquilo que se denomina **formato de recepção**, os destinatários fazem parte dos participantes de pleno direito, ou **ratificadores**, no sentido de que estão relacionados com aquilo que se diz, que eles podem avaliar e, eventualmente, reagir (esse último atributo deve ser modulado nas situações em que os destinatários constituem um auditório). Em contrapartida, não são considerados como destinatários os participantes não ratificadores, isto é, os diversos tipos de testemunhas (conforme sua presença seja ou não conhecida do locutor), já que eles não estão *engajados* nas trocas. Enfim, exceto nas situações diádicas, convém distinguir os **destinatários diretos**, ou **alocutários**, isto é, aos quais o locutor atribui um lugar (*addressed*, para Goffman), e os **destinatários indiretos**, não designados.

Para o analista, a determinação dessas configurações interlocutivas é guiada pela observação do sistema de alternância dos **turnos* de fala** e pela produção dos **reguladores***. Contudo, a mobilização dessas categorias é, às vezes, delicada; ela se reporta a dois tipos principais de dificuldades:

· As primeiras estão ligadas à *instabilidade* dos papéis interlocutivos, inerente ao desenvolvimento da interação, devido à plasticidade das posições (*footing**) ocupadas pelos atores: "Os locutores em interação não param de trocar de posição, este é um traço constante da fala natural" (Goffman, 1987: 138); os lugares definidos pelos papéis sociais não são suficientes, mesmo nas situações comunicativas muito institucionalizadas, para evitar a emergência local de endereçamentos "fora do quadro" (para alegrar / tornar séria uma ação em curso, tornar verossímil uma narrativa...) Essa propriedade da interação produz efeitos exponenciais nos casos de *polílogos* (multiplicação de apartes e de *imbricações* de trocas), provocando a aparição de fenômenos, relacionados à "sincronia conversacional" (Gumperz, 1989a), próprios à presença de destinatários múltiplos (intervenções reativas *coconstruídas* e *intrusões*, conforme Traverso, 1995).

· As segundas devem-se ao fato de que os índices de alocução estão longe de assegurar uma identificação clara do destinatário (sobre esse ponto, ver Kerbrat-Orecchioni, 1990: 87-103): com efeito, eles raramente são de natureza verbal e residem, mais frequentemente, nas características proxêmicas dos gestos, e, sobretudo, da direção do olhar; ou esses critérios, se existem, estão longe de serem diferenciadores e são sempre convergentes (cf. os mal-entendidos*, bem conhecidos nas situações de auditório coletivo, como as salas de aula); enfim, coloca-se o problema de endereço indireto, ou "tropo comunicacional", que faz com que um "alocutário possa apagar um outro" (Kerbrat-Orecchioni, 1990), fenômeno no qual se desenvolve a **relação* interpessoal**, o que explica sua frequência tanto nas conversações familiares quanto nos dispositivos midiáticos.

Mas os ruídos assim observados na coconstrução do papel de destinatário são preciosos, pois eles funcionam como sinais de *índices* do trabalho de "cooperação conversacional" (na terminologia da etnometodologia*) e de **negociações*** por meio das quais os participantes *regulam* suas representações da interação em curso (sobre a análise desses indicadores em situação de contato cultural, ver Berrier, 1997).

S. Br. (R. I. B.)

IV. Ouvinte, auditório

Esses dois termos são, muitas vezes, empregados para designar os receptores de um ato de comunicação, contudo de maneira mais específica.

O **ouvinte** representa, na maior parte do tempo, o receptor que se encontra em situação de *comunicação oral*, situação na qual, em princípio, ele só pode contentar-se em ouvir o que diz o locutor*, sem poder tomar a fala. É o caso da mídia radiofônica ("Bom-dia, queridos ouvintes!"), de um curso ou de uma conferência ("ouvinte livre"), e, de maneira geral, de toda situação de difusão pública de uma mensagem.

Auditório é empregado, às vezes, em concorrência com "ouvinte", no entanto ele designa um receptor de comunicação oral obrigatoriamente coletivo: o conjunto dos participantes presentes em uma situação na qual o orador se dirige a um público (conferência, comício político, colóquio, mesa redonda etc.). É preciso destacar, todavia, o uso particular desse termo no quadro da argumentação.

O auditório pode, também, ser idealmente imaginado, o que explica seu sentido particular em retórica da argumentação.

P. C. (R. L. B.)

V. EM RETÓRICA

Em retórica antiga, orador e auditório são noções correlatas, que servem para designar respectivamente os polos de produção e de recepção no quadro participativo específico da retórica clássica. O auditório é constituído pelo conjunto dos ouvintes*, pessoas fisicamente presentes e *alvos da intenção persuasiva*, que organizam explicitamente a intervenção do orador, e, por extensão, do conjunto de destinatários potenciais do seu discurso. *Do ponto de vista dos conteúdos,* o orador tem um conhecimento de seu auditório que se exprime em termos de estereótipos* ("é um auditório de jovens, de camponeses, de dirigentes...") a partir dos quais ele fundamenta suas estratégias enunciativas, visando orientar o auditório na direção de sua proposição.

A interação orador/auditório faz parte dos "monólogos" (Goffman, 1987: 147 e cap. 4, "La conférence"). Ela tem uma estrutura de troca **assimétrica**, as possibilidades de intervenção do auditório são restritas e específicas (aplausos, bravos, "movimentos diversos"...). O fato de tratar-se de uma ação linguageira diferencia o auditório do público*, definido em relação a uma *performance* espetacular qualquer (filme, jogo...).

A *"Nova Retórica"* de Perelman e Olbrechts-Tyteca distingue os auditórios **particulares** e o auditório **universal** "constituído por toda a humanidade ou, pelo menos, por todos os homens adultos e normais" (1970: 39). O auditório universal é a garantia da racionalidade do discurso, e a fonte de seu caráter não simplesmente persuasivo, mas convincente; ele constitui a "norma da argumentação objetiva" (1970: 40). A hierarquia dos auditórios permite uma redefinição do valor dos argumentos, avaliáveis em função da qualidade dos auditórios que eles exigem.

*Para os textos escritos – ver leitor**

ver **argumentação, quadro participativo, face,** *footing,* **interação, negociação, regulador, relação interpessoal, retórica**

C. P. (R. L. B.)

diafonia – O termo **diafonia** foi introduzido por Roulet com a finalidade de precisar o conceito de *polifonia**. A "diafonia" é "um caso particular de voz no enunciado, a retomada e a integração do discurso do interlocutor no discurso do locutor" (Roulet *et alii*, 1985: 70): "A: Humm... Não é só porque eu quero dar o contra... porque eu não sei se é bem isso mesmo... – B: Bom, se você não sabe se é bem isso... ahn... não tem problema porque..." (1985: 73).

À diferença de fenômenos polifônicos em que não há nenhuma indicação de origem da voz colocada em cena pelo locutor, a retomada diafônica faz aparecerem as falas do interlocutor para explorá-las na sua própria intervenção. A fala diafônica se opõe, assim, à simples citação das falas do interlocutor, no sentido de que ela supõe sua "interpretação": "A estrutura diafônica é, deste modo, um dos traços privilegiados da negociação* dos pontos de vista que caracterizam toda a interação" (ibid.: 71). A noção de diafonia propicia o estudo da heterorreformulação, da argumentação e, de maneira geral, dos enunciados reativos.

ver interação, interdiscurso, intertextualidade, negociação, polifonia

C. P. (R. L. B.)

dialética – A palavra **dialética** designa uma forma particular de diálogo, que se desenvolve entre dois parceiros, cujas trocas são estruturadas em função de papéis específicos, orientada para a procura metódica da verdade.

Em filosofia, a dialética é definida por Aristóteles como um tipo de interação, que obedece a regras e que opõe dois participantes: o **respondente** que deve defender uma asserção dada e o **questionador** que deve atacá-la. (Brunschwig, 1967: XXIX). É uma interação limitada, com um vencedor e um perdedor. Ela utiliza como instrumento o silogismo* dialético, que tem como particularidade o fato de ser fundamentado em premissas que não são absolutamente verdadeiras (como no silogismo lógico), mas em simples "ideias admitidas" (*endoxa*) (Aristóteles, *Topiques*: I, 1). O método dialético é um *instrumento filosófico*, empregado, notadamente, na pesquisa *a priori* da definição de conceitos. Diferentemente da dialética hegeliana, a aristotélica não procede por síntese, mas por eliminação do que é falso.

Em retórica e dialética. Segundo sua antiga definição, dialética e retórica são as duas artes do discurso. A retórica é análoga ou a contraparte da dialética (Aristóteles, *Retórica*, 1354 a); a retórica está para a fala **pública** assim como a dialética está para a fala **privada**, essencialmente conversacional (Brunschwig, 1996). A dialética baseia-se em teses de ordem filosófica; a retórica se interessa por questões particulares, de ordem **social** ou **política**. Enfim, enquanto a dialética é uma técnica de discussão entre dois parceiros que procedem por (breves) **questões e respostas**, a retórica tem por objeto o **discurso longo e contínuo**. O essencial, todavia, é que as duas artes do discurso utilizam os mesmos fundamentos de inferência, os *topoi*, aplicados a enunciados plausíveis, os *endoxa*.

No prolongamento de uma definição geral da dialética como "a prática do diálogo racional, [a arte] de argumentar por questões e respostas" (Brunschwig, 1967: X), pode-se considerar que o processo conversacional **se torna dialético** na medida em que ele repousa sobre um problema preciso, definido a partir de comum acordo, e se desenrola entre parceiros iguais, entre os quais a fala circula livremente, orientada para a busca do verdadeiro, do justo ou do bem comum, aceitando falar segundo regras explicitamente estabelecidas.

A *pragma-dialética ou "Nova Dialética"* (Van Eemeren e Grootendorst, 1996) se inspira na lógica dialética e na pragmática linguística (teoria dos atos de linguagem, máximas conversacionais). É uma abordagem da argumentação orientada para a *resolução de diferenças de opinião*. Por isso, ela propõe um modelo *normativo* (que implica uma certa idealização), fundado na observação das realidades das trocas argumentativas naturais. A discussão crítica opõe dois parceiros, o **Proponente*** (*"Protagonista"*) e o **Oponente*** (*"Antagonista"*). Ela se desenvolve em quatro fases: **confrontação** (emergência de um desacordo); **abertura** (os parceiros assumem as posições de Proponente e de Oponente com os deveres dialéticos relacionados a esses papéis); **argumentação** (o Proponente apresenta os argumentos e o Oponente os critica); **conclusão** (balanço da tentativa de resolução). Proponente e Oponente devem atender a um sistema de regras para a discussão crítica. A violação dessas regras constitui um **paralogismo***, e sua observação define o que é o tratamento **racional** de um desacordo.

ver **doxa, erística, paralogismo, silogismo**

C. P. (R. L. B.)

dialogal/dialógico – ver **diálogo**

dialógico/monológico – ver **dialogismo**

dialogismo – Conceito emprestado, pela Análise do discurso, do Círculo de Bakhtin e que se refere às relações que todo enunciado mantém com os enunciados produzidos anteriormente, bem como com os enunciados futuros que poderão os destinatários produzirem. Mas o termo é "carregado de uma pluralidade de sentidos muitas vezes embaraçantes", não somente – conforme afirma Todorov (1981: 95) – nos escritos do Círculo de Bakhtin, mas, igualmente, devido às diferentes maneiras como ele foi compreendido e retrabalhado por outros pesquisadores.

Para Bakhtin e Volochinov, com efeito, "o diálogo – a troca de palavras – é a forma mais natural da linguagem. Mais ainda: os enunciados longamente desenvolvidos, ainda que eles emanem de um interlocutor único – por exemplo, o discurso de um orador, o curso de um professor, o monólogo de um ator, as reflexões em voz alta de um homem só – são monológicos somente em sua forma exterior, mas, em sua estrutura interna, semântica e estilística, eles são, com efeito, essencialmente dialógicos" (Volochinov, 1981: 292). Assim compreendida, "a orientação dialógica é, bem entendido, um fenômeno característico de todo o discurso [...]. Em todos os caminhos que levam a seu objeto, o discurso encontra o discurso de outrem e estabelece com ele interação viva e intensa. Somente o Adão mítico, abordando com o primeiro discurso um mundo virgem e ainda não dito, o solitário Adão, poderia verdadeiramente evitar absolutamente essa reorientação mútua em relação ao discurso de outrem, que se produz no percurso do objeto" (Bakhtin, em Todorov, 1981: 98). Por isso, "pode-se compreender a palavra 'diálogo' num sentido amplo, isto é, não apenas como a comunicação em voz alta, de pessoas colocadas face a face, mas toda comunicação humana, de qualquer tipo que seja" e "toda enunciação, por mais significante e completa que ela seja por si mesma, constitui apenas uma fração de uma corrente de comunicação verbal ininterrupta (que toca a vida cotidiana, a literatura, o conhecimento, a política etc.). No entanto, essa comunicação verbal ininterrupta constitui, por sua vez, apenas um elemento da *evolução* ininterrupta de um grupo social dado" (Bakhtin e Volochinov, 1977: 136).

Dialogismo vs monologismo

Se todo enunciado é constitutivamente dialógico, aí compreendido o discurso interior atravessado pelas avaliações de um destinatário* virtual (independentemente, portanto, da vontade e da consciência do locutor), tem-se, frequentemente, tentado – como Bakhtin ou Volochinov – definir o termo por oposição ao que seria um enunciado **monológico**, ou, antes, um enunciado que se apresenta como "aparentemente" monológico (Volochinov, 1981: 292-293); além disso, as necessidades da análise têm levado os pesquisadores a tentarem definir diferentes formas de dialogismo, de acordo com os *gêneros* do discurso* (o romance é a forma mais manifestamente atravessada de dialogismo, ao contrário da poesia; da mesma maneira, as ciências humanas frente às ciências exatas e aos discursos dogmáticos que tendem a se apresentar como discurso da Verdade), ou de acordo com o grau de presença do outro e, ainda, de acordo com as diferentes maneiras de o representar que a língua permite (alusão, evocação, menção, citação... discurso direto, discurso indireto, discurso indireto livre).

Dialogismo interlocutivo, dialogismo interdiscursivo

Todo discurso, conforme afirmamos, é duplamente dialógico, e esse duplo dialogismo se inscreve em dois tipos de relações (Bakhtin, 1978): aquelas que todo enunciado mantém com os enunciados anteriormente produzidos sobre o mesmo objeto (**relações interdiscursivas**); e aquelas que todo enunciado mantém com os enunciados de compreensão-resposta de destinatários reais ou virtuais, que o antecipam (**relações interlocutivas**). Esse duplo dialogismo, "que escapa ampla e inevitavelmente ao enunciador e que não se manifesta no fio do discurso por meio de marcas linguísticas" (Authier-Revuz, 1985: 117), e que dá lugar a "um outro que não é nem o duplo de um face a face e nem mesmo o 'diferente'", mas "um outro que atravessa constitutivamente o um" (Authier-Revuz 1982a: 103), participa daquilo que Authier-Revuz chama de a **heterogeneidade* constitutiva**.

Dialogismo mostrado, Dialogismo constitutivo

Comparado com o dialogismo constitutivo, que se esconde ou se mascara atrás das palavras, das construções sintáticas, das reformulações ou das reescrituras não ditas dos discursos segundos, "completamente diferente é o nível do dialogismo "mostrado", isto é, a *representação* que um discurso dá, em si mesmo, de sua relação com o outro, do lugar que ele cria, explicitamente, designando, na cadeia do enunciado, por meio de um conjunto de marcas linguísticas, pontos de heterogeneidade" (Authier-Revuz, 1985: 118). Desse modo, intencionalmente ou não, certos discursos *mostram* explicitamente o discurso de outrem que os atravessa.

No domínio dos discursos de transmissão de conhecimentos, é assim que se pode diferenciar os manuais escolares, tendencialmente monológicos, constitutivamente dialógicos, e a vulgarização científica, por exemplo, o discurso sobre a ciência na imprensa cotidiana, na qual o dialogismo exibe sua inscrição nos textos saturados de heterogeneidades enunciativas e semióticas formalmente marcadas.

Dialogismo interacional, Dialogismo intertextual

Para as necessidades da descrição dos discursos de transmissão de saberes e de *savoir–faire*, Moirand (1988a: 309-310, 457-458) distingue duas formas de dialogismo mostrado: aquela que faz referência explicitamente a discursos anteriores, discursos fontes ou discursos primeiros, e aquela que explicitamente faz referência a discursos atribuídos aos destinatários (ou aos sobredestinatários*). Esse duplo dialogismo parece, de fato, ser característico do propósito pragmático de qualquer gênero de texto, já que o dizer dos outros (dizer anterior ou dizer imaginado do interlocutor) vem justificar ou autenticar o dizer do locutor, ou servir de apoio a uma contra-argumentação (Moirand, 1990: 75). Mais recentemente, o funcionamento da explicação* nos discursos midiáticos leva Moirand (1999b, 2000 e 2001) a reconsiderar essas noções e propor um desdobramento do dialogismo constitutivo, distinguindo os discursos imersos numa *memória interdiscursiva** midiática (**dialogismo intertextual constitutivo**) e as interações imaginadas com um **sobredestinatário** forçosamente presente no discurso interior de enunciadores e cuja presença deixa traços no discurso produzido (**dialogismo interacional constitutivo**). Enfim, no domínio dos discursos de transmissão de conhecimentos, e em particular nos discursos sobre as ciências nas mídias, Moirand propõe distinguir um dialogismo intertextual de ordem *monologal* de um dialogismo intertextual *plurilogal* conforme o texto pertença a uma única comunidade científica ou a muitas comunidades* discursivas ou linguageiras (política, econômica, midiática, científica, jurídica etc.).

Devido às numerosas interpretações, sempre divergentes, que se fizeram das concepções do Círculo de Bakhtin, a partir de seus diferentes tradutores, emprega-se o termo "dialogismo" como um simples substituto de "dialogal*", em particular nas análises das interações verbais desenvolvidas por Roulet (Roulet, *et alii*, 1985: 60), que propõe cruzar os pares **monologal*/dialogal** e **monológico/dialógico**, a fim de evitar toda e qualquer ambiguidade e tornar a descrição mais clara. Conceito operatório incontestavelmente sedutor e produtivo, o dialogismo, com efeito, não permite, sozinho, descrever os textos ou dados empíricos aos quais a análise do discurso se encontra confrontada, e necessita do auxílio de noções descritivas emprestadas majoritariamente das teorias enunciativas. No entanto, se elas servem para refinar a análise, as caracterizações binárias que lhes estão na base, tendem a mascarar a variedade dos graus de presença ou ausência explícita do dialogismo (por isso, a produção de caracterizações metafóricas: dialogismo velado, mascarado, oculto, ou expresso etc.), e não permitem apreender a riqueza e a complexidade do mecanismo formal, sintático e semântico que ele inscreve na materialidade textual, e que somente uma descrição fina permite revelar. Bres (1998) estende sua inscrição, além da nominalização e da relativa, à interrogação e à extração. Essas caracterizações possibilitam que a análise não se reduza a articular a elas somente os resultados da descrição dos exteriores sociológicos, históricos ou filosóficos do discurso.

ver **diálogo, discurso citado, interdiscurso, intertextualidade, memória discursiva, polifonia, pré-construído**

S. M. (R. L. B.)

diálogo – Do grego *diálogos*, "entrevista, discussão", o termo **diálogo** significa propriamente dito "entrevista entre duas ou mais pessoas", segundo o *Dictionnaire historique de la langue française* (Le Robert, 1992). Contudo, a esse mesmo termo, o *Petit Robert* (1991) atribui como sentido primeiro "entrevista entre duas pessoas". Na verdade, a palavra "diálogo" é, geralmente, utilizada nesse sentido restrito por causa de uma confusão efetuada entre os dois sufixos *dia–* (que significa "através", e, portanto, o diálogo é uma fala que circula e se troca) e *di–* ("dois"). Esse deslizamento é igualmente revelador de uma tendência muito geral de assimilar a comunicação à troca diádica (face a face), considerado como a forma prototípica de toda troca comunicativa, apesar de não ser esta a forma mais frequente. Para evitar qualquer confusão, certos especialistas da análise da conversação preferem reservar a **diálogo** o seu sentido genérico, e recorrer, para designar as formas particulares que toma o diálogo em função do número de locutores, aos neologismos **dílogo, trílogo, polílogo** etc. (Kerbrat-Orecchioni e Plantin, 1995).

Ao contrário, o termo é utilizado, às vezes, *por extensão*, para designar formas de discurso, como certos textos escritos, nos quais não há falar propriamente, mas em que o destinatário é, contudo, numa certa medida inscrito no texto (o autor "dialoga" com o leitor). A despeito de serem de natureza verdadeiramente **dialogal** (pois eles são produzidos por um único e mesmo locutor-escritor), esses discursos unilaterais podem ser chamados de **dialógicos**, na medida em que eles incorporam várias vozes enunciativas – o dialogismo* (dialogização interna, ou "diálogo cristalizado" segundo Ducrot (1980: 50), definido segundo algumas perspectivas como um discurso em que o locutor coloca em cena muitos enunciadores (o termo equivale à "polifonia*"), ou, ainda, como um enunciado que possui uma estrutura de troca* e não de intervenção (Roulet, *et alii*, 1985). Correlativamente, alguns opõem ao discurso **monologal** (ou "monogerado", isto é, construído por um único **locutor**, sem intervenção direta de outrem) o discurso **monológico** (que coloca em cena um único **enunciador**). Pode-se ter, então, discursos monologais-monológicos, monologais-dialógicos, dialogais-dialógicos e mesmo dialogais monológicos (quando os diferentes locutores "falam a partir de uma mesma voz", isto é, em caso de "coenunciação" [Jeanneret, 1999]).

Ademais, um uso frequente e antigo (aquele que encontramos na *Encyclopédie* de Diderot e Alembert, verbete "Conversação, entrevista") opõe às conversações naturais ou "autênticas" os diálogos "*artificiais*" ou "fabricados", isto é, sobretudo literários: diálogos dramáticos, filosóficos, romanescos; e, mais recentemente, diálogos cinematográficos, diálogos que figuram em manuais didáticos de ensino de línguas, diálogos homem-máquina (correlativamente, os analistas do diálogo utilizam um certo cuidado de formalização, enquanto os analistas da conversação realizam uma abordagem mais empírica). Esse uso prolonga a concepção da Renascença na qual o diálogo é um *gênero literário* entre outros (comportando ele próprio diferentes subgêneros; nessa perspectiva, ver o *Discours sur le dialogue du Tasse*, 1565).

Enfim, a palavra "diálogo" conota geralmente a ideia de uma troca "construtiva", conduzida de acordo com regras e tendo o objetivo de chegar a um consenso (um diálogo que não se enquadra nessa definição é um "falso diálogo", já que não falamos de "falsa conversação"). Essa concepção "irênica" do *diálogo ideal* foi em particular teorizada por Jacques (1979, 1985). Contudo, em todo caso, um "verdadeiro" diálogo não pode existir senão em um movimento dialético que sempre implica identidade e diferença.

ver **quadro participativo, conversação, dialogismo, monólogo, polifonia**

C. K.-O. (R. L. B.)

didaticidade – A noção de didaticidade foi proposta pelo CEDISCOR (*Les Carnets du CEDISCOR*, 1, 1993) para designar a coloração didática* de discursos cuja vocação social não é fundamentalmente transmitir conhecimentos e que são produzidos em situações que não estão relacionadas fortemente com instituições sociais de formação e de ensino.

A noção de **didaticidade**, proposta a título heurístico, permite dar conta de *corpora* de textos cujas condições de produção não são sobredeterminadas pela instituição e que, por consequência, não são definidas por caracterizações sociológicas *a priori*, diferentemente do que ocorre em Désirat e Hordé (1977). Ela permite levar em conta momentos* discursivos como os da imprensa cotidiana (que se diferenciam da imprensa de vulgarização* especializada), produzidas, por exemplo, depois de catástrofes naturais (terremotos, tempestades, ciclones), lugares potenciais de inscrição da didaticidade, quando o discurso informativo desliza dos modos* descritivo e narrativo em direção ao modo explicativo, assim como quando, no anedótico, desliza para a generalização*, ou ainda, quando no narrativo, se misturam corpos de saberes reconhecidos de natureza enciclopédica ou emprestados dos saberes eruditos. Com efeito, são coloridos de didaticidade numerosos textos ou interações produzidas em situações cotidianas ou profissionais diversas: interações entre pais e filhos ou entre empregados e clientes, no decorrer das quais a didaticidade surge no curso das trocas, em certos escritos turísticos ou profissionais (comunicação das empresas), nas falas dos conferencistas nos museus ou a dos guias turísticos... e não somente nos manuais escolares, nas gramáticas, nos dicionários ou nos cursos ministrados por professores.

A didaticidade é construída no cruzamento de três tipos de dados, que permitem distinguir diferentes formas e graus de didaticidade: (1) dados de ordem situacional, em situações assimétricas (mesmo que pontualmente), nas quais um dos interlocutores possui um saber ou um saber-fazer que o outro não tem, saber real ou suposto, que ele está em posição de fazer partilhar com o outro; (2) dados de ordem funcional, forçosamente inscritos nesse tipo de interação verbal (quer se trate de um texto dialogal ou monologal) uma intenção (real, simulada ou fingida) *de fazer saber, de fazer dividir seus saberes, de tornar o outro mais competente*, ou *de fazer com que o outro aprenda* ; (3) dados de ordem formal sobre os quais pode-se apoiar a análise linguística: traços de reformulação intradiscursiva* ou extradiscursiva, procedimentos de definição*, de explicação*, de exemplificação; traços semióticos diversos tomados de vários códigos linguageiros: prosódicos, icônicos, cinésicos e proxêmicos.

Didática

No seu emprego adjetival, esse termo da língua corrente caracteriza geralmente um objeto que visa a instruir: uma obra, um filme, uma emissão radiofônica, ou mesmo um tom ou uma entonação. Em Análise do Discurso, esse termo caracteriza tanto um discurso quanto uma situação que tenha relação com a transmissão de um saber ou de um saber-fazer, ou, em um emprego mais restrito, de um discurso ou de uma situação de ensino ou de aprendizagem.

Inicialmente a Análise do Discurso de orientação francesa considerava o discurso didático como a invariante de base "em relação à qual dever-se-ia formular as diferentes regras que permitirão construir em torno dele os outros discursos" (em particular os discursos políticos), na medida em que ele parece se caracterizar "pela ausência de problemas de enunciação, sendo a frase emitida *como se não houvesse sujeito da enunciação específico;* ela pode ter sido dita por X ou Y" (Guespin, 1971: 23). Mas essa abordagem pré-taxionômica (e talvez um pouco simplista) do discurso didático, assim colocada *a priori*, foi logo abandonada pelos analistas do discurso que a haviam proposto (Dubois e Sumpf, 1970: 28) e, depois de algumas pequenas incursões nos relatórios de concursos, o objeto de estudo, constituído pelo conjunto dos discursos produzidos no domínio do ensino, foi abandonado pela Análise do Discurso de linha francesa privilegiando o estudo de discursos políticos.

*No **domínio dos discursos de transmissão de conhecimentos**,* os discursos didáticos fazem parte do conjunto dos **discursos segundos** que geralmente se colocam como derivados dos **discursos primeiros** ou **discursos fontes** (os discursos de pesquisa que visam produzir conhecimentos novos num domínio referência precisa). Mas, no interior dos discursos segundos, os discursos didáticos se diferenciam dos discursos de vulgarização* por seu objetivo pragmático, *fazer com que o outro aprenda,* que vai além do *fazer-saber* (os discursos didáticos visam aumentar os conhecimentos do outro) e pelo quadro institucional no qual são produzidos, que coage geralmente seus produtores a avaliar qualitativamente e quantitativamente os resultados da transmissão (o que foi aprendido).

Pode-se, consequentemente, decidir reservar o adjetivo **didático** a um discurso produzido numa instituição de formação ou numa situação institucional de ensino, na qual os interactantes estão ligados por um contrato* didático constitutivo dessa situação de comunicação, e que gera um certo número de coerções discursivas particulares.

*No **domínio da análise das interações verbais**,* pode-se lembrar que as primeiras análises de Sinclair e Coulthard (1975) embasaram-se em trocas em aulas de língua (inglês, língua materna). Numerosos trabalhos foram realizados desde então, em várias partes do mundo, sobre as interações* didáticas, em particular nas aulas de língua estrangeira (Dabène *et alii,* 1990; Blondel e Cicurel, eds., 1996).

Discurso didático

Frequentemente, quando se fala de **discurso didático**, entende-se o discurso didático das disciplinas. Ora esse emprego é equivocado: se a didática constitui uma disciplina completa à parte (um corpo de conhecimentos específicos sobre a transmissão e apropriação de saberes e de saber-fazer num domínio particular), ela deveria dar lugar a discursos de pesquisa (discursos primeiros ou discursos fontes) assim como a discursos segundos (discursos de vulgarização, discursos midiáticos, discursos didáticos) como as outras disciplinas; e mesmo que existam discursos didáticos no domínio da didática, nem todos os discursos da didática são didáticos. Ao contrário, no domínio do ensino e formação institucionais, há discursos que não visam, aparentemente, a tornar o outro mais competente, por exemplo os discursos de instrução, *que não explicam as razões* das práticas ou dos saberes difundidos: não se trataria de discursos didáticos, mas, sobretudo, de discursos prescritivos, isto é, injuntivos. É assim que vê-se surgirem traços de didaticidade nas interações cotidianas (oferta e procura de explicação*), enquanto certos textos produzidos no domínio do ensino não apresentam nem traço, nem propósito de didaticidade.

ver **contrato de comunicação, explicação, vulgarização**

S. M. (R. L. B.)

didático (discurso –) – ver **didaticidade**

diegese – ver **narrativa**

diglossia – O conceito de **diglossia** foi elaborado por Ferguson (1959) para descrever a situação linguística de um país (Grécia moderna, Suíça germanófona, Haiti...) onde coexistem duas variedades próximas cujos estatutos e usos são fortemente contrastados: uma variedade **alta**, prestigiada, e, uma variedade **baixa**, reservada às trocas linguísticas cotidianas. Os sociolinguistas americanos tenderam a chamar "diglossia" todos os bilinguismos desiguais (Fischman, 1971). Em 1986, Wald sublinhou, todavia, o interesse pelo conceito de Fergunson de um ponto de vista discursivo e dinâmico: o que caracteriza a diglossia é que a questão da delimitação das línguas é socialmente incerta e, portanto, os membros de uma comunidade têm tanto a possibilidade de considerar que se trata de duas variantes de uma mesma língua quanto de considerar que se trata de línguas diferentes. Essa perspectiva desemboca no estudo discursivo da relação imaginária dos sujeitos com suas línguas. (cf. Houbedine, 1985 e Canut, 2000).

No que concerne às *produções verbais*, as situações diglóssicas caracterizam-se pela importância das interferências entre formas que pertencem à variedade alta, e as formas pertencentes à variedade estigmatizada. Pode-se também chegar a aproximar a noção de diglossia aos temas bakhtinianos do "plurilinguismo" social e, mais amplamente, do "dialogismo*": um amplo lugar deve então ser atribuído à

emergência de fragmentos, relativos a um discurso misto e a comentários metalinguísticos que aparecem quando dois interlocutores constatam um desvio irredutível entre suas maneiras de dizer.
ver **colinguismo, dialogismo**

S. B.-R. (R. L. B.)

dilema – Um **dilema** é uma alternativa na qual os dois termos são igualmente desagradáveis. Utilizado como estratégia argumentativa, o dilema é um modo de **refutação***, caso a caso, que consiste em mostrar que todas as linhas de defesa que o adversário poderia adotar conduzem à mesma conclusão que lhe é desfavorável: "Ou você estava a par do que estava acontecendo, não fez nada e então você deve se demitir; ou você não estava a par e não controla seu trabalho e então você deve se demitir."
ver **refutação**

C. P. (R. L. B.)

discursivo (nível –) – ver **situacional (nível –)**

discurso – Noção que já estava em uso na filosofia clássica, na qual, ao conhecimento *discursivo*, por encadeamento de razões, opunha-se o conhecimento *intuitivo*. Seu valor era, então, bastante próximo ao do *logos* grego. Em linguística, essa noção, proposta por Guillaume, conheceu um impulso fulgurante com o declínio do estruturalismo e o crescimento das correntes pragmáticas*.

VALORES CLÁSSICOS EM LINGUÍSTICA
"Discurso" entra em uma série de oposições clássicas. Em particular:
· *Discurso* vs *frase*. O *discurso* é uma unidade linguística constituída de uma sucessão de *frases*. É nessa acepção que Harris (1952) fala de "análise do discurso" e que alguns falam de "gramática do discurso"; hoje, prefere-se falar de "linguística* textual".
· *Discurso* vs *língua*:
(1) A *língua* definida como sistema de valores virtuais opõe-se ao discurso, ao uso da língua em um contexto particular, que filtra esses valores e pode suscitar-lhes novos. Estamos próximos da oposição saussuriana língua / fala: "A distinção entre fala ou discurso e língua, proposta pela primeira vez por Saussure e precisada por mim mesmo", diz Gardiner (1932/1989: 285). Mas pode-se orientar "discurso" mais para a dimensão *social* ou para a dimensão *mental*. Gardiner opta pela primeira: o discurso é a "utilização, entre os homens, de signos sonoros articulados, para comunicar seus desejos e opiniões sobre as coisas" (1989: 24). Guillaume opta pela segunda: "No discurso [...], o físico, que é a fala em si, apresenta-se efetivo,

materializado, e, então, no que lhe concerne, livre da condição psíquica de partida. No nível do discurso, a fala tomou corpo, realidade: ela existe fisicamente" (1973: 71). Em Benveniste, "discurso" está próximo de "enunciação": é "a língua como assumida pelo homem que fala, e na condição de intersubjetividade que só a comunicação linguística torna possível" (1966: 266).

(2) A "língua", definida como sistema *partilhado* pelos membros de uma comunidade linguística, opõe-se ao "discurso", considerado como uso *restrito* desse sistema. Pode tratar-se: (a) de um *posicionamento** em um *campo** discursivo (o "discurso comunista", o "discurso surrealista"...). Nesse emprego, "discurso" é constantemente ambíguo, porque pode designar tanto o sistema que permite produzir um conjunto de textos quanto esse próprio conjunto; o "discurso comunista" é tanto o *conjunto dos textos* produzidos pelos comunistas quanto o *sistema* que permite produzi-los, a esses e a outros textos qualificados como comunistas. Produz-se, então, um deslizamento constante do sistema de regras para os enunciados efetivamente produzidos. Assim, em Foucault: "Chamaremos de *discurso* um conjunto de enunciados na medida em que eles provêm da mesma formação* discursiva" (1969b: 153); (b) de um *tipo** *de discurso* ("discurso jornalístico", "discurso administrativo", "discurso televisivo", "discurso do professor em sala de aula"...); (c) das produções verbais específicas de uma *categoria de locutores* (o "discurso das enfermeiras", o "discurso das mães de família"...); (d) de uma *função** *da linguagem* (o "discurso polêmico", o "discurso prescritivo"...); ...

· *Discurso* vs *texto*. O *discurso* é concebido como a inclusão de um *texto** em seu *contexto** (= condições de produção e de recepção) (Adam, 1999: 39).

· *Discurso* vs *enunciado*. Muito próxima da precedente, essa distinção permite opor *dois modos de apreensão* das unidades transfrásticas: como unidade linguística ("enunciado*") e como traço de um ato de comunicação sócio-historicamente determinado. Aliás, é essa oposição que, na França, serviu para atribuir um ponto de vista específico à análise do discurso: "Um olhar lançado sobre um texto do ponto de vista de sua estruturação "em língua" faz dele um enunciado; um estudo linguístico das condições* de produção desse texto fará dele um discurso" (Guespin, 1971: 10).

A LINGUÍSTICA DO DISCURSO

Desde os anos 80, vê-se proliferar o termo "discurso" nas ciências da linguagem, tanto no singular ("o domínio do discurso", "a análise do discurso"...) quando no plural ("cada discurso é particular", "os discursos inscrevem-se em contextos"...), segundo a referência seja à atividade verbal em geral ou a cada evento de fala. A proliferação desse termo é *o sintoma de uma modificação no modo de conceber a linguagem*. Falando de "discurso", toma-se implicitamente posição contra uma certa concepção da linguagem e da semântica. Em boa medida, essa modificação resulta da influência de diversas correntes pragmáticas, que sublinharam um certo número de ideias-força:

· *O discurso supõe uma organização transfrástica.* Isso não quer dizer que todo o discurso se manifesta por sequências de palavras que são necessariamente de feição superior à frase, mas que ele mobiliza estruturas de *uma outra ordem*, diferente das da frase. Um provérbio ou uma proibição como "Não fumar" são discursos, formam uma unidade completa, mesmo que sejam constituídos de uma única frase. Como unidades transfrásticas, os discursos estão submetidos a regras de organização em vigor em uma comunidade determinada, as dos múltiplos gêneros* de discurso: regras que recaem sobre o plano* de texto (uma crônica não se deixa recortar como uma dissertação ou como um manual de instrução...), sobre a dimensão do enunciado etc.

· *O discurso é orientado.* Ele é "orientado" não somente porque é concebido em função do *propósito* do locutor, mas também porque ele se desenvolve *no tempo*. O discurso se constrói, com efeito, em função de um fim, considera-se que vai chegar a alguma parte. Mas ele pode desviar-se durante o percurso (digressões...), voltar à direção inicial, mudar de direção etc. Sua linearidade se manifesta frequentemente através de um jogo de antecipações ("veremos que...", "voltarei ao ponto"...) ou de retomadas ("ou melhor...", "deveria ter dito..."); tudo isso constitui um verdadeiro "painel de controle" da fala para o locutor. Mas esse guiamento se efetua em condições muito diferentes segundo o enunciado seja produzido por um só enunciador que o controla de ponta a ponta (enunciado monologal*, por exemplo, em um livro) ou possa ser interrompido ou desviado a qualquer momento pelo interlocutor (enunciado dialogal*). Nas situações de interação oral, constantemente as palavras "escapam"; é necessário recuperá-las, torná-las precisas etc., em função das reações do outro. Ducrot radicalizou a ideia de que o discurso é fundamentalmente *orientado*, inscrevendo uma orientação argumentativa nas próprias unidades da língua (Anscombre e Ducrot, 1983, Carel e Ducrot, 1999).

· *O discurso é uma forma de ação.* A problemática dos atos* de linguagem, desenvolvida por filósofos como Austin (1962) e depois Searle (1969), difundiu maciçamente a ideia de que toda enunciação constitui um ato (prometer, sugerir, afirmar, interrogar...) visando a modificar uma situação. Em um nível superior, esses atos elementares integram-se, por sua vez, em atividades linguageiras de um *gênero* determinado (um panfleto, uma consulta médica, um jornal televisado...), e estas, por sua vez, *em relação com atividades não verbais*. Essa ação verbal pode também ser pensada em quadros psicossociológicos variados (Trognon, 1993; Bronckart, 1996).

· *O discurso é interativo*. A manifestação mais evidente desta interatividade* é a conversação*, na qual os dois locutores coordenam suas enunciações, enunciam em função da atitude do outro e percebem imediatamente o efeito que suas palavras têm sobre o outro. Mas nem todo discurso deriva da conversação; além do caso dos enunciados escritos, existem numerosas formas de oralidade que parecem muito pouco "interativas": é o caso, por exemplo, de um conferencista, de um locutor de rádio etc. Nos casos desse gênero, pode-se ainda falar de interatividade? Para alguns, a maneira mais simples de manter mesmo assim o princípio de que o discurso é fundamentalmente interativo seria considerar que a troca oral constitui o emprego "autêntico" do discurso e que as outras formas de enunciação são usos de alguma forma enfraquecidos dele. Mas parece preferível não confundir a *interatividade* fundamental do discurso com *interação oral*. Toda a enunciação, mesmo produzida sem a presença de um destinatário, é de fato assumida em uma *interatividade* constitutiva, ela é uma troca, explícita ou implícita, com outros locutores, virtuais ou reais, ela supõe sempre a presença de uma outra instância de enunciação à qual o locutor se dirige e em relação à qual ele constrói seu próprio discurso. Nessa perspectiva, a conversação não é considerada como *o* discurso por excelência, mas somente um de seus modos de manifestação – mesmo se é, sem dúvida, o mais importante – da interatividade fundamental do discurso.

· *O discurso é contextualizado*. O discurso não intervém *em* um contexto, como se o contexto não passasse de uma moldura, um cenário; de fato, não existe discurso que não seja contextualizado: não se pode, de fato, atribuir um sentido a um enunciado fora de contexto. Além disso, o discurso contribui para definir seu contexto e pode *modificá-lo* durante a enunciação.

· *O discurso é assumido*. O discurso não é discurso a não ser que esteja relacionado a uma instância que, ao mesmo tempo, se põe como fonte dos pontos de referência pessoais, temporais, espaciais, e indica qual *atitude* adota em relação àquilo que diz e a seu interlocutor (processo de modalização*). O locutor pode modular seu grau de adesão ("Pode ser que chova"), atribuir a responsabilidade a algum outro ("Segundo Paulo, chove"), comentar sua própria fala ("Na minha opinião, vai chover"), tematizar ("Paulo, ele não está em questão") etc. Pode até mesmo mostrar a seu interlocutor que apenas finge assumi-la (caso da ironia*). A reflexão sobre as formas de subjetividade que o discurso supõe é um dos grandes eixos da análise do discurso.

· *O discurso é regido por normas*. Como todo o comportamento social, ele é submetido a normas sociais muito gerais; por outro lado, como o mostra a problemática das leis* do discurso, a atividade é regida por normas específicas. Cada ato de linguagem implica, ele mesmo, normas particulares; um ato aparentemente tão simples como a pergunta implica que o locutor ignora a resposta, que essa resposta tem algum interesse para ele, que ele acredita que seu destinatário pode dá-la... Mais fundamentalmente, nenhum ato de enunciação pode ocorrer sem justificar, de uma maneira ou de outra, seu direito de apresentar-se tal como se apresenta. Sua inscrição nos gêneros de discurso contribui de maneira essencial para esse trabalho de legitimação que é indissociável do exercício da fala.

· *O discurso é assumido em um interdiscurso.* O discurso não adquire sentido a não ser no interior de um universo de outros discursos, através do qual ele deve abrir um caminho. Para interpretar o menor enunciado, é preciso colocá-lo em relação com todos os tipos de outros, que se comentam, parodiam, citam... Cada gênero de discurso tem sua maneira de gerar as multiplicidades das relações interdiscursivas: um manual de filosofia não cita da mesma maneira nem se apoia nas mesmas autoridades que um animador de promoções de vendas... O próprio fato de situar um discurso em um gênero (a conferência, o jornal televisado...) implica que ele é colocado em relação ao conjunto ilimitado de outros.

Considerado dessa maneira, o discurso não delimita um domínio que possa ser estudado por uma disciplina coerente. É, antes de mais nada, uma *maneira de apreender a linguagem*. Certos linguistas falam, entretanto, de uma **linguística do discurso**, que opõem a uma "linguística da língua". Essa linguística do discurso não pode corresponder à "linguística da fala", da qual Saussure tracejou o espaço; de fato, o desenvolvimento de uma linguística* textual, das teorias da enunciação* linguística e de uma semântica marcada pelas correntes pragmáticas* e cognitivistas reconfigurou a oposição língua/fala e as oposições da mesma ordem, como "competência"/"desempenho".

ver **análise do discurso, ato de linguagem, enunciado, gênero de discurso, interdiscurso, polifonia, pragmática, texto**

D. M. (S. P.)

discurso/história (Benveniste) – ver **embreado (plano –)/não embreado**

discurso citado – A problemática do **discurso citado** trata dos diversos modos de representação, no discurso, de falas atribuídas a instâncias outras que não a do locutor: "Colocação em relação de discursos, um dos quais cria um espaço enunciativo particular, enquanto o outro é colocado à distância e atribuído a uma outra fonte, de maneira unívoca ou não" (Rosier 1999: 125). Essa problemática ultrapassa amplamente a tradicional tripartição entre *discurso direto, discurso indireto* e *discurso indireto livre*, já que estão concernidas as *formas híbridas* e o *discurso indireto livre*, mas também fenômenos como a *colocação entre aspas** e o *itálico, a modalização**

por remissão a um outro discurso, ("no dizer de Y..."), as múltiplas formas de *alusão* a discursos já proferidos. Sendo o primado do interdiscurso* um dos postulados de um grande número de analistas do discurso, para muitos a problemática do discurso citado abre constantemente para o conjunto dos fenômenos de polifonia* e de heterogeneidade*. Notar-se-á que um certo número de linguistas prefere falar de "discurso *representado*" a utilizar a denominação tradicional "discurso citado" (Fairclough, 1988, Roulet, 1999), que reflete imperfeitamente a diversidade dos fenômenos concernidos.

As oposições principais

Authier-Revuz (1992) estrutura esse campo do *discurso citado* em torno de três oposições principais:

· *Entre "discurso citado" em sentido estrito e "modalização em discurso segundo"*. No primeiro caso, o enunciador toma por objeto um outro ato de enunciação, o fato de que qualquer um diz uma coisa qualquer ("Paulo contou que você está doente"). No segundo caso, ele modaliza sua própria enunciação, apresentado-a como segunda em relação a um outro discurso. Essa modalização pode incidir sobre a *validade do conteúdo asseverado* ("Ele está doente, se eu puder acreditar no Lucas") ou sobre o *emprego de uma palavra* ("Eu estou 'out', como se diz").

· *Entre signo "padrão" (tomado como "uso") e signo "autônimo**" *(tomado como "menção")*. De fato, pode-se utilizar um signo linguístico de maneira *padrão* para referir uma entidade do mundo (como *cão* em "Paulo comprou um cão"), ou de maneira **autônima** para referir o próprio signo ("Não se encontra *cão* em teu dicionário"). A autonímia manifesta a propriedade que a linguagem tem de falar dela mesma. O **discurso direto** tem relação com o funcionamento autônimo: aquele que cita faz menção às próprias palavras empregadas pelo enunciador citado, ou, melhor dizendo, apresenta seu enunciado como tal ("Ele me disse: Você deve partir"). No **discurso indireto**, ao contrário, aquele que cita faz uso de suas próprias palavras para citar outrem, ele reformula seus propósitos ("Ele me disse para voltar amanhã"). Fala-se de **discurso direto livre** no caso de fragmentos que são interpretados como discurso direto, mas sem qualquer indicação de que há discurso citado.

Na **modalização*** **autonímica**, mistura-se o emprego padrão e o emprego autônimo, recorrendo em especial ao *itálico* à *colocação entre aspas*. Em um enunciado como "Sua paixão pela 'heroica luta dos camponeses' tem qualquer coisa de suspeito", o locutor emprega "heroica luta dos camponeses" ao mesmo tempo de maneira autônoma e de maneira *standard*: de fato, ele cita *e*, ao mesmo tempo, utiliza essa expressão, da qual ele se distancia atribuindo-a a outra fonte enunciativa.

· *Entre as representações explícitas da citação e as que supõem um trabalho interpretativo* da parte do receptor. Podem-se distinguir aqui três casos: (1) As formas *explícitas*, linguisticamente unívocas: o discurso direto ou o discurso indireto, as fórmulas como "segundo X", "para usar sua palavra...". (2) As formas *marcadas linguisticamente*, mas que pedem mesmo assim um *trabalho interpretativo*. Assim, mesmo que as marcas de modalização autonímica não indiquem quem é a fonte do fragmento citado ("As mentalidades *retrô* são as mais numerosas"), cabe ao receptor determinar, apoiando-se no contexto, qual é essa fonte e a razão pela qual o enunciador se colocou à distância. (3) As formas *puramente interpretativas* (o discurso indireto livre, as alusões, as citações ocultas...), que não são assinaladas como tais. Nessas formas "puramente interpretativas", encontram-se fenômenos muito diversos: a identificação do discurso indireto livre se apoia sobre numerosos índices linguísticos, enquanto a localização das alusões ou das citações ocultas faz apelo essencialmente à cultura do receptor, ao que ele sabe do locutor, ao gênero de discurso ao qual pertence o enunciado etc.

FORMAS CLÁSSICAS E FORMAS HÍBRIDAS

As três formas clássicas de discurso citado têm sido abundantemente analisadas pelas gramáticas: **direto, indireto, indireto livre**. A consideração explícita das marcas enunciativas renovou essa problemática: de fato, é um *ato de enunciação* que se cita, não um enunciado (Authier 1978, Authier-Revuz 1982a). Já se considera fora de questão que se trata de três formas *independentes uma da outra*, isto é, que não se pode passar de uma a outra por operações mecânicas (Banfield, 1973). Foi igualmente abandonada a ideia de que o discurso direto seria mais "fiel" do que o indireto e que reproduziria palavras efetivamente proferidas.

Uma quarta forma, o "discurso direto livre", identificado no início do século XX, interessa cada vez mais aos linguistas (Rosier, 1999: 266). Ele se tornou frequente na literatura e na imprensa. Trata-se, grosseiramente, do discurso direto que não é marcado explicitamente: nem associado a um verbo introdutor, nem marcado tipograficamente (itálico, aspas).

Mostrou-se igualmente a existência de formas "híbridas" de citação, que não se deixam reduzir à dicotomia *discurso direto / indireto*, sem por isso relacionar-se com o discurso indireto livre. Elas recorrem às aspas ou ao itálico. Assinalaremos: (1) **As ilhotas textuais** (Perret, 1994): em uma estrutura de discurso *indireto* ("X disse que..."), coloca-se entre aspas um fragmento atribuído ao locutor citado: "Ele afirmou que 'o país estava à beira da falência', mas isso não agradou a todo mundo" (Authier-Revuz, [1996] vê aí uma forma de modalização* autonímica). (2) **O discurso direto com "que"** (Bruna Cuevas, 1996), frequente na imprensa escrita contemporânea, mas muito antigo; é identificado como *direto* porque os ajustamentos dos dêiticos* na nova situação de enunciação não são realizados: "Marcelo afirma que 'se trabalhar é fazer alguma coisa útil, então eu não trabalho'" (em que *eu* se refere a Marcelo). (3) O **resumo com citações** (Maingueneau, 1981) utilizado na imprensa ou no discurso acadêmico para dar uma *reformulação condensada* do conjunto de uma enunciação, restabelecendo, em princípio, *o ponto de vista* do locutor citado; nos fragmentos citados são frequentes o itálico e as aspas: "X deu uma entrevista ontem. A França *'não se desinteressa pela situação'* mas quer *'tomar distância de seus aliados'*. Ela está aberta *'às novas proposições'* de seus parceiros". Mas o ponto de vista de quem cita pode interferir no do locutor citado (Tuomarla, 2000: 160).

Formas distintas ou *continuum*?

A apresentação clássica do discurso citado o divide em vários tipos com propriedades bem distintas. É assim que o discurso direto se caracterizaria por seu caráter autonímico. Outros linguistas (Rosier 1997, 1999, Tuomarla, 2000), sensíveis principalmente à interpretação da citação no contexto, para as categorias DD, DI, DIL, como para a dicotomia "emprego *standard*" / "emprego autônomo", preferem pensar em termos de *continuum* mais do que em polaridades opostas. O que confirmaria a existência de formas "híbridas". A caracterização formal do DD como autonímico não dá conta dos fenômenos discursivos que acompanham essa forma de discurso: ironia, dramatização, modalização, tematização, diversas formas de "interação" dialógica com as vozes citadas no texto (Tuomarla, 2000: 40). Assim, o DD teria mais a ver com modalização autonímica do que com autonímia.

Frases sem fala

A problemática do discurso citado encontra seu limite nos fenômenos de "frase sem fala" em textos narrativos (Banfield, 1995), isto é, enunciados que não são atribuídos ao locutor, mas que são pensamentos atribuídos à subjetividade, sob o ponto* de vista de uma personagem. Assim, o enunciado E_2 na sequência "Paulo entrou no quarto (E_1). Claramente, Pedro não estava lá (E_2)". Trata-se de pensamentos ou de percepções verbalizadas, mas que não são propriamente do discurso citado. Reencontra-se aqui a noção de enunciador* de Ducrot, e, mais geralmente, a problemática da polifonia.

Discurso citado e análise do discurso

Vê-se comumente no discurso citado um conjunto de procedimentos que o locutor utilizaria como bem lhe parece, em função das finalidades de seu propósito. A análise do discurso não pode contentar-se com isso. De fato, os modos de representação de discursos outros não dependem de estratégias pontuais dos locutores, mas são uma das *dimensões do posicionamento** ou *do gênero** *de discurso*. Não se cita da mesma maneira em uma revista de física nuclear e em uma conversação, num jornal cujo público-alvo é uma elite e em um jornal popular. Para um texto dado, em matéria de discurso citado, pode-se atentar para três grandes direções: (1) *A posição de quem cita e do destinatário*: quem cita o quê para quem? (2) *As diferentes maneiras de citar*: existem múltiplas formas de discurso citado – por exemplo, Charaudeau (1992: 622) as reagrupa em quatro conjuntos: "discurso citado", "discurso integrado", "discurso narrativizado", "discurso evocado". (3) *A maneira pela qual quem cita avalia* o enunciado citado para integrá-lo (dizer "ele finge que" é pressupor que o propósito citado é falso...).

A análise do discurso pode exercer um papel importante na reflexão sobre o discurso citado. Insiste-se cada vez mais na "continuidade" entre as formas de discurso citado, nas formas "mistas", que não são mais consideradas marginais, a ponto de colocar em questão a distinção clássica entre os diversos tipos de discurso citado. De fato, entre os procedimentos gramaticais, necessariamente muito pobres, e a multiplicidade efetiva dos modos de manifestação do discurso citado, há coerções impostas pelos gêneros* de discurso; um tratamento estritamente linguístico desses fenômenos é, pois, insuficiente. A forma pela qual uma fala é atribuída a outra fonte enunciativa é solidária das características do conjunto do discurso que cita.

ver **diafonia, dialogismo, heterogeneidade mostrada/constitutiva, interdiscurso, intertextualidade, polifonia**

D. M. (S. P.)

disposição – ver **plano de texto**

doxa – Doxa é uma palavra emprestada do grego e designa a opinião, a reputação, o que dizemos das coisas ou das pessoas. A doxa corresponde ao **sentido comum**, isto é, a um conjunto de representações socialmente predominantes, cuja verdade é incerta, tomadas, mais frequentemente, na sua formulação linguística corrente.

Aristóteles define os ***endoxa*** (singular, "*endoxon*") como as opiniões comuns reconhecidas numa comunidade, utilizadas em pensamentos dialéticos* e retóricos*: "São ideias admitidas [*endoxa*] [...], as opiniões partilhadas por todos os homens, ou por quase todos, ou por aqueles que apresentam a opinião esclarecida e, para esses últimos por todos, ou por quase todos, ou pelos mais conhecidos e admitidos como autoridades" (Aristóteles, *Topiques:* I, 1). Uma ideia "endoxal" é, portanto, uma ideia apoiada sobre uma forma de **autoridade***: autoridade de (maior) número, de especialistas, de pessoas socialmente em evidência. O latim traduzirá *endoxal* por *probabilis*, "provável".

Os *endoxa* são o alvo da crítica filosófica dirigida ao senso comum. Essa crítica alcança, em consequência, as deduções embasadas sobre conteúdos e técnicas verossímeis (sobre o sistema endoxon/*tópos**), isto é, a argumentação, a dialética ou a retórica. No entanto, fundamentalmente, *ser uma proposição endoxal não tem nada de pejorativo*: "Conhece-se bem a confiança que Aristóteles atribui, sob reserva de exame, às representações coletivas e à vocação natural da humanidade em relação à verdade" (Brunschwig, 1967: xxxv). A argumentação dialética tem por função colocá-las à prova; a argumentação retórica trata-as no quadro de um conflito particular, ela aprende a conciliar-se com elas ou a defender-se delas.

Em razão de seu ar grego e técnico, as palavras "doxa", "endoxon" estão, como a palavra "*tópos*", no momento, preservadas da deriva pejorativa que afeta o "lugar comum".

ver **autoridade, estereótipo,** *tópos*, **verossímil**

C. P. (R. L. B.)

dupla coerção – A noção de *double bind* (em português, **dupla coerção**) originou-se no campo da *psicologia sistêmica* (Bateson *et alii*, 1956, Watzlawick *et alii*, 1972), no qual explica a gênese de certas patologias como a esquizofrenia. A ideia de que os sujeitos submetidos continuamente a injunções contraditórias (como "Eu ordeno que você seja espontâneo"), produzidas em situação de dependência total e de autoridade absoluta, não têm outra saída senão o suicídio ou a loucura.

No entanto, Bateson sugere também que essa noção pode ser, de alguma maneira, "despsiquiatrizada" e *aplicada à comunicação ordinária*: "Acreditamos que os paradoxos da comunicação estão presentes em qualquer comunicação [...] e que, sem esses paradoxos, a evolução da comunicação chegaria a seu fim: a vida não passaria de uma troca sem fim de mensagens estilizadas, um jogo com regras rígidas, jogo monótono, desprovido de surpresa e de humor" (1977: 224).

Parece, com efeito, que as regras que regem os nossos comportamentos na interação podem entrar em **conflito** umas com as outras, por exemplo: (1) conflito que interfere *nas diferentes máximas* conversacionais* (por exemplo, entre a máxima de quantidade, que nos impele a fornecer o máximo de informações sobre o objeto de que falamos e a máxima de qualidade que pede que se deem informações que sejam absolutamente seguras); (2) conflito que interfere *nas diferentes regras constitutivas do sistema da polidez**, por exemplo, entre aquelas que se relacionam com a polidez negativa (é conveniente deixar o outro em paz e evitar incursões intempestivas) e aquelas que estão ligadas à polidez positiva (é conveniente, ao contrário, fazer agrados, lançar elogios e marcas de solicitude, em resumo, invadir seu território para fortalecer sua face* positiva); ou entre a "lei de modéstia" e a necessidade de não se desvalorizar demais (por exemplo, valorizar-se em certas circunstâncias, como nas entrevistas de emprego); (3) conflito, enfim, *entre as máximas conversacionais e as regras da polidez*, por exemplo, entre a máxima de modo ("Seja claro") e o princípio de gestão de outrem (que convida, ao contrário, à expressão indireta), ou entre a máxima de qualidade e esse mesmo princípio de gestão de outrem – pois a franqueza e o tato nem sempre combinam, como experienciamos a cada instante de nossa vida cotidiana, tendo que escolher entre a "mentira piedosa" e a sinceridade que fere.

Portanto, os sujeitos sociais estão permanentemente submetidos a duplas coerções, e mesmo a coerções múltiplas, isto é, a situações em que não podem respeitar uma regra sem desprezar outra. No entanto, diferentemente daquelas que a psicopatologia conhece, é, de alguma forma, com *double binds maleáveis* que nos havemos na comunicação cotidiana: as regras conversacionais são suficientemente flexíveis e tolerantes para que com elas se possa "compor" e encontrar soluções de problemas. É, aliás, o que explica o caráter sempre estranhamente "contornado" das nossas fórmulas rituais*. Seja o exemplo do elogio: destaca-se que as reações a esse ato de linguagem cabem na forma de um enunciado ambíguo, embaraçoso ou complexo (Kerbrat-Orecchioni, 1994: cap. 5); contudo, quando se recebe um elogio, sempre se deve acolhê-lo como um "presente verbal", proteger seu território e respeitar a lei de modéstia. Essas expressões rituais podem até mesmo, no limite, ter um caráter contraditório, no caso, por exemplo, das fórmulas utilizadas em coreano para convidar os hóspedes para sentarem-se à mesa: "Eu não preparei nada, isto está muito simples, mas sirvam-se à vontade!", fórmulas que podem parecer estranhas de um ponto de vista *semântico*, mas que são perfeitamente satisfatórias de um ponto de vista *pragmático*, visto que elas permitem satisfazer simultaneamente às exigências colocadas pela modéstia e pela generosidade.

ver **contradição, máxima conversacional, metacomunicação/metadiscurso, polidez, ritual**

C. K.-O. (R. L. B.)

efeito de sentido – Desde sua origem, a noção de **efeito de sentido** está ligada à noção de discurso*, embora seja definida diferentemente conforme a teoria em que se inscreva. Essa noção é central para várias distinções, entre as quais a de *sentido de língua/sentido de contexto* e *semântica/pragmática*.

Guillaume, ao substituir a oposição *Língua/Fala* de Saussure pela oposição *Língua/Discurso*, atribuindo a essa última uma definição diferente da saussuriana, foi o primeiro a propor a distinção entre o **sentido** ligado às unidades mínimas formais que têm uma significação (morfema) e os **efeitos de sentido** relativos à infinita variedade de valores de que se podem revestir essas unidades no discurso, em função do contexto em que elas se inscrevem (Guillaume, 1964). Entretanto, para esse linguista, dado que o discurso é um lugar do observável e a língua, um lugar de reconstrução teórica que corresponde a um movimento natural do pensamento, os efeitos de sentido nada mais são do que o resultado dos valores atribuídos pelo discurso ao significado em língua, o que se opera por recortes no contínuo do movimento de pensamento. Joly tenta clarificar a definição de Guillaume em Boone e Joly, 1996 (verbete "Efeito de sentido").

A pragmática, por sua vez, propõe, sob terminologias diversas, distinguir a *semântica da frase* (ou *semântica linguística*) – em que o sentido emerge de uma lógica da proposição – da *semântica dos enunciados* (*semântica retórica* ou *pragmática*) – em que o sentido (adicional) emerge da situação de uso. Esse sentido pragmático (contextual ou situacional) é calculado ou inferido a partir das instruções de sentido fornecidas, ao mesmo tempo, pelo sentido da frase e pelos dados da situação de uso. Para calcular esse sentido, o assim chamado **efeito de sentido**, os pragmaticistas se empenharam em descrever em que consistem esses dados situacionais. Trata-se das *máximas* conversacionais* de Grice (1979) ou das *leis* do discurso* de Ducrot (1980 e 1991).

No prolongamento da pragmática, outros autores empregaram o termo **efeito de sentido** – ou, às vezes, *efeito de discurso* – em oposição a **sentido de língua**. Esse último seria o *sentido estável* (literal) intrínseco às palavras das frases, fora das situações de uso, e o efeito de sentido seria o *sentido específico* que aparece em contexto e em situação, não podendo ser apreendido senão por *inferência** (ver Cornulier, 1985;

Charaudeau, 1992 e 1995c). Charaudeau propõe, complementarmente, a distinção entre **efeito* pretendido e efeito produzido** (1997a).
ver **efeito pretendido/efeito produzido, inferência**

P. C. (S. N. G.-S.)

efeito pretendido/efeito produzido – Essa oposição é utilizada por Charaudeau para distinguir, no interior de uma problemática da influência*, por um lado, os efeitos que o sujeito* comunicante pretende e busca produzir junto ao sujeito destinatário por ele suposto e construído de modo ideal – os chamados **efeitos pretendidos** – e, por outro, aqueles que o sujeito* interpretante reconhece *efetivamente*, construindo-os e reconstruindo-os a seu modo – os chamados **efeitos produzidos** (1997a: 37, 88). Os efeitos produzidos não coincidem necessariamente, portanto, com os efeitos pretendidos.

Assim, compreende-se como, em um modelo discursivo que contempla o duplo espaço externo/interno pela consideração das dimensões explícita e implícita do discurso, um mesmo ato de linguagem, formulado em função de um determinado destinatário ideal, possa produzir efeitos diferentes segundo o sujeito receptor* que o interpreta (um enunciado irônico, por exemplo, será interpretado como tal por um dado receptor e tomado "ao pé da letra" por um outro). Do ponto de vista da análise de textos, pode-se dizer que um texto é portador de um conjunto de "efeitos possíveis", correspondentes tanto aos efeitos pretendidos da instância de comunicação quanto aos efeitos produzidos pela instância de interpretação.

Acrescenta-se que efeitos pretendidos e efeitos produzidos fazem eco à *força ilocutória** e *perlocutória** dos atos* de linguagem.
ver **ato de linguagem, destinatário, emissor, locutor**

P. C. (S. N. G.-S.)

elaboração da intriga – ver **narrativa**

elipse – Operação que consiste em suprimir de uma frase um ou vários elementos cuja presença é, *em geral*, solicitada. Essa noção não é empregada do mesmo modo em sintaxe e em retórica.

Em sintaxe, a elipse é constantemente invocada pelos gramáticos. Seu uso não se dissocia do postulado de que as estruturas linguísticas são regulares. A gramática tradicional, por exemplo, via uma elipse em certas comparativas ("Paulo é mais inteligente que Tiago [não é inteligente]"). Alguns a detectavam ainda em frases como "Que ele saia!": para justificar a presença de "que", retomava-se um verbo volitivo ("eu quero que..."). A linguística moderna, em particular a gramática gerativa, tentou controlar o recurso à elipse para torná-lo algo mais que um procedimento *ad hoc*.

*Em retórica**, categoriza-se a elipse entre as "figuras* de construção" ou "figuras sintáticas". Ao contrário de outras figuras sintáticas como a hipálage ou o quiasmo – que implicam um deslocamento –, a elipse implica uma *ruptura* (Bonhomme, 1998) pelo apagamento de constituintes, o que supõe que o receptor tenha os meios para recuperar o que falta. A elipse retórica seria produzida com finalidades expressivas, sendo seu emprego sistemático tradicionalmente associado ao *laconismo* e à *emoção*. No primeiro caso, a elipse é percebida como recusa à prolixidade, ou seja, como economia dos meios. No segundo, a elipse é atribuída a um locutor cuja paixão perturbaria o discurso. É difícil, entretanto, atribuir um valor estável aos efeitos produzidos pela elipse independentemente dos gêneros* de discurso implicados. Nos gêneros audiovisuais narrativos, a economia de meios pode funcionar como indício de que se vai rápido e ao essencial, que não se pretende parecer didático. Em um ensaio, a elipse pode funcionar como complexificação do pensamento; em um romance, como reconstituição autêntica das impressões (monólogo interior) etc.

Em uma análise do discurso fundada em uma abordagem "analítica"*, a elipse tem um papel importante: o confronto de enunciados advindos de formações* discursivas concorrentes apoia-se, em geral, no pressuposto de que é necessário explicitar e interpretar os "brancos" no enunciado. Entretanto, nesse tipo de problemática, saímos do domínio tradicional da elipse.

A distinção entre elipse sintática e elipse retórica não é efetivamente elucidável, tampouco aquela entre elipse obrigatória e elipse facultativa. O reconhecimento de uma elipse supõe que se reconstitua o que seria a sequência "completa", o que não se coaduna, entretanto, com os pressupostos da maioria dos analistas do discurso: existem frequentemente várias reconstituições possíveis, que suscitam inferências diversas pelos intérpretes do enunciado.

ver figura

D. M. (S. N. G.-S.)

elocutivo (ato –) – ver **locutivo (ato –)**

embreado (plano –)/não embreado – A presença ou a ausência de embreadores* permite distinguir os enunciados que organizam seus parâmetros em relação à situação de enunciação (**plano embreado**) e aqueles que se constituem em *ruptura* com ela, que constroem seus parâmetros por um jogo de remissões internas ao texto (plano não embreado).

Encontramos aqui a distinção introduzida por Benveniste (1966) entre **discurso** e **história** para dar conta do uso do *passé simple* [passado simples] (chamado por ele "aoristo") em francês. No "plano da enunciação" do *discurso*, "alguém se dirige a outro alguém, enuncia-se como locutor e organiza o que diz na categoria da pessoa". Já no plano de enunciação da *história*, "os eventos parecem narrar-se por si mesmos" (1966: 242). Em um momento seguinte, falou-se mais de **narrativa** que de "história".

Em uma perspectiva inspirada em Culioli, Simonin-Grumbach (1975) reformulou essa oposição *discurso/história* estendendo-a em direção a uma oposição entre "os textos em que há ancoragem na situação* de enunciação" (cf. a conversação) e "os textos em que a ancoragem não se efetua em relação à situação de enunciação, mas em relação ao próprio texto" (1975: 87): a narração impessoal, particularmente. Nesse último caso, a autora fala de **situação de enunciado**. Essa distinção não é suficiente para contemplar a diversidade de textos. Simonin-Grumbach identifica três outros tipos de enunciação: os *enunciados com discurso indireto livre*, cuja ancoragem se efetiva em relação a uma situação de enunciação "transladada", os "*textos teóricos*", em que é o interdiscurso que funciona como situação de enunciação, e os "*textos poéticos*", ancorados em uma situação de enunciação "disjunta".

O emprego de termos como "narrativa" ou "história" pode ser fonte de confusão: existem enunciados que não são narrativos e que são desprovidos de embreagem (por exemplo, uma definição de dicionário ou um provérbio). Outra dificuldade é que a restrição de *discursos* cujos enunciados possuem embreadores exclui do campo do *discurso* os enunciados sem embreadores. Ora, o uso que se faz hoje do termo "discurso" implica a consideração de *todos* os tipos de produção verbal. Para atenuar essa dupla dificuldade, Maingueneau (1993) propõe a distinção entre **plano embreado** (o "discurso" em Benveniste) e **plano não embreado** (o que era denominado "narrativa"), mantendo, se assim preferirmos, *narrativa* para designar os enunciados *não embreados narrativos*. Um provérbio, uma definição de dicionário etc., desprovidos de embreadores, têm a ver, portanto, com o *plano não embreado*, mas não com a *narrativa*.

ver **dêitico, dêixis, embreador, enunciação**

D. M. (S. N. G.-S.)

embreador – Tradução francesa de Ruwet para o inglês *shifter*, emprestado, por sua vez, de Jespersen por Jakobson (1963: 176). Essa categoria permitiu construir aquela de **embreagem** na situação* de enunciação, ou seja, o conjunto de operações de que os **embreadores** são o traço.

Para Jakobson, a categoria **embreador** corresponde a um dos quatro tipos possíveis de relação entre **código** e **mensagem**: (1) *mensagem que remete à mensagem* (discurso citado); (2) *código que remete ao código* (nomes próprios); (3) *mensagem que remete ao código* (embreadores); (4) *código que remete à mensagem* (autonímia*). No caso do embreador, existe mensagem que remete ao código porque "a significação geral de um embreador não pode ser definida fora de uma referência à mensagem" (1963: 178). Por exemplo, no código da língua portuguesa, *tu (você)* designa necessariamente o destinatário da mensagem em que ele se encontra.

Essas unidades receberam outros nomes: "dêiticos*", "expressões sui-referenciais", "*token-reflexives*", "símbolos indexicais"... Elas interessaram tanto aos linguistas (Jespersen, Benveniste...) quanto aos filósofos (Husserl, Frege, Peirce...). Elas manifestam, com efeito, a reflexividade fundamental da atividade linguística. Como mostrou Kleiber (1986: 4), as múltiplas definições dadas a esse tipo de unidade se dividem em dois conjuntos: (1) aquelas que colocam o acento *sobre o lugar e o objeto de referência*, como no caso da noção de embreador; (2) aquelas que colocam o acento *sobre o modo de atribuição do referente* – como no caso do "dêitico" ou da "expressão sui-referencial". O termo "embreador" é amplamente utilizado, embora a definição proposta por Jakobson tenha se revelado imprecisa na ótica dos trabalhos sobre a referência realizados pelas correntes pragmáticas.

Em português, a categoria dos embreadores recobre particularmente os pronomes pessoais de primeira e segunda pessoas e os possessivos correspondentes (*meu, teu*...), um grande número de designações demonstrativas (*este* + Nome; *isto*...), de advérbios e de locuções adverbiais locativas (*aqui, à esquerda*...) e temporais (*amanhã, daqui a dois dias, há cem anos*...), as categorias do presente, do passado e do futuro (o que não se deve confundir com os paradigmas de conjugação: pretérito perfeito, presente, imperfeito...).

Embreador e texto

Quando lidamos com textos e não com enunciados isolados, a categoria dos embreadores coloca problemas específicos. Em particular, o espaço textual pode frequentemente servir de espaço de referência, como o evidencia o fenômeno da dêixis* textual. Além disso, vários sistemas de ancoragem podem ser encaixados, como no caso de inserção de uma narrativa em uma outra ou, simplesmente, discurso* citado. A esse propósito, o discurso indireto livre coloca problemas significativos (Banfield, 1995). Pode também haver interferências entre o espaço do enunciado e aquele da enunciação: em uma narrativa, um grupo nominal como "nosso herói" implica que uma ponte foi lançada entre a cena de leitura e a história (Vuillaume, 1990). Enfim, os embreadores devem ser analisados levando-se em conta a cena* de enunciação instituída pelo discurso. Por exemplo, em um texto filosófico ou em um texto político, "hoje" refere-se a um momento definido pelo discurso, que constrói sua própria temporalidade.

ver **dêitico, dêixis, enunciação**

D. M. (S. N. G.-S.)

embreagem – ver embreador

emissor – Originalmente, chama-se **emissor** todo aparelho que é fonte de emissão de ondas eletromagnéticas capazes de transmitir mensagens de forma codificada, quer se trate de sons, de letras, de imagens ou de qualquer outro sistema de signos (emissor de rádio, emissor de televisão). Por extensão, pela influência das teorias da informação, esse termo designa a pessoa que emite mensagens endereçadas a um **receptor***. Disso decorre um esquema simétrico da comunicação entre a atividade do emissor – que, para falar, deve codificar uma mensagem (atribuir sentido a formas) – e aquela do receptor que, para compreender, deve decodificar tal mensagem (recuperar, a partir das formas, o sentido a elas atribuído pelo emissor).

Em linguística, esse esquema foi criticado em função de sua simetria: nada permite garantir que o receptor apenas decodifique passivamente a intenção de sentido do emissor. Jakobson – que, em seu esquema de comunicação, substituiu o termo emissor por destinador e o receptor por destinatário* – parece propor, por meio da descrição das diversas funções* da linguagem, um funcionamento da comunicação cuja instância originária é o emissor-destinador e a instância destinatária, o receptor. Embora não tenha precisado a natureza desse emissor-destinador, o autor teve consciência, segundo Kerbrat-Orecchioni (1997: 22), de que existiam situações de linguagem (como o discurso citado) em que poderia aparecer uma "cadeia de emissores".

Em semiótica, pragmática e análise de discurso, quando se fala de um ato de linguagem, de discurso ou de comunicação, o termo **emissor** continua a ser usado por comodidade, embora remeta mais especificamente ao *responsável* pelo ato de comunicação. Disso decorre que o emissor não é mais concebido como uma simples fonte de um processo de codificação – como se o sentido estivesse determinado antecipadamente –, mas como um sujeito munido de uma intenção, de uma competência*, e investido de um projeto de fala.

Tanto em análise da conversação quanto em análise do discurso, emprega-se por vezes a expressão "instância emissora" (Kerbrat-Orecchioni, 1997: 22), o que tem a vantagem de assinalar que se trata de um lugar de intencionalidade do qual se pode estudar, caso a caso, as diferentes figuras.

Outros autores empregam o termo **sujeito comunicante**. Para Ghiglione (1986: 30), o "sujeito comunicante" (representado por um *c*) designa um dos dois atores externos da comunicação ("interlocutores"), em oposição aos atores internos ao ato de enunciação ("intralocutores"). Para Charaudeau, que propõe um modelo com dois espaços de construção do discurso – um *espaço externo*, correspondente aos dados da situação* de comunicação (nível situacional*) e um *espaço interno*, correspondente à discursivização enunciativa (nível discursivo*) –, o sujeito comunicante (tal qual o sujeito interpretante) encontra-se no espaço externo (Charaudeau, 1988c). A identidade desse sujeito é psicossociolinguageira, ou seja, compreende atributos de ordem sociológica e psicológica, embora se relacione aos papéis* comunicacionais que o sujeito deve encenar em uma dada situação de comunicação (um pai de família irritado que faz uma advertência ao filho quando esse lhe mostra o boletim escolar). Assim, o sujeito comunicante é o centro de uma intencionalidade de comunicação, de um *projeto de dizer* elaborado na instância mesma do ato de enunciação, considerando-se coerções situacionais* e visando a mobilizar estratégias discursivas (Charaudeau, 1988c: 73).

ver **locutor, sujeito falante**

P. C. (S. N. G.-S.)

emoção – A **emoção** (o termo compreende, aqui, a série "emoção, sentimento, afeto, vivência...") é um fenômeno complexo, estudado em *psicologia*. As ciências da linguagem se interessam pela expressão das emoções nos enunciados e nos discursos, e por sua circulação nas interações.

O interesse pela "linguagem das emoções" se manifesta em todos os domínios da análise linguística. *Na gramática*, emoção é tomada como uma noção primitiva, extralinguística, que designa um domínio particularmente favorável ao "estudo das correspondências entre forma e sentido" (Balibar-Mrabti, eds., 1995: 3; Kerbrat-Orecchioni, 2000). *A análise do discurso* explora os resultados das pesquisas em lexicologia e em sintaxe, desenvolvendo uma problemática autônoma e conceitos específicos.

I. Em psicologia

Definiram-se, habitualmente, os processos emocionais a partir de quatro características principais: (1) uma situação ou um *evento indutor* em função de sua *previsibilidade*, da *avaliação de suas consequências* mais ou menos importantes, positivas ou negativas, da *investigação de explicações* possíveis, e da possibilidade de *controle* (Scherer, 1984); (2) *respostas emocionais*, com modificações somáticas e avaliação afetiva automática dos estímulos (Zajonc, 1980), não conscientes, automáticas e irreprimíveis; (3) uma *experiência "afetiva"* ou um "vivência psíquica", consciente e verbalizável (a emoção ou o sentimento comunicável); (4) uma *manifestação comportamental adaptativa* que realiza o programa de ação articulado à continuidade da avaliação automática (fuga, aproximação, agressão, retorno sobre si).

Tanto em psicologia social da linguagem quanto em psicolinguística textual, uma tal concepção "naturalista" – fundada em uma comunicação por índices e sinais sobre um modelo etológico – não é suficiente. Embora dê conta das formações das impressões das pessoas (Asch, 1946) e da mobilização das emoções de base (Ekman,

1973), ela é menos útil, diretamente, para a análise da *expressividade emocional* na produção e no tratamento dos discursos ordinários em situação normal.

As pesquisas em *psicolinguística textual* direcionaram-se para o *estudo dos efeitos* das marcas expressivas – linguísticas e discursivas ou semióticas –, *para os tratamentos em recepção* (compreensão, memorização, avaliação). Naturalmente, as marcações são operadas sobre eventos tomados como mais ou menos pertinentes e "carregados" (valência afetiva eventual) haja vista pertencerem a domínios sociais importantes (sexualidade, poder, morte, violência) (Martins, 1982). Os resultados mostram que as marcações expressivas são bem tratadas, uma vez que estão presentes na memória de longo termo, ainda que sejam pouco relevantes ou pouco convocadas no curto termo. Esses tratamentos são otimizados quando existe congruência entre o humor (declarado ou induzido) e a valência afetiva dos eventos. Psicólogos cognitivistas como Schank (1979) e Kintsch (1980) assinalam a importância das "regulações" desses processos emocionais induzidos (Martins, 1993: 98-103). O interesse dos sujeitos seria maximizado por uma intensidade afetiva média dos "eventos" evocados, uma imprecisão ou previsibilidade relativa, e uma integrabilidade limitada à causalidade narrativa e à coerência semântica. Em resumo, haveria tanto uma tendência a *economizar os afetos* experimentados quanto a medir os *esforços cognitivos*. Os sujeitos tentariam, de todo modo, controlar os efeitos neles induzidos em função da situação de interação e do gênero discursivo previsto e não unicamente em função da situação referencial evocada pelo propósito.

Em *psicologia social*, estudou-se inicialmente a influência da qualidade e da pertinência dos argumentos e dos índices de credibilidade, de atratividade, e de competência sobre as mudanças de atitude e de comportamento. As marcas expressivas e as inferências fundadas sobre os afetos surgem particularmente com esses índices ("*cues*"). Os trabalhos experimentais sobre as mensagens fundadas sobre "o apelo ao medo" na gestão dos riscos (saúde, direção automobilística), a partir dos anos 70, são, nesse sentido, uma boa ilustração (Girandola, 2000). Eles explicitam o forte impacto dos *enquadramentos* negativos que dramatizam o conselho tanto no nível da narrativa quanto naquele da encenação visual ou no do léxico. Entretanto, o tratamento e a influência das mensagens expressivas carregadas emocionalmente dependeriam também dos *julgamentos metacognitivos* que fazem os sujeitos sobre a severidade da ameaça (consequências negativas previsíveis), sobre sua própria vulnerabilidade, sobre a eficácia das recomendações, bem como sobre sua própria autoeficácia. Assim, *o controle do medo* pode predominar sobre o *do perigo* e atingir um tratamento superficial e uma influência nula ou negativa, enquanto o inverso pode-se produzir quando é o controle do perigo que predomina (Leventhal *et alii*, 1984; Zanna e Rempel, 1988; Liberman e Chaiken, 1992).

Sintetizando, o estudo dos efeitos das sinalizações expressivas supostamente emocionais faz surgir uma combinação complexa de fatores linguageiros, próprios à mensagem e ao gênero discursivo (Chabrol e Camus, 1994), e fatores psicossociais, característicos dos sujeitos (motivações para a exatidão, para a defesa de si e de suas crenças, para a adaptação social). Chabrol (2000: 115-121) propõe considerar, com Charaudeau (2000a: 135-140), que os diferentes tipos de marcas "expressivas" semiolinguísticas introduzem uma dimensão figurativa que remeteria a uma "intenção patêmica", ou seja, a efeitos pretendidos de patemização. No entanto, seria principalmente com sujeitos interpretantes em situação efetiva de recepção que os efeitos de "patemização" poderiam ser definitivamente estabelecidos, uma vez que, ao contrário de uma tradição retórica que visa a um alvo passivo, particularmente no que se refere às dimensões afetivas dos discursos, todo tratamento textual parece depender bastante dos conhecimentos – os discursivos incluídos –, das representações do mundo e de si, bem como das expectativas dos sujeitos (relevância, implicação, interesse das tarefas propostas e das situações problematizadas), sem falar de seu humor.

C. C. (S. N. G.-S.)

II. EM CIÊNCIAS DA LINGUAGEM

Os estudos lexicais sobre a delimitação do campo léxico-semântico dos termos de emoção e a natureza dos traços primitivos que o estruturam instigam a investigação das emoções de base. Para precisar a *natureza da emoção* que circula em um discurso ou em uma interação, a análise de discurso pode apoiar-se sobre as emoções nomeadas e sobre os traços elementares (ou "patemas") que criam **orientações emocionais** mais sutis. Essas orientações se organizam segundo um sistema de *eixos*, fato bem delineado na retórica do pathos* e na pesquisa em psicologia sobre o componente de avaliação cognitiva dos eventos agentes de emoção (Scherer, 1984/1993: 107). Esse componente determina a qualidade emocional do evento que afeta o sujeito em função de seu caráter mais ou menos previsível, agradável, de sua origem, de sua distância, das possibilidades de controle, das normas e valores do ser afetado etc. (ibid.: 115).

O estudo da sintaxe dos enunciados de emoção é contemplado em diferentes perspectivas teóricas. *A gramática clássica,* por exemplo, associa os fenômenos de deslocamento do enunciado às teses clássicas sobre a função pertubadora da emoção. Ao se referir a um modelo estímulo-resposta da emoção, *as teorias da Gramática gerativa e da Léxico-Gramática* distinguem o termo que designa o sujeito afetado – ou **Sede da Emoção** (lugar psicológico, "Experienciar") – e o **Detonador** da emoção (Agente, Causa). Tais teorias se interessam pela organização semanticossintática característica de enunciados organizados em torno de uma classe de verbos ditos "Verbos psicológicos" (Vψ) – "As partidas bruscas (Detonador) angustiam (Vy) Lucas (Sede)", em oposição a "Lucas adora as partidas bruscas" (cf. Gross, 1995: 70) – ou, de um modo geral, de enunciados que articulam um termo de sentimento a um lugar psicológico – "Pedro tem medo".

Do ponto de vista enunciativo e comunicacional, a determinação precisa da sede da emoção é complicada, por um lado, pelo problema de seu *estatuto enunciativo* (sujeito falante ou enunciador) e do *enquadramento dos mundos discursivos*, o que cria respostas emocionais (o locutor encena, a seu modo, as sensações de outros locutores-atores). Por outro lado, a noção de evento indutor deve ser ressituada no contexto dos *enredos* em que se engajam os atores emocionados e dos *estereótipos emocionais* associados a esse contexto (por exemplo, a situação de teste é acompanhada de uma gama de emoções previsíveis).

No nível discursivo, pragmático e comunicacional, o interesse se volta para a expressão, a comunicação e a interação das emoções, estudadas em *corpora** (registros em áudio ou vídeo, transcrições de interações, textos) (Plantin, 1998; Plantin *et alii*, 2000). A pesquisa sobre as interações enfatiza as *emoções cotidianas* de fraca intensidade, opostas às grandes emoções. Interessa-se pela comunicação **emotiva** (intencional) e pela comunicação **emocional** (não intencional: a emoção desloca o discurso – ou o reestrutura). Esses estudos se originaram dos trabalhos de Buhler e de Bally, bem como da reflexão retórica sobre o pathos (Caffi e Janney, 1994). Todo discurso que exprime e comunica a emoção é heterogêneo. Por necessidades da análise, distinguem-se três parâmetros: a **recepção diagnóstica** da expressão emocional, sua **transmissão enfática** e sua **transmissão intencional**. (1) *A emoção é diagnosticada* segundo as regras de uma semiologia psicomédica ou popular. O diagnóstico pode apoiar-se sobre todos os "*outputs*" dos componentes fisiológicos e atitudinais (por exemplo, uma certa variação no estado cutâneo do sujeito é interpretada como indício de que ele se encontra sob o domínio de um certo estado emocional), como também sobre todos os componentes verbais e paraverbais (perda ou acréscimo de controle sobre a organização da fala; registros vocais específicos; organização particular da esfera mímico-postural-gestual...). (2) *A emoção é comunicada por empatia*, ou seja, por identificação corporal à pessoa emocionada (Cosnier, 1994: 86). Supõe-se que o analista dominaria esses fenômenos. (3) *A emoção é comunicada segundo diversos códigos semiológicos*. Entre todos os fenômenos precedentes, pelo menos todos aqueles que tocam a esfera mímico-postural-gestual são suscetíveis de estereotipização e de sistematização, o que os insere em um **código** culturalmente determinado e os torna capazes de funcionar em uma comunicação intencional reconhecida como tal pelo interlocutor (não se exprime a tristeza nos países anglo-saxônicos como nos países do mediterrâneo). A emoção expressa faz parte do sentido comunicado ("Aaah! Legal! Que vitória! Que felicidade! Eu me orgulho da tua nomeação + sorriso, voz estridente, rosto aberto, olhos dilatados, braço e torso projetados para a frente"). Assim interpretada, a emoção pode separar-se da emoção que é efetivamente sentida, tornando-se hipocrisia ou **simulação emocional**. Entretanto, a lei de redução da dissonância emocional faz com que seja sempre menos cansativo sentir, efetivamente, aquilo que é manifestado.

ver **argumentação, pathos, retórica**

C. P. (S. N. G.-S.)

Em análise de discurso, a questão que se coloca é saber que relações mantêm entre si "emoção" e "razão". Desse ponto de vista, "as posições adotadas pelos analistas do discurso consistem em descrever e explicar o funcionamento dos elementos emocionais no discurso de caráter persuasivo sem pretender oferecer critérios de avaliação. Recusando uma teoria da emoção como tormento e desordem, a análise da argumentação no discurso parte do princípio de que uma relação estreita – atestada, aliás, em outras ciências humanas [...] – associa a emoção à racionalidade (Amossy, 2000: 169). Nessa direção, Parret afirma que "as emoções são julgamentos", se se adota uma "concepção *avaliadora* e *cognitiva* do julgamento" (1986: 142); Boudon propõe que "a lógica dos sentimentos morais" repousa sempre sobre "um sistema de razões sólidas" (1994: 30); Charaudeau insere as emoções nos saberes de crença, "saberes polarizados em torno de valores socialmente constituídos" (2000: 131). Para esse autor, as emoções são *intencionais* na medida em que elas "se manifestam em um sujeito, 'a propósito' de alguma coisa que ele representa para si mesmo" (ibid.: 130), e, ao mesmo tempo, que se inscrevem "em uma problemática da *representação*" (ibid.: 132).

ver **conhecimento/crença (saber de –), representação social**

P. C. (S. N. G.-S.)

endófora/exófora – Respectivamente do grego *endor* – "no interior" – e *exo* – "no exterior", e *phorein* – "levar, transportar" –, os termos **endófora** e **exófora** foram forjados por Halliday e Hasan (1976). A relação endofórica corresponde àquela identificada comumente sob a nomeação *anáfora* textual*. Mais especificamente, o termo *endófora* se oferece como hiperônimo para as expressões *anáfora* e *catáfora**. Por essa razão, fala-se de *endófora anafórica* se a ancoragem referencial se opera em relação a um antecedente, e de *endófora catafórica* se ela se orienta na direção de uma sequência subsequente no cotexto*. A relação exofórica equivale, por sua vez, àquela de *anáfora cognitiva*. Fraser e Joly (1979) dividem a exófora em *exófora in praesentia* e *exófora in absentia*, conforme a remissão se opere em direção a um elemento da situação extralinguística presente no momento da interação – "Eu te trouxe *o* livro" (o locutor tem o livro nas mãos) – ou se apoie sobre a proeminência de um dado da memória – "*Essa* situação me incomoda" (o locutor pensa em uma situação específica diferente da que constitui seu presente imediato).

No uso dos linguistas, os termos *endófora* e *exófora* são pouco usados e foram preteridos em favor de *anáfora*, conceito que acumula o emprego dos dois anteriores.

ver **anáfora, catáfora, cadeia de referência, reformulação**

G. P. (S. N. G.-S.)

ênfase – Essa noção interessa à análise do discurso de dois modos bastante diferentes: por um lado, na tradição retórica*, como procedimento de *ornamentação* do discurso, que incide sobre o ethos do locutor; por outro lado, como família de operações sintáticas que têm por efeito *evidenciar* uma parte do enunciado.

Na tradição retórica retomada pela estilística escolar, a **ênfase** reúne um certo número de procedimentos (suspensão, perífrase, enumeração, epanortose, hipérbole*...) cuja associação provocaria no receptor o sentimento de que a linguagem é incapaz de exprimir determinados conteúdos: "Você está tão imbuído de seu objeto que lhe parece impossível transmiti-lo suficientemente ou mesmo dar uma ideia – que você domina de certo modo do que é ele para você? [...] Disso decorrem várias figuras cujo princípio, cujo caráter comum é a *Ênfase*" (Fontanier, 1968: 361). A ênfase implica inevitavelmente uma teatralização da atividade discursiva. Atualmente, "ênfase" é tomada com frequência em um sentido levemente pejorativo.

Em sintaxe, "ênfase" designa tipos de construção pelos quais o enunciador seleciona um constituinte para colocá-lo em evidência. Em francês [português], isso inclui sobretudo a topicalização do constituinte, enquadrado por "é... quem/que" ("É o João quem vem") e a *separação* (ou *deslocamento*) à esquerda ou à direita, com retomada pronominal ("Ele vem, o João", "João, ele vem"). Entretanto, a explicitação pode operar-se, simplesmente, destacando um termo na oralidade ("*João* vem"). A consideração desses fenômenos pode ser preciosa para a análise do discurso. Courtine (1981: 79) explorou, assim, os efeitos de sentido ligados às estruturas. "É X quem P; Quem é P é X; X é quem é P": "É disto e não de outra coisa que eu falo"; "É isto que eu quero dizer quando uso esse termo".

Tanto em um caso como em outro, a ênfase não se constitui em uma categoria com estatuto bastante especificado. Ela permite tão-somente agrupar fenômenos com efeitos próximos.

ver **focalização, pressuposto, tema/rema, tropo**

D. M. (S. N. G.-S.)

enquadramento – Bastante polissêmica, essa expressão metafórica é bem anterior à arte da fotografia à qual, entretanto, ela faz referência.

Em filosofia e em sociologia

Foi inicialmente no campo da filosofia e depois no da sociologia que surgiram as reflexões sobre os "mundos" ou sobre as "realidades múltiplas". O sociólogo interacionista Goffman faz a síntese dessa tradição e propõe sua própria definição de "quadros da experiência": "Defendo que toda definição de situação é construída segundo princípios de organização que estruturam os acontecimentos – ao menos os que têm um caráter social – e nosso próprio engajamento subjetivo. O termo "quadro" designa esses elementos de base. A expressão "análise dos quadros" é, desse ponto de vista, uma palavra de ordem para o estudo da organização da experiência" (Goffman, 1991: 19). Longe de outorgar ao ator o poder de construir seus quadros, Goffman os constitui como resultado de uma herança social que impõe – ao menos parcialmente – um modo de interpretação de nossas experiências.

Em análise do discurso

Encontram-se pelo menos três empregos diferentes dos termos *quadro* ou *enquadramento*.

O mais corrente é também o menos preciso. Fala-se, então, de *enquadramento incidental* para designar a maior ou menor valorização ou dissimulação de certos "dados" pelos locutores. Todos os estudos comparados de imprensa abordam essa questão que, evidentemente, vai ao encontro das pretensões de objetividade de algumas mídias (Bonnafous, 1991, Koren, 1996 etc.). Maingueneau fala de "quadro cênico" para definir o "espaço estável no interior do qual o enunciado produz sentido, o do tipo e do gênero de discurso" (1998b: 70). Para o discurso televisivo, o Centro de Análise do Discurso da Universidade de Paris XIII distingue *quadro situacional* e *quadro discursivo* (Lochard e Soulages, 1998: 80). Em quaisquer casos, trata-se de localizar as coerções sócio e ideologicamente determinadas que organizam tanto a produção quanto a recepção dos enunciados.

O segundo emprego inscreve-se, sobretudo, no quadro dos estudos de recepção e do público e remete expressamente a Goffman e a sua noçao de *quadro" participativo*. Desse modo, Livingstone e Lunt consideram que cada produção televisiva propõe seus *quadros participativos* e que a mesma emissão pode ser assimilada segundo vários quadros de participação. "A modificação do quadro de participação afeta a natureza das trocas comunicativas atingindo os direitos dos participantes em questão, atribuindo-lhes a responsabilidade de agir de tal ou tal maneira em função de um conjunto específico de critérios avaliativos. Ela afeta, assim, a totalidade das gratificações que se pode extrair da emissão, e, em última instância, a natureza do processo social do qual a emissão faz parte" (Livingstone e Lunt, 1993: 155).

O terceiro emprego advém das análises argumentativas. Origina-se na distinção realizada por Perelman e Olbrechts-Tyteca entre "ponto de partida da argumentação" e "técnicas argumentativas" propriamente ditas. Para esses dois autores, fundadores da renovação dos estudos retóricos*, o acordo sobre os valores e os lugares, a seleção dos dados e sua apresentação são "uma preparação para o raciocínio que, mais do que uma colocação dos elementos, já constitui um primeiro passo em sua utilização persuasiva" (Perelman e Olbrechts-Tyteca, 1970: 87). É essa distinção que foi recentemente retomada por Breton com a noção de "duplo movimento argumentativo": "Observaremos que essas duas operações são ao mesmo tempo indispensáveis uma à outra e obrigatoriamente sucessivas: inicialmente, 'enquadra-se', em seguida, 'associa-se'" (Breton, 1996: 43). Encontram-se diferentes ilustrações das técnicas de *enquadramento* e *reenquadramento* em Breton (1997), Doury (1997) e Bonnafous (1998). Apesar das análises muito semelhantes das técnicas de definição, de apresentação e de associação-dissociação, esses três autores discordam na noção de manipulação. Para Breton, haveria "enquadramentos manipuladores", "enganosos" ou "abusivos" (Breton, 1997: 107 ss.), enquanto Bonnafous e Doury recusam ao pesquisador essa postura normativa – que supõe uma definição prévia do "bom" enquadramento – e preferem permanecer numa descrição pura, deixando ao público o cuidado de distinguir, em função de seus próprios quadros de percepção, o enquadramento argumentativo de um manipulador. Essa divergência explica a diferença terminológica entre os dois comentários que fazem Bonnafous e Breton sobre a mesma entrevista de Jean-Marie Le Pen.

De qualquer maneira, esse debate tem o mérito de demonstrar que, quaisquer que sejam os empregos das noções de quadro e de enquadramento em análise do discurso – e observa-se que são bastante numerosos –, a referência, ao menos implícita, às teses goffmanianas – e antes dele às de Bateson ou de Watzlawick – nunca está muito distante.

ver **argumentação, quadro participativo**

S. B. (F. C. K.)

entimema – A palavra **entimema**, emprestada do grego, pertence à teoria da argumentação retórica* e é empregada em dois sentidos diferentes para designar duas formas particulares de discurso silogísticos.

Por um lado, o entimema é definido como um *silogismo* fundado sobre premissas não seguras, mas somente prováveis*: "As mães comumente amam seus filhos; Maria é a mãe de Paula, então, Maria ama Paula". Na sistemática aristotélica, em que se considera que as exigências do discurso retórico são incompatíveis com o exercício da inferência* científica, essa última é substituída pela inferência retórica. À dedução silogística corresponde o **entitema**, e à indução, o **exemplo**.

Em um outro sentido, que não é aristotélico, o entitema foi definido como um silogismo em que é omitida uma premissa ("Os homens são falíveis, você é falível" ou "Você é homem, você é falível") ou a conclusão ("Os homens são falíveis, e você é um homem!"). O entitema como silogismo truncado conviria à retórica, uma vez que seria menos pedante que o silogismo completo. Sua utilização supõe que a premissa omitida seja *facilmente recuperada*. Outra razão é igualmente proposta: o entitema seria utilizado porque o auditório ordinário é composto por espíritos frágeis, incapazes de acompanhar um encadeamento silogístico em todo seu rigor. Essa segunda justificativa supõe que a premissa omitida é *muito difícil de ser recuperada*. Vê-se que essas duas justificativas são incompatíveis.

ver **dialética**

C. P. (S. N. G.-S.)

enunciação – "**Enunciação**" é um termo antigo em filosofia, embora tenha sido empregado sistematicamente, em linguística, apenas a partir de Bally (1932). A enunciação constitui o pivô da relação entre a língua e o mundo: por um lado, permite representar fatos no enunciado, mas, por outro, constitui por si mesma um fato, um acontecimento único definido no tempo e no espaço. Faz-se geralmente referência à definição de Benveniste (1974: 80), que toma a enunciação como "a colocação em funcionamento da língua por um ato individual de utilização", que o autor opõe a **enunciado***, o ato distinguindo-se de seu produto. Essa definição, entretanto, submete-se a variações significativas, segundo as teorias linguísticas que a mobilizam.

Diferentemente de muitas pesquisas ligadas às correntes pragmáticas*, as problemáticas da enunciação são originalmente questão de *linguistas* e, mais precisamente, de linguistas da *Europa continental*, preocupados antes de tudo em analisar *fatos de língua*. A reflexão sobre enunciação pôs em evidência a dimensão *reflexiva* da atividade linguística: o enunciado só faz referência ao mundo na medida em que reflete o ato de enunciação que o sustenta. Assim, as pessoas e o tempo do enunciado são selecionados em relação a sua situação* de *enunciação*; desse modo, o enunciado possui o valor ilocutório* que ele "mostra" por meio de sua enunciação.

ENTRE LÍNGUA E DISCURSO

A concepção que se tem de enunciação oscila entre uma concepção *discursiva* e uma concepção *linguística*. Se insistimos na ideia da enunciação como acontecimento em um tipo de contexto e apreendido na multiplicidade de suas dimensões sociais e psicológicas, operamos primordialmente na dimensão do *discurso*. Mas a enunciação pode também ser considerada, em um âmbito estritamente *linguístico*, como um conjunto de operações constitutivas de um enunciado, "o conjunto de atos que o sujeito falante efetua para construir, no enunciado, um conjunto de representações comunicáveis" (Relprend, 1990: 792).

Haveria sem dúvida vantagem, para maior clareza, em distinguir **situação de enunciação e situação* de comunicação**. A primeira seria um sistema de coordenadas abstratas, associadas a toda produção verbal; a segunda seria o contexto efetivo de um discurso. Essa distinção não recobre a distinção entre o geral e o particular: existem invariantes na situação de comunicação.

A definição benvenistiana da enunciação privilegia o polo do enunciador, mas isso não deve fazer esquecer que a enunciação é uma *coenunciação*, que ela é fundamentalmente "acomodação intersubjetiva" (Culioli, 1973: 87). Além disso, o indivíduo que produz o enunciado não é necessariamente a instância que *assume a responsabilidade* por ele, o que incita Ducrot (1984: 179) a definir a enunciação como "o evento constituído pela aparição de um enunciado", isto é, a considerá-la independentemente de qualquer autor.

Versão "restrita" e "ampla", "fraca" e "forte"

Os linguistas dividem-se entre uma abordagem "restrita" e uma "ampla" (Kerbrat-Orecchioni 1980) dos fenômenos relativos à enunciação. Tal distinção não deixa de recuperar a distinção entre as concepções "discursiva" e "linguística" da enunciação.

Na concepção "ampla", a linguística da enunciação "visa a descrever as relações que se tecem entre o enunciado e os diferentes elementos constitutivos do quadro enunciativo" (1980: 30); a linguística da enunciação tende, desse modo, a se imbricar com a análise do discurso.

Na concepção "restrita", "investigam-se os procedimentos linguísticos (*shifters*, modalizadores, termos avaliativos etc.) por meio dos quais o locutor imprime sua marca no enunciado, inscreve-se na mensagem (implícita ou explicitamente) e se situa em relação a ele (problema da 'distância enunciativa')" (1980: 32). Denominam-se frequentemente **marcas** ou **traços enunciativos** as unidades linguísticas que indicam a remissão do enunciado a sua enunciação: pronomes pessoais de primeira pessoa, desinências verbais, advérbios de tempo, adjetivos afetivos...

Essa distinção atravessa uma outra, entre uma concepção *fraca* – aquela de uma "linguística dos fenômenos de enunciação" – e uma versão *forte* – aquela referente a uma "linguística enunciativa". A primeira analisa um conjunto de fenômenos linguísticos (emprego das pessoas, dos tempos, dos modos, discurso citado etc.) sem que isso implique uma visão específica da linguagem. No caso da segunda, de que se ocupou principalmente a Escola de Culioli (1990, 1990a, b), "uma concepção enunciativa da linguagem consiste em sustentar que é na enunciação – e não em realidades abstratas pré-construídas como a língua ou a proposição – que se constituem essencialmente as determinações da linguagem humana" (Relpred, 1990: 792).

Enunciação e análise do discurso

Na perspectiva da análise do discurso, a consideração da enunciação é, evidentemente, central, tendo aparecido desde 1969 no número 13 da revista *Langages* ("*L'Analyse du discours*"), em que Dubois consagrou um artigo a "Enunciado e enunciação" (Dubois, 1969), embora o paradigma estruturalista ainda tenha continuado a dominar por algum tempo. Muito rapidamente, diversos tipos de fenômenos enunciativos foram estudados: em particular, os dêiticos pessoais e espaçotemporais (Guespin, 1976), o discurso citado, a polifonia, as aspas (Authier, 1981), a ponto de se terem tornado uma das características das pesquisas francófonas em análise do discurso. Mais precisamente, as problemáticas ligadas à enunciação são mobilizadas em dois níveis que interagem constantemente:

· O nível *local* das marcações de discurso citado, de reformulações, de modalidades etc., que permite confrontar diversos posicionamentos* ou caracterizar gêneros* de discurso.

· O nível *global*, em que se define o contexto no interior do qual se desenvolve o discurso. Nesse nível, pensa-se em termos de cena* de enunciação, de situação de comunicação, de gênero de discurso... Em se tratando da análise do discurso, não é possível, efetivamente, contentar-se com uma definição estritamente linguística da enunciação como colocação em funcionamento individual da língua.

Além disso, do ponto de vista da análise do discurso, a enunciação é fundamentalmente tomada no interdiscurso*: "A enunciação equivale a colocar fronteiras entre o que é 'selecionado' e, pouco a pouco, tornado preciso (através do que se constitui o 'universo de discurso') e o que é rejeitado. Desse modo se acha, pois, desenhado num espaço vazio o campo de 'tudo a que se opõe o que o sujeito disse'" (Pêcheux e Fuchs, 1975: 20).

ver **dialogismo, enunciador, interação, interdiscurso, polifonia, situação de comunicação**

D. M. (S. N. G.-S.)

enunciado – Termo também em uso na língua corrente, **enunciado** é empregado de modo bastante polissêmico em ciências da linguagem e só tem verdadeiramente sentido no interior das oposições em que o inserimos. Seus empregos se organizam segundo dois grandes eixos: seja em oposição à **enunciação*** – como o *produto* do ato de produção –, seja simplesmente como uma *sequência verbal* de extensão variável.

Em linguística

Empregado como termo primitivo, permite designar o equivalente inglês *utterance*, ou seja, os dados de que parte o linguista: "*Enunciado* é mais primitivo do que *palavra, frase, morfema* etc.; no sentido de que sua aplicação não repousa sobre definições técnicas ou sobre postulados da ciência linguística. Harris deu a seguinte definição de enunciado: "Toda parte do discurso, proferida por uma única pessoa, antes e depois da qual há silêncio da parte dessa pessoa [...]". Muitos enunciados são compostos de partes linguisticamente equivalentes a enunciados inteiros que figuram alhures" (Lyons, 1970: 132-133).

Do ponto de vista sintático, alguns opõem **enunciado** à **frase**. O *enunciado* é definido como a unidade de comunicação elementar, uma sequência verbal *investida de sentido e sintaticamente completa*; e a *frase*, como um tipo de *enunciado*, aquele que se organiza em torno de um verbo: "Leandro está doente", "Oh!", "Que mulher!", "Paulo!" seriam, todos, enunciados, embora apenas o primeiro poderia ser considerado uma *frase*.

Do ponto de vista pragmático, a *frase* é uma estrutura tomada fora do uso que corresponde a uma infinidade de *enunciados* em contexto: "Chama-se frequentemente *frase* uma sucessão de palavras organizada conforme a sintaxe, e *enunciado* a realização de uma frase em uma determinada situação. Nota-se, assim, que diferentes enunciados de uma frase têm, em geral, sentidos completamente diferentes" (Ducrot-Schaeffer 1995: 250). Aqui, *enunciado* torna-se um equivalente de **frase-ocorrência**. Nesse caso, associa-se frequentemente a *significação* à frase e o *sentido* ao *enunciado*.

ENUNCIADO E TEXTO

Em um nível transfrástico, o enunciado é considerado uma sequência verbal que forma um todo constitutivo de um determinado gênero* de discurso: um boletim meteorológico, um romance, um artigo de opinião, uma conversação etc. Trata-se de uma espécie de equivalente de **texto***.

No âmbito da linguística* textual, pode-se também opor **texto** a **enunciado**: "Um *enunciado*, no sentido de objeto material oral ou escrito, de objeto empírico, observável e descritível, não é o *texto*, objeto abstrato [...] que deve ser pensado no quadro de uma teoria (explicativa) de sua estrutura composicional" (Adam, 1992: 15).

EM ANÁLISE DO DISCURSO

Em análise de discurso francófona, a oposição estabelecida por Guespin entre **discurso*** e **enunciado** exerceu uma influência precisa: "O enunciado é a sucessão de frases emitidas entre dois brancos semânticos, duas pausas da comunicação; o discurso é o enunciado considerado do ponto de vista do mecanismo discursivo que o condiciona. Assim, olhar um texto sob a perspectiva de sua estruturação 'em língua' permite tomá-lo como um enunciado; um estudo linguístico das condições de produção desse texto possibilita considerá-lo um discurso" (1971:10).

Em "*A arqueologia do saber*", Foucault desenvolveu uma reflexão filosófica sobre o enunciado que interessa à análise do discurso: "O enunciado não é uma unidade do mesmo gênero que a frase, a proposição ou o ato de fala [...]. Em seu modo singular de existência (nem absolutamente linguístico nem exclusivamente material), ele é indispensável para que se possa dizer se há ou não frase, proposição, ato de fala, e para que se possa dizer se a frase é correta (ou aceitável, ou interpretável), se a proposição é legítima e bem formada, se o ato de fala está conforme os requisitos e se foi bem efetuado [...]. Trata-se de uma função de existência que pertence intrinsecamente aos signos e a partir da qual se pode decidir, em seguida, pela análise ou pela intuição, se eles "fazem sentido" ou não, segundo qual regra eles se sucedem ou se justapõem, de que eles são signo e qual espécie de ato de fala se efetua por sua formulação (oral ou escrita)" (1969b: 114-115).

Nas ciências da linguagem, os termos *enunciado*, *texto*, *discurso* dividem tradicionalmente o campo da designação das produções verbais. O desenvolvimento de uma linguística *textual* e de disciplinas que se ocupam do *discurso* teve por efeito relegar *enunciado* ao segundo plano. *Enunciado* tornou-se, assim, disponível para aqueles que têm necessidade de um termo que escapa do par *texto/discurso* ou que não querem recorrer à *frase*, como no caso particular da psicolinguística.

ver **discurso, enunciação, texto**

D. M. (S. N. G.-S.)

enunciador – Noção central para toda linguística e para toda análise do discurso que se inscreve em uma perspectiva enunciativa. Ela tem, entretanto, um valor instável, segundo as relações que mantém com noções próximas, como aquelas de locutor*, de sujeito* falante ou de ponto* de vista. Diferentemente de seu correlato, enunciação*, não é empregada nem por Bally nem mesmo por Benveniste. Foi Culioli quem lhe atribuiu o estatuto de um conceito, associando-a a coenunciador*.

Enunciador e subjetividade do falante

As dificuldades que a noção de **enunciador** suscita são inseparáveis daquelas suscitadas pelo que concerne à subjetividade falante. Existe efetivamente um certo número de estatutos ligados a essa subjetividade: sujeito produtor efetivo do enunciado, sujeito organizador do dizer, sujeito responsável pelo ato de fala, sujeito fonte do ponto de vista, sujeito ponto de origem das ancoragens dêiticas*, sujeito oposto a um outro sujeito na alteridade fundadora da troca linguística... *A priori*, pode-se conceber duas posições diametralmente opostas: aquela que consiste em remeter esses diversos estatutos a instâncias igualmente distintas, e aquela que os associa a uma única instância compacta, indiferentemente nomeada "locutor", "enunciador", "sujeito falante". Na realidade, os linguistas adotam posições intermediárias, que se distribuem entre esses dois polos.

A fórmula célebre de Benveniste (1966: 252) "*Eu* significa 'a pessoa que enuncia a instância presente de discurso que contém *eu*'" suscitou duas leituras distintas: (1) uma leitura que focaliza o referente desse *eu*; "enunciador" é empregado, assim, de maneira bastante frouxa como um equivalente de "locutor", para designar o produtor do enunciado, sem especificação suplementar; (2) uma leitura que apreende o enunciador unicamente como a instância – da qual *eu* é o traço – implicada pelo ato de enunciação (na medida mesma em que se realiza) e que não tem existência independentemente desse ato.

Essa distinção foi conceitualizada por Ducrot por meio do par **locutor-L/ locutor-λ**, que se inscreve, por sua vez, no tripé **sujeito falante/locutor/enunciador**: o locutor-L "é o responsável pela enunciação considerado somente na medida em que tem essa propriedade; o locutor-λ, por outro lado, é 'um ser do mundo', 'uma pessoa completa' que possui, entre outras propriedades, aquela de ser a origem do enunciado" (1984: 199). Essa dupla leitura da noção de enunciador é, ela própria, ligada à dupla leitura de "situação* de enunciação", que designa, segundo os autores, a situação* de comunicação ou um sistema de ancoragens abstrato.

ENUNCIADOS SEM ENUNCIADOR?

Essa primeira oscilação da noção de enunciador atravessa uma outra: pode-se considerar "o enunciador" a instância produtora do enunciado ou somente como um efeito de enunciado. Se admitimos a primeira perspectiva, não seria possível haver enunciado sem enunciador; se admitimos a segunda, nada impede que se fale de enunciado sem enunciador: há, em realidade, enunciados, e uma figura de enunciador neles se manifesta ou não, segundo a maneira como se manifesta o enunciado. É particularmente na reflexão narratológica que se verifica um debate recorrente sobre a possibilidade de definir as narrativas não embreadas*, sem marcas de subjetividade, como narrativas sem enunciador. Segundo Benveniste (1966: 241), nesse plano de enunciação, "ninguém fala", "os eventos parecem narrar-se por si mesmos". Para alguns (Banfield, 1995), nesse caso não há enunciador e esse tipo de enunciação não deve ser pensado por meio do modelo comunicacional usual. Quando existem marcas de subjetividade enunciativa, elas devem ser remetidas a um "centro dêitico" interno ao mundo narrativo.

PROBLEMAS DE RESPONSABILIDADE E DE PONTO DE VISTA

A categoria "enunciador" é igualmente considerada na problemática do tratamento da enunciação, da polifonia*. Nos casos não marcados, a mesma instância é, a um só tempo, ponto de referência dos elementos dêiticos (pessoais e espaçotemporais) e das modalizações*. Acontece frequentemente, entretanto, de o enunciador não se apresentar como o responsável por toda ou por parte de sua própria enunciação, de não "responder" por ela, no sentido jurídico. Assim, no discurso direto, as sequências citadas não são assumidas pelo enunciador do discurso citante.

Mais precisamente, é necessário distinguir dois casos: (1) aquele, como no discurso direto, em que as próprias palavras são atribuídas a uma outra instância; (2) aquele em que não são as palavras, mas somente o ponto* de vista que é atribuído a essa outra instância. Esse fenômeno levou Ducrot a introduzir uma acepção singular do termo "enunciador": "Chamo 'enunciadores' esses seres que se exprimiriam por meio da enunciação, sem que lhes sejam, entretanto, atribuídas palavras precisas; se eles 'falam', é unicamente no sentido de que a enunciação é vista como exprimindo seu ponto de vista, sua posição, sua atitude, mas não no sentido material do termo, suas palavras" (1984: 204). Tal noção, o autor a utiliza para analisar, por exemplo, a ironia*.

Essa noção de "ponto de vista" vem da narratologia, que pôs em evidência, nos textos narrativos, numerosos fenômenos linguísticos que "dizem respeito às relações entre um sujeito focalizador – na origem de um processo de percepção – e um objeto focalizado. [...] o ponto de vista corresponde à expressão de uma percepção que sempre associa, mais ou menos, processos perceptivos e processos mentais" (Rabatel, 1998: 9), sem que haja necessariamente menção explícita desse sujeito focalizador.

Enunciador e pessoas gramaticais

Assimila-se comumente o enunciador àquele que diz *eu*, que ocupa, na interlocução, o lugar de produtor físico do enunciado. Essa assimilação, entretanto, tende a suprimir uma distinção entre a situação de enunciação linguística – em que o enunciador é, por definição, o ponto de referência das coordenadas dêiticas do enunciado, bem como o responsável por ele – e a situação de interlocução, em que são definidos os lugares de produtor do enunciado, de destinatário e de delocutado (= daquilo de que fala o enunciado, para além dos enunciadores). Em geral, a posição de enunciador coincide com aquela de produtor do enunciado, embora haja casos de *eu* não ser empregado para fazer referência ao produtor. É o caso dos usos em que *eu* designa o coenunciador: empregos hipocorísticos ("Eu tenho belos olhos; eu sou uma gracinha"), polêmicos ("Eu não me misturo com qualquer um") etc.

Em análise do discurso

Em análise do discurso, o interesse não se volta para os sujeitos considerados independentemente das situações de comunicação. É, aliás, significativo que se fale de "enunciador" tanto para um enunciado elementar quanto para o conjunto de um texto que emerge de um determinado gênero de discurso. Os enunciados elementares de que se ocupa o linguista são efetivamente componentes de um texto que emerge de um gênero* e de um tipo* de discurso. A complexidade da cena* de enunciação deve ser, nesse caso, considerada. Quando, por exemplo, um advogado faz uma defesa com um ethos* profético, seu *eu* não apenas marca a coincidência entre o enunciador linguístico e o sujeito do enunciado, mas também designa um advogado que defende (papel* ligado ao gênero de discurso) e um profeta (cena de fala instituída por essa enunciação singular). Ora, essas diversas instâncias não são disjuntas, são como facetas de uma mesma entidade. Falar do "enunciador", nesse caso, é, portanto, fazer referência, ao mesmo tempo, a uma instância da situação de enunciação linguística, a uma instância ligada ao gênero de discurso e, eventualmente, a uma instância ligada à cena de fala instituída pelo próprio discurso. Para o analista do discurso, toda a dificuldade reside, desse modo, na articulação entre plano linguístico e plano textual, sendo os dois regulados pelas coerções discursivas.

D. M. (S. N. G.-S.)

Em uma perspectiva comunicativa da análise do discurso, alguns autores distinguem, claramente, um enunciador interno ao dito e um locutor externo ao dito. É o caso de Charaudeau, que propõe um modelo de comunicação com dois espaços e quatro sujeitos do discurso: um *espaço externo* que corresponde aos dados da situação de comunicação (nível situacional*) e um *espaço interno* que corresponde à discursivização enunciativa (nível discursivo*). Esses dois espaços se determinam reciprocamente. No espaço externo se encontram os parceiros do ato de comunicação, chamados *sujeito comunicante* e *sujeito interpretante*; no espaço interno, os protagonistas da cena enunciativa chamados *sujeito enunciante* (ou enunciador) e *sujeito destinatário* (Charaudeau, 1988c, e).

O termo **sujeito enunciante** (ou enunciador) designa o ser de fala (ou de enunciação) construído pelo ato de enunciação do sujeito* comunicante. Trata-se, assim, do sujeito que se encontra no espaço interno inscrito na "encenação do dizer" (1988c: 75). Ele constitui, de algum modo, a identidade enunciativa que o sujeito comunicante dá a si mesmo. Essa identidade será diferente segundo o ou os papéis que ele é levado a assumir em função das coerções da situação e dos propósitos estratégicos do sujeito comunicante. Assim, o exemplo de uma pessoa que entra em uma lanchonete e diz "Tem guaraná?" será analisado do seguinte modo: (1) A pessoa que entra em uma lanchonete para consumir uma bebida se institui, ao mesmo tempo, como "sujeito comunicante-consumidor", e esse dispõe de diversas possibilidades de expressão para fazer o pedido. (2) Ao escolher esse "Tem guaraná?" ele se institui como "sujeito enunciante (enunciador)-questionador", ou seja, interpela seu interlocutor e lhe transmite uma "demanda de dizer". (3) A essa demanda de dizer, o atendente da lanchonete poderia responder com *sim* ou *não*, mas, pelo fato de reconhecer seu interlocutor como um cliente, interpreta a pergunta como uma "demanda de fazer", o que, aliás, o leva a servir um guaraná até mesmo sem responder (sem qualquer polidez). Pode-se dizer que, aqui, o enunciador se apresenta como um simples "questionador" que mascara um "ordenador de ato", construindo assim uma imagem "ingênua" do sujeito comunicante.

P. C. (S. N. G.-S.)

Tende-se a empregar preferencialmente a categoria "enunciador" para designar uma instância ligada à situação construída pelo discurso, não a uma instância de produção verbal "de carne e osso". Entretanto, essa distinção de empregos ainda não está fixada. De todo modo, o enunciador não deve ser apreendido como um ponto fixo e compacto que seria um simples suporte para o dizer: o enunciador é, a um mesmo tempo, a condição e o efeito da enunciação. Existe aí um paradoxo constitutivo, tornado, no entanto, possível pelo fato do discurso ser um *processo* de sustentação recíproca entre o dizer e as condições desse dizer.

ver **cena de enunciação, coenunciador, emissor, enunciação, locutor, polifonia, ponto de vista, situação de comunicação**

D. M. e P. C. (S. N. G.-S.)

epitexto – ver **paratexto**

erística – O adjetivo **erístico(a)** significa em grego "que ama a disputa, a discussão, a controvérsia". Na teoria aristotélica, designa uma forma não válida de silogismo*, que peca, ao mesmo tempo, por suas premissas – que são apenas aparentemente prováveis (elas não podem ser seriamente sustentadas), e por seu modo de dedução errôneo. A palavra, adjetivo ou substantivo, é sinônimo de **sofística***.

A noção de silogismo erístico completa a grade de *caracterização lógica dos discursos* segundo a qualidade tanto de suas premissas (verdadeiras ou falsas) quanto do encadeamento que as une (lógico ou tópico). A tabela a seguir pode facilitar a visão de conjunto dessa "lógica do discurso" (ver Brunschwig, 1967: XXXVI):

Designação do discurso	Qualidade das premissas	Qualidade do encadeamento	Qualidade da conclusão	Qualidade do discurso
Silogismo válido	verdadeiras	lógico (válido)	verdadeira	demonstrativo
Paralogismo	verdadeiras	aparentemente lógico	falsa	fracassa em ser demonstrativo
Silogismo dialético	plausíveis (endoxais)	tópico	plausível	argumentativo
Silogismo erístico	falsas, não plausíveis	aparentemente tópico	falsa, não verossímil	falsamente argumentativo

ver **dialética, paralogismo, sofisma, silogismo**

C. P. (S. N. G.-S.)

Escola Francesa de Análise do Discurso – O rótulo "Escola Francesa" permite designar a corrente da análise do discurso dominante na França nos anos 60 e 70. Surgido na metade dos anos 60, esse conjunto de pesquisas foi consagrado em 1969 com a publicação do número 13 da revista *Langages*, intitulado "A Análise do discurso" e com o livro *Análise automática do discurso* de Pêcheux (1938-1983), autor mais representativo dessa corrente. Essa problemática não permaneceu restrita ao quadro francês; ela emigrou para outros países, sobretudo para os francófonos e para os de língua latina. O núcleo dessas pesquisas foi o estudo do discurso político conduzido por linguistas e historiadores com uma metodologia que associava a linguística estrutural a uma "teoria da ideologia", simultaneamente inspirada na releitura da obra de Marx pelo filósofo Louis Althusser e na psicanálise de Lacan. Tratava-se de pensar a relação entre o ideológico e o linguístico, evitando, ao mesmo tempo, reduzir o discurso à análise da língua e dissolver o discursivo no ideológico (para uma síntese, Sarfati, 1997: cap. 5).

DUAS ABORDAGENS

Denunciando a ilusão que teria o Sujeito do discurso de ser "a fonte do sentido", a Escola francesa privilegiava os procedimentos que *desestruturam os textos*. Tratava-se de fazer o texto parecer uma plenitude enganadora cuja análise devia revelar a "incoerência" fundamental, relacionando-a ao "trabalho" de forças inconscientes. Pôde-se caracterizar a conduta dessa escola como reveladora de uma **abordagem analítica*** do discurso (Maingueneau, 1991: 26), que, bastante influenciada pelo modelo psicanalítico, descompôs as totalidades para atingir o sentido. Conduta que se opõe à **abordagem integradora*** comumentemente praticada em análise do discurso, que visa a articular o discurso como uma rede de encadeamentos intratextuais e como participação em um dispositivo de fala inscrito em um lugar.

AS "TENDÊNCIAS FRANCESAS"

A partir dos anos 80, essa corrente foi progressivamente marginalizada. Não se pode mais falar em "Escola francesa"; existem, indubitavelmente, **tendências francesas** (Maingueneau, 1991, nova edição em francês em 1997: 24; ver também Sarfati, 1997) da análise do discurso, que podem-se caracterizar por: (1) interesse por *corpora* relativamente restritos (diferentemente dos estudos sobre a conversação), e mesmo por *corpora* que apresentam um interesse histórico; (2) preocupação de não mais se interessar somente pela *função discursiva* das unidades, mas pelas suas propriedades *como unidades da língua;* (3) relação privilegiada com as teorias da *enunciação** linguística; (4) importância que elas concedem ao *interdiscurso**; (5) reflexão sobre os modos de inscrição do *Sujeito* em seu discurso.

ver **análise do discurso, ideologia, materialidade discursiva**

D. M. (R. L. B.)

escrito/oral – Essa distinção é uma das mais importantes em análise do discurso, já que ela diferencia *a priori* todos os *corpora* possíveis. Longe de ser unívoca, ela se encontra no ponto de convergência de múltiplas problemáticas.

I. Noções instáveis
Algumas oposições

Quando se fala comumente de **oral** e de **escrito**, misturam-se, de maneira instável, diversos eixos que atuam constantemente e que convém que sejam distinguidos:

· *Uma oposição entre enunciados* que passam pelo **canal oral** – as ondas sonoras – e enunciados que passam pelo **canal gráfico**. Esse último permite estocar informações, transportando-as através do tempo e do espaço. Também possibilita a inserção da linguagem no domínio do visual e, portanto, o estudo dos enunciados independentemente de seu contexto, bem como sua manipulação. Essa distinção plurimilenar é, hoje, relativizada pela digitalização generalizada das informações, tendo isso sido possibilitado pela aparição das mídias audiovisuais (cinema, televisão) e dos registros sonoros, que permitiram não restringir a conservação dos enunciados unicamente pelo código gráfico.

· *Uma oposição entre enunciados dependentes e enunciados independentes do contexto não verbal*, que recobre, de modo amplo, a oposição entre as situações dialogal* e monologal*. Em uma troca *oral*, os dois parceiros não podem apreender globalmente seu enunciado ou recuar, estando sempre sob ameaça de interrupção. Seus propósitos são acompanhados de mímicas, de índices paraverbais*. Quanto a sua sintaxe, além de ser repleta de elipses, de redundâncias, obedece a um funcionamento específico, para o qual as categorias tradicionais da gramática da frase, simples ou complexa, mostram-se insuficientes. Nessa direção, alguns falam de **macrossintaxe** (em quadros teóricos distintos: Berrendonner, 1990a; Blanche-Benveniste, 1997). Inversamente, um enunciado *independente do contexto* tende a se voltar mais sobre si mesmo e pode construir um jogo de referências intratextual. A subordinação sintática, nesse caso, expande-se com um máximo de rigor.

Essa dupla oposição permite entrecruzamentos. Um enunciado que passa pelo canal *oral* pode muito bem apresentar-se como *independente do contexto*: ofício religioso, telejornal, cursos ou conferências etc., em que o auditório* não pode intervir. Existem mesmo trocas orais em que os interactantes* falam "livrescamente", com um **estilo escrito**. Por outro lado, um enunciado *gráfico* pode ser concebido como *independente do contexto*, mas fingir que apresenta as características de um enunciado *dependente do contexto*: pode-se citar aqueles romances (cf. San Antonio ou Céline) plasmados na tensão entre o **estilo falado** de sua enunciação e um modo de recepção próprio à leitura literária. A narração literária desenvolveu técnicas específicas (monólogo interior, discurso indireto livre, narrador-testemunha...) para representar esse "falado". Todavia, isso não diz respeito somente à literatura. A imprensa contemporânea, cada vez mais preocupada em reconstituir o vivido individual, faz um significativo uso de formas híbridas de discurso* citado e de marcadores (partículas como "pois é", "ah sim"..., construções deslocadas etc.) que funcionam, assim, como sinais de estilo falado (Tuomarla, 1999). Face às ambiguidades das oposições comuns entre "oral" e "escrito", "língua oral" e "língua escrita", Charaudeau, por sua vez, propõe distinguir o canal de comunicação, em que se opõem **oral/gráfico**, da situação material de comunicação, conforme a possibilidade ou não de tomada de turno pelo interlocutor: **situação de interlocução/situação de monolocução** (1992: 111-113).

· *Uma oposição entre os dois polos* da produção verbal de uma sociedade. De um lado, os enunciados estabilizados – sejam orais ou gráficos – que emergem de gêneros ritualizados: os participantes têm, nesse caso, um estatuto fortemente determinado (escritores, padres, políticos...) e seus enunciados uma forte carga simbólica para a coletividade. A esse propósito, Maingueneau fala de enunciados **inscritos** (1993: 87), destinados a serem conservados e retomados de diversas maneiras. De outro lado, o polo das trocas espontâneas, cotidianas. Essa distinção coincide com a feita pelos sociolinguistas entre **variedade alta** e **variedade baixa** de uma língua (Ferguson, 1959). A variedade *alta*, relativamente estável, é utilizada pelas comunicações escritas e orais formais, sendo objeto de uma aprendizagem escolar; a variedade *baixa*, mais instável, é usada essencialmente em situação oral.

· *Uma oposição antropológica de ordem sociocognitiva*, ilustrada por trabalhos como os de Goody (1979): a escritura não é apenas uma representação da fala. Sua ascensão criou um *novo regime de pensamento*. Projetando-se em um espaço bidimensional, ela se torna capaz, por exemplo, de constituir quadros ou listas, condição de um novo regime de saber. Problemática expandida, hoje, por todos os trabalhos sobre a história da gramática (Auroux, 1994) ou, na perspectiva da midialogia*, sobre as novas tecnologias audiovisuais e de informação (Levy, 1990; Debray, 1992).

Em análise do discurso

Para um analista do discurso, a distinção oral/escrito não é operatória em si mesma, devendo ser constantemente repensada *em função dos gêneros* de discurso considerados*. Os trabalhos de Zumthor sobre a literatura medieval, por exemplo, mostraram que não se poderia pensar na recitação "oral" considerando uma oposição oral/escrito marcada pelo regime do impresso (Zumthor, 1983). A oralidade da televisão ou do rádio é uma forma de escritura, dado que pode ser registrada, armazenada e receber tratamentos diversos. Na época clássica, o escrito ainda mantinha relações bastante complexas com a palavra viva, já que o dispositivo retórico dominava o conjunto de enunciados produzidos em situação formal. É necessário então levar em conta, ao mesmo tempo, condições midialógicas* de cada época, bem como coerções específicas de cada gênero.

Finalmente, há que se considerar que a análise do discurso, mesmo quando estuda produções orais, deve *transcrevê-las*, convertendo-as em escrita. Coloca-se assim a questão do sistema de transcrição conveniente, que varia conforme os objetivos da pesquisa: da transcrição ortográfica usual aos sistemas que consideram os fenômenos paraverbais* e não verbais.

D. M. (S. N. G.-S.)

II. Do ponto de vista histórico

O par **oral/escrito** leva a refletir sobre *a historicidade das línguas e dos discursos*: o escrito aparece como uma fonte que cada sociedade alfabetizada aprendeu a explorar explorando-o. Vachek (1988) considerou que, em um primeiro estágio, o escrito representava o oral, antes de se tornar autônomo. Hoje, o foco volta-se para as *descontinuidades* segundo os gêneros de discurso. Oral e escrito são, por exemplo, mais próximos no uso epistolar: o modelo formal e cerimonial do escrito foi inicialmente abandonado pelos aristocratas no século XVIII (Chartier, ed., 1991) antes de atingir as camadas populares um século mais tarde (Moreux e Bruneton in Fabre, ed., 1997). Os usos continuam a se distanciar na escrita científica (Biber, 1988; Kocourek, 1991; Licoppe, 1996). Cabe assinalar, aliás, a influência que pode exercer sobre o oral uma língua elaborada pouco a pouco para a comunicação gráfica. Do ponto de vista histórico, a contribuição própria da análise de discurso consiste em contemplar essa dinâmica dos discursos orais e dos discursos escritos, remetendo-a a uma "situação".

As análises concretas referiram-se, inicialmente, à história social da escrita. Elas se desenvolveram paralelamente aos trabalhos que focalizavam longos intervalos de tempo (história dos ritmos de alfabetização, de que se ocuparam Furet e Ozouf [1977], ou história da assinatura, desenvolvida por Fraenkel [1992]). A alternativa que se delineou, a partir dos anos 70, a propósito da Revolução Francesa, permite assinalar as diferenças: Balibar (1985) opõe, desse modo, a Furet e Ozouf, uma abordagem da gramaticalização das populações que considera dimensões institucionais — os decretos revolucionários, a escola da Terceira República — e práticas políticas — a aprendizagem do francês nas sociedades populares. Em uma direção similar, podemos nos interessar pela autoridade* do escrito em relação à divisão das línguas. Ao se impor, o francês nacional escrito dos revolucionários redefiniu efetivamente o lugar e o sentido das línguas locais, a partir de então confinadas às margens (arcaicas ou afetivas) de uma sociedade (para uma síntese, ver Schlieben-Lange, 1996). A análise pode ainda voltar-se para os sujeitos que se apropriam do escrito: Branca-Rosoff e Schneider (1994) retraçam a inserção, durante a Revolução, dos pouco letrados na cultura escrita.

O estudo da consciência linguística em sua relação com a escrita desenvolveu-se rapidamente, o que ocasionou consequências para o próprio modo de pensar o objeto *língua*. Historiadores das ideias linguísticas como Collinot e Mazière (1997) tratam das representações da língua elaboradas pelos lexicógrafos como discursos que, uma vez reconhecidos como científicos, remetem à sua inscrição histórico-discursiva. Tais descrições, estabilizadas e descontextualizadas por sua inscrição em um livro, lhes aparecem como constitutivas do que denominamos hoje uma "língua", do que decorre a conclusão radical a que chega Auroux (1998) ao renunciar à existência de línguas (no sentido saussuriano) e propor como dado empírico a noção de **hiperlíngua** ("um espaço [...] definido pela comunicação, pela interação de indivíduos que possuem competências linguísticas diversificadas"). As instituições, os acontecimentos e os sujeitos são, assim, elementos históricos essenciais, os únicos suscetíveis de apresentar uma certa estabilidade.

Finalmente, do ponto de vista histórico, o escrito supõe técnicas de edição. A questão das normas gráficas separa os editores de *textos antigos* – que se dirigem a especialistas – e os editores de *textos modernos* – que visam a um público leitor mais amplo e modernizam a ortografia, privilegiando a legibilidade em detrimento da fidelidade. A pontuação*, a paragrafação ou a paginação são dispositivos mais determinantes, uma vez que modificam a interpretação dos textos. Eles ocupam a cena principal no trabalho teórico de Meschonnic (1982), de Arabyan (1994) ou de Cristin (1995).

ver **autor, canal (de transmissão), contexto, conversação, diálogo, ethos, gestualidade, midialogia, prosódia**

S. B.-R. (S. N. G.-S.)

espaço discursivo – ver **campo discursivo**

especialidade (discurso de –/língua de –) – A denominação **língua(s) de especialidade** foi tomada emprestada do germanista Muller (1975) e definida por Galisson e Costew (1976: 511) como uma "expressão genérica para designar as línguas utilizadas em situações* de comunicação (orais ou escritas) que implicam a transmissão de uma informação relativa a um campo de experiência particular". Essa lexia* denominativa é considerada tanto como um includente quanto como um equivalente de *línguas técnicas e científicas.*

Para os terminólogos, a especialização se estabelece a partir de elementos ligados à situação de comunicação: "ligamos, à expressão 'língua de especialidade' qualquer produção linguageira realizada por um especialista no meio profissional, sobre o tema de sua especialidade" (Humbley e Candel, 1994: 133). Assim são excluídas dessa categoria as práticas linguageiras relacionadas a campos de experiência não profissionais, tais como a caça, os esportes, as atividades sindicais ou políticas, abordadas por Galisson e Coste (1976).

Os defensores de uma língua de especialidade podem invocar a posição (paradoxal) de Saussure, que considerou que "um grau de civilização avançado favorece o desenvolvimento de certas línguas especiais (língua jurídica, terminologia científica etc.)" (1972: 41). Essa proposição é sustentada, apesar de inflexível, por Rey, que considera que "o que torna 'especial' uma língua de especialidade não é somente seu vocabulário (em discurso), seu léxico (em sistema), sua terminologia (sobre o plano conceitual e cognitivo), mas é, antes disso, o *representante linguageiro* de uma *coerência conceitual*" (1991: IX). Ele evidencia, desse modo, o fato de que os fundamentos da especialização são de ordem extralinguística, mesmo não descartando a originalidade linguística que se manifesta sobre o plano lexical. Entretanto, se tomamos o termo *língua* no sentido saussuriano – isto é, como um sistema de signos de natureza verbal cujo funcionamento repousa sobre um certo número de regras e de coerções distintivas –, falar de *línguas de especialidade* implica, então, que cada domínio científico e/ou técnico elabora seu próprio sistema linguístico, distinto do sistema que rege o funcionamento da língua dita "ordinária" (Cusin–Berche, 1997). Fundamentando-se nessa definição, pode-se considerar que se trata de uma denominação abusiva, espécie de imitação da expressão "*language for special purposes*" do inglês, idioma que não possui a oposição *língua* vs *linguagem*.

A comunidade técnica e científica tomou consciência de que as práticas discursivas assim designadas solicitam o sistema das línguas comuns, mas possuem particularidades linguísticas irredutíveis. Ela considera, desse modo, que "a língua de especialidade" é "um subsistema linguístico que utiliza uma terminologia e outros meios terminológicos que visam à não ambiguidade da comunicação em um domínio particular" (ISO, *International Standardization Organization*, 1990).

Os lexicólogos, tais como Quemada, denunciam a inadequação, ao objeto designado, de denominações contendo a palavra *língua(s)*. Para esse autor, "é mais conveniente falar de vocabulários*, em se tratando de empregos particulares do francês e de suas variedades, que apelam à base da língua comum, no que diz respeito à pronúncia, à morfologia e à sintaxe" (1978: 1153). Se os vocabulários são as manifestações mais visíveis da especificidade desse tipo de produção, eles contribuem, não menos que outras particularidades discursivas, para tornar o sentido opaco. Não se trata, com efeito, de pôr em prática um sistema linguístico inédito, mas de uma exploração singular dos recursos da língua geral. O julgamento de *especialidade* é fundamentado, em geral, em um critério temático correlato a uma situação enunciativa específica (por exemplo, troca técnica entre especialistas de um mesmo domínio), estreitamente condicionado pela finalidade almejada e que é suscetível de favorecer o recurso a uma organização discursiva particular, a construções sintagmáticas originais aos olhos dos novatos, a um vocabulário compreendido apenas pelos iniciados. É por isso que a denominação *discurso especializado* parece se impor para designar os usos linguageiros próprios ao exercício de certas atividades.

A análise do discurso, "orienta-se preferencialmente em direção ao estudo dos empregos, dos usos que se fazem da língua utilizada, por exemplo, o francês, numa situação X, no interior de um domínio profissional Y, considerando o gênero discursivo exigido em uma cultura Z" (Moirand, 1994: 79).

Os problemas essenciais colocados pela noção *línguas de especialidade* residem, de um lado, em sua definição mais ou menos extensiva, e de outro, em sua pertinência linguística, que opõe aqueles que consideram que se trata de uma língua diferente da língua ordinária àqueles que julgam que as particularidades são apenas discursivas, o que os leva a privilegiarem a denominação **discurso de especialidade**. À primeira vista, *discurso especializado* é compreendido, em relação com o *discurso ordinário,* como um discurso limitado por uma situação de enunciação particular, não espontânea, que supõe a transmissão de conhecimentos teóricos ou práticos; frequentemente, os discursos científicos e técnicos são considerados como os representantes prototípicos dessa categoria. O que significa dizer que eles são caracterizados pelo estatuto socioprofissional do enunciador inscrito no quadro de uma certa instituição, pela natureza do conteúdo e pela finalidade pragmática da mensagem, e não em função de critérios linguísticos.

ver **terminologia, vocabulário/léxico**

F. C.-B. (P. L. N. B.)

especificidades – Pesquisar e quantificar *o desvio no emprego* de uma unidade de sentido, palavra ou segmento* repetido, num texto em relação com outros textos de um *corpus*, é um procedimento muito antigo. No caso de um *corpus* fechado, em que todo desvio é avaliado no interior de quantidades invariantes, é preciso ressaltar os trabalhos de Muller sobre os vocabulários* "característicos". A análise das **especificidades**, no laboratório de lexicometria* política de Saint Cloud, inspirou-se nas problemáticas que ele propôs. Muitas fórmulas estatísticas foram desenvolvidas utilizando-se o modelo binomial: desvio reduzido, khi_2, lei de Poisson etc. O melhor método confirma-se ser a análise das probabilidades ligadas às frequências segundo o **modelo hipergeométrico** preconizado por Guilbaud (para a apresentação detalhada dessa análise, cf. Lafon, 1980).

Comparar as frequências por elas mesmas não tem sentido, visto que os textos são de extensões diferentes. É preciso, então, substituí-las pela probabilidade que lhes é associada em cada um dos textos que compõem o *corpus*, isto é, *a proporção que lhes é atribuída quando as recolocamos no universo de todas as distribuições que teriam sido possíveis*. Tabulando as quantidades conhecidas (Total de ocorrências no *corpus* ou T; número de ocorrências no texto ou t; Frequência total da palavra ou F; frequência parcial ou f), o computador constrói, por um cálculo hipergeométrico ($T! / t! (T-t)!$) e para cada palavra do *corpus*, o conjunto das combinações matematicamente possíveis (consideradas como equiprováveis), pois ele determina o lugar que cada constatação frequencial f ocupa nesse conjunto. Quanto menor é essa proporção, em torno de 5% por exemplo, mais a constatação pode ser declarada significativa: o emprego da palavra é **específico** ao texto em que figura; ele escapa de maneira pertinente às leis de uniformidade de repartição.

Essa pertinência pode ser assinalada por um **índice de especificidade**, positivo, negativo ou neutro, e medida por um **coeficiente de especificidade** que depende do nível da probabilidade (por cento, por mil etc.).

O ÍNDICE DE ESPECIFICIDADE

Quatro casos podem se apresentar: (1) ou bem a palavra (ou SR) tem, no texto t, uma frequência f, *mais forte* do que aquela que era esperada, e está fora de uma probabilidade inferior a 5% (ou 1% segundo as exigências da pesquisa): ela é, então, considerada como **sobre-empregada** localmente e um índice de Especificidade + ou S^+ lhe é automaticamente atribuído. (2) Ou bem sua frequência local é *mais fraca* que a frequência esperada e está dentro de uma probabilidade inferior a 5%: ela é considerada como **subempregada** e um índice – ou S^- lhe é atribuído. (3) Ou bem a probabilidade da frequência f é *igual* ou *superior* ao máximo requerido e o emprego da palavra no texto t é considerado como **neutro**, digno de um índice b. Pode acontecer, nesse caso, que todas as frequências f de uma palavra sejam de emprego neutro nos textos: a palavra registrará, então, um índice global B, signo do **vocabulário de base** do *corpus*. (4) Enfim, quando uma frequência zero, tendo em vista a pequenez do texto concernido, é avaliada como neutra, a avaliação é suspensa e nenhum índice de emprego pode ser atribuído.

O COEFICIENTE DE ESPECIFICIDADE

Para medir o grau de especificidade extraído da análise, basta acrescentar ao índice obtido, se ele é positivo ou negativo, *o valor absoluto do expoente negativo que representa matematicamente o nível da probabilidade*. Exemplo: a uma probabilidade p de 4^{-02}, que equivalha a 4% de chance, corresponderá um coeficiente de especificidade de 02; para uma probabilidade de 3^{-06}, que equivalha a 3 milhonésimos, corresponderá um coeficiente de 06; a uma probabilidade de 1^{-09}, que equivalha a um milhardésimo, corresponderá um coeficiente de 09... Desse modo, grau de especificidade e coeficiente evoluem no mesmo sentido: quanto menor a probabilidade, mais importante é o valor absoluto de seu expoente negativo e sua especificidade, mais fortemente pertinente. Estamos, assim, autorizados a interpretar os desvios de emprego, convergências e divergências entre emissores, entre palavras, entre períodos (cf. *Collectif Saint-Cloud*, 1982).

Um exemplo: especificidades das frequências constatadas para as formas *action* [ação] e *actions* [ações], nas resoluções confederais de quatro centrais sindicais francesas, durante os períodos compreendidos entre 1971-1980 e 1981-1990.

	$CFDT_1$	$CFDT_2$	$CFTC_1$	$CFTC_2$	CGT_1	CGT_2	FO_1	FO_2	T / F
t	1971-80 *43 042*	1981-90 *29 704*	1971-80 *42 266*	1981-90 *92 239*	1971-80 *127 961*	1981-90 *316 352*	1971-80 *69 613*	1981-90 *29 942*	*751 119*
ação p f	+99 351	+37 204	-03 81	-11 14 5	-03 281	-15 627	-03 136	-03 53	1878
ações p f	+05 39	b 9	b 18	+14 93	-03 38	-04 111	-02 21	B 13	342

Destaca-se a enorme desproporção que afeta as partes *t* do *corpus*. Com seus dois textos e mais de 444.000 ocorrências, a CGT remete somente a ela mais da metade das resoluções. O cálculo das probabilidades retifica a massividade de suas frequências: é assim que as 627 ocorrências de *action*, obtidas por ela na segunda década, inscrevem a palavra em especificidade negativa (-), portanto em subemprego, enquanto na CFDT, 351 ocorrências são suficientes para inscrever a palavra em especificidade positiva (+), e, portanto, em intenso sobre-emprego em relação às outras. Podemos inclusive falar, para a CFDT e *action*, de uma forma **ultraespecífica**, na medida em que esses 2 sinais + atribuídos pelo cálculo se opõem a uma série de 6 sinais –.

O plural, muito menos fortemente, caminha no mesmo sentido, mas com vários índices de emprego neutro e uma especificidade muito positiva na $CFTC_2$.

Um certo deslocamento aparece também, de uma maneira geral, entre os dois períodos: a primeira década apresenta mais *action* que a segunda, os coeficientes de especificidade corrigindo a impressão dada pelas frequências.

A interpretação pode partir dessas constatações e procurar nos contextos e situações de enunciação as razões dessa utilização estratégica de uma palavra assim frequente (cf. *Collectif Saint-Cloud*, 1998).

ver **lexicometria**

M. T. (P. L. N. B.)

esquema – ver *script*

esquematização – A teoria da **esquematização**, desenvolvida por Grize no Centro de pesquisas semiológicas da universidade suíça de Neuchâtel, propõe um modelo de interação verbal que constitui uma alternativa interessante para os esquemas clássicos da comunicação.

O MODELO DE GRIZE

No quadro teórico da "lógica natural", Grize (1996) formula cinco postulados de base: (1) O postulado do *dialogismo**: emprestado de Bakhtin, essa noção recobre as circunstâncias da troca e da enunciação*. Os participantes A e B da interação são igualmente ativos na construção do sentido. (2) O postulado da *situação de interlocução*: essa situação apresenta uma dimensão concreta (tempo, lugar, finalidade do discurso) e uma dimensão teórica (conjunto sócio-histórico dado). (3) O postulado das *representações*: as três representações elementares são aquelas que o locutor A tem de si mesmo, aquela que ele tem do ouvinte B e aquela que ele tem daquilo sobre o que se fala (tema abordado); essas três representações combinam-se igualmente entre si. (4) O postulado dos *pré-construídos culturais*: na troca, é mobilizado todo um conjunto de conhecimentos armazenados, combinados entre si. Eles fornecem um quadro de conhecimentos e de filtros, no qual os discursos são produtos verbais e sociais. (5) O postulado da *construção de objetos*: os objetos* do discurso constituem os "referenciais" da esquematização; essa construção é uma coconstrução que resulta da conjugação dos pontos de vista de A e de B.

Esses cinco postulados contribuem para fundar um esquema da *comunicação-interação* verbal:

Situação de interlocução		
Lugar do locutor		Lugar do ouvinte
A ⟶	*Esquematização* ⟵	B
Construído	Imagens (A), imagens (B)	*Reconstruído*
	Imagens (Tema)	
Em função do que é proposto, de pré-construídos culturais, representações, finalidade		Em função de pré-construídos culturais, representações, finalidade

(Grize, 1996: 68)

A ESQUEMATIZAÇÃO SEGUNDO ADAM

Reexaminando os trabalhos de Grize, Adam (1999) sublinhou quatro aspectos da noção de esquematização, que ele reinsere *no quadro da linguística textual e da análise de discurso*:

· *Uma esquematização é, ao mesmo tempo, operação e resultado.* A esquematização como representação discursiva é um processo: "Se, em uma situação dada, um interlocutor A dirige um discurso a um locutor B (numa língua natural), direi que A propôs uma esquematização a B, que ele constrói um microuniverso diante de B, universo que se pretende verossímil para B" (Grize, 1982: 172). Falar de texto* ou de discurso* é fazer referência mais ao resultado das operações discursivas do que às operações complexas que ele produziu. Pensar em termos de esquematização permite reunir, em uma única noção, a enunciação* como *processo* e o enunciado* como *resultado*.

· *Toda representação discursiva é esquemática.* Por definição, uma esquematização não "diz" tudo: "[...] diferentemente de um modelo, uma esquematização é sempre situada e solicita como consequência que o analista disponha de conhecimentos que a ultrapassem. Um discurso de geometria sobre os triângulos contém tudo aquilo que é necessário para a sua interpretação. Um artigo de jornal sobre o Triângulo das Bermudas requer que se saiba uma quantidade de coisas que não figuram aí" (Grize, 1996: 141). Esquematizar é construir um esquema, uma representação seletiva e estratégica de uma realidade que pode ser ficcional. A noção de esquematização propõe uma teoria da referência e do contexto no quadro de uma abordagem *dinâmica* da interação verbal.

· *Toda esquematização é uma coconstrução.* Devido ao fato de ser representação de alguma coisa, todo discurso propõe uma esquematização a um destinatário: "Uma esquematização tem a função de fazer ver qualquer coisa a qualquer um; mais precisamente, é uma representação discursiva orientada para um destinatário daquilo que seu autor conhece ou imagina de uma certa realidade" (Grize 1996: 50). Adam (1999: 105) propõe uma reformulação do esquema da comunicação-interação anteriormente citada. Ele substitui as noções de **esquematizador** e de **coesquematizador** pelas de **locutor*** e de **ouvinte***, e, sobretudo, ele especifica as noções de imagens dos parceiros da troca e do tema da comunicação, precisando os elementos da situação de interação sociodiscursiva e as formações imaginárias (Pêcheux, 1969) em relação ao trabalho da atividade de esquematização (Adam, 1999: 105). Ele relaciona, ainda, a questão da imagem de A à teoria aristotélica de ethos* discursivo.

· *Toda esquematização é uma proposição de imagens.* Distinguindo o termo **imagem** do termo **representação**, Grize postula: "Eu denomino representação aquilo que é relativo a A e B e imagem aquilo que é visível no texto" (Grize, 1996: 69). Uma

esquematização é uma proposição de imagens – imagens do esquematizador em (A), imagens do coesquematizador em (B), imagens do tema do discurso em (T). Grize teoriza, portanto, três imagens de base; Adam, por sua vez, insiste sobre as imagens da situação de interação sociodiscursiva em curso, as imagens da língua do outro ou daquela que o outro espera que se produza (ou das línguas, no caso de contextos plurilinguísticos), as imagens da materialidade do discurso (efeitos produzidos pela mídia escolhida).
ver discurso, enunciação, enunciado, objeto de discurso, texto

P. L. (P. L. N. B.)

estereótipo – Clichê e estereótipo denunciam uma cristalização no nível do pensamento ou no da expressão. No domínio da imprensa no século XIX, a "clichagem", também denominada "estereotipia", permitiu a reprodução em massa de um modelo fixo. A partir de 1865, "clichê" passa a significar também "negativo" para a fotografia. Daí temos o sentido figurado de "clichê", que o dicionário *Larousse*, de 1869, designou como "uma frase feita" ou um "pensamento banal". "Estereotipado" designa, do mesmo modo, o que é fixo, cristalizado. O substantivo derivado começa a aparecer nas ciências sociais no início do século XX, por ocasião de uma experiência de Lippmann (1922), para quem os estereótipos são imagens prontas, que mediam a relação do indivíduo com a realidade. Em seguida, a psicologia social e a sociologia viram neles representações coletivas cristalizadas, crenças pré-concebidas frequentemente nocivas a grupos ou a indivíduos. O termo "estereótipo" foi retomado em semântica por Putnam (1970), que o define como uma ideia convencional associada a uma palavra. O clichê distingue-se essencialmente do estereótipo: enquanto o primeiro designa um efeito de estilo banal, uma figura lexicalmente plena que aparece como repetitiva (Riffaterre, 1971), constituindo-se como uma noção estilística*, o segundo designa antes de tudo uma representação dividida, ou seja, por um lado, uma representação coletiva, que subentende atitudes e comportamentos (segundo as ciências sociais) e, por outro, uma representação simplificada, que é o fundamento do sentido ou da comunicação (segundo as ciências da linguagem) (Amossy e Herschberg Pierrot, 1997).

1. Clichê

O clichê é uma noção de estilística indissociável do ideal de originalidade em vigor nos tratados de estilística que surgem no começo do século XX. Desde então a criatividade de um escritor é medida pela sua capacidade de inovação: tudo o que se relaciona com o banal e a repetição mecânica deve ser estigmatizado. É exatamente o que fazem os estilistas, de Albalat (1899) a Marouzeau (1941), condenando as fórmulas ligadas ao já dito, como "lágrimas amargas" ou "olhos rasos d'água". O resultado da caça aos clichês é o oposto do espírito que animava a idade clássica, quando o "fogo da paixão" e a "flama" do amor eram flores da retórica que vinham alegremente ornamentar os textos. Foi Paulhan quem, em *Les fleurs de Tarbes* (1941), procedeu a uma primeira reabilitação dos clichês, protestando contra "o terror das letras". Essa atitude foi retomada por Riffaterre (1971), que oferece os fundamentos de um estudo rigoroso do clichê, definido como "uma sequência verbal cristalizada pelo uso, apresentando um efeito de estilo, que pode tratar-se de uma metáfora como *formigueiro humano*, de uma antítese como *morte jurídica*, ou ainda de uma hipérbole como *inquietações mortais...*" (1971: 163). Em outros termos, trata-se de uma figura de estilo "lexicalmente plena", em que qualquer substituição e adição de termos, qualquer mudança de ordem das palavras, destrói o clichê como tal. Desse ponto de vista, o clichê aproxima-se de formas verbais como a locução cristalizada ("todo grupo cujos elementos não são atualizados individualmente", conforme Gross, 1996: 14), ou o provérbio, que apresenta uma cristalização* no nível do enunciado como um todo. Segundo Riffaterre, não pode, entretanto, existir clichê quando o desgaste de uma expressão é sentido como tal pelo destinatário: "considera-se como clichê um grupo de palavras que despertam julgamentos como *já visto, banal...*" (Riffaterre, 1971: 162). É, portanto, a partir do leitor e de seus conhecimentos prévios que depende o reconhecimento do clichê. Não é necessário que ele seja renovado para provocar um efeito: o desgaste de uma figura de estilo em nada a impede de produzir sentido e de surpreender o leitor. Os trabalhos de Riffaterre despertaram inúmeros estudos sobre o clichê, dentre os quais a obra de Perrin-Naffakh sobre *Le Cliché de style en français moderne* (1985).

Em análise do discurso, é no domínio literário que a perspectiva sociocrítica colocou em evidência o alicerce dóxico do clichê: a expressão cristalizada nos remete à opinião pública, a um saber partilhado que circula numa comunidade em um dado momento de sua história (Amossy e Rosen, 1982). O clichê liga-se, por isso, à noção de ideia recebida, posta em evidência por Flaubert em seu famoso dicionário (Flaubert, 1997; Herschberg Pierrot, 1988). Ele participa daquilo que a análise do discurso denominou "discurso social" (Angenot, 1989) ou interdiscurso*. Como tal, ele aparece como a marca visível da degradação da linguagem em uma corrente que vai de Flaubert a Barthes, ou, ao contrário, como um ingrediente indispensável da comunicação para todos os analistas da eficácia verbal e da interação.

2. Estereótipo

A noção de estereótipo foi investigada por várias disciplinas, que lhe deram diversos sentidos.

Em linguística, essa noção foi abordada no campo da semântica, em que a palavra designa o referente com a sua descrição típica, reintegrando, assim, na significação da palavra ("tigre") componentes enciclopédicos (as listras) (Amossy e Herschberg Pierrot, 1997: 91). Iniciada por Putnam, a semântica do estereótipo como conjunto de traços que se ligam convencionalmente a um lexema foi desenvolvida nos trabalhos de Fradin e Marandin (1979), e é atualmente retomada por diversas correntes semânticas, que estudam o estereótipo em sua ligação com fenômenos como a anáfora associativa (Kleiber, 1993c). Em uma perspectiva de análise do discurso, Slakta estabelece uma distinção entre o **descritivo** (a bandeira como objeto fabricado, em tecido, inanimada) e o **prescritivo**, relativo a uma norma social e orientada em direção da ação (pátria, culto, morrer por-) (Slakta, 1994: 43). A preeminência atribuída na semântica ao sentido comum (é o conhecimento e o uso das palavras, não a verdade do conceito, que predominam na perspectiva cognitiva) não deve naturalizar o sentido, obliterando a riqueza dos fatores socioculturais. É o que mostram os trabalhos de Dubois e Resche – Rigon (1993), ou ainda Siblot, que, em seu estudo do termo "casbah", sublinha a importância da historicidade dos discursos (1993).

Em ciências sociais, a evidência do alicerce sociocultural dos estereótipos da língua vai ao encontro dos trabalhos de sociologia e de psicologia social, que veem essencialmente no estereótipo uma *representação coletiva cristalizada*. Ele se define então como "imagens pré-concebidas e cristalizadas, abreviadas e fatiadas, das coisas e dos seres que o indivíduo faz sob a influência de seu meio social" (Morfaux, 1980: 34). É a imagem do francês, da mulher, da bandeira... que circula em uma certa comunidade. Uma série de atributos obrigatórios são assim ligados a uma categoria, como mostram os estudos por questionários iniciados por Katz e Braly (1933): o "judeu" nos Estados Unidos aparece, em 1932, como astuto, mercenário, audacioso, cúpido, inteligente... As ciências sociais dedicam-se, assim, a precisar a representação do outro e de si, que se fazem os membros de uma coletividade. Instrumento indispensável à cognição na medida em que permite a categorização, a generalização e a previsão, o estereótipo é considerado, frequentemente, como nefasto, já ele é o fundamento do preconceito e da discriminação social.

Para a Análise do Discurso, o estereótipo, como representação coletiva cristalizada, é uma construção de leitura (Amossy, 1991: 21), uma vez que ele emerge somente no momento em que um alocutário recupera, no discurso, elementos espalhados e frequentemente lacunares, para reconstruí-los em função de um modelo cultural preexistente (Amossy, 1997). Pode-se, então, dizer que o estereótipo, como o clichê, depende do cálculo interpretativo do alocutário e de seu conhecimento enciclopédico. Para a análise do discurso, ele constitui, com o *topoï** ou lugares-comuns, uma das formas adotadas pela doxa*, ou conjunto de crenças e opiniões partilhadas que fundamentam a comunicação e autorizam a interação verbal. Esse saber de senso comum, que inclui as evidências dos parceiros de troca (o que, aos seus olhos, vem deles mesmos), varia segundo a época e a cultura. Ele aparece à luz da ideologia * para certas correntes que exercitam a análise ideológica dos discursos – o estereótipo relaciona-se, assim, ao pré-construído* segundo Pêcheux (1975), e se assimila ao "ideologema", ou máxima subjacente ao desenvolvimento argumentativo de um enunciado, segundo Angenot (1989). Para uma prática que visa denunciar os pressupostos ideológicos incrustados no interior dos discursos aparentemente inocentes, a estereotipia, sob suas diversas formas (em que o clichê e o estereótipo constituem simples variantes), aparece como aquilo que permite naturalizar o discurso, esconder o cultural sob o evidente, isto é, o natural. Tal é a posição exemplificada por Barthes, de *Mitologias* até *Roland Barthes por Roland Barthes*. Mais do que denunciar o "pronto para pensar" (*prêt-à-penser*) de que o discurso se alimenta mais ou menos conscientemente, a análise do discurso, hoje, tenta examinar os elementos preexistentes que envolvem a fala, fora dos quais é impossível que ela seja construída e compreendida. O estereótipo e os fenômenos de estereotipia ligam-se ao dialogismo* generalizado, que foi colocado em evidência por Bakhtin e retomado nas noções de intertexto* e de interdiscurso*. Todo enunciado retoma e responde necessariamente à palavra do outro, que está inscrito nele; ele se constrói sobre o já dito e o já pensado que ele modula e, eventualmente, transforma. Mais ainda, o locutor não pode se comunicar com os seus alocutários, e agir sobre eles, sem se apoiar em estereótipos, representações coletivas familiares e crenças partilhadas. Tal é a abordagem da análise da argumentação no discurso (Amossy, 2000), que se apresenta como um ramo da análise do discurso preocupada em retomar a experiência da retórica como arte eficaz da palavra.

ver **cristalização, doxa, ethos, fraseologia, língua de madeira**

R. A. (P. L. N. B.)

estilística – Disciplina que se constituiu progressivamente desde a segunda metade do século XIX até a intersecção com a retórica* e linguística, a **estilística** concebe seu domínio de validade tanto em âmbito restrito aos *corpora literários* quanto aberto a *todos os uso* de uma língua.

Histórico

A estilística desenvolveu-se no século XIX, na confluência de técnicas de ensino da "arte de escrever", resultado de uma restrição do campo da retórica tradicional, e de uma linguística, essencialmente alemã, de orientação psicológica, inspirada em particularmente em Humboldt (1767-1835) e Steinthal (1823-1899) (Karabétian, 2000). Essa última toma a forma de uma estilística "externa" comparativa (em que as características da estrutura de uma língua ou de sua literatura refletem o espírito de uma nação?) ou de uma estilística de escritores (em que o estilo de um autor exprime sua visão de mundo pessoal?).

Bally, no início do século XX, desenvolve uma estilística (Bally, 1905, 1909, 1913) que aborda o conjunto da linguagem sob o ângulo da "expressividade", das relações entre linguagem "afetiva" e linguagem "intelectual": "Eu anexo ao domínio da linguagem um aspecto que temos dificuldade de lhe atribuir: a língua falada, com seu conteúdo afetivo e subjetivo. Ela exige um estudo especial: é este estudo que eu chamo de estilística" (Bally, 1913: 158). Essa estilística da expressividade encontrou um prolongamento dentro do que os foneticistas chamam de **fonoestilística**, o estudo dos fatos fônicos, prosódicos em particular, que, na linguagem, têm uma função expressiva, emotiva, e não referencial (Leon, 1993).

Paralelamente se desenvolve uma linguística literária, cujo representante mais ilustre é Spitzer (1928), que visa caracterizar a visão de mundo de um escritor, a partir de detalhes linguísticos reveladores. Na França, a prática escolar de explicação de texto suscitou o aparecimento de uma estilística dos meios de expressão (Marouzeau, 1941, Cressot, 1947). O desenvolvimento, nos anos 60, de uma crítica estruturalista deu um golpe severo na estilística literária. Depois dos anos 90, muitos estudiosos retomaram o interesse pelas pesquisas estilísticas (Combe, 1991; Cahné e Molinié, eds., 1994; *Langages* n°. 118 [1995]; Adam, 1997a; Karabétian, 2000). Adam, em particular, propõe "(re)integrar o estilo em uma teoria da língua e do texto" (1997a: 12), prolongando, em certos aspectos, a investigação de Bally.

Estilo e estilística

A renovação do interesse de que se beneficia a estilística não tem nada de surpreendente, na medida em que a categoria do *estilo* é incontornável. Ela se encontra no cruzamento do conjunto das ciências humanas: "Por *estilo*, compreende-se a forma constante – e às vezes os elementos, as qualidades e a expressão constantes – na arte de um indivíduo ou de um grupo de indivíduos. O termo se aplica também à atividade global de um indivíduo ou de uma sociedade, como quando se fala de um *estilo de vida* ou do *estilo de uma civilização*" (Schapiro, 1953, retomado em 1982: 35). É assim que, em ciência da linguagem, os sociolinguistas falam de *estilo articulatório* para o conjunto de hábitos articulatórios de um grupo social.

Os debates sobre a estilística tomam frequentemente um contorno confuso, pois, nessa noção de estilística, interferem três planos: (1) a existência de disciplinas – em história da arte, em sociologia, em teoria literária, em linguística... – suscetíveis de estudar tais ou tais conjuntos de fenômenos que se ligam à categoria do "estilo"; (2) os pressupostos que, em uma determinada época, se ligam a uma ou outra dessas estilísticas (por exemplo, a estilística literária de Spitzer é estreitamente ligada à filosofia idealista alemã); (3) as práticas sociais que sustentam as abordagens dessas estilísticas: a necessidade de identificar os autores dos quadros para os museus, as vendas...; a existência de exercícios universitários de comentários estilísticos nas faculdades de letras francesas etc.

Tendo em vista a universalidade da categoria do estilo nas atividades humanas, uma estilística geral tende a recobrir o conjunto das ciências sociais e humanas. A estilística procura, então, estabilizar-se como disciplina apoiando-se em práticas sociais e em pressupostos teóricos historicamente definidos. Mas isso a torna vulnerável – como mostra o caso da estilística literária na França – pelo pouco que as conjunturas teóricas ou as instituições evoluem.

ESTILÍSTICA E ANÁLISE DO DISCURSO

É muito difícil definir a linha de separação entre a estilística e a análise do discurso, pois a estilística, conforme dissemos, pode tomar formas extremamente diversas. Os fenômenos que eram abordados pela estilística de Bally no início do século XX são hoje distribuídos entre as teorias de enunciação* linguística, a pragmática*, a sociolinguística, a análise* conversacional, a análise do discurso..., mas essas disciplinas os abordam sob ângulos diferentes. No que tange à estilística especificamente literária, o problema da fronteira entre a análise do discurso e a estilística não se coloca da mesma maneira, quando a estilística contenta-se em ser uma aplicação da linguística ao estudo do *uso da língua* nos textos literários, ou quando ela reflete sobre *as relações entre as obras literárias e seus contextos* de produção, circulação e consumo. Nesse último caso, há, certamente, inúmeras interferências entre a estilística e a análise do discurso.

ver **emoção, prosódia, subjetividade**

D. M. (P. L. N. B.)

estratégia de discurso – O termo **estratégia** vem da arte de conduzir as operações de um exército sobre um campo de ação (ele se opõe, então, à tática), e, por isso, passou a designar uma parte da ciência militar ou o objeto de um ensino (*Os cursos de estratégia da Escola da guerra*). Mas essa noção acabou tomando um sentido mais geral, designando toda ação realizada de maneira coordenada para atingir um certo objetivo. Fala-se, então, de estratégia eleitoral, estratégia comercial, estratégia política. Ela é empregada de maneira central nas diferentes disciplinas do pensamento: na teoria dos jogos, na psicologia cognitiva, na psicologia social e na análise do discurso.

Na teoria dos jogos, ela corresponde a um "conjunto de regras que determina a conduta de um jogador em toda situação de jogo possível" (Von Neumann e Morgenstern, 1944: 44).

Em psicologia cognitiva, ela corresponde a uma "sequência de operações que reflete a escolha feita para atingir, da maneira mais eficaz e menos trabalhosa, um objetivo definido antes, por exemplo, convencer um interlocutor preciso da exatidão de uma interpretação sobre um problema particular. Essas estratégias poderão variar segundo as circunstâncias das situações e as capacidades cognitivas do locutor" (Esperet, 1990: 8).

Em psicologia social, Caron propõe "falar de estratégias somente quando as seguintes condições são preenchidas: uma situação de *incerteza* [...]; um *objetivo* pretendido conscientemente ou não pelo sujeito, as "regras do jogo" [...]; uma *sucessão de escolhas organizada*, traduzindo um plano de conjunto..." (1983: 155-166). Para Chabrol, "agir estrategicamente implica, também, que o comportamento produzido não seja o único possível na situação, que nenhum determinismo natural, social, psíquico ou lógico, interno ou externo ao produtor o conduza somente a se comportar linguageiramente, de certa maneira" (1990: 216).

Em análise do discurso, observam-se diversos empregos e definições do termo, de acordo com as correntes de pesquisa. Para alguns, "as palavras entram em estratégias sociais (e) são os índices e as armas de estratégias de individualização" (Boulet *et alii*, 1995: 19). Para outros, "a estratégia faz parte das 'condições de produção' de um discurso" (Bonnafous e Tournier, 1995: 75). Segundo um outro ponto de vista, "a estruturação de um ato de linguagem comporta dois espaços: [...] um *espaço de coerções*, que abrange os dados mínimos aos quais é preciso satisfazer para que o ato de linguagem seja válido, [...] um *espaço de estratégias* que corresponde às possíveis escolhas que os sujeitos podem fazer da encenação do ato de linguagem" (Charaudeau, 1995b: 102).

O que parece delinear-se, ao observar essas diferentes definições, é que: (1) as estratégias dizem respeito ao modo como um sujeito (individual ou coletivo) é conduzido a escolher (de maneira consciente ou são) um certo número de operações linguageiras; (2) falar de estratégia só tem sentido se elas forem relacionadas a um quadro de coerções, quer se trate de regras, de normas ou de convenções; (3) há interesse em recuperar as condições emitidas pela psicologia social, a saber, que é preciso um *objetivo*, uma *situação de incerteza*, um *projeto de resolução do problema* colocado pela incerteza e um *cálculo*. Para Charaudeau, não se pode utilizar essa noção de estratégia senão em relação à existência de "um quadro contratual que assegura a estabilidade e a previsibilidade dos comportamentos", de maneira que possa intervir um sujeito que joga "seja com os dados do contrato*, seja no interior desses dados". (1995, c: 166). Em vista disso, esse autor propõe que "as estratégias se desenvolvam em torno de quatro etapas, que não são excludentes, mas que se distinguem, entretanto, pela natureza de seus objetivos: uma etapa de *legitimação** que visa determinar a posição de autoridade do sujeito [...], uma etapa de *credibilidade** que visa determinar a posição de verdade do sujeito [...], uma etapa de *captação** que visa fazer o parceiro da troca comunicativa entrar no quadro de pensamento do sujeito falante..." (1998: 13-14).

ver **credibilidade (estratégia de –)**, **captação (I)**, **legitimação (estratégia de –)**
P. C. (P. L. N. B.)

ethos – Termo emprestado da retórica* antiga, o **ethos** (em grego ηθος, personagem) designa a imagem de si que o locutor constrói em seu discurso para exercer uma influência sobre seu alocutário. Essa noção foi retomada em ciências da linguagem e, principalmente, em análise do discurso, em que se refere às modalidades verbais da apresentação de si na interação verbal.

EM RETÓRICA

O ethos faz parte, com o "logos" e o "pathos", da trilogia aristotélica dos meios de prova (*Retórica I*: 1356a). Adquire em Aristóteles um duplo sentido: por um lado, designa as *virtudes morais* que garantem credibilidade ao orador, tais quais a prudência, a virtude e a benevolência (*Retórica II*: 1378a); por outro, comporta uma *dimensão social*, na medida em que o orador convence ao se exprimir de modo apropriado a seu caráter e a seu tipo social (Eggs, 1999: 32). Nos dois casos, trata-se da imagem de si que o orador produz em seu discurso, e não de sua pessoa real. A perspectiva aristotélica em que se inspiram as ciências da linguagem difere, nesse ponto, da tradição iniciada por Isócrates e desenvolvida mais tarde pelos latinos, que define o ethos como um dado preexistente fundado na autoridade individual e institucional do orador (sua reputação, seu estatuto social etc.).

EM PRAGMÁTICA

Em Ducrot, a noção de ethos como imagem de si é associada "a L, o locutor* como tal", em oposição ao sujeito empírico situado no exterior da linguagem: é localizando-se na fonte da enunciação* que o locutor "se vê travestido de certos caracteres que, em consequência, tornam essa enunciação aceitável ou indesejável" (1984: 201). Ducrot insiste na centralidade da enunciação na elaboração de uma imagem de si, posto que as modalidades de seu dizer permitem conhecer bem melhor o locutor do que aquilo que ele pode afirmar sobre si mesmo. A noção de ethos herdada de Aristóteles é desenvolvida por Ducrot no âmbito de uma teoria da polifonia*.

EM ANÁLISE DO DISCURSO

O ethos retórico foi, entretanto, principalmente retomado e elaborado nos trabalhos de Maingueneau. O enunciador deve legitimar seu dizer: em seu discurso, ele se atribui uma posição institucional e marca sua relação a um saber. No entanto, ele não se manifesta somente como um papel e um estatuto, ele se deixa apreender também como *uma voz e um corpo*. O ethos se traduz também no tom, que se relaciona tanto ao escrito quanto ao falado, e que se apoia em uma "dupla figura do enunciador, aquela de um *caráter* e de uma *corporalidade*" (Maingueneau, 1984: 100). Desde *Analyse du discours* (1991) até *Analyser les textes de communication* (1998), o ethos assim definido se desenvolve, em

Maingueneau, em relação à noção de cena* de enunciação. Cada gênero* de discurso comporta uma distribuição pré-estabelecida de papéis que determina em parte a imagem de si do locutor. Esse pode, entretanto, escolher mais ou menos livremente sua "cenografia" ou cenário familiar que lhe dita sua postura (o pai benevolente face a seus filhos, o homem de falar rude e franco etc.). A imagem discursiva de si é, assim, ancorada em estereótipos*, um arsenal de representações coletivas que determinam, parcialmente, a apresentação de si e sua eficácia em uma determinada cultura.

O ethos discursivo mantém relação estreita com a *imagem prévia* que o auditório pode ter do orador ou, pelo menos, com a ideia que este faz do modo como seus alocutários o percebem. A representação da pessoa do locutor anterior a sua tomada de turno – às vezes denominada **ethos prévio** ou **pré-discursivo** – está frequentemente no fundamento da imagem que ele constrói em seu discurso: com efeito, ele tenta consolidá-la, retificá-la, retrabalhá-la ou atenuá-la. Essa noção, que permanece problemática, dado que extradiscursiva, é, entretanto, adotada, com diversas precauções, por mais de um analista (Adam, 1999; Amossy, ed., 1999, 2000).

Nota-se que a noção de ethos recobre aquelas já desenvolvidas pela linguística da enunciação (o quadro figurativo de Benveniste) e, em sua continuidade, pelos trabalhos de Kerbrat-Orecchioni (1980: 20) sobre a subjetividade na linguagem (as imagens que A e B fazem respectivamente de si e do outro na troca). Trata-se de uma noção, aliás, que mantém relação estreita com a noção de "apresentação de si", de Goffman (1973). Acrescentemos que, na literatura pragmática, em Brown e Levinson (1978: 248), por exemplo, "ethos" adquire um sentido diferente: ele remete às normas de interação próprias a uma cultura, se bem que se possa falar de "ethos igualitário" ou ainda descrever o ethos global dos franceses ou dos japoneses.

ver cena de enunciação, estereótipo, retórica

R. A. (S. N. G.-S.)

etimologia social – A questão "De onde vem o sentido trazido pelas palavras?" pode ser abordada de múltiplas maneiras, da introspecção pessoal à semiótica lógica. Fazer a **etimologia social** (Tournier, 1992, 1997, 2001) das "unidades" do discurso (raízes, formas e lemas, sintagmas, figuras, locuções etc., diríamos "palavras") é transformar essa questão em uma série de interrogações que remetem às origens e à memória, à situação e aos referentes, ao projeto sobre o sentido e sobre o destinatário, contidos em um enunciado. Em vez de se fixar em um étimo morfológico, reconstituído e semantizado, a etimologia social esforça-se por inventariar o que faz justamente o ruído da língua para Saussure – a história, o mito, o social, o sujeito... E se o sentido viesse de outro lugar que não das próprias palavras? Por quem, pelo quê as palavras são habitadas, em que local* de emprego e a serviço de quem e de quê? Por que evoluíram, foram "adotadas", marcadas, abandonadas?

Um programa de etimologia poderia, assim, estabelecer-se sobre *três planos*:
· *O hipodiscurso*:
– busca das origens e evoluções das palavras, dando um lugar primordial aos fenômenos de *etimologia popular* ou de *falsa etimologia erudita* (Gougenheim, 1970) – reveladores do modo como as palavras são captadas e remodeladas pelos enunciadores – e às confluências da *etimologia plural*, já que muitas palavras têm várias origens;
– investigação de valores semânticos prévios, definicionais, certamente, mas também memoriais e acentuais (a etimologia deve aproximar-se da história das mentalidades; das representações e das "avaliações" sociais (Bakhtin, 1977) que habitam as palavras).

· *O codiscurso*:
– estudo dos discursos outros – copresentes no interior de uma enunciação ou de uma série de enunciações semelhantes –, na investigação dos *valores situacionais* e *referenciais* em relação com aqueles próprios ao lugar, ao tempo e aos atores, os textos funcionando em dialogismo* permanente;
– exame da inserção das palavras nos locais de emprego examinados, insistindo-se na interação*, nos lugares de poder, nos consensos relativos e nos antagonismos semânticos de que essas palavras são, a um mesmo tempo, o objeto e o instrumento.

· *O hiperdiscurso*: sentidos construídos pelas palavras configuradas textualmente, com as intencionalidades e as questões subjacentes, a serem analisadas, ao mesmo tempo, na sequência enunciativa e em sua argumentação, bem como no acúmulo quantitativo e nas estratégias discursivas que esse último revela, ressaltando, enfim, as "funções" sociais e políticas das palavras (*etiquetas, temas, marcadores, índices, argumentos, atos de linguagem, anuladores* etc.). Deve-se reconhecer como as palavras são utilizadas para introduzir, no agir comunicacional, as estratégias, as dramaturgias ou os didatismos que podem tornar-nos, sucessivamente, inventores, propagadores e submissos.

A etimologia social não se fixa o objetivo de descrever, nas palavras, apenas o passado de seu ser de razão, mas também o de explicitar a *atualidade de suas razões de ser*.
ver **estratégia de discurso, local de emprego, palavra**

M. T. (S. N. G.-S.)

etnografia da comunicação – Entre as diversas correntes interacionistas norte-americanas, a **etnografia da comunicação** se caracteriza por seus fundamentos antropológicos que lhe determinaram um *domínio de pesquisa* amplo – o estudo comparativo dos comportamentos comunicativos em diversas sociedades –, um *objetivo teórico* – constituir a comunicação em sistema cultural tal qual o parentesco ou a sexualidade –, uma *abordagem interdisciplinar* – constituída pela etnologia, pela linguística e pela sociologia – e uma *metodologia de campo* – fundada na observação das práticas comunicativas. Esse programa (descrever os diferentes usos do discurso – *speech* – durante diferentes tipos de atividades em diferentes sociedades) foi concebido nos anos 60 por Gumperz e Hymes; ele sofreu evoluções que se traduzem sobretudo por uma orientação mais sociolinguística (os dois livros de Gumperz, traduzidos em francês, em 1989, trazem em seus títulos o sintagma "sociolinguística interacional"). Essas adaptações permitiram a elaboração de conceitos descritivos produtivos para uma abordagem global das condutas linguageiras concebidas, antes de tudo, como interações sociais.

O ponto de partida de Hymes era um estudo etnográfico da *fala* – de que decorrem os numerosos empréstimos de noções linguísticas profundamente reajustadas –, nomeação rapidamente substituída pela de *comunicação*, que permite (1) rejeitar a primazia do verbal, dado que as práticas linguageiras funcionam em múltiplos canais; (2) dar conta do *engajamento* dos indivíduos em relações sociais, como também de suas inscrições em um sistema de *saberes* e de *normas culturais*. Essa concepção *dinâmica* da comunicação como ação social conduziu Hymes a definir, em oposição a Chomsky, a noção de **competência comunicativa**, "um conhecimento conjugado de normas de gramática e de normas de uso" (1984: 47) que regula, sobretudo, a apropriação contextual das condutas. Isso significa duas coisas essenciais: (1) Para o analista, é impossível dissociar a linguagem de seu *modo de utilização* em situação (um *savoir-faire* comunicacional, frequentemente inconsciente, mas governado por regras, e ilustrado por Hymes como a capacidade de iniciar uma conversação, de fazer compras, de conduzir/submeter-se a um interrogatório, de suplicar, divertir, argumentar, traquinar, advertir e também saber quando ficar em silêncio). (2) No seio de uma **comunidade linguística**, concebida como "organização da diversidade [que] compreende diferentes estilos" (1984: 52-53), é preciso estudar o modo como são mobilizados os diferentes registros que constituem o "**repertório verbal** de um indivíduo ou de um grupo", segundo a formulação de Gumperz, para dar conta das variedades de códigos.

De um ponto de vista metodológico, trata-se de coletar dados a partir de uma *observação participante* e de analisar as diferentes **funções** dos comportamentos comunicativos em uma comunidade, estudando os diferentes *componentes*. Hymes propõe uma grade de referência que elenca os diversos parâmetros a serem retidos para analisar os contextos* dessas condutas. Trata-se do modelo SPEAKING (exposto em Bachmann *et alii*, 1981: 73-76). As relações entre esses componentes permitem especificar os *esquemas* comunicativos próprios a uma comunidade, esquemas estudados em diferentes níveis: a unidade global é a **situação* de comunicação** – uma cerimônia ou um almoço, por exemplo em que se isolam **eventos* de comunicação** – por exemplo, uma conversação privada durante uma cerimônia. Ao contrário da precedente, essa unidade é regida por regras, tal como ocorre com a unidade mínima que é o **ato de comunicação** – por exemplo, uma brincadeira durante um almoço – que pode ser definida em termos de força ilocutória e se revela particularmente pertinente para a gestão comunicativa local (a **sequenciação** das trocas).

Esses princípios de análise foram aplicados em campos ligados tanto à tradição etnológica (as sociedades ditas *exóticas*), quanto a uma abordagem sociológica (particularmente a escola e as diversas instituições das sociedades ocidentais). Nesse último domínio, os trabalhos sobre as relações *interétnicas* nas sociedades urbanas – realizados sob a inspiração de Gumperz – inscrevem-se em uma perspectiva de sociolinguística interacional. Essa abordagem das "estratégias discursivas" é *interpretativa* na medida em que enfatiza os processos de compreensão atualizados pelos participantes no decorrer de uma interação. A análise desses processos repousa sobre a noção de **contextualização**: "o uso, por locutores/ouvintes, de signos verbais e não verbais que ligam o que se diz a um dado momento e a um determinado lugar em seu conhecimento do mundo. O objetivo é detectar as pressuposições sobre as quais eles se apoiam para manter seu engajamento conversacional e avaliar o que se pretende dizer" (Gumperz, 1989b: 211). Esses procedimentos inferenciais são guiados pela presença de **índices de contextualização**: "características superficiais da forma da mensagem" (Gumperz, 1989a: 28) como, por exemplo, uma entonação, uma mudança de ritmo ou uma alternância de código. Entretanto, "se a maior parte deles é utilizada e percebida na vida de todos os dias, eles não são imediatamente notados e quase nunca são objeto de discussões explícitas" (ibid.). É por isso que podem estar na origem de interpretações divergentes e provocar mal-entendidos*, sobretudo na comunicação intercultural*.

A etnografia da comunicação se propõe objetivos ambiciosos com a pesquisa de explicações holísticas que inscrevem as condutas discursivas locais em um contexto global de crenças, de ações e de normas, constitutivo de uma realidade social e cultural. É também essa articulação do linguístico e do social que se esforçam em descrever, de modo minucioso, os estudos produzidos nesse campo de pesquisa – ver os trabalhos de Lindenfeld sobre os mercados (1990), de Salins sobre os encontros (1988) e sobre a situação pedagógica (1992), de Lacoste sobre as relações de serviço (1992), e de Winkin (1996).

ver **contexto, etnometodologia, interação, intercultural, mal-entendido, prosódia**
S. Br. (S. N. G.-S.)

etnometodologia – Surgida na Califórnia em 1959 (Garfinkel), a **etnometodologia** é uma corrente da sociologia da qual deriva a **análise* da conversação** (Sacks, principalmente, é membro ativo do "rol" de sociólogos fundadores da etnometodologia). Construída em oposição à tradição sociológica, a etnometodologia, herdeira da fenomenologia social de Schütz e do interacionismo simbólico (Mead e a Escola de Chicago), caracteriza-se por uma *abordagem dinâmica* da ordem social que atribui um lugar central ao *ponto de vista dos atores* observados em sua vida cotidiana: a concepção durkheimiana "dos fatos sociais como coisas" *já dadas* e do indivíduo submetido a determinações sociais é substituída por Garfinkel pela visão da ordem social como resultado de uma *construção incessante e interativa*, legível nos procedimentos acionados pelos parceiros sociais em suas atividades cotidianas. A tarefa do sociólogo é exibir e analisar esses procedimentos ou "etnométodos", ou seja, os conhecimentos, os *savoir-faire*, as regras de conduta, as interpretações, as rotinas e outros "raciocínios práticos" que organizam as interações e que os "membros" dos coletivos sociais mobilizam em "uma bricolagem permanente" (Coulon, 1987: 28) para "realizar" e tornar significantes suas ações e, nessa direção, construir a realidade social.

Da atenção dispensada pelos etnometodólogos às ações banais da vida social decorre seu interesse pela atividade comunicativa: o comportamento verbal é uma **fonte** central dos atores sociais e a conversação uma forma de base da construção interativa do mundo social que as técnicas de registro possibilitam estudar mais facilmente, como assinala Sacks (citado por Gülich, 1990: 76). Duas propriedades do discurso foram erigidas como noções chave da abordagem etnometodológica: a **indicialidade** (uma expressão não tem sentido senão em referência ao contexto de enunciação) é, segundo Garfinkel, uma propriedade inerente a todas as produções linguageiras e, igualmente, às ações e às instituições, o que impõe que sejam analisadas em referência às situações em que se inscrevem ("Atividades e contexto se condicionam reciprocamente", Bange, 1992: 18), as quais, por sua vez, contribuem para torná-las inteligíveis ("*accountable*"). Esse último ponto ilustra, por outro lado, a **reflexividade** das práticas sociais: existe, segundo Garfinkel, equivalência entre as construções das situações produzidas em interação e as descrições ("*accounting practices*") dessas situações feitas pelos interactantes. Ao longo da dinâmica **sequencial** das interações, os participantes ajustam *localmente* suas interpretações com base nessa representação do *dizer* no *dito*, nessa faculdade do discurso de falar de si mesmo – e, portanto, também dos comportamentos recíprocos dos interactantes (cf. o conceito de **metacomunicação*** advindo de uma outra abordagem, aquela dos defensores da "nova comunicação", Winkin, 1981), faculdade que se origina, em parte, no fenômeno semântico de **sui-refencialidade** das línguas (cf. a definição do sentido como alusão à enunciação, em Ducrot).

Ora, os processos que subjazem às produções linguageiras e definem a situação permanecem, em geral, implícitos, exceto no caso de um entrave no desenvolvimento da interação. Disso decorre que as técnicas de análise acionadas pelos etnometodólogos repousam sobre a coleta de dados naturais, obtidos essencialmente pela observação participante dos atores em situação. A análise é feita pelo estudo exaustivo das atividades desenvolvidas durante as interações. Esses instrumentos são amplamente emprestados da etnografia, principalmente da etnografia* da comunicação, cujos trabalhos são frequentemente bastante próximos daqueles da etnometodologia. Esse procedimento empírico, descritivo e indutivo foi aplicado a campos muito diversos: o sistema escolar, o aparelho judiciário e policial, as instituições médicas e psiquiátricas, a pesquisa científica e, mais recentemente, a abordagem sociocognitiva dos sistemas organizacionais.

Entretanto, a difusão dessa "escola sociológica", que somente atingiu a França depois da Inglaterra, da Alemanha e da Itália, é marcada, para os analistas do discurso, pelo programa de pesquisas consagrado a uma das atividades de base dos atores sociais: as conversações, que são um terreno de aplicação exemplar dos princípios etnometodológicos (encontram-se exemplos desses trabalhos em *Lexique*, 5, 1985 e *Langage et société*, 89, 1999).

ver **análise conversacional, contexto, etnografia da comunicação, interação, metacomunicação/metadiscurso**

S. Br. (S. N. G.-S.)

eufemismo – O **eufemismo** assemelha-se à lítotes*, mas, enquanto essa última é uma expressão atenuada, o eufemismo – do grego *euphêmein*, "dizer palavras de bom augúrio" (segundo Benveniste, 1966: 308) – é uma expressão *ornamentada*. Dumarsais (1988: 158) definiu essa figura como aquela "pela qual mascaram-se ideias desagradáveis, odiosas ou tristes, sob nomes que não são os nomes próprios dessas ideias. Esses nomes lhes servem como véu e as tornam, em aparência, mais agradáveis, menos chocantes, mais honestas, segundo a necessidade".

É, portanto, sobre sua função pragmática que repousa a unidade da figura*, que pode recorrer a procedimentos bastante variáveis: *abreviação* ("tb" para tuberculose; "c.a." para "carcinoma", "avc" para acidente vascular cerebral); *metaplasmo* (deformação do significante, no caso das expressões exclamativas de esconjuro, tais como "Vixe", "Diacho"; *perífrase* ("ele foi desta para a melhor", e, em francês, a expressão *"je te dis les cinq lettres"* (i. e., "*merde*") que é, ao mesmo tempo, segundo Dupriez (1980: 206), um **contraeufemismo** quando substitui *"bonne chance"* ["boa sorte!"] entre os atores).

Atualmente, mesmo que o eufemismo não mais decorra, verdadeiramente, de uma concepção mágica ou supersticiosa da linguagem, seus usos correspondem frequentemente aos principais *domínios tabus* de nossa sociedade: *doença e morte* ("uma longa e terrível doença", "a doença ruim", "ela nos deixou", "ele pôs fim aos seus dias"), *sexualidade e escatologia* ("o toilette", "fazer suas necessidades", "fazer amor", "sexo solitário"). Entretanto, ao lado dos "eufemismos de decoro, decência", Dumarsais menciona ainda os "eufemismos de civilidade", utilizados para lidar com os outros (assinala assim *"Je vous remercie"* ["Muito grato"] por *"allez-vous-en"*

["Adeus, podem ir embora"], ou as perífrases "mais honestas", às quais se recorre para evitar de lembrar a um "operário" ou "criado" "a baixeza de seu estado"). Tais eufemismos são, hoje, numerosos ("a secretária" [em referência à empregada doméstica], "a terceira idade", os "deficientes visuais", os "deficientes auditivos" etc.), como também os que visam a ornar com uma espécie de cortina artística certos problemas políticos ou sociais (os "países em via de desenvolvimento", um "bairro complexo, menos favorecido", os "afrodescendentes", o "povo da floresta" etc.). A lista dos eufemismos se amplia ainda se se admite, junto a esses **eufemismos lexicais**, como o propõem certos pragmaticistas, os **eufemismos sintáticos**, que são os atos* de fala indiretos, pelo menos quando adquirem o valor de um "atenuador*".

Como a maior parte dos tropos*, os eufemismos podem ser *lexicalizados* (ver exemplos precedentes) ou *"de invenção"*, como nesta passagem da fábula de La Fontaine intitulada *A Moça* [*La Fille*] (livro VII, fábula IV):

"Son mirroir lui disait: Prenez vite un mari.
Je ne sais quel désir le lui disait aussi"
   ["Seu espelho lhe dizia: Arranje logo um marido.
Eu não sei de que desejo ele falava"]

A lexicalização leva a um enfraquecimento do eufemismo, o qual deve lutar permanentemente contra o desgaste provocado por um uso muito frequente.

ver **atenuador, ato de linguagem indireto, figura, lítotes, polidez, tropo**

C. K.-O. (S. N. G.-S.)

evento de comunicação – ver **etnografia da comunicação**

exófora – ver **endófora/exófora**

exolíngue (comunicação –) – A noção de **comunicação exolíngue** foi introduzida por Porquier para designar "aquilo que se estabelece pela linguagem, por meios outros que o de uma língua materna comum aos participantes" (1984: 18). Dentre os parâmetros situacionais que determinam e constroem essa comunicação, Porquier põe em primeiro lugar a "*situação exolíngue* (ou a dimensão exolíngue da situação)" (ibid.), que se caracteriza não somente pelo contato linguístico, mas também pela consciência e as representações que os participantes têm desse estado de fato e que vêm estruturar sua comunicação.

A comunicação exolíngue concerne não somente à situação, que se poderia considerar como prototípica, na qual se encontram face à face um locutor nativo e um locutor não nativo em uma dada língua, mas também às formas extremamente variadas que podem abranger os contatos linguísticos: por exemplo, o recurso a uma terceira língua, a passagem de uma língua a outra no caso de alternância de código ou de conversações bilíngues (Prieto, 1988).

Os estudos sobre a comunicação exolíngue resgataram as estratégias utilizadas pelos participantes para remediar seus problemas, colocados pela disparidade de seus repertórios linguísticos, em particular, os *procedimentos de facilitação* (Alber e Py, 1986), dos quais destacam-se a *menção* (procedimento no qual o locutor não nativo produz apenas um enunciado inacabado, simplesmente migalha de sua intervenção, deixando ao nativo a tarefa de completar a formulação) e a *reformulação*, particularmente, utilizada pelo nativo.

A reflexão sobre a noção de situação exolíngue conduziu, antes de tudo, a reconhecer que todas as situações de comunicação situam-se, na realidade, sobre um eixo, ligando os dois polos extremos que são o exolíngue e o endolíngue (i. e. situação na qual estaria ausente toda disparidade nos repertórios dos participantes): "Não existe conversação efetivamente endolíngue" (Alber e Py, 1986: 80). Se nenhuma situação é totalmente desprovida de disparidades entre os saberes e as normas mobilizadas pelos participantes, reserva-se, entretanto, em geral, *exolíngue* para os casos nos quais essa disparidade (ou assimetria) é decisiva para o funcionamento das trocas e se manifesta, entre outros, no nível da relação* interpessoal, por uma intensificação do "trabalho de figuração" – sendo o risco de perda da face* particularmente importante – e, no nível da própria interação, pela atenção particular colocada pelos participantes no desenrolar da interação, paralelamente, ao seu objetivo "comum" ou ao seu detrimento (Véronique, 1995; Véronique e Vion, eds., 1995). Essas características permitem conceber a comunicação exolíngue como um caso particular de comunicação intercultural*.

Enfim, numerosas pesquisas são consagradas a um outro aspecto dessas situações: o aumento do risco de aparição de mal-entendidos* e, correlativamente, a frequência do recurso aos procedimentos de reparação*. O estudo desses fenômenos exige que se leve em conta as representações prévias e os estereótipos* que vêm se aliar às disparidades linguísticas (Noyau e Porquier, 1984; Hérédia, 1986, Dausendschön-Gay, 1988).

ver **intercultural**

V. T. (V. M. O. S.)

explicação – *A linguística textual* faz da sequência explicativa um dos tipos de sequência de base (Adam, 1996: 33). *Em epistemologia*, a **explicação** é definida por suas características conceituais. A análise dos *"accounts"* (justificativas, explicações) nas interações comuns propõe compreender a inteligibilidade das ações e das interações comuns. *Na língua corrente*, as palavras "explicar" e "explicação" remetem a cenários, a tipos de discurso e a interações extremamente diversas. A análise do discurso deve, além do mais, levar em conta os entrelaçamentos da *argumentação e explicação*.

ESTRUTURA CONCEITUAL DO DISCURSO EXPLICATIVO

Do ponto de vista conceitual, o discurso explicativo é empregado para caracterizar a relação entre fenômeno **a explicar** *(explanandun, M)* e fenômeno **explicante** *(explanans, S)*. Distingue-se, assim: a explicação **causal** (que permite a predicação) ("Arco-íris: fenômeno meteorológico luminoso [...] que é produzido pela refração, a reflexão e a dispersão das radiações coloridas compondo a luz branca [do Sol] pelas gotas da água" (*Le Nouveau Petit Robert*, 1995, verbete: "Arc-en-ciel"); a explicação **funcional** ("Por que o coração bate? Para fazer circular o sangue", "Por que a religião? Para assegurar a coesão social"); a explicação **intencional** ("Ele matou para roubar"). A estrutura conceitual do discurso explicativo, nas ciências, depende estreitamente das definições e das operações que regulam o domínio considerado: explica-se diferentemente *em história, em linguística, em física, em matemática*; a explicação dada ao aluno não é idêntica àquela que é dada ao colega.

Explicações comuns

A etnometodologia*: Garfinkel (1967) concede uma importância central à análise das explicações (*"accounts"*: "explicar-se, explicar que, justificar[-se], oferecer razões") nas interações comuns, em dois níveis. De um lado, em nível de explicação *explícita* (*"explicação aberta"*) "pela qual os atores sociais justificam aquilo que estão fazendo em termos de razões, de motivos ou de causas" (Heritage, 1987: 26). Por outro lado, em um segundo nível, *implícito*, esse mesmo gênero de explicações, razões, motivos e causas, "inscritos na interação e ação sociais" (id.), asseguram permanentemente a *inteligibilidade mútua*, com base em um conjunto de expectativas sociais ou de normas morais práticas. Essas explicações são consideradas **situadas** na medida em que elas fazem intervir considerações relacionadas a domínios sociais e ideologias particulares.

Do ponto de vista da análise conversacional, as explicações "abertas" intervêm em particular como **reparações**, quando um primeiro turno de fala é seguido de uma sequência não preferida, por exemplo, quando um convite é recusado, a recusa é acompanhada de uma justificativa ("Eu não poderei vir, eu tenho de trabalhar"). Esse gênero de explicação ou de boa razão é exigido por uma norma social, como se pode observar quando, na tomada de turno, na interação, a explicação não é fornecida (Pomerantz, 1984).

"Explicar", "explicação" e situações explicativas

Os actantes do verbo "explicar" são locutores humanos (L_1, L_2...) ou discursos remetendo aos fenômenos explicantes (S) ou a explicar (M). A explicação é designada como uma sequência interacional, tendendo à disputa em "L_1 e L_2, explicando-se (sobre o tema de M)". É uma sequência interacional conceitual em "L_1 explica M a L_2". É uma sequência monológica conceptual com apagamento dos traços de enunciação em "S explica M (M é explicado por S)". Tudo se combina: "L_1 afirma a L_2 que S explica M".

Pode-se tentar esquematizar essa constelação actancial como uma sucessão de **fases**: Surgimento e formulação da dúvida sobre o tema de (M) – Pedido ou busca de explicação (S) – Formulação da explicação (S) – Ratificação de (S). Cada uma dessas etapas pode ser coconstruída ou negociada em uma interação, do mesmo modo que a distribuição de papéis discursivos de especialista (L1) (procurando fazer admitir seu discurso explicativo) e de aprendiz (L2) (introduzindo a questão sobre [M] e validando ou não [S]).

No uso comum, a palavra "explicação" designa segmentos de discurso ou sequências interativas que sucedem questões de natureza extremamente diversa, produzidas quando algo não é *compreendido*: "Explique-me o sentido desta palavra" (pedido de definição, de paráfrase, de tradução ou de interpretação); "– o que aconteceu" (pedido de narrativa); "– por que a lua muda de forma aparente" (pedido de teoria, de esquemas e de imagens); "– a teoria da relatividade" (pedido de teoria); ou toda vez que não se sabe como fazer: "Eu não compreendo como funciona" (pedido para produzir uma nota explicativa, ou modo de uso, ou uma demonstração prática; a estrutura da explicação fornecida será tão diversa quanto o tipo de atividade em causa). A questão da unicidade do conceito de explicação coloca-se, portanto, como aquela dos discursos explicativos e da atividade interacional chamada "explicação". Só se pode defini-la de maneira geral e ambígua como uma atividade cognitiva, linguageira, interacional, desencadeada pelo sentimento ou expressão de uma dúvida, de uma ignorância, de um problema no curso normal da ação ou de um simples **mal-estar** (*"mental discomfort"*, Wittgenstein, 1975: 26). A explicação é esse discurso ou essa interação que satisfazem uma necessidade cognitiva, apaziguando uma dúvida e produzindo um sentimento de **compreensão** e de intercompreensão.

Explicação e argumentação

A situação é ainda complicada pelos entrelaçamentos e os jogos estratégicos entre explicação e argumentação. Elas são igualmente desencadeadas pela *dúvida*. Trata-se, nos dois casos, de uma *relação* entre dois subdiscursos: a argumentação monológica liga um argumento e uma conclusão, a explicação liga um *explanans* e um *explanandum*. Na exposição argumentativa, o argumento é dado como certo, a dúvida se coloca sobre a consequência, a conclusão; mas na busca do argumento, dá-se o inverso, como na explicação, situação em que o *explanandum* está mostrado e o *explanans* está a ser descoberto. As mesmas **leis* de passagem** podem assegurar a conexão. As ligações causais são exploradas tanto na explicação quanto na argumentação (por exemplo, na argumentação pelas consequências, "Vendamos haxixe na farmácia e isso arruinará os traficantes"); as ligações funcionais servem para justificar as ações ("Eu vou inventar uma nova religião, isso criará laço social"); e os motivos são plenos de boas razões ("Vou assassiná-lo para tomar seu dinheiro"). Além do mais, as **sequências*** argumentativas podem surpreender no processo explicativo, se se produz um conflito entre as explicações propostas.

A oposição argumentação / explicação pode comportar um jogo argumentativo. A interação explicativa supõe uma repartição desigual dos **papéis***: Aprendiz (Ignorante) em posição baixa / Especialista, em posição alta. Em situação de argumentação, os papéis de **proponente*** e de **oponente*** são igualitários (explicar à alguém vs argumentar com ou contra alguém). A questão "Por quê?" pode introduzir o questionamento de uma opinião, de um comportamento, e um pedido de explicação no sentido de uma justificativa. Ela inclui-se, portanto, entre os atos de questionamento suscetíveis de abrirem uma *situação argumentativa,* na qual os participantes discutem de igual para igual. Mas o destinatário dessa questão pode reformatar esta situação como *uma situação explicativa,* na qual as relações de lugar* são assimétricas, o que lhe permite assumir a posição alta: "Espere, eu vou te explicar!" Essa constatação é sustentada por estudos reveladores de que a mudança de **enquadramento***, pela passagem do auditório de um público de aprendizes a um público de especialistas, acompanha-se de uma passagem da explicação à argumentação.

ver **argumentação, demonstração, interação, sequência**

C. P. (V. M. O. S.)

explicação e transmissão de conhecimentos – *No domínio dos discursos de transmissão de conhecimentos, a explicação* constitui uma categoria de análise que atualiza, de maneira privilegiada, as dimensões cognitivas e as dimensões comunicativas do modo* discursivo prototípico de certos gêneros* discursivos que aí são mobilizados (Moirand, 1999a).

Do ponto de vista sintático, o verbo *explicar* repousa: seja sobre uma estrutura de três actantes, dos quais dois são animados (A explica algo a B), estrutura que corresponde à representação "espontânea" que se tem de uma explicação didática*, e que pressupõe uma assimetria dos conhecimentos; seja sobre uma estrutura de dois actantes não animados (X explica Y), que liga, por uma relação de tipo causa-consequência, dois fatos, dois fenômenos ou dois processos, representação mais adequada ao que seria uma explicação científica.

Do ponto de vista enunciativo, o ato de explicar estabelece, por consequência, um enunciador que explica em duas posições diferentes: seja na posição de transmitir conhecimentos, inclusive aqueles produzidos por outros, o que o inscreve em uma situação triangular, na qual o mediador (aquele que ensina ou vulgariza) reformula o discurso "erudito" em função de seus destinatários; seja em uma posição de testemunha (e não de agente), que será próprio dos discursos científicos de produção de conhecimentos.

Do ponto de vista cognitivo-discursivo, trata-se de compreender as diferentes formas e funções de explicação, como categoria construída pelo discurso e que deixa traços na materialidade textual: explicar pode antecipar um pedido de esclarecimento sobre um termo ou sobre um referente ("O que isso quer dizer?", "O que é?"), ou um pedido sobre a conduta a ser adotada, os procedimentos a serem seguidos ou a cronologia das ações a serem efetuadas ("Como funciona?", "Como se faz?"), ou, ainda, responder a uma interrogação sobre as razões dos fatos, dos fenômenos ou das ações ("Por que isso acontece?", "Como é possível?").

Dimensões cognitivas vs Dimensões comunicativas

A articulação entre os três pontos de vista (sintático, enunciativo, cognitivo-discursivo) leva a abordar essa categoria prototípica dos discursos de transmissão de conhecimentos por meio do estudo de suas **dimensões cognitivas** e de suas **dimensões comunicativas**. Na primeira encontram-se as denominações,* designações,* reformulações* e tematizações, que transformam os objetos de conhecimento em objetos* de discurso, e que informam sobre a natureza e a organização dos saberes ou do saber-fazer transmitidos em função dos esquemas cognitivos próprios ao seu domínio (ver a noção de praxeograma*). Na segunda encontram-se os lugares* enunciativos que o discurso constrói, assim como as representações que ele faz do discurso dos outros, através das relações entre o discurso do mediador e os discursos eruditos representados, mas também entre o discurso do mediador e os discurso reais ou imaginados dos destinatários.

Pode-se estimar, com Piaget (como o fazem Ebel, 1981; Grize, 1990: 106), que a explicação pressupõe a introdução do operador "porque", e considerar, neste caso, que, para ser percebida como tal, uma sequência discursiva deve satisfazer três condições: (1) o fenômeno a ser explicado deve ser incontestável, bem estabelecido e reconhecido pelo conjunto da comunidade* discursiva de referência; (2) ele deve ser obrigatoriamente colocado em relação com outros saberes sobre a questão, estabelecidos alhures ou anteriormente; (3) aquele que propõe a explicação deve ser considerado como competente e neutro. Essa concepção, que tem a vantagem de distinguir, por um lado, a explicação da definição e da descrição, e de outro da justificação e da argumentação, restringe a explicação aos fatos científicos reconhecidos pelo conjunto da comunidade, o que não parece corresponder nem às representações "espontâneas" que se tem da explicação (explicar uma palavra, descrever um objeto ou um procedimento...), nem ao modo discursivo explicativo que se encontra, por exemplo, nas mídias, quando se trata de estabelecer ligações entre fatos políticos, econômicos ou sociais, isto é, propor hipóteses explicativas sobre o sentido social dos acontecimentos, mais do que explicações científicas (ver Charaudeau, 1998b; Moirand, 1999b, 2000).

ver **analogia, dialogismo, didaticidade, enunciação, reformulação**

S. M. (V. M. O. S.)

explicitação/implicitação – A explicitação e a implicitação são processos mentais que consistem, primeiro, em manifestar o que não está claramente expresso pelas palavras do enunciado, e segundo em não expressar claramente certas informações que ficam, portanto, latentes no enunciado. O locutor escolhe, portanto, no seu ato de enunciação, explicitar ou implicitar certas informações, deixando ao interlocutor a tarefa de descobrir aquelas que estão implícitas.

A explicitação pode ser feita seja revelando os referentes que se encontram por detrás das palavras de valor anafórico ("Você a viu? – Quem? – *Sandra*") ou dêitico ("Eu te espero aqui. – Aqui onde? – *Em casa*"), seja manifestando certas intenções do sujeito falante ("O senhor tem refri? – Sim, pois não? – Eu quero tomar um refrigerante... Coca-cola.").

A implicitação tem diferentes naturezas, segundo as informações implícitas sejam mais ou menos imediatamente reconhecíveis. Os pressupostos* são implícitos imediatamente reconhecíveis quaisquer que sejam os contextos de emprego ("Pedro parou de fumar'"→ pp. "Pedro fumava antes"), os subentendidos* devem ser calculados por inferência* a partir dos dados do contexto ou da situação ("Eu adoro ostras'"! "Ele quer ser convidado para comer ostras"). O cálculo dessas implicações pode ser feito aplicando-se as *leis* do discurso* (Ducrot *et alii*, 1980), ou as *máximas* conversacionais* (Grice, 1979). Outros linguistas distinguem *deixar a entender, dar a entender e subentender* (Récanati, 1981: 141).

Finalmente, Sperber e Wilson dão um sentido restrito à **implicitação** na medida em que eles a distinguem da *implicatura** conversacional e convencional de Grice (1979), e na medida em que eles propõem fazer uma distinção entre *premissas explicitadas e conclusões explicitadas* em relação com o princípio de relevância* (Sperber, 1989: 290).

ver **ambiguidade, implícito, inferência**

P. C. (V. M. O. S.)

explícito – ver **implícito**

exposição discursiva – Essa expressão tende a designar o ambiente constituído pelos enunciados, textos ou discursos, ao qual está exposto todo ator colocado num espaço social dado: o cidadão de uma democracia avançada, o profissional de uma multinacional ou o ator de um sistema educativo, como o apresenta, por exemplo, Develotte (1996: 143): "Nós chamamos de espaço de **exposição discursiva** o ambiente de enunciados ao qual estão expostos tais ou tais atores do sistema educativo considerado. É em função desse espaço de exposição discursiva que cada agente do sistema educativo configura, em um certo momento, o que chamamos seu *espaço de produção discursiva*, isto é, os discursos que ele pode realizar na instituição, em função de seu espaço de exposição discursiva."

Se a noção original foi tomada de empréstimo da aquisição das línguas (a exposição a uma língua natural é necessária a sua aprendizagem), sua transferência para a análise do discurso permite levar em conta a variedade da exposição discursiva e suas consequências sobre a transmissão e a apropriação dos saberes, ou sobre a compreensão das informações. Assim, não é fácil dominar os gêneros* discursivos que circulam em nossa própria comunidade ou nas comunidades* discursivas com as quais entramos em contato, porque não estamos expostos aos mesmos discursos nos espaços culturais, familiares, sociais e profissionais que percorremos (Moirand, ed., 1996: 6). Por isso, a exposição a uma grande diversidade de gêneros discursivos, saturados de diversas heterogeneidades (semióticas ou enunciativas) pode conduzir a um estado de insegurança* discursiva se não se dominar a diversidade dos funcionamentos textuais e intertextuais aos quais nos encontramos expostos (Moirand, 2000, 2001).

ver **dialogismo, memória discursiva**

S. M. (V. M. O. S.)

expressiva (função –) – ver **funções da linguagem**

face – A noção de **face** é central em pragmática* e análise das interações, pois é sobre essa noção que repousa a teoria da **polidez*** **linguística** hoje dominante (Brown e Levinson, 1978, 1987). A palavra deve ser tomada no sentido figurado que recebe nas expressões da língua comum "perder a face", "salvar a face" (expressão que os dicionários dizem ter sido importada do chinês na metade do século XIX), isto é, no sentido de "prestígio", "honra" e "dignidade".

No modelo de Brown e Levinson, a noção é ainda ampliada pela incorporação do que os etólogos das comunicações (como Goffman) chamam **território**. Esses autores distinguem, com efeito, para todo sujeito, *duas faces complementares*, a **face negativa** (conjunto dos territórios do eu: território corporal, espacial, temporal, bens materiais ou simbólicos) e a **face positiva** (conjunto das imagens valorizadoras de si mesmos que os interlocutores constroem e tentam impor na interação), porque cada um procura conservar intactos, e mesmo melhorar, seu território e sua face (positiva): é a *face-want* (desejo e necessidade de face). Mas reconhece-se que esse desejo é frequentemente contrariado na interação: ao longo do desenvolvimento da troca, os participantes são levados a produzir os atos (verbais e não verbais), um grande número dos quais constitui ameaças potenciais para uma ou outra de suas faces – à noção de face vem então acrescentar-se a de **Face Threatening Acts** (**FTAs**, "Atos ameaçadores da face").

Para Brown e Levinson, os atos de linguagem dividem-se ainda em quatro categorias, segundo a face que são suscetíveis de ameaçar: (1) *Atos ameaçadores da face negativa daquele que os executa*: por exemplo, o caso das promessas, pelas quais empenhamo-nos em fazer, em um futuro próximo ou distante, qualquer coisa que evite lesar nosso próprio território. (2) *Atos ameaçadores da face positiva daquele que os executa*: confissões, desculpas, autocríticas e outros comportamentos "autodegradantes". (3) *Atos ameaçadores da face negativa daquele que os sofrem*: ofensas proxêmicas, contatos corporais não habituais, agressões visuais, sonoras ou olfativas, mas também perguntas "indiscretas", ordens, proibições, conselhos, e outros atos que são de alguma forma contrários e "impositivos". (4) *Atos ameaçadores da face positiva daqueles que os sofrem*: críticas, refutações, censuras, insultos, escárnios e outros comportamentos vexatórios.

Ao lado desses atos ameaçadores, convém admitir a existência de atos, ao contrário, valorizadores ou gratificantes para as faces, como o presente, o elogio, o agradecimento ou o voto, atos batizados por Kerbrat-Orecchioni (1996) de *Face Flattering Acts* (FFAs). Acrescentemos que um mesmo ato pode ainda (é até o caso geral) produzir efeito simultaneamente em várias categorias, seja arriscando prejudicar várias faces ao mesmo tempo (por exemplo, a confissão ameaça ao mesmo tempo o território cognitivo do locutor e seu narcisismo, pois se confessa somente o que é "inconfessável"; a ordem atinge ao mesmo tempo as duas faces de seu destinatário, que o contraria, rebaixando-o), seja funcionando ao mesmo tempo como um FTA e como um FFA (por exemplo, o elogio é para seu destinatário um FFA relativamente a sua face positiva, mas um FTA relativamente a sua face negativa).

É a partir dessas noções de base que se edifica o sistema da *polidez*: essa consistirá, seja para atenuar a formulação dos FTAs *(polidez negativa),* seja para produzir FFAs, de preferência reforçadas *(polidez positiva)* – a polidez remete, nessa perspectiva, ao que Goffman chama de *face-work* (expressão traduzida por **figuração**), isto é, um conjunto de procedimentos que permitem satisfazer, tanto quanto possível, as exigências frequentemente opostas das faces em presença.

A formulação de um ato de linguagem depende, pois, fundamentalmente, de seu valor em relação ao "sistema das faces", valor que depende *do contexto social e cultural* no qual se realiza o enunciado (no limite, um mesmo enunciado pode valer por um FTA em um contexto dado e por um FFA em um outro contexto, e inversamente). O problema se coloca, com efeito, em relação à universalidade desse sistema. É certo que as noções de face e de território são submetidas a *variações culturais* importantes, ao mesmo tempo *qualitativas* (duas noções não são conceitualizadas em toda parte da mesma maneira [Ting-Toomey, ed., 1994]), e *quantitativas* (não se lhe atribui em toda parte a mesma importância: em nossas sociedades ocidentais, o cuidado de preservação do território é particularmente desenvolvido, enquanto em outras sociedades – ditas "de honra" ou "de vergonha" – é à face positiva que se atribuirá uma importância crucial). Todos os pesquisadores admitem, entretanto, o caráter universal dessas noções (em sua definição mais geral), assim como a importância que se atribui, em todas as sociedades, ao que está em questão quando se trata de território e de face, muito particularmente nas interações "face a face".

ver **ato de linguagem, polidez, ritual**

C.K.-O. (V. M. O. S.)

fática (função –) – ver **funções da linguagem**

fechado / aberto (**discurso –**) – A oposição entre discurso **fechado** e discurso **aberto** (Maingueneau, 1992: 120) funda-se sobre a relação entre produtores e receptores de um gênero* de discurso determinado. Os discursos dividem-se em dois polos:

· *Os discursos fechados* são aqueles nos quais tendem a coincidir, quantitativa e qualitativamente, o conjunto dos produtores e o conjunto dos receptores; situação característica, em particular, da maior parte dos gêneros do discurso científico, nos quais o público é de fato o grupo daqueles que escrevem textos dos mesmos gêneros.

· *Para os discursos abertos*, em contrapartida, existe uma enorme diferença qualitativa e quantitativa entre a população dos produtores e a população dos receptores. Os casos da grande imprensa ou do discurso político são exemplares: as populações de produtores são grupos muito restritos com identidade forte que se dirigem a populações de receptores muito vastas, cuja caracterização social é, na maior parte das vezes, muito distanciada da sua.

Essa distinção é gradual. Além do mais, ela concerne mais aos *gêneros* que aos *tipos** de discurso (político, científico...). Existem, por exemplo, gêneros de discurso filosóficos que visam a um vasto público de não filósofos.

ver **comunidade de fala, comunidade discursiva, gênero de discurso, vulgarização**

D. M. (V. M. O. S.)

fiador – ver **argumentação, autoridade, incorporação,** *tópos*

figura – A retórica* é frequentemente identificada com o estudo das "**figuras**", isto é, de todo o uso da língua que "se distancia mais ou menos da expressão simples e comum", segundo a definição de Fontanier (1968): não há figura sem "afastamento" (para retomar o termo que utilizarão mais tarde os estudiosos de estilística), porque não há afastamento sem norma.

Em retórica, a primeira tarefa que deve enfrentar toda teoria das figuras é a de sua *nomenclatura* e *classificação*: "A tradição não deixou de repertoriar e de classificar multiplos grupos de figuras, segundo agrupamentos diversos, heterogêneos, desiguais e contraditórios" (Molinié, 1992:152; ver também Morel, 1982). É Fontanier, o "Lineu da retórica", que, em 1818, escreve um "tratado completo" das figuras, ao qual se deve a taxionomia mais rica e sistemática nessa matéria: o conjunto das figuras inventariadas por Fontanier (uma centena) é dividido em sete classes repartidas em gêneros, espécies e variedades – mencionemos, entre outras, além das **figuras de significação**, ou **tropos**, as **figuras de construção** (inversão, elipse, zeugma, anacoluto etc.), as **figuras de elocução** (repetição, gradação, aliteração, paranomásia...), as **figuras de estilo** (perífrase, apóstrofe, comparação, antítese...), e as **figuras de** pensamento (prosopopeia, concessão...). Outras tipologias têm sido propostas mais recentemente (por exemplo, por Todorov, 1967), baseando-se em distinções fundamentais introduzidas pela linguística moderna: o plano da linguagem (significante e/ou significado) investido pela figura, o tipo e a dimensão da unidade concernida (fonema / grafema, morfema, palavra, frase, enunciado), ou o tipo de operação lógica implicada (adjunção, supressão, substituição, permutação) (*Groupe* μ, 1970).

Podemos interessar-nos também pelas *condições de emprego* das figuras, assim como pelas suas *funções* no discurso: a tradição clássica insiste na função "ornamental", e de fato, sobretudo, nos índices de "literariedade" (é na *Poética* e não na *Retórica* que Aristóteles considera as principais figuras); Lamy (1701) assimila, por sua vez, as figuras à "linguagem das paixões"; outros as consideram antes de tudo como sendo eficazes instrumentos de persuasão.

Como podem estar carregadas de valores múltiplos, as figuras de retórica encontram-se, também, nos discursos mais "comuns", como já o assinalou Dumarsais. A maior parte dentre elas está ainda hoje bem viva, em particular no discurso da publicidade, no qual elas estão presentes no texto e também na imagem (Durand, 1970). Em uma perspectiva *semiológica*, com efeito, as figuras de retórica são consideradas como procedimentos "trans-semióticos".

Em semiótica textual (de inspiração greimasiana), as "figuras" são unidades de conteúdo (ligando-se a um lexema ou sintagma) que atribuem um valor particular aos papéis e funções actanciais. Essas figuras se organizam em "percursos figurativos", que formam, propriamente em relação ao texto global, uma "configuração discursiva".

Em pragmática*, a palavra "figura", entendida como um dublê de "face*", deu lugar ao derivado "figuração", termo utilizado, às vezes, no quadro das teorias da polidez* que foram desenvolvidas recentemente, para designar o conjunto dos procedimentos de "controle das faces" (*face-work*). Esse termo pode produzir confusão, pois os procedimentos que exploram a "figuração", assim entendida, estão longe de se limitarem às "figuras" da retórica clássica.

ver **polidez, retórica, tropo**

C.K.-O. (V. M. O. S.)

figuração – ver **face**

finalidade – ver **contrato de comunicação**

focalização – Noção empregada com dois valores muito diferentes, um proveniente da *narratologia*, outro, da *linguística*.

Em narratologia e, particularmente, em narratologia literária, Genette (1972) estabeleceu uma tripartição, de grande sucesso, entre **focalizações interna, externa** e zero. A "focalização zero" corresponde à narração por um narrador onisciente. A "focalização interna" corresponde ao caso no qual "o narrador diz apenas o que diz tal personagem" (1972: 206) e a "focalização externa", ao caso em que a personagem é apreendida por um observador exterior, que não tem acesso à psique da personagem. Em consequência, há mais interesse nos marcadores *linguísticos* que indicam o ponto de vista (Danon-Boileau, 1982, 1995; Banfield, 1995; Rabatel, 1997). Rabatel contestou a existência de uma focalização zero, propondo que o ponto de vista, de fato, pode ter somente dois suportes: a personagem ou o narrador.

Em linguística, a focalização é uma operação (frequentemente sinônimo de ênfase*) que valoriza um constituinte da frase, ou **foco**. Martin (1983: 220) distingue focalização **contrastiva** ("O Paulo, ele está dormindo") e focalização **identificadora** ("Foi Pedro que chegou"). Isso pode-se fazer por meios fonéticos (*acentuação*) ou sintáticos: em particular o *deslocamento* à esquerda ("O Paulo, ele está doente") ou direita ("Ele veio, o Paulo") ou por uma extração com *é... que* ("É ao povo que eu me dirijo"). A focalização linguística cruza distinções como tema/rema*, tema/propósito. Ela não pode ser apreendida fora da dinâmica textual.

ver ênfase, ponto de vista, pressuposto, tema/rema

D. M. (V. M. O. S.)

footing – Traduzido em francês por *position* e usualmente não traduzido em português, esse termo do sociólogo americano Goffman designa "a postura, a atitude, a disposição, o *eu* projetado dos participantes" (1987:137) que se manifestam nos comportamentos múltiplos, porque muito instáveis, adotados por ocasião de um "encontro social", e que tornam observáveis as "qualidades sociais que se requerem dos participantes" (ibid.: 135).

Exposto em um capítulo do livro *Façons de parler*, consagrado à análise dos comportamentos linguageiros, essa noção segue-se, sendo aplicada à observação das "cenas" de fala, à reflexão sociológica elaborada por Goffman em *Les Cadres de l'expérience*. Os *quadros* são "esquemas interpretativos" da experiência social que "estruturam os acontecimentos e o engajamento dos atores" (1991); eles subjazem às rotinas sociais e aos "jogos" que delas decorrem. É, pois, por meio da observação e, sobretudo, das modificações ou das *rupturas* de quadros que se constrói e se dá a ler para os participantes – e para o analista – "a ordem de interação" (1984). Para as interações verbais, o *footing* é uma peça central do dispositivo de ações *conjuntas* dos interactantes: "Cada vez que uma palavra é pronunciada, todas aquelas que se encontram sustentadas pelo acontecimento possuem, em relação a ele, um certo estatuto de participação. A codificação desses diversos *footings* e a especialização normativa do que é uma conduta conveniente ao interior de cada um constituem um plano subjacente essencial para a análise da interação" (1987: 9).

Para descrever essas configurações interlocutivas e suas modificações, Goffman foi conduzido a repensar os conceitos de locutor/ouvinte tradicionalmente utilizados para descrever a comunicação face a face; propôs resumir os posicionamentos do ouvinte com a ajuda da noção de **quadro* participativo** e distinguir os diversos graus de engajamento do locutor com a ajuda da noção de **formato de produção**: esta "delimitação do quadro participacional e do formato de produção dá uma base estrutural a partir da qual se podem analisar as mudanças de *footing*" (1987: 156). Essas distinções apresentam uma certa analogia com aquelas introduzidas por Ducrot, em seu "Esboço de uma teoria polifônica da enunciação" (Ducrot, 1984), para combater o postulado da unicidade do sujeito falante: ambos agem de acordo com o fato de que "as palavras que nós pronunciamos não são frequentemente nossas" (Goffman, 1987: 9). A multiplicidade das personagens da enunciação na teoria da polifonia faz eco, para Goffman, à necessidade de "levar em conta principalmente a função 'encaixadora' da fala" (ibid.: 161) e à estratificação dos *footings* nos diversos momentos da cena conversacional, como na anedota na qual Goffman baseia sua análise dos reenquadramentos posicionais (trata-se de um gracejo feito no início de entrevista coletiva com o presidente Nixon, dirigido a uma mulher jornalista, e que dá lugar aos ajustes recíprocos dos dois protagonistas face aos outros jornalistas).

Os reenquadramentos e suas negociações* por parte dos interactantes são sempre situados em contexto*. Colocam em jogo elementos verbais, paraverbais ou não verbais, e todos os índices comportamentais de inscrição nesses quadros; esses elementos podem ser extremamente sustentados (uma modulação fonológica), emergir no interior de uma intervenção (um episódio narrativo ou uma retomada diafônica*), ou desenvolver-se em toda uma sequência interacional (incidentes e disfunções que matizam, às vezes, as comunicações entre profissionais ou as interfaces complementares intra ou interculturais).

Na "tradição francesa", a noção de *footing* é fortemente assimilada à de polifonia; e também os trabalhos que nela se inspiram decorrem muito frequentemente de uma abordagem dos fenômenos de enunciação.

ver **contexto, destinatário, interação, negociação, polifonia, quadro participativo**

S. Br. (V. M. O. S.)

formação discursiva – A noção de **formação discursiva** foi introduzida por Foucault e reformulada por Pêcheux no quadro da análise do discurso. Em função dessa dupla origem, conservou uma grande instabilidade.

FOUCAULT E PÊCHEUX

Foucault, falando, em *A arqueologia do saber*, de "formação discursiva", procurava contornar as unidades tradicionais como "teoria", "ideologia", "ciência", para designar conjuntos de enunciados que podem ser associados a um mesmo sistema de regras, historicamente determinadas: "Chamaremos discurso um conjunto de enunciados na medida em que relevam a mesma formação discursiva" (1969b:153). Caracteriza a formação discursiva, ao mesmo tempo, em termos de dispersão, de raridade, de unidade dividida... e em termos de sistema de regras. Além do mais, sua concepção da formação discursiva "deixa em aberto a *textualização* final" (1969b: 99): estamos longe, aqui, de um procedimento da análise do discurso que não poderia dissociar formação discursiva e estudos das marcas linguísticas e da organização textual.

É com Pêcheux que essa noção é acolhida na análise do discurso. No quadro teórico do marxismo althusseriano, ele propunha que toda "formação social", caracterizável por uma certa relação entre as classes sociais, implica a existência de "*posições* políticas e ideológicas, que não são feitas de indivíduos, mas que se organizam em *formações* que mantêm entre si relações de antagonismo, de aliança ou de dominação". Essas formações ideológicas incluem "uma ou várias *formações discursivas* interligadas, que determinam *o que pode e deve ser dito* (articulado sob a forma de uma arenga, de um sermão, de um panfleto, de uma exposição, de um programa etc.) a partir de uma posição dada em uma conjuntura dada" (Haroche, Henry e Pêcheux, 1971: 102). Essa tese tem incidência sobre a semântica, pois "as palavras 'mudam de sentido', quando passam de uma formação discursiva a outra" (ibid.). É nas formações discursivas que se opera o "assujeitamento", a "interpelação" do sujeito como sujeito ideológico. Mas, no fim dos anos 70, a noção de formação discursiva foi revista pelo próprio Pêcheux e por outros pesquisadores (Marandin, 1979, Courtine, 1981) no sentido da não identidade consigo mesma. A formação discursiva aparece, então, inseparável do *interdiscurso**, lugar em que se constituem os objetos e a coerência dos enunciados que se proveem de uma formação discursiva: "Uma formação discursiva não é um espaço estrutural fechado, já que ela é constitutivamente 'invadida' por elementos provenientes de outros lugares (i. e., de outras formações discursivas) que nela se repetem, fornecendo-lhe suas evidências discursivas fundamentais (por exemplo sob forma de 'pré-construídos*' e de 'discursos transversos')" (Pêcheux, 1983: 297).

UM USO POUCO RESTRITIVO

Em função de sua dupla origem, o termo "formação discursiva" obteve grande êxito, mesmo fora dos trabalhos inspirados pela Escola* Francesa. Ele permite, com efeito, designar todo conjunto de enunciados sócio-historicamente circunscrito que pode relacionar-se a uma identidade enunciativa: o discurso comunista, o conjunto de discursos proferidos por uma administração, os enunciados que decorrem de uma ciência dada, o discurso dos patrões, dos camponeses etc.; basta postular que, "para uma sociedade, um lugar, um momento definidos, somente uma parte do dizível é acessível, que esse dizível forma sistema e delimita uma identidade" (Maingueneau, 1984: 5). Tal plasticidade empobrece essa noção. Hoje, tende-se a empregá-la, sobretudo, para os posicionamentos* de ordem ideológica; também se fala mais facilmente de "formação discursiva" para discursos políticos ou religiosos do que para o discurso administrativo ou o discurso publicitário.

A maneira pela qual se apreende uma formação discursiva oscila entre uma concepção *contrastiva*, na qual cada uma é pensada como um espaço autônomo que se coloca em relação a outros, e uma concepção *interdiscursiva*, para qual uma formação discursiva apenas se constitui e se mantém pelo interdiscurso. Essa divergência recorta uma outra, que deriva da distinção entre abordagem analítica* e integradora*: alguns julgam a formação discursiva como sistema que integra os diversos planos textuais, outros acentuam suas falhas – "Qualquer conjunto de discursos (discurso comunista, discurso socialista...) deve ser pensado como *unidade dividida*, em uma *heterogeneidade em relação a si mesmo*" (Courtine, 1981: 31).

O termo "formação discursiva", após ter dominado a análise do discurso francófona, tem, desde os anos 80, mais dificuldade em encontrar o seu lugar. Isso tem a ver com seu caráter mal definido, mas também, com efeito, identifica-se, frequentemente, de maneira caricatural, com uma unidade doutrinária que seria compacta e independente das situações* de comunicação; Pêcheux, no entanto, se distanciou dessa concepção: não se poderia apreender "discursividades textuais, autoestabilizadas, por exemplo, os discursos políticos que têm a forma do teórico doutrinário", localizado "em um espaço discursivo que se supõe dominado por condições de produção estáveis e homogêneas" (1983: 296). O recuo em relação a essa noção explica-se igualmente pelo interesse crescente que incide sobre *corpora* não doutrinais. Deve-se, entretanto, evitar cair no excesso contrário: para numerosos *corpora*, essa noção pode mostrar-se produtiva, se for claramente definida.

ver **análise do discurso, arqueológica (análise –), discurso, Escola Francesa de Análise do Discurso, gênero de discurso, posicionamento**

D. M. (V. M. O. S.)

formação linguageira – Noção teórica proposta por Boutet, Fiala e Simonin-Grumbach (1976) no quadro de uma teoria materialista das práticas linguageiras. Formada por analogia com o conceito de "formação social" de Poulantzas (1968), ela é definida como "um conjunto regrado de práticas linguageiras, que as organiza segundo relações de força em práticas dominantes e práticas dominadas" (Boutet, Fiala e Simonin-Grumbach, 1976). Essa noção introduz a ideia de que existem relações de força *entre* práticas linguageiras e não somente que o linguageiro traz consigo *vestígio ou reflexo* das relações de força exteriores. Propõe-se não separar as duas ordens, do simbólico e do social, mas manifestar em que medida a linguagem é *constitutiva*, ao mesmo tempo *objeto e agente* das relações sociais.

Do ponto de vista da análise linguística

As relações de dominação, construídas historicamente, podem ser reconhecidas em dois níveis:

· ***Nas formas linguísticas propriamente ditas***: imposição histórica de uma língua ou de uma variedade, imposição de um gênero, imposição de uma prática linguageira. Por exemplo, o gênero político do grande discurso oral monologal do orador político diante de uma multidão caiu em desuso, em proveito dos debates ou intervenções televisivas.

· ***Na produção e na circulação do sentido***: alguns objetos de discurso, ou referentes, têm uma legitimidade social importante e geram numerosos discursos (Ebel e Fiala, 1983), o que Bakhtin descreve falando de "situados no horizonte social", ao passo que outros circulam de modo restrito. Por exemplo, Boutet (1995) propõe falar de uma "formação linguageira do trabalho", construída sobre o confinamento das práticas linguageiras provenientes dos assalariados e sobre a dominação das que resultam da organização e do enquadramento. Esta relação de força dá conta do fato de que todos os assalariados dizem ter grandes dificuldades de falar do seu trabalho, pois são poucos os discursos que existem e circulam, que poderiam constituir um "fluxo dialógico" no interior do qual os assalariados se situariam para retomar, parafrasear, argumentar.

Debate sobre as relações entre o linguageiro e o social

Com a noção de "formação linguageira", concebe-se a linguagem como sendo, ao mesmo tempo, coagida pela sociedade e exercendo um poder de ação. Existem outras concepções.

Na teorização marxista clássica, considera-se que a organização econômica das sociedades (a infraestrutura) determina e condiciona a linguagem e as línguas (elementos ideológicos que, de fato, pertencem à superestrutura). O social *determina* o linguístico, que é o seu "reflexo". Mencione-se a célebre polêmica entre Marr, linguista soviético e partidário de um determinismo radical, e Stalin, que refutou essa tese em 1953.

· *Na linguística variacionista,* elaborada por Labov, propõe-se uma *covariação* entre os fatores sociográficos, como a escolarização, o sexo, a profissão, a idade, e as variáveis linguísticas (por exemplo, a pronúncia do "r" em inglês, ou a realização da negação em francês, "je viens pas/je ne viens pas", queda ou não do "r" em final de palavra/sílaba, em português, "bater/batê", "flor/flô"). Essa covariação, expressa em termos estatísticos, quer-se estritamente descritiva e não explicativa: o analista constata que tal variável tem uma frequência significativa em tal grupo social, mas ele não chega a nenhuma conclusão sobre as causas dessa correlação.

· *A teoria do capital simbólico* de Bourdieu (1982) procura explicar as correlações observadas entre práticas linguageiras (e mais amplamente práticas culturais) e pertencimento social, essencialmente graças ao conceito de "*habitus social*". Esses são conjuntos de disposições incorporados no momento da socialização e que configuram ou predispõem as práticas culturais. Essa teoria inspirou-se nos trabalhos do psicossociólogo inglês Bernstein (1975), que observou e descreveu diferentes modos de socialização das crianças. Ele mostrou que existem "*estilos sociais*" de socialização, correlacionados às classes sociais, e associados a modos de falar específicos. Deve-se a ele a importante reflexão sobre a "*contextualização dos discursos*": as crianças das classes favorecidas são mais rapidamente e mais cedo expostas a enunciados descontextualizados (**código** chamado **elaborado**, em afinidade com o discurso escolar), enquanto as crianças das classes populares são educadas mais nos discursos contextualizados (**código** chamado **restrito**).

ver **formação discursiva, prática linguageira**

J. B. (V. M. O. S.)

formato – ver **prescrito**

formato participativo – ver **quadro participativo**

fórmula – Esse termo do vocabulário corrente foi introduzido na análise do discurso político por Faye (1972) para descrever a emergência e a circulação, nos discursos fascistas e nazistas nos anos 1920-1930, das expressões *Estado total* e *Estado totalitário* e de seus efeitos nas políticas de extermínio. Em seu emprego especializado, o termo **fórmula** designa uma expressão lexical, mais frequentemente, um sintagma nominal ou uma colocação* de caráter neológico*, que remete a uma noção, tendo exercido, no plano ideológico, um papel fundador e ativo em certa situação histórica.

Uma fórmula caracteriza-se por seu uso maciço e repetitivo, sua **circulação** em um espaço público em uma conjuntura dada. Ela é o objeto de conhecimentos amplamente partilhados, mas sempre conflituosos, observados particularmente nos comentários metadiscursivos* e polêmicos que acompanham frequentemente a fórmula. Seu conteúdo referencial não é um conceito estável: ele tem um caráter metafórico, contornos imprecisos, que o tornam objeto de controvérsias, de definições contraditórias, de enfrentamentos polêmicos entre correntes ideológicas e políticas opostas ou concorrentes, que dele procuram se apropriar. A fórmula dá lugar a um número significativo de transformações e de variações parafrásticas. Aí está seu caráter propriamente discursivo, apreensível em um conjunto de usos (Krieg, 2000). No plano linguístico, ela remete às questões de categorização nominal e de construção referencial, de paráfrase* e de pré-construído*, de pragmática* lexical e de argumentação*.

O estudo das fórmulas foi aplicado a diversos acontecimentos e discursos políticos: campanhas eleitorais a respeito da *superpopulação estrangeira* na Suíça, 1960-1974 (Ebel e Fiala, 1983); campanhas de propaganda na França sobre a *imigração selvagem* nos anos 70, sobre a *preferência nacional* nos anos 90, sobre a *purificação étnica* na ex-Iugoslávia (Krieg, 1996). Numerosos outros exemplos apresentam um simbolismo altamente significativo no plano político, destacando-se: *limiar de tolerância, fratura social, efeito estufa, direito de ingerência* etc.

ver **cristalização, sloganização**

P. F. (V. M. O. S.)

frase/enunciado – ver **enunciado**

fraseologia – Esse termo designa o conjunto das expressões cristalizadas, simples ou compostas, características de uma língua ou de um tipo de discurso. Bally propôs seu estudo de forma sistemática desde o início do século XX (1909), sob a forma de repertórios e de classificação morfológica, semântica e estilística, reagrupando as expressões que são objeto de uma cristalização*. Esse procedimento foi aprofundado numa perspectiva comparativa e didática pelos linguistas do leste europeu. O Laboratório de Análise dos Dados Linguísticos (LADL) forneceu à língua francesa repertórios com pretensão de exaustividade, classificados por categorias e esquemas morfossintáticos que dão uma ideia da importância considerável do componente fraseológico nos discursos (Danlos, 1988). Contudo, a exaustividade parece um objetivo difícil de ser alcançado. Por outro lado, é possível estabelecer esquemas gerais de expressões fraseológicas e verificar sua produtividade discursiva e as variações que tais esquemas apresentam em diversos tipos de discursos (Fiala, 1987). Passamos, assim, de uma perspectiva tipológica, estática, para uma concepção mais dinâmica da fraseologia. Do mesmo modo, as abordagens antropológicas (Rey, 1986) e pragmáticas apontam para o interesse da fraseologia nas perspectivas culturais, interacionais e argumentativas.

ver **cristalização, língua de madeira, sloganização**

P. F. (F. C. M.)

funções da linguagem – A noção de "**função da linguagem**" pode ser vista tanto no nível da *língua* quanto no do *discurso*. Efetivamente, para certos linguistas (Martinet, Halliday, por exemplo), ela está ligada a um postulado de filosofia da linguagem, segundo o qual a *estrutura* do sistema linguístico se explicaria por suas funções, definidas como suas finalidades, suas metas: transmitir informações, agir sobre outrem, exprimir suas emoções, manter o laço social etc. Mas outros linguistas falam de funções apenas no plano do *discurso*, sem pretender explicar com isso a estrutura do sistema linguístico.

As tipologias das funções são em geral muito abstratas. Buhler (1934) distinguia três funções (de expressão, de apelo, de representação). Jakobson (1963) acrescentou três outras, correspondendo todas as seis aos diferentes polos do esquema da comunicação. A função **emotiva**, centrada no emissor da mensagem, manifesta-se por exclamações, interjeições, avaliações etc. A função **conativa**, centrada no destinatário, manifesta-se pelo imperativo, pelas interrogações etc. A função **referencial**, centrada no contexto, visa a representar o mundo (narração, exposição...). A função **fática**, centrada no canal, o contato com o destinatário, manifesta-se em fórmulas tais como "Alô", "Entendeu?" etc. A função **metalinguística**, centrada no código linguístico, permite falar desse código ("Pela palavra X, eu entendo..."). Quanto à função **poética**, centrada na mensagem, ela está na base da poesia, dos *slogans*, dos provérbios... na medida em que emprega os signos tanto por seu significante quanto por seu significado. Presume-se que cada texto tem uma *função dominante*: referencial para um jornal, fática para as conversações rotineiras etc. Uma distinção atualmente muito usual opõe duas funções essenciais: uma função **transacional**, centrada na transmissão de informação, e uma função **interacional**, centrada no estabelecimento e na manutenção das relações sociais (Brown e Yule, 1983: 1). Essa última oposição recorta em boa medida a oposição entre funções **ideacional** e **interpessoal** (Halliday, 1970). Outros, abandonando o domínio do sistema linguístico, constroem tipologias de funções que se apoiam em uma *grade comunicacional* de base psicossociológica. Dessa maneira, Gross (1976) distingue textos normativos, incitativos, informativos etc.; e Isenberg (1984) distingue textos lúdicos, religiosos, estéticos.

A perspectiva funcional da frase (em inglês FSP: "*Functional Sentential Perspective*") do Círculo Linguístico de Praga desenvolveu uma teoria que, partindo do princípio de que a função principal de um enunciado é a de trazer informações novas, estuda os constituintes de um texto considerando o que trazem de novo para a informação, a *divisão dinâmica do dado e do novo* (Danes, ed., 1974). Encontra-se aqui a problemática da progressão* temática.

Com o desenvolvimento das correntes pragmáticas* e da análise do discurso, a problemática das funções da linguagem perdeu sua força. Efetivamente, o espaço tradicionalmente atribuído a essas "funções" foi de certa maneira apropriado pela comunicação. A dimensão praxeológica é central: fala-se agindo, para agir ou para fazer outros agirem. A dimensão representacional é frequentemente menos importante, o que distingue claramente os discursos no trabalho das conversações*, por exemplo.

As situações de trabalho são diversas e as trocas verbais, múltiplas. Pode-se, entretanto, observar na obra três grandes **funções da linguagem**: *instrumental, cognitiva* e *social*.

· *A função instrumental*. Ela é marcada em todas as produções verbais que permitem a coordenação da ação coletiva. O trabalho é sempre uma atividade coletiva, e as comunicações, orais ou escritas, asseguram a regulação dos gestos e das ações, a fim de atingir uma meta comum. As formas linguísticas são frequentemente reduzidas: frases nominais, verbos no infinitivo, imperativos, supressão dos adjetivos, listas, siglas, abreviações, elisões.

· *A função cognitiva*. Os discursos que asseguram a transmissão dos saberes, ou que permitem a resolução dos problemas, realizam a função *cognitiva*. Essa função está presente em todas as atividades de formação ou de aprendizagem, mas é sempre elaborada no trabalho desde que se trate de superar o não funcionamento, de reparar uma máquina ou de fazer com que funcione melhor. A forma privilegiada dessa função é o raciocínio, a argumentação.

· *A função social*. O trabalho assegura uma dimensão de socialização e de integração das pessoas. A linguagem, neste caso, é um dos vetores. Os discursos permitem a construção de relações sociais e realizam, assim, a função *social* da linguagem. As maneiras próprias de falar em um serviço, em um ateliê, em um depósito servem de marcadores de identidade do grupo. Os locutores criam vocabulários específicos que lhes permitem reconhecer-se como membros de uma mesma coletividade. As formas privilegiadas são as gírias, as piadas, os gracejos rituais, as "tagarelices".

ver **gíria, locutor coletivo, máxima conversacional**

J. B. (V. M. O. S.)

generalização – Essa noção interessa aos psicólogos, que a opõem à de *discriminação*, assim como aos filósofos e aos lógicos, que a definem como "uma operação que consiste em reunir sob um conceito único os caracteres comuns observados em vários objetos singulares e estender esse conceito a uma classe indefinida de objetos possíveis" (Oriol e Mury, 1968). Em linguística, ela foi utilizada para designar o fenômeno de substituição, por uma regra única, ou por regras parcialmente idênticas, de um conjunto de regras que se aplicam a fatos distintos, como testemunha Mounin (1974).

EM SEMÂNTICA LEXICAL

Com o propósito de dar conta das estruturas hierárquicas do léxico, explora-se a noção de **generalização**, definida por Dubois *et alii* (1994) como "um processo cognitivo que consiste, partindo de um certo número de constatações empíricas, em elaborar um conceito: assim, o conceito 'cadeira' é elaborado a partir da percepção de objetos que comportam um certo número de propriedades comuns". Nessa perspectiva, os *semas genéricos* permitem operar reagrupamentos de unidades lexicais parcialmente distintas que se diferenciam umas das outras por *semas específicos*. Por exemplo, *assento* é o sema genérico a partir do qual se pode *reagrupar cadeira, tamborete, poltrona*; os traços distintivos "com encosto" ou "com apoio para os braços" são considerados como semas específicos.

EM ANÁLISE DO DISCURSO

Para Ali Bouacha, a generalização "é um fenômeno que está na junção da enunciação e da argumentação" (1994: 281). Preocupando-se com o estatuto linguístico e com o que está em jogo no discurso da questão genérica, o autor interessa-se pelas formas que permitem a um locutor produzir um enunciado que se apresenta como incontestável. Nessa perspectiva, ele opõe os "enunciados genéricos" que se encontram apenas nas situações específicas (axiomas das linguagens formais, frases analíticas) – aos "enunciados generalizantes", que podem levar a um conjunto ponderado colocando em jogo a quantificação (verdadeiro para todo X), a aspectualização (sempre verdadeiro) e, enfim, a modalização (necessariamente verdadeiro)" (1994: 287). A noção de generalização, que pode ser definida "como o que permite desconstruir a

singularidade de um acontecimento ou de uma propriedade" (Ali Bouacha, 1992: 100), é suscetível de desempenhar "um papel comunicativo específico (procurando agir, inconscientemente, talvez, sobre as crenças do outro), transformando uma experiência individual em verdade de valor geral" (Moirand, 1990:76).
ver **argumentação, questão (em argumentação), retórica**

F.C.-B. (V. M. O. S.)

gênero de discurso – A noção de **gênero** remonta à Antiguidade. Volta-se a encontrá-la na tradição da crítica literária que assim classifica as produções escritas segundo certas características; no uso corrente, no qual ela é um meio para o indivíduo localizar-se no conjunto das produções textuais; finalmente, mas ainda submetida a debates, nas análises de discurso e análises textuais.

Na Antiguidade coexistiram dois tipos de atividade discursiva. Um, que nasceu na Grécia pré-arcaica, era o fazer dos poetas. Esses eram encarregados de representar o papel intermediário entre os deuses e os humanos, de um lado celebrando os heróis, de outro interpretando os enigmas que os deuses enviavam aos humanos. Assim, foram codificados certos gêneros tais como o épico, o lírico, o dramático, o epidítico etc. O outro teve nascimento na Grécia clássica e seu desenvolvimento, na Roma de Cícero; apareceu como resposta às necessidades de gerir a vida da cidade e os conflitos comerciais, fazendo da fala pública um instrumento de deliberação e de persuasão jurídica e política.

Na tradição literária, presume-se que os gêneros podem permitir a seleção e a classificação dos diferentes textos literários que pertencem à prosa ou à poesia. Mas isso se deu ao longo dessa tradição literária segundo critérios que não são todos da mesma natureza.

· Critérios ao mesmo tempo de composição, de forma e de conteúdo que distinguem os gêneros: poesia, teatro, romance, ensaio. Depois, no interior desses o *soneto*, a *ode*, a *balada*, o *madrigal*, *a estância* etc. para a poesia; o *épico*, o *elegíaco* etc. para a narrativa; a *tragédia*, o *drama*, a *comédia* etc. para o teatro.

· Critérios que remetem a diferentes modos de conceber a representação da realidade, definidos por meio de textos ou manifestos, tendo por função fundar Escolas, e que corresponderam a períodos históricos: os gêneros *romântico*, *realista*, *naturalista*, *surrealista* etc.

· Critérios que remetem à estrutura dos textos e, particularmente, a sua organização enunciativa: o *fantástico*, a *autobiografia*, o *romance histórico* etc.

O problema apresentado por essas classificações é que um mesmo tipo de texto pode acumular vários desses critérios de modo homogêneo (a *tragédia*, no século XVII, sob forma teatral, com estrutura particular) ou heterogêneo (o *fantástico* que se encontra em diferentes épocas, sob diferentes formas, em diferentes estruturas).

Em semiótica, análise do discurso e análise textual, encontra-se de novo essa noção aplicada igualmente aos textos não literários. Mas aqui coexistem, realmente opostas, diferentes definições que testemunham cada posicionamento teórico ao qual elas se filiam. Ainda que seja difícil classificar esses diferentes posicionamentos, distinguir-se-ão vários pontos de vista.

• *Um ponto de vista funcional,* desenvolvido por certos analistas, que procuram estabelecer funções* com base na atividade linguageira, a partir das quais as produções textuais podem ser classificadas segundo o polo do ato de comunicação em direção ao qual elas são orientadas. Assim, há classificações baseadas no esquema da comunicação, propostas por Jakobson (1963): função *emotiva, conativa, fática, poética, referencial* e *metalinguística,* ou, mas de maneira diferente, porque mais sociologizadas, as funções propostas por Halliday (1973): funções *instrumental, interacional, pessoal, heurística, imaginativa, ideacional, interpessoal* etc., ou por Brown e Yule (1983): funções *transacional e interacional.*

• *Um ponto de vista enunciativo,* iniciado por Benveniste (1966) que, apoiando-se no "aparelho formal da enunciação" propôs uma oposição entre *discurso* e *história* – frequentemente reformulada em *discurso* vs. *narrativa.* No prolongamento desse ponto de vista, desenvolveram-se análises que tentam descrever os gêneros considerando as características formais dos textos e reunindo as marcas mais recorrentes. Para Beacco e Moirand, por exemplo, trata-se de "colocar em evidência regularidades ou invariantes dos discursos no nível de sua estruturação longitudinal (por exemplo: estrutura do parágrafo) ou no nível de suas atualizações linguageiras (formas de indicações metadiscursivas, formas da intertextualidade, formas de presença do enunciador e do ouvinte...)" (1995: 47). Para Biber (1989), uma coleta estatística de traços gramaticais permite-lhe construir uma tipologia* dos discursos: *interação interpessoal, interação informativa* etc.

• *Um ponto de vista textual,* mais voltado para a organização dos textos, que procura definir a regularidade composicional desses textos, propondo, por exemplo, como o fez Adam, um nível intermediário entre a frase e o texto chamado sequencial* que tem um valor prototípico de narrativa, descrição, argumentação etc.: "As sequências são unidades composicionais um pouco mais complexas do que simples períodos com os quais elas se confundem algumas vezes" (Adam, 1999: 82). Vários autores falam a esse propósito de "gêneros textuais".

• *Um ponto de vista comunicacional,* que confere a esse termo um sentido amplo, ainda que com orientações diferentes. Para Bakhtin (1984: 267), por exemplo, os gêneros dependem da "natureza comunicacional" da troca verbal, o que lhe permite distinguir duas grandes categorias de base: produções "naturais", espontâneas, pertencentes aos "gêneros primários" (aqueles da vida cotidiana), e produções "construídas", institucionalizadas, pertencentes aos "gêneros secundários" (aquelas produções elaboradas, literárias, científicas etc.) que derivariam dos primários. Para Maingueneau e Cossutta, trata-se de selecionar e descrever "tipos de discurso que aspiram a um papel [...] fundador e que nós chamamos *constituintes*" (1995: 112), cuja finalidade simbólica é determinar os valores de um certo domínio de produção discursiva. "São constituintes essencialmente os discursos religioso, científico, filosófico, literário, jurídico" (ibid.). Para Charaudeau, que procura ancorar o discurso no social, mas em uma filiação mais psicossociológica, trata-se de determinar os gêneros no ponto de articulação entre "as coerções situacionais determinadas pelo *contrato* global de comunicação", "as coerções da *organização discursiva*" e "as características das *formas textuais*", localizáveis pela recorrência das marcas formais (Charaudeau, 2000b). Mas, para esse autor, as características dos discursos dependem essencialmente de suas condições de produção situacionais* nas quais são definidas as coerções que determinam as características da organização discursiva e formal; os gêneros de discurso são "gêneros situacionais".

A diversidade dos pontos de vista mostra a complexidade da questão dos gêneros, incluindo as denominações, já que alguns falam de "gêneros de discurso", outros de "gêneros de textos", outros ainda de "tipos de textos": Adam opõe "gêneros" e "tipos de textos" (1999); Bronckart opõe "gêneros de textos e tipos de discurso" (1996); Maingueneau distingue, em relações de encaixamento, "tipo de texto", "hipergênero" e "gênero de discurso" (1998); Charaudeau distingue "gêneros e subgêneros situacionais" e, no interior desses, variantes de gêneros de discurso (2001).

Vê-se que, para definir essa noção, ora leva-se em conta, de modo preferencial, a *ancoragem social* do discurso, ora sua *natureza comunicacional*, ora as *regularidades composicionais* dos textos, ora as *características formais* dos textos produzidos. Pode-se pensar que esses diferentes aspectos estão ligados, o que cria, aliás, afinidades em torno de duas orientações principais: aquela que está mais voltada para os textos, justificando a denominação "gêneros de texto", e a mais voltada para as condições de produção do discurso, que justifica a denominação "gêneros do discurso".

ver **constituinte (discurso –), contrato de comunicação, matriz discursiva, sequência, tipologia dos discursos**

P. C. (V. M. O. S.)

gênero e história – Desde os anos 90, pesquisadores desenvolvem trabalhos sobre as *mudanças das práticas discursivas* que dão um lugar importante aos fenômenos genéricos definidos como instituições *de fala*, articulando uma identidade enunciativa com um lugar social ou com uma comunidade de locutores (Maingueneau, 1993: cap. 3; Beacco, 1992: 11). Essa abordagem interpretativa, que coloca, na esteira dos trabalhos de Jauss (1978), o receptor no centro do processo, distingue-se da tradição literária e retórica dos **gêneros** que salientava as particularidades de textos modelos para perpetuar o ensino de formas canônicas consideradas admiráveis. Ela se distancia igualmente da primeira análise do discurso francesa, que desconstruía os gêneros para selecionar enunciados dispersos em uma pluralidade de domínios de discursos, a fim de relacioná-los a posicionamentos* historicamente determinados (Pêcheux, 1969; Haroche, Henry e Pêcheux, 1971). A nova perspectiva, frequentemente mais centrada nos textos correntes, articula um programa de pesquisa em torno de dois eixos de preocupações principais: a reflexão crítica sobre o caráter *histórico* das tipologias; a descrição das *condições de emergência* de novas categorias de gêneros e de mutação dos antigos.

DOS GRANDES TIPOS DE DISCURSO AOS GÊNEROS SÓCIO-HISTÓRICOS COMO INSTITUIÇÕES DE FALA

As classificações retóricas tradicionais repousam sobre critérios *institucionais* exteriores ao discurso. A retórica grega determinava, assim, a partir das funções fundamentais da cidade, três grandes tipos de discurso: o gênero **deliberativo** para a assembleia, o gênero **judiciário** para o tribunal, o gênero **epidítico** para as cerimônias. Entretanto, essa divisão da atividade social é sócio-histórica e, portanto, sujeita a variação. Atualmente, em razão da importância dos setores concernidos pelas sociedades modernas, pesquisadores acrescentam a essa lista os discursos midiáticos (Charaudeau, 1997a) ou os discursos em situação de trabalho (Boutet, Gardin e Lacoste, 1995). De todo modo, tais tipologias não permitem fazer corresponder regularidades discursivas precisas a setores de atividades tão vastas.

Analistas de sistemas como Biber (1988) propuseram, inversamente, partir das distribuições estatisticamente notáveis de formas linguísticas no interior de grandes *corpora* informatizados. Vê-se, então, emergir tipos* de discursos definidos por correlações estatísticas, nas quais intervêm construções sintáticas (como as nominalizações) ou categorias (como os marcadores de tempo verbal ou os pronomes). Mas a lista das marcas linguísticas consideradas corresponde a hipóteses do pesquisador sobre a definição dos gêneros, conforme permitem ou não a expressão da subjetividade ou a densificação das mensagens. Constitui, de fato, uma tipologia* que não é característica, e que deveria ser reexaminada. Além disso, os tipos que se constituem assemelham-se mais a registros que a gêneros. Eles não correspondem a condições de produção precisas e não permitem considerar os enunciados do ponto de vista dos mecanismos que os condicionam.

Se procuramos articular formas linguísticas e funcionamentos sociais, situamo-nos ao nível de gêneros menores (não o religioso, mas, por exemplo, o sermão; não a prosa administrativa, mas os relatórios dos assistentes sociais). A lista renova-se com as práticas sociais: uma modificação da finalidade do discurso, dos estatutos dos parceiros ou do tempo e do lugar da comunicação, do suporte material, das condições de aprendizagem das formas textuais etc., ocasiona, no fim, uma modificação das rotinas empregadas pelos locutores para a execução de suas tarefas. O procedimento de análise não consiste em varrer toda a superfície textual dos discursos e em encadear as unidades na linearidade dos enunciados, mas em privilegiar as categorias que estabilizam formas de associação entre formas de ação (papéis discursivos, tarefas cognitivas), conteúdos e maneiras de dizer (dispositivos de enunciação, novas denominações, aparição de fórmulas que permitem ritualizar as práticas etc.).

A renovação constante dos gêneros implica logicamente a impossibilidade de estabelecer tipologias *a priori*. Em compensação, deve-se descrever o modo de coexistência dos gêneros em um espaço-tempo dado, que constitui um elemento importante da definição das formações* discursivas de uma sociedade (Maingueneau, 1987: 27).

CRIATIVIDADE LINGUAGEIRA E ATIVIDADE DE INTERPRETAÇÃO

Longe de discorrer sempre nos moldes previstos pelas normas dos gêneros, os sujeitos falantes, peritos como locutores comuns, afastam-se, frequentemente, dos funcionamentos linguísticos esperados. Mas não se pode falar de transformação dos gêneros *independentemente da interpretação* dada a esses fatos. Uma primeira dimensão concerne à interpretação do desrespeito às convenções atribuídas a um gênero dado: diante de duas cartas de negócio enviadas pela internet, uma comportando erros de ortografia e saudações finais reduzidas a um breve "tudo de bom", a outra em ortografia padrão e terminando com "Queira, senhor, aceitar a expressão de minha mais alta consideração", o receptor pode considerar que se trata de *variações em um gênero* social dado, ligadas ao aprendizado escolar dos escreventes; ou, então, considerar que a carta com desvios pertence a um *novo gênero* "correio eletrônico", caracterizado pelo relaxamento da pressão normativa. Assim, a distinção entre o que é efeito de um gênero novo e o que é efeito da mobilidade em um gênero – que constitui um traço dos enfrentamentos sobre os modos de se exprimir em uma atividade social dada – coloca igualmente em jogo o julgamento reflexivo dos membros da sociedade com essas zonas de estabilidade e de instabilidade (Achard, 1995; Branca-Rosoff, 1998). Notar-se-á, aliás, a importância das designações* na legitimação dos novos gêneros.

Uma segunda dimensão concerne ao reconhecimento da existência de *coerções discursivas* nas quais se via um exercício natural da linguagem. É assim que os pesquisadores em ciências sociais começam a ver em sua *entrevista* um gênero caracterizado por um dispositivo enunciativo coercitivo, e não unicamente uma conversação entre um entrevistador e um entrevistado (Blanchet e Gotman, 1992). A emergência dos gêneros resulta em parte dos processos que o pesquisador segue. Levar em conta essa temporalidade é um dos aspectos da história reflexiva das representações que as sociedades elaboram de si mesmas.

ver **análise do discurso, cena de enunciação,** *corpus*, **escrito/oral, prescrito, regime discursivo, tipologia dos discursos**

S.B.-R. (V. M. O. S.)

gênero retórico

A RETÓRICA ANTIGA

Na *Retórica* (1358b), Aristóteles distingue três gêneros de fala pública.

· *O gênero epidítico*, o do discurso solene, que distribui o elogio ou a reprimenda. Discurso de *celebração*, ele se localiza em dois lugares socioinstitucionais variados (festas ou lutos). Perelman e Olbrechts-Tyteca (1970: 66) atribuem-lhe a função essencial de revitalizar os **valores*** da comunidade; se se considera que esses valores estão no fundamento de todas as formas de argumentação, o gênero epidítico vem primeiro. Segundo Aristóteles, sua temporalidade característica é o presente, talvez o da atualidade atemporal dos valores.

· *O gênero deliberativo*: o discurso deliberativo visa a determinar o que convém *fazer* e não fazer, a orientar a decisão sobre uma operação particular, situada no futuro e que interessa ao conjunto da comunidade (declarar a guerra ou construir um canal...). Seu lugar institucional é a assembleia ou o conselho.

· *O gênero judiciário* recobre os discursos proferidos diante do juiz, compostos em função dos interesses de uma ou de outra das partes que se opõem. Ele determina o *justo* e o injusto, a propósito de uma ação passada. Seu lugar institucional é o tribunal. É esta forma de interação fortemente codificada que faz o papel de situação de referência para a retórica antiga.

A teoria dos três gêneros constitui um recorte de escolha da teoria (ou do catecismo) retórica. Essa categorização *explodiu* no mundo moderno, quando se poderia facilmente contestar esse corte.

A RETÓRICA CRISTÃ E MEDIEVAL

Nada na essência da retórica a limita a esses três gêneros. Aparecem novos gêneros retóricos sempre que há reflexão sistemática sobre um setor da fala pública e a apresentação sob forma prescritiva dos resultados dessa reflexão. Na Idade Média apareceram *gêneros retóricos originais*, que fazem referência aos gêneros clássicos e os deslocam.

· *A disputa* é um gênero didático **dialético***. Ela repousa sobre o questionamento de proposições religiosas ou científicas e sobre seu tratamento por meio de argumentos e refutações.

· *O gênero predicador* constitui uma originalidade da Idade Média e dos tempos modernos. Fundado sobre a letra e o espírito de um texto sagrado, a **pregação** assegura a transmissão pública de uma mensagem religiosa que diz respeito tanto aos costumes quanto à fé. Ela é acompanhada por uma *mensagem político-social* cuja importância permanece primordial no mundo moderno, certamente superior àquela do discurso político no sentido ocidental do termo. A *Doutrina Cristã* de Santo Agostinho (354-430) constitui um momento essencial no desenvolvimento da pregação cristã, as primeiras obras técnicas, conhecidas sob o nome de *artes praedicandi*, que aparecem mais tarde, no século XIII. O sermão comenta e explica uma passagem tirada da Bíblia ou dos Evangelhos com o auxílio de procedimentos retóricos de divisão e de amplificação, enriquecido de exemplos e de apelos às autoridades* escolhidas em função de diferentes tipos de auditórios (mulheres, estudantes, comerciantes...).

· *O gênero epistolar* (*ars dictaminis*) originado em Bolonha no século XI, aplica os princípios da retórica ciceroniana à **correspondência administrativa**. Ele prevê uma disposição da carta em cinco etapas: saudação (ou endereçamento), exórdio (*captatio benevolentiae*), argumentação ou narração, pedido e conclusão.

A Idade Média produziu igualmente as *artes notariae*, reuniões de modelos para os atos da administração privada e pública (contratos, testamentos etc.); as *artes orandi*, que codificam a prece como "arte de falar a Deus".

ver **retórica**

C. P. (V. M. O. S.)

gestualidade – A **gestualidade comunicativa** compreende qualquer movimento corporal (gesto propriamente dito, mas também postura, olhar ou mímica) que sobrevém no decorrer de uma interação e perceptível pelo parceiro daquele que o produz (seja o gesto intencional ou não). Seu estudo desenvolveu-se a partir dos anos 60 com as observações de campo que rapidamente evidenciaram a *multicanalidade* das interações face a face. Chama-se frequentemente **cinesia** (tradução do termo *kinesics*, proposto por Birdwhistell) ao estudo da mímico-gestualidade (às vezes chamada também "comunicação não verbal").

CARACTERÍSTICAS DOS GESTOS

A gestualidade comunicativa pode ser mais ou menos estreitamente ligada às produções verbais; Kendon (1977) via, a esse propósito, um *continuum* que vai da *gesticulação coverbal*, caso em que o liame é necessário, até aos signos das línguas gestuais, no qual o liame desapareceu, passando pelas as pantomimas e as "quase-linguísticas", de liame facultativo. Com o desenvolvimento dos estudos conversacionais, são os gestos coverbais que se tornam objeto dos mais variados estudos.

Além do fato de empregarem o canal visual, os gestos distinguem-se dos sinais linguísticos por um certo número de *propriedades semióticas*: eles têm um caráter global e sintético (admite-se, geralmente, que não apresentam "dupla articulação"), não obedecem a nenhuma "gramática" (regras de organização sintagmática), são fortemente polissêmicos e dependentes do contexto, são largamente idiossincráticos, ainda que sejam muito frequentemente "motivados" (por oposição aos signos linguísticos nos quais domina o arbitrário) (cf. Calbris e Porcher, 1989).

A maior parte dos autores (Ekman e Friesen, Kendon, McNeill, Cosnier etc.) concordam em distinguir as *categorias semiofuncionais* seguintes: os gestos *dêiticos* (gestos de designação do referente, como os gestos de apontamento); os gestos *ilustrativos* (de um conteúdo concreto: gestos *icônicos*; ou de um conteúdo abstrato: gestos *ideográficos* ou *metafóricos*); os gestos *de entonação* (*marcações* ou *batidas*), que acentuam certos momentos precisos do discurso; gestos *quase-linguísticos* (ou *emblemas*), gestos convencionais que podem funcionar sem fala associada; os gestos *expressivos faciais* (mímicas faciais), transcategoriais, na medida em que podem ser associados a todas as categorias precedentes e que se tornaram, na esteira da criação do *Facial Action Coding System* (Ekman e Friesen, 1982), objeto de uma verdadeira especialização. O interesse crescente atribuído à interação levou a descrever, além disso, os gestos de *coordenação* (ou *copilotagem*), gestos que asseguram a manutenção dos turnos* de fala e a mudança dos locutores (Duncan e Fiske, 1977). Mencionemos, enfim, os gestos *extracomunicativos*: automanipulações ou manipulações de objetos, que têm a reputação de possuir funções autocalmantes; e os gestos *práxicos*, ligados a atividades paralelas ou justificadoras da interação (atividades de trabalho ou esportivas etc.)

As funções dos gestos coverbais

Elas podem ser consideradas em relação a:

(1) Sua utilidade para a atividade enunciativa do emissor: o trabalho cognitivo do falante é facilitado pela atividade corporal motora, que parece mesmo indispensável a seu bom desenvolvimento – tudo se passa como se *não se pudesse falar sem se movimentar*. A gestualidade do falante representa assim um papel importante do ponto de vista da regulação emocional: a atividade verbo-gestual permite uma moderação da emotividade subjacente.

(2) Sua utilidade para o receptor (aquele que se encontra em situação de escuta), que se traduz pela contribuição da gestualidade do falante na significação do enunciado total: os gestos ilustrativos contribuem para seu aspecto denotativo

(portador de informações), os gestos expressivos (particularmente as mímicas faciais) contribuem para seu aspecto conotativo*. Essa mímico-gestualidade ligada à atividade locutória pode estar em simples *redundância*, em *convergência*, em *complementaridade*, em *independência* ou em *contradição* com o enunciado verbal.

(3) Sua utilidade para a coordenação interacional: a atividade *fática* do falante e a atividade *reguladora* do ouvinte participam da *sincronização* dos locutores e de seu *acordo afetivo*. Condon e Ogston (1966) descreveram os primeiros fenômenos de sincronia interacional que apresentam dois aspectos:

· *Autossincronia*: as atividades motoras corporais e de fala do sujeito falante estão muito estreitamente sincronizadas; geralmente, o ritmo do gesto corresponde ao ritmo da fala, mas frequentemente a atividade mímico-gestual ilustrativa antecipa a expressão verbal (a verbalização apoia-se na gesticulação).

· *Intersincronia*: a coordenação das atividades dos interactantes, graças ao dispositivo de sinais fáticos* e reguladores*, está associada a um processo corporal que as ecoa (identificação psicomotora), que permitem as inferências enfáticas e o acordo (ou o desacordo) afetivo. A associação desses dois mecanismos dá a impressão de uma "dança dos interactantes" mais ou menos observável segundo a qualidade e a natureza da relação; assim se podem descrever intersincronias simétricas ou complementares, simultâneas ou sucessivas.

Observemos, para terminar, que a maior parte dos estudos da gestualidade comunicativa concerne a situações nas quais a interação verbal é predominante. Porque, se é verdade que a espécie humana é uma espécie "faladeira", pode também comunicar-se por meios *outros além dos discursivos*. Um certo número de pesquisadores (Streeck, 1996) interessa-se hoje pelas interações que se realizam essencialmente por meios não verbais, de acordo com o programa já antigo de Pike (1967), o qual preconizava, desde os anos 60, uma "teoria unificada da estrutura do comportamento humano".

ver **interação, proxêmica**

J. C. (V. M. O. S.)

gíria – A maioria dos dicionários de língua registra o surgimento do termo *argot* (em português, "gíria") em 1628 com uma acepção primeira de "corporação, confraria dos indigentes, dos mendigos". Dessa origem resulta o fato de que o termo foi frequentemente associado a grupos sociais mais ou menos marginais: gíria dos malandros, gíria dos presidiários. O termo conheceu uma ampliação de sua acepção e, desde então, fala-se de "gíria dos jovens" ou "gíria das profissões".

De um ponto de vista lexicológico, as gírias constituem subconjuntos do vocabulário comum, e a maior parte dos procedimentos para sua criação está integrada à morfologia da língua: a derivação morfológica (*antena* > *antenado*), o truncamento (*apartamento* > *apê* ou *português* > *portuga*), a afixação (*bunda* > *desbundar*), os empréstimos (*down* > *pra baixo, deprimido*). Inúmeros procedimentos retóricos também estão a trabalho das gírias, como a metáfora (*mala* > *pessoa inconveniente*), a metonímia (*tirar o cavalinho da chuva* > *desistir*), o eufemismo (*a morte* > *a morada dos céus*), a hipérbole (*palito* > *pessoa magérrima*).

Por outro lado, há procedimentos que são específicos de cada língua. Em francês, em geral, consistem na modificação do agenciamento silábico de palavras. Por exemplo, em **largonji**, substitui-se a consoante inicial por "l" para colocá-lo em final de palavra (*en douce* > *en louce* > *en loucedé*). Em **verlan**, procedimento bastante produtivo na fala dos jovens franceses, inverte-se a ordem silábica nas dissílabas (*cramé* > *mécra*) ou alteram-se os constituintes nas monossílabas (*là* > *àl*). O conjunto desses procedimentos pode ser combinado (*voleur* > *tireur* como gíria, > *reurti* como *verlan*). [Em português, poder-se-ia pensar na **língua do pê**, fenômeno linguístico praticado principalmente em atividades lúdicas infantis, que consiste na modificação do agenciamento silábico pela inserção, no final de cada sílaba da palavra, de uma sílaba formada por /p/ mais o final da sílaba original. Assim, na composição de Gilberto Gil, intitulada "Língua do P": "Ga-pa-ran-pan-to-po / Que-pe vo-po-cê-pê / *Garanto que você* / Não-pão vai-pai, *não vai* / Não-pão vai-pai, *não vai* / Com-pom-pre-pre-en-pen-der-per bulhufas, bulhufas / Do-po que-pe ten-pen-tan-pan-mos-pos / Lhe-pe di-pi-zer-per (...)" (Gilberto Gil, *O sol de Oslo*. Pau Brasil: 1998)].

Não é, pois, tanto na *língua* que se pode mostrar uma especificidade das gírias quanto em suas enunciações *em discurso*, em seus usos, assim como nas situações sociais de emprego. As gírias, assim, dizem respeito à sociolinguística.

As funções das gírias foram objeto de debate. A função *críptica* (Guiraud, 1963), por muito tempo alegada, é claramente convocada em benefício das funções *lúdicas* e *identitárias*. Não mais trabalhando unicamente a partir das fontes lexicográficas e da escrita, os estudos recentes sobre os usos reais dessas gírias nas interações efetivas, assim como as enquetes sobre as representações dos locutores, mostram que as gírias são claramente marcadores de *coesão de grupo*, grupo de idade, grupo social, grupo profissional (Labov, 1976; Goudailler, 1997). Nesse sentido, se não é justo falar de um "código secreto", como podem ser consideradas as linguagens de iniciação, o uso das gírias, não obstante, leva a estabelecer demarcações no interior de uma comunidade linguística entre os que a utilizam, "nós", e os que não o fazem, "eles". O caso dos apelidos no meio profissional ilustra bem esta propriedade das gírias: os chefes e dirigentes de uma empresa recebem frequentemente apelidos dos funcionários, mas eles só podem ser usados no interior do grupo dos subordinados e jamais na comunicação entre eles e seus superiores.

A gíria dos jovens. A existência de um falar específico dos jovens desfavorecidos foi reconhecida nos anos 80. Os termos "franceses das periferias, das cidades, dos bairros" surgiram na imprensa. As características do francês dos jovens não são somente lexicais, mas também fonéticas, melódicas e sintáticas. No entanto, são as palavras utilizadas, em particular o *verlan*, as que mais impressionam (Séguin e Teillard, 1996). Uma das características desse falar dos jovens é o *recurso simultâneo* ao conjunto dos procedimentos morfológicos de criação disponíveis em francês. Assim, a palavra "deblèdou", que significa "não malandro, mal-inserido" advém de três operações morfológicas: empréstimo do árabe "bled", vernalização como "deblèd" e, em seguida, sufixação com "ou".

As gírias das profissões. Para designar os vocabulários criados no trabalho, inúmeros termos estão disponíveis como "vocabulários de profissão, jargões, gírias". Se não são totalmente substituíveis uns pelos outros, eles remetem ao mesmo fenômeno sociolinguístico: a abundância da criação lexical no meio profissional (Boutet, 2001). Esse fato foi percebido há muito, e desde o século XIX tem-se reuniões de vocabulários profissionais (Boutmy, 1883). Essa atividade de renomeação abrange todo o ambiente do trabalho: o pessoal (no serviço, chama-se de "carrasco" um chefe particularmente duro, porque todos se "borram de medo" quando o encontram), nas atividades produtivas (na França, diz-se *tailler un bifteck* (cortar um bife) na tipografia quando se cortam os grandes rolos de papel que alimentam as rotativas), nos objetos da atividade (na França, os talhadores de pedra designam, por eufemismo, como *mon caillou* (meu cascalho) o bloco de várias toneladas com o qual devem trabalhar).

ver **palavra, vocabulário/léxico**

J. B. (F. C. K.)

gramática de texto – No final dos anos 60, aparecem, na Alemanha, "**gramáticas de textos**", com a ambição de produzir um conjunto infinito de estruturas textuais bem formadas (Ihwe, 1972: 10) de uma língua dada.

Com base no modelo da gramática gerativa e transformacional frástica, essas linguísticas definem algoritmos abstratos, regras de reescrita que permitem gerar as "bases do texto" e as regras de transformação que permitem passar dessas estruturas profundas à linearização da manifestação linguística de superfície. Apoiando-se no fato de que não nos comunicamos por frases, mas por textos, as gramáticas de textos ampliaram a noção de competência do locutor ideal para a compreensão e para a produção de sequências textuais de frases. Fazendo da gramática de frase uma subparte da gramática de texto, trata-se de explicar por quais razões um texto não é nem um amontoado, nem uma simples sequência de frases, de dar conta do fato de que a significação de um texto é outra coisa, e não a soma das significações das frases que o compõem.

Prolongando as pesquisas de Bellert, Lang, Thummel, Ihwe e Isenberg, os primeiros trabalhos de Van Dijk – "Aspects d'une théorie générative du texte poétique" (1972a), "Grammaires textuelles et structures narratives" (1973a) e "Modèles génératifs en théorie littéraire" (1973b) são reveladores da posição inicial das gramáticas textuais no cruzamento da epistemologia gerativista e dos estudos estruturalistas da poesia e da narrativa. Após uma passagem por uma linguística textual ancorada na psicologia cognitiva (Kintsch e Van Dijk, 1984), Van Dijk desenvolveu uma análise sociopolítica do discurso no espírito dos "*cultural studies*" americanos (1996). Combinando gramática gerativa e semântica derivada da lógica matemática, os trabalhos de Petöfi (1975) estão entre os mais ambiciosos e mais bem sucedidos. Contudo, passou progressivamente da gramática formal a uma textologia semiótica" (Petöfi e Olivi, 1986). Mais rapidamente separadas das coerções da epistemologia gerativista, "gramáticas da narrativa" foram elaboradas, em particular, por Prince (*A Grammar of Stories*, 1973) e por Genot (*Grammaire et récit. Essai de linguistique textuelle*, 1984).

ver **coerência, linguística textual, superestruturas textuais, texto, transfrástico**

J.-M.A. (V. M. O. S.)

heterogeneidade mostrada/constitutiva – Um discurso quase nunca é homogêneo: ele mistura diversos tipos de sequências* textuais, faz variar a modalização*, os registros de língua, os gêneros* de discurso etc. Entre os fatores de heterogeneidade, atribui-se um papel privilegiado à presença de discursos "outros" – isto é, atribuíveis a outra fonte enunciativa; Authier-Revuz (1982) introduziu uma distinção amplamente utilizada entre **heterogeneidade mostrada** e **heterogeneidade constitutiva**.

A *"heterogeneidade mostrada"* corresponde à presença localizável de um discurso outro no fio do discurso. Distinguem-se as formas **não marcadas** dessa *heterogeneidade* e suas formas **marcadas** (ou *explícitas*). O coenunciador identifica as formas *não marcadas* (discurso indireto livre, alusões, ironia, pastiche...) combinando em proporções variáveis a seleção de índices textuais ou paratextuais diversos e a ativação de sua cultura pessoal. As formas *marcadas*, ao contrário, são assinaladas de maneira unívoca; pode tratar-se de discurso direto ou indireto, de aspas*, mas também de glosas que indicam uma *não coincidência* do enunciador com o que ele diz (modalização* autonímica). Authier-Revuz (1990: 174) distingue quatro tipos de glosas: (1) não coincidência *do discurso com ele mesmo* ("como diz Fulano", "no sentido de Fulano"...); (2) não coincidência *entre palavras e coisas* ("como eu diria?", "é a palavra que convém"...); (3) não coincidência *das palavras com elas mesmas* ("em sentido figurado", "em todos os sentidos"...); (4) não coincidência *entre enunciador e coenunciador* ("como você diz", "se me permitem a expressão"...). Assim, o enunciador negocia com a alteridade, procura preservar uma fronteira com o que não provém de seu discurso.

Fala-se de "heterogeneidade constitutiva" quando o discurso é dominado pelo interdiscurso*: o discurso não é somente um espaço no qual viria introduzir-se, do exterior, o discurso outro; ele se *constitui* através de um debate com a alteridade, independentemente de qualquer traço visível de citação, alusão etc. Essa tese toma diversas formas, conforme os autores. Assim, em Bakhtin, a afirmação de um dialogismo* generalizado: as palavras são sempre as palavras dos outros, o discurso é tecido dos discursos do outro. Em Pêcheux, a dupla referência à psicanálise e à concepção althusseriana da ideologia funda o primado do interdiscurso em relação a cada formação* discursiva: "O próprio de cada formação discursiva é dissimular, na transparência do sentido que aí se forma, a objetividade material e contraditória do interdiscurso, determinando essa formação discursiva como tal, objetividade material que reside no fato de que 'isto fala' sempre antes, alhures, ou independentemente, isto é, sob a dominação do complexo das formações ideológicas" (Pêcheux, 1975: 146). Authier-Revuz (1982) refere-se, por sua vez, à psicanálise lacaniana: o sujeito é irredutivelmente clivado, dividido pelo inconsciente, mas ele vive na ilusão necessária da autonomia de sua consciência e de seu discurso. Para Maingueneau, a identidade de uma formação discursiva é sempre indissociável de sua relação com as formações discursivas através das quais ela constrói sua identidade: "A definição da rede semântica que circunscreve a especificidade de um discurso coincide com a definição das relações desse discurso com seu Outro [...]. Disso decorre o caráter forçosamente dialógico de qualquer enunciado do discurso, a impossibilidade de dissociar a interação dos discursos e o funcionamento intradiscursivo" (1984 : 30-31).

ver **aspas, dialogismo, discurso citado, interdiscurso, intertextualidade, metacomunicação/metadiscurso, polifonia, pré-construído**

D. M. (S. P.)

hipérbole – Do grego *huperbolê*, "excesso": o termo aplica-se de fato a qualquer formulação "excessiva" em relação ao que se pode supor a respeito da intenção comunicativa real do locutor. Como "hiperasserção", a **hipérbole** opõe-se a outra "figura*", a lítotes* (que é uma "hipoasserção").

O que é pertinente para a identificação da figura, no caso de uma hipérbole como no da lítotes, não é o conteúdo informacional da sequência, mas sua *orientação* argumentativa*: "eu a tive por um segundo" (no lugar de "por pouco tempo"), "uma palavra" (por "em poucas palavras"), "está a dois passos" (por "não está longe"), "não há absolutamente ninguém" (por "há poucas pessoas") são hipérboles e não lítotes, donde essa definição de Fontanier (1968: 123): "A hipérbole aumenta ou diminui as coisas em excesso, e as apresenta bem acima ou bem abaixo daquilo que são, não com a finalidade de enganar, mas de levar à própria verdade, e de fixar, pelo que é dito de inacreditável, aquilo em que é preciso realmente crer".

Os procedimentos formais que a hipérbole utiliza são vários. A retórica* clássica assinala, sobretudo, *as comparações e as metáforas** amplificadoras ("mais branca que a neve", "mais rápido que o vento", "mais devagar que uma tartaruga", "rios de lágrimas", "é um verdadeiro tigre"), mas a hipérbole explora igualmente *os prefixos* e *sufixos aumentativos* ("hiper-", "super-", "extra-", "maxi-", "-íssimo" etc.), as diferentes *formas de superlativo* ("é genial", "a nata da sociedade", "é a simpatia em pessoa"), as *acumulações*, os procedimentos *paralinguísticos** etc.

Algumas hipérboles são lexicalizadas, quer se trate de palavras ("amor-perfeito", "mil-folhas", "mil-grãos") ou de expressões figuradas ("enxugar gelo", "caldo de levantar defunto" etc.). Quando não é este o caso, põe-se o problema dos *índices* que permitem a identificação do tropo*. Às vezes, o *contexto linguístico* permite essa identificação (em particular em caso de contradição interna ao enunciado: "ele não tem recursos e os utiliza mal", "em geral ele chega sempre atrasado", "não fechei o olho a noite toda, e quando acordei...", "não havia absolutamente ninguém, uma dúzia no máximo..."), mas, mais frequentemente, é a partir *do que se sabe do estado das coisas e do que se supõe que o locutor quer dizer* que a hipérbole pode ser identificada. Por exemplo: "eles sofreram mil mortes" é necessariamente uma hipérbole; "ele morreu de rir" muito provavelmente também é; mas "eles morrem de fome" é ambíguo, e a interpretação de um enunciado como este exige recurso a informações extralinguísticas. Correlativamente, a figura pode, tanto quanto a lítotes, prestar-se ao *mal-entendido**.

Segundo Dumarsais (1988: 133), a hipérbole "é comum aos orientais". Seu uso é de fato mais ou menos frequente segundo as culturas, mas também segundo os tipos de discurso. Outrora característico do estilo "sublime", cultivado por todos os discursos "extremistas" (cf. no jargão stalinista, as "víboras lúbricas" e os "ratos viscosos"), a hipérbole é hoje a figura preferida do discurso publicitário. Mas também está muito presente nas trocas cotidianas ("é genial", "não vale nada", "vi isso mil vezes", "faz séculos que não te vejo", "tem disso em qualquer lugar", "não tem nada mais difícil/chato", "isso não tem nada a ver", "é sempre assim", "você sempre perde tudo", "você é um anjo", "infinitamente grato" etc.), ou ela pode ser posta a serviço de fins tão diversos quanto a persuasão, a chicana, ou a polidez* (o agradecimento e o louvor são, assim, sistematicamente formulados em um modo hiperbólico).

O funcionamento da hipérbole, como o de todos os tropos, tem qualquer coisa de *paradoxal*, já que o exagero é para ser percebido como tal (cf. Fontanier, citado acima: "[...] não com a finalidade de enganar [...]" e Dumarsais: "Aqueles que nos ouvem diminuem de nossa expressão o que deve ser diminuído"), mas, ao mesmo tempo, nos diz Fontanier, "é preciso que aquele que escuta possa partilhar até certo ponto a ilusão" que constitui o sentido literal, porque senão a figura é inoperante.

Como nos lembra Perrin (1990), os retóricos e os manuais de boas maneiras nos previnem contra o uso excessivo e inapropriado da hipérbole. Assim Courtin (citado por Weil 1983: 228): "Enganam-se redondamente aqueles que formulam todos os seus cumprimentos em hipérboles que se destroem a si mesmas, colocando assim o esplendor e a beleza de uma dama acima do Sol, e envergonhando a Nuvem e o Lírio, falando de sua brancura [...]"; ou, em outros termos, emprestados de Bataille: "O excessivo é insignificante".

ver **figura, lítotes, polidez, tropo**

C. K.-O. (S. P.)

hipertextualidade – Noção introduzida por Genette para o estudo da literatura, mas que pode ser estendida a outros tipos de discurso. Ela se define como "qualquer relação que une um texto B (que chamarei *hipertexto*) a um texto anterior A (que chamarei *hipotexto*) sobre o qual ele se enxerta de uma forma que não é mais a do comentário" (1982: 11). Genette distingue **transformação** (*paródia**, *disfarce*, *transposição*) e **imitação** (*pastiche**, *charge*, *falsificação* [= o falso]), conforme a relação de hipertextualidade seja "lúdica", "satírica" ou "séria".

Deve-se ter claro que, no caso do discurso literário, e mais geralmente nos discursos constituintes*, a **hipertextualidade** concerne mais frequentemente a obras elaboradas a partir de autores ou a obras singulares (paródia de tal obra, de tal escritor...). Ora, em análise do discurso, na maioria das vezes, lidamos com fenômenos hipertextuais que dizem respeito aos gêneros* de discurso, não a textos singulares.

ver **captação (II), pastiche**

D. M. (S. P.)

hipotexto – ver **hipertextualidade**

história – ver **narrativa**

história/discurso – A categoria "discurso como objeto da história" aparece, após a publicação do livro da historiadora Robin sobre *História e linguística* (1973), no subtítulo da obra coletiva sobre *Langages et idéologies* (Guilhaumou *et alii*, 1974). Marca assim uma virada importante nas relações entre história e linguística, por ter se tornado a medida comumente admitida, tanto na França como em outros países (Goldman, 1989; Schöttler 1988), do lugar da análise do discurso entre os historiadores linguistas.

Certamente, a relação dos historiadores com o campo da linguística não data do advento da linguística estrutural na França nos anos 70. O ensaio de Lafargue (1894 / 1977) sobre "La langue française avant et après la Révolution" anuncia o interesse dos historiadores progressistas, por exemplo, Rebérioux, Prost e Soboul, pela "vida própria" das palavras do francês nacional, e explica sua proximidade com historiadores da língua como Brunot e Balibar. Durante o período entre as duas grandes guerras, a escola dos *Annales*, e Febvre (1953) mais particularmente, seguido depois por Mandrou e Dupront, atribui uma grande importância à linguagem como "via cardeal de acesso ao social no indivíduo".

Entretanto, a categoria "discurso como objeto da história" dá origem, nos anos 70, à figura inédita do historiador do discurso, qualificado mais recentemente pelos pesquisadores estrangeiros como historiador linguista (Koselleck, 1997). Sua especificidade, na história da análise do discurso, decorre de sua ancoragem inicial em vários lugares de inovação: a construção de *corpora** textuais a partir de documentos históricos; a abordagem quantitativa proposta pelo Laboratório de lexicologia e de lexicometria* da ENS/Saint-Cloud, a análise do enunciado segundo o método* harrisiano, praticada por linguistas de Paris X/Nanterre; enfim, o estudo de estratégias discursivas assumidas no interdiscurso* (Pêcheux, 1990) e o momento* discursivo que deprecia fortemente o postulado da transparência da palavra em relação à coisa exibida no "discurso da história" (Barthes, 1994).

Este dicionário propõe os verbetes principais Arquivo*, Trajeto* temático, Acontecimento* discursivo, Acontecimento* linguístico, que expõem as mudanças, no decorrer desses 30 anos, da categoria "discurso como objeto da história". De fato, uma certa especificidade dessa interrogação histórico-discursiva permanece no seio da "Escola* Francesa" de análise do discurso, a despeito da constatação da explosão da relação de união entre historiadores e linguistas durante o colóquio de 1983 sobre *História e linguística* (Achard *et alii*, 1984). Assim, entre os jovens historiadores do discurso, a renovação da aproximação com a lexicologia, seja sob o ângulo conceptual (Deleplace, 2001), seja sob o ângulo lexicométrico, com a aparição de "*corpora** muito extensos" (Mayaffre, 2000), se enriquece com uma investigação especificamente linguageira (Wahnich, 1997).

Entretanto, a incompreensão inicial, e sempre tenaz, de um número importante de historiadores em relação a essa abertura em direção à linguística, e, mais amplamente, em relação ao linguageiro, por medo de perder o acesso à realidade histórica, incluídos alguns dentre os mais abertos à interdisciplinaridade (Chartier, 1998), explica a posição ainda muito marginal dos historiadores do discurso na disciplina da história (Noiriel, 1998). No entanto, a *história linguística dos usos conceptuais*, denominação mais recente das pesquisas em história do discurso, se ergue atualmente ao nível de uma confrontação frutífera com os historiadores do discurso anglófonos e os historiadores pragmaticistas alemães (Guilhaumou, 2000b). Desenha-se assim um acordo entre historiadores e linguistas, no plano internacional, sobre a impossibilidade de contornar o estudo das condições linguageiras de aparição das formas discursivas para o acesso à compreensão histórica, sem, entretanto, qualquer prejulgamento sobre a ligação da realidade ao discurso (Koselleck, 1997).

ver **acontecimento discursivo/linguístico, arquivo,** *corpus,* **Escola Francesa de Análise do Discurso, trajeto temático**

J. G. (S. P.)

história/discurso (Benveniste) – ver **embreado (plano –)/não embreado**

identidade – O conceito de **identidade** é difícil de definir. Ele é ao mesmo tempo central na maior parte das ciências humanas e sociais, e é objeto de diferentes definições, algumas das quais são muito vagas. O *Vocabulaire technique et critique de la philosophie* de Lalande (1997) elenca quatro sentidos, dentre os quais destacará aquele que corresponde ao que tradicionalmente se chama a "identidade pessoal", definida como "caráter de um indivíduo [...] de quem se diz que ele é 'o mesmo' em diferentes momentos de sua existência: 'A identidade do eu'".

Em análise do discurso, para poder utilizar a noção de identidade, convém acrescentar-lhe duas outras noções que circulam igualmente nos domínios filosóficos e psicológicos, as de *sujeito** e de *alteridade*. A primeira dessas noções permite postular a existência do ser pensante como o que diz "eu". Ricoeur nos lembra desse "primado da mediação reflexiva sobre a posição imediata do sujeito, tal qual se exprime na primeira pessoa do singular: 'eu penso', 'eu sou'" (1990: 11). A segunda noção permite postular que não há consciência de si sem consciência da existência do outro, que é na diferença entre "si" e "o outro" que se constitui o sujeito.

Se se relaciona essa noção com a de sujeito* falante, poder-se-á dizer que esse se caracteriza por um certo número de traços que lhe conferem uma certa identidade como produtor de um ato de fala. É necessário reconhecer, entretanto, que essa noção não foi muito desenvolvida em análise do discurso. Ela foi, em compensação, explorada pelas psicossociologias da linguagem que falam de "identidade social", de "identidade coletiva" ou de "questão identitária" (Chabrol, 1994: 204).

Pode-se considerar que a identidade do sujeito do discurso se constrói de duas maneiras diferentes, em dois domínios que são ao mesmo tempo distintos e complementares, ambos construindo-se em articulação com o ato de enunciação: uma identidade dita "pessoal", uma identidade dita de "posicionamento".

A *identidade pessoal* não é somente psicológica ou sociológica; ela é dupla. Charaudeau, por exemplo, propõe distinguir: uma *identidade psicossocial* dita "externa", a do sujeito* comunicante, que consiste em um conjunto de traços que o definem segundo sua idade, seu sexo, seu estatuto, seu lugar hierárquico, sua legitimidade para falar, suas qualidades afetivas, isso tudo "em uma relação de pertinência com o ato de linguagem" (1991a: 13); uma *identidade discursiva*, dita "interna", a do sujeito enunciador*, que pode ser descrita com a ajuda de categorias *locutivas**, de *modos de tomada da palavra*, de *papéis* enunciativos* e de *modos de intervenção* (1993a, 1999: 18). Da articulação e do jogo entre traços de identidade externos e internos resultam as estratégias* discursivas.

A *identidade de posicionamento** caracteriza a posição que o sujeito ocupa em um campo discursivo em relação aos sistemas de valor que aí circulam, não de forma absoluta, mas em função dos discursos que ele mesmo produz. Esse tipo de identidade inscreve-se então em uma *formação* discursiva*.

Tanto em um caso como em outro, a identidade resulta, ao mesmo tempo, das condições de produção que exercem coerções sobre o sujeito, condições que estão inscritas na situação de comunicação e/ou no pré-construído discursivo, e das estratégias que ele põe em funcionamento de maneira mais ou menos consciente.

ver **formação discursiva, individuação, papel, posicionamento**

P. C. (S. P.)

ideologia

EM FILOSOFIA POLÍTICA E EM CIÊNCIAS SOCIAIS

A **ideologia** foi objeto de numerosas definições, por parte de autores tão diferentes como Marx e Engels, Aron, Althusser, Arendt, Boudon, Balibar etc. Apesar das diferenças notórias, há um consenso, nos anos 60 e 70, em definir a ideologia como "um sistema global de interpretação do mundo social" (Aron, 1968: 375) dotado de "uma existência e de um papel históricos no seio de uma sociedade determinada. Sem entrar no problema das relações de uma ciência com seu passado (ideológico), digamos que a ideologia como sistema de representações se distingue da ciência pelo fato de que nela a função prático-social predomina sobre a função teórica (ou de conhecimento)" (Althusser, 1965: 238).

Desde os anos 80, o termo "ideologia" perdeu terreno para outras expressões como *doxa* ou *representação*. Para alguns, "mais que de um fim das ideologias, seria necessário falar de um fim da palavra 'ideologia' que, esgotada pela vã espera de seu conceito, tornou-se [talvez] um obstáculo na pesquisa científica" (Thiry, 1990: 1219).

EM ANÁLISE DO DISCURSO

Na análise do discurso francesa dos anos 60-70, a ideologia é um conceito central. O filósofo marxista Althusser desenvolve então uma teoria das ideologias, segundo a qual a ideologia representa uma relação imaginária dos indivíduos com sua existência, que se concretiza materialmente em aparelhos e práticas. Segundo ele, a ideologia está ligada ao inconsciente pelo viés da interpelação dos indivíduos em

Sujeitos: "Como todas as evidências, incluídas as que fazem com que uma palavra 'designe uma coisa', ou 'tenha uma significação' (logo, incluídas as evidências da 'transparência' da linguagem), essa evidência de que você e eu somos sujeitos – e que isso não é um problema – é um efeito ideológico, o efeito ideológico elementar" (Althusser, 1970: 30).

Referindo-se ao mesmo tempo ao marxismo e à teoria lacaniana do inconsciente, a maior parte dos fundadores do que se chama correntemente a análise do discurso "à francesa" inscrevem-se no quadro dessa teoria. É em torno de Pêcheux que, de 1969 a 1983, linguistas, historiadores e filósofos se esforçam para articular teoria do discurso e teoria das ideologias. Elaborada progressivamente e não sem tateios, retornos e contradições, essa articulação se cristaliza em algumas fórmulas que marcaram época. Primeiro, é o empréstimo de "formação* discursiva" de Foucault e sua reformulação no campo do marxismo (Haroche et alii, 1971: 102). Em seguida, a definição do pré-construído* – cuidadosamente distinguido da pressuposição* – como "impensado do pensamento" (Pêcheux, 1975: 92) e a colocação em funcionamento da noção de interdiscurso* como o que faz o laço entre ideologia, inconsciente e discurso (Pêcheux, 1975: 146).

Desde o fim dos anos 70 e o início dos anos 80, as noções de clivagem, intradiscurso* e heterogeneidade* vêm abalar o ordenamento das formações ideológicas e discursivas. No colóquio do México em novembro de 1977, intitulado "Le discours politique: théorie et analyses", os historiadores Robin e Guilhaumou sublinham a imbricação das formações discursivas. Eles falavam de estratégias discursivas, de confrontos, de alianças, tentando, na medida do possível, separar esses termos de sua acepção psicológica" (Maldidier, ed., 1990: 55). O próprio Pêcheux (1977: 257) enfatiza a "dominação interna" da ideologia dominante em relação à ideologia dominada. Marandin (1979) interroga-se sobre a coerência dos textos e as relações entre intradiscurso e interdiscurso. Authier (1982a) desenvolve trabalhos sobre a heterogeneidade que marcam uma verdadeira ruptura nos métodos da análise de discurso, propondo uma descrição linguística "das formas da heterogeneidade mostrada no discurso, concebidas como manifestando diversos tipos de 'negociações' do sujeito falante com a 'heterogeneidade constitutiva'".

O termo "ideologia", com tudo o que veicula como ideia de "sistema", de "coerência" e de "globalidade", não se afina bem com essa insistência nova sobre os fenômenos de contradição e de imbricação. O que não significa que o termo "ideologia" tenha desaparecido totalmente dos trabalhos de análise do discurso, mas que é menos frequente do que nos anos 70 e raramente é objeto de teorizações explícitas. Ao mesmo tempo, os *corpora* estudados evoluíram: anotando desde 1981 (Pêcheux, 1981: 5-8) o pouco de mais-valia heurística que o estudo de *corpora* de "aparelho" de forte coerência interna (discurso comunista, socialista, de extrema direita) acrescenta, os analistas do discurso têm tido a tendência a deslocar-se na direção de discursos 'ordinários', midiáticos, escolares, lexicográficos etc. Donde a primazia dada há vinte anos aos múltiplos casos de "fronteiras e recobrimentos" (Bonnafous e Taguieff, eds., 1989) entre discursos de origens ideológicas aparentemente opostas, ou aos nivelamentos, nos discursos "comuns", de *representações** ou de *elementos dóxicos*. Para mencionar apenas dois exemplos entre outros, Boyer trabalha sobre "A parte das representações partilhadas na dinâmica dos conflitos sociolinguísticos" e define a ideologia como "um corpo mais ou menos fechado de representações [...] mobilizado para fins mais ou menos ostensivamente políticos e de manipulação dos espíritos" (1998: 10). Sarfati, por sua vez, estuda a representação dos judeus e do judaísmo nos dicionários e enciclopédias da Idade Média ao século XX, para "pôr em evidência o conjunto das interferências que regem as relações do senso comum (a doxa), da língua e da história, sob a dupla relação do saber e das práticas" (Sarfati, 1999: 14).

Hoje, é a "Critical Discourse Analysis" que, em torno de Van Dijk, faz o uso mais maciço da noção de ideologia, aplicada em particular ao sexismo e ao racismo, e associada a correntes cognitivistas. O projeto dessa "análise sociopolítica do discurso" é "redefinir, em primeiro lugar, de maneira muito específica e precisa, o que são as ideologias, isto é, os sistemas sociocognitivos das representações mentais socialmente partilhadas que controlam outras representações mentais, como as atitudes dos grupos sociais (aí compreendidos os preconceitos) e os modelos mentais. [...] Em segundo lugar, queremos pesquisar, de maneira sistemática, através de quais estruturas do discurso como as estruturas semânticas (os assuntos, a coerência), a sintaxe (a ordem das palavras etc.), o léxico, os atos de linguagem etc., as opiniões ideológicas se manifestam no texto e na fala" (Van Dijk, 1996: 28).

Por sua vontade de sistematização da relação ideologia/discurso, a *Critical Discours Analysis* contemporânea tomou, assim, o lugar da análise do discurso à francesa dos anos 70. Inclusive o viés militante: "[...] pensamos que a análise do discurso deve ter uma dimensão 'social'. Assim, na escolha de suas orientações, de seus assuntos, de seus problemas e de suas publicações, a análise do discurso deve participar ativamente, de forma acadêmica, que é a sua, dos debates sociais e fazer pesquisas úteis àqueles que delas mais precisam, em vez de fazê-las para aqueles que podem pagar mais" (Van Dijk, 1996: 27).

ver **análise automática do discurso, doxa, formação discursiva, heterogeneidade mostrada/constitutiva, interdiscurso, intradiscurso, pré-construído, pressuposto, representação social**

S. B. (S. P.)

ilocucionário ou ilocutório (ato –) – ver ato de linguagem

imagem – ver esquematização

implicação – A **implicação** é uma **relação lógica*** entre duas proposições, P e Q, notada pelo conector "→". A implicação "P → Q" é verdadeira se e somente se "não (P e não Q)" é verdadeira; em outras palavras, se não é verdade que o antecedente P é verdadeiro e o consequente Q falso (o verdadeiro não implica o falso). Em todos os outros casos, a implicação é válida; em particular, do falso pode-se logicamente deduzir não importa o quê, isto é, tanto o verdadeiro quanto o falso. Como os outros **conectores*** **lógicos** (e/∧, ou/∨, não/¬), o conector "→" é indiferente ao sentido das proposições que ele conecta; ele apenas leva em consideração os **valores de verdade**.
A palavra é às vezes tomada no sentido de "inferência*".
ver **conector argumentativo, inferência**

C. P. (S. P.)

implicatura – ver **implícito, inferência**

implicitação – ver **explicitação/implicitação**

implícito – Pode ocorrer que o enunciado "Faz calor" signifique simplesmente que faz calor. Mas, em contexto comunicativo, é frequente que a verdadeira significação de um tal enunciado seja, segundo o caso, e entre outros: "Abra a janela", "Desligue o aquecedor", "Posso tirar o casaco?", "Não tenho nada mais interessante para dizer"... A maior parte dos enunciados tem, assim, além de seu conteúdo explícito, um ou vários conteúdos **implícitos**, que vêm se enxertar no precedente, e podem mesmo substituí-lo em seu favor, em caso de "tropo* implicitativo", isto é, quando, no contexto, o conteúdo implícito sobrepuja o explícito (Kerbrat-Orecchioni, 1986: 116-122).

> Posto, pressuposto, subentendido
> A literatura semântica e pragmática menciona numerosas variedades de conteúdos implícitos (inferências*, implicações* e implicaturas*, alusões e insinuações etc.). Entre as distinções mais importantes, deve-se mencionar a que foi estabelecida por Ducrot (1972: 173 ss.), entre **pressuposto*** e **subentendido**, dois tipos de conteúdos implícitos que se opõem ao conteúdo explícito, ou **posto**; por exemplo, um enunciado como "Pedro parou de fumar" veicula as informações seguintes: (1) "Pedro, atualmente, não fuma": é o *posto*, que corresponde a "aquilo que é objeto

confesso da enunciação dessa declaração"; (2) "Pedro, antigamente, fumava": é o *pressuposto*, que, embora, como o posto, esteja de fato inscrito no enunciado (já que repousa sobre o marcador "cessar de"), não constitui, contudo, o verdadeiro objeto do dizer; e, eventualmente, também, (3) "Você faria bem em fazer a mesma coisa": conteúdo *subentendido* que só se atualizará em circunstâncias enunciativas particulares.

IMPLÍCITOS MARCADOS E NÃO MARCADOS

Entre o conjunto de conteúdos implícitos, alguns são, portanto, *marcados* (possuindo no enunciado algum suporte lexical ou morfossintático), enquanto outros não o são (ou o são menos claramente): é também sobre essa base que Searle opõe os atos* de linguagem indiretos *convencionais* vs *não convencionais*; ou Grice as implicaturas* *convencionais* vs *conversacionais*.

Dado que não têm marca clara no enunciado (o que é o caso mais frequente), os conteúdos implícitos só podem ser identificados graças a outros fatores, em princípio contextuais: sua decifração implica (1) a intervenção de certas *informações prévias* particulares ou gerais (por exemplo, "é preciso que eu durma essa noite" não pode ser compreendido como uma recusa da oferta "Você quer um café?" a não ser na condição de mobilizar um *tópos**: o café impede de dormir), e também (2) a intervenção de *operações características da lógica natural* (por exemplo: deslizamento de uma relação de sucessão temporal para uma relação de tipo causal, ou da condição suficiente para a condição necessária – "se" é interpretado, na medida em que ninguém se opõe a isso, como "se e somente se"), e (3) a intervenção das *máximas* conversacionais* de Grice (tendência automática a aumentar a taxa de informação ou o grau de relevância de enunciados como "A porta está aberta", "Meu copo está vazio" etc., que aparecem como deficientes se forem tomados ao pé da letra).

O *trabalho interpretativo* consiste, pois, em combinar as informações extraídas do enunciado com certos dados contextuais, graças à intervenção das regras da lógica natural e das máximas conversacionais, para construir uma representação semântico-pragmática coerente e verossímil do enunciado. O cálculo dos subentendidos é um procedimento complexo, que faz intervir diversas competências (Kerbrat-Orecchioni, 1996: cap. 4 e 5), e que pode fracassar ou levar a resultados errôneos – versão *fraca*: o subentendido não é percebido, o que constitui para a comunicação uma espécie de pequena catástrofe, porque ocorre com os conteúdos implícitos o mesmo que ocorre com o jogo de esconde-esconde, que Wittgenstein define como um jogo em que "estar escondido é um prazer, mas não ser encontrado é uma catástrofe..."; versão *forte*, e mais catastrófica ainda: é o *mal-entendido**, espécie de erro de cálculo cometido pelo destinatário. Os conteúdos explícitos colocam, evidentemente, menos problemas para os interlocutores. Mas se eles recorrem apesar de tudo frequentemente à expressão implícita, é que ela lhes oferece inesgotáveis *recursos comunicativos*, em matéria de polidez*, por exemplo, ou para realizar certos objetivos estratégicos mais ou menos confessáveis.

No que diz respeito ao analista, os subentendidos lhe permitem uma apreensão mais fina dos mecanismos interpretativos, demonstrando o caráter *vago* dos conteúdos semântico-pragmáticos, *gradual* de sua atualização e *aleatório* de sua extração. Em qualquer caso, a compreensão global de um enunciado inclui a de seus pressupostos, de seus subentendidos e de outras implicaturas. Se admitimos que o trabalho do linguista consiste antes de tudo em tentar *compreender como os enunciados são compreendidos*, é seu dever dar conta de todos os componentes do sentido dos enunciados, porque os discursos agem também, sub-reptícia, mas eficazmente, graças a esses tipos de passageiros clandestinos que são os conteúdos implícitos.

ver **ato de linguagem indireto, implicação, inferência, máxima conversacional, polidez, pressuposto, tropo**

C. K.-O. (S. P.)

incorporação – Noção introduzida por Maingueneau (1984: 101) para conceituar a relação que o ethos* estabelece entre o discurso e seu destinatário.

A **"incorporação"** funciona em três dimensões indissociáveis: (1) Mediante a leitura ou a audição, o discurso *dá corpo* a seu enunciador – que exerce o papel de **fiador** – de uma fonte legitimante –, permite ao destinatário construir uma representação dinâmica dele. (2) O destinatário *incorpora*, assimila os esquemas característicos desse fiador, sua maneira de habitar seu corpo, de se mover no mundo. (3) Esse duplo processo permite a *incorporação* imaginária do destinatário à comunidade dos que aderem a esse discurso, que com ele fazem corpo.

Recorrendo a essa noção, recusa-se fazer do destinatário um simples consumidor de ideias ou de informações; "ele acede a uma 'maneira de ser' por meio de uma 'maneira de dizer'" (Maingueneau, 1984: 102).

ver **ethos**

D. M. (S. P.)

indicialidade – ver **etnometodologia**

individuação – O termo **individuação** pertence à tradição filosófica. Para Leibniz, por exemplo, o princípio de individuação "é o que faz com que um ser possua não somente um tipo específico, mas uma existência singular, concreta, determinada no tempo e no espaço" (Lalande, 1926). É encontrado mais tarde em biologia e em didática para designar "o que diferencia um indivíduo de outro da mesma espécie" (Robert, 1990).

Em análise do discurso, esse termo é às vezes empregado em relação à noção de *estratégia* discursiva* para designar o processo pelo qual qualquer sujeito falante procura construir para si uma identidade* que o diferenciaria seja da identidade que é dada pela situação* de comunicação na qual ele se encontra e que o sobredetermina previamente, seja em oposição à identidade e ao posicionamento* do outro, interlocutor ou terceiro do discurso.

No primeiro caso, o sujeito falante "determina os desafios representados pela conformidade ou pela individuação dos dados do contrato de comunicação" (Charaudeau, 1995c: 167) ao tentar distinguir-se por sua maneira de tomar a palavra, de estabelecer sua relação com o outro e de tematizar seu propósito. Assim, no discurso publicitário, cada anúncio tenta *individuar*-se mediante a forma de gabar as qualidades de um produto na medida em que está em concorrência com o mesmo produto de outras marcas e de outros anúncios publicitários.

No segundo caso, o sujeito falante põe em funcionamento um processo de diferenciação em relação a discursos outros, sejam eles proferidos pelo interlocutor ou por um terceiro ausente. Ele o faz essencialmente exprimindo julgamentos em uma organização argumentativa particular. É assim que empregará marcadores ("mas", "entretanto", "eu não creio que", "em compensação", "se posso dizer" etc.) como índices de diferenciação. Esse trabalho de individuação por parte do sujeito do discurso deve ser entendido em uma *concepção dialógica* do discurso (Bakhtin, 1977, 1978, 1984) que foi desenvolvida de várias formas em torno da noção de *interdiscursividade**.

ver **contrato de comunicação, dialogismo, estratégia de discurso, interdiscurso, posicionamento**

P. C. (S. P.)

indução – A **indução** é um modo de inferência* que conclui o geral a partir do particular. Classicamente, considera-se que a dedução* conclui com certeza e a indução o faz de forma apenas provável e que, em consequência, só a dedução pode produzir um saber científico substancial. É necessário distinguir vários modos de indução:

· *Argumentação caso a caso*. A indução permite atribuir ao grupo uma propriedade constatada empiricamente a respeito de cada um de seus membros: "A família X tem uma banheira; a família Y tem uma banheira; (*idem* para cada família da aldeia V)...". Conclusão: "Todos os V-enses têm banheira". Aqui a indução procede por **extensão**, por exame exaustivo, e totaliza de forma a produzir certeza.

· *Argumentação da parte ao todo*. A indução permite inferir, em **intensão**, uma proposição relativa ao todo a partir da verdade de uma proposição relativa a uma amostra dita "representativa". "Seja E uma amostra da população P; x% de E votou

no partido A; *y*% de E votou no partido B; ... (*idem* para cada partido)..."; conclusão: *x*% de P votou no partido A; *y*% de P votou no partido B; ... (*idem* para cada partido)".
Conforme a amostra seja ou não realmente representativa, as pessoas tenham dado ou não respostas fantasiosas, a conclusão varia da certeza à simples probabilidade.
ver **dedução, inferência**

C. P. (S. P.)

inferência – Originariamente, essa noção é encontrada na lógica formal, que se dedica a descrever as relações de verdade que se instauram entre diferentes proposições, que emprega esse termo para designar a operação de dedução que consiste em considerar verdadeira uma proposição em razão de seu laço com outras proposições já consideradas verdadeiras. Trata-se, então, de uma atividade de raciocínio – da qual a dedução* e a indução* são casos particulares – que diz respeito à passagem de uma proposição a outra quanto a seu possível valor de verdade, o que distingue a relação de **inferência** da relação de implicação*. Essa definição foi retomada e criticada por linguistas que avaliaram que se tratava, no caso, de um ponto de vista estritamente *logicista* e não necessariamente *linguístico*.

Em pragmática linguística

Reencontra-se essa noção na pragmática, onde ela é abundantemente discutida, pois, segundo se lhe dê uma acepção ampla ou estreita, é a própria concepção de pragmática que está em questão.

A crítica dirigida ao ponto de vista logicista consiste em reprovar-lhe a redução da interpretação das proposições somente às relações estabelecidas entre elas, independentemente de qualquer outro conhecimento do mundo e da situação de comunicação. Assim, "a lógica formal faz corresponder a qualquer proposição uma e só uma fórmula simbólica padrão, em seguida explicita um conjunto de regras que permitem converter certas fórmulas em outras, e tendo a seguinte propriedade: se a fórmula 'a' é convertida por uma regra na fórmula 'b', então a proposição expressa por 'b' se infere da proposição expressa por 'a'". (Ducrot, 1966: 10). A alternativa a essa posição logicista consiste em considerar que os fatos de linguagem estão submetidos às condições de verdade, mas que eles não se reduzem todos a uma descrição estritamente lógica, e que, então, é necessário considerar a situação empírica na qual eles são produzidos e interpretados. Pode-se assim, definir, de uma maneira geral, a inferência como o faz Ducrot: "Entendemos pelo ato de inferir não o ato psicológico que consiste em fundar uma convicção sobre certos índices, mas um ato de linguagem cuja realização implica a produção de um enunciado. O locutor L de um enunciado E realiza um ato de inferir se, ao mesmo tempo em que enuncia E, faz referência a um fato preciso X que ele apresenta como o ponto de partida de uma dedução que conduz à enunciação de E. [...] dada a pergunta "Como estava o tempo ontem?" [...], uma resposta como "Fazia mesmo tempo bom" indica que ela própria é o resultado de uma dedução da parte de seu locutor" (Anscombre e Ducrot, 1983: 10-11). Não se trata mais, pois, de inferências lógicas, mas de inferências *naturais*, que têm, entretanto, a propriedade comum de serem, como o diz Kerbrat-Orecchioni, "o resultado de um 'cálculo' mais ou menos complexo" (1986: 24).

Considerando, na linha direta da filosofia analítica da linguagem, que a comunicação humana é intencional e não exclusivamente explícita, a pragmática se atribui, entre suas tarefas, "explicar como um ouvinte pode chegar a compreender uma enunciação de maneira não literal e por que o locutor escolheu um modo de expressão não literal em vez de um modo de expressão literal" (Moeschler e Reboul, 1994: 22). Assim, locutor e interlocutor produzem inferências que permitem ao primeiro acrescentar um sentido implícito nos enunciados que produz explicitamente, e ao segundo, separar seus próprios sentidos implícitos em função das relações que estabelece entre esses enunciados e os dados que possui sobre o contexto e a situação de enunciação.

Mas, nesse quadro, essa noção é objeto de discussões. Dois problemas se põem: um concerne à *extensão* que se pode atribuir a essa noção. O outro diz respeito à *possibilidade de categorizá-la* em diversos tipos. No que concerne a sua *extensão*, duas perspectivas estão em concorrência: uma, que corresponde a uma tradição imanentista, interessa-se apenas "pelos dados estritamente 'linguísticos'" (Kerbrat-Orecchioni, 1986: 25), isto é, pelas inferências que Martin chama de "necessárias" (1976: 37); a outra, que tenta integrar ao cálculo inferencial os dados da situação de comunicação e de um saber interdiscursivo*, engendra inferências que o próprio Martin chama de "possíveis" (ibid.). Assim, poder-se-ia dizer, opõem-se uma problemática das *inferências linguísticas* que se centra no estudo da "pressuposição*" e uma problemática das *inferências discursivas* que, sem ignorar o fenômeno da pressuposição, centra-se no estudo do "subentendido*". No que concerne à *categorização* dessa noção, pode se dizer, *grosso modo*, que dois modelos de inferência se opõem: um modelo que repousa sobre a hipótese de que haveria relação de simetria entre o comportamento do locutor e o de seu destinatário*, e um modelo que repousa sobre a hipótese inversa.

· *O primeiro modelo* é representado pelas proposições de Grice, que postula que qualquer troca verbal repousa sobre um "princípio de cooperação": os parceiros que dela participam estão inscritos em uma mesma finalidade e estão, pois, submetidos às mesmas condições de desenvolvimento da troca, o que os obriga a comportar-se de conformidade com essas condições. Para Grice, existe um conjunto de regras que ordena a passagem do sentido literal ao sentido não literal, e essa passagem – supostamente comum aos interlocutores – é chamada **implicatura***. Assim, Grice propõe, para definir essas condições, dois tipos de implicaturas: implicaturas *conversacionais* e implicaturas *convencionais* (Grice, 1975). As primeiras resultam da aplicação das "máximas* conversacionais": "máxima da quantidade" (que exige que o locutor não dê mais informação do que o necessário), "máxima de qualidade" (que exige que o locutor só afirme o que ele julga verdadeiro), "máxima de relação" (que exige do locutor que o que ele diga seja relevante), "máxima de modo" (que exige que o locutor seja coerente, claro e que evite ambiguidades). O segundo tipo de implicatura, as implicaturas convencionais, resultaria de um cálculo fundado mais sobre normas sociais (como a regra de polidez), mas essa distinção entre os dois tipos de implicatura foi longamente discutida e contestada por diversos autores, como Keenan (1976), Sadock (1978), Brown e Levinson (1978).

· *O segundo modelo* é representado pela teoria da relevância de Sperber e Wilson. Para esses autores, não se poderia postular uma relação de simetria entre os parceiros do ato da troca verbal. Com efeito, "o destinatário não pode nem decodificar nem deduzir a intenção informativa do comunicador" (1989: 103). Por isso, as inferências não dependem apenas da intenção do sujeito falante, portanto, da aplicação de regras ou de máximas. "O melhor que o destinatário pode fazer é formular uma hipótese a partir dos índices fornecidos pelo comportamento ostensivo do comunicador. Nunca se terá certeza sobre tal hipótese; ela pode ser confirmada, mas ela não pode ser demonstrada" (ibid.). Por isso, a inferência repousa sobre um mecanismo geral que consiste em ligar de forma dedutiva um conjunto de premissas a uma conclusão, e, esse conjunto de premissas não sendo obrigatoriamente partilhado pelos dois interlocutores, pode ocorrer, ao final do cálculo, que o resultado não seja o mesmo. A única exigência à qual o interlocutor está submetido é de mobilizar um contexto suficientemente "relevante" para que sua interpretação seja *coerente*.

Em análise do discurso

Esse termo é igualmente utilizado para tentar dar conta das operações que permitem extrair sentido implícito dos atos de discurso, aquele sentido que é produzido pelo sujeito falante, e reconstruído (ou produzido) pelo destinatário*. Assim, o locutor pode implicitar, conscientemente ou não, sentido nos enunciados que produz, com finalidades estratégicas. Cabe ao destinatário extrair o sentido implícito dos enunciados, apoiando-se nos diferentes componentes do contexto*. Sentido implicitado pelo locutor e implícitos extraídos pelo sujeito interpretante não se recobrem necessariamente. De acordo com abrangência desse recobrimento, pode-se avaliar o grau de intercompreensão de um ato de comunicação. Entretanto, aqui, a inferência participa mais de um processo de interpretação do que de produção dos enunciados.

Se, pois, se define inferência como um processo interpretativo que consiste em colocar em relação o que é dito explicitamente com outra coisa além desse dito, pode-se determinar diferentes tipos de inferência segundo a natureza dessa "outra coisa" na qual se apoia o sujeito* interpretante para construir o sentido implícito dos atos de comunicação: (1) **inferência contextual**, quando o sujeito interpretante se apoia nos enunciados que cercam o enunciado considerado de uma conversação ou de um texto escrito; esse caso se produz por exemplo por ocasião da leitura de uma manchete de jornal, que é compreendida em relação com a retranca da matéria, o subtítulo ou as fotos que a cercam; (2) **inferência situacional** (ou *interacional*, Charaudeau, 1993b), quando o sujeito interpretante recorre aos dados da situação; ele interpretará, por exemplo, a constatação "A gente se diverte bastante aqui" como um apelo à ordem, se quem fala está em um escritório e é o superior hierárquico daquele que interpreta; (3) **inferência interdiscursiva***, quando o sujeito interpretante é levado a mobilizar um saber pré-construído que se encontra no que Sperber e Wilson chamam "a memória conceitual" (1989: 104) dos sujeitos; é a esse tipo de inferência que recorremos quando queremos compreender os cartazes publicitários; por exemplo, o *slogan*: "Danoninho vale por um bifinho", não pode ser compreendido sem que se mobilize um certo número de crenças que existem em uma sociedade dada sobre o valor nutritivo dos bifes. Kerbrat-Orecchioni, por sua vez, retoma a denominação "inferências 'praxeológicas'", que compreende "as informações pressupostas ou subentendidas pelo enunciado desse ou daquele fato diegético, que, em nome de uma certa "lógica das ações" (as quais se organizam em "*scripts*"*, "frames", "macroestruturas" e outros "praxeogramas*"), implica necessária ou eventualmente a realização de outras ações necessária ou eventualmente correlatas" (1986: 189-190). Esse tipo de inferência inclui ao mesmo tempo inferências *situacionais* e *interdiscursivas.*

ver **explicitação/implicitação, implícito, máxima conversacional**

P. C. (S. P.)

influência (princípio de –) – Essa palavra que, no sentido corrente, designa o processo pelo qual um indivíduo consegue modificar o pensamento, a vontade ou o comportamento de outro com sua autoridade, seu prestígio ou sua força, tornou-se uma noção central em psicologia social. Essa disciplina, de fato, procura determinar "como e por que um grupo procura impor suas visões a um grupo ou a um subgrupo? Como e por que um indivíduo (ou um subgrupo) adota as opiniões de seus pares (ou de seu grupo)?" (Moscovici, 1972: 147).

Em análise do discurso, esse termo foi retomado por Charaudeau na expressão **princípio de influência** (1995b) para designar um dos quatro princípios que fundam o ato de linguagem (com os princípios de *alteridade**, de *regulação** e de *relevância**).

Esse princípio define o ato de linguagem como um ato de troca entre dois parceiros, postulando que "o que motiva a intencionalidade do sujeito falante inscreve-se em uma finalidade acional (ou psicológica), finalidade que leva os parceiros de comunicação a produzir discursos que visem a ter um certo impacto sobre o outro" (Charaudeau, 1995a: 87). Encontra-se esse princípio nos psicossociólogos da linguagem: para Ghiglione, trata-se de "domínio das questões" (1986: 103), e, para Chabrol, ele implica que o sujeito comunicante seja levado a "agir discursivamente em relação a um outro relevante (destinatário-interpretante) que poderá sempre re-agir da mesma maneira, para inter-agir" (Chabrol, 1990). Esse princípio justifica, pela mesma razão, que a comunicação social seja concebida como a encenação pelo sujeito do discurso de "estratégias orientadas para o outro" (Charaudeau, 1995a: 87).

ver **alteridade (princípio de –), regulação (princípio de –), relevância (princípio de –)**

P. C. (S. P.)

informação – Tendo sido esse termo objeto de numerosas definições e sendo, além disso, de uso corrente sem definição precisa, não é fácil dar sobre ele uma boa ideia geral. Pode-se, *grosso modo*, considerá-lo em quatro campos de reflexão: o da *teoria matemática da informação*, o da *psicologia cognitiva*, o da *pragmática* e o dos *gêneros discursivos*.

No quadro da teoria da informação, a informação é tratada em termos quantitativos. Essa teoria, considerando a comunicação* como uma atividade de transmissão de uma mensagem de uma fonte a um receptor através de um código, procura calcular a quantidade de informação transmitida (Goldman, 1953; Wiener, 1950; Shannon e Weaver, 1975). Eco sublinhou a contradição que residia nas diferentes definições dessa teoria: de um lado, uma informação é tanto mais forte quanto mais fraca é sua probabilidade de aparecimento; de outro, para uma informação ser captada, é necessário que se inscreva em um sistema já organizado: assim, a informação de uma mensagem depende de sua imprevisibilidade, mas a "inteligibilidade de uma mensagem determina igualmente seu caráter previsível" (Eco, 1965: 78).

Em psicologia cognitiva, a informação é tratada como o que transita entre a entrada (*input*) e a saída (*output*) de um sistema ou subsistema. Trata-se então de estudar "como a informação do ambiente é codificada, selecionada, organizada, estocada, recuperada mediante os sistemas sensoriais, perceptivos, de atenção e mnemônicos" (Decéty, 1998: 208). Mais particularmente, para a informação linguageira, são estudados o tratamento "descendente" (*top-down*), no qual a informação é guiada por conceitos, e o tratamento "ascendente" (*bottom-up*), no qual ela é guiada por estímulos sensoriais (ibid.: 209).

Em pragmática, no quadro de uma problemática da "intencionalidade", trata-se de darem-se os meios para descrever o conteúdo dos "estados mentais". Mas aqui existem vários pontos de vista sobre a natureza desse conteúdo. Uma das particularidades da pragmática proveniente do pensamento dos filósofos da linguagem (Austin, Searle) foi distinguir nos enunciados valores "proposicionais" (chamados ainda "vericondicionais"), que deveriam ser tratados por uma semântica formal, e valores não diretamente comunicados por enunciados, que se encontram em seu implícito (valores chamados ainda "não vericondicionais"), que não podem ser apreendidos a não ser pelo recurso a um certo número de *regras, máximas* ou *implicaturas* conversacionais (Grice, 1975). Segundo os pragmaticistas, ora haveria informação apenas no valor proposicional do enunciado, sendo seu valor pragmático uma força de orientação que viria acrescentar-se ao valor informacional (posição da pragmática dita *radical*, Grice, 1975; Wilson, 1979), ora teríamos que lidar com dois tipos de informação, uma de tipo descritivo e representacional, outra de tipo pragmático (posição da pragmática dita *integrada*, Ducrot, 1972, 1973, 1980).

Além disso, reencontra-se a noção de informação ligada à de tematização, na medida em que se considera que, para que um enunciado tenha sentido e seja interpretável, é necessário que satisfaça a uma condição de coerência semântica que reside na articulação entre "a informação dada", que é estocada em memória, e "a informação nova", que é trazida pelo contexto e a situação. É apoiando-se em "informações tiradas da memória de longo termo, em informações tiradas da memória de meio termo e em informações tiradas do ambiente físico..." (Moeschler e Reboul, 1994: 141), o todo constituindo um "ambiente cognitivo mutuamente manifesto" (Sperber e Wilson, 1989: 64), que os sujeitos da comunicação podem, por cálculo de inferência*, interpretar as mensagens.

Em análise do discurso, a noção de informação pode ser tratada como um gênero* discursivo. Desde que se levem em consideração a *finalidade** intencional da situação de comunicação, (aqui, de "fazer saber"), a *identidade** dos parceiros da troca (aqui, "daquele que dá a informação"), a natureza *do propósito** (aqui, do "saber de conhecimento*" e do "saber de crença*"), é possível definir de maneira geral o *discurso informativo* como opondo-se aos discursos *propagandísticos, científicos, didáticos* etc., e, de maneira mais particular, por exemplo, o "discurso de informação midiática" (Charaudeau, 1997a: 57).

Mas a questão de fundo tem a ver com o que é preciso considerar como informação: a que é explícita ou a que é implícita ("ele quer me fazer compreender que...")? a que contém um saber de conhecimento ou um saber de crença? um saber que incide sobre a identidade dos parceiros do ato de linguagem ("ele está irritado", "ele me considera um imbecil") ou sobre um terceiro ("através de mim, ele visa a um outro")?

ver **comunicação, conhecimento/crença (saber de–), gênero de discurso**

P. C. (S. P.)

insegurança discursiva – Por analogia com a noção de **insegurança linguística** de Labov, segundo a qual os membros da pequena burguesia conhecem as formas de prestígio sem as empregar ou empregando-as de maneira exagerada, a expressão testemunha aqui a posição de insegurança do jornalista quando trata dos acontecimentos científicos ou tecnológicos de caráter político nos meios de comunicação comuns. O mediador se encontra então confrontado com uma pluralidade de vozes (o mundo científico, o mundo político, o mundo dos especialistas, o mundo dos profissionais, o mundo associativo, o "cidadão comum"), que se cruzam e se confrontam no interior de seu próprio discurso (Moirand, 1999b, 2000, 2001). Não sabendo muito bem como lidar com as informações e as opiniões que concernem a fatos científicos ainda não estabelecidos, submetido a dados às vezes contraditórios sobre os fatos que não tem nem o tempo nem os meios de avaliar, exposto a uma grande diversidade de falas e de textos provindos de comunidades discursivas diferentes, espalhadas frequentemente pelo mundo, ele se acha reduzido a inserir e a entremear em seus textos as migalhas de falas emprestadas de uns e de outros, que ele prefere frequentemente citar a reformular: o que o leva a saturar seus enunciados de heterogeneidade* (conversas emprestadas de diferentes comunidades, entre as quais as do destinatário* ou sobredestinatário* presumidos...). Esse é o *caráter plurilogal desse duplo dialogismo* (intertextual e interacional) mostrado*, que testemunha justamente esse estado de insegurança.

Ao contrário dessa tendência a salpicar seus textos de pequenos pedaços de citações de origem diversa, característica de certas escritas da imprensa, a insegurança discursiva dos atores do sistema educacional se manifesta frequentemente pela colagem de textos fontes, por exemplo, nas instruções ministeriais, nos prefácios de materiais pedagógicos, de gramáticas escolares ou de certos programas de formação: essa colagem, frequentemente justificada em nome da didaticidade*, explica-se pelo risco que se assume, quando se citam os trabalhos dos outros, de alterá-los ou de deformá-los quando são reformulados.

ver **dialogismo, exposição discursiva, heterogeneidade mostrada/constitutiva, sobredestinatário**

S. M. (S. P.)

instância de enunciação – ver **enunciação**

instauração discursiva – ver **instituição discursiva**

instituição discursiva – Noção que tem dois empregos principais, ambos permitindo sublinhar a imbricação do discurso e de suas condições sociais de emergência.

Empregada como variante de "gênero* de discurso", com a ideia de que gênero de discurso é uma espécie de instituição da fala, e, em compensação, que uma instituição, no sentido usual, só é o que é em função dos gêneros de discurso que estão ligados a ela. Recusa-se, aqui, "dissociar as operações pelas quais o discurso desenvolve seus conteúdos e o modo de organização *institucional* que o discurso, ao mesmo tempo, pressupõe e estrutura" (Maingueneau, 1995b: 40).

Para o discurso filosófico, Cossuta estabelece uma distinção entre **instituição discursiva** e **instauração discursiva**. A primeira "designa o modo pelo qual os discursos tendem a se instituir institucionalizando-se, graças a estratégias de posicionamento* na troca social"; a segunda "designa o movimento pelo qual uma filosofia se desdobra no espaço-tempo da obra, edifica-se, constrói um universo doutrinal autônomo e original, situando-se no seio de uma configuração conflituosa de doutrinas ou de tradições históricas". Essa instauração implica ao mesmo tempo um *posicionamento* no campo e *uma fundação* "que lhe permite considerar-se fonte de sua própria legitimidade" (1996: 120-121).

ver **gênero de discurso, posicionamento**

D. M. (S. P.)

integradora (abordagem –) – ver **Escola Francesa de Análise do Discurso**

interação – Remetendo, de forma bastante genérica, à ação recíproca de dois (ou vários) objetos ou fenômenos, a **interação** é um conceito "nômade": tendo aparecido por primeiro no domínio das ciências da natureza e das ciências da vida, foi adotado, a partir da segunda metade do século XX, pelas ciências humanas, para qualificar as interações *comunicativas,* isto é, "toda a ação conjunta, conflituosa ou cooperativa, que coloca em presença dois ou mais atores. Nesse sentido, recobre tanto as trocas conversacionais quanto as transações financeiras, os jogos amorosos e as lutas de boxe" (Vion, 1992: 17).

Um pouco mais restritiva (porque exclui as interações à distância ou diferidas) é a célebre definição de Goffman (1973, t. 1: 23): "Por interação (isto é, interação face a face) entende-se basicamente a influência recíproca que os participantes exercem sobre suas ações respectivas quando estão em presença física imediata uns dos outros; por *uma* interação entende-se o conjunto da interação que se produz em uma ocasião qualquer, quando os membros de um conjunto dado encontram-se em presença contínua uns dos outros; o termo 'encontro' também poderia ser adequado".

Essa definição tem o mérito de cobrir os dois principais usos desse termo: a interação é, em primeiro lugar, esse *processo* de influências mútuas que os participantes (ou *interactantes*) exercem uns sobre os outros na troca comunicativa; mas é também o *lugar em que se exerce esse jogo de ações e reações*: uma interação é um "encontro", isto é, um conjunto de acontecimentos que compõem uma troca comunicativa completa, que se decompõe em sequências*, trocas* e outras unidades constitutivas de grau inferior, e tem a ver com um *gênero** particular (interação verbal ou não verbal, e, no primeiro caso, conversação, entrevista, reunião de trabalho etc.; sobre *a tipologia das interações*: Kerbrat-Orecchioni, 1990: 11-133; Vion, 1992: cap. 5).

Nas ciências humanas e sociais

No que diz respeito às ciências humanas e sociais em seu conjunto, a interação tornou-se hoje o objeto de estudo de diversas Escolas e subdisciplinas que convergem para formar o que se pode chamar de "galáxia interacionista". Foi na sociologia que se elaborou por primeiro essa noção, que, em seguida, implantou-se em linguística e em psicologia.

Em sociologia, suas primícias encontram-se em Tarde, que propunha a criação de uma "interpsicologia", e da qual *Les lois d'imitation* (1890) constituem uma das primeiras obras de inspiração interacionista. Quase na mesma época, alguns sociólogos de língua alemã, como Simmel e Weber, antecipavam o interacionismo, sustentando que os indivíduos criam a sociedade através de suas ações recíprocas. Mas foi nos EUA que, influenciados pelos autores citados e também pela filosofia pragmática, os sociólogos da Escola de Chicago (como Park ou Burgess), fundadores da ecologia urbana e promotores dos estudos de campo, iriam constituir uma das fontes fundamentais do interacionismo. É nessa universidade que Mead profere, nos anos 1910-1920, um curso fundador da psicologia social explicitamente baseado na noção de interação. Entre seus numerosos alunos, Blumer será o criador do "*interacionismo simbólico*", expressão que se tornará um rótulo de sucesso para designar às vezes o movimento interacionista em seu conjunto. Designação abusiva, porque, nos anos 50-60, desenvolve-se a *microssociologia* de Goffman, reivindicado a interação como objeto de estudo totalmente sociológico, e, na Califórnia, a *etnometodologia**, com Garfinkel e seus colaboradores Sacks, Schegloff e Jefferson, iniciadores da *análise** conversacional (*Conversation Analysis*), que iria tornar-se um paradigma emblemático dos estudos interacionistas (sendo as conversações, nessa perspectiva, consideradas um lugar privilegiado de observação das organizações sociais em seu conjunto), enquanto na fronteira da socioantropologia e da linguística, aparecia a *etnografia** *da comunicação* de Hymes e Gumperz.

A linguística interacionista (que analisa as diversas formas de discurso dialogado) se baseia em grande medida na análise da conversação, mas foi amplamente fecundada também por diversas correntes de pesquisa que se haviam formado como reação aos linguistas da frase ou do código (análise* do discurso, linguística da enunciação*); influenciada por diferentes correntes filosóficas (teoria dos jogos de linguagem de Wittgenstein, teoria dos *speech acts* de Austin e Searle, teoria do "agir comunicacional" de Habermas, lógica da interlocução de Jacques); estimulada pelos trabalhos de Bakhtin, autor dessa afirmação citada a todo o momento: "A interação verbal é a realidade fundamental da linguagem" – sendo que a ideia geral, na utilização "normal", é que a linguagem implica a troca, portanto, uma determinação recíproca e contínua dos comportamentos de todos os sujeitos engajados nessa troca: falar é trocar, e é trocar trocando.

Enfim, do ponto de vista da psicologia, é preciso mencionar o desenvolvimento dos estudos naturalistas sobre a *epigênese interacional* e as *interações precoces* (Bruner Stern, Montagner, Lebovici); o estudo de uma *psicologia das comunicações* de tipo etológico (Costier) ou sistêmico (Bateson, Escola de Palo Alto), com aplicações terapêuticas variadas, mas que fornecem igualmente um certo número de conceitos descritivos muito úteis para os estudos interacionistas (noção de *dupla coerção*, distinções *conteúdo* *vs *relação, comunicação simétrica* *vs *complementar* etc.); e também o de uma psicologia *social interacionista* inspirada na análise do discurso (Edwards e Potter, 1992; Ghiglione e Trognon, 1993; Chabrol, 1994; Marc e Picard, 1997).

Todos esses pesquisadores em *"nova comunicação"*, que evoluem nessa "corrente de águas misturadas" que é o interacionismo (Winkin, ed., 1981), têm certamente objetivos muito diferentes. Entretanto, todos admitem um certo número de postulados, como o "postulado empático" (o outro é capaz de sentir e de pensar como eu e pensa que eu sou capaz de pensar como ele), o "princípio da cooperação*" (Grice) ou o "princípio de reciprocidade" (Schütz, distinguindo a reciprocidade das perspectivas, dos saberes, das motivações e das imagens; ver Bange, 1992: 113 e ss.); partilham também de um certo número de princípios metodológicos, como a valorização do "campo*" e dos dados "autênticos": o procedimento é fortemente *empírico*, o que não exclui a pesquisa de regularidades, mas essas devem ser descobertas pela observação escrupulosa dos *corpora*.

Interação em análise do discurso

No que diz respeito mais particularmente à análise do discurso, a abordagem interacionista enfatizou a necessidade de privilegiar o *discurso dialogado oral*, tal como ele se realiza nas diversas situações da vida cotidiana. É, de fato, o que oferece *o mais forte grau de interatividade*; porque, se todos os discursos implicam certas formas de interação entre emissor e receptor(es) (cf. o título de uma obra de Nuchèze: *Sous les discours, l'interaction*), isto se dá em graus muito diferentes, sendo a comunicação "face a face" desse ponto de vista a mais representativa dos mecanismos próprios da interação. Correlativamente, essa abordagem colocou em evidência a importância do papel que exercem na elaboração do discurso certos fenômenos completamente negligenciados até então pela descrição gramatical (marcadores* conversacionais em todos os gêneros, repetições e reformulações*, truncamentos e retificações, hesitações e outros procedimentos de "reparação*"), bem como a importância das dimensões relacional e afetiva no funcionamento das comunicações humanas, que estão longe de reduzir-se a uma "pura" troca de informações. Mais genericamente, os discursos são, nessa perspectiva, concebidos como *construções coletivas*, sendo que todos os seus componentes podem prestar-se à *negociação** entre os interactantes: se é verdade que preexistem às interações todos os tipos de regras (lexicais, sintáticas, pragmáticas, conversacionais etc.) que subjazem a seu funcionamento, elas são em sua maior parte suficientemente vagas para que seja possível, e mesmo necessário, "compor" com elas quando se "compõe" uma interação. Porque os sujeitos engajados em uma interação, nos diz Winkin, são comparáveis aos intérpretes de uma partitura musical: "Mas, nesta vasta orquestra cultural, não há maestro nem partitura. Cada um toca de acordo com o outro. Só um observador exterior, isto é, um pesquisador da comunicação, pode progressivamente elaborar uma partitura escrita, que se revelará, talvez, bastante complexa" (1981: 7-8).

Tal é, pois, a tarefa dos pesquisadores em interação: reconstruir as partituras que subjazem à execução das interações particulares e, além disso, explicitar as regras gerais de uma "harmonia" conversacional.

ver **análise conversacional, conversação, etnografia da comunicação, etnometodologia, negociação**

J. C. (S. P.)

intercultural – O termo **intercultural** pode qualificar tanto um objeto (a situação ou o encontro cultural) quanto tipos de abordagens da comunicação, dos discursos e da interação que focalizem a *variação cultural*. O emprego nominal de *intercultural* é frequente (por exemplo, "formação intercultural") De maneira geral, pode-se dizer que o objetivo desses diferentes estudos é colocar em evidência a relatividade cultural dos comportamentos comunicativos observáveis.

O DOMÍNIO DO INTERCULTURAL

Falar de encontro, situação ou comunicação interculturais enfatiza o contato entre indivíduos ou grupos de indivíduos que pertencem a culturas diferentes. Esses encontros não se reduzem àqueles entre indivíduos cujas competências linguísticas são desiguais (*comunicação exolíngue**), mas concernem também àqueles em que, apesar de uma relativa igualdade dos repertórios linguísticos dos participantes, preservam diferenças e variações nas normas comunicativas que eles aplicam. Essas situações são extremamente frequentes, e elas têm levado a reflexões, descrições, propostas de ação em todos os domínios da vida social (educação, mundo da empresa, da saúde, da mídia) e nos quadros disciplinares variados (etnologia, antropologia, linguística, sociologia, psicologia). Um panorama desses domínios e das reflexões que eles inspiraram, tanto no plano prático quanto no teórico, é apresentado em Demorgon e Lipiansky (1999).

Em uma perspectiva de análise de discurso, o estudo dessas situações pode recorrer a diferentes metodologias e utilizar diferentes tipos de dados (questionários, conversas, encenações, registros de situações reais). Funciona frequentemente pela seleção de incompreensões, embaraços, mal-entendidos* nas trocas, que funcionam, para o analista, como índice da aplicação de normas comunicativas diferentes (Beal, 1993; Clyne, 1994).

Também têm relação com o intercultural os estudos comparativos ou contrastivos que se fundam sobre a colocação em paralelo dos comportamentos comunicativos de indivíduos que pertencem a culturas diferentes. Nessa abordagem, postula-se a universalidade de um elemento, por exemplo, uma situação, um ato de linguagem etc., cuja realização por indivíduos de culturas diferentes é comparada (ver, para a pragmática contrastiva, Olesky, ed., 1989; sobre os atos de requerimento e de pedido de desculpa, Blum-Bulka *et alii*, 1989). Os estudos procuram, em princípio, explicitar as semelhanças e diferenças na realização do elemento observado. Mais globalmente, visam a explicitar os eixos de variação que permitem descrever os **perfis comunicativos** (ou "**ethos***") que caracterizam uma sociedade dada, assim como o faz Kerbrat-Orecchioni (1994), que destaca os eixos seguintes: lugar da fala na sociedade, concepção da relação* interpessoal, concepção da polidez*, grau de ritualização (diferentes estudos comparativos são apresentados em Traverso, ed., 2000).

Essas duas abordagens do intercultural (estudos de situações interculturais e comparações interculturais) não se opõem, e a metodologia ideal repousa de fato em sua complementaridade.

Alguns problemas de análise

As questões levantadas por este campo são numerosas, a começar pelas do "recorte" das culturas, sendo esse termo, de fato, empregado para referir a entidades mais ou menos extensas: áreas culturais, países, etnias, comunidades etc., que, de fato, podem ser de uma homogeneidade muito variável. Esses problemas do recorte do objeto e da variação interna conduzem a opções metodológicas variadas no eixo que abrange desde processos dedutivos – que consistem em colocar o pertencimento dos interactantes como categoria explicativa *a priori* – até os de natureza mais indutiva, em que se constrói essa categoria a partir de um conjunto organizado de observações, ou ainda, esforçando-se, conforme os postulados etnometodológicos, para revelar a maneira pela qual os próprios indivíduos a definem por meio de seus comportamentos comunicativos em situação (sobre essas questões, Erikson e Shultz, 1982; Fasold, 1990).

Diferentes vieses e riscos de distorção espreitam as análises, entre outros ligados ao peso dos estereótipos, ao perigo de obscurecer representações folclóricas, e às tendências ao etnocentrismo na descrição. Essas últimas se insinuam, como o denuncia Wierzbicka (1991), na própria metalinguagem descritiva, já que os comportamentos comunicativos observados de uma cultura dada são descritos mediante palavras e categorias de outra.

ver **etnografia da comunicação, exolíngue (comunicação –)**

V. T. (S. P.)

interdiscursividade – ver **interdiscurso**

interdiscurso – Todo discurso é atravessado pela **interdiscursividade**, tem a propriedade de estar em relação multiforme com outros discursos, de entrar no **interdiscurso**. Esse último está para o *discurso* como o *intertexto** está para o *texto**.

Em um sentido restritivo, o "interdiscurso" é também um espaço* discursivo, *um conjunto de discursos* (de um mesmo campo* discursivo ou de campos distintos) que mantêm relações de delimitação recíproca uns com os outros. Assim, para Courtine (1981: 54), o interdiscurso é "uma articulação contraditória de formações* discursivas que se referem a formações ideológicas antagônicas".

Mais amplamente, chama-se também de "interdiscurso" o conjunto das unidades discursivas (que pertencem a discursos anteriores do mesmo gênero*, de discursos contemporâneos de outros gêneros etc.) com os quais um *discurso particular* entra em relação implícita ou explícita. Esse *interdiscurso* pode dizer respeito a unidades discursivas de dimensões muito variáveis: uma definição de dicionário, uma estrofe de um poema, um romance... Charaudeau fala, assim, de "sentido interdiscursivo" tanto para as locuções ou os enunciados cristalizados ligados regularmente às palavras, contribuindo para lhes dar "um valor simbólico" – por exemplo, para *passarinho*, unidades como "comer como um passarinho" (1993b: 316) – quanto para unidades muito vastas.

INTERDISCURSO E INTERTEXTO

Pode-se explorar a distinção entre *intertexto* e *interdiscurso*. Assim, Adam (1999: 85) fala de "intertexto" para "os ecos livres de um (ou de vários) texto(s) em outro texto", independentemente de gênero, e de "interdiscurso" para o conjunto dos gêneros que interagem em uma conjuntura dada. Por sua vez, Charaudeau (1993d) vê no "interdiscurso" um jogo de reenvios entre discursos que tiveram um suporte textual, mas de cuja configuração não se tem memória; por exemplo, no *slogan* "Danoninho vale por um bifinho", é o interdiscurso que permite as inferências do tipo "os bifes de carne têm um alto o valor proteico, portanto devem ser consumidos". Por sua vez, o "intertexto" seria um jogo de retomadas de *textos configurados* e ligeiramente transformados, como na paródia*.

O PRIMADO DO INTERDISCURSO

A análise do discurso francófono fez frequentemente do *primado do interdiscurso sobre o discurso* uma de suas teses principais. Na Escola* Francesa, especialmente em Pêcheux, a formação discursiva não pode produzir o "assujeitamento" ideológico do sujeito do discurso a não ser na medida em que cada formação discursiva está de fato dominada pelo interdiscurso – o conjunto estruturado das formações discursivas – em que se constituem os objetos e as relações entre esses objetos que o sujeito assume no fio do discurso. É o que o analista do discurso deve pôr em evidência contra as ilusões dos sujeitos: "O próprio de cada formação discursiva é dissimular, na transparência do sentido que aí se forma, [...] o fato de que "isto fala" sempre antes, alhures, ou independentemente" (Pêcheux, 1975: 147). Tese que se apoia sobre a noção de pré-construído*.

A afirmação do primado do interdiscurso exclui que se coloquem em contraste formações discursivas consideradas independentemente umas das outras. A identidade de um discurso é indissociável de sua emergência e (de) sua manutenção através do interdiscurso. "A enunciação não se desenvolve sobre a linha de uma intenção fechada; ela é de parte a parte atravessada pelas múltiplas formas de retomada de falas, já ocorridas ou virtuais, pela ameaça de escorregar naquilo que não se deve jamais dizer" (Maingueneau, 1997: 26).

ver **dialogismo, discurso, discurso citado, Escola Francesa de Análise do Discurso, heterogeneidade mostrada/constitutiva, intertextualidade, pré-construído**

D. M. (S. P.)

interlíngua – Noção empregada em dois domínios muito diferentes: a didática das línguas estrangeiras (1) e a análise do discurso (2).

1. A **interlíngua** é a "língua" utilizada por aprendizes que não dominam ainda uma língua estrangeira; é uma realidade provisória e instável, entre duas línguas, mas em relação à qual se postula que tem uma coerência relativa (Selinker, 1972; Porquier, 1986).

ver **código linguageiro**

D. M. (S. P.)

interlocutor – *No sentido comum*, o **interlocutor** é a pessoa que dialoga, discute, conversa com um outro. Mais precisamente, designa, do ponto de vista daquele que fala, a pessoa que, em uma troca verbal oral, representa ao mesmo tempo o destinatário do sujeito* falante e aquele que tem o direito de tomar a palavra em seu turno, a responder, a replicar ao locutor* que o precedeu. Cada locutor que toma a palavra é, pois, interlocutor do precedente, e os dois se instituem, assim, em interlocutores.

No mesmo sentido comum, esse termo chega a designar o parceiro de uma discussão ou de uma negociação que é julgado segundo sua competência ("ele encontrou um interlocutor a sua altura", "ele não encontrou um bom interlocutor").

Em linguística da língua e em linguística do discurso, esse termo é retomado em seu sentido comum para designar, no plural, os parceiros de um ato de troca verbal, em situação de comunicação oral, sendo que cada um deles toma sucessivamente a palavra. No singular, o interlocutor é sempre considerado como aquele que está, ao mesmo tempo, na posição de receptor de um ato de comunicação e de poder tomar a palavra em seu turno. Nisso, o interlocutor deveria ser distinguido do **ouvinte***, que se encontra nessa mesma posição, mas sem ter direito à palavra (como em uma conferência ou em uma emissão radiofônica).

Permanece uma ambiguidade, no entanto, quanto à natureza e à função da noção de interlocutores: certos linguistas lhes dão o estatuto de atores* externos ao ato de enunciação, como o que ocupariam o emissor* e o receptor*; outros lhes dão o estatuto de protagonistas internos ao processo de enunciação (**intralocutores***), como o que ocupariam o enunciador* e o destinatário*. Às vezes, o termo **interlocutor**, no singular, é reservado apenas para o receptor do ato de comunicação (o receptor da comunicação oral); às vezes, **interlocutores**, no plural, refere-se exclusivamente aos atores de um ato de comunicação que se encontram em situação de interlocução, às vezes toma valor genérico de parceiros do ato de comunicação, qualquer que seja a situação.

Consideraremos a definição de outras denominações, tais como *locutor, emissor, receptor* etc., que, embora tenham emprego instável, não deixam por isso de lhes conferir precisões interessantes. Encontraremos sua apresentação geral no verbete **Sujeito falante**.

ver **destinatário, emissor, enunciador, locutor, receptor**

P. C. (S. P.)

intertexto – ver **intertextualidade**

intertextualidade – Esse termo designa ao mesmo tempo uma *propriedade constitutiva de qualquer texto* e o conjunto das *relações* explícitas ou implícitas *que um texto ou um grupo de textos determinado* mantém com outros textos. Na primeira acepção, é uma variante de *interdiscursividade**.

INTERTEXTUALIDADE E TRANSTEXTUALIDADE

A noção de "**intertextualidade**" foi introduzida por Kristeva (1969) para o estudo da literatura; com isso, chamava atenção para o fato de que a "produtividade" da escritura literária redistribui, dissemina... textos anteriores em um texto; seria preciso, pois, pensar o texto como "intertexto". Concepção ampliada por Barthes:

"Todo texto é um intertexto; outros textos estão presentes nele, em níveis variáveis, sob formas mais ou menos reconhecíveis [...] O intertexto é um campo geral de fórmulas anônimas, cuja origem raramente é recuperável, de citações inconscientes ou automáticas, feitas sem aspas" (1973).

Genette (1982: 8) preferiu falar de **transtextualidade**, conferindo assim um valor mais restrito à "intertextualidade". Sua tipologia das relações transtextuais distingue:

· a **intertextualidade**, que supõe a presença de um texto *em um outro* (por citação, alusão...);

· a **paratextualidade**, que diz respeito ao *entorno* do texto propriamente dito, sua periferia (títulos, prefácios, ilustrações, encarte etc.);

· a **metatextualidade**, que se refere à relação de *comentário* de um texto por outro;

· a **arquitextualidade**, bastante mais abstrata, que põe um texto em relação com as diversas *classes* às quais ele pertence (tal poema de Baudelaire se encontra em relação de arquitextualidade com a classe dos sonetos, com a das obras simbolistas, com a dos poemas, com a das obras líricas etc.);

· a **hipertextualidade***, que recobre fenômenos como a paródia*, o pastiche*...

INTERTEXTUALIDADE E INTERTEXTO

Emprega-se frequentemente "intertexto" para designar um conjunto de textos ligados por relações intertextuais; dir-se-á, por exemplo, que a literatura da Plêiade no século XVI e a literatura greco-latina formam um "intertexto". Maingueneau (1984: 83) faz uma distinção entre **intertextualidade** e **intertexto**: o *intertexto* é o conjunto de fragmentos convocados (citações, alusões, paráfrase...) em um *corpus* dado, enquanto *intertextualidade* é o sistema de regras implícitas que subjaz a esse *intertexto*, o modo de citação que é julgado legítimo pela formação* discursiva, o tipo* ou o gênero* de discurso do qual esse *corpus* provém. Assim, a *intertextualidade* do discurso científico não é a mesma que a do discurso teológico; além disso, elas variam de uma época a outra. Pode-se distinguir uma **intertextualidade interna** (entre um discurso e aqueles do mesmo campo* discursivo) e uma **intertextualidade externa** (com os discursos de campos discursivos distintos, por exemplo, entre um discurso teológico e um discurso científico).

O uso tem a tendência de empregar *intertexto* quando se trata de relações com textos fonte precisos (citação, paródia...) e *interdiscurso* para conjuntos mais difusos: assim, dir-se-á frequentemente "A fala se exerce em um vasto interdiscurso".

ver **dialogismo, discurso citado, heterogeneidade mostrada/constitutiva, interdiscurso, texto**

D. M. (S. P.)

intervenção – ver **troca**

intradiscurso – Opõe-se intuitivamente o **intradiscurso**, relações entre os constituintes do mesmo discurso, a **interdiscurso***, relações desse discurso com outros discursos. Mas é necessário desconfiar de qualquer representação que faria do "interior" e do "exterior" dois universos independentes. As problemáticas do dialogismo* ou da heterogeneidade* constitutiva mostram que o intradiscurso é atravessado pelo interdiscurso.

ver **formação discursiva, heterogeneidade mostrada/constitutiva, interdiscurso, pré-construído, texto**

D. M. (S. P.)

intralocutor – ver **interlocutor**

intrusão – ver **turno de fala**

investimento genérico – Noção introduzida por Maingueneau (1991: 180) para caracterizar a relação entre um posicionamento* e os gêneros* dos quais seus textos decorrem. O **investimento genérico** joga com as duas acepções de "investimento": o *desenvolvimento* em um espaço de discurso e a *localização* destinada a dar valor aos enunciados produzidos.

Cada posicionamento investe em alguns gêneros de discursos e não em outros e, fazendo isso, mostra que o exercício legítimo da fala se dá no campo* discursivo afetado. Esse investimento não deve ser concebido no modo retórico de meios a serviço de um fim, mas como definindo a própria identidade de um posicionamento: o recurso a tais gêneros em vez de a outros é, de fato, parte constitutiva do posicionamento, tanto quanto os elementos propriamente doutrinais. Assim, tal posicionamento político vai investir em diversos gêneros (panfletos, comícios, mala direta...) e não em outros (debates na TV etc.).

Se se consideram posicionamentos concorrentes, podem-se prever três possibilidades: (1) esses posicionamentos investem *em gêneros de discurso distintos*; (2) esses posicionamentos exploram *diferentemente os mesmos gêneros*; (3) *a combinação das duas alternativas* precedentes, situação que é de longe a mais comum.

Mas, para um dado posicionamento, nem todos os gêneros são investidos da mesma forma: alguns são mais canônicos* do que outros.

ver **canônico (gênero –), gênero de discurso, posicionamento**

D. M. (S. P.)

ironia – A reflexão sobre a **ironia** acompanha a *filosofia* desde suas origens e a *retórica* a descreve tradicionalmente como um tropo* que consiste em dizer o contrário do que se quer fazer o destinatário compreender. Na ironia, há um efeito de *não assumir* a enunciação por parte do locutor e de *discordância* em relação à fala esperada em tal tipo de situação. É, pois, um fenômeno essencialmente *contextual*, cujos componentes *interacionais* e *paraverbais** são fortes; isso explica o interesse que suscita entre os adeptos das correntes pragmáticas*.

As teorias da ironia

A ironia como tropo. Para a tradição retórica, a ironia, diferentemente da metáfora* ou da metonímia*, é um desses tropos que indicam mais uma *atitude enunciativa* do que uma caracterização do referente (cf. a lítotes* ou a hipérbole*). A ironia como tropo é uma antífrase* ou, ao menos, uma divergência mais ou menos clara entre sentido literal e sentido figurado* (Kerbrat-Orecchioni, 1980b). Isso só é possível se a enunciação fornece *índices* da ironia; pode ser no próprio conteúdo (por exemplo, mediante hipérboles deslocadas ou pelo recurso a palavras que não são as do locutor) ou por outros meios: na oralidade, por uma entonação ou uma mímica particulares, na escrita, por reticências, pelo recurso ao itálico.

A ironia como menção. Sperber e Wilson (1978) propuseram analisar a ironia como uma *menção*, portanto, como um fenômeno de autonímia*. Em vez de ser um tropo fundado na antífrase, a ironia seria um tipo de citação pela qual o locutor mencionaria o ponto de vista de uma personagem desqualificada que diria qualquer coisa de ostensivamente deslocado em relação ao contexto.

A ironia como polifonia*. A partir daí, estava aberto o caminho para uma concepção *polifônica* da ironia, defendida por Ducrot mediante uma certa interpretação da distinção entre **locutor*** e **enunciador***: "Falar de modo irônico é, para um locutor L, apresentar a enunciação como expressando a posição de um enunciador E, posição cuja responsabilidade não é assumida pelo locutor L e, mais que isso, que ele considera absurda [...] a posição absurda é diretamente expressa (e não mais citada) na enunciação irônica e, ao mesmo tempo, ela não é atribuída a L, já que este só é responsável pelas palavras, sendo os pontos de vista manifestados nas palavras atribuídos a uma outra personagem E" (Ducrot, 1984: 211).

A ironia como paradoxo. Berrendonner vê na ironia uma enunciação *paradoxal*, em que o locutor invalida sua própria enunciação no próprio movimento pelo qual a enuncia: "fazer ironia não é inscrever-se falsamente de maneira mimética contra o ato de fala anterior ou virtual, em todo o caso, exterior, do outro. É inscrever-se falsamente contra sua própria enunciação, apesar de produzi-la" (Berrendonner, 1981: 216).

VALOR PRAGMÁTICO DA IRONIA

A ironia viola ostensivamente uma das máximas* conversacionais de Grice (ser claro), mas seu valor pragmático é fonte de debates. Concorda-se em geral em sublinhar seu caráter desvalorizador: "Ironizar é sempre, mais ou menos, escolher um alvo que se trata de desqualificar" (Kerbrat-Orecchioni, 1986: 102). Alguns acentuam ser caráter *defensivo*: "Trata-se de uma manobra com função basicamente *defensiva*. E, mais que disso, defensiva *contra as normas* [...]; uma astúcia que permite frustrar o assujeitamento dos enunciadores às regras da racionalidade e da conveniência públicas" (Berrendonner, 1981: 239). Manobra que frustra uma norma sem propor de fato uma norma alternativa, a ironia é um tipo de enunciação essencialmente insolúvel, que carrega valores contraditórios e pode deixar o destinatário perplexo quanto a seu objetivo. Notemos que a ironia não tem o mesmo efeito conforme se exerça sobre um terceiro ou sobre o alocutário.

Fenda que o enunciador escava em sua própria enunciação, desconexão que se quer desconcertante entre discurso e realidade, a ironia, ao contrário da metáfora, permanece por natureza uma questão *aberta*, que cada teoria analisa em função de seus pressupostos. Decidir o que é a ironia implica, na realidade, uma certa concepção de sentido, da atividade de fala ou da subjetividade.

ver **polifonia, tropo**

D. M. (S. P.)

isotopia – Conceito criado por Greimas (1966) no domínio da semântica estrutural e vulgarizado em seguida em análise do discurso (semiótica, estilística*...). A **isotopia** designa globalmente os procedimentos que concorrem para *a coerência* de uma* *sequência discursiva ou de uma mensagem*. Fundada na *redundância* de um mesmo traço no desenvolvimento dos enunciados, tal coerência diz respeito principalmente à organização semântica do discurso.

A ISOTOPIA COMO COERÊNCIA SEMÂNTICA

Para Greimas e a maioria dos teóricos, a isotopia define os mecanismos reguladores que contribuem para fazer de um enunciado ou de um texto "uma totalidade de significação" (Greimas, 1966: 53). Ela resulta, antes de mais nada, da "iteratividade, ao longo de uma cadeia sintagmática, de **classemas** [traços semânticos contextuais] que asseguram ao discurso sua *homogeneidade*" (Greimas e Courtés, 1979: 197). Por exemplo, a isotopia de uma frase como "Maheu levantou os ombros com ar resignado" (Zola) é devida à repetição do traço /animado/ em seus componentes lexicais. Para Rastier (1987: 92-104), além da compatibilidade semântica que ela instaura entre os termos associados em um enunciado, a isotopia se caracteriza por sua *extensão variável* (do sintagma ao texto) e por sua *estrutura não ordenada* ("O fazendeiro matou o touro" oferece o mesmo tipo de isotopia que "O touro matou o fazendeiro"). No plano funcional, a coerência discursiva produzida pela isotopia condiciona a *lisibilidade dos textos*: "Do ponto de vista do enunciatário, a isotopia constitui uma grade de leitura que torna homogênea a superfície do texto, já que ela permite eliminar as ambiguidades (Greimas e Courtés, 1979: 199).

A tipologia das isotopias é diversificada segundo os teóricos. Arrivé (1973: 59-60) distingue as **isotopias denotadas**, explícitas no discurso, e as **isotopias conotadas***, latentes e portadoras de um sentido oculto (como a isotopia sexual em *Ubu rei*, de Jarry). Greimas e Courtés (1979: 197-198) distinguem as **isotopias semânticas** estritas (definidas pela recorrência de uma mesma categoria de sentido), as **isotopias gramaticais** (fenômenos de concordância e de regência) e as **isotopias actoriais** (repetição de um mesmo papel na superfície de uma narrativa). Rastier (1987: 111-113) estabelece uma oposição entre as **isotopias genéricas**, ligadas aos campos lexicais codificados em língua (caso de uma frase como "O almirante Nelson ordenou que se recolhessem as velas", fundada na interação lexical do traço /navegação/), e as **isotopias específicas** (não codificadas, que provêm das recorrências semânticas próprias desse ou daquele enunciado. Assim, o verso de Eluard "A madrugada incendeia a fonte" encontra sua coerência na reiteração particular do traço /incoativo/.

A heterogeneidade semântica está presente, entretanto, em numerosos discursos. Fala-se então de **alotopia** (Rastier, 1987: 133) ou de **poli-isotopia**, definida por uma "tensão entre várias isotopias, cada qual tentando assegurar seu predomínio" (*Groupe* ì, 1977: 212). A alotopia está na base dos "enunciados estranhos" (Rastier 1987: 158) como "La gare part en riant à la recherche du voyageur" ["Ouço o tamanho oblíquo de uma folha" (Manoel de Barros)], bem como de certos **tropos***, como a **metáfora***. A alotopia é constitutiva de muitos *gêneros discursivos**: piadas, palavras cruzadas, poesia: "O texto poético instaura estratégias variadas para permitir [...] a indução de uma leitura pluri-isotópica" (*Groupe* ì, 1974: 233). Por exemplo, analisando *Salut*, de Mallarmé, Rastier (1989: 225-244) mostra que esse poema adquire seu sentido global por meio da interação das três isotopias /banquete/, /navegação/ e /escritura/. De maneira geral, a alotopia dá lugar a uma *leitura plural* dos textos, que pode ser controlada por procedimentos de "reavaliação" (*Groupe* μ, 1977: 50).

A ISOTOPIA COMO REDUNDÂNCIA GENERALIZADA

A noção de isotopia é às vezes expandida para "toda iteração de uma unidade linguística qualquer" (Rastier, 1972: 80). A isotopia é especialmente estendida ao **plano da expressão**, isto é, dos **significantes** sonoros e gráficos do discurso (*Groupe* μ, 1974: 220). Assim, para Arrivé (1973: 55), a isotopia da expressão recobre as repetições fônicas mais diversas: "Un homme br*ou*haha des bois, adab*oua*" (Jarry) ["Vozes veladas, veludosas vozes" (Cruz e Sousa)]. Todavia, diferentemente das isotopias semânticas que são inerentes à maior parte dos enunciados, "as isotopias da expressão aparecem [...] como estruturas adicionais (ritmo, prosódia, trocadilho)" (*Groupe* μ, 1974: 220), atestadas sobretudo nos textos literários.

ver **coerência, metáfora, metonímia, sinédoque, tropo**

M. B. (S. P.)

itálico – ver **aspas**

legitimação (estratégia de –) – Em sentido corrente, a "legitimidade" é um estado de direito que caracteriza uma pessoa no que concerne à sua situação (legitimidade de uma união), a uma filiação (legitimidade monárquica), a um poder conferido (legitimidade democrática). Julga-se, então, sua ação legítima e se diz que a pessoa tem legitimidade para agir de uma certa forma. A **legitimação** é o processo ao fim do qual um indivíduo está legitimado.

Em análise do discurso, a noção de legitimação pode ser utilizada para significar que o sujeito falante entra em um processo de discurso, que deve conduzir a que reconheça que tem direito à palavra e legitimidade para dizer o que diz. Essa legitimidade pode derivar tanto de uma situação de fato (como em uma conversação amigável, na qual todo locutor, por definição, tem direito – sob certas condições conversacionais – de falar), quanto do lugar que lhe é dado por uma instituição qualquer (como quando um professor fala na sala de aula, ou quando uma personalidade política faz uma declaração na televisão). Mas é possível também que ele tenha necessidade de construir uma posição de legitimidade aos olhos de seu interlocutor.

Para Charaudeau, a *legitimação* é, com a *credibilidade** e a *captação**, um dos três espaços das estratégias de discurso. As estratégias de *legitimação* visam a determinar a posição de autoridade que permite ao sujeito tomar a palavra. Essa posição de autoridade pode ser o resultado de um processo que passa por dois tipos de construção: "(a) a de *autoridade institucional*, que é fundada pelo estatuto do sujeito, que lhe confere autoridade de saber (perito, erudito, especialista), ou de poder de decisão (responsável por uma organização), (b) a de *autoridade pessoal*, que é fundada na atividade de persuasão e de sedução do sujeito que lhe dá uma autoridade de fato, que pode, além disso, sobrepor-se a precedente" (1988a: 13).

ver **captação (I)**, **credibilidade (estratégia de –)**, **estratégia de discurso**

P. C. (*M. C. S.*)

lei de passagem – ver **argumentação**, *tópos*

leis do discurso – As **leis do discurso** exploram o fato de que todo ato de linguagem se desenvolve em um "quadro jurídico e psicológico imposto" (Ducrot, 1972a: 8).

Elas permitem o cálculo interpretativo de significações implícitas, derivadas de significações literais (Ducrot, 1972a: 11). Tais leis são necessárias na medida em que o locutor "não tem o direito de dar" certas informações, em virtude do princípio de polidez ou do desejo de evitar que o conteúdo implícito seja contraditório (id.: 6). Elas mostram que a linguagem não funciona como um código, que suporia que "todos os conteúdos expressos [...] o fossem de modo explícito" (id.: 5). Ducrot enumera seis "leis de discurso" (id.: 9) – ou "leis de fala", "leis retóricas" (id.: 137, 196, 201). Observe-se que, à diferença das máximas de Grice, que formam um conjunto *a priori* fechado e completo, estabelecido "em eco a Kant" (Grice, 1975/1979: 61), as leis de discurso são extraídas por Ducrot no decorrer da análise de diversos fenômenos linguísticos.

• *Lei de exaustividade*, que "exige que o locutor dê, sobre o tema do qual fala, as informações mais fortes que possui, e que sejam suscetíveis de interessar ao destinatário": "Alguns capítulos são interessantes neste livro – lei de exaustividade → outros capítulos não são" (id.: 134).

• *Lei de informatividade*. "Qualquer enunciado A, se for apresentado como fonte de informação, induz o subentendido que o destinatário ignora A, ou mesmo, que ele eventualmente esperaria, de preferência, não A (o que aumenta ainda mais o valor informativo do ato realizado)": "Só Pedro veio – lei da informatividade → podia-se pensar que outros, além de Pedro, viriam" (id.:133).

• *Lei de economia*, "...caso particular da lei de informatividade. Exige que cada determinação particular introduzida em um enunciado informativo tenha valor informativo" (id.: 201).

• *Lei de lítotes*, "que leva a interpretar um enunciado como dizendo mais do que sua significação literal": "Este livro é pouco interessante – lei de lítotes → este livro não é interessante" (id.: 137).

Essas leis que geram a quantidade de informação atribuível ao enunciado são próximas à máxima* de quantidade de Grice (1975/1979: 61).

• *Lei de interesse*. "Não se pode falar legitimamente a outrem senão daquilo que se presume interessar-lhe" (id.: 9). Em "Se você tem sede, tem cerveja na geladeira", a suposição nos parece destinada a tornar o ato da informação posterior compatível com essa lei de discurso, segundo a qual o locutor deve despertar o interesse do destinatário" (id.: 178). Essa lei deve ser associada à máxima* da relação de Grice (id.).

• *Lei de encadeamento*. Supõe que, em um encadeamento de enunciados A + B, "a relação estabelecida entre A e B não concerne jamais ao que é pressuposto*, mas somente ao que é posto por A e B" (id.: 81). É por isso que se pode dizer "João não come mais ovos fritos no café da manhã, porque teme engordar", e não "porque ele deveria recobrar as forças", que seria um encadeamento com o pressuposto "no passado, ele comia ovos fritos". Essa lei parece específica, na medida em que ela não expressa uma condição sobre a interpretação de enunciados, mas a gramaticalidade dos encadeamentos monológicos.

Leis do discurso ou máximas conversacionais não são nem regras morais, nem regras gramaticais (um discurso gramaticalmente correto pode não respeitá-las). Têm por função permitir a *derivação* de significações "não ditas" e, de uma maneira geral, reestruturar a significação das trocas, de modo a conservar sua *coerência, racionalidade* e *cortesia*.

ver **máxima conversacional**

C. P. (M. C. S.)

leitor

I. Leitor

No quadro da teoria da literatura, "leitor" é utilizado como conceito que funda a análise, em particular, das condições de recepção de uma obra, na medida em que ela se inscreve no horizonte de expectativa de um leitorado: este julga uma produção nova com base em sua experiência estética anterior (Jauss, 1978), e dessa adequação ou desse deslocamento, nascem avaliações da obra.

Em análise do discurso, o lugar do leitor remete a uma problemática similar: considera-se, de fato, que as características linguísticas de um gênero discursivo sejam dependentes de suas condições de produção, mas também das de sua recepção. Assim, é provavelmente às expectativas discursivas dos leitores (suas representações de uma escritura agradável, não "escolar"...) que convém reportar o tom lúdico dos textos de divulgação científica da mídia em geral, e não às condições de produção anteriores, isto é, à conformidade almejada dos conhecimentos difundidos em relação aos conhecimentos científicos dos quais procedem, e dos quais a mídia deveria dar conta sem distorções (Beacco, 1999).

Fora dessas teorias da recepção, "leitor" é um termo pouco utilizado como tal nas análises linguísticas, em que é, além disso, frequentemente suplantado pelo termo ouvinte*. Designa um coenunciador*, entretanto, virtual, uma vez que se encontra em uma situação de interação diferenciada, sendo o diálogo do leitor com o escrevente mais da ordem do existencial ou do informativo do que do linguístico-comunicativo. Dessa forma, no entanto, o leitor como interactante não poderia ser assimilado ao leitorado efetivamente destinatário ou receptor de um determinado discurso escrito, caracterizado por parâmetros sociológicos ordinários utilizados em estudos de difusão ou de audiência (idade, sexo, tamanho da cidade em que reside, grupo social a que pertence...). O leitor (ou destinatário) constitui, como enunciador-origem, um lugar* enunciativo que é construído linguisticamente em cada forma discursiva, e que não é a simples tradução linguística direta da identidade dos destinatários efetivos: para leitorados idênticos, os horóscopos de revistas femininas colocam em correspondência atualizações do leitor por meio de marcas de pessoa, como *vous* (vocês) neutro (concordâncias no masculino plural), *vous* (você) feminino individual ou coletivo (concordâncias no feminino plural ou no singular), representações linguísticas diversas, que correspondem a estratégias de captação* diferenciadas. Um gênero discursivo caracteriza-se, assim, pela colocação em cena verbal de seu auditório mediante marcas linguísticas – seja como interlocutor (*tu/vous*), seja como não pessoa ("O leitor perspicaz terá compreendido que...") –, como também pelos lugares discursivos em que coloca em cena o auditório (por exemplo, na introdução ou na abertura de textos).

J.-C.B. (M. C. S.)

II. Leitor modelo

Noção frequentemente utilizada em análise do discurso, mas que, em geral, não se refere a uma teoria precisa. Permite opor o *público efetivo* de um texto ao *público que esse texto implica por suas características*. Utiliza-se, por vezes, com um valor equivalente, **leitor ideal**.

A importância atribuída atualmente a essa noção é inseparável da ideia de que a comunicação não é um processo que vai, linearmente, de um ponto de partida a um de chegada, mas um processo em que a instância de "recepção", tal como imaginada, já está presente na própria fonte da enunciação. De modo mais amplo, a noção de *destinatário modelo* é preciosa, evidentemente, quando se trata de estudar discursos provenientes de gêneros*, nos quais o locutor se dirige a destinatários que não estão presentes; mas essa noção se aplica a qualquer gênero, com exceção dos gêneros conversacionais, em que há interatividade constante entre os parceiros da troca.

A noção de "leitor modelo" pode ser usada em dois sentidos. Em um primeiro, as características do texto permitem reconstruir a *representação que o escrevente teve que fazer* de seu leitor: qualquer pessoa dotada de tal saber enciclopédico, de tais aptidões linguísticas (lexicais, textuais...), de tal competência comunicativa... para interpretar o texto. Em um segundo sentido, o leitor modelo é construído com base em indícios variados, *mas não é necessário que ele corresponda a uma representação consciente de seu produtor*: ele é parte integrante da definição de um gênero de discurso ou de um posicionamento*.

Quanto aos públicos, ou seja, aos *leitores efetivos*, tal como podem apreendê-los o historiador ou o sociólogo, eles se diferem necessariamente do destinatário modelo que o discurso se atribui. A preservação dos textos aumenta essa diferença:

os múltiplos públicos que leram o "Apelo do 18 de junho de 1940" até os dias de hoje não são o destinatário modelo da mensagem radiofônica de De Gaulle daquela época. Isso é ainda mais evidente para as obras literárias ou religiosas, que circulam séculos após sua aparição. A "teoria da recepção" (Jauss, 1978) estuda as mudanças que isso acarreta para a leitura das obras, a variação dos "horizontes de expectativa" dos leitores.

De uma perspectiva da análise do discurso, a noção de leitor modelo interessa apenas se é especificada em função dos textos que se estuda. No caso de um jornal regional, por exemplo, as competências exigidas do leitor modelo para que compreenda o texto resultam somente do gênero de discurso, do qual elas são uma das facetas. No entanto, quando se trata de *obras* verdadeiras, o leitor modelo resulta de um ajuste instável entre as coerções impostas pelo gênero e as impostas pela cena* de enunciação definida pela obra. O leitor do *Discurso do método* de Descartes, por exemplo, é construído pelo texto como um "homem honesto", dotado de "bom senso", e não como um especialista em filosofia. Isso é indissociável da doutrina cartesiana.

ver **autor, cena de enunciação, contrato de comunicação, destinatário, fechado/aberto (discurso –), gênero de discurso, quadro participativo, receptor, sobredestinatário**

D. M. (M. C. S.)

leitor modelo – ver **destinatário, leitor**

letramento – Criado a partir do inglês "*literacy*", o termo *littératie* [em português, letramento] foi inicialmente empregado por alguns pesquisadores quebequenses, antes de ser amplamente difundido na ocasião da publicação de relatórios internacionais da Unesco e, sobretudo, da OCDE (Organização para Cooperação e Desenvolvimento Econômico) (1995 e 1997). A origem erudita anglo-saxônica permite apreciar o interesse por esse neologismo. Utilizado inicialmente pelos medievalistas, o termo *literacy* designa um conjunto de conhecimentos e de práticas individuais e coletivas que, em um dado período, difunde-se em uma sociedade dominada, até aquele momento, pela "*orality*", transformando-a progressivamente (Clanchy, 1993). Ademais, a difícil questão da avaliação do grau de letramento de uma sociedade suscitou numerosos debates entre os especialistas em Antiguidade grega e romana (Harris, 1989).

Em antropologia

Sob o título *The Uses of Literacy*, Hoggart publica, em 1957, a primeira observação dos usos da escrita em uma sociedade industrial e moderna, dirigindo uma pesquisa em um bairro popular do norte de Londres. Hoggart coloca em evidência usos populares da escrita, em particular, certas práticas de leitura, em geral ignoradas, por serem desvalorizadas. Ele delineia um quadro coerente de um mundo operário pouco escolarizado, mas que pratica, à sua maneira, o letramento.

O impacto mais forte dos trabalhos antropológicos sobre o letramento advém das pesquisas e das análises conduzidas na África por Goody e seus colaboradores. Seu objetivo é descrever as consequências da difusão da escrita nas sociedades tradicionais, que utilizavam, até aquele momento, somente a língua oral (Goody, 1968). Um debate iniciou-se – e ainda não está concluído –, relativo às consequências dessa transformação nos modos de comunicação do ponto de vista do indivíduo: o uso da escrita implica uma modificação dos processos cognitivos de um indivíduo, instruído, doravante, pela "razão gráfica"?

O processo de aculturação das sociedades ao escrito é concebido como uma progressão lenta da escrita, acompanhada de uma divisão lacunar de seus usos que implica, em uma mesma sociedade, a coabitação de grupos, que possuem a escrita, face a outros, que a ignoram completamente, embora sejam frequentemente ligados entre si pela mediação de semiletrados. Dessa forma, o desconhecimento da escrita deve ser relativizado: embora se possa ignorar os saberes elementares do letramento, é possível estabelecer contatos regulares com a escrita.

O termo "Letramento"

Recentemente difundido, esse termo é de uso ainda restrito. Dele pode-se distinguir três sentidos principais:

Em primeiro lugar, remete a um conjunto de saberes elementares, em parte, mensuráveis: saber ler, escrever, contar. É a significação contida nas publicações de vastas pesquisas internacionais, que buscam avaliar o nível de letramento dos países a partir de indicadores comuns. Em 1997, a OCDE, apoiando-se em definições mais antigas da Unesco, define o letramento como "a aptidão de saber, compreender e utilizar a informação escrita na vida cotidiana, em casa, no trabalho e na comunidade, visando alcançar objetivos pessoais e ampliar seus conhecimentos e suas capacidades" (OCDE, 1997: 14). Para avaliar o grau de letramento dos países industrializados, a OCDE testa três aspectos: a compreensão de textos periódicos (editoriais, notícias etc.), de textos esquemáticos (oferta de emprego, folhas de pagamento, horários de transporte etc.) e de textos de conteúdos quantitativos (cálculo de uma gratificação, interesse por um empréstimo). Essas preocupações implicam em transformações mais gerais pelas quais passou o aparelho de produção de países mais desenvolvidos. A "parte linguageira do trabalho" (Boutet, 1998) é maior: o setor de serviços desenvolveu-se, a automação e a informatização de setores primários e secundários transformaram profundamente as atividades de trabalho; lê-se mais, escreve-se mais, a manipulação das linguagens gráficas cresceu. As atividades de letramento no trabalho tornam-se centrais.

Em segundo lugar, o termo designa os usos sociais da escrita: trata-se de "aprender a ler, a escrever e a questionar os materiais escritos. A terceira parte é essencial para a obtenção de êxito" (Hautecoeur, ed., 1997). Essa abordagem tem o mérito de um certo realismo. Confrontados com letramentos de países muito diferentes, com culturas de escrita diversas e com situações sociopolíticas contrastantes, os especialistas optam por uma concepção modular de letramento, cuja unidade é, sem dúvida, apenas uma ilusão característica da cultura ocidental. Parece legítimo, portanto, conceber vários tipos de letramento: um "letramento familiar" (Unesco, 1995), um "letramento religioso" ou, ainda, um "letramento digital".

Enfim, em um terceiro sentido, o letramento é concebido como uma cultura que se opõe à cultura da "orality" (Ong, 1982). O termo remete a uma noção ampla de "cultura da escrita", a um universo de práticas e de representações característico de sociedades que utilizam a escrita. Estudar o letramento inclui analisar os usos da escrita, a divisão social dos saberes, os valores particulares veiculados pelo mundo letrado.

ver escrito/oral, suporte de escritura

B. F. (M. C. S.)

lexema/vocábulo – "**Lexema**", fundado no modelo *morfema, fonema, semantema*, foi emprestado do morfologista inglês Nida (1949). De acordo com certas teorias, (Greimas, 1966, Martinet, 1967, Pottier, 1964), o lexema é assimilado ao morfema ou a uma unidade de significação que pode ser superior à palavra. "**Vocábulo**", de uso corrente, foi introduzido na terminologia linguística pelo estatístico Muller (1969), para designar a ocorrência de um *lexema* no discurso.

Em uma perspectiva lexical, Lyons (1970: 152) usa *lexema* "para denotar as unidades mais abstratas que se apresentam sob diferentes formas flexionais, segundo as regras sintáticas empregadas na geração de frases". A necessidade de distinguir unidades lexicais abstratas e unidades atualizadas em discurso ocorre também em estatística lexical, embora nesse domínio a etiqueta *vocábulo* seja atribuída às primeiras, enquanto o termo *palavra* é reservado a cada ocorrência de um vocábulo. Com efeito, confrontados com o problema de quantificação das unidades que necessitam ser levadas em consideração no interior dos textos, os estatísticos estabeleceram uma distinção entre as *palavras*, consideradas como unidades de texto, e os *vocábulos*, apresentados como unidades do léxico (Muller, 1969).

Em análise de discurso, a bipartição não é posta em questão, mas levemente readaptada em função de critérios semântico-referenciais, já que se lhe opõe "a palavra que funciona em um discurso (e provida, por consequência, de um sentido preciso, de uma referência atual)" (Mortureux, 1997: 12), à qual se atribui o nome *vocábulo*, e "a palavra repertoriada no léxico da língua (provida de uma significação, de uma referência virtual)" (ibid.), à qual se reserva o nome *lexema*. Essa distinção é fecunda na medida em que a análise do discurso privilegia o exame de vocábulos e se interessa pelos lexemas apenas da perspectiva de exibir o efeito semântico de empregos específicos. Além disso, o estudo de discursos especializados* implica o estabelecimento de uma distinção entre o conjunto de vocábulos característicos de uma atividade, que constitui o *vocabulário** dessa atividade, e o conjunto de lexemas que forma o *léxico* da língua.

A dicotomia *lexema* vs *vocábulo* pressupõe que se apreenda a palavra como uma *unidade de língua*, cujo sentido é suscetível de variar em função do contexto de atualização, e não como uma *unidade de discurso* definida apenas pelo contexto.

ver **palavra, vocabulário/léxico**

F. C.-B. (M. C. S.)

lexia – ver **cristalização**

lexicalização – ver **cristalização**

léxico/vocabulário – ver **vocabulário/léxico**

lexicometria – Também denominada, não sem nuanças, **estatística linguística** (Guiraud, 1959, 1960), **estatística lexical** ou **linguística quantitativa** (Muller, 1964, 1967, 1973, 1979), **estatística textual** (Salem, 1987, 1994) e mesmo **análise dos dados em linguística** (Benzécri, 1981), a **lexicometria** (Tournier, 1975; Lafon, 1984) não é uma teoria, mas uma *metodologia* de estudo do discurso, que pretende ser exaustiva, sistemática e automatizada. Se o nome "lexicometria" é recente, a prática que consiste em medir (metria) unidades lexicais (léxico) é tão antiga quanto as primeiras concordâncias* bíblicas.

Para realizar comparações quantitativas, a lexicometria deve efetuar três operações preparatórias: (1) a escolha, após a divisão da cadeia textual em "unidades" que podem ser estudadas; (2) a reunião de um *corpus** fechado de "textos", que dividem esse *corpus*; (3) a comparação de resultados quantificados, efetuada com base nas unidades apresentadas nesses textos.

Essas operações implicam, para que a análise seja viável, o respeito a vários princípios ou regras: *invariabilidade* da unidade de contagem, *quantidades importantes e equilibradas* de ocorrências, *comparabilidade* e *interpretabilidade* das constatações efetuadas.

Unidade de contagem

Para serem estudadas estatisticamente, as unidades que segmentam a cadeia enunciada não devem mudar no decorrer da pesquisa, qualquer que seja sua definição: *gráfica*, em sua escrita nativa ou sua transcrição (forma, segmento textual, par ou dupla de formas ou de segmentos...); *linguística* (vocábulo desambiguizado e / ou lematizado, radical, lexia ou locução, unidade fraseológica complexa, frase...); *morfossintática* (categoria de natureza ou de funcionamento...); *semântica* (semia, categoria de conteúdo...) etc. Sobre cada um desses níveis "lexicais", o computador que vai tratar as quantidades e efetuar sobre elas os testes apropriados deve ser, evidentemente, informado tanto das competências necessárias para reconhecê-las quanto alimentado com dados pré-analisados. É preciso, então, definir o nível e o sistema de enriquecimento (automático ou manual) e suas razões, que dependem da pergunta da pesquisa formulada ao *corpus* (Habert, Nazarenko e Salem, 1997).

O *corpus* de estudo

Este é fixo, ao menos durante o período da experiência, pois só se podem efetuar cálculos sobre conjuntos estabilizados. Suas partes (denominadas, aqui, textos) formam as bases da comparação. Esta confronta enunciados, cujas invariantes constitutivas devem superar, com vantagem, as variáveis interpretativas (Tournier, 1988). Pois, o que dizer sobre uma comparação em que flutuariam, ao mesmo tempo, os locutores, os destinatários, os temas, as questões em jogo, os projetos, os gêneros, os canais, as datas, os referentes, os lugares, as circunstâncias etc., enfim, todas as causas e condições da enunciação? A variável de estudo, o tempo de uma experiência, depende das hipóteses levantadas no início, na constituição do *corpus*. Este é, de fato, encarregado de responder às questões que o pesquisador formula e que procura esclarecer, senão resolvê-las, por métodos lexicométricos. A maior parte dos estudos cruza duas variáveis, em geral o *emissor* e o *tempo*, sendo os outros parâmetros considerados homogêneos e constantes. É o caso dos estudos relativos a homens públicos como Jaurès (Muller, 1994), De Gaulle (Cotteret e Moreau, 1969), Mitterand (Labbé, 1990). É preciso também, evidentemente, que os textos de cada parte do *corpus* sejam "representativos" de usos ou de discursos observados.

A comparação estatística

Um conjunto de textos de extensão semelhante presta-se a simples comparações de frequências ou de contextos. Mas desequilíbrios quantitativos, devidos frequentemente ao fato de que muitos documentos naturais não podem fazer parte de amostras, sem prejuízo, o que obriga a recorrer tanto a testes não paramétricos (presenças/ausências, níveis), quanto a fórmulas estatísticas pouco sensíveis aos efeitos de extensão, tal como o cálculo hipergeométrico da probabilidade das frequências ou das cofrequências (modelo Lafon, 1984). Programas de computação, muito numerosos na França ("Lexico 1 e 2", de Salem; "Hyperbase", de Brunet; "Alceste", de Reinert; "Lexplorer", de Heiden etc.), realizam a delimitação em unidades, a constituição de um *corpus* e sua distribuição em textos e, em seguida, as análises estatísticas, com o objetivo de obter materiais diversos, indexados, classificados, hierarquizados, selecionados e submetidos à triagem (por exemplo, entre unidades específicas positivas, negativas ou de emprego banal), posicionados uns em relação aos outros (nas análises fatoriais de correspondências e de árvores hierárquicas), seriados entre eles (tais como as séries cronológicas ou os conjuntos em evolução), articulados uns aos outros (como lexicogramas de coocorrências*, gráficos de conexões), linguisticamente restituídos (radicais, lemas, locuções, séries morfológicas) etc. É sobre esses materiais, que constituem uma chave de leitura nova dos textos, que a competência, a imaginação e o espírito crítico podem manifestar-se.

A INTERPRETAÇÃO

A interpretação depende das hipóteses formuladas no início (tema de investigação) e das respostas mais ou menos adequadas fornecidas pelo *corpus* após o tratamento. Várias experiências podem, e frequentemente devem, ser feitas, modificando variável de estudo, distribuição, tipo de unidade, textos e, mesmo, *corpus* a recompor, cujo objetivo é tomar como padrão as hipóteses de partida, à procura de *explicações que resistam às variações de análise* (aliança ou oposição entre locutores, estilos ou registros, evolução no tempo e periodização, incidência do gênero, mudança temática etc.). Partindo de constatações quantificadas, pode-se assim salientar as inferências de nível em nível: em direção aos *dados observados* (relação estatística de representatividade), aos *fenômenos observáveis* (relação pertinente de testemunho), aos *usos concernidos* (relação de ilustração) ou aos *fatos explicativos* (relação de interpretação), a uma *teoria englobante* (relações de estruturação). É evidente que, por mais que o pesquisador avance em nível de inferência, mais ele perde essa certeza que ele acreditava ter adquirido ao recorrer à lexicometria.

ALGUMAS PRUDÊNCIAS

Frequências, repartições, cofrequências, cadências, probabilidades, aproximações (Guilbaud, 1985) e outros dados estatísticos não significam ideologia, mas simples tematizações; não significam intencionalidade, mas estratégias* discursivas; não significam língua, mas *corpus* e, além disso, discursos, usos, situações de comunicação, locais* de emprego. Todas as análises mostram que, deixadas de lado algumas palavras-ferramenta muito raras, igualmente repartidas (e mesmo Muller demonstrou quanto as preposições principais *de* e *à* convinham melhor tanto à tragicomédia quanto à tragédia, na obra de Corneille), as frequências e outros índices não são um atributo virtual de código, mas um fenômeno efetivo de fala, isto é, de condicionamento indivíduo-social, com as margens de variância e de incerteza que acompanham os fenômenos humanos. *Não existem frequências "em língua"*, que *corpus* algum, aliás, não seja capaz de representar. Eis por que, ao menos no discurso político, são as funções sociais das unidades e as estratégias de persuasão que se mostram de maneira mais explícita nas constatações lexicométricas.

ver **coocorrência,** *corpus,* **especificidades, local de emprego, segmento repetido**

M. T. (M. C. S.)

língua de madeira – Em seu uso corrente, repertoriado nos dicionários não especializados a partir dos anos 80, essa expressão metafórica designa uma linguagem estereotipada, própria da propaganda política, uma maneira rígida de se exprimir que usa clichês, fórmulas* e *slogans**, e reflete uma posição dogmática, sem relação com a realidade vivida. Ela caracteriza os discursos burocráticos, administrativos, midiáticos ou os dos dirigentes políticos, em particular, os dos regimes comunistas. Esse uso essencialmente pejorativo corresponde a um emprego corrente nos debates polêmicos ou nos comentários políticos partidários.

A origem da expressão não está estabelecida de maneira certa (Hausmann, 1986). Encontram-se atestações em várias línguas europeias no anos 50, em russo, em polonês, em italiano, com conotações diferentes, e parece que, desde os anos 30, em alemão e em francês, em que a locução adjetiva *de madeira* é antiga (Pineira e Tournier, 1989). Ela denota a rigidez, a insensibilidade, a incompreensão nos diversos empregos técnicos, mas também metafóricos (*madeira de dar em doido, cara de pau* etc.). A expressão generalizou-se no discurso político ao longo dos anos 70, com a entrada em crise das burocracias soviéticas (Sériot, 1989). Martinet denuncia, então, "a medonha '**língua de madeira**' dos apparatchiki" (*Les Cinq Communismes*, 1971), sublinhando, pelo uso das aspas, seu caráter neológico. Besançon e outros estudiosos da política, com a ajuda da mídia, generalizam seu uso (*Court traité de soviétologie*, 1976). Nos anos 80-90, a língua de madeira foi objeto de vários trabalhos de análise do discurso que relativizaram os aspectos polêmicos dessa fórmula, em sua origem, propagandista (uma "língua monstruosa"), para fazer dela uma noção de alcance mais geral, definida por caracteres linguísticos objetivos dos quais se podem descrever as tendências principais. Por exemplo: (1) A desagentividade: o apagamento do agente nas expressões verbais passivas. (2) A despersonalização: a substituição de construções pessoais por impessoais. (3) A substantivação (chamada, às vezes, "estilo substantivo"): a conversão de sintagmas verbais em nominais complexos e mais abstratos. (4) O epitetismo: a multiplicação dos complementos determinantes do nome e dos adjetivos epítetos. (5) Uma terminologia restrita, sinonímica, autorreferencial. (6) Uma fraseologia* original repousa sobre as cristalizações sintáticas estáveis e uma sloganização* desenvolvida. (7) Uma opacidade referencial importante. (8) Rituais comunicacionais identificáveis.

Esses diversos traços têm em comum a iteração dos fatos, que pode ser localizada nos *corpora* textuais, graças a diversas medidas que permitem quantificá-los parcialmente; por exemplo, os inventários de segmentos* repetidos são, nessa direção, ilustrativos. Por meio da análise dos fenômenos de repetição característicos da língua de madeira, torna-se possível examinar um dos modos de construção das opiniões políticas: ao mesmo tempo, construção da opinião de outrem (as estratégias discursivas dos aparelhos e dos atores políticos) e da opinião individual ou dos grupos (recepção e circulação das formas), mediante a retomada de estruturas de linguagem significativas. Pôde-se mostrar (Gardin, 1988) que os fenômenos que caracterizam a língua de madeira não decorrem, unicamente, de uma degradação teratológica das línguas, mas também de fenômenos que permitem a todo locutor, mesmo não legítimo, tomar a palavra e guardá-la; apropriando-se das fórmulas rituais, consagradas, o locutor se faz reconhecer como pertencente a um grupo, falando em nome desse. A língua de madeira fornece, assim, noções-palavras, que permitem dizer a realidade, e que são frequentemente difíceis de conceitualizar. Mostrou-se, também, que algumas práticas linguageiras, recentemente generalizadas, como o trocadilho político, as descristalizações* nas manchetes midiáticas, podem se explicar como operações que visam a criticar, e a colocar em pedaços, a língua de madeira (Fiala e Habert, 1989).

Essa noção tem, assim, de um lado, um *conteúdo ideológico* forte, uma história que vai da crise do stalinismo soviético àquela, mais geral, das instituições e dos partidos políticos atuais, e, de outro lado, um *conteúdo formal*, que se pode analisar e que corresponde globalmente a propriedades discursivas percebidas intuitivamente. Ela adquiriu um alcance que, ultrapassando circunstâncias de sua emergência, torna pensável a articulação da análise do discurso com a sociologia política.

ver **cristalização, segmento repetido, sloganização**

P. F. (V. M. O. S.)

linguística textual – A **linguística textual**, que surge por volta do final dos anos 60, não se filia, diferentemente das gramáticas* de texto, à epistemologia gerativista. Ela não se apresenta como uma teoria da frase estendida ao texto, mas como uma "translinguística" (Bakhtin-Todorov, 1981: 42; Benveniste, 1974: 66) que, ao lado da linguística da língua, explica a coesão e a coerência* dos textos. Weinrich inscreve essa linguística no quadro pragmático de uma "linguística instrucional" (1964, 1977, 1979).

Colocando, em primeiro plano, a importância das representações semânticas, Beaugrande e Dressler (1981) definem o texto como uma "ocorrência comunicacional", e a linguística textual como uma pragmática textual. Não exclusivamente centrada nas regras transfrásticas* de concatenação, essa linguística não é somente microestrutural *ascendente* (das menores unidades para as maiores), mas, teoria igualmente *descendente*, formula hipóteses sobre as macroestruturas textuais (superestruturas*, sequências* e gêneros* de discurso).

Disciplina auxiliar da análise de discurso, a linguística textual apresenta um corpo de conceitos próprios (Combettes, 1992b); ela constitui um quadro no interior do qual podem ser associados os trabalhos sobre a macrossintaxe, as anáforas*, os conectores*, os tempos verbais, a elipse, as construções destacadas [topicalizadas, clivadas...] etc. A segmentação* das diferentes unidades de tratamento semântico (proposições, frases tipográficas e períodos*, parágrafos, sequências*, textos*) é inseparável das operações de ligação dessas unidades com as de nível superior de complexidade (Adam, 1999).

ver **coerência, gramática de texto, período, segmentação gráfica, sequência, texto**
J.-M. A. (M. C. S.)

lítotes – Para a retórica clássica, a lítotes, ou "diminuição", é a *figura inversa da hipérbole**: "Diz-se menos do que se pensa; mas sabe-se bem que não se será tomado ao pé da letra e que se fará compreender mais que se diz" (Fontanier, 1968: 133).

Do ponto de vista de sua estrutura, a lítotes "prototípica" apresenta-se como um enunciado negativo: "eu não posso aprová-lo" (por "eu reprovo sua conduta"), "eu não desprezo seus presentes" (por "faço muita questão"), "ele não é estúpido / covarde" (por "ele é espirituoso / tem coragem"), segundo os exemplos de Dumarsais. Ou ainda: "ele não está orgulhoso do que fez" por "ele tem vergonha do que fez", "ele não é pouco orgulhoso" por "ele é muito orgulhoso" etc. A língua cotidiana nos fornece numerosos exemplos de lítotes semilexicalizadas, assim formadas: "não é estúpido", "não é para amanhã", "não é o ideal", "isso não é de graça", "isso não cheira bem", "não se morrerá de fome hoje" etc. Mas Fontanier admite que essa figura pode também "ser sem negação". Pode-se então admitir entre as lítotes "ele é espertinho", significando "ele é esperto", apesar de o diminutivo, em princípio, enfraquecer o adjetivo, ou "ele é astuto" por "ele é inteligente", "é um bom trabalho" por "é um excelente trabalho" etc. Notemos que a lítotes pode se combinar com a antífrase. Exemplos: "uma mulher de pouca virtude", ou "não há muitas pessoas" (entendido como "não há ninguém"), enunciados que comportam um pressuposto antifrástico (/há virtude/, /há pessoas/), daí a conotação irônica. Ela pode também se combinar com a hipérbole; exemplo: "ele é tudo, menos bobo", em que o segmento "*é tudo menos*" significa, hiperbolicamente, "não é", embora o conjunto do enunciado signifique, litoticamente, "ele é esperto".

Do ponto de vista de sua interpretação, a lítotes, como a hipérbole, precisa de certos índices para não ser "tomada ao pé da letra" (Fontanier), tais como o tom, as circunstâncias do discurso, mas também certos marcadores conversacionais, como os modalizadores: "você come pouco, hein!", "como você está elegante", "isso é muito interessante", "isso não é, na verdade, um grande sucesso / a felicidade / um presente", "eu não tenho necessariamente / muito o costume de...". Todavia, se esses índices ainda não forem suficientemente claros, a figura pode se prestar a um mal-entendido*. Por exemplo, o que é para o locutor uma lítotes pode ser interpretado pelo receptor como uma hipérbole – Proust nos dá um exemplo excelente, nesta passagem de *À sombra das moças em flor*, em que o narrador declara ao Senhor de Norpois: "Se falar de mim à sr^a. Swann, nem toda minha vida bastará para agradecer-lhe, minha vida lhe pertencerá!", propósitos "ainda frágeis ao lado da efusão de reconhecimento" que o toma, mas que serão percebidos por Norpois como tão exagerados que, construindo uma implicatura* errônea, leva esse último a suspeitar que o narrador cometeu alguma grave "falta anterior" para com as damas Swann.

Como a hipérbole, o funcionamento da lítotes tem algo de *paradoxal*, uma vez que o sentido verdadeiro do enunciado deve ser reconhecido pelo destinatário, sem que seja, para isso, totalmente obliterado seu valor literal, valor sobre o qual repousa o efeito de atenuação do procedimento. De fato, Dumarsais (1988: 131), como Fontanier (1968: 133), dizem que essa figura é utilizada na maior parte das vezes "por modéstia e por respeito", ou seja, pela preocupação com a polidez*. A esse respeito, a lítotes integra-se à panóplia dos "atenuadores*" dos "atos ameaçadores das faces*". Tomados no quadro das teorias pragmáticas da polidez, é um dos comportamentos favoritos da polidez negativa (enquanto a hipérbole deriva, antes de tudo, da polidez positiva).

A pragmática contemporânea interessa-se pela lítotes ainda em outra perspectiva: a das "máximas* conversacionais", de Grice, ou das "leis* de discurso", de Ducrot. De fato, a lítotes transgride a "máxima de quantidade" e Ducrot propõe, em sua perspectiva, uma "lei de lítotes" complementar à lei de exaustividade (1972: 137-8).

ver **atenuador, eufemismo, figura, hipérbole, leis do discurso, máxima conversacional, polidez, tropo**

C. K. -O. (M. C. S.)

local de emprego – Esta noção pode se associar complementando a de gênero*. Entre a descrição de uma *situação* concreta, única, e a definição de um *gênero* em si, diferentemente atestado, ela introduz parâmetros específicos, que dizem respeito às razões e às condições da comunicação e da enunciação. Exemplo no campo político: um determinado debate no Congresso é, ao mesmo tempo, uma situação (datada, circunstanciada, localizada, motivada, com seus interventores individuais e coletivos etc.), um conjunto de gêneros (discurso de homologação, alocução governamental, interrupção, intervenção de oposição, réplica governamental, proposta de lei, ata etc., em que o escrito oralizado e oral espontâneo se confundem) e um **local de emprego,** ou seja, a realização desses gêneros em um quadro situacional recorrente. O local de emprego não é, consequentemente, nem descritível em todos os pormenores, como a situação, nem teorizável em geral, como o gênero, pois apela, ao mesmo tempo, às categorias fixadas pelo gênero (rituais, costumes, meios, lugares, registros, modalizações...) e às variáveis de um certo tipo de situação (quem fala, para quem, de que, quando, onde, por quê...?), visando à interpretação de uma constatação.

O local de emprego não existe, portanto, *em si*. É definido pelo pesquisador, que decide as *condições mínimas* de homogeneidade, de representatividade e de interatividade necessárias a sua pesquisa. Pode ser *restrito* (entrevista televisiva com um candidato a uma eleição) ou *amplo* (o falar dos suburbanos). O importante está na clareza e nas distinções de sua definição, nas invariantes situacionais e linguageiras lançadas no início de um estudo.

Falaremos de um **local estatístico de emprego** quando a constatação for pautada em análises quantificadas. Sabendo, evidentemente, que as frequências das unidades de discurso, sua divisão, suas cofrequências e outros indícios somente são acumulativos e significativos em um local de emprego que garanta aos dados uma estabilidade e uma relação suficientes e permita comparações entre as partes (ou textos) do *corpus* reunido.

ver *corpus*, etimologia social, lexicometria

M. T. (P. L. N. B.)

locutivo (ato –) – Este termo foi empregado por Damourette e Pichon (1950) para designar a pessoa que fala (primeira pessoa), em oposição ao **alocutivo**, que designa a pessoa a quem se dirige (segunda pessoa) e ao **delocutivo**, que designa a pessoa de quem se fala (terceira pessoa). Foi retomado por Pottier, para quem "o **locutivo** é a manifestação da relação interpessoal" (1974: 192), o *elocutivo* orientando-o em direção ao *eu* da relação; o *alocutivo*, em direção ao *tu*; e o *delocutivo*, em direção ao *ele*. Charaudeau retoma essas categorias, definindo-as como atos de enunciação* ou atos locutivos, características da *modalização** do discurso: o *alocutivo* caracteriza-se pelo fato de que "o locutor *implica o interlocutor* em seu ato de enunciação e lhe impõe o conteúdo de seu propósito" (1992: 574); o *elocutivo* caracteriza-se pelo fato de que "o locutor *situa seu propósito em relação a ele mesmo*" (1992: 575); o *delocutivo* caracteriza-se pelo fato de que "o locutor *deixa que o propósito se imponha como tal, como se ele não fosse responsável por ele*" (1992: 575).

Observa-se que Benveniste chama *delocutivo* um verbo que é "derivado de locuções" (1966: 277), como o verbo "*saudar*", que advém de "dirigir uma saudação" ou "*agradecer*", que deriva de "*manifestar gratidão*".

P. C. (M. C. S.)

locutor – Designando, na origem, a pessoa que fala, isto é, a que produz um ato de linguagem em uma situação de comunicação oral (geralmente, não se emprega esse termo para designar aquele que escreve), o **locutor** define-se, nesse caso, em oposição ao interlocutor*, ainda que faça parte dos interlocutores. Além disso, o que não simplifica as coisas, no trabalho dos linguistas, **locutor** designa ora o sujeito* falante em geral, ora o sujeito que tem a iniciativa do ato de comunicação, ora o sujeito falante que se encontra, exclusivamente, em situação de comunicação oral.

Vale a pena considerar também o conceito de **locutor* coletivo**, que surgiu no quadro da Escola Francesa de Análise do Discurso como representação de um grupo que constitui uma comunidade discursiva e é retomado no quadro de situações de trabalho.

A definição desse termo está ligada ao modo de conceber o ato de comunicação*. Quer seja locutor considerado como o sujeito falante que se encontra no exterior do ato de enunciação, estando bastante ligado a ele: sendo, portanto, o equivalente de **emissor***; quer seja considerado como o que se encontra no interior do ato de enunciação: sendo, pois, o equivalente de **enunciador***. Se, por vezes, nos trabalhos sobre a linguística e o discurso, o estatuto do locutor não está determinado, é igualmente raro que esse termo seja empregado para designar o enunciador. Outros autores propõem distinções mais refinadas. É o caso de Ducrot, para quem convém distinguir *sujeito falante, locutor* e *enunciador*. O primeiro é "o autor empírico do enunciado, seu produtor [...] exterior ao sentido do enunciado" (1984: 194 e 207); o segundo, "um ser que, no próprio sentido do enunciado, é apresentado como seu responsável" (1984: 193); o terceiro, um ser de pura enunciação, que determina o ponto de vista a partir do qual "os acontecimentos são apresentados" (1984: 208). Isso lhe permite tratar o problema da polifonia*. Quanto a Benveniste, o autor considera que é "pela linguagem que o homem se constitui como *sujeito*, porque somente a linguagem funda, de fato, em sua realidade que é aquela do ser, o conceito de 'ego'" (1966: 259). É o que ele chama de "subjetividade na linguagem", que é "a capacidade do locutor de se colocar como 'sujeito'" (ibid.). Mas aqui tampouco está definido se o locutor é um ser psicológico e social ou um puro ser de linguagem.

Para outros autores, o **locutor** é o sujeito falante *responsável* pelo ato de linguagem e, portanto, exterior a este. Opõe-se, nessa mesma relação de exterioridade, ao sujeito que acolhe o ato de linguagem, que pode ser designado nos termos de interlocutor*, receptor* ou alocutário*.

Mas ele se distingue, de igual modo, do sujeito que aparece na encenação enunciativa, o enunciador*, em uma relação de exterioridade / interioridade. Para Charaudeau (1988c), por exemplo, que propõe um modelo da comunicação com dois espaços, interno e externo, o locutor é um dos parceiros externos ao ato de enunciação, o **sujeito* comunicante**, que toma posse da palavra, em quem se situa o projeto de fala. Simetricamente, o interlocutor (ou sujeito* interpretante) é o outro parceiro, o receptor, que recebe e interpreta o ato de comunicação que lhe é endereçado. Por oposição, o enunciador é o ser de fala que está presente (ainda que se apagando) nos enunciados produzidos. Um pai que exclamaria diante de seu filho que entra em casa completamente coberto de lama: "Ah, que bonito!" julga, como locutor, que seu filho está sujo e que deveria tomar banho, embora, como enunciador, exprima um julgamento aparentemente positivo. Como locutor, ele sustenta um julgamento negativo, mas, ao mesmo tempo, situa-se nele um projeto de fala, que consiste em exprimir o inverso daquilo que pensa, ficando a cargo de seu interlocutor compreender o que significa essa inversão (ironia). Dito de outra forma, presume-se que o locutor sabe o que quer dizer e como quer dizer e, para isso, utiliza-se dessa diferença de natureza entre locutor e enunciador.

ver **emissor, enunciação, enunciador, interlocutor, receptor, sujeito falante**

P. C. (*M. C. S.*)

locutor coletivo – Esta noção aparece pela primeira vez na Escola* Francesa de Análise de Discurso (Marcellesi e Gardin, 1974). Designa, em um contexto marxista gramsciano, os "indivíduos sociais gerais, formas históricas gerais de individualidades" que têm uma obra comum a realizar e, em especial, uma obra discursiva.

Refere-se, assim, aos autores dos discursos advindos de partidos, sindicatos ou outros grupos organizados, em que o pesquisador considera, sob certas condições de produção, que sejam *representativos do grupo* (textos de congressos, moções, resoluções diversas). Aplica-se, igualmente, nas análises, a discursos produzidos por locutores individuais, no momento em que um conjunto de condições pode levar a considerá-los porta-vozes do grupo. De maneira heurística, tem interesse em anular a variável individual. É essa noção que permite constituir um discurso ou um arquivo* como "discurso comunista", "discurso socialista" (Marcellesi, 1976), selecionar as marcas de individuação sociolinguística pelas quais o grupo se afirma como locutor específico e se faz reconhecer como tal. Pode-se, assim, efetuar estudos contrastivos sobre o discurso sindical, o discurso patronal (Gardin, 1976).

No início da análise do discurso na França, os primeiros trabalhos, fortemente arraigados à atualidade política, tomaram como objeto sobretudo *corpora* provenientes de grupos (Maldidier, 1971; Marcellesi, 1971). Se o locutor coletivo é colocado na origem do discurso, é também construído pelo e no discurso. Analisam-se, então, suas manifestações intradiscursivas, sua relação com o interlocutor, sua enunciação específica. Palavras e sintagmas como "nous" (nós), "*on*" [índice de indeterminação do sujeito; em português, o funcionamento do pronome "se" é semelhante], "os Franceses", "o Partido" propiciaram inúmeras análises. Procede-se a comparações, de uma formação* discursiva à outra.

As problemáticas psicanalítica e bakhtiniana aprofundaram a noção: questionando a noção de autor, fazendo de qualquer enunciação individual um *objeto polifônico**. Pode-se considerar o locutor coletivo como sendo ele próprio clivado, compósito, como inscrito em um arquivo e "acossado por seu outro". O coletivo torna-se polifônico.

Não é menos verdade, entretanto, que essa noção pressupõe mais a existência do coletivo a partir de manifestações extralinguísticas (estatutos, adesões...), de tal modo que não atesta o caráter verdadeiramente "coletivo" do discurso no sentido linguageiro do termo. Interessa-se mais pelo objeto produzido (o discurso) do que por sua produção. Com as problemáticas da *interação* verbal* e do *cognitivismo social*, a noção encontra uma segunda via: se a interação verbal se realiza somente com base em saberes compartilhados e graças a um mínimo de cooperação*, e se o conjunto dos enunciados produzidos pode ser considerado um discurso, o conjunto dos participantes pode ser concebido como um autor coletivo único, em especial quando tem uma tarefa a realizar, *a fortiori* quando esta última, principal ou momentaneamente, é de ordem verbal.

As *situações de trabalho* oferecem numerosos exemplos desse tipo, em que uma verbalização comum está para ser produzida, e não apenas no domínio da reivindicação. As diversas reuniões de trabalho com a finalidade de analisar a situação, as reuniões orientadas em direção às decisões permitem, assim, selecionar os diversos meios pelos quais o grupo se constitui ou não como locutor coletivo, pois a copresença não é suficiente para constituir o coletivo. Interessa, então, fazer emergir os saberes partilhados, as contribuições à progressão* temática, a circulação das formas e das palavras, as sustentações, as coenunciações, os acontecimentos linguísticos provenientes dessa inteligência coletiva.

Enfim, a *escrita coletiva* não existe somente nas práticas literárias experimentais, ela caracteriza muitas situações de trabalho: da carta administrativa à redação coletiva de relatórios que merece, de fato, esse nome, por exemplo.

ver **autor, formação discursiva, plurissemioticidade, situação de comunicação, trabalho (discurso em situação de –)**

B. G. (M. C. S.)

lógica/discurso – De Aristóteles até o final do século XIX, a **lógica** foi considerada como "a arte de pensar" corretamente, isto é, de combinar as proposições de modo a transmitir à conclusão a verdade das premissas. Determinando os esquemas de raciocínio válidos, ela fornece a teoria do discurso racional.

lógica clássica – Compreende duas partes: a lógica das proposições e a dos predicados. A **lógica dos predicados** corresponde à teoria do silogismo*. A **lógica das proposições** não analisadas interessa-se pela construção, com a ajuda de conectores lógicos, das proposições complexas – a partir de proposições simples ou complexas –, assim como pela determinação das fórmulas válidas (ou tautologias).

A redução vericondicional. Os encadeamentos sobre os quais trabalha a lógica são definidos unicamente a partir do valor de verdade das proposições, o verdadeiro (V) ou o falso (F), abstração feita de seu **sentido** (que é somente um modo de dizer o verdadeiro ou o falso) e de suas **condições de emprego**. Dessa forma, o mesmo esquema implicativo "se P, então Q", que corresponde ao primeiro momento de uma argumentação pelas consequências, aplica-se, da mesma forma, ao discurso publicitário ("se você comprar tal produto, tal serviço, você fará economia, você se tornará mais rico, mais bonito, você desfrutará mais e melhor"); ao discurso religioso ("se você fizer isso / aquilo, você ganhará o paraíso / irá para o inferno"); ao discurso da propaganda política ("se você votar certo, você será mais rico, você terá mais poder"); às receitas culinárias ("se você fizer isso, seu prato será um sucesso, será realmente excelente"). Mas a lógica nada diz das ligações substanciais que existem entre esses pares de enunciados: porque um é indissociável do outro. É para tentar exprimir essa ligação que a argumentação recorre a modelos complicados, que traduzem as implicações pelas formas que fazem agir *topoi**.

Lógicas "pragmáticas"

· *Lógica substancial*. Em oposição à **lógica formal** (lógica tratada como um ramo das matemáticas), Toulmin situa sua pesquisa sobre a argumentação da perspectiva de uma **prática** (*"logical practice"*, 1958: 6), mobilizando argumentações **substanciais** (*"substantial argument"*, id.: 125), que dependem do **domínio** considerado (*"field-dependant"*, id.: 15), cujo modelo é a prática **jurídica** (*"logic is generalized jurisprudence"*, id.: 7) e cujo objetivo primeiro é justificativo (*"justificatory"*, id.: 6). É nessa perspectiva de crítica do formalismo que deve ser situado o célebre esquema da argumentação* como constelação de enunciados sistematicamente ligados, a partir do qual o discurso estabelece sua coerência racional.

· *Lógica não formal* (*"informal logic"*) é uma lógica substancial que se interessa, além disso, pela avaliação dos argumentos no quadro de uma problemática dos paralogismos*, na linha de Hamblin (1970) (Blair e Johnson, 1980).

• **Lógica natural.** Grize define a lógica natural como "o estudo das operações lógico-discursivas que permitem construir e reconstruir uma esquematização*" (1990: 65); "tem como tarefa explicitar as operações de pensamento que permitem a um locutor construir objetos e predicá-los de acordo com sua vontade" (1982: 222). Essa lógica é caracterizada por duas propriedades que a diferenciam da lógica matemática: (1) *É uma lógica do sujeito*, que entra em uma relação "de natureza essencialmente dialógica" (1990: 21), em um processo de interação* restrita: "O orador não faz nada além que construir uma esquematização diante de seu auditório, sem propriamente 'transmiti-la' a ele" (1982: 30). (2) *É uma lógica de objetos*: "A atividade de discurso é utilizada para construir objetos de pensamento que servirão de referentes comuns aos interlocutores" (1990: 22). A noção central da lógica natural é a de **esquematização**, definida como uma "representação discursiva daquilo de que se trata" (1990: 29). Para explicar a existência "de organização[ções] racional[ais]" (Grize, 1990: 120), ela utiliza o conceito de **sustentação**, definido como "uma função discursiva que consiste, para um segmento de dado discurso (cuja dimensão pode variar do enunciado simples a um grupo de enunciados que apresentam certa homogeneidade funcional), em justificar, tornar mais verossímil, reforçar etc., o conteúdo assertivo em um outro segmento do mesmo discurso" (Apothéloz e Miéville, 1989: 70). Ela abrange, por esse tema, as problemáticas da argumentação* como composição de enunciados.

Em perspectivas diferentes, as lógicas "pragmáticas", não formal, substancial ou natural, decorrem de um mesmo movimento de recusa dos formalismos vericondicionais e de assunção das condições "ecológicas" da argumentação. Não é menos verdade que a prática do discurso comum supõe uma **competência lógica e silogística**, assim como supõe uma competência de cálculo aritmético ("São necessárias duas horas para chegar ao acampamento, vai anoitecer em uma hora, nós chegaremos ao acampamento na escuridão") ou uma competência geométrica. Até certo ponto, é possível fazer demonstrações na língua e no discurso comuns.

ver **argumentação**, **conector argumentativo**, **demonstração**, **implicação**, **orientação argumentativa**, **silogismo**

C. P. (M. C. S.)

lugar comum – ver **estereótipo**, *tópos*

lugares (relação de –) – Noção utilizada no estudo das interações verbais, extraída de Flahault: "Cada um tem acesso a sua identidade a partir e no interior de um sistema de **lugares** que o transcende; esse conjunto implica que não existe fala que não seja emitida de um lugar e que não convoque o interlocutor a um lugar correlativo; seja porque essa fala pressupõe apenas que a relação de lugares está em vigor, seja porque o locutor espera o reconhecimento de seu lugar específico, ou obriga seu interlocutor a se inscrever na relação" (1978: 58). Para Vion, "pela **relação de lugares** exprime-se de modo mais ou menos consciente qual posição se deseja ocupar na relação e, ao mesmo tempo, define-se, de modo correlativo, o lugar do outro". Consequentemente, "uma das questões que está em jogo na relação que se constrói consistirá em aceitar ou negociar essa relação de lugares identitários, de maneira que os lugares ocupados no final da interação serão, muito frequentemente, distintos das tentativas iniciais de posicionamento" (1992: 80-81).

ver **interação, papel**

D. M. (F. C. M.)

macroato de linguagem

I. Macroato de linguagem e coerência

A noção de ato* de linguagem, proveniente da filosofia da linguagem, é utilizada, em análise de discurso, não tanto para descrever atos isolados, mas especialmente as sequências de atos que formam um texto. Apostel (1980) foi um dos primeiros a considerar a textualidade como uma sucessão de atos de linguagem que não se limitam nem a uma simples adição linear, nem a sequências de atos ligados, mas que constituem, globalmente, um **macroato de linguagem** unificado.

A coerência* pragmática de um discurso se mede pela possibilidade, para o interpretante, de derivar um macroato de linguagem, seja de maneira *progressiva* (de acordo com a aparição de microatos explícitos ou implícitos), seja de maneira *retrospectiva* (a partir do último ato expresso ou derivado). Compreender um discurso é responder à questão: por que, para alcançar que meta, por qual objetivo argumentativo esse texto foi produzido? Compreender a ação linguageira pretendida (macroato de linguagem implícito ou explícito) é uma maneira de *resumir* um texto e, portanto, de interpretá-lo em sua globalidade. Quando, em 13 de janeiro de 1898, o comitê de redação do *L'Aurore* escolheu dar à carta aberta de Zola ao presidente Félix Faure o título "*J'accuse*" [Eu acuso], a escolha se apoiou no macroato repetido no final do artigo. Da mesma forma, resume-se o discurso do general De Gaulle, de junho de 1940, por seu macroato de linguagem dominante, designando-o como "apelo do 18 de junho".

J.-M. A. (M. C. S.)

II. Na perspectiva de uma psicologia social da linguagem

Invoca-se a noção de *macroato de fala* para explicar a produção ou o tratamento de um episódio ou de uma sequência interlocutiva tematicamente definida. Para contribuir corretamente para a coconstrução de uma tal sequência estendida, ou para compreendê-la como observador, é preciso saber fazer hipóteses sobre as relações e a organização hierárquica dos atos de fala isolados, explícitos ou implícitos, bem como sobre a integração de seus conteúdos semânticos (Chabrol e Bromberg, 1999: 296).

"Assim, um macroato de *refutação* poderia ser realizado graças a certo número de atos de base, tais como: infirmar, criticar, avaliar e tomar posição" (ibid.).

Tal hipótese parece formulada de modo bastante similar em análise da conversação, como também em psicolinguística ou em pragmática (Van Dijk, 1977a; Nef, 1980). Todavia, a dificuldade reside, atualmente, na análise precisa dos elementos considerados. Os sujeitos não fazem somente um reagrupamento "lógico" ou sintático interlocutório dos atos isolados, mas também dão aos atos uma interpretação semântica discursiva e contextual com suas inferências. Recorrem, portanto, entre outros, ao "modelo de situação" (Van Dijk e Kintsch, 1983), elaborado com seus conhecimentos, para completar seu tratamento textual das sequências de atos e de microproposições relacionadas. Uma análise sintática de sequências privilegia a coesão textual e é completada pela interpretação cognitiva das ações desenvolvida por inferências (Trognon e Kostulski, 1999: 317).

ver **ato de linguagem, coerência, texto**

C. C. (M. C. S.)

mal-entendido – O **mal-entendido** é objeto de reflexões que se situam em dois níveis complementares: o dos mal-entendidos que surgem no decorrer das *interações conversacionais* e o dos mal-entendidos *constitutivos*, ligados a posicionamentos*.

I. O MAL-ENTENDIDO NA INTERAÇÃO

Em sua acepção tradicional, o termo *mal-entendido* designa uma "divergência de interpretação entre pessoas que acreditam se compreender" (*Petit Robert*, 2000). Nos estudos que lhe são consagrados, talvez sob a influência do termo inglês *miscommunication*, que pode designar os fenômenos de *mishearing* e de *misunderstanding*, e do fato de que o fenômeno assim designado é objeto de reparações* na interação, *mal-entendido* é por vezes empregado em um sentido estendido, que integra os fenômenos de incapacidades ou de divergências de percepção auditiva. Parece, entretanto, preferível reservar *mal-entendido* aos casos particulares de problemas comunicativos constituídos pelas divergências interpretativas. Diferentes abordagens do mal entendido são apresentadas em Coupland, Giles e Wiemann, eds. (1991), no número especial do *Journal of Pragmatics*, consagrado a esse tema (31-6, 1999, Dascal, ed.) e em Galatolo (1999).

O mal-entendido pode ser abordado por meio da questão da *intersubjetividade* e pelo estudo dos processos de *intercompreensão* (Weigand, 1999). Essas abordagens levam a uma reflexão sobre o *continuum* entre compreensão e não compreensão, como o estabelecimento de taxonomias de modos possíveis de percepção/compreensão de um enunciado. Para Grimshaw, por exemplo, um enunciado pode ser: (1) não entendido, (2) mal-entendido (*misheard*), (3) não compreendido, (4) objeto de um mal-entendido (*misunderstood*), (5) compreendido conforme a intenção do locutor (1980: 44).

Nas abordagens interacionistas, os objetos de estudo são, antes de tudo, os *modos de gestão do mal-entendido*. Distingue-se a *fonte* do mal-entendido (o fragmento de discurso que vai ser objeto de um mal-entendido), sua *causa* (o mal-entendido sendo frequentemente o resultado de uma convergência de fatores contextuais e situacionais: Berthoud, 1988) e seu *tratamento*, que decorre do fenômeno de reparação. O exemplo típico do mal-entendido é dado por Goffman: "M: –Você já esteve preso no trânsito? –P: Não, nunca tive problemas com a polícia. – M: Não! Você já enfrentou um engarrafamento? –P: Ah, entendi. Não, eu não me lembro." (1987: 63), que constitui também uma ilustração do que se chama, por vezes, o "caso *standard*" ou o "tratamento *standard*" do mal-entendido (com o início de uma reparação no terceiro turno* de fala), cuja sequencialidade é descrita em Schegloff, Jefferson e Sacks (1977). A partir de um enunciado ocorrido em uma troca, reparações podem, de fato, ocorrer em diferentes posições.

Não se falará de mal-entendidos para as reparações que ocorrem no próprio turno que contém o enunciado (reparações que decorrem dos fenômenos de autocorreção e de autorreformulação), nem para aquelas que se situam no turno seguinte e que constituem, mais provavelmente, casos de pedidos de repetição ou de esclarecimento. O mal-entendido supõe, de fato, um tempo de ilusão de intercompreensão. Sobre o plano sequencial, é, portanto, a partir do terceiro turno da troca que a reparação pode dizer respeito a um mal-entendido: o primeiro locutor emite um enunciado *E*; o interlocutor produz um encadeamento que revela que interpreta *E* "mal", e, na terceira posição, o primeiro locutor menciona o mal-entendido, que pode, a partir desse momento, ser reparado. O começo da reparação pode produzir-se no quarto turno da troca (caso detalhado em Schegloff, 1992) e, até mesmo, mais adiante, pois, por um lado, a interação pode funcionar de modo duradouro sobre a ilusão de uma intercompreensão e, por outro lado, um mal-entendido não identificado pode conduzir a um conflito, do qual os participantes levarão bastante tempo, por vezes, para encontrar a fonte (Galatolo e Mizzau, 1998; Trognon e Saint-Dizier, 1999). No quadro dessa análise sequencial, o emprego da expressão "reparação no terceiro turno" constitui um abuso de linguagem, pois, na realidade, se se mantém a esquematização "fonte – encadeamento inadequado – menção e resolução", as diferentes etapas não correspondem, necessariamente, a turnos de fala *stricto sensu*, mas a posições no ciclo mal-entendido/reparação.

A questão dos mal-entendidos ocupa uma posição central no estudo de situações exolíngues* e interculturais*, já que as disparidades quanto aos saberes linguísticos à disposição dos participantes e às normas comunicativas que eles aplicam favorecem o surgimento de divergências interpretativas ou de ilusões de intercompreensão.

V. T. (M. C. S.)

II. O MAL-ENTENDIDO CONSTITUTIVO

A questão do mal-entendido em análise do discurso não se coloca somente no nível *local* da interação, como uma falta reparável da comunicação, nem mesmo como uma incompreensão generalizada, que resulta de divergências de sistemas de normas dos interactantes (caso, em particular, das situações interculturais*). O mal-entendido pode também intervir em um nível *constitutivo* de *posicionamentos** concorrentes; pode-se, então, falar frequentemente de "diálogo de surdos". O mal-entendido constitutivo não é acompanhado, necessariamente, de afrontamentos abertos. A própria existência de campos* discursivos implica uma pluralidade irredutível de pontos de vista. Como um posicionamento não é uma doutrina fechada em si mesma, mas um trabalho permanente de (re)construção de sua identidade, que passa por colocações em relação com outros posicionamentos, a discussão, longe de ser a ocasião de acabar com os conflitos, é, na maior parte dos casos, o lugar em que a divergência se reafirma e se fortalece. Cada um procura, particularmente, salvar sua face *.

A reflexão sobre a polêmica* (Maingueneau, 1983; Doury, 1997; Dascal, 1998) deixou claro que, para as polêmicas duráveis e recorrentes – que Dascal chama de "controvérsias" –, o mal-entendido é intransponível, é inseparável do próprio posicionamento dos interactantes. Nesse caso, trata-se de uma incompreensão recíproca perfeitamente regular, que Maingueneau chama de "interincompreensão": "Cada um apenas traduz os enunciados do outro em suas próprias categorias, [...] com as 'mesmas' palavras, eles, seguramente, não falam da mesma coisa" (1983: 23).

No entanto, para que haja mal-entendido, é preciso que os dois posicionamentos se situem *em um mesmo espaço de troca*. Distinguir-se-ão duas situações: (1) a das controvérsias que mobilizam dois posicionamentos *de mesma ordem* (duas teorias científicas, duas doutrinas políticas, duas escolas filosóficas etc.); aqui, os interactantes estão de acordo sobre um grande número de pressupostos; (2) a das controvérsias entre posicionamentos *heterônomos*. É o caso, por exemplo, do debate estudado por Doury entre partidários e adversários das "paraciências"; nessa situação, o mal-entendido é generalizado: há "incapacidade de os debatedores entrarem em acordo sobre os fatos, sobre os meios de estabelecê-los e sobre as regras a serem respeitadas na discussão" (Doury, 1997: 250). Essa diferença se traduz frequentemente na maneira pela qual a comunicação se estabelece: para o caso (1), trata-se de debates internos a um campo discursivo; para o caso (2), a discussão se estabelece frequentemente em um lugar terceiro (na mídia, em particular).

ver **campo discursivo, par adjacente, polêmica, posicionamento, reparação**

D. M. (M. C. S.)

marcador conversacional – Como indicam os dois termos que compõem o sintagma **marcador conversacional**, designa-se assim uma série de elementos verbais e não verbais, característicos das situações de interação, e que desempenham um papel de revelador, de "sinalização" (Traverso, 1999), quanto à produção discursiva durante sua elaboração: eles estabelecem / indicam uma ligação tanto entre segmentos linguísticos quanto entre as formas linguísticas e o contexto*. Encontramos aqui, portanto, o caráter essencialmente *reflexivo* das práticas comunicativas, sobre o qual a etnometodologia* fundou sua abordagem.

Se a importância dessa categoria é amplamente reconhecida, ela ainda está longe de ser objeto de um consenso na análise, e mesmo em sua delimitação, como indica a variedade de suas denominações: "*Gliederungssignale*" (Gülich, 1970), "conectores fáticos" (Davoine, 1980), "apoios do discurso" (Luzzati, 1982), "*discourse markers*" (Schiffrin, 1987), "pontuadores" (Vincent, 1993), "partículas enunciativas" (Fernandez, 1994), "*discourse particles*" (Mosegaard Hansen, 1998), "ligadores e pontuadores" (Morel e Danon-Boileau, 1998), ou então, de maneira mais específica: "marcadores de estruturação da conversação" (Auchlin, 1981), "marcadores de reformulação" (Gulich e Kotschi, 1983; Gaulmyn, 1987), "marcadores de ancoragem do tópico" (Berthoud, 1996), "marcadores de reparação*" etc. Essa lista incompleta reflete a diversidade das abordagens possíveis no estudo do que se chamará, na ausência de termos melhores, "as pequenas palavras" (Bouchard, 2000) – pois, se nos atemos às marcas verbais, estas são frequentemente monossilábicas.

Cada um desses itens tem, de modo mais ou menos *prototípico*, um dos traços seguintes: (1) todos são objeto de um contorno prosódico particular (entonação e ritmo); (2) morfologicamente, eles são, na maior parte dos casos, invariáveis, e pertencem a diferentes categorias (interjeições, advérbios, conectores, adjetivos, verbos de percepção de diferentes modos...); (3) sem posição fixa aplicável a todos, alguns podem ser cumulativos; outros, constituir por si mesmos um turno* de fala; (4) seu alcance pró-ativo ou retroativo é variável (local vs global); (5) seu valor semântico não se formula em termos de conteúdo proposicional, mas se funda sobre a(s) *função(ões)* que eles asseguram, sendo que o papel mais frequentemente invocado é o da *conexão* exercida em todos os níveis da pragmática conversacional a serem considerados (Pons Borderia, 1998).

Se essa caracterização funcional permite identificá-los melhor, está ainda longe de assegurar uma descrição não contextual: os marcadores conversacionais são, de fato, *polifuncionais*, não somente em virtude do tipo de perspectiva definida para estudá-los, mas também no interior de uma mesma abordagem. Essas "balizas do oral" agem sobre a estruturação da interação, a dinâmica da relação interlocutiva, a planificação discursiva, a coerência textual... Enfim, são outros tantos meios ("métodos", no sentido da etnometodologia*) que asseguram a fluidez das trocas*, tanto no nível cognitivo quanto no nível da relação* interpessoal.

Essas pequenas palavras foram frequentemente consideradas como *características do discurso oral*: são as primeiras a serem suprimidas nas versões escritas de um diálogo*; de aprendizado sutil, são os sinais de domínio de uma segunda língua. Sua importância para a decifração da "mecânica conversacional" suscita estudos estimulantes, cujo caráter ainda exploratório levanta numerosas questões metodológicas.

ver **contexto, negociação, regulador, relação interpessoal, reparação, sequência conversacional**

S. Br. (M. C. S.)

materialidade discursiva – Com essa expressão, Pêcheux (1969) designava a língua como "lugar material em que se realizam os efeitos de sentido". Além da afirmação de um princípio muito geral (interpretar o sentido dos enunciados a partir de formas da língua), o problema que se coloca é o da *fronteira entre linguística e discurso*.

Para Pêcheux (1975: 145), as regularidades *fonológicas, morfológicas* e *sintáticas* dizem respeito, fundamentalmente, à "base comum". Elas são as condições de possibilidade de processos* discursivos diferenciados, estudados pela análise do discurso. Contrariamente, a *semântica* pertence, fundamentalmente, ao discurso, uma vez que o sentido de uma palavra, de uma expressão, de uma proposição "se constitui em cada formação* discursiva, nas relações que tais palavras, expressões ou proposições mantêm com outras palavras, expressões ou proposições da mesma formação discursiva". Desde 1975, entretanto, é a instabilidade da fronteira – entre língua e discurso e entre sintaxe e semântica – que interessa ao analista do discurso, e Gadet, Leon e Pêcheux (1984) fixam-se nos efeitos de "espelhamento", que se opõem a qualquer ideia de uma língua inteiramente formalizável.

Pêcheux aplicou seu modelo na interpretação de construções sintáticas (ver os equívocos lógico-gramaticais sobre a interpretação das relativas determinativas e das relativas explicativas em Pêcheux, 1975). Em seguida, houve trabalhos sobre o léxico em uma perspectiva próxima realizados por Collinot e Mazière (1997) ou por Mazière e Gallo (1998).

A partir dos anos 80, os analistas abordam também dimensões textuais, como recorte em sequências ou a construção dos objetos de discurso (Courtine, 1981; Courtine e Marandin, 1981).

ver **condições de produção, Escola Francesa de Análise do Discurso, formação discursiva**

S. B.-R. (M. C. S.)

matriz discursiva – Conceito situado no plano da descrição dos elementos linguísticos dos textos, mas aparentado ao de tipo* ou ao de gênero* discursivo. Foi utilizado nos primeiros trabalhos de análise do discurso realizados no quadro da didática do francês ensinado como língua estrangeira (Beacco e Darot, 1984). Funda-se sobre a constatação empírica de que cada texto singular pode sempre ser apreendido e descrito como único, como irredutível a outros, mas que certos textos apresentam afinidades, de natureza diversa, entre eles.

Essas similaridades não se reduzem à proximidade dos conteúdos tratados (elas seriam então unicamente lexicais e, portanto, pouco significativas), mas se manifestam em convergências estruturais e, sobretudo, enunciativas: grandes quantidades de textos apresentam uma coloração enunciativa homogênea, o que atesta seu pertencimento a uma mesma série discursiva. São exemplos horóscopos, editoriais, manuais, dissertações literárias ou cartas de reclamação dos leitores. Chama-se **matriz discursiva** a soma desses traços comuns, ou amplamente partilhados, que caracterizam um conjunto de textos, que são tidos, assim, como relacionados a um mesmo discurso*, entendido restritivamente como quadro, com valor modelizante, do qual procedem, com graus de conformidade variáveis, os textos observáveis que entram em uma mesma série (Beacco, 1988: 37). Esse termo *matriz*, como o de *série*, constitui outro esclarecimento conceitual de gênero discursivo. Apresenta a característica de ser neutro em relação a uma teoria geral da análise do discurso e serve para representar os textos como condicionados por modelos comunicativos socialmente estabelecidos, mas cuja natureza exata não é questionada. Essa suspensão provisória da problemática das relações texto-contexto leva a considerar os discursos, em uma fase descritiva da análise linguística, como produtos e não como produções.

As similitudes constitutivas de uma matriz discursiva podem ser da ordem da representação: natureza dos processos cognitivos funcionando em um discurso científico escrito dado, ou natureza dos atos de discursos característicos de um gênero de interação verbal (o que caracteriza o falatório?). Podem também ser de natureza linguística: trata-se, então, por exemplo, de selecionar as diversas formas de atualização das operações enunciativas, ou seja, de fazer o inventário das marcas linguísticas que, para cada operação de enunciação (quantificação, modalização...), no quadro de cada processo cognitivo ou ato de discurso, são apropriadas ao gênero discursivo, dado que são filtradas pela matriz discursiva. Assim, em uma dissertação literária, as atualizações admitidas para o enunciador-origem são marcas como: *nós*, as formas impessoais ou passivas... com exclusão de *eu*. Nas receitas culinárias tradicionais (manuais básicos, revistas), as instruções são geralmente dadas na ordem de execução, sem operadores cronológicos (*em seguida, então*...), exceto para a

concomitância, expressa essencialmente pelo gerúndio. As regularidades constitutivas de uma matriz discursiva são da ordem do inventário das marcas (constantes de representação) ou da descrição de suas localizações e de suas combinatórias (constantes de configuração).
ver **gênero de discurso, registro, tipologia dos discursos**
J.-C. B. (M. C. S.)

máxima conversacional – *Segundo Grice* (1979), todo ser racional implicado em uma troca comunicativa age de acordo com um princípio muito geral, dito princípio de cooperação (*Cooperative Principle* [em português, PC]), que Grice define como segue: "Que sua contribuição conversacional corresponda ao que lhe é exigido para a meta ou para a direção aceitas da troca falada na qual você está engajado". Esse princípio muito geral recobre certo número de **máximas** ou regras mais específicas: (1) **Regras de qualidade**: "Que sua contribuição seja verdadeira" (ou seja: "Não afirme o que você acredita ser falso. Não afirme aquilo para o que lhe faltam provas"). (2) **Regras de quantidade**: "Que sua contribuição contenha tanta informação quanto a solicitada (para os objetivos conjunturais da troca). Que sua contribuição não contenha mais informação do que é requerida". (3) **Regras de relação** (ou de **relevância**): "Fale com discernimento (*seja relevante*)". (4) **Regras de modalidade**: "Seja claro" (ou seja: "Evite ser obscuro ou ambíguo; seja breve; seja metódico").

MÁXIMAS CONVERSACIONAIS E IMPLICATURAS

Ainda que formuladas como instruções de codificação, essas máximas são concebidas, na realidade, sobretudo para explicar processos de *decodificação* e, mais precisamente, o modo pelo qual os destinatários reconstroem, em caso de transgressão aparente de uma máxima, determinadas *implicaturas** (ou *implicitações*) *conversacionais*, cujo mecanismo de engendramento assim se pode resumir (Armengaud, 1981): "O locutor disse P. Presume-se que o locutor observa as regras. Ora, dizer P constitui uma transgressão a uma das regras. Mas se o locutor pensa Q, então ele quis, ao mesmo tempo, observar as regras e dizer P. O locutor sabe que seu alocutário é capaz desse raciocínio. Enfim, ele deixou *implicitado* que Q" – nessa perspectiva, a implicatura aparece como um tipo de hipótese que se constrói a fim de normatizar um enunciado aparentemente transgressivo.

As máximas conversacionais podem, então, ser "violadas" ou "desrespeitadas" com intenções e efeitos variáveis. Elas podem também entrar em *conflito* umas com as outras nos casos de *dupla** *coerção* (por exemplo, a máxima de qualidade com a máxima de quantidade, quando o locutor hesita entre uma informação vaga, mas certa, e uma informação mais precisa, porém, mais incerta).

Para Grice, essas regras são universais e se aplicam também a "outras transações, além da troca falada" (por exemplo, aos comportamentos de A, quando está ajudando B a consertar seu carro). Esse extremo "poder" das máximas conversacionais não é admitido por todos: alguns pragmaticistas colocam em dúvida sua universalidade, ou questionam seu estatuto (tratam-se de "regras" ou de "máximas", de "princípios" ou de "normas"? sua natureza é linguística, psicológica, ética, ou mesmo jurídica?). É certo que Grice considera essas máximas em uma perspectiva muito geral, sem se preocupar com sua *aplicação* – extremamente variável, segundo as situações, as culturas e os indivíduos. No que concerne, por exemplo, à Máxima da quantidade: pode acontecer que A se abstenha de dizer X por simples respeito à segunda regra, mas se sinta acusado por B de dissimulação, de retenção de informação, ou mesmo de mentira por omissão (portanto, de não respeito à primeira regra). Nem todos os locutores resolvem da mesma maneira os problemas decorrentes dessa máxima: como dizer o suficiente sem dizer demais? Mas essas incertezas quanto à aplicação das máximas conversacionais e o fato de que elas sejam eminentemente *negociáveis* não colocam em questão o reconhecimento, empiricamente fundado e descritivelmente necessário, de princípios do tipo considerados por Grice.

Proposições similares

Encontram-se, no trabalho de outros linguistas, proposições similares, como as **leis* do discurso** de Ducrot (1972a), ou os **postulados de conversação** de Gordon e Lakoff (1973). Alguns teóricos, como Sperber e Wilson (1989), propõem reduzir o conjunto das máximas griceanas apenas ao princípio de relevância*. Outros, ao contrário, propõem aumentar a lista, acrescentando-lhe um corpo de "regras de polidez*" (PP), com a função de manter a harmonia no interior da relação interpessoal (já que as máximas de Grice visam, sobretudo, a assegurar a "máxima eficácia da troca de informações"): ver, por exemplo, Leech (1983), que reúne, sob o nome de "retórica interpessoal", o conjunto PC + PP; ou Goffman, que descreve, sob o nome de "Condição de Felicidade", um tipo de "arquiprincípio" segundo o qual, na interação, os sujeitos se empenham em tornar seu comportamento "compreensível e relevante, levando-se em consideração acontecimentos que o outro vai, certamente, perceber" (1987: cap. 5). Quanto aos especialistas da análise* conversacional, eles estendem a noção de cooperação em relação a quaisquer regras bastante diversas que regem o funcionamento e permitem a construção coletiva e "colaboradora" das conversações.

Quer seja concebido restritiva ou amplamente, o PC aparece, com efeito, a partir do trabalho de Berrendonner (1990b: 8), como um meio "de *tornar racional* a relação com o outro (nos dois sentidos do termo: calcular racionalmente e conduzir à razão)".

ver **dupla coerção, implícito, leis do discurso, negociação, polidez, relevância (princípio de –)**

C. K.-O (M. C. S)

memória discursiva – O discurso tem relação com a memória de maneira constitutiva, em dois planos complementares: o da *textualidade* e o da *história*.

MEMÓRIA E TEXTUALIDADE

A coesão* textual está intimamente ligada à memória (anáfora*, conectores*, tempos verbais, pressuposições*...). Fala-se, por vezes, de **memória discursiva** para explicar o aumento progressivo dos saberes compartilhados pelos interlocutores no decorrer de uma troca. Isso passa de maneira privilegiada pela anáfora.

As teorias recentes do contexto*, fortemente marcadas pelas problemáticas cognitivas, fazem dele "um fenômeno *eminentemente memorial*. O contexto não é mais concebido como algo exterior, mas como uma realidade cognitiva: contexto linguístico, situação extralinguística, conhecimentos gerais reencontram-se tratados de forma memorial: todos têm o estatuto de representação interna, mesmo se se diferenciam quanto à origem e ao nível da representação (memória curta, memória longa etc.)" (Kleiber, 1994: 19).

Um discurso, ao se desenvolver como espaço textual, constrói para si, progressivamente, uma *memória intratextual*: a cada momento ele pode remeter a um enunciado precedente ("viu-se que", "a seção precedente"...). Certos tipos de discurso (matemático, filosófico...) e, mais geralmente, os gêneros didáticos, exploram sistematicamente esta propriedade: "Em filosofia, o leitor deve, de modo incessante, reconstituir cadeias de remissão ou retomar as definições para compreender a significação de uma passagem" (Cossutta, 1989: 218).

MEMÓRIA E INTERDISCURSO

O discurso é também dominado pela *memória de outros discursos*. Na análise da conversação, utiliza-se a noção de **história conversacional** (Golopentja, 1988): cada interação é, de fato, um episódio de uma unidade mais vasta, a da sucessão de interações, que já ocorreram entre os interactantes.

Uma formação* discursiva é tomada em uma *dupla memória* (Maingueneau, 1984: 131). Ela se atribui uma **memória externa**, colocando-se na filiação de formações discursivas anteriores. Com o tempo, cria-se também uma **memória interna** (com os enunciados produzidos anteriormente no interior da mesma formação discursiva). O discurso apoia-se, então, numa Tradição, mas cria, pouco a pouco, sua própria Tradição. Aqui, a memória não é psicológica; ela é inseparável do modo de existência de cada formação discursiva, que tem uma maneira própria de gerir essa memória.

Trabalhando sobre a imprensa, Moirand mostra que, no decorrer dos textos, constitui-se "*na e pela* mídia" uma **memória interdiscursiva** "sobre formulações recorrentes, que pertencem, inevitavelmente, a discursos anteriores, e que, funcionando sob o regime de alusão, participam da interpretação desses acontecimentos" (Moirand, 1999: 173). "*Após a vaca louca*, aqui está um novo negócio...".

Charaudeau (2000b) propõe distinguir três tipos de memória: uma *memória de discurso*, que se constitui em torno de *saberes de conhecimento e de crença* sobre o mundo e que forma comunidades* discursivas; uma *memória das situações de comunicação*, que se constitui em torno de *dispositivos* e *contratos** de comunicação, e que forma comunidades comunicacionais; uma *memória das formas*, que se constitui em torno de *maneiras de dizer* e de estilos de falar, e que forma comunidades semiológicas.

Memória e conservação

Qualquer gênero de discurso mantém uma relação com a memória: certos enunciados são conservados, outros não, e as modalidades de sua conservação são inseparáveis de sua identidade. Os jornais diários, escritos ou televisionados, são concebidos como imediatamente perecíveis, enquanto os discursos constituintes* têm uma relação privilegiada com a memória: discursos literários, religiosos, jurídicos... são destinados a suscitar "falas que os retomem, que os transformem ou falem deles" (Foucault, 1971: 24). O desenvolvimento de novas tecnologias de gravação e de estocagem renovou profundamente essa questão.

ver **arquivo, cadeia de referência, comunidade discursiva, dêixis, formação discursiva, midialogia**

D. M. (M. C. S.)

metacomunicação/metadiscurso

I. Metadiscurso

O locutor pode, a qualquer momento, comentar sua própria enunciação no interior mesmo dessa enunciação: seu discurso é recheado de **metadiscursos**. É uma das manifestações de heterogeneidade* enunciativa: ao mesmo tempo em que se realiza, a enunciação avalia-se a si mesma, comenta-se, solicitando a aprovação do coenunciador ("se me permitem dizer", "para dizer exatamente", "antes de tudo", "quer dizer que..."). O metadiscurso pode igualmente recair sobre a *fala do coenunciador*, para confirmá-la ou reformulá-la*.

O metadiscurso não está reservado às interações espontâneas. Não está ausente dos discursos cuidadosamente controlados, tanto orais quanto escritos. O locutor tem, de fato, bastante interesse em oferecer em espetáculo o ethos* de um homem atento a seu próprio discurso ou ao discurso de outros.

As funções do metadiscurso são variadas. Por exemplo: (1) *autocorrigir-se* ("eu deveria ter dito..." "mais exatamente..."), ou corrigir o outro ("você quer dizer, na realidade, que..."); (2) marcar a *inadequação de certas palavras* ("se se pode dizer", "por assim dizer"...); (3) eliminar antecipadamente um *erro de interpretação* ("no sentido exato", "metaforicamente", "em todos os sentidos da palavra"...);

(4) *desculpar-se* ("desculpe-me a expressão", "se eu posso me permitir "..."); (5) *reformular* o propósito ("dito de outra forma", "em outras palavras"...) etc.

A distinção que Gaulmyn (1987a: 170) introduz entre enunciados **metadiscursivos**, enunciados **metacomunicacionais** e enunciados **metalinguísticos** (ver *infra*) é frequentemente difícil de fazer. Os mesmos marcadores, segundo os contextos, podem servir a um ou a outro.

A existência do *metadiscurso*, como a da polifonia*, revela a dimensão inevitavelmente dialógica* do discurso, que deve abrir seus caminhos, negociar em um espaço saturado pelas palavras e pelos enunciados outros.

D. M. (M. C. S.)

II. NA INTERAÇÃO

No vasto domínio do interacionismo americano, a **metacomunicação** é um conceito elaborado, a partir dos anos 50, pelo naturalista e antropólogo Bateson: "A comunicação verbal pode operar [...] em vários níveis de abstração opostos, que se ordenam seguindo duas direções, a partir do nível denotativo, aparentemente simples ('O gato está sobre o capacho'). Uma primeira ordenação (ou série) desses níveis mais abstratos inclui as mensagens explícitas ou implícitas, em que o objeto do discurso é a linguagem. Eu chamaria esses níveis de metalinguísticos (por exemplo: 'O som verbal 'gato' vale para qualquer membro dessa ou daquela classe de objetos' [...]). A outra série, eu a chamaria de metacomunicativa: 'Dizer-lhe onde encontrar o gato seria simpático', ou 'Isto é um jogo'. O objeto do discurso aqui é a relação entre os interlocutores" (1977: I, 210). Sensibilizado pela existência de mensagens metacomunicativas, que estão na maior parte dos casos *implícitas*, pela observação de comportamentos de *jogos* entre os animais, Bateson articulou essa dimensão metacomunicativa a outros conceitos tomados de domínios muito diversos, como a cibernética, a teoria dos jogos, a teoria dos tipos lógicos etc., para construir uma teoria da comunicação na interação e integrá-la, em seguida, a uma "ecologia do espírito"; ele também fundou, sobre essa análise da comunicação, uma teoria da esquizofrenia, que ele descreve pela situação de dupla* coerção.

Os desenvolvimentos dessa reflexão para analisar a comunicação *patológica* foram sistematizados pela equipe de terapeutas que formam a Escola de Palo Alto, que atribuiu um lugar central ao componente metacomunicativo: "A capacidade de metacomunicar de modo satisfatório não é somente a condição *sine qua non* de uma boa comunicação; ela tem também ligações muito estreitas com o vasto problema da consciência de si e do outro" (Watzlawick, Beavin e Jackson, 1979: 51). Além da utilização no domínio terapêutico, a metacomunicação será solicitada no momento em que a definição da relação entre os parceiros dá lugar a negociações*, que é o caso de situações de comunicação *complementar*, como a situação de aprendizagem ou a comunicação exolíngue*.

Em análise das conversações, essa noção é de uso muito mais recente e aparece essencialmente sob uma forma adjetival, para qualificar enunciados. Assim, entre o conjunto dos *enunciados metalinguageiros*, isto é, que provêm da função metalinguística do esquema de Jakobson, Gaulmyn (1987a: 169) distingue os enunciados *metacomunicacionais* "que se referem à conduta da interação: 'Vou fazer-lhe uma primeira pergunta'"; os enunciados *metadiscursivos*, "que se referem ao discurso proferido: '...portanto, isso também quer dizer...'" e os enunciados *metalinguísticos*, "que se referem à língua e a seus usos". Os enunciados metacomunicacionais têm por função, portanto, regular os conflitos potenciais da tomada de palavra. Outros autores falam, para essa divisão de papéis entre os interlocutores, "de enunciados com valor conversacional" (Morel, 1985: 96); outros ainda multiplicam as subcategorias, que permitem classificar as diferentes atividades metalinguageiras. Mas todos convergem para atribuir a esses enunciados um valor no posicionamento recíproco dos interactantes (e aproximar-se, por essa via, do conceito de Bateson), valor que, de fato, se decide apenas em contexto, apesar da seleção de marcadores* especializados nessa tarefa. Notar-se-á, como outro sinal de convergência com o conceito batesoniano de metacomunicação, que os trabalhos que se esforçam para explicar a dimensão "meta-" nas interações referem-se geralmente a dados observados em situação de aprendizagem ou de terapia (Véronique e Vion, 1995 : II, cap. 3; Apothéloz e Grossen, 1996).

ver **dialogismo, dupla coerção, heterogeneidade mostrada/constitutiva, marcador conversacional, regulador, relação interpessoal**

S. Br. (M. C. S.)

metáfora – Considerada como a *figura* do discurso* mais importante, a **metáfora** primeiramente designou diversas transferências de denominação na *Poética* de Aristóteles, antes de referir-se apenas às *transferências por analogia**.

Natureza e mecanismo

A retórica* tradicional considera a metáfora como um *tropo** "pelo qual se utiliza um nome estranho por um nome próprio, que se toma emprestado de uma coisa semelhante àquela de que se fala" (Lamy, 1701: 121). Por exemplo, "meu vizinho é um urso" para /um homem solitário/. A metáfora se apresenta assim como *uma substituição de palavra por analogia*, frequentemente ligada a uma "comparação abreviada" (Quintiliano, 1978: 106).

Os semanticistas modernos sistematizaram essa concepção trópica da metáfora segundo duas direções:

· *Seu caráter discursivo* fundamenta-se em uma fusão de domínios semânticos diferentes: "A metáfora [...] aparece imediatamente como *imprópria* à isotopia do texto em que ela está inserida" (Le Guern, 1973: 16). Nesse sentido, a metáfora *se opõe à metonímia**.

· *Seu processo trópico* consiste em estabelecer uma *intersecção analógica* entre os domínios estranhos conectados, intersecção acompanhada de uma "modificação no conteúdo semântico" do termo metafórico (Groupe μ, 1970: 106). Assim, em "meu vizinho é um urso", se /solitário/ aparece como um dos traços comuns entre "vizinho" e "urso", "urso" tem suas outras propriedades colocadas entre parênteses. Entretanto, como nota o Groupe μ (1970: 107), "a parte não comum não é menos indispensável para criar a originalidade da imagem".

A concepção interativa da metáfora estendeu o mecanismo ao *conjunto do enunciado**. Para Black (1962: 28-30), a metáfora consiste em *fazer interagir*, em um enunciado, dois **campos semânticos**, em que um forma o **foco** e o outro, a **moldura** da figura. Tal interação não substitutiva cria uma entidade conceitual inédita. Em "meu vizinho é um urso", não somente a projeção de "urso" (o foco) sobre "meu vizinho" (a moldura) lança uma luz nova sobre esse último, mas o enunciado engendra uma *noção híbrida*: o vizinho-urso, irredutível e não passível de paráfrase.

As abordagens pragmáticas da metáfora, estendendo o mecanismo ao *conjunto da comunicação*, vê nela um fenômeno linguageiro ordinário. Para Searle (1982: 121-166), a metáfora é apenas um caso de *ato* de linguagem indireto*, no qual ao dizer "S é P" ("meu vizinho é um urso"), o locutor *quer fazer entender* "S é R" (/meu vizinho é um homem solitário/). De outro ponto de vista, ausente no enunciado em que o termo "urso" é empregado literalmente, segundo a concepção de Searle, a analogia Urso / Homem solitário aparece somente no momento dos *cálculos interpretativos* do receptor, no momento em que ele reconstrói mentalmente a intenção comunicativa. Para Sperber e Wilson, a metáfora constitui um caso de emprego fluido das palavras (Sperber e Wilson, 1989: 351), visando a assegurar, ao menor custo, o rendimento máximo da comunicação em certos contextos. Segundo essa perspectiva, "meu vizinho é um urso" constitui o enunciado *mais relevante** possível para comunicar o pensamento do locutor, concernente a um estado de solidão extrema.

A concepção de Jakobson confere uma *extensão não linguística* à metáfora. Ao lado da *metonímia**, a metáfora torna-se um dos grandes polos da linguagem, recobrindo as "relações de similaridade" (1969: 109). Assim redefinida, ela é extrapolada aos *domínios semiológicos mais diversos*: pintura surrealista, filmes de Chaplin (1963: 63).

FUNÇÕES DISCURSIVAS

Atribui-se ordinariamente à metáfora três funções principais:

• *Uma função estética*. Para a tradição retórica e para numerosos estudiosos do estilo, a metáfora constitui um "*ornamento* brilhante" (Crevier, 1767: 89) do discurso. O estetismo da metáfora emana de sua "saliência" (Cícero, 1961: 62), de sua "força imagética" (Henry, 1971: 130) e de seus efeitos de concretização: "A metáfora vem dar um corpo concreto a uma impressão difícil de exprimir" (Bachelard, 1967: 79). A função estética da metáfora concerne, sobretudo, aos *enunciados literários*: "Não sabeis que vosso filho saltou para dentro da vida?" (João Cabral de Melo Neto).

• *Uma função cognitiva*. A metáfora tem um forte *rendimento heurístico*, no sentido de que ela permite explicar analogicamente um domínio novo ou pouco definido por um domínio conhecido. Essa função cognitiva da metáfora foi colocada em evidência por Aristóteles (1973: 63): "No momento em que o poeta chama a velhice de *broto de colmo*, ele nos instrui e nos dá um conhecimento por meio do gênero". A força conceitual da metáfora foi salientada em vários tipos* de discurso: *filosóficos* (Normand, 1976: 51-53), *científicos* (Molino, 1979: 83-102), *pedagógicos* (Charbonnel, 1991: 179-251) ou simplesmente *cotidianos*: "ganhar tempo", "economizar seu tempo", segundo a matriz: *Tempo é dinheiro* (Lakoff e Johnson, 1985: 18).

• *Uma função persuasiva*. Os discursos *políticos, morais, jurídicos* ou *midiáticos* fazem grande uso da metáfora para impor opiniões sem demonstrá-las: "Ford. O DNA das verdadeiras *pick-ups*" (publicidade)... A força persuasiva da metáfora se deve ao fato de fornecer uma "*analogia condensada*" (Perelman e Olbrechts-Tyteca, 1970: 535) e um "*julgamento de valor* concentrado" (Charbonnel, 1991: 35). Ela "adormece a vigilância do espírito" (Reboul, 1989: 20), transferindo analogicamente um valor decisivo ligado ao termo metafórico para a proposição que se quer que seja aceita. Como observa Boissinot (1992: 87-89), quanto mais a metáfora se apoia em um acordo preliminar e mais ela parece ser óbvia, mais seus efeitos manipuladores são importantes.

ver **metonímia, sinédoque, tropo**

M. B. (M. C. S.)

metalinguística – ver **funções da linguagem**

metatextualidade – ver **intertextualidade**

método harrisiano – Este método, também chamado de **método dos termos-pivôs**, dominou os primeiros trabalhos da Escola* Francesa de Análise do Discurso. Fala-se de **método "harrisiano"** porque ele foi apresentado como inspirado em um artigo do linguista americano Harris (1952). De fato, esse nome não é apropriado, pois, para Harris, tratava-se de estudar a coesão e a coerência* textual, enquanto na Escola Francesa selecionavam-se, *a priori*, algumas palavras-chave (os termos-pivôs), supostamente *representativos de uma formação* discursiva*, já que se construía um *corpus* com essas unidades descontextualizadas, isto é, com todas as frases em que figuram esses termos-pivôs. Em seguida, intervinha um certo número de manipulações, destinadas a reduzir a diversidade sintática (redução da passiva à ativa, decomposição em duas frases de uma frase que contém dois grupos coordenados etc.). Podia-se, então, confrontar ambientes e termos-pivôs. Procedia-se, geralmente, de maneira comparativa: por exemplo, estudando as "mesmas" palavras em formações discursivas concorrentes. Tal método fundava-se sobre o postulado de que palavras mudam de valor segundo as formações discursivas em que figuram, e que se pode condensar a ideologia de uma formação discursiva nos enunciados (chamados de frases de base) em que se encontram os termos-pivôs.

Esse método desempenhou, na França, um papel importante, pois "deu sua metodologia a essa nova disciplina" (Maldidier, 1994: 178), que era, então, a análise do discurso. A tradução do artigo de Harris figurava em *Langages* n° 13 (1969), mas o método foi vivamente criticado no seio da Escola francesa a partir dos anos 70. Subestimava, de fato, a dimensão essencialmente textual e enunciativa da discursividade, ignorava o interdiscurso* e reduzia o sentido a conteúdos doutrinários. Além disso, os termos-pivôs eram selecionados em função de um saber exterior ao discurso: daí haver um risco de circularidade (Courtine, 1981: 78). Críticas que Maldidier (1994: 181) resume desta forma: "fechamento do *corpus* discursivo, homogeneidade produzida pelo *corpus*, dissociação da descrição e da interpretação". Entretanto, a título de método *auxiliar* de uma pesquisa mais ampla, esse procedimento tem sua utilidade.

ver **Escola Francesa de Análise do Discurso**

D. M. (M. C. S.)

metonímia – Uma das principais *figuras* do discurso*, junto com a *metáfora**, desde a Antiguidade grega, **a metonímia** designa, globalmente, as operações retóricas que jogam com a *combinatória* dos termos no interior dos enunciados*. Num sentido forte, essas operações retóricas são de natureza *trópica* (substituição de termos). Num sentido fraco, elas concernem ao funcionamento *não trópico* da linguagem.

Metonímia como tropo

A abordagem tradicional opera com uma definição muito genérica da metonímia. Assim, para Fontanier (1968: 79), ela constitui um "tropo* por correspondência", que consiste na "designação de um objeto pelo nome de outro objeto, que constitui, como ele, um todo absolutamente à parte, e que lhe deve, ou ao qual aquele deve, de alguma forma, seja por sua existência, seja por sua maneira de ser". De fato, a tradição retórica preocupa-se, antes de tudo, em estabelecer um inventário das metonímias mais importantes. Por exemplo, as do *conteúdo* ("a França" por "seus habitantes"), do *signo* ("a tiara" por "o papado"), do *físico* ("coração" por "coragem") etc. (Fontanier, 1968: 82-84).

Os **modernos semanticistas e estudiosos do estilo** aprofundaram os componentes da metonímia segundo três direções:

· *O quadro discursivo* da metonímia é a *isotopia*, que define "a homogeneidade semântica de um enunciado" (Le Guern, 1973: 16). Esse quadro isotópico aproxima a metonímia da *sinédoque** e a opõe à *metáfora**. A metonímia concerne mais particularmente às relações de *contiguidade* entre as *polaridades funcionais* que articulam um domínio isotópico (Henry, 1971: 22-25). Como assinala Bonhomme (1987: 59), essas polaridades funcionais podem ser de *natureza situacional* (lugar, tempo) e *actancial* (instrumento, fonte ou agente, ação, efeito ou produto...).

· *O processo trópico* da metonímia consiste em uma *transferência discursiva* dessas polaridades funcionais de umas para as outras: conexões do instrumento com o agente ("Revolta dos tratores na Grécia", *L'Express*), do tempo com o agente ("Junho gorjeia nas árvores", Hugo), da ação com o agente (Papa-léguas fugiu do Coiote)... Tais transferências levam a uma *refuncionalização* dos enunciados, que afeta, sobretudo, a *dimensão referencial*: "A metonímia caracteriza-se por um afastamento no que se refere à relação normal entre a linguagem e a realidade extralinguística" (Le Guern, 1973: 17).

· *No plano do rendimento da comunicação*, as refuncionalizações da metonímia contribuem para a *economia* e para a *densidade* do discurso: "A metonímia fornece o meio de aproximar elementos distintos por um movimento unificador" (Le Guern, 1973: 107). Assim, as transferências do efeito para a fonte criam "contrações na cadeia da ação" (Morier, 1975: 762): "os comerciantes da morte" para designar os comerciantes de armas. As transferências de uma fonte orgânica (coração) sobre seu efeito abstrato "emblematizam" este último, no quadro de uma cultura dada: "ter coração", por /ser bondoso/. Ou, ainda, as transferências do lugar para o produto reforçam a especificidade deste: "Coma *Bauru*" (publicidade).

A METONÍMIA COMO PROCESSO SINTAGMÁTICO

Os trabalhos de Jakobson questionam profundamente a abordagem trópica da metonímia. Ao lado da *metáfora*, a metonímia torna-se, para o autor, um dos polos essenciais da linguagem, identificando-se com a *combinatória sintagmática* do discurso: "Um termo conduz a outro, seja por similaridade, seja por contiguidade.

O melhor seria, talvez, falar de processo metafórico no primeiro caso e de processo metonímico no segundo" (Jakobson, 1963: 50).

Tal redefinição da metonímia lhe dá uma grande extensão conceitual em Jakobson e seus discípulos. Caracteriza, principalmente, o *agenciamento sintático dos enunciados*: "Qualquer frase é uma metonímia da cadeia que potencialmente a segue" (Rosolato, 1974: 93) ou o *processo da narratividade* (Barthes, 1966: 9). Da mesma forma, a metonímia torna-se um critério definidor para a tipologia dos textos, aparecendo como a *marca da prosa* (Jakobson, 1963: 67). A metonímia qualifica, de igual modo, o *estilo* de certos escritores, como Pasternak, mas também diferentes correntes literárias, como a *Escola realista*, "que opera digressões metonímicas da intriga à atmosfera e personagens no quadro espaçotemporal" (Jakobson, 1963: 62).

ver **metáfora, sinédoque, tropo**

M. B. (M. C. S.)

microuniverso – *No quadro desenvolvido pela lógica natural*, o termo, estreitamente associado ao da esquematização*, designa a construção discursiva de uma certa realidade que o locutor concebe ou imagina tendo em vista aquele a quem se dirige: "[...] falar de um tema qualquer equivale a construir, por meio do discurso, um tipo de '**microuniverso**', que tem uma função de 'modelo' de uma situação, mas sem refletir as exigências da construção científica, e que integra, de maneira essencial, uma dimensão dialógica" (Borel, Grize e Miéville, 1983: 7). Assim, "cada vez que intervém na comunicação, um locutor A constrói, verbalmente, um 'microuniverso' diante de um interlocutor B. Essa construção é duplamente orientada, no sentido de que ela se organiza da para B, a quem ela se dirige, e com a meta de obter um certo resultado" (ibid.: 53-54).

Se "as noções de esquematização e de microuniverso emergem quase naturalmente de uma reflexão sobre a argumentação" (ibid.: 54), trata-se de uma concepção da argumentação* como atividade essencialmente discursiva, "feita de enunciados, e não, como a demonstração, de proposições", "sempre personalizada no sentido de que ela é destinada a auditórios situados e que, além da definição dos termos que ela usa, remete ao vivido dos interlocutores. Ela visa a persuadi-los, e não somente a convencê-los" (Grize, 1996: 26). Isso implica que o microuniverso representado, e que descreve uma situação ou um objeto do mundo real ou imaginado, resulta de escolhas que o locutor faz de inscrever verbalmente apenas certos aspectos, características ou traços pertinentes àquilo a que se refere, em função de representações daquilo de que fala e daqueles a quem fala (seus saberes, suas finalidades, seus valores).

ver **dialogismo, esquematização, objeto de discurso, representação social, retrato discursivo**

S. M. (M. C. S.)

midialogia – Este termo foi introduzido por Debray para designar uma disciplina e um método. Uma *disciplina* "que trata das funções sociais superiores em suas relações com as estruturas técnicas de transmissão" (Debray, 1994: 21). Um *método* que busca estabelecer, "caso por caso, correlações, se possível verificáveis, entre as atividades simbólicas de um grupo humano (religião, ideologia, literatura, arte etc.), suas formas de organização e seu modo de apreensão, de arquivamento e de circulação dos traços" (ibid.). Em outras palavras, propõe centrar a atenção do observador e do analista não mais somente naquilo que se presume que um certo suporte material ou meio de comunicar designa e significa, mas nesse suporte, nesse próprio meio. Equivale a retomar McLuhan, para quem "o meio é a mensagem" (1968) e, ao mesmo tempo, incluí-lo em uma problemática filosófica, na qual "uma dinâmica do pensamento não é separável de uma física dos traços" (Debray, 1994: 22). Uma revista, *Les Cahiers de médiologie*, desenvolve esse pensamento.

ver **canal (de transmissão), escrito/oral**

P. C. (M. C. S.)

mímica – ver **gestualidade**

minimizador – ver **atenuador**

modalidade – O termo **modalidade** recobre noções um tanto quanto diferentes conforme é empregado por lógicos, linguistas ou semioticistas. A lógica foi a primeira disciplina a tratar das modalidades. A linguística e a semiótica se distinguem dela, pois não têm "relação alguma com a 'verdade' que interessa tanto ao lógico, ou com a 'realidade', ou, dito de outra forma, com referentes factuais..." (Coquet, 1976: 64). As modalidades são facetas de um processo mais geral de **modalização**, de atribuição de modalidades ao enunciado, pelo qual o enunciador, em sua própria fala, exprime uma atitude em relação ao destinatário e ao conteúdo de seu enunciado.

Em filosofia e em lógica

Segundo Gardies, pode-se distinguir um sentido *estrito* e um sentido *amplo* da modalidade em filosofia. No sentido estrito, "fala-se de modalidade quando o conteúdo da proposição, em vez de constituir o objeto de uma simples asserção, encontra-se modificado (isto é, reforçado ou enfraquecido) por uma ideia de *necessidade, impossibilidade, possibilidade* ou *contingência*"; reconhecem-se aqui as modalidades *lógicas*, cujo estudo foi inaugurado por Aristóteles. No sentido amplo, "qualifica-se de modal qualquer proposição cuja asserção se encontra modificada pela junção de um advérbio *qualquer* ou formulada em forma de proposição completiva" (1990: 1643). É o sentido estrito que foi privilegiado até recentemente.

Em semiótica
A semiótica procura estabelecer metacategorias que correspondem a uma estrutura elementar e que são organizadas em um "aparelho formal e lógico [que] ajuda a responder aos problemas cruciais da análise narrativa" (Coquet, 1976: 70). A discussão em torno do conceito de modalidade consiste em saber se é possível estabelecer uma lista estável de categorias, uma classificação delas (taxinomia) e das regras de ordenamento (sintaxe). Chegou-se (Greimas e Courtés, 1979) a diferentes definições das modalidades: do *poder*, do *saber*, do *dever*, do *querer*, ou *aléticas* (necessidade / contingência / impossibilidade / possibilidade), *epistêmicas* (certeza / incerteza / improbabilidade / probabilidade), *deônticas* (prescrição / facultatividade / interdição / permissividade), *veridictórias* (ser / não ser / parecer / não parecer). A questão do ordenamento tenta estabelecer uma ordem de implicação lógica entre essas diferentes categorias, tenta saber se a ordem de implicação seria *querer > saber > poder > fazer* ou *poder > querer > saber > fazer*, ou alguma outra; se o *necessário* precede o *possível*; o *certo*, o *necessário*; a *obrigação*, o *certo* etc., ou o inverso.

Em linguística
Embora a reflexão a respeito das modalidades seja tão antiga quanto a gramatical, ela passou a ser problematizada apenas recentemente.

Bally (1932) distingue duas dimensões em qualquer enunciado: o **modus** e o *dictum*. O segundo veicula um conteúdo proposicional, e o primeiro, a atitude do sujeito falante em relação a esse conteúdo, e é a "pedra angular da frase" (1965: 36). Mas *modus* e *dictum* não estão sempre explícitos. Essa ideia é encontrada, até certo ponto, na problemática dos atos* de linguagem, que distingue o conteúdo proposicional e a força ilocucionária*. Por meio da noção de "sujeito modal" (diferente de "sujeito falante"), que assume o ponto de vista representado no enunciado, abre-se também para a problemática da polifonia*.

Para Culioli, "*modalidade* será entendida no *quádruplo* sentido de: (1) afirmativo ou negativo, injuntivo etc., (2) certo, provável, necessário etc., (3) apreciativo: "é triste que..., felizmente", (4) pragmático, em particular, modo alocutório, causativo, em resumo, o que implica uma relação entre sujeitos" (1968: 112).

Meunier (1974) distingue **modalidades de enunciação** e **modalidades de enunciado**. As primeiras caracterizam a forma de comunicação que se estabelece com o interlocutor; pode-se tratar da modalidade de frase: interrogativa, assertiva (ou declarativa) e imperativa, e, mais amplamente, da força ilocucionária dos enunciados. Pode-se tratar ainda dos advérbios que incidem sobre a enunciação: é o caso, por exemplo, de "francamente" em "Francamente, ele não tem razão" (= "Eu te digo francamente: ele não tem razão"). Quanto às "modalidades de enunciado", como seu próprio nome indica, não recaem sobre a enunciação, mas sobre o *enunciado*: modalidades *lógicas* (possível, necessário, certo, inverossímil, obrigatório...), modalidades *apreciativas*, ou *avaliativas* (triste, lamentável, desejável...). Observaremos que uma mesma modalidade pode corresponder a estruturas linguísticas muito variadas que, em discurso, não têm o mesmo valor: "Ele provavelmente fracassou" / "Ele terá fracassado" / "É provável que ele tenha fracassado" / "Ele deve ter fracassado"... são quase sinônimos, mas implicam processos de modalização muito diferentes. Le Querler (1996) propõe uma classificação bastante próxima. Ela distingue modalidades *subjetivas* e *intersubjetivas*. As primeiras são "a expressão somente da relação entre o sujeito enunciador e o conteúdo proposicional"; as segundas mostram a "relação estabelecida entre o sujeito enunciador e um outro sujeito em relação ao conteúdo proposicional". As modalidades "intersubjetivas" dizem respeito a atos como aconselhar, pedir, permitir, ordenar... As modalidades "subjetivas" recobrem as modalidades epistêmicas e apreciativas. As modalidades "epistêmicas" são aquelas "pelas quais o locutor exprime seu grau de certeza sobre aquilo que afirma" (1996: 64).

A diversidade dos fenômenos linguísticos considerados é grande: advérbios e locuções adverbiais (*talvez, felizmente*...), interjeições (*ai! ufa!*), adjetivos (*desejável, indiscutível*...), verbos (*querer, dever*...), entonação (afirmativa, interrogativa...), modos do verbo (subjuntivo, indicativo..), tempos verbais (futuro, condicional...), estruturas sintáticas (verbo-sujeito...), glosas metaenunciativas ("se eu posso dizer", "de qualquer forma"...), rupturas enunciativas de vários tipos (ironia*, discurso* citado...), sinais tipográficos (aspas*)... Como um mesmo tipo de modalidade é veiculado por marcadores linguísticos bem diferentes uns dos outros e estão mais ou menos integrados sintaticamente no enunciado, as classificações são muito delicadas.

ver **apreciação, ato de linguagem, autonímia, heterogeneidade mostrada/ constitutiva, polifonia**

D. M. (R. F. C.)

modalização – A **modalização** se inscreve na problemática da enunciação*. Ela designa a *atitude* do sujeito falante em relação a seu próprio enunciado, atitude que deixa *marcas* de diversos tipos (morfemas, prosódias*, mímicas...). Muitas dessas marcas são unidades discretas, ao passo que a modalização é um processo contínuo.

Oscila-se entre uma concepção *ampla* e uma *restrita* da modalização. Da concepção ampla é testemunho o artigo de Dubois "Énoncé et énonciation", que tende a confundi-la com a enunciação: "A enunciação é definida como a atitude do sujeito falante diante de seu enunciado" (1969: 104) e a modalização "define a marca que o sujeito não para de imprimir em seu enunciado" (1969: 105).

Existe, portanto, interesse em ater-nos a uma concepção restrita, a fim não confundir as duas noções. A modalização é apenas uma das dimensões da enunciação, que integra outras: em particular a dimensão referencial. Para Charaudeau, por exemplo, "a modalização constitui apenas uma parte do fenômeno da enunciação, mas ela constitui seu pivô, na medida em que é ela que permite explicitar as *posições do sujeito falante* em relação a seu interlocutor, a si mesmo e a seu propósito" (1992: 572).

PARA A ANÁLISE DO DISCURSO

A consideração da modalização, além de permitir a identificação dessas ou daquelas modalidades*, é crucial para a análise do discurso que, por definição, lida com enunciações pelas quais os locutores, ao mesmo tempo, instituem uma certa relação com outros sujeitos falantes e com sua própria fala. A modalização pode ser explicitada* por marcas particulares, ou manter-se no implícito* do discurso, mas ela está sempre presente, indicando a atitude do sujeito falante frente a seu interlocutor, a si mesmo e a seu próprio enunciado. Encontramos aqui problemáticas, tais como aquelas da heterogeneidade* enunciativa (Authier-Revuz, 1982, 1995) ou da polifonia*. O estudo dessa dimensão parece ser, contudo, muito difícil, pois há uma *imbricação das diversas modalidades* em um mesmo enunciado e uma grande *diversidade* em seus modos de manifestação linguística. Em todo caso, raciocinando em termos de análise do discurso, não podemos contentar-nos com um levantamento de marcas linguísticas: é necessário colocá-las em relação aos processos globais de estruturação do discurso: tipos* e gêneros* de discurso, cena* de enunciação, interdiscurso*... Em outros termos, é preciso estabelecer relação entre o estudo das marcas linguísticas da modalização e os fatores que exercem coerções sobre a situação de comunicação específica do discurso considerado.

ver **enunciação, modalidade**

D. M. (R. F. C.)

modalização autonímica   ver **autonímia**

modelo (leitor – /ouvinte –) – ver leitor

modo de organização do discurso – Esta noção é definida por Charaudeau como "o conjunto dos procedimentos de colocação em cena do ato de comunicação, que correspondem a algumas finalidades (*descrever, narrar, argumentar...*)" (1992: 635). Trata-se, para esse autor, de distinguir as operações linguageiras que são postas em funcionamento em cada um dos níveis de competência*: o nível situacional* de reconhecimento das coerções psicossociodiscursivas da situação* de comunicação; o nível discursivo* dos **modos de**

organização do discurso; o nível semiolinguístico da composição textual. Assim sendo, o gênero de um texto não deverá ser confundido com seu modo de organização. Um texto publicitário, científico, administrativo pode resultar da combinação de vários desses modos de organização, o que não impede que, às vezes, um texto se caracterize pela predominância de um desses modos ("narrativo", como um conto; "argumentativo", como uma tarefa de matemática; "descritivo", como um inventário).

Charaudeau propõe distinguir quatro modos de organização do discurso: o modo **enunciativo**, o modo **descritivo**, o modo **narrativo** e o modo **argumentativo**.

O modo **enunciativo** permite organizar a colocação em cena dos protagonistas da enunciação (*eu, tu* e *ele*), sua identidade e suas relações, com auxílio dos procedimentos de modalização*, igualmente denominados "papéis* enunciativos" (alocutivo*, elocutivo* e delocutivo*) (1992: 651). O modo **descritivo** permite fazer existirem os seres do mundo, ao nomeá-los e qualificá-los de modo particular (ibid.: 686). O modo **narrativo** permite organizar a sucessão das ações e dos eventos nos quais esses seres estão implicados (ibid.: 742). O modo **argumentativo**, enfim, permite organizar as relações de causalidade que se instauram entre essas ações, com auxílio de vários procedimentos que incidem sobre o encadeamento e o valor dos argumentos (ibid.: 814).

ver **locutivo (ato –), modalização, papel, sequência**

P. C. (R. F. C.)

modo discursivo – ver **regime discursivo**

módulo conversacional – No quadro da análise das conversações e de outros tipos de interações, **módulo** pode designar *uma unidade constitutiva de um conjunto*, de acordo com o emprego que Vion (1992) faz desse termo. Ele remete a *um tipo de abordagem e de teoria* quando se fala da abordagem modular dos discursos, ou de modelo modular, como aquele que é atualmente elaborado pela Escola de Genebra (Roulet, 1991, 1999). Diferentemente da concepção de Fodor (1983), o modelo modular da Escola de Genebra não postula que a modularidade seja um reflexo do funcionamento do espírito humano, mas adota esta abordagem como hipótese metodológica adaptada à descrição da complexidade da organização do discurso.

A noção de módulo em Vion possibilita explicar a heterogeneidade de qualquer interação no que diz respeito a seu tipo. O tipo de uma interação se define a partir de seu quadro interativo, que corresponde, em grande parte, à relação dominante de lugares (complementaridade / simetria, lugares não igualitários / igualitários, institucionalizados / ocasionais) (1992: 111). No interior de uma interação que decorre de um certo tipo, podem aparecer momentos decorrentes de um outro tipo: "módulos", como, por exemplo, um módulo conversacional no interior de uma transação comercial. Nessa concepção, é a permanência do quadro interativo que permite distinguir o aparecimento de um módulo da transformação completa do tipo da interação.

A abordagem modular em Roulet (1991, 1999) conduz à elaboração de um modelo que explica o funcionamento de seu objeto como um sistema de sistemas. Os **módulos** são aqui vistos como sistemas, cujo funcionamento deve poder ser visto ao mesmo tempo de maneira interna e autônoma e nas suas inter-relações regidas por '*metaregras*' (ou regras de junção), que esclarecem como cada módulo encontra seu lugar e desempenha um papel dentro do sistema global (Nolke, 1999). Tal modelo integrador busca "explicar globalmente a organização do discurso" (Roulet, 1999: 188).

Em sua formulação atual, o modelo distingue as *dimensões* do discurso, que correspondem aos módulos, que são em número de cinco (sintático, lexical, hierárquico, interacional e referencial) e as *formas de organização*, que podem ser elementares (resultante da junção das informações oriundas dos modelos) ou complexas (resultante da junção das informações oriundas dos módulos e/ou das formas de organização elementares). O módulo hierárquico, por exemplo, define as categorias e as regras que permitem engendrar as estruturas hierárquicas dos discursos (ele compreende as seguintes categorias: ato*, intervenção, troca*). As informações oriundas desse módulo, juntadas às provenientes do módulo lexical (informações dadas pelos conectores*) e do módulo referencial (que define as representações e as estruturas praxeológicas e conceituais das ações, dos seres e dos objetos) permitem descrever a *organização relacional do discurso* (relações ilocutórias* e interativas). A junção das informações originárias dessa organização com aquelas provindas de módulos ou de outras organizações elementares permite descrever uma forma de organização complexa (por exemplo, a organização estratégica ou a organização tópica).

A elaboração de tal modelo responde a uma das críticas mais recorrentes feitas à análise de discurso quanto à abundância das abordagens, à dificuldade em conciliá-las e em articular seus resultados. Este grande modelo integrador levanta, contudo, diferentes problemas ligados particularmente ao nível de sua elaboração, à complexidade de alguns dos módulos e, sobretudo, à dificuldade de formular todas as regras de junção que articulam os diferentes módulos e formas de organização (Roulet, 1999: 256). No nível de sua utilização como instrumento descritivo, a principal dificuldade levantada por tal modelo é a de conseguir que ele não volte a se enclausurar, confinando-se em uma das dimensões: é, portanto otimizar seu caráter integrador.

ver **análise conversacional**

V. T. (R. F. C.)

momento discursivo – Esta expressão designa o surgimento, na mídia, de uma produção discursiva intensa e diversificada a propósito de um mesmo acontecimento (Maio de 1968, Guerra no Kosovo, Intervenção russa na Chechênia, Copa do Mundo, Festival de Cannes, crise da vaca louca...), e que se caracteriza por uma heterogeneidade* multiforme (semiótica, textual, enunciativa).

Um momento discursivo permite constituir *corpora** sobre outras bases, além das características sociológicas, e recolher uma grande diversidade de gêneros discursivos (Moirand, 1999b: 148) a fim de estudar, por exemplo, a difusão de algumas expressões ou alguns termos do discurso político-midiático (*depuração étnica, genocídio*...) ou científico-político (*rastreamento, princípio de precaução*...), os diferentes subgêneros convocados dentro da hiperestrutura que constitui uma dupla página de um jornal diário consagrado a esse momento (Adam e Lugrin, 2000), as diferentes formas de utilização do intertexto* (Moirand, 2001) ou os diferentes procedimentos de reformulação* lexical ou enunciativa (Cusin-Berche, ed., 2000) que podemos ali encontrar.

ver *corpus*, dialogismo, memória discursiva

S. M. (R. F. C.)

monologal/monológico – ver **diálogo**

monológico/dialógico – ver **dialogismo, diálogo, polifonia**

monologismo – ver **dialogismo**

monólogo – A palavra **monólogo** (como seu par de origem latina "solilóquio") é empregada em dois sentidos nitidamente diferentes:

• *Discurso dirigido apenas a si mesmo* (em inglês *self talk*): o locutor pensa em voz alta e produz uma mensagem da qual ele é ao mesmo tempo o único destinatário, por meio de um tipo de desdobramento do sujeito de enunciação (desdobramento que pode se concretizar pelo emprego de uma segunda pessoa, pois o monólogo pode, dependendo do caso, formular-se em *Eu* ou em *Tu*: "Te manca, Dirceu..."). Essa prática é bastante utilizada no teatro: trata-se de uma "licença" que se justifica pela presença do público, ao qual a personagem não pode se dirigir diretamente (pelo menos segundo as normas dominantes no teatro ocidental), mas ao qual deve, apesar disso, informar seus estados interiores (o que se pode fazer no romance graças aos monólogos interiores ou aos comentários do narrador). Um caso particular de monólogo é o aparte, que tem como característica principal ser produzido quando outras personagens estão igualmente presentes no espaço cênico, cabendo ao locutor excluí-las do circuito comunicativo (baixando a voz, colocando sua mão diante da boca etc.); os apartes são, portanto, necessariamente breves (ao passo que os monólogos dramáticos podem estender-se longamente), e parecem, segundo Pavis (1980: 40), "fugir à personagem".

Fora do caso particular do teatro, o monólogo é, em nossas sociedades, segundo Goffman (1987), objeto de um "tabu": mesmo se se pode produzi-lo em certas circunstâncias e sob certas condições (das quais Goffman nos propõe um inventário), ele seria na vida cotidiana apenas uma exceção, um comportamento que, se se prolonga ou se repete, passa por patologia (a linguagem verbal se opõe, em relação a isso, a um outro sistema semiótico, ainda que próximo, o canto). Quando o enunciado é produzido na presença de testemunhas, às vezes é difícil saber (pois os indícios são a esse respeito vagos) se ele é autodirigido ou dirigido a outrem. Na verdade, defrontamo-nos frequentemente com um **semiaparte**, que pode facilmente deslizar de um estatuto a outro, seja pela ação do próprio locutor, seja da testemunha, que "se engata" no enunciado monologado, produzindo um encadeamento; exemplos de semi-apartes: situações domésticas em que cada um cumpre suas atividades, mas em presença e sob as vistas dos outros membros da família; comentários entre dentes de um empregado brigando com seu computador, ou de um cliente na fila de um *self-service*, sem falar dos diversos tipos de interjeições e de exclamações descritos por Goffman (1987: cap. 2). O semiaparte deve ser distinguido do **pseudoaparte**, muito frequente na comédia clássica (o locutor finge "falar com os botões", enquanto seus propósitos são, na realidade, destinados a uma personagem presente), mas igualmente atestado na vida comum: trata-se aí de uma forma particular de **tropo* comunicacional** (diferença entre destinatário aparente e destinatário real). Notemos que se fala também de aparte a propósito de trocas que ocorrem entre duas ou três pessoas (não se trata mais, então, de "*self talk*"), mas no interior de um grupo conversacional mais amplo, quando os responsáveis pelo aparte se caracterizam como participando de um "diálogo à parte" (este emprego do termo compartilha, portanto, com o precedente a ideia de uma *exclusão* voluntária de certos membros do quadro* participativo).

· *Em um segundo sentido*, amplo, mas bem conhecido, um monólogo é um "discurso longo de uma pessoa que não deixa seus interlocutores falar ou a quem seus interlocutores não dão resposta" (*Petit Robert*, 1991), isto é, um discurso *dirigido* (a algum outro e não a si mesmo), mas que escapa ao princípio de alternância dos turnos* de fala.

O monólogo é sempre, portanto, uma forma discursiva *marcada* em relação ao uso "normal" da linguagem verbal, a saber, o diálogo*.

ver **diálogo, quadro participativo**

C. K.-O. (R. F. C.)

narração – ver **narrativa**

narrador/narratário – ver **narrativa**, **sujeito falante**

narrativa – As teorias narratológicas sofrem, do ponto de vista da análise do discurso, de dois defeitos: elas são ou *muito exclusivamente literárias* – é a autocrítica de Genette em relação a sua própria narratologia – ou *muito gerais* – é o defeito maior da semiótica da Escola de Paris, para a qual, segundo o testemunho de Greimas, "todo discurso torna-se 'narrativo' [...] a narratividade encontra-se desde então esvaziada de seu conteúdo conceitual" (1983: 18). A análise de discurso precisa de uma definição desvencilhada do "privilégio implícito que hipostasia a narrativa ficcional em narrativa por excelência, ou em modelo de toda narrativa" (Genette, 1991: 65); ela tem igualmente necessidade de uma definição muito fina para não confundir uma receita de cozinha com uma fábula e para distinguir os momentos narrativos de um discurso de seus momentos explicativos* ou descritivos*.

Um certo número de critérios incitam a reconhecer um "ar familiar" comum a formas narrativas semiolinguisticamente tão diversas quanto contos, filmes, histórias em quadrinhos, romances, histórias engraçadas, narrativas de sonhos, fábulas ou parábolas. Reconhecendo que a narratividade é gradual (Adam, 1997), digamos que, para que haja **narrativa**, inicialmente é preciso a representação de uma *sucessão temporal de ações**; em seguida, que uma *transformação* mais ou menos importante de *certas propriedades iniciais dos actantes** seja bem sucedida ou fracassada, enfim, é preciso que uma *elaboração da intriga* estruture e dê sentido a essa sucessão de ações e de eventos no tempo. A realização dessa última condição permite não confundir uma narrativa propriamente dita e uma simples descrição ou relação de ações ou o retrato de uma personagem por seus atos. Antes de determinar o que se pode entender por *elaboração da intriga* é preciso retomar a útil distinção de Genette (1972, 1983) entre *ato de narração*, *história contada* e *textualização*.

Narração (ato de contar)

Se o ato de contar e sua encenação textual foram teorizados pela narratologia literária, o conceito de *narração* deve ser reintegrado no fenômeno linguístico mais amplo da enunciação* (aqui narrativa) e dos fatos de polifonia* enunciativa. A narratologia distingue o **narrador** do **narratário** e, sobretudo, a partir dessas duas posições, seu grau de representação linguística. Pode-se distinguir o **narratário** (personagem daquele que escuta ou lê uma narrativa) do **destinatário*** da narrativa (pessoa não representada, mas postulada e objetivada pelo ato de narração). Da mesma maneira, a **voz narrativa** é a instância narradora não representada e o **narrador** é essa instância atualizada sob a forma de uma pessoa/personagem. A complexidade das organizações narrativas levou a narratologia a distinguir narração encaixante e narração encaixada (alguém conta que alguém lhe contou que...). Uma pessoa ou uma personagem da narração encaixante pode estar presente ou ainda ausente da narração encaixada (dir-se-á **extradiegética**), ou pode ainda o próprio ator dessa narração encaixada (**intradiegética**). Em um ou outro nível, se a narração for em terceira pessoa e o narrador não for um ator da diegese, dir-se-á **heterodiegético**. Se a narração for em primeira pessoa, o narrador será ou uma testemunha participante (**homodiegético**), ou o herói da história (**autodiegético**). Essas distinções narratológicas têm o mérito de sublinhar a complexidade das posições enunciativas possíveis do enunciador de qualquer narrativa.

História ou diegese (contada)

Desde Souriau, no sentido da *Poética* de Aristóteles, a palavra "diegese" designa, no vocabulário da análise fílmica, "tudo o que pertence [...] à história contada no mundo suposto ou proposto pela ficção do filme" (1953). Estendida à narratologia geral, esse termo recobre, para além dos universos ficcionais, a *história contada* como conteúdo e mais amplamente o mundo que propõe e constrói cada narrativa: o espaço e o tempo, os eventos, os atos, as palavras e os pensamentos das personagens. O *universo diegético* de uma narrativa é interpretativamente construído pelo leitor/ouvinte a partir do que está dito e do que está pressuposto pelo texto. A propósito, em *Lector in Fabula*, Eco (1985a) trata o texto como "máquina preguiçosa" e insiste sobre o fato de que a "cooperação interpretativa" do leitor é indispensável para preencher os vazios, brancos, elipses de uma história contada.

Textualização da narrativa (contando)

Genette chama "narrativa" a camada verbal que assume a textualização da história. É nesse nível textual que a ordem cronológica da história contada é ou não revelada (*ordem*), que os fatos são resumidos ou, ao contrário, desenvolvidos (*rapidez*). É nesse nível da textualização, igualmente, que podem se intercalar descrições*, diálogos* ou comentários. A expansão dos diálogos aproxima a narrativa do teatro, a multiplicação das sequências* descritivas emperra a narrativa, as interrupções com comentários de todos os tipos, de *Jacques le Fataliste* de Diderot à obra romanesca de Beckett, por exemplo, chegam a reduzir a intriga a pouca coisa.

Elaboração da intriga

A *Poética* de Aristóteles é uma teoria da arte de compor intrigas ("muthos"). Como o nota Ricoeur (1983: 57), trata-se mais de uma *operação* do que de uma estrutura. A elaboração da intriga deve ser assim compreendida como a síntese dos três componentes enumerados abaixo. *Contar* é construir uma intriga, isto é, colocar em uma certa ordem textual (*contando*) a continuidade dos eventos e das ações que constitui a *história contada*. Encontra-se desde Aristóteles uma definição da intriga centrada binariamente sobre o par *nó / desfecho* (próprio à estrutura da tragédia) e sobre uma ideia da unidade da ação estruturada ternariamente em *começo, meio* e *fim*. Os teóricos clássicos fazem corresponder ao *começo*, um *prólogo-exposição*; ao *meio*, um *nó* e ao *fim*, um *desfecho*. A intriga toma, então, a forma de uma estrutura de base. Uma narrativa aberta por um *prólogo-exposição* já em *tensão* (caso da tragédia analisada por Aristóteles) será seguida por um *nó*, que tentará apagar essa tensão, e por um *desfecho*, marcado pelo sucesso ou fracasso dessa transformação. Por outro lado, uma narrativa aberta por um *prólogo-exposição* não problemático será seguido de um *nó* que introduzirá uma tensão e de um *desfecho* que conseguirá ou não apagar essa tensão. O característico de um núcleo narrativo (sequência) é introduzir essa dinâmica da intriga fundada sobre o par *nó / desfecho*. Prolongando esta reflexão, os trabalhos modernos consagrados à estrutura mínima da intriga (Labov, 1967; Labov e Waletzky, 1972; Todorov, 1968; Larivaille, 1974; Adam, 1995) chegam a diversos esquemas da *sequência narrativa mínima completa*. As teorias da sequência e da superestrutura* correspondem à fórmula de Eco: "em narratividade, a inspiração não é confiada a frases, mas a macroproposições mais amplas, a escansões de eventos" (1985b: 50).

Objetivo da narrativa

A operacionalização da elaboração da intriga é inseparável do objetivo de cada narrativa. O grau de elaboração e de narratividade de cada simples sequência, assim como de cada texto, está condicionado pelo seu objetivo. Para Ricoeur: "Uma narrativa que fracassa em explicar é menos que uma narrativa; uma narrativa que explica é uma narrativa pura e simples" (1983: 210). Encontra-se a mesma ideia em Sartre, quando o autor analisa porque *O Estrangeiro* de Camus é um romance que renuncia à narrativa: "A narrativa explica e coordena ao mesmo tempo em que conta, ela substitui a ordem causal pelo encadeamento cronológico" (1947: 127). A operacionalização de configuração* narrativa está inteiramente contida nesse

objetivo e ausente das simples relações brutas de fatos, das histórias que liberam o conteúdo de uma memória falha e repleta de vazios, das narrativas de sonhos.
ver **ações/eventos (em narratologia), sequência**

J.-M. A. (N. M.)

narrativa/discurso – ver **embreado (plano –)/não embreado**

negociação – Uma **negociação** é uma "série de procedimentos adotados para se chegar a um acordo, para concluir um negócio" (*Petit Robert*, 1991). Sendo empregado, com nuanças variadas, tanto na língua ordinária quanto nas falas mais especializadas, o termo designa de modo geral *um modo racional de resolução de conflitos*, o que implica: (1) vários participantes (os "negociadores"), e (2) alguma coisa para negociar, que pode ser de natureza muito diversa. Seguindo sua perspectiva sociológica, Thuderoz (2000) distingue desse modo as negociações que incidem sobre *objetos* (bens, serviços, salários etc.) e as negociações que envolvem as próprias *regras* (negociações constantes em quaisquer esferas da sociedade devido à "plasticidade" das regras do jogo social).

Em análise do discurso e mais especificamente em análise das conversações, **o termo é empregado de modo mais ou menos extenso, designando ora um** *processo* **ora um** *tipo específico de interação*:

· As expressões "negociação comercial", "negociação diplomática" ou "negociação salarial" designam tipos de interações, nas quais a atividade negociativa é de alguma forma coextensiva ao evento comunicativo global; interações de caráter institucional e possuidoras de um *objetivo externo* (venda de uma mercadoria, resolução de um conflito entre Estados), o qual determina o conjunto das atividades desenvolvidas pelos interactantes (Maynard, 1984, ou Firth, ed., 1995).

· Mas fala-se também, mais amplamente, de negociações conversacionais para designar *qualquer processo interacional mais ou menos local, suscetível de aparecer, desde o instante em que uma discordância surge entre os interactantes, concernindo esse ou aquele aspecto do funcionamento da interação, e tendo por finalidade suprimir esta discordância.* Essas negociações podem ser encontradas em todos os tipos de contextos e dizem respeito a todos os tipos de objetos – entre eles os ingredientes que compõem o próprio tema da conversação e que são todos, de alguma forma, "negociáveis": o "*script*" geral da troca, a alternância dos turnos* de fala, os temas tratados, os signos manipulados, o valor semântico e pragmático dos enunciados trocados, as opiniões expressas, o momento do fechamento, as identidades mútuas, a relação* interpessoal (em particular o emprego do *Tu* e do *Vós* e outras formas de tratamento*) etc. (Kerbrat-Orecchioni, 2000).

Na literatura de inspiração etnometodológica*, ou na perspectiva de Roulet, (1985), a noção se estende até recobrir todos os procedimentos que asseguram a gestão coletiva da troca, impliquem eles ou não um desacordo entre os participantes. No entanto, parece preferível falar em "negociação" apenas quando ocorrem, ao mesmo tempo, *conflito* e *cooperação*, e considerar que, para que haja negociação é necessário e suficiente: (1) que haja desacordo inicial, e (2) que os sujeitos em litígio acionem alguns processos de resolução do desacordo, isto é, que eles manifestem um certo desejo (real ou fingido) de restabelecer o acordo, desejo sem o qual se sai de uma lógica de negociação para entrar na do conflito confesso. A partir desse esquema comum, as negociações conversacionais apresentam configurações extremamente diversas, de acordo com: o objeto a negociar, a duração e a "dificuldade" da negociação, as modalidades de seu desenvolvimento (explícitas ou implícitas, com ou sem intervenção de um terceiro), os procedimentos e as técnicas acionadas por ambas as partes, assim como seu resultado (pois a negociação pode ser um sucesso ou um fracasso).

A noção de negociação é central para a análise das conversações, consideradas como *construções coletivas*, que supõem o estabelecimento, entre os participantes, de um certo número de *acordos* sobre as regras do "jogo de linguagem" em que eles se encontram. Entretanto, esses acordos não são sempre dados de uma só vez, e é somente ao preço de uma *bricolagem interativa* incessante que os interactantes chegam a construir juntos um "texto" um tanto quanto coerente, pois o funcionamento das conversações repousa sobre regras imprecisas e normas flutuantes. Essa imprecisão das regras torna as negociações necessárias, mas poder-se-ia dizer também: esta imprecisão é necessária para permitir as negociações, isto é, a adaptação tateante ao outro e às particularidades de seu universo cognitivo e afetivo – para permitir, em uma palavra, a *intersubjetividade*.

ver **argumentação, conversação, etnometodologia, interação**

C. K.-O. (R. F. C.)

neologia – Esse termo designa o processo contínuo de formação das novas unidades lexicais (palavras ou combinações) de uma língua. A importância quantitativa do fenômeno, assim como sua visibilidade pelos usuários da língua, fizeram dele um objeto de estudo específico, separado dos outros aspectos da mudança linguística.

Se a **neologia** é, de fato, um processo contínuo, ligado à necessidade de nomear os novos conceitos e as novas realidades, ela se efetua em ritmos variáveis; além disso, presente na consciência dos sujeitos, ela está submetida à sua avaliação. Assim, na época da *Plêiade*, a neologia (fala-se então de "ilustração") é recomendada para o francês, que procura se constituir em língua, e se efetua de uma maneira voluntarista pelos escritores e sábios. Um século mais tarde, quando o francês é visto como tendo atingido seu estado de perfeição, ela é proscrita. Foi no século XVIII que a neologia retomou seus direitos (em francês, "néologie" [neologia] aparece em 1726, "néologisme" [neologismo], em 1735), com a chegada de novos conceitos e com o desenvolvimento das ciências.

Diversos tipos de neologia

Tradicionalmente, a neologia divide-se em **neologia de sentido** e **de forma**.

Na primeira, um significante existente se vê portador de um novo sentido pelo tropo* (metáfora, metonímia, catacrese...).

Na neologia da forma, um novo significante é criado:

· por utilização de *recursos próprios do sistema da língua*, de sua criatividade lexical (derivação, composição, abreviação, truncamento, acrônimos – a criação de siglas sendo um truncamento específico – sintagmas). As possibilidades da língua não são utilizadas da mesma maneira. Nota-se, assim, segundo os domínios, uma exploração sistemática das raízes gregas e latinas (medicina, farmácia), uma neologia sintagmática... o aparecimento de estruturas neológicas ("MST", "sem-teto", "sem-casa");

· por criação de um *significante radicalmente novo*: é o que se passa frequentemente no domínio da criação dos nomes de marcas e de modelos. A dimensão mundial do mercado leva as empresas a escolher frequentemente, utilizando-se de recursos da informática, os significantes mais "universais";

· por *empréstimo* de uma outra língua, com ou sem "naturalização": evidentemente, é o inglês que constitui a fonte atual mais importante. Eventualmente, é um sentido que pode ser emprestado no caso dos falsos cognatos. Frequentemente, são os empréstimos mais condenados.

Neologia e discurso

Fenômeno temporal, o neologismo não existe em si, *mas em sua produção e/ou em seu reconhecimento em discurso* por um tipo de sentimento neológico. Distinguiremos **hápax**, termo que acontece uma única vez em documento ou obra literária ou científica e que pode ser abonado apenas com essa citação, do neologismo em geral, que é um hápax em via de difusão. Em discurso, o neologismo faz parte das palavras "não coincidem consigo mesmas", que são objeto de uma glosa (presença de aspas, tradução, glosa metalinguística: "como se diz hoje em dia"...) e pode-se dizer que são essas glosas que são frequentemente neológicas. Quanto às composições sintagmáticas ("taxa de inflação", "plano de carreira"...), é em discurso que se determina sua maior ou menor tendência à cristalização*, portanto sua passagem do estatuto de sintagma descritivo ao de sintagma denominativo.

É, talvez, nos domínios da *atividade científica, técnica e econômica* (designação dos atores, processos, máquinas, produtos, conceitos) que a atividade neológica mais se destaca hoje em dia, na medida em que as necessidades da comunicação e do comércio requerem ações de regulação específicas. Enfim, pode-se observar uma neografia importante por transgressão das normas tradicionais da escrita no campo das novas tecnologias e sob sua influência: assim sendo, nos empregos das maiúsculas e minúsculas ("iMac", "TeleVendas"), na utilização de @ ["Cyberc@fé", "vid@ digital"]. Devido à designação das novas realidades que se efetuam em diversos lugares, vários neologismos podem entrar em concorrência momentânea ou se constituir em variáveis (*e-mail, email, mail, correio eletrônico*).

Com frequência, opõe-se **neologismo** a **arcaísmo**. No entanto, se um termo ou um emprego considerado arcaico se expande, torna-se um neologismo.

ver **cristalização, palavra, terminologia, vocabulário/léxico**

B. G. (R. F. C.)

norma – Termo muito polissêmico e não específico nas ciências da linguagem: fala-se de **normas** sociais, de normas comportamentais. É uma noção muito discutida, que se encontra no centro de numerosos debates sobre a natureza das línguas e sua relação com a sociedade. As diferentes acepções contemporâneas são, em graus diversos, devedoras da conceitualização efetuada pelo sociólogo Durkheim no início do século XX. Considera-se que nenhum fato social pode escapar à coerção social; o desvio pressupõe a existência de uma norma prévia

NORMA E REGRA

Estabeleceremos distinção entre **norma linguística** e **regra linguística**. A noção de "norma" remete à relação que as sociedades estabelecem com as línguas e seus usos. No quadro da gramática gerativa, diremos que a consciência normativa dos locutores os faz emitir julgamentos de **aceitabilidade**: para alguns locutores, a construção relativa dita "popular": "Essa é a gata *que* o namorado dela é jornalista" é aceitável para alguns e não para outros.

A noção de "regras" remete a fenômenos *internos* ao funcionamento das línguas e aponta para o fato de que toda língua obedece a organizações específicas nos planos fonético, morfológico e sintático. Nesse sentido, podemos defender pontos de vista de **gramaticalidade** e dizer que "*A *dela casa* fica perto do cinema" é a-gramatical (enunciado precedido por um asterisco).

EM LINGUÍSTICA

Existem sempre várias formas de falar uma mesma língua e, portanto, várias normas que correspondem aos diferentes usos.

Martinet (1974) distingue a norma **descritiva** da **prescritiva**. *De um ponto de vista descritivo* (ponto de vista do linguista), diferentes normas de realização de uma mesma língua necessariamente coexistem: o falar dos camponeses e o dos políticos não segue as mesmas normas. A norma dos puristas ou dos gramáticos constitui-se apenas de uma delas. Os enunciados "num venho" vs "eu não venho" ou "nói num vai mais" [Adoniran Barbosa, *Samba do Arnesto*] vs "nós não vamos mais" são realizações regulares do sistema do português.

Mas *de um ponto de vista prescritivo* (ponto de vista do gramático), eles não se equivalem, e só os segundos são considerados corretos, padrão, normativos. A norma prescritiva escolhe, entre todos os usos de uma língua, aqueles que são reputados como corretos, o "bom uso". Ela o faz em nome de diversos argumentos que se fundam na etimologia, no sentimento do belo linguístico, na filiação a outras línguas (em particular o latim), na legitimidade dos locutores ou dos escritores (essencialmente os "bons autores").

Hjelmslev (1968) propõe uma concepção diferente, organizada segundo uma tripla distinção entre o "sistema" (ou esquema), a "norma" e o "uso": nessa concepção, a norma é uma construção abstrata, operacionalizada a partir do estudo dos usos empíricos.

Em sociolinguística

A linguística variacionista concebe as línguas como sendo formadas ao mesmo tempo de zonas sem variação e de zonas com variação. Nas zonas sem variação, não pode haver coexistência de várias normas de realização; em consequência não pode também haver norma prescritiva. Por exemplo, um enunciado como "*je le te donne*" não decorre de nenhuma norma do francês, está fora do sistema, é agramatical. Nas zonas com variação, a norma prescritiva pode ser aplicada. Assim sendo, "Havia acidentes na estrada" é tido como correto, ao passo que "Haviam acidentes na estrada", incorreto. Contudo, constatamos que nem todos os fatos de variação são necessariamente decorrentes de julgamentos sociais. Por exemplo, pode-se dizer indiferentemente: "São os carros que comprou o Antônio", "São os carros que o Antônio comprou".

A padronização das línguas, a planificação linguística consistem em dotar os Estados de meios para escolher e alçar à condição de norma uma maneira de falar ou uma língua que se torna a norma padrão de referência. Esses meios são a escrita das línguas, a **gramatização** das línguas (Auroux, 1994), isto é, a instituição de dicionários, os dispositivos regulamentares e administrativos, como as Academias, as normas de terminologia, e, enfim, o aparato dos meios educativos.

A situação histórica da padronização, da gramaticalização e do ensino do *francês* certamente faz dessa língua um caso específico em que a norma prescritiva desempenha um papel particularmente poderoso: a variação sociolinguística é pouco tolerada, a evolução da língua é muito limitada e vigiada, a norma escrita literária detém grande força, entre outros fatores pelos viés da escolarização. Isso levou os linguistas, em particular François, a falarem de **surnorme** ["padrão ideal"].

Em etnografia* da comunicação

Há uma distinção nessa teoria entre a aquisição das línguas e a dos sistemas de comunicação: aprender a falar uma língua é aprender, ao mesmo tempo, as regras linguísticas e as regras que governam a comunicação em uma dada sociedade. Fala-se então de **normas de comunicação**: por exemplo, saber qual língua empregar segundo as situações sociais, saber quando se calar, saber qual sistema de tratamento utilizar em função de seu interlocutor.

No ensino

As instituições escolares são, *a priori*, os lugares de transmissão e de aprendizagem da norma prescritiva. O confronto entre a norma padrão e as diferentes normas de realização, em particular para a França, a variedade conhecida como "francês dos jovens", coloca numerosas questões que continuam em debate. Trata-se de saber qual francês ensinar, qual tolerância ter em relação a outras normas e à variação sociolinguística, qual lugar atribuir às variedades orais em relação à escrita, e qual lugar atribuir às variedades não literárias da escrita.

ver **prescrito**

J. B. (R. F. C.)

objeção – Podemos tentar definir **objeção** *do ponto de vista dos conteúdos* como a expressão de uma oposição argumentativa do tipo da refutação*, mas também de modo mais particular, menos radical, pelo viés de um argumento frágil: objetar é "criar obstáculo", refutar é "abater". Podemos apresentar objeções contra todos os tipos de argumentação, tendam a fazer crer ou a fazer fazer.

A objeção e a refutação têm essencialmente *estatutos interacionais diferentes*. Por um lado, objetar é apresentar um argumento que vai contra o sentido da conclusão do parceiro de diálogo, mantendo essa conclusão implícita, por exemplo, acentuando uma consequência negativa da proposição que ele defende: "mas se construirmos a nova escola aqui, os alunos terão que se deslocar muito". Por outro lado, aquele que refuta pretende *encerrar* o debate; aquele que objeta mantém o diálogo *aberto*; seu argumento busca resposta, ele se apresenta como sendo passível de refutação. O *ethos** e os estados emocionais expostos durante estas duas operações não são os mesmos: à refutação são associados agressividade e fechamento; à objeção, espírito de ponderação, diálogo e abertura.

Em uma situação em que L_1 propõe o discurso D e L_2 opõe-lhe um contradiscurso CD que pretende refutar D (ou L_1 imagina que se poderia dizer CD) se L_1 alude a esse contradiscurso (prolepse), então ele o designa *não como uma refutação, mas sim como uma objeção*: "Poderíamos objetar que (retomada de CD)"; "apesar de (retomada de CD)". Essa objeção será tratada sob a modalidade da concessão*.

ver **concessão, refutação**

C. P. (R. F. C.)

objeto de discurso – De maneira intuitiva, o **objeto de discurso** é constituído de segmentos verbais que, em um texto ou em uma conversação, remetem àquilo de que se fala, e a noção parece então estar próxima das de tema ou de tópico.

No quadro da lógica natural, o termo designa entidades ao mesmo tempo lógicas e semiológicas, atualizadas nos textos por expressões nominais e que, em função do caráter dinâmico da esquematização*, são suscetíveis de serem reformuladas, enriquecidas ou simplificadas ao longo do discurso. Pode-se considerar o objeto de discurso do ponto de vista das propriedades e das transformações que constituem seu **feixe**: "Alguns elementos do feixe de um objeto são pré-construídos, outros são transformados ou construídos no discurso". Pode-se, por outro lado, considerá-lo como na "origem dos meios que levam a fazer adquirir um saber, a suscitar tomadas de posição ou de julgamentos de valor" (Borel, Grize e Miéville, 1983: 161). A lógica natural propõe uma visão dinâmica do objeto de discurso, por oposição ao caráter estático do objeto da lógica formal, e, para explicar a maleabilidade e a plasticidade desse objeto, propõe representá-lo sob a forma de uma classe-objeto com propriedades particulares, não sobre o modelo das classes distribucionais, mas sobre o das classes mereológicas desenvolvidas pelo matemático polonês Lesniewski, no quadro de uma teoria axiomática da relação das partes com o todo. Assim, a classe-objeto é concebida de tal modo que ela acolhe não somente o objeto inicialmente inscrito no discurso, mas igualmente todo ingrediente desse objeto.

Mas, como salienta Sitri, se a classe-objeto "permite explicar a flexibilidade do trabalho dos objetos no discurso" (1998: 55) e "se a representação, que nela é dada sob a forma de uma classe mereológica, permite pensar a heterogeneidade deste objeto, já que as relações entre os elementos são nele mais flexíveis do que o fato de possuir uma propriedade comum, que define a classe distribucional" (ibid.: 64), o modelo proposto se choca com um certo número de dificuldades que gravitam em torno do estatuto concedido à língua e ao lugar restrito atribuído às formas. É por isso que ela retrabalha a noção em um projeto teórico que *se inscreve na análise do discurso francesa*, e propõe se apoiar sobre as marcas formais identificáveis para destacar os pontos de surgimento dos objetos de discurso, assim como suas transformações no decorrer do discurso. O Objeto de discurso é, então, concebido como *uma entidade constitutivamente discursiva que se desdobra, ao mesmo tempo, no intradiscurso* e no interdiscurso**, e não como a entidade psicológica ou cognitiva da lógica natural: "Constituído de discurso e no discurso – discurso em que nasce e se desenvolve, mas ainda discurso cuja memória ele guarda – ele é por isso mesmo, sendo dada a maneira pela qual concebemos o discurso, considerado na materialidade da língua. A noção de objeto de discurso aparece, então, precisamente como um meio de observar a articulação entre categorias de língua e categorias de discurso" (ibid.: 66).

ver **dialogismo, esquematização, interdiscurso, memória discursiva, microuniverso**

S. M. (R. F. C.)

observação (situação de –) – ver **campo**

opinião – A **opinião** é uma noção que corresponde seja a uma *modalidade**, seja a uma *categoria de julgamento*, seja a um *conceito sociológico* denominado "opinião pública".

Como modalidade, faz parte dos atos elocutivos * que permitem ao locutor "situar sua proposta em relação a si mesmo, [...] revelando sua própria posição quanto ao que diz" (Charaudeau, 1992 : 575). A modalidade de opinião exprime, então, o lugar que o propósito do enunciado ocupa no universo de crenças do sujeito falante, atitude intelectiva que pode ser marcada por verbos (*eu penso, eu creio, eu duvido* etc.) ou por advérbios (*provavelmente, possivelmente* etc.). Essa modalidade pode ela própria ser modulada segundo seu grau de certeza (*convicção, suposição, probabilidade, pressentimento*).

Como categoria de julgamento, a opinião resulta de uma atividade de pensamento que consiste em "considerar conjuntamente" elementos heterogêneos e em associá-los ou compô-los segundo uma lógica que é aquela do necessário ou do verossímil (Ricoeur, 1983). Ela salienta, portanto, um julgamento hipotético que se pronuncia *a favor* ou *contra* os fatos do mundo. Mas aqui convém fazer certo número de distinções:

· *Opinião e conhecimento*: o conhecimento é um saber exterior ao sujeito, de que este pode se apropriar ou ignorar, que "se move [...] na economia do verdadeiro e do necessário [cujo] horizonte é aquele de uma confirmação ou de uma infirmação por provas de realidade" (Quéré, 1990 : 37). O conhecimento é, portanto, independente do sujeito. A opinião, ao contrário, é oriunda do sujeito; ela reflete a atitude avaliativa do sujeito a propósito de um saber e lhe interna, portanto.

· *Opinião e crença*: se a crença é, de fato, esse encontro entre uma verdade como "saber que se sabe saber" e um sujeito que vai em direção a ela em um movimento de "certeza sem prova" ("eu creio em Deus"), que faz com que "crer é não saber o que algo é" (Jacques, 1985: 253), então ela se distingue do ponto de vista em que o sujeito, sabendo que não possui a certeza do saber, avalia fazendo um cálculo de probabilidade ("creio que a existência de Deus seja uma questão de fé").

· *Opinião e apreciação*: a apreciação é uma reação afetiva do sujeito frente a um fato, ao passo que a opinião é um julgamento intelectivo que evidencia um cálculo incidente sobre a probabilidade dos fatos do mundo. Com o julgamento de apreciação, "o sujeito ressente, identifica, exprime um palpite positivo ou negativo (dentro de um universo de afeto), mas em nenhum caso (como na opinião) ele calcula" (Charaudeau, 1997a: 97). Essa diferença seria marcada por verbos de modalidade do tipo "eu acho bom/mau" para a apreciação "eu creio, eu penso", para a opinião: "Eu acho bom que ele nos tenha acompanhado" / "Eu creio que ele vai nos acompanhar".

O conceito de opinião pública diz respeito, essencialmente, à sociologia, às ciências políticas e da informação, e, posteriormente, à psicologia social. Três grandes períodos parecem ter marcado esse conceito: nos séculos XVIII-XIX, a opinião pública é concebida como "o resultado do exercício da razão esclarecida dos cidadãos a respeito de uma questão de interesse geral" (Tremblay, 1984: 288), concepção que correspondia à época das Luzes, que acreditava no triunfo da Razão; no final do século XIX e início do XX, ela foi concebida como uma massa indistinta de sentimentos e de emoções, cujas reações dependiam de grandes manipuladores, concepção que correspondia à época em que "as massas populares se tornam mais visíveis por greves, manifestações de rua, levantes populares mais numerosos" (ibid.: 294); e é no prolongamento dessa concepção que a opinião pública se constitui objeto de estudos quantitativos, convertendo-a em meios estatísticos, o que corresponde à crença de que "da maioria estatística se depreende a vontade da população" (ibid.: 294).

Na medida em que a análise do discurso se interessa cada vez mais pelos discursos sociais, e, particularmente, pelos discursos político e midiático, esse conceito não pode lhe ser desconhecido. Uma série de problemas se coloca a propósito desse conceito: "É um conjunto de opiniões individuais ou outra coisa? Como ela se forma: de si mesma ou por manipulação? Como ela se exprime, quem a representa e quem a interpreta?" Mas, no que diz respeito à análise do discurso, é necessário associar essa noção, por um lado, àquela de representação* social e, por outro, àquela de estratégia*. Convém, com efeito, interrogar-se sobre os imaginários sociodiscursivos de que ela é portadora e sobre a maneira pela qual uma instância de poder procura construí-la mediante seu discurso (opinião construída), dentro de um processo de influência social (efeito* pretendido), pois, longe de ser uma entidade homogênea, ela "resulta de um entrecruzamento de 'conhecimentos' e 'crenças' de um lado, 'opiniões' e 'apreciações', de outro" (Charaudeau, 1997a: 98).

ver **conhecimento/crença (saber de –), modalidade, representação social**

P. C. (R. F. C.)

oponente – ver **proponente**

oral – ver **escrito/oral**

organizador – ver **conector**

orientação argumentativa – A teoria das **orientações argumentativas** foi desenvolvida a partir da ideia de "escala argumentativa" (Ducrot, 1972), chegando à teoria da "argumentação na língua" (AnL) (Anscombre e Ducrot, 1983) em numerosos artigos e obras (Ducrot, 1988; Anscombre, 1995) (ver Eggs, 1994).

A orientação argumentativa (ou o valor argumentativo) de um enunciado. E_1 pode ser definido como a seleção operada sobre esse enunciado sobre os enunciados E_2 suscetíveis de sucedê-lo em um discurso gramaticalmente bem formado, seja "o conjunto das possibilidades ou das impossibilidades de continuação discursiva determinadas pelo seu emprego" (Ducrot, 1988: 51). A teoria da argumentação na língua é uma teoria da **significação**. Ela rejeita as concepções da significação como adequação ao real, sejam essas teorias de inspiração lógica (condições de verdade) ou analógica (protótipos), em benefício de uma concepção quase espacial do sentido como direção: aquilo que o enunciado S_1 (do mesmo modo que o locutor como tal) quer dizer, é a conclusão S_2 para a qual este enunciado é orientado.

Da mesma forma, "o valor argumentativo de uma palavra é por definição a orientação que esta palavra dá ao discurso" (ibid.). A orientação argumentativa de um termo corresponde a seu sentido. Assim, a significação linguística da palavra "inteligente" não deve ser buscada em seu valor descritivo como uma capacidade (mensurável por um QI), mas na **orientação** que seu uso em um enunciado impõe ao discurso subsequente, por exemplo, "Pedro é inteligente, ele pode resolver este problema", que se opõe ao encadeamento considerado incoerente "Pedro é inteligente, ele não poderá resolver este problema". Essa afirmação tem por consequência: (1) se o mesmo segmento S é seguido, em uma primeira ocorrência, pelo segmento Sa, e em uma segunda ocorrência, pelo segmento Sb, diferente de Sa, então S *não tem a mesma significação* nessas duas ocorrências. Uma vez que podemos dizer "Faz calor (S), fiquemos em casa (Sa)" vs "faz calor (S), vamos passear (Sb)", é porque "não se trata do mesmo calor nos dois casos" (Ducrot, 1988: 55). Inversamente, podemos pensar que se deve estabelecer uma forma de equivalência entre enunciados orientados para a mesma conclusao: se o mesmo segmento S é precedido, em uma primeira ocorrência, pelo segmento Sa, e, numa segunda ocorrência, pelo segmento Sb, diferente de Sa, então Sa e Sb têm a mesma significação: "Faz calor (Sa), fiquemos em casa (S)" vs "Tenho trabalho (Sb), fiquemos em casa (S)". (2) "Se o segmento S_1 só tem sentido a partir do segmento S_2, então a sequência $S_1 + S_2$ constitui um só enunciado" (Ducrot, 1988: 51) – poderíamos dizer, sem dúvida, um único signo. Essa conclusão reconduz a ordem própria do discurso àquela do enunciado.

Argumentação na língua e fala argumentativa. Ducrot opõe a concepção semântica da argumentação à visão "tradicional ou ingênua" da argumentação, que ele define como segue: (1) ela coloca em jogo dois enunciados; (2) cada um desses enunciados, munidos de uma significação autônoma, designa fatos distintos (eles são, portanto, avaliáveis independentemente); (3) existe uma relação de implicação, extralinguística, entre estes dois fatos (Ducrot, 1988: 72-76).

A concepção da AnL na língua se opõe às teorias e às práticas antigas ou neoclássicas da argumentação como uma teoria **semântica** da língua se opõe à uma teoria e à uma técnica da planificação **discursiva**. Para as teorias clássicas, o discurso argumentativo é suscetível de ser avaliado e de ser declarado válido ou falacioso. Para a AnL, a ideia de uma avaliação crítica das argumentações apenas tem sentido sobre o plano gramatical (tal sequência é ou não gramaticalmente correta); nessa teoria, a força da coerção argumentativa é inteiramente uma questão de linguagem. Ela não é diferente daquela de um discurso **coerente**. Rejeitar um argumento, é quebrar o fio do discurso ideal. Essa posição **redefine** a noção de argumentação; Anscombre fala, assim, da argumentação "em nosso sentido" (1995: 16).

Podemos, entretanto, propor uma articulação entre essas duas concepções da argumentação. A AnL formula a relação argumento E_1 – conclusão E_2 dentro de uma perspectiva enunciativa em que é a conclusão que dá o sentido do argumento (em um discurso ideal monológico). Compreender o que significa o enunciado "o tempo está bom" não é referi-lo a um estado do mundo, mas às intenções anunciadas pelo locutor, isto é, "Vamos à praia". O sentido de E_1 é E_2. Em suma, o sentido é aqui definido como a causa final do enunciado; a AnL reatualiza, assim, uma terminologia antiga, em que se designava a conclusão de um silogismo como sua "intenção".

A teoria das orientações argumentativas foi desenvolvida em três direções: as **expressões argumentativas**, os **conectores* argumentativos**, os *topoi**. As *expressões argumentativas* são elementos linguísticos que, introduzidos em um enunciado, não modificam em nada o valor factual desse enunciado, mas invertem sua orientação argumentativa (isto é, as conclusões às quais se é possível chegar a partir desse enunciado, seus desdobramentos possíveis). A noção foi aplicada à descrição linguística de palavras "vazias" ou "operadores argumentativos" ("não"; "pouco / um pouco"; "quase / não completamente"; "apenas"), assim como de palavras "cheias" como os pares "prestativo / servil", "corajoso / temerário", "econômico / avaro"...

ver **argumentação, conector argumentativo**, *tópos*

C. P. (R. F. C.)

ouvinte – ver **destinatário, receptor**

palavra – O termo **palavra** remete a muitos recortes nocionais. O sentido atribuído habitualmente a este termo é fortemente impregnado pela tradição *tipográfica*, que a utiliza para designar um segmento gráfico (que pode ser composto por uma ou várias letras) isolado por espaços em branco. Essa percepção material que repousa sobre a noção de uma unidade gráfica é associada de maneira difusa, no inconsciente dos locutores, a um sentimento de unidade semântica que favorece a relação pressuposta entre *palavra* e *coisa*. Nessa perspectiva de tipo lexicográfico, a palavra é apreendida como uma unidade de texto. O lexema *palavra* recobre noções complexas e desiguais que implicam especificar, quando empregada, a acepção que se pode atualizar.

I. Em linguística

Segundo os lexicólogos contemporâneos, a ausência de coincidência sistemática entre palavra gráfica e unidade semântica deve ser levada em conta, já que, como sublinha Mortureux (1997: 10), "várias palavras gráficas podem formar uma só palavra linguística (formas conjugadas dos verbos nos tempos compostos)" e, inversamente, "ocorre também que a uma palavra gráfica isolada corresponda a várias unidades linguísticas: é o caso, por exemplo, de todas as formas conjugadas simples do verbo". Assim, o sintagma *palavra linguística* remete a unidades lexicais simples ou complexas, tais como "sem eira nem beira" ou "levar a breca", nas quais algumas unidades gráficas independentes são desprovidas de autonomia semântica.

Numa perspectiva estritamente morfológica, Corbin propõe distinguir as **palavras simples**, "palavras cuja eventual estrutura interna e cujo sentido não são de forma alguma superpostos" (1991: 459), **palavras complexas**, "palavras que têm um estrutura interna e um sentido, ao menos parcialmente, superposto a ela" (1991: 455-456), sendo que essas últimas se subdividem, por sua vez, em duas categorias: as **palavras complexas construídas**, "palavras cuja estrutura morfológica e cujo sentido são inteiramente superpostos" (1991: 458) e as **palavras complexas não construídas**, palavras cuja estrutura interna e cujo sentido são apenas parcialmente superpostos" (1991: 459). Assim, Corbin classifica, por exemplo, *rei* na categoria das palavras simples, por oposição a *real*, que é uma palavra complexa construída e a *reinado*, que é uma palavra complexa não construída, porque "o segmento final –ado não ocorre em outros lugares com as mesmas propriedades" (1991: 13). Em contrapartida, Picoche (1992) considera uma tripartição ligeiramente diferente, embora encontremos em primeiro lugar as palavras simples distintas das palavras construídas, também chamadas palavras derivadas, que são diferenciadas das palavras flexionadas (como *daremos*); desse modo, a categoria *palavras simples* inclui *as palavras complexas não construídas*.

Em uma perspectiva semântica, uma distinção clássica opõe, com base em um critério semântico, **palavras plenas** a **palavras-instrumentos**. As primeiras, "mesmo fora de qualquer emprego em um enunciado, evoca uma realidade", enquanto o sentido das segundas "não evoca nenhuma realidade distinta no espírito dos locutores" (Mortureux, 1997: 11), diferenciação que encontramos em outros lugares sob outras denominações, tais como *lexemas* vs *gramemas*, ou *unidades lexicais* vs *unidades gramaticais*.

F. C.-B. (R.F.C.)

II. PALAVRA E DISCURSO

Na articulação dos séculos XIX e XX, a semântica lexical é orientada para o estudo de *mudança*. Para os filólogos, são as palavras que não dizem o real, mas suas representações são boas testemunhas das crises da consciência coletiva (cf. as pesquisas efetuadas por Brunot na sua *Histoire de la langue française*, 1905-1953, sempre utilizada). Em 1953, Matoré propõe uma organização deste domínio de estudo articulando-o à sociologia: "É a partir do vocabulário que tentaremos explicar uma sociedade. Também poderemos definir a lexicologia como uma disciplina sociológica que utiliza o material linguístico que são as palavras" (1953: 50). Propõe a noção de palavra-testemunha (uma palavra que simboliza uma mudança social que "marca uma virada" [1953: 66]) e a noção de palavra-chave (uma palavra que exprime de maneira sintética a época estudada, como *honestidade* no século XVII). Esses trabalhos prosseguem dentro de uma ótica renovada para chegar, com ajuda das ciências da linguagem, com Rey (1989); com a Equipe "18e-Révolution" (1985-1999); com Tounier (1992) etc.

Sob a influência do estruturalismo, o interesse se desloca para a descrição *sincrônica* das estruturas do léxico. A significação das palavras é representada por um pequeno conjunto de traços diferenciais bem definidos e estabilizados, selecionados após comparar unidades lexicais reagrupadas no interior de campos lexicais. Estas operações permitem estabelecer relação de sinonímia, hiperonímia, antonímia etc., entre as unidades que fazem parte de um mesmo sistema (Greimas, 1966; Tamba-Mecz, 1988). A polissemia é explicada por apagamentos de semas e pode, portanto, ser aplicada também aos estudos da evolução dos sentidos (Martin, 1983). Quemada (1955), Dubois (1962) etc. procuram então articular os aportes da análise sêmica pós-saussuriana e o interesse pelas formas lexicais relacionadas a posições historicamente significativas. Benveniste (1969) pode servir-lhes de referência teórica ao tematizar a distinção de dois níveis de análise. O nível **semiótico** é o domínio do *signo fora de emprego* cujo sentido acha sua fixidez na relação que estabelece com os outros signos do mesmo paradigma. O nível **semântico** *apreende o valor das palavras num contexto particular*, em relação sintagmática com os outros elementos do enunciado e com a totalidade do pano de fundo cultural que motivou o enunciado. Pode-se dizer que a análise do discurso, para inventariar os sentidos atestados, é levada a se interessar essencialmente pelos agenciamentos de enunciados (o nível "semântico" de Benveniste), mas ela não pode escapar à questão de sua relação com o nível "semiótico". Wagner (1967) propõe uma repartição terminológica que reserva **lexema***, **léxico*** ao sistema, e **vocábulos***, **vocabulários*** (conjunto dos vocábulos repertoriados nos *corpora*) aos empregos efetivos em discurso (Mortureux, 1997: 94 ss., para uma apresentação que se interroga sobre o estatuto do lexema).

S. B-R. (R. F. C.)

III. EM ANÁLISE DO DISCURSO

As pesquisas concretas realizadas em análise do discurso na França seguem três correntes principais:

· *Os estudos de estatística lexical*, iniciados por Guiraud e Muller e seguidos por um grupo sediado na Escola Normal Superior de Saint-Cloud, inventariaram, especialmente no plano quantitativo, o conjunto dos vocábulos que os *corpora* contêm. A hipótese de base é a importância da repetição nos funcionamentos textuais. As análises computacionais de Tounier em Bergounioux *et alii* (1982), Lafon (1984) ou Lebart e Salem (1994) comparam *corpora* sob o ângulo das *escolhas* e (o que é também muito importante) das *rejeições*; elas revelam as atrações das formas entre si, a escolha de uma forma que implica a presença de uma outra forma. Certamente, as unidades reconhecidas pelo computador não correspondem às "palavras" de Meillet, já que a máquina computa cegamente grupos de letras separadas por espaços em branco. A máquina distingue as variantes paradigmáticas (como o singular e o plural do substantivo: *classe, classes*, ou as diversas formas da conjugação do verbo: *classifica, classificar*). Ela reagrupa, em compensação, todas as ocorrências da forma *classe*: o verbo e o substantivo, os homônimos que serão intuitivamente tratados como duas unidades e as acepções polissêmicas que a intuição considera como uma mesma unidade. O dispositivo da lexicometria* não estuda, portanto, diretamente o sentido; em contrapartida, as comparações entre *corpora* e as relações associativas entre formas esclarecem as condições de funcionamento do sentido.

• *A segunda corrente é mais diretamente interessada no funcionamento qualitativo* de certas formas lexicais. Interessa-se particularmente pelas dimensões conflituais do sentido e pode-se reclamar filiação a Pêcheux e a Bakhtin. Pêcheux atribui à análise do discurso a tarefa de decodificar interpretações antagônicas que se afrontam em função dos interesses dos diferentes grupos sociais: "as palavras mudam de sentido de acordo com as posições assumidas por aqueles que as empregam" (Haroche, Henry e Pêcheux, 1971). Bakhtin e Volochinov (1977) privilegiam a heterogeneidade* enunciativa das formas linguísticas que marcam a presença do outro no discurso. A análise lexicológica é, então, responsável pela redescoberta da complexidade da enunciação sob a aparente repetição das unidades lexicais.

• *Uma terceira corrente se consagra aos processos de lexicalização* * que vão da invenção à difusão dos termos técnicos. Os trabalhos de Guilbert (1965) são seguidos pela rede *Langage et travail* (cf., por exemplo, a abordagem socioterminológica de Gaudin, 1993), e pelo Cédiscor (Beacco e Moirand, 1995), que se interessam notadamente pelas denominações* reveladoras das hierarquias profissionais e pelas designações* que colocam em jogo as posições dos locutores em relação ao saber.

A dimensão performativa* está muito presente desde o primeiro momento da análise do discurso: quer sejam vistas como armas políticas, quer como "instrumentos", as palavras não aparecem somente como reflexos da realidade: elas a fazem, elas a modelam.

S. B.-R. (R. F. C.)

IV. As novas orientações

As evoluções recentes se explicam pela dupla influência das abordagens *etnometodológicas**, preocupadas com a construção do sentido no discurso, e da semântica pragmático-referencial.

Uma parte dos lexicólogos buscam, doravante, suas referências filosóficas em Pierce ou Wittgenstein ("Faites-vous enseigner la signification par l'usage", 1986: 235), mais do que em Saussure. Em análise do discurso – para a corrente mais próxima aos etnometodólogos –, a unicidade do signo lexical não é mais postulada: o sentido se constrói na interação e imbrica a palavra nas atividades práticas dos atores* situados nos contextos de ação variados. As significações não são previamente "antagônicas", como quando Pêcheux ou Robin trabalharam sobre os discursos políticos; elas são vistas, em vez disso, como múltiplas e mutantes. A consideração do contexto leva a métodos que exploram funcionamentos enunciativos e argumentativos (Plantin, ed., 1993), coloca em jogo o todo do texto ou que, até mesmo, procuram reconstruir as relações formais e semânticas que unem os enunciados no arquivo*.

Alguns autores que trabalham em história renunciaram à entrada pela palavra para privilegiar o estudo nocional que reúne quaisquer tipos de enunciados, desde que sejam relativos a um conceito (Koselleck, 1990). O momento em que uma nova denominação aparece não é mais que um momento que se inscreve num campo de experiência mais amplo. Longe de ser abordável por uma análise serial, a palavra faz acontecimento*, e o analista sublinha seu valor de aparecimento assim que um complexo nocional se encarna em um significante (cf. a emergência da noção-conceito de "nação" em 1789, no horizonte de uma cidadania em devir [Guilhaumou, 1988]).

Por outro lado, a pragmática* modificou as concepções da significação nos mais variados domínios.

· *Primeiramente, a abordagem das categorias referenciais* foi transformada pelas teorias dos protótipos importadas da psicologia (Kleiber, 1990 a difundiu na França); pela teoria das "facetas", que dá conta da variação contextual (Lakoff, 1987; Cruse, 1986; e Remi-Giraud e Rétat, eds., 1996), assim como pelos debates em torno das teorias da metáfora. Embora postule que as significações dependem da nossa organização mental, a semântica pragmática levou os pesquisadores que abordam as representações como objetos de discurso a se interessarem por categorias vagas (cf., por exemplo, os desenvolvimentos da praxemática* em Siblot, 1995 ou Barbéris, 1998, que querem articular as sedimentações de discursivizações anteriores com o que se joga no momento de interação). Mondada (2000) considera, por sua vez, que são essencialmente as atividades em curso que determinam a construção das representações. Por outro lado, os trabalhos sobre as relações de correferência* renovaram as abordagens discursivas abrindo-as para o estudo das reformulações* (Mortureux, 1997: cap.7; e Laurendeau, 1998 para uma abordagem da deformabilidade das noções em discurso que se apoiam nos conceitos de Culioli).

· *Em segundo lugar, seguindo os trabalhos de Ducrot,* a significação das "palavras do discurso" não referenciais, como os conectores, não é mais concebida em termos sêmicos, mas em termos de instruções pragmáticas ("P mas Q" é, assim, compreendida como "De P, conclua R", "De Q, conclua não R" e "De P mas Q, conclua não R" (Ducrot *et alii*, 1980; Anscombre e Ducrot, 1983).

· *Enfim, a importância das capacidades reflexivas dos sujeitos* é um tema comum à etnometodologia e à linguística de Culioli ou de Authier-Revuz: desde a observação dos fenômenos de autonímia* até os estudos sobre o discurso do dicionário (Chaurand e Mazière, eds., 1990; Collinot e Mazière, 1997). Trata-se, hoje, de um campo importante.

ver lexema/vocábulo, lexicometria, paradigma definicional/designacional, terminologia, termo, vocabulário/léxico

S. B.-R. (R. F. C.)

papel – Excluindo-se um certo número de sentidos correntes dessa palavra, como aqueles de uma personagem representada por um ator (o papel de Hamlet, por exemplo) ou qualquer outro personagem na vida social (representar o papel do padrasto), função ou influência que alguém pode ser levado a exercer (desempenhar um papel influente na família), ou sentidos especializados (em gramática, em contabilidade fiscal), esse termo foi, sobretudo, empregado em sociologia e em psicologia social, e assume um sentido particular em semiótica narrativa e em análise do discurso.

Em sociologia e em psicologia social, designa uma posição determinada em um conjunto ordenado de comportamentos da vida em sociedade: "as atitudes, os valores e os comportamentos que a sociedade atribui a uma pessoa e a todas as pessoas que ocupam esse estatuto", afirma Linton (1977: 71). O **papel** liga-se ao estatuto e constitui de alguma maneira suas diferentes funções. Por exemplo, ao estatuto pai de família atribuem-se diferentes papéis, alguns de ordem jurídica (a responsabilidade parental) e outros correspondentes a normas sociais variáveis segundo as sociedades (de educação, de autoridade, de proteção etc.) O papel deve, portanto, ser concebido como uma espécie de concha vazia que pode ser preenchida por diversas pessoas, cada uma delas devendo assumir suas condições sociais.

Em semiótica narrativa, designa a função que desempenha uma personagem em uma narrativa, mas essa função é apenas um puro comportamento sintático desempenhado por *actantes** (agente, paciente, beneficiário), e é por isso que se fala de **papéis actanciais**. Assim, uma mesma *personagem* de uma história pode ser levada, no decorrer de uma narrativa, a desempenhar diferentes papéis actanciais, e, simetricamente, um mesmo papel actancial pode ser desempenhado por diferentes personagens.

Em análise do discurso, esse termo é utilizado para determinar comportamentos linguageiros. Da mesma maneira que existem comportamentos ligados ao estatuto e às funções dos atores sociais e comportamentos que se relacionam com um tipo de ação das personagens de uma narrativa, existem comportamentos relacionados com o modo de enunciação* no qual estão engajados os sujeitos falantes. Por exemplo, dir-se-á de um sujeito que faz uma pergunta que ele preenche um papel de sujeito *interrogante* (ou *questionador*), de um sujeito que dá uma ordem que ele preenche um papel de *sujeito ordenador*. Esses papéis dizem respeito, portanto, às diferentes posições de enunciação que um sujeito* falante pode assumir, tanto na oralidade quanto na escrita. Eles se diferenciam, portanto, tanto dos papéis actanciais, que são de ordem sintática, quanto dos papéis sociais, que são de ordem sociológica: "Não há correspondência biunívoca entre papel social e papel linguageiro" (Charaudeau, 1995a: 91).Com efeito, um mesmo papel social (*professor*) pode dar lugar a vários papéis linguageiros (*questionar, avaliar, explicar*), e um mesmo papel linguageiro (*questionar*) pode ser desempenhado em papéis sociais diferentes (*professor, delegado de polícia, médico*). Portanto, ter-se-á interesse em falar de *papéis linguageiros* em geral, para distinguir, em seguida, aqueles que se destacam em um comportamento enunciativo, ou papéis *locutivos* (Charaudeau 1993a: 119), tais como os de *apresentar, questionar, pedir, confirmar, validar* etc. (Charaudeau e Croll, 1991: 239), e aqueles que se relacionam com um comportamento enuncivo, tais como os de *explicar, contar, descrever, argumentar* (Charaudeau, 1993a: 119). Os papéis que se ligam ao comportamento enunciativo – também chamados *papéis comunicacionais* – permitem "definir qual é a atividade comunicacional de cada participante (em uma troca): como cada um realiza os papéis comunicacionais que o legitimam em relação ao contrato de troca e as estratégias discursivas que adota no curso da conversação em relação a outros intervenientes e sua atividade comunicacional própria" (Croll, 1991: 67).

ver **actante, identidade, locutivo (ato –), quadro participativo**

P. C. (N. M.)

par adjacente – O **par adjacente** é uma noção central em análise* conversacional. Definida por Schegloff e Sachs (1973), descreve um modo de *organização sequencial* das ações na conversação.

As características formais do par adjacente são as seguintes: uma extensão de dois enunciados em posições adjacentes, que são produzidos por locutores diferentes (Schegloff e Sacks, 1973: 295). Os exemplos-tipo de pares adjacentes são as saudações ou os encadeamentos pergunta/resposta. O funcionamento do par adjacente é descrito da seguinte maneira: quando o primeiro locutor termina a produção do primeiro membro de um par, ele para; o segundo produz o segundo membro do par, manifestando assim que compreendeu o que o primeiro pretendia e que deseja prosseguir.

A ligação que une os dois termos de um par adjacente é uma *ligação de dependência condicional*, isto é uma ligação tal que, sendo o primeiro membro produzido, o segundo é esperado ("*Dado o primeiro, o segundo é esperado*", Schegloff, 1968: 1083). A dependência condicional é bem diferente de uma regra que, respeitada, daria lugar a uma troca "bem formada", e, não respeitada, a uma troca mal formada. É uma ligação entre dois enunciados tais que, se o segundo é produzido, é interpretado como o segundo membro do primeiro, e se ele não é produzido, é considerado como oficialmente ausente, e, então, aquele que o esperava, tem justificativas para fazer inferências sobre as razões da ausência (ibid.). A sequencialidade de um par adjacente não é uma simples seriação dos turnos. É a razão pela qual outras trocas de fala podem ser *inseridas* no seio de um par adjacente, sem que cesse a aplicação da ligação de dependência condicional, isto é, sem que seja anulada a expectativa do segundo membro do par. O funcionamento do par adjacente, como o das inserções, revela o fato de que os participantes tornam continuamente inteligível um ao outro a forma pela qual interpretam suas ações. Assim, no exemplo frequentemente citado na análise de Levinson: "A: Posso pegar uma garrafa de Itaipava? – B: Você tem dezoito anos? – A: Não. – B: Não" (1983: 304), em que a troca se insere depois do primeiro membro do par pergunta/resposta, sendo que os participantes mostram a cada turno que compreendem o que cada enunciado realiza: no terceiro turno, por exemplo, A responde à pergunta inserida em vez de repetir seu pedido inicial.

Em torno da noção de par adjacente se desenvolve a da *organização preferencial* (Pomerantz, 1984): entre os diferentes enunciados possíveis como segundo membro de um par, alguns são chamados de "não preferidos", isto é, são menos frequentes, são frequentemente produzidos depois de uma pausa e são precedidos por alguma marca de embaraço. Esta última noção guarda uma certa ambiguidade, ligada, em parte, à escolha da palavra "preferência", que pode evocar uma inclinação psicológica. Hutchby e Wooffitt (1998), retomando Schegloff (1988), sublinham, aliás, dois empregos diferentes da noção de preferência pelos próprios conversacionalistas: aquele em que o membro preferido se identifica na maneira pela qual o primeiro membro do par é formulado, por exemplo, sob a forma de pergunta orientada, "O senhor vem, não é?" (emprego feito por Sacks, 1987); e aquele em que ele decorre da formulação do segundo membro pelo emprego das marcas específicas (Pomerantz, 1984), como nos encadeamentos do tipo: "A: Estou contente, a noitada de sexta promete". – B: Bem, hum, escuta, eu não tenho certeza de que posso vir".

O termo "par adjacente" é, às vezes, utilizado para designar, fora do campo da análise conversacional, qualquer troca binária (i. e., constituída de duas intervenções).

ver **troca, turno de fala**

V. T. (R. F. C.)

paradigma definicional/designacional – Os conceitos de **paradigma definicional** e de **paradigma designacional**, elaborados por Mortureux (1988b), se inscrevem no prolongamento de uma reflexão elaborada no quadro da análise do discurso sobre as noções de *paráfrase discursiva* (Henry, 1975: 95) e de *reformulação** (Peytard et alii, 1984). Foram forjados para dar conta de fenômenos encontrados especialmente nos discursos científicos e técnicos (discurso de *especialidade**), em particular nos discursos de vulgarização*.

Segundo Mortureux (1993: 124), os paradigmas são "listas de sintagmas (em geral nominais, às vezes, verbais) que funcionam em correferência com um vocábulo* inicial dentro em um discurso dado". Trata-se, pois, de um conjunto de reformulantes dentre os quais é necessário dissociar aqueles que têm um valor designativo – em virtude do que eles constituem o *paradigma designacional* – dos que correspondem às perífrases definicionais e formam, desse modo, o *paradigma definicional*. A noção de *designação** invocada aqui repousa sobre a teorização de Kleiber (1981, 1984), que ele mesmo emprestou da lógica.

Exceto pelo recurso explícito aos procedimentos metalinguísticos que destacam uma equivalência referencial entre dois vocábulos – tais como "X designa Y" ou "Z é o nome de W"–, que têm a vantagem de retirar qualquer ambiguidade na identificação do reformulado e do reformulante, é nos discursos de transmissão de conhecimentos que se encontram mais frequentemente traços desse tipo de relação. O verbo *ser* pode servir de ligação ("O Sol é uma estrela banal"), assim como as coordenações ("Os tremores da Terra ou abalos sísmicos ocorrem frequentemente") ou as justaposições ("A Terra, planeta do sistema solar, é habitada pelo homem"); o mesmo se dá com as aspas* ou parênteses*, mas estes traços sintáticos polissêmicos devem ser submetidos a uma observação minuciosa.

Para a análise do discurso baseada na entrada lexical, os paradigmas designacionais e definicionais são noções operatórias. Com efeito, a seleção desses paradigmas permite recolher informações pertinentes tanto do ponto de vista da semântica lexical quanto da perspectiva de caracterização de um discurso. A explicitação e, em seguida, a análise de um paradigma designacional no interior, por exemplo, de um artigo jornalístico, permitem apreender o tema principal – o paradigma testemunha a presença de uma invariante referencial que contribui para a coesão temática do conjunto – e apreender a representação que o jornalista tem desse objeto discursivo. Por exemplo, dentro de um artigo consagrado a Engelbart, encontra-se o seguinte paradigma: "O inventor dessa besteirinha indispensável que é o *mouse*... o pesquisador americano... esse antigo técnico em radar... o jovem engenheiro". Por outro lado, o estabelecimento de listas de reformulantes designacionais favorece a realização de análises comparativas não somente entre as designações (neutras ou axiológicas) no seio de um mesmo discurso, mas também entre discursos de diferentes naturezas proferidos sobre o mesmo referente. A observação dessas reformulações permite fazer a divisão entre os vocábulos cuja sinonímia está inscrita na língua, e aqueles cuja relação de similaridade somente está instanciada pela enunciação *hic et nunc*, o que revela o posicionamento do enunciador. Por exemplo, designar Napoleão pelo sintagma "o vencedor de Austerlitz" ou "o vencido de Waterloo" não produz o mesmo efeito sobre o receptor, e testemunha uma opinião pré-concebida por parte do enunciador.

ver **anáfora, definição, denominação/designação, objeto de discurso, referência**

F. C.-B. (R. F. C.)

paráfrase – A **paráfrase** é uma relação de equivalência entre dois enunciados, um deles podendo ser ou não a reformulação* do outro. A equivalência se exprime em termos de correferência*, e mesmo de anáfora*. Ela pode ser *semântica* e articular-se na presença conjunta, nas duas expressões, de um nó semântico comum e de semantismos diferenciais ("o presidente da República" / "o chefe de Estado"; "ele acreditou que..." / "ele imaginou que..."). Por esta razão, a paráfrase não poderia provir da sinonímia, na medida em que ela convida à deformabilidade do sentido em discurso (Fuchs, 1982, 1990). A paráfrase pode igualmente apoiar-se em uma *contiguidade formal* entre os enunciados: relação entre ativa e passiva; estrutura elíptica vs desenvolvida; jogo sobre as modalizações ("é necessário que eu..." / "eu devo..."; "é interessante'/ "é ótimo") etc.

De uma maneira geral, a paráfrase exige uma continuidade semântica entre os dados que ela aproxima. Por mais óbvia que seja a ligação, sua presença é necessária para a manutenção da relação. A noção da paráfrase está indiretamente na origem da noção de paradigmas* designacionais. Assim como a reformulação, a paráfrase é o vetor pelo qual se marca a heterogeneidade* no discurso, seja ela mostrada ou constitutiva.

ver **anáfora, cadeia de referência, correferência, paradigma definicional/ designacional**

G. P. (R. F.C.)

paralinguística – ver **prosódia**

paralogismo – Um **paralogismo** é uma argumentação* não válida, cuja forma lembra a de uma argumentação válida; é uma *argumentação falaciosa*. No sentido aristotélico, um paralogismo é um silogismo que parte de premissas verdadeiras, mas lhes aplica um modo de dedução* não válido.

Os estudos clássicos de argumentação podem ligar-se a duas fontes aristotélicas: de um lado, à *Retórica* e aos *Tópicos*, que propõem uma teoria retórica e dialética* da argumentação, e, de outro lado, às *Refutações sofísticas* em que se encontra uma análise crítica dos encadeamentos falaciosos. Esta obra está na base do "**tratamento padrão dos paralogismos**", do qual Hamblin reconstituiu a história em uma obra fundamental (*Fallacies*, 1970). Aristóteles, fundamentando-se em bases silogísticas, distinguiu os paralogismos **ligados à linguagem** (em especial paralogismos de ambiguidade) e os paralogismos **fora da linguagem** (exemplo: petição de princípio, falsa causa, afirmação do consequente).

Na época moderna, a teoria dos paralogismos recobriu todos os erros contra o método científico, constituindo, assim, uma espécie de *inferno do raciocínio*. Todo o problema é saber em qual sentido e em quais casos a argumentação comum é "vericondicional", isto é, do tipo lógico-científico. A reflexão sobre as **normas argumentativas** conheceu uma inflexão pragmática e dialética* que a levou a considerar violações das leis do discurso e do diálogo. Assim estendida aos discursos ordinários, essa teoria propõe uma espécie de "via negativa" para a argumentação. Algumas formas argumentativas como a autoridade*, normalmente banidas do discurso científico, são válidas dentro de um quadro de visão mais pragmática da racionalidade que depende das circunstâncias e dos domínios (é relativamente racional crer em seu médico e seguir suas prescrições). Esta abordagem passo a passo das diferentes formas de argumento pode, entretanto, ser criticada por seu atomismo. O caráter falacioso do discurso estando localizado em pontos precisos, e sendo diagnosticado de maneira *ad hoc*, o caráter global e coerente de um discurso que incide sobre uma representação do mundo não é levado em conta sistematicamente. Seja o que for, a abordagem da argumentação como refutação do discurso falacioso coloca a **competência crítica** no primeiro plano das competências argumentativas (Plantin, 1995).

ver **dialética, erística, lógica/discurso, refutação, sofisma**

C. P. (R. F.C.)

paratexto – Se a noção de **paratexto** foi definida de maneira mais completa por Genette (1979, 1982 e, sobretudo, 1987), não faltaram termos para descrever esta realidade nos anos 70. Duchet indica que em torno do texto subsiste "uma zona indecisa", em que ele joga sua sorte, em que se definem as condições da comunicação, e se misturam duas séries de códigos: o código social, em seu aspecto publicitário, e os códigos produtores ou reguladores do texto" (1971: 6). Derrida (1972) fala do "*fora-do-livro*" para referir-se ao analisar prefácios, introduções e outras advertências. Dubois (1973) propõe o termo "metatexto" para designar este limite, este "limiar". Estudando a autobiografia, Lejeune estuda esta "margem do texto impresso que, na realidade, comanda toda a leitura (nome do autor, título, subtítulo, nome da coleção, nome do editor, até o jogo ambíguo dos prefácios)" (1975: 45). Compagnon descreve a perigrafia do texto como "uma zona intermediária entre o fora do texto e o texto" (1979. 328). É necessário igualmente considerar os numerosos trabalhos sobre os títulos (especialmente Hoek, 1981).

Para a poética, o paratexto é uma das cinco formas das relações transtextuais do texto* descritas por Genette (1982). A definição dos traços e das funções das mensagens paratextuais empreendida por Genette (1987) explicita características *espaciais* (colocação do paratexto), *temporais* (momento de aparição e de desaparecimento), *substanciais* (escolhas icônicas, materiais, redacionais), *funcionais* e *pragmáticas* (funções e finalidades). Esses elementos permitem a Genette distinguir duas componentes do paratexto: o **peritexto** e o **epitexto**. O *peritexto* designa os gêneros discursivos que circundam o texto no espaço do mesmo volume: o peritexto editorial (coleções, capas, materialidade do livro), o nome do autor, os títulos, o encarte dirigido aos críticos, as dedicatórias, as epígrafes, os prefácios, os intertítulos e as notas. O *epitexto* designa as produções que circundam o livro, e se situam no exterior do livro: o epitexto público (epitexto editorial, debates, entrevistas), o epitexto privado (correspondências, diários). Genette interessou-se principalmente pelo paratexto pelo qual o escritor é responsável: "O paratexto é, portanto, para nós, aquilo pelo que um texto se faz livro e se propõe como tal a seus leitores, e, mais genericamente, ao público" (Genette, 1987: 7).

Para a linguística do texto e do discurso, a consideração dos discursos epitextuais e do peritexto faz com que o conceito de texto se abra para a complexidade pragmática de sua circulação material e de suas condições de produção-recepção. Além do mais, a teorização do conceito de peritexto e das formas discursivas que circundam materialmente o texto permite abordar a delicada questão da segmentação* gráfica das fronteiras do texto. O problema da delimitação do início e do fim de um texto leva a questionar o estatuto do título. Ele faz ou não faz parte do texto? Lane (1992) iniciou esse trabalho de redefinição linguística do conceito, completando a abordagem poética pela consideração mais sistemática do paratexto editorial, das estratégias editoriais (Lane, 1993) e da promoção do livro (Lane, 1998). Nyssen (1993) propõe um ponto de vista mais editorial dessa noção: a partir de uma abordagem profissional da edição, associa o paratexto, a passagem do texto ao livro, ao trabalho propriamente dito do editor.

Do ponto de vista da análise do discurso, falta estender a reflexão a outros domínios além do livro e da edição, a começar pela imprensa escrita, como o fez Adam (1997) a propósito do peritexto jornalístico, estudar o paratexto cinematográfico (créditos, anúncios, promoção, cartazes etc.). É certo que cada gênero do discurso (escrito, oral ou plurissemiótico) tem seus próprios procedimentos de produção paratextual.

ver **segmentação gráfica, sequência, texto**

P. L. (R. F. C.)

paratopia – Noção introduzida por Maingueneau (1993) para designar a relação paradoxal de inclusão/exclusão em um espaço social que implica o estatuto de locutor de um texto que decorre dos discursos constituintes*. É "uma difícil negociação entre o lugar e o não lugar, uma localização parasitária que vive da própria impossibilidade de se estabilizar" (1993: 28). Esse estatuto paradoxal resulta da especificidade desses discursos que só podem *autorizar-se* por si mesmos: se o locutor ocupa uma posição *tópica,* ele não pode falar em nome de alguma transcendência, mas se não se inscreve de alguma forma no espaço social, não pode proferir uma mensagem aceitável. A noção de **paratopia**, independentemente dos produtores de textos, pode se aplicar ao próprio campo* discursivo que funda seu direito à fala: um profeta ou um filósofo são paratópicos na medida em que os discursos religioso ou filosófico o são.

A paratopia assume aparências muito variadas segundo os lugares e as épocas: a "República das letras" do século XVIII não é a boemia do século XIX, o profeta bíblico não é o teleevangelista contemporâneo.

A paratopia não pode se reduzir a um estatuto sociológico; neste nível, há apenas paratopias *potenciais*: não basta ser exilado ou órfão para ser criador. Para que a paratopia interesse ao discurso, é necessário que seja estruturante e estruturada pela produção dos textos: enunciando, o locutor se esforça para superar seu impossível pertencimento, mas este impossível pertencimento, necessário para poder enunciar desse modo, é confortado por essa própria enunciação.

ver **constituinte (discurso −)**

D. M. (R. F. C.)

paraverbal − ver **gestualidade**

parêntese − O parêntese tem um duplo estatuto: **figura* de retórica** e **signo tipográfico**; esses dois domínios recobrem-se apenas parcialmente, porque nem todo o parêntese retórico está enquadrado por parênteses tipográficos. Como *figura* que introduz um desenvolvimento acessório em um enunciado, *o* parêntese se aproxima da digressão. Como signo tipográfico, *os* parênteses (no plural) apresentam-se sob a forma ( ) ou na de traços colocados de um lado e de outro do elemento colocado entre parênteses, que também é chamado de "parêntese", no singular [como em "*Agora, vou fazer um pequeno parêntese*"]. Assim o mesmo termo designa tanto a própria operação de colocar entre parênteses quanto aquilo que é colocado entre parênteses. Na oralidade também existem parênteses, mas eles mobilizam recursos entonacionais (Demolier e Morel, 1986; Sitri, 1995).

Como figura de retórica, o parêntese encontra-se associado a diversos outros termos (parêmbole, incisa, digressão, hipérbato, incidência, epanortose...) e nunca teve um estatuto muito claro. Fontanier vê nele uma "figura de estilo por aproximação", e o define como "inserção de um sentido completo e isolado, no meio de um outro cuja sequência ele interrompe, com ou sem relação com o assunto" (1827 / 1968: 384). O que suscita da parte dele, como em seus predecessores, uma ressalva: "Assim como interrompe o discurso e o desvia de seu objeto principal, tende necessariamente a produzir o embaraço, a obscuridade, a confusão" (1968: 386). O uso tende a reservar o *parêntese* às interrupções localizadas no fio de uma frase, e a *digressão*, aos desenvolvimentos mais amplos. Houve esforços constantes para classificar os parênteses em função de sua dependência sintática e semântica em relação à frase em que eles se inserem (Morier, 1975; Dupriez, 1980). Mas as problemáticas modernas intervieram também a dimensão enunciativa, segundo a distância que se estabelece entre as instâncias de enunciação dos dois níveis. Disso decorre uma concepção mais ampla: "o parêntese é um elemento *inserido* em uma frase, que provoca uma *ruptura sintático-enunciativa*; na medida em que esse elemento tem uma *importância secundária*, pode facilmente ser *suprimido*" (Serça, 1997: 187). Mas a percepção do caráter digressivo ou não de um fragmento é frequentemente uma questão de decisão do intérprete (Bayard, 1997), e cada discurso gera, à sua maneira, a relação com aquilo que é considerado de "importância secundária": alguns enfatizam o desvio ("a propósito", "seja dito entre parênteses", "para voltar ao assunto"...), onde outros o recusam. Essa situação nos faz pensar nas aspas* de modalização autonímica*, cuja presença não é obrigatória.

Como signo tipográfico de uma operação enunciativa, os parênteses, sob suas duas formas (parênteses e travessão), não põem problema algum de identificação: o elemento posto entre parênteses é colocado pelo escrevente em um outro nível enunciativo, é apresentado como uma ruptura que permite, em particular, dirigir-se diretamente ao leitor. Boucheron (1996) os define como uma "operação de ruptura tipográfica" que se parafraseia por um "eu acrescento ainda"; ela distingue dois grandes tipos de emprego destes signos, segundo se trate de modalização autonímica "Ele estava furioso (o termo não é muito forte) e espumava" – ou não – "Ele estava furioso (isso será importante mais adiante) e espumava".

De um ponto de vista da análise do discurso, os dois estatutos do parêntese colocam problemas distintos. O parêntese *retórico* desenvolve-se sobre o eixo sintagmático e se inscreve inevitavelmente em uma perspectiva normativa, já que toca nas máximas* conversacionais. Os parênteses *tipográficos* servem, antes de mais nada, como notas de pé de página, acréscimos que rompem a continuidade enunciativa e sintática. Mas, nesses dois casos, o analista do discurso deve gerir pelo menos uma contradição: de um lado, o/os parêntese(s) se apresenta(m) como um/uns acréscimo(s) contingente(s); de outro lado, para um analista do discurso, qualquer acréscimo é significativo e é parte integrante do discurso. De qualquer maneira, o estudo desses fenômenos opera sempre em relação às normas de cada gênero de discurso e não em absoluto: é definidor do ensaio ser digressivo ou dos textos didáticos poderem multiplicar os parênteses tipográficos.

ver **figura, heterogeneidade mostrada/constitutiva, metacomunicação/metadiscurso**

D. M. (R. F. C.)

paródia – ver captação (II)

pastiche – O **pastiche** é uma prática de imitação que se distingue da subversão* paródica por seu objetivo *lúdico*, não militante. Distingue-se também do falso, da contrafação pelo fato de que não pretende ser realmente a obra da fonte enunciativa pastichada. Para tanto, o pastichador deixa indícios do objetivo pragmático de seu enunciado por uma indicação no paratexto* ou dando um caráter caricatural aos conteúdos ou às marcas estilísticas.

O pastiche pode incidir sobre um *gênero de discurso* ou sobre o estilo de um *locutor singular*. Fundamentalmente, ele implica a interiorização pelo pastichador das regras de produção dos enunciados imitados; nisto o pastiche tem uma ligação com o próprio princípio de uma competência* discursiva: o pastichador "não pode, com efeito, produzir textos a não ser que, pela familiaridade com um conjunto finito de enunciados que decorrem de um discurso fortemente individuado, tenha interiorizado suficientemente bem as regras que lhe subjazem para poder produzir um número infinito de novos enunciados a partir delas" (Maingueneau, 1984: 52).

ver **captação (II), competência discursiva, intertextualidade**

D. M. (R. F. C.)

pathos

I. Em retórica

No uso corrente, a palavra "**pathos**" é assumida atualmente no sentido de transbordamento emocional, geralmente sem sinceridade, acepção que não afeta seu derivado "patético". *Em retórica**, o termo remete a um dos três tipos de argumentos*, ou provas*, destinados a produzir a persuasão*.

Função do pathos. A retórica repousa sobre uma teoria do espírito humano; enquanto os argumentos lógicos que agem sobre a representação podem fundar a persuasão* ou a convicção, o pathos implica a vontade (no limite, contra as representações), e é nisso que ele é essencial: "E, de fato, os argumentos nascem, na maior parte do tempo, da causa, e a melhor fornece sempre um grande número deles, de maneira que, se se vence graças a eles, deve-se saber que o advogado fez apenas o que devia fazer. Mas fazer violentar o espírito dos juízes e desviá-lo precisamente da contemplação da verdade, tal é o próprio papel do orador. Isso o cliente não ensina, isso não está contido nos dossiês do processo. [...] o juiz tomado pelo sentimento interrompe totalmente a busca da verdade" (Quintiliano, *Institution*, VI: 2, 4-6). As virtudes da fala patética estão próximas às da fala **mágica**.

Regras de construção do pathos. Seguindo Lausberg (1960: § 257. 3), pode-se exprimir, sob forma de regras práticas, os meios fundamentais que permitem produzir a emoção no interlocutor ou no auditório* pela ação discursiva:

· *Mostre-se emocionado!* O orador deve colocar-se (ou fingir estar) no estado emocional que deseja transmitir. Ele propõe a seu auditório um modelo de emoção, capaz de desencadear os mecanismos de **identificação empática**. O trabalho emocional se apoia sobre o trabalho do ethos*, que, de alguma forma, prepara o terreno. O discurso mobiliza todas as figuras* (exclamação, interjeições, interrogações...) que autenticam a emoção do sujeito falante.

· *Mostre objetos!* – o punhal do assassino, a boneca da menina... Na falta das próprias coisas, "mostre imagens!", objetos ou cenas emocionantes, técnica fadada a um grande futuro: "Filme a mancha de sangue!". Essas regras incidem sobre a apresentação e a representação dos *stimuli*. Como caso particular, elas incluem a representação direta da emoção – "Mostre os sujeitos emocionados!": mostre as lágrimas da mãe da menina, a alegria dos vencedores, a decepção dos vencidos... Trata-se de meios extradiscursivos que pedem para ser **enquadrados** discursivamente.

· *Descreva coisas emocionantes!* Dito de outra maneira, não podendo mostrar, utilize meios cognitivo-linguísticos da **descrição**. Se necessário, "amplifique esses dados emocionantes!"; utilize "uma linguagem que tende a exasperar os fatos indignos, cruéis, odiosos" (Quintiliano, *Institution*, VI: 2, 24). Se necessário, "torne emocionantes as coisas indiferentes!".

A *reflexão retórica* sobre o pathos fornece resultados, cujo interesse vai muito além da situação específica do tribunal; as regras propostas se aplicam tanto à escritura literária clássica quanto à escritura jornalística. Lausberg precisa, além disso, que construção patêmica mobiliza todos os *topoi** (1960: § 257.3), o que lembra a construção da emoção* segundo os eixos elementares. A ideia é que é impossível construir um objeto de discurso sem construir simultaneamente uma **atitude emocional** em relação a esse objeto.

ver **argumento, emoção, ethos, prova**

C. P. (R. F. C.)

II. Em análise do discurso

Esta noção é, às vezes, utilizada para assinalar as discursivizações que funcionam sobre efeitos emocionais com fins estratégicos. Charaudeau, por exemplo, trata esta noção em termos de "efeitos patêmicos" (2000: 140) e propõe descrever "a organização do universo de patemização" (ibid.: 148), a propósito da apresentação da informação televisiva em um certo número de *tópicos*: tópico da "dor" e seu oposto, a "alegria"; tópico da "angústia" e seu oposto, a "esperança"; tópico da "anti-patia" e seu oposto, a "sim-patia"; tópico da "atração" e seu oposto, "a repulsa" (ibid.: 149-153).

ver **efeito pretendido/efeito produzido, emoção**

P. C. (R. F. C.)

performativo – ver **ato de linguagem**

período – Oradores e escritores tiveram durante muito tempo o sentimento de escrever e falar mais por **períodos** do que por *frases*. Teorizada pelos gramáticos e por estudiosos de estilo clássico, a noção reapareceu na linguística dos anos 80, sob o impacto de estudos consagrados à oralidade.

Para a retórica e a estilística

Aristóteles define o período, na *Retórica*, como uma "frase que tem um começo e um fim nele mesmo, e uma extensão que se deixa abarcar de um relance" (III, 1409 a 36). Esta unidade apresenta a dupla vantagem de ser "agradável" ("porque é contrária ao indeterminado e porque o ouvinte sempre acredita estar de posse de uma coisa concluída", 1409 b 1) e "fácil de entender [...] porque se retém naturalmente" (1409 b 4). A noção rítmica de número define então o período: "o estilo periódico tem número, que é a coisa que se recorda melhor. É a razão pela qual todo mundo retém os versos melhor que a prosa, porque eles têm um número pelo qual são medidos" (1409 b 5-6). Teorizando sobre a arte oratória, Aristóteles privilegia o ritmo.

Mais tarde, a noção se gramaticaliza e o período é então definido como uma frase complexa cujo conjunto forma "um sentido completo" e do qual cada proposição constitui um membro, sendo que a última é descendente ou produz uma cláusula. Desde Dumarsais (artigo "construção" da *Enciclopédia*), o período tende a ser apenas uma reunião de proposições ligadas entre si por conjunções. Pode-se dizer que "esta absorção do período pela proposição é marcante na história da gramática" (Brunot, 1966: 1939). O abade Batteux, retomando Aristóteles e Cícero, insiste tanto sobre o *ritmo* ("Nós temos dito que era a necessidade de respirar que tinha introduzido os espaços no discurso; mas esta não é a única causa. Todas as faculdades que concorrem para formar o discurso concorrem também para exigir os números" [1824: 91]), sobre as *conexões gramaticais* ("O estilo periódico é aquele em que as proposições, nas quais as frases são ligadas umas às outras, seja pelo próprio sentido, seja pelas conjunções" [1824: 130]). Falar-se-á, pois, de períodos tanto para as *estruturas rítmicas desprovidas de conectores* ("impressionável e viva na juventude, indiferente e pesada na velhice, a imaginação diminui e se perde à medida que o corpo é usado e se enfraquece", citado por Albalat [1900: 149]: modelo de período que tem 'número', em razão de duas reduplicações de adjetivos seguidos de duas reduplicações verbais apoiadas na figura da antítese) quanto para os *períodos marcados por segmentação* gráfica e por conectores** (como este período típico de Bossuet: "Que um pai vos tenha amado – é um sentimento que a natureza inspira; mas que um pai tão esclarecido vos tenha testemunhado esta confiança até o último suspiro – é o mais belo testemunho que vossa virtude poderia recolher").

PARA A LINGUÍSTICA DA ORALIDADE E PARA A MACROSSINTAXE
A noção reapareceu nos trabalhos consagrados à oralidade (Luzzati, 1985). Diante da não pertinência da noção de frase na oralidade, foi necessário definir blocos de unidades que mantenham entre si ligações hierárquicas de dependência morfossintaticamente marcadas. Em seu trabalho de macrossintaxe, Berrendonner e Reichler-Béguelin definem a noção de período pela reunião de cláusulas: "Em 'Apesar da chuva, rego as flores', o pedaço 'Apesar da chuva' serve para realizar ato de concessão, e é uma cláusula, do mesmo modo que 'rego as flores'; estamos então diante de uma frase que transcreve uma reunião de duas cláusulas, ou período binário" (1989: 113).

PARA A LINGUÍSTICA TEXTUAL
Charolles (1988a) foi um dos primeiros a considerar o período como um dos planos de organização da textualidade. Do ponto de vista da linguística textual* (Adam, 1990, 1991, 1999), os períodos resultam das mais variadas formas principais de ligações: as **ligações rítmicas de proposições** (por retomadas de fonemas/grafemas, lexemas, sintagmas inteiros), as **ligações léxico-semânticas** (paralelismos, quiasmas, antíteses*), as **ligações por conexão** (asseguradas por conectores*). Dois tipos de pacotes de proposição devem ser considerados: os empacotamentos não (ou fragilmente) moldados, que formam simples *períodos*, e os empacotamentos sob forma de *macroproposições*, que entram na constituição das sequências*. As macroproposições reagrupadas em sequências podem ser definidas como estruturas periódicas complexas e, sobretudo, moldadas por reagupamento de proposições.

ver **conector, segmentação gráfica, sequência, texto**

J.-M. A. (R. F. C.)

peritexto – ver **paratexto**

perlocucionário ou perlocutório (ato –) – ver **ato de linguagem**

persuasão – Os acontecimentos materiais – entre eles as descobertas científicas e as inovações técnicas, os fluxos linguageiros que os acompanham ou os constituem – produzem, reforçam ou corrigem (mas não necessariamente na mesma direção) os pensamentos, as falas e as ações das pessoas. A *persuasão* pode ser vista como o produto dos processos gerais de *influência*.

I. EM PSICOLOGIA SOCIAL

Foi especialmente nos Estados Unidos que o paradigma da comunicação persuasiva se desenvolveu. As pesquisas nessa área tentam solucionar uma grande dificuldade encontrada pelas pesquisas sobre a argumentação inspiradas pela tradição retórica em semiótica e em análise do discurso. E essa dificuldade reside, particularmente, para os discursos produzidos em situação monolocutiva, na articulação complexa entre os efeitos* pretendidos e os efeitos produzidos, ou entre o destinatário* ideal construído pelo discurso e o destinatário efetivo. Ora, é essa articulação que subjaz à realização esperada dos objetivos de influência. Essa articulação deu lugar, desde os anos 40, sob o impulso da Escola de Yale, a uma enorme quantidade de pesquisas em psicologia social, que demonstraram os efeitos das características da fonte persuasiva (Hovland e Weiss, 1951), e do conteúdo e da forma das mensagens *em função* das características do receptor-alvo da persuasão (Hovland et alii, 1953; Bromberg, 1990, para uma análise da questão). Mais recentemente, o modelo "estocástico" de McGuire (1969) evidencia que o impacto persuasivo depende sucessivamente dos processos de atenção, de compreensão, de aceitação (avaliação), de retenção e de ação.

O desenvolvimento dessas orientações teóricas favoreceu a emergência de hipóteses que dizem respeito a estratégias de pesquisa de informação: considera-se então que o sujeito privilegia um tratamento quer aprofundado quer superficial da informação de natureza persuasiva. É essa a opinião de Petty e Cacioppo (1986), que distinguem em seu modelo de probabilidade de elaboração (ELM) um processamento central da informação persuasiva, o que implica um grande custo cognitivo, orientado para a análise semântica desenvolvida pelos argumentos da mensagem, oposto a um processamento periférico, pouco oneroso, que leva em conta os índices semiolinguísticos de superfície e os integra a regras "heurísticas" simples do ponto de vista do raciocínio ("Podemos acreditar num perito", "Estamos de acordo com aqueles que achamos simpáticos", "Geralmente, as opiniões partilhadas pela maioria das pessoas são mais verdadeiras do que as sustentadas por uma minoria"). A escolha de um ou de outro desses dois processamentos vai determinar, em grande medida, o impacto persuasivo da mensagem, pois apenas o processamento central produziria uma mudança de atitude duradoura (Greenwald, 1968).

A colocação em funcionamento dos processamentos centrais ou periféricos é determinada pelas motivações dos indivíduos (processar para agir com eficácia, para defender seus valores ou para produzir uma impressão) e por suas capacidades e seus conhecimentos. Estes podem ser insuficientes ou não estar disponíveis e, além disso, a complexidade da tarefa, o tempo limitado, a distração e o estado de espírito podem levar a processamentos periféricos ou "heurísticos" (Petty e Brock, 1981).

Mas, nesses modelos, não são suficientemente levadas em conta as dimensões contratuais da comunicação, os gêneros ou tipos de discurso, as marcações semiolinguísticas das atitudes proposicionais ou das modalizações, as estruturas narrativas, argumentativas e enunciativas dos discursos, bem como as condições pragmáticas da comunicação. Devido a isso, alguns pesquisadores franceses desenvolveram estudos que mostram a importância desses fatores, particularmente no quadro das situações interlocutivas, conversas, discussões, antecipações de troca, intervenções reativas etc. (Jakobi, Blanchet e Grossir-Le Nouvel, 1990; Blanchet, Bromberg e Urdapilletta, 1990; Bromberg e Ghiglione, 1998; Georget e Chabrol, 2000).

C. C. (F. C. M.)

II. EM ANÁLISE DO DISCURSO

A retórica argumentativa se interessa fundamentalmente pelo discurso proferido num *debate* declarado e contraditório, estruturado pela *intenção (ilocutória*) de persuadir*, isto é, de comunicar, explicar, legitimar e fazer compartilhar o ponto de vista que ali se exprime e as palavras que o dizem; ou então, ao contrário, de eliminar os discursos concorrentes para reinar soberano em seu domínio. A persuasão (perlocutória) resulta totalmente ou em parte da realização do conjunto dessas intenções. O modo pelo qual ela se realiza ou não é uma questão empírica, cujo estudo deve ser conduzido em equipe.

A definição de Perelman e Olbrechts-Tyteca do objeto da argumentação* como "o estudo das técnicas discursivas que permitem provocar ou aumentar a adesão dos espíritos às teses que se apresentam à sua anuência" (1970: 5) permite uma redefinição das noções de **convicção** e de **persuasão** em função do auditório*. Esses autores, de fato, propõem "denominar de persuasiva uma argumentação que pretende ter valor apenas para um auditório particular e de convincente aquela que, presumivelmente, obteria a adesão de qualquer ser racional" (1958 : 36).

A persuasão como *estado mental* está, desse modo, associada à atividade de *discurso*. Os dois termos demandam reflexão, em primeiro lugar, a respeito do meio, o discurso. Na mesma época, Domenach atribuía à **propaganda** a função de "criar, transformar ou confirmar as opiniões" (1950: 8) e incluía, entre seus instrumentos, não apenas a escrita e a fala, mas também a imagem e todos os tipos de manifestações espetaculares que exigiam uma ação do público-alvo. ("Ajoelhem-se, e então vocês acreditarão"). Essa abertura a diversos suportes significantes amplia a contribuição da análise de discurso para o estudo dos processos de persuasão, como se pode observar nas áreas de atuação da venda em domicílio, da militância política ou religiosa. A análise da persuasão leva a considerar a da **conversão**, discursos dos pregadores e dos convertidos, que exprimem um de seus resultados. Por outro lado,

não é evidente que o ponto final do processo argumentativo seja a persuasão vista como um simples estado mental, uma "adesão do espírito". O último critério da persuasão completa é a **ação** realizada no sentido sugerido pelo discurso, sendo que o pathos* desempenha um papel essencial nesta passagem ao ato.
ver **argumentação, destinatário, retórica**

C. P. (F. C. M.)

petição de princípio – Uma **petição de princípio** é uma forma de **paralogismo***; é uma forma de raciocínio circular que pretende provar alguma coisa por si mesma, isto é, fornecendo como argumento para uma conclusão uma **reformulação*** dessa conclusão. Explicação* e definição* podem ser igualmente circulares, se a explicação for no mínimo tão obscura quanto o fenômeno a ser explicado, se a definição for no mínimo tão complexa quanto o definido.
ver **argumentação, paralogismo**

C. P. (F. C. M.)

pivô (termo –) – ver **método harrisiano**

plano de texto – O fato de que qualquer texto não seja um amontoado, mas sim uma sequência ordenada e hierarquizada de enunciados, traduz-se por **planos de textos** que desempenham um papel capital na *composição* macrotextual do sentido e que corresponde àquilo que os Antigos classificavam como "disposição".

*Para a retórica**, a **disposição** é a parte da arte de escrever e da arte da oratória que regula a organização dos argumentos extraídos da *invenção*: "A ordem só é possível depois da Invenção; é preciso ter visto tudo, aprofundado os conhecimentos em tudo, compreendido tudo, para saber encontrar o lugar exato de cada coisa" (Pellissier, 1894: 60). O plano oratório clássico compõe-se primeiramente de um *exórdio* (cuja meta é atrair o auditório), seguido por uma *proposição* (causa ou tese resumida do discurso), com sua *divisão* (anúncio do plano). O desenvolvimento tem como parte principal a *confirmação* (que prova a verdade apresentada na proposição), que pode ser precedida por uma *narração* (exposição dos fatos), e que é seguida pela *refutação* (rejeição dos argumentos contrários). A *peroração* (conclusão para arrebatar o auditório) complementa o todo.

Para a linguística textual, o modelo retórico não dá conta da variedade dos planos de textos possíveis. Um texto, ainda que curto, é mais uma sucessão de partes (períodos* e/ou sequências*) do que de frases. Um plano de texto pode ser *convencional* (estabelecido pelo gênero* de discurso) ou *ocasional*. No primeiro caso, o texto entra plena ou parcialmente no plano previsto (o dos cinco atos das tragédias clássicas e dos três atos da comédia, o do soneto italiano ou do soneto elisabetano, o da dissertação, do artigo de dicionário, da receita de cozinha etc.). No segundo caso, o plano é inventado e descoberto durante o evento. Qualquer plano pode ser indicado explicitamente pela segmentação* (subtítulos, mudanças de parágrafos, de capítulos, numeração dos assuntos, sumário) ou ser pouco marcado em sua superfície. Do ponto de vista da interpretação, os *planos convencionais*, explicitamente marcados ou não, pré-organizam a estruturação do sentido. Os *planos ocasionais* devem, ao contrário, ser indicados de maneira mais explícita e ostensiva.

ver **segmentação gráfica, superestruturas textuais, texto**

J.-M. A. (F. C. M.)

plurigrafia – ver **trabalho (discurso em situação de –)**

plurissemioticidade – Termo criado pelos analistas dos discursos do trabalho para dar conta de algumas de suas especificidades (Boutet, 1993).

A **semiótica** (ou **semiologia**) pode ser considerada como a ciência dos diferentes sistemas de signos, entre os quais se encontram os signos linguísticos. Existe um grande debate sobre a tipologia e os critérios de classificação dos diferentes signos, debate esse reatualizado nas ciências da comunicação, devido à irrupção das novas tecnologias da informação. Um dos modos de classificação consiste em considerar como pertinentes os **canais** físicos da comunicação utilizados. É nesse quadro que se fala, nas ciências da comunicação, de **pluricanalidade** de algumas mensagens. A noção de **plurissemioticidade** inclui a dimensão dos suportes ou canais da comunicação, mas ela não se reduz a isso.

"Plurissemioticidade" permite descrever uma das características das evoluções do trabalho. O desenvolvimento da automação e da informatização tem como consequência que os objetos materiais não estão presentes. Eles se tornam, então, objetos de representações semióticas: textos escritos na tela do computador, tabelas, representação numérica, gráficos, maquetes. Os assalariados, portanto, são doravante confrontados com atividades de leitura, de escrita e de interpretação de signos, e não mais apenas com atividades de manipulação física. Os universos de trabalho passam a se caracterizar pelo fato de apresentarem diversos sistemas semióticos. Podemos operar as seguintes distinções: signos **linguísticos** (tanto escritos quanto orais) e signos **não linguísticos** (mapas, maquetes); signos linguísticos **organizados sintaticamente** e signos linguísticos **a-sintáticos** (listas, tabelas); **signos linguísticos e números**.

As observações de situações de trabalho mostraram também como essas diferentes semióticas circulam, transformam-se. Efetivamente, a plurissemioticidade se caracteriza por um fenômeno denominado **contato entre semióticas**. Essa noção é tomada diretamente dos trabalhos sociolinguísticos sobre as situações de multilinguismo: fala-se, nesse caso, de "contato entre as línguas". Nessas situações, o fato de que várias línguas estejam disponíveis nos repertórios dos locutores produz muitos fenômenos de interpenetração das línguas entre si. São os casos de hibridação, de *code-switching*, de empréstimos, de decalques. Em situação de contato, as línguas não permanecem imutáveis. De modo semelhante, em situações como a de trabalho, em que diferentes sistemas de signos estão em contato, estes não permanecem autônomos uns em relação aos outros. Eles sofrem fenômenos de mistura. Restringindo-nos às semióticas do oral e do escrito, observamos que alguns gêneros* discursivos, como a exposição oral, tomam emprestados elementos das regras de funcionamento da escrita: falar brevemente, organizar sua fala na forma de um sistema de listas. Simetricamente, muitos escritos de trabalho tomam emprestados elementos do oral, particularmente os escritos "a várias mãos" (plurigrafia*), quando verdadeiros diálogos se constroem, sendo os diferentes agentes encarregados de preencher uma ficha ou uma tabela levados a responder, a glosar, a opor-se, em um mesmo suporte, aos escreventes anteriores.

ver **midialogia, situação de comunicação**

J. B. (F. C. M.)

poética (função –) – ver **funções da linguagem**

polêmica – Categoria de manejo delicado, pois é empregada simultaneamente como substantivo ("uma polêmica") para aludir a *um conjunto de textos*, e como adjetivo para se referir a *uma certa organização discursiva* ("um texto polêmico"). Além disso, ela pode intervir em níveis muito diferentes do discurso, tanto no de suas condições de possibilidade quanto no de suas marcas de superfície.

Como substantivo, uma **polêmica** é uma sucessão mais ou menos longa de textos que se opõem sobre uma "questão", um tema de debate ou uma rede de questões conexas. Dascal (1998) propõe a distinção entre **disputa** (os "diálogos de surdos", em que "não se tenta ou não é possível nenhum esforço sério que leve o adversário a mudar de posição"), as **discussões** (em que "os adversários compartilham hipóteses, métodos e metas que permitem solucionar a oposição"); entre esses dois extremos estão as **controvérsias**, que são "longas, declaradas, não conclusivas e 'recicláveis' no curso da história", sem serem, no entanto, irracionais ou emotivas como no caso das disputas. A controvérsia se desenvolve, na verdade, tendo por base divergências fundamentais entre posicionamentos* (Windisch, 1987), que produz o sentimento de um "debate imóvel" (Doury, 1997). Entretanto, só pode haver controvérsia se os adversários compartilham certo número de pressupostos. O caráter "reciclável" das polêmicas faz com que se constitua uma *memória* polêmica* (Maingueneau, 1987: 92) das lutas anteriores, como, por exemplo, o caso Dreyfus para os intelectuais de esquerda ou a condenação de Galileu para os racionalistas (Doury, 1997: 143). Uma maneira de explicar essas controvérsias sem solução é postular uma "interincompreensão" constitutiva, cada um dos posicionamentos se definindo por uma relação regrada com outros, cuja identidade é tacitamente conservada (Maingueneau, 1984), o que ilustraria o primado do interdiscurso*.

Como adjetivo, "polêmico" refere-se a um certo regime do discurso, em que a fala tem um claro objetivo de refutação: "O discurso polêmico é um discurso *desqualificador*, o que quer dizer que ele ataca um *alvo* e põe a serviço desse objetivo pragmático dominante [...] todo o arsenal de seus procedimentos retóricos e argumentativos" (Kerbrat-Orecchioni, 1980c: 13). Charaudeau (1998b) propõe reservar o termo "polêmico" ("estratégia polêmica", "atitude discursiva polêmica", "relações polêmicas"...) aos casos em que o locutor implica o interlocutor em sua enunciação, utilizando argumentos que o colocam em questão, não apenas como pessoa (argumentos *ad personam*), mas como sujeito que defende uma posição, apega-se a ela e é, portanto, responsável por aquilo que é contestado pelo locutor. Logo, Charaudeau faz distinção entre a simples troca de argumentos sobre um tema (como num colóquio científico) e o debate polêmico, troca de argumentos que colocam o outro em questão (como nos debates políticos).

Tem-se procurado elencar os *procedimentos* característicos da relação polêmica e os gêneros que os mobilizam de modo privilegiado (sátira, panfleto...) (Angenot, 1980). Pode-se tratar de fenômenos de enunciação localizados (insultos, apóstrofes, negação, adjetivos fortemente axiológicos, fórmulas fáticas ("diga, então", "você sabe pensar!"...), de técnicas argumentativas (citações truncadas, amálgama...) etc. Mas, além dos "procedimentos", é preciso saber reconstruir o conjunto da cena* de enunciação que subjaz ao discurso polêmico: o modo pelo qual o enunciador legitima o lugar de onde fala, o modo pelo qual atinge seu adversário, o modo pelo qual legitima a própria relação polêmica...

POLÊMICA E DISCURSIVIDADE

A polêmica pode servir para caracterizar a discursividade. Nesse sentido, uma certa interpretação da pragmática instala o confronto no centro da atividade linguageira. Isso pode valer: (1) Para as interações ordinárias: assim, Ducrot, após ter dito que "o valor semântico do enunciado, como o de uma peça do jogo de xadrez, deveria ser descrito, ao menos parcialmente, como um valor polêmico", acrescenta: "É preciso manter esse 'parcialmente'?" (1972b: 34). O mesmo se verifica na teoria das faces*" (Brown e Levinson, 1978), que quer dar conta das relações interpessoais na troca verbal. (2) Para os posicionamentos* doutrinais: Cossutta (2000: 175) propõe distinguir entre **polemismo** (nível constitutivo de uma relação estrutural de confronto entre dois posicionamentos), a **polemicidade** (as múltiplas manifestações textuais desse confronto estrutural) e a **polêmica** (seu desdobramento em um espaço e através de gêneros determinados).

ver atenuador, dialogismo, face, interação, interdiscurso, mal-entendido, polidez

D. M. (F. C. M.)

polidez – Uma das características mais marcantes dos desenvolvimentos recentes da pragmática linguística é o interesse atribuído ao funcionamento da **polidez** nas interações verbais, interesse correlativo ao reconhecimento da importância do nível da relação* interpessoal. Dessa tomada de consciência nasceu, no final dos anos 70, um novo domínio de investigação, que suscitou nos anos 80-90 uma verdadeira explosão das pesquisas. Enquanto, antigamente, a reflexão sobre a polidez se circunscrevia a tratados de caráter normativo – os "manuais" e outras obras da "literatura de etiqueta" (Lacroix, 1990; Picard, 1995; Montandon, ed., 1995) –, ela deu lugar, recentemente, a uma multiplicidade de estudos tanto teóricos quanto descritivos: trata-se de verificar que lugar a polidez ocupa e que papel ela desempenha nas interações cotidianas, e de descrever *o conjunto dos procedimentos postos em funcionamento para preservar o caráter harmonioso da relação interpessoal*; procedimentos extremamente numerosos e diversos que, longe de estarem confinados às famosas "fórmulas", mobilizam na verdade uma parte importante do material produzido na interação.

Território e face

Dentre as principais proposições teóricas que contribuíram para a constituição desse campo, mencionemos: Lakoff (1973), que propõe acrescentar às máximas* conversacionais de Grice um princípio de tipo "Seja polido", que ela detalha em três regras: *Formalidade* (Não se imponha, mantenha distância), *Hesitação* (Deixe a escolha para seu interlocutor) e *Camaradagem* (Aja como se você e seu parceiro fossem iguais; deixe-o à vontade); ou Leech (1983), cuja abordagem é mais sistemática do que a de Lakoff: Leech também pensa que, ao lado do **CP** ("*Cooperation Principle*" de Grice, conjunto de máximas conversacionais), convém admitir um **PP** ("*Politeness Principle*"), mas seu sistema de regras de polidez se articula de modo coerente com as noções de "custo" e de "benefício", recobrindo um certo número de máximas (Delicadeza, Generosidade, Aprovação, Modéstia, Acordo, Simpatia) e de submáximas.

Mas é a Brown e Levinson (1978, 1987) que devemos o quadro teórico mais elaborado, célebre e explorado, e, certamente, também, o mais criticado. O modelo "B-L" da polidez inspira-se diretamente em Goffman, que se baseia nas noções de **território*** e de **face***, rebatizadas por esses autores respectivamente como "face negativa" e "face positiva". Ao mesmo tempo, Brown e Levinson "reciclam" a noção de ato* de linguagem, interessando-se pelos efeitos que estes podem ter sobre as "faces" dos participantes. Na verdade, acontece que os atos que somos levados a produzir na interação são, para a maioria, de alguma forma "ameaçadores" de uma e/ou de outra face dos interlocutores presentes, são *Face Threatening Acts* ou FTAs. Ora, os participantes têm um "desejo de face" (*face-want*). As faces são, portanto, contraditoriamente, alvo de ameaças permanentes e objeto de um desejo de preservação. Como os interactantes conseguem resolver essa contradição? Para Goffman, isso se daria pela realização de um "trabalho de figuração" (*face-work*), termo que designa "tudo o que uma pessoa empenha para que suas ações não façam ninguém perder a face (nem mesmo ela própria)"; para Brown e Levinson, tal contradição se revelaria pela implementação de diversas *estratégias de polidez* que, para a maioria, se reduz a processos de atenuação dos FTAs, surgindo a polidez, nessa perspectiva, como *um meio de conciliar o desejo mútuo de preservação das faces com o fato de que a maioria dos atos de linguagem são potencialmente ameaçadores de qualquer uma dessas mesmas faces*. A partir de então, o essencial do trabalho de Brown e Levinson consiste em fazer o inventário dessas diferentes estratégias, dos **atenuadores*** entre os quais o locutor opta em função de três fatores: o *grau de gravidade* do FTA, a "*distância social*" que existe entre os participantes (fator D) e *sua relação de "poder"* (fator P), sendo que a polidez de um enunciado deve, em princípio, aumentar na mesma proporção que P, D e o peso do FTA.

Esse modelo foi criticado por repousar sobre uma concepção negativa demais, quase "paranoica" da polidez, que representa o campo da interação como um terreno minado por todo tipo de FTAs, de modo que os interactantes passam seu tempo tentando desarmar. Ora, a polidez pode consistir não apenas numa atenuação de ameaças, mas também, de modo mais positivo, numa produção de "anti-ameaças": alguns atos, como o elogio, o agradecimento ou o voto têm um caráter não só não ameaçador, mas também valorizador das faces. Portanto, é necessário encontrar, no interior do sistema, um lugar para esses atos, que constituem, por assim dizer, a contraparte positiva dos FTAs; atos batizados, por Kerbrat-Orecchioni (1996), de *Face Flattering Acts* (atos "acarinhadores") ou **FFAs** (há quem fale, no mesmo sentido, de *Face Enhancing Acts*, *Face Giving Acts* ou *Face Supporting Acts*). A distinção FTA vs FFA (sem falar dos atos "mistos") tem, além disso, o mérito de esclarecer correlativamente a distinção entre **polidez negativa** (que consiste essencialmente em atenuar os FTAs) e **polidez positiva** (que consiste em produzir FFAs, de preferência reforçados).

A partir dessas noções de base: *face negativa* vs *positiva*, *FTA* vs *FFA*, *polidez negativa* vs *polidez positiva*, assim como *polidez* vs *não polidez* vs *impolidez*, é possível depreender um sistema coerente de regras e ver como elas funcionam em diferentes situações comunicativas e em diferentes culturas (pois, se os princípios gerais da polidez parecem ser universais, e se determinado número de procedimentos ocorre em línguas e culturas muito diferentes umas das outras, observamos também nesse domínio variações importantes, que atualmente são objeto de calorosos debates no campo da pragmática contrastiva).

Codificação e decodificação

Seja como for, o "modelo B-L revisitado" tem um poder descritivo e explicativo considerável (para outros exemplos, ver Kerbrat-Orecchioni, 1992: 2ª parte):

No que diz respeito às operações de codificação, a polidez desempenha um papel determinante na escolha das formulações. O caso mais espetacular é, evidentemente, o dos atos* de linguagem indiretos. Por que nos preocupamos em formular enunciados como "Você poderia fechar a janela?", se "Feche a janela" diz a mesma coisa, e de forma mais simples e clara? É que, tendo ares menos coercitivos, a formulação indireta brutaliza menos a face do destinatário: o custo cognitivo suplementar (para o codificador e para o decodificador) é amplamente compensado pelo benefício psicológico usufruído por ambos. Outro exemplo de atos indiretos convencionais: num café, o garçom pode corriqueiramente perguntar ao cliente o que ele deseja, servindo-se da fórmula "O senhor deseja alguma coisa?", ao passo que o cliente dificilmente pode perguntar ao garçom quanto deve servindo-se da fórmula "Eu lhe devo alguma coisa?". É que é polido que um garçom não pareça coagir o cliente a consumir, mas não seria muito polido para o cliente parecer que não quer ser obrigado a pagar sua conta. Mas o PP permite ainda explicar outros fenômenos, como o fato de que os FTAs sejam muito frequentemente atenuados (ou "litotizados"), enquanto os FFAs são facilmente reforçados (ou "hiperbolizados": "muito obrigado / mil vezes / infinitamente", mas "um pouco obrigado" é pragmaticamente agramatical); ou, ainda, o que se convencionou denominar "organização preferencial das trocas*": se os encadeamentos positivos são geralmente "preferidos" aos encadeamentos negativos, é porque geralmente são mais polidos. Quando esse não é o caso, o encadeamento negativo deixa de ser não preferido, a exemplo do que acontece após um elogio (aplicação da "lei de modéstia").

No que diz respeito às operações de decodificação, o "PP" produz resultados comparáveis aos do "CP": ele explica, por exemplo, que, numa situação de visita, um convite como "Sente um minutinho" será habitualmente interpretado como "pelo menos um minuto" (ao passo que a "máxima de quantidade", ou "lei de exaustividade", imporia de preferência uma implicatura* do tipo "*no máximo* um minuto"). Portanto, as teorias da polidez são muito úteis ao linguista: elas mostram que, no sistema da língua, estão inscritos muitos fatos cuja existência se justifica – e que são interpretáveis – somente em relação às exigências da polidez, isso é, de acordo com a etimologia da palavra, pela necessidade de *polir* seus comportamentos a fim de torná-los menos grosseiros para as faces de outrem – fatos aparentemente muito heterogêneos, e que a linguística tinha tratado até então de forma dispersa, no quadro da retórica das figuras (eufemismo*, lítotes*, hipérbole* etc.), ou da pragmática contemporânea (atos* de linguagem indiretos), mas que passam a *constituir sistema* a partir do momento em que são associados aos princípios da polidez.

Paralelamente, essas teorias demonstram a *importância social da polidez*. Ainda que nem tudo se reduza a questões de face, ainda que a polidez não se aplique em todas as situações, ainda que ela seja apenas a "virtude das aparências", a polidez não se reduz a uma simples coleção de regras formais mais ou menos arbitrárias: ela desempenha um papel fundamental na regulação da vida em sociedade, permitindo conciliar os interesses geralmente desencontrados do Ego e do Alter, e manter um estado de **equilíbrio** relativo e sempre precário entre a proteção de si e a consideração de outrem. Ora, é sobre esse equilíbrio que repousa o bom funcionamento da interação. Quaisquer que sejam as variações (de fato consideráveis) das formas que pode assumir, a polidez é universal, pois não se pode conceber um mundo sem "maneiras" – sem civilidade, é a guerra civil. Nem mesmo o ciberespaço escapa às regras da arte de etiqueta: é a *Netiqueta*, que torna possível a coabitação entre internautas, e que pode se constituir em exemplo dos princípios "brown-levinsonianos" de respeito ao território e à face de outrem.

A polidez não é nada mais do que *uma máquina para manter ou restaurar o equilíbrio ritual entre os interactantes*, logo, *para fabricar contentamento mútuo* (ao passo que sua falta desencadeia reações de brutal descontentamento: ("Ele deveria *ao menos* ter-se desculpado!", "Ele *nem mesmo* me agradeceu!") – de acordo com a definição de La Bruyère (*Les Caractères*, capítulo V): "Parece-me que o espírito de polidez é uma certa atenção que devemos ter com nossas palavras e nossas maneiras, para que os outros fiquem contentes conosco e consigo mesmos".

ver **atenuador, dupla coerção, face, relação interpessoal, ritual**

C. K.-O. (F. C. M.)

polifonia – Termo emprestado da música, que alude ao fato de que os textos veiculam, na maior parte dos casos, muitos pontos de vista diferentes: o autor pode fazer falar várias vozes ao longo de seu texto. O termo **polifonia** era bastante corrente nos anos 20. Bakhtin lhe atribui, em seu célebre livro sobre Dostoievski (1929), um valor e um sentido totalmente novos. Nesse livro, Bakhtin estuda as relações recíprocas entre o autor e o herói na obra de Dostoievski, e resume sua descrição na noção de polifonia.

Com o crescente interesse que se manifestou em linguística, desde os anos 80, pelos aspectos pragmáticos e textuais, o trabalho de Bakhtin foi redescoberto por alguns linguistas. Desse modo, na França, Ducrot desenvolveu uma noção propriamente linguística da polifonia, da qual ele se serve para suas análises de toda uma série de fenômenos linguísticos. Ao mesmo tempo, e independentemente uns dos outros, os estudiosos da literatura desenvolveram a polifonia bakhtiniana e, nesses últimos anos, tentou-se reconciliar as duas abordagens polifônicas para forjar, a partir delas, uma ferramenta eficaz para as análises de discurso.

Em linguística

A polifonia é associada ao nível do *enunciado**. Que o enunciado inclui marcas dos protagonistas de sua enunciação já é bem sabido. E isso se dá de múltiplas formas. Podemos pensar nos pronomes pessoais, nos adjetivos subjetivos*, nas modalidades* etc. Essa presença dos participantes do discurso é um fenômeno profundamente integrado na língua natural. Esta remete, com efeito, constantemente, ao seu próprio emprego: ela é *sui-referencial*. Ora, se aprofundamos um pouco a análise desses aspectos, veremos que outros pontos de vista além dos do emissor e do receptor podem ser veiculados através do enunciado.

O grande mérito de Ducrot foi ter sistematizado essa observação, ao introduzir a noção de polifonia nos estudos linguísticos (1984: cap. VIII). A originalidade de sua abordagem reside na cisão do sujeito falante no nível do próprio enunciado. Inspirado pelos trabalhos de Genette, que faz distinção entre aquele que vê e aquele que fala, Ducrot introduziu uma distinção semelhante entre o **locutor*** e os **enunciadores***. O *locutor* é aquele que, segundo o enunciado, é responsável pela enunciação. Ele deixa marcas em seu enunciado, como, por exemplo, os pronomes da primeira pessoa. O locutor é capaz de pôr em cena *enunciadores* que apresentam diferentes **pontos*** de vista. Ele pode se associar a alguns enunciadores, dissociando-se completamente de outros. É importante sublinhar que todos esses "seres discursivos" são seres abstratos. O que diz respeito ao ser falante real não interessa a Ducrot. Assim sendo, se podemos ler numa garrafa de suco de fruta: "Devo ser tomado sem açúcar", é o suco de fruta que é locutor desse enunciado.

A polifonia de Ducrot teve uma grande influência sobre a semântica francesa. Apesar disso, o próprio Ducrot nunca desenvolveu uma verdadeira teoria da polifonia, e a sua terminologia oscila de um trabalho para outro. Apoiando-nos em seus diversos trabalhos e em pesquisas feitas por polifonistas escandinavos (NØlke e Olsen, 2000; ver também www.hum.au.dk/romansk/polyfoni), podemos apresentar os pontos essenciais da polifonia linguística. A negação sintática é o exemplo por excelência usado por Ducrot para ilustrar a polifonia. Assim, em um enunciado como:

(1)   "*Ce mur n'est pas blanc.*"   ["Essa parede não é branca."]

temos claramente a impressão de que dois pontos de vista (incompatíveis) coabitam:

(1') pdv_1: "*ce mur est blanc*"   ["essa parede é branca"]
pdv_2:   "*pdv_1 est injustifié*"   ["pdv_1 é injustificado"]

Se o emissor se utilizou da negação, é realmente porque alguém pensa (ou poderia pensar) que a parede é branca (pdv_1), o que é contrário à opinião do emissor (pdv_2). Observemos que, enquanto pdv_2 (que contradiz pdv_1) é obrigatoriamente o ponto de vista do emissor (o que constatamos pelo fato de que este não pode – num discurso coerente – negar que tem esse ponto de vista), não podemos deduzir apenas pelo enunciado *quem* é responsável pelo primeiro ponto de vista. São observações desse tipo que inspiraram o desenvolvimento da teoria linguística da polifonia. O importante, então, é que a existência desses dois pontos de vista é marcada nos próprios materiais linguísticos, pela presença da negação "ne ... pas" ["não"]. Com efeito, ela se manifesta na natureza dos encadeamentos possíveis:

(1) *Ce mur n'est pas blanc.*   [Essa parede não é branca.]
(2) a. – *Je le sais.*   [– Eu sei.]
     b. *[...], ce que regrette mon voisin.*   [[...], o que meu vizinho lamenta.]
(3) a. – *Pourquoi le serait-il?*   [– Por que ela o seria?]
     b. *[...], ce que croit mon voisin.*   [[...], é o que meu vizinho acha.]
     c. *[...] Au contraire, il est tout noir.* [Ao contrário, ela é completamente preta.]

Vemos que as reações (tanto as monologais* como as dialogais*) em (2) remetem ao ponto de vista (negativo) do emissor, ao passo que as de (3) (tanto as monologais quanto as dialogais) encadeiam-se no ponto de vista positivo (subjacente) veiculado por meio de (1). É notável que mesmo os encadeamentos monologais em (3) se liguem a este último ponto de vista, do qual o emissor se distancia explicitamente. Essa dupla possibilidade de encadeamento não existiria sem a presença da negação gramatical.

Percebemos aqui uma marca essencial da teoria polifônica: ela trata dos fenômenos que são engendrados na língua, em princípio, independentemente de seu emprego. Seu objeto é o que dizem os enunciados como enunciados. A *estrutura polifônica* se situa efetivamente ao nível da língua (ou da frase), e é a razão pela qual ela não se descobre por um estudo das interpretações ou dos empregos possíveis dos enunciados, mas apenas por um exame dos (co)textos aos quais estes são suscetíveis de se integrar. Por outro lado, a estrutura polifônica fornece instruções relativas à interpretação do enunciado da frase, ou, mais precisamente, às interpretações possíveis do enunciado. É nesse sentido que a teoria polifônica é uma *teoria semântica discursiva, estruturalista e instrucional*. Essas instruções podem ser mais ou menos precisas. No enunciado de (1), a instrução consiste em fazer o receptor compreender que dois pontos de vista contraditórios estão em jogo, um positivo, outro negativo, e que o emissor se associa ao último. Mas ela não informa nada quanto à origem do ponto de vista positivo. Assim, o *output* linguístico será concebido como uma estrutura que contém algumas variáveis. No nosso caso específico, o valor de uma das variáveis é especificado, enquanto o da outra permanece totalmente aberto. No processo interpretativo, o receptor físico procurará então descobrir automaticamente (e inconscientemente) a identidade daquele que é o responsável pelo outro ponto de vista (na ocorrência pdv_1). O resultado desse procedimento é a criação de uma *configuração polifônica* que faz parte de sua compreensão do texto tomado em sua globalidade.

A teoria polifônica tem uma outra fonte de inspiração: o exemplo (1), clássico na literatura a respeito da polifonia, é emprestado dos trabalhos do filósofo Bergson, que analisa em detalhe o exemplo "*Cette table n'est pas blanche*" ["Esta mesa não é branca"] (1957: 287). De um modo geral, não é por acaso que a teoria polifônica linguística tenha se desenvolvido na França, onde se conhece, desde Bally, passando por Benveniste, até nossos dias, uma forte tradição voltada para uma linguística enunciativa. A negação não é, entretanto, o único fenômeno linguístico que se presta a um tratamento polifônico. Encontram-se análises polifônicas de fenômenos tão diversos quanto as modalidades, os conectores*, a argumentação*, a pressuposição*, a ironia* e o discurso* citado, para mencionar apenas alguns exemplos. A polifonia nos oferece assim um quadro teórico que permite revelar relações sistemáticas entre fenômenos geralmente concebidos como independentes uns dos outros.

Em análise do discurso

A polifonia de Ducrot foi adotada e adaptada por muitos pesquisadores em linguística e em análise de discurso. Com frequência, a polifonia intervém para tratar de problemas associados às diversas formas de discurso citado (ou representado). No modelo da organização do discurso desenvolvido em Genebra em torno de Roulet (Roulet *et alii*, 2001), a *organização polifônica* ocupa um lugar central. A acepção genebrina da polifonia se distingue da de Ducrot em dois pontos essenciais. (1) Seu domínio de aplicação é *mais vasto*. Ao contrário de Ducrot, que atém à análise de enunciados ou de breves segmentos isolados, o modelo de Genebra situa a descrição polifônica num quadro mais amplo, insistindo em suas relações com outros aspectos da organização do discurso. A polifonia é, portanto, uma noção complexa que se constrói a partir de noções mais primitivas. (2) Seu domínio conceitual é *mais restrito e menos abstrato*. Centrando-se no tratamento das diversas formas de discurso representado, essa abordagem polifônica não faz apelo aos "enunciadores" ou aos "pontos de vista" de Ducrot. Para os genebrinos, existe polifonia somente se houver *vários locutores* – reais ou representados. Assim, a negação não é um marcador polifônico nessa abordagem.

Encontramos o termo "polifonia" em muitos contextos diferentes e com muita frequência com acepções mais ou menos intuitivas ou impressionistas. Isso se explica talvez pela maleabilidade da noção, intuitivamente compreensível. A polifonia parece funcionar em vários níveis da análise. Marcada por diversos meios linguísticos (lexicais, sintáticos etc.), ela se manifesta na interpretação do discurso. Falaremos tanto de marcadores polifônicos no nível dos *enunciados* quanto de *textos* e ainda de *gêneros** polifônicos. Mas o conceito permanecerá o mesmo? É claro que as diferentes acepções divergem em pontos essenciais. A polifonia *linguística* se situa ao nível da *língua*, tornando-se, então, uma noção puramente *abstrata*; a polifonia da *análise de discurso* é um fenômeno de *fala* e, nesse sentido, *concreto*. A polifonia *literária*, enfim, que permanece na tradição bakhtiniana, diz respeito às múltiplas relações que mantêm autor, personagens, vozes anônimas (o "diz-se"), diferentes níveis estilísticos etc.: falaremos de "polifonia" se no texto se estabelece um jogo entre várias vozes. Ora, nada parece impedir a colaboração de diferentes abordagens. Poderíamos imaginar um modelo modular em que a análise linguística forneceria materiais à análise de discurso que, por sua vez, serviria às análises literárias. Ou então, em sentido inverso, que as análises literárias e de discurso forneceriam dados para o desenvolvimento da teorização linguística. É a polifonia em todas os seus estados.

ver **dialogismo, diálogo, discurso citado, enunciação, ironia, modalização, ponto de vista**

H. N. (F. C. M.)

poligrafia – ver **trabalho (discurso em situação de –)**

polílogo – ver **diálogo**

ponto de vista – A noção de **ponto de vista** desempenha um papel central em duas problemáticas estreitamente associadas: a *narratologia* e a *polifonia*.

I. NA TEORIA POLIFÔNICA – ver **polifonia**

II. EM NARRATOLOGIA

Essa noção interdisciplinar foi estudada tanto pelas semióticas da narrativa (Genette, 1972; Lintvelt, 1981) quanto pela pintura (Fontanille 1989 e 1995) e pelo cinema (Jost, 1986). Após ter destacado a importância da instância do narrador, delegado pelo autor para narrar (narrativa*), a narratologia refinou a questão da responsabilidade pelos enunciados não mais sob o ângulo de *quem narra?* (a *voz*, para Genette, 1972), mas de *quem vê?* (o *modo*). Falou-se então de *visão com*, *visão de fora* e *visão por detrás* (Pouillon, 1946), de *focalização interna*, *focalização externa* e *focalização zero* (Genette, 1972). Os trabalhos críticos (Bal, 1977; Vitoux, 1982, 1988) distinguiram sucessivamente as instâncias do *focalizador* e do *focalizado* daquilo que é perceptível pelos sentidos (*focalizado externo*) e daquilo que não o é (*focalizado interno*).

Rabatel (1997, 1998) dedicou uma atenção mais linguística à questão e propôs uma crítica radical à tendência de limitar à vista uma problemática que incide conjuntamente sobre a *percepção* e o *saber*. Ultrapassando as difíceis distinções entre focalização externa e focalização zero, ele reduziu a questão das instâncias focalizadoras a apenas dois pontos de vista: *ponto de vista do narrador* (narrador ou simples voz narrativa) e *ponto de vista da(s) personagem(ens)*. Cada uma dessas instâncias pode adotar uma *visão interna* ou uma *visão externa* do focalizado (entre o externo e o interno, a relação é menos de oposição do que de grau). Seja ele interno ou externo, o ponto de vista da personagem ou do narrador pode, em termos de *volume de profundidade do saber*, ser tanto *limitado* quanto *vasto*, e manifestado, nos dois casos, por *expressões subjetivantes* ou *objetivantes*.

Dessa abordagem linguística de um fenômeno que vai além do quadro da mera narratologia literária decorre que "Aquilo que se apresenta como determinante não é mais [...] 'quem' vê ou 'quem' sabe, mas sim a análise concreta da referencialização do focalizado e, a partir dela, a localização do enunciador responsável pelas escolhas de referencialização" (Rabatel, 1998: 58-59). Ao enfatizar o "**efeito-ponto de vista**", Rabatel insiste na textualização (esquematização*) que, pelo artifício de diversas modalidades de apresentação do referente, influi instrucionalmente para a construção do sentido pelo interpretante.

ver enunciação, narrativa

J.-M. A. (F. C. M.)

pontuação – Aspecto do estudo dos textos há muito tempo negligenciado, a **pontuação** ocupa hoje o centro das atenções. Atribui-se aos guardiões da biblioteca de Alexandria, a Aristófano de Bizâncio, em particular, a primeira pontuação sistemática dos textos. Tratava-se, antes de tudo, de facilitar a oralização de escritos prestigiosos. Mas foi preciso esperar a imprensa para que se impusesse um sistema detalhado e restritivo de sinais, que se utilizassem maciçamente os espaços em branco entre as palavras e que se desenvolvesse uma verdadeira *configuração da página*, isto é, "um conjunto de técnicas visuais de organização e de apresentação do objeto-livro, que vão do espaço em branco entre as palavras aos brancos das páginas, passando por todos os procedimentos interiores e exteriores do texto, permitindo sua organização e sua valorização" (Catach, 1994 : 9).

Algumas características da pontuação

A pontuação é o produto de uma longa história, não um sistema concebido de uma só vez. É "um sistema de sinais não alfabéticos, mais ou menos 'ideográficos'" que "funcionam como signos linguísticos, embora não tenham em geral nenhuma correspondência articulatória" (Catach, 1980: 16); eles são em sua maioria não pronunciáveis. A correspondência entre esses sinais visíveis e a prosódia*, na verdade, só pode ser indireta: se a prosódia ocupa um lugar no tempo, é indissociável da mensagem linguística e não discreta, a pontuação se inscreve no espaço, seus sinais são isoláveis e discretos (ausência / presença).

As teorias modernas da pontuação

A pontuação não foi uma grande preocupação da linguística moderna, que, contra a tradição filológica da qual ela se separava, afirmou o caráter fundamentalmente *oral* da língua. Até os anos 70, poucos trabalhos foram consagrados a esse assunto na França: destaquemos aqueles de Sensine (1930) e de Damourette (1939). Este último distingue dois tipos de sinais de pontuação: aqueles que indicam as *pausas* (vírgula, ponto e vírgula, ponto) e aqueles que indicam a *melodia* (dois-pontos, pontos de interrogação, de exclamação, reticências, aspas, parênteses, barras oblíquas, travessão); mas essas duas funções podem ser cumulativas... A partir dos anos 70, foi, sobretudo, Catach que atribuiu à pontuação sua importância, em concomitância com suas pesquisas a respeito da ortografia. Testemunho desses trabalhos é o número 45 de *Langue Française* (1980). Paralelamente, a linguista russa Védénina tinha desenvolvido uma pesquisa sobre esse tema, que veio à luz tardiamente (Védénina, 1989). Na sequência, os trabalhos de Anis aprofundaram-se no sentido de uma autonomização do significante gráfico em relação ao oral (Anis, ed., 1983).

A dificuldade provém do fato de que escrito e oral são parcialmente correspondentes, sendo ambos submetidos a estruturações heterônomas. Se alguns teóricos insistem na dependência da pontuação em relação à oralidade, da qual ela seria uma espécie de auxiliar, outros lhe atribuem uma grande autonomia (para uma síntese: Jaffré, 1991). Aqui se coloca uma escolha que é difícil comprovar empiricamente: da teoria da pontuação envolve uma certa concepção da comunicação verbal.

Autonomia ou não do sistema gráfico?
A teoria de Catach parte do postulado de que os locutores letrados modernos dispõem de dois acessos distintos à língua, oral e escrita, que têm características próprias e complementares; a língua, L, transformada sob a influência da escrita, adquire novas capacidades, tornando-se "L linha" (1994: 97). Além disso, uma leitura pode ser oral (cf. o leitor iniciante), visual (leitura dinâmica) ou então, ao mesmo tempo oral e visual (forma de leitura dominante). A pontuação age sobre dois eixos: por um lado, ela "reúne e completa, na medida do possível (pois ela é concisa), as informações da língua oral", de outro, "ela dispõe de uma ordem gráfica interna que se pode considerar de certo modo 'autônoma'" (1994: 52-53). Catach faz distinção entre a pontuação *de texto*, que vai além da frase, a pontuação *de frase* e a pontuação *de palavra*, e lhe atribui três importantes funções: unir e separar as palavras em diversos níveis (função sintática), colocar em correspondência com o oral (função prosódica*), completar ou substituir as palavras (função semântica). Um mesmo sinal pode, entretanto, ter várias funções.

Védénina (1989) reivindica uma concepção ampla da pontuação, que a associa à tipografia e à composição das páginas. Ela reconhece a função sintática e a função semântica da pontuação e insiste em sua função *comunicativa*, fundamental em francês. Essa função "comunicativa" decorre da atualização*, da passagem da língua ao discurso, e da enunciação*, na medida em que esta permite dividir tema* e rema. Sem recusar o liame entre oral e pontuação, Védénina sublinha a assimetria entre o sistema do oral e o do escrito.

Por outro lado, a concepção "autonomista", bem representada por Anis (1983, 1989; Anis, Chiss e Puech, 1988), postula "uma grafemática autônoma" (1983): "O autonomismo trata a língua escrita como um sistema específico em interação relativa com a língua falada", ao passo que "o fonocentrismo trata a língua escrita como uma representação deformada da língua falada" e "o fonografismo trata a língua escrita como uma representação estrutural da língua falada, incorporando igualmente características específicas" (Anis, Chiss e Puech, 1988: 77). Três classes de "grafemas" são diferenciadas: os grafemas *alfabéticos* ("alfagramas"), os grafemas *ponto-tipográficos* (ou "topogramas") e os grafemas *logogramáticos* ("logogramas"), que têm um papel marginal. A pontuação no sentido tradicional é constituída por "topogramas"; distinguem-se os topogramas "separados", que são independentes na cadeia gráfica, e os topogramas "ligados", que modificam os alfagramas (o itálico, por exemplo). Quatro funções importantes são atribuídas à pontuação: *demarcação* (espaço em branco entre as palavras, maiúsculas, alínea...), *modalização** (pontos de interrogação, de exclamação...), *hierarquização* (progressão* temática, parênteses*...), indicação de *polifonia** (distinção de planos enunciativos: marcas de discurso* citado...).

EM ANÁLISE DO DISCURSO
Não podemos pensar apenas em termos de sistema. A pontuação é muito sensível ao estatuto pragmático dos textos, em particular aos gêneros* de discurso e às condições midialógicas*. Num sistema em que a oralidade é predominante, a pontuação é, em primeiro lugar, um auxiliar para a oralização de um escrito. Enquanto a escrita se apresentava na forma de rolos ("volumen"), a noção de "composição de página" não tinha muito sentido. Por outro lado, numa civilização do impresso, é a dimensão visual da pontuação que predomina: a pontuação dispõe no espaço um texto para um leitor que lê interiorizadamente. Mas, mesmo quando domina a oralidade, há gêneros de discurso prestigiosos para os quais existe uma preocupação estética (cf. os manuscritos medievais com iluminuras, nos quais se tem o cuidado de separar texto propriamente dito e glosas). De modo mais amplo, a pontuação aparece como inseparável das normas específicas de cada gênero de discurso, elas mesmas sendo relativas a públicos e a práticas de leitura específicas. Enfim, não poderíamos negligenciar o papel da subjetividade que produz o texto. Isso é evidente para os enunciados literários (Lorenceau, 1980; Herschberg-Pierrot, 1993; Serça, 1997: I, 1), principalmente desde o romantismo, mas mesmo em gêneros coercitivos existem múltiplas estratégias de pontuação. O surgimento dos suportes eletrônicos abre novas possibilidades à pontuação; a digitalização permite desvincular o texto do suporte papel, e oferece a qualquer escrevente fontes tipográficos superiores àquelas de que os impressores tradicionais dispunham.

ver **aspas, escrito/oral, segmentação gráfica**

D. M. (F. C. M.)

posicionamento – Trata-se de uma das categorias de base da análise do discurso, que diz respeito à instauração e à conservação de uma *identidade enunciativa*.

Tomado em uma acepção pouco específica, o termo **posicionamento** designa apenas o fato de que, por meio do emprego de tal palavra, de tal vocabulário*, de tal registro de língua, de tais construções, de tal gênero* de discurso etc., um locutor indica como ele se situa num espaço conflituoso: utilizando a lexia "luta de classes", posiciona-se como sendo de esquerda; falando em um tom didático e com um vocabulário técnico, posiciona-se como especialista etc.

Num campo* discursivo, "posicionamento" define mais precisamente uma identidade enunciativa forte ("*o* discurso do partido comunista de tal período", por exemplo), um lugar de produção discursiva bem específico. Esse termo designa ao mesmo tempo *as operações* pelas quais essa identidade enunciativa se instaura e se conserva num campo discursivo, e *essa própria identidade*. Ambiguidade interessante, pois uma identidade enunciativa não é fechada e cristalizada, ela se conserva por meio do interdiscurso por um trabalho incessante de reconfiguração. O posicionamento não diz respeito apenas aos "conteúdos", mas às diversas dimensões do discurso: ele se manifesta também na escolha destes ou daqueles gêneros de discurso, no modo de citar etc.

Mas *"posicionamento" se emprega também* para identidades *de fraca consistência doutrinal* (um programa de televisão, uma campanha publicitária etc.). Assim sendo, para Charaudeau (1998b), o posicionamento corresponde à posição que um locutor ocupa em um campo de discussão, aos valores que ele defende (consciente ou inconscientemente) e que caracterizam reciprocamente sua identidade social e ideológica. Esses valores podem ser organizados em sistemas de pensamento (doutrinas) ou podem ser simplesmente organizados em normas de comportamento social que são então mais ou menos conscientemente adotadas pelos sujeitos sociais e que os caracterizam identitariamente. Pode-se falar, portanto, de "posicionamento" também para o discurso político, midiático, escolar...

A noção de posicionamento conhece um sucesso crescente, correlativo de uma diminuição da preferência por "formação* discursiva", percebida talvez como muito ligada ao domínio sociopolítico. Mas, para ser operatória, essa noção deve ser cuidadosamente *especificada* em função dos tipos de discurso concernidos. Por exemplo, no discurso religioso ou no discurso filosófico, os posicionamentos em geral correspondem às "escolas", aos "movimentos" que se consideram a expressão de uma *doutrina*, mas esse não é o caso geral.

ver **análise do discurso, campo discursivo, formação discursiva, investimento genérico**

D. M. (F. C. M.)

pragmática – Noção empregada tanto como substantivo ("A pragmática") quanto como adjetivo ("Uma abordagem pragmática") e cujo valor é muito instável, pois permite designar ao mesmo tempo uma *subdisciplina da linguística*, uma certa *corrente de estudo* do discurso ou, de modo mais amplo, uma certa *concepção da linguagem*.

Do componente pragmático à pragmática

Empregado como adjetivo, "pragmática" pode especificar um componente da língua, ao lado do componente **semântico** e do componente **sintático**. Essa noção provém da tripartição de Morris (1938), que distinguia três domínios na apreensão de qualquer língua, fosse ela formal ou natural: (1) a **sintaxe**, que diz respeito às relações dos signos com outros signos; (2) a **semântica**, que trata das relações dos signos com a realidade; (3) a **pragmática**, que se interessa pelas relações dos signos com seus usuários, pelo seu uso e pelos seus efeitos. De uma maneira mais geral, quando se fala hoje em **componente pragmático** ou quando se diz que um fenômeno está submetido a "fatores pragmáticos", designa-se com isso o componente que trata dos processos de interpretação dos enunciados *em contexto*: quer se trate da referência dos embreadores* ou dos determinantes do substantivo, quer se trate da força ilocutória* do enunciado, de sua assunção por parte do locutor (o enunciado pode ser irônico*, por exemplo), dos implícitos* que ele permite, dos conectores* etc.

Como disciplina, "a pragmática" visa ao estudo dos fenômenos que dependem desse "componente pragmático": "Definiremos a pragmática como o estudo do uso da linguagem, em oposição ao estudo do sistema linguístico" (Moeschler e Reboul, 1994: 17). Ela se desenvolveu particularmente a partir das pesquisas em filosofia da linguagem de Austin sobre os atos* de linguagem e de Grice sobre o implícito*. Todos estão basicamente de acordo sobre o fato de que a interpretação de um enunciado não pode levar em consideração apenas a informação linguística, não contextual; mas discute-se para saber se devemos distinguir um sentido não contextual e um sentido em contexto e, se sim, onde passa a linha divisória. Existe também um debate entre aqueles que, como Ducrot, reivindicam uma "pragmática integrada" ao sistema da língua e aqueles que desejam manter uma separação entre semântica linguística e pragmática, sendo esta última reduzida a uma descrição dos procedimentos não linguísticos que permitem, num segundo momento, a interpretação dos enunciados em contexto. O que está em questão aqui não é nada menos do que a relativa autonomia da linguística: a questão é saber qual parte cabe à semântica linguística e qual cabe ao componente pragmático na interpretação. Em geral, para os pragmaticistas, a significação das frases é concebida como o produto de *instruções* ligadas a certas classes de palavras. Mas deve-se opor aqueles que reivindicam uma pragmática especificamente linguística (cf. Ducrot) e aqueles que, numa perspectiva cognitivista (cf. Sperber e Wilson), pensam que o processamento pragmático não é especializado, mas que dependeria do funcionamento central do pensamento. Uma posição de compromisso consiste em postular uma *interação* entre pragmática e linguística (cf. Moeschler e Reboul, 1994: 495).

A PRAGMÁTICA COMO CORRENTE DE ESTUDO DO DISCURSO

Alguns (Schiffrin, 1994) reservam a denominação "abordagem pragmática" a uma corrente específica de estudo do discurso na linha de Grice (1979), que se fundamenta no princípio de cooperação* e nas máximas* conversacionais. Nessa perspectiva, considera-se como "pragmática" qualquer teoria que situa em seu centro noções como as de conhecimento partilhado e de inferência*. A essa abordagem associa-se, de fato, uma concepção *inferencial* do sentido, segundo a qual os sujeitos falantes constroem inferências, apoiando-se no contexto e no pressuposto de que as máximas conversacionais são compartilhadas pelos dois parceiros. A intersubjetividade está, desse modo, no centro da semântica. O locutor tem a intenção de produzir um certo efeito sobre seu interlocutor e ele deve fazê-lo reconhecer essa intenção. Pode-se considerar que, por muitos aspectos, a teoria da relevância* (Sperber e Wilson, 1989) se inscreve na mesma filiação.

Como concepção da linguagem

Em sua acepção menos específica, a pragmática aparece menos como uma disciplina do que como uma maneira de caracterizar um conjunto muito diversificado de trabalhos (a respeito das interjeições, dos conectores, da determinação nominal, dos provérbios, dos ritos de polidez*, das interações* conversacionais etc.) que *recusam um estudo imanente* do sistema linguístico. "Pragmática" caracteriza então *uma certa concepção da linguagem* e, mais geralmente, da comunicação. Latraverse (1987: 254) fala, então, de um "projeto pragmático" no qual "não se trata mais de compreender a linguagem como um objeto independente da prática, ao qual se poderiam reconhecer propriedades sem menção ao fato de que serve para efetuar um certo número de transações". Deixa-se aparecer, assim, uma "antropologia". Nesse sentido, a pragmática atravessa o conjunto das ciências humanas; ela designa menos uma teoria particular do que o entrecruzamento de diversas correntes que compartilham um certo número de ideias-força. Em particular: (1) a *semiótica* inspirada pelo filósofo americano Peirce; (2) a teoria dos *atos* de linguagem*, proveniente das pesquisas do filósofo inglês Austin, continuada por Searle, no que diz respeito à dimensão ilocutória da linguagem, sobre aquilo que se *faz* falando; (3) o estudo das *inferências* que os participantes extraem de uma interação* (Grice, Sperber e Wilson); (4) os trabalhos sobre a *enunciação* linguística*, que foram desenvolvidos na Europa por Bally, Jakobson, Benveniste, Culioli; (5) as pesquisas sobre a *argumentação**; (6) o estudo da *interação* verbal, em particular de inspiração etnometodológica* ou psicossociológica; (7) certas *teorias da comunicação**, como as da Escola conhecida como de Palo Alto (Bateson, Watzlavick...).

Tal concepção da linguagem retoma algumas preocupações da retórica* tradicional, colocando em primeiro plano a *força dos signos* e o caráter *ativo* da linguagem. Ela insiste também na sua *reflexividade* fundamental (o fato de que a linguagem se refere ao mundo mostrando sua própria atividade enunciativa), seu caráter *interativo*, sua relação essencial com um *quadro* que permite interpretar os enunciados, sua dimensão *jurídica* (a atividade de fala é sustentada por um tecido estreito de direitos e obrigações).

A análise do discurso mantém relações estreitas com a pragmática, considerada sob suas diversas facetas. Ela é obrigada a se apoiar constantemente no estudo de fenômenos tais como os conectores, a referência nominal, os atos de linguagem etc.; além disso, ela é profundamente marcada pelas ideias-força da concepção pragmática da linguagem (interatividade, papel crucial do implícito etc.). Mas cada corrente da análise do discurso privilegia esse ou aquele *leitmotiv* da pragmática. Fala-se às vezes de "pragmática textual" para um ramo da pragmática que teria por objeto o uso dos textos. Uma tal disciplina tende, na verdade, a se confundir com a análise do discurso.

ver **análise do discurso, ato de linguagem, discurso, implícito, interação, máxima conversacional**

D. M. (F. C. M.)

prática discursiva – Noção frequentemente empregada na análise do discurso francófona desde o final dos anos 60, fazendo convergir o vocabulário marxista da "práxis" e o de Foucault. Ela funciona seja com um sentido pouco específico, seja no interior de redes conceituais.

Empregada com um valor pouco específico, tem aproximadamente as mesmas zonas de emprego que "discurso". Utilizada no singular, "*a* prática discursiva" diz respeito à atividade discursiva em geral; como termo discreto ("*uma* **prática discursiva**"), diz respeito a um setor dessa atividade. Na verdade, quando se diz "prática discursiva" em vez de "discurso", efetua-se um ato de posicionamento* teórico: sublinha-se obrigatoriamente que se considera o discurso como uma forma de ação sobre o mundo produzida fundamentalmente nas relações de força sociais.

Em Foucault (1969b: 153), "é um conjunto de regras anônimas, históricas, sempre determinadas no tempo e no espaço, que definiram em uma época dada, e para uma área social, econômica, geográfica ou linguística dada, as condições de exercício da função enunciativa". Foucault põe então em primeiro plano a *historicidade* radical do discurso e as *condições institucionais* de legitimação da enunciação.

Maingueneau (1984: 154) fala da prática discursiva quando se trata de apreender uma formação* discursiva como inseparável das comunidades* discursivas que a produzem e a difundem: a formação discursiva é então pensada ao mesmo tempo como *conteúdo*, como *modo de organização dos homens* e como *rede específica de circulação* dos enunciados.

ver **discurso, formação discursiva**

D. M. (F. C. M.)

prática linguageira – Noção forjada a partir do neologismo "atividade 'linguageira'", introduzido pelo linguista Culioli nos anos 70, no seguinte enunciado: "O objeto da linguística é o estudo das línguas apreendidas por meio da atividade linguageira" (1973). O neologismo tinha por fim evitar a ambiguidade do termo "atividade linguística", que pode designar simultaneamente a atividade dos locutores e a dos linguistas. O termo **prática linguageira** foi introduzido juntamente com o de "formação linguageira", por Boutet *et alii* (1976): "Nós propomos a ideia de uma formação linguageira, entendida como um conjunto regrado de práticas linguageiras, que as organiza segundo relações de força em práticas dominantes e práticas dominadas".

PRÁTICAS SOCIAIS
De um ponto de vista empírico, "prática linguageira" remete às noções de "produções verbais", de "enunciação", de "fala", e até mesmo de "*performance*", mas distingue-se delas de um ponto de vista teórico pela ênfase posta na noção de "prática": a linguagem faz parte do conjunto das *práticas sociais*, sejam elas práticas de produção, de transformação ou de reprodução. Falar em "prática" é, portanto, insistir na dimensão *praxeológica* dessa atividade.

Como qualquer prática social, as práticas linguageiras são determinadas e restringidas pelo social e, ao mesmo tempo, elas *produzem efeitos* sobre ele, contribuem para transformá-lo. Nessa perspectiva, a linguagem não é apenas um reflexo das estruturas sociais, mas um de seus *componentes intrínsecos*. Seus efeitos sociais, se são certamente menos visíveis do que, por exemplo, as práticas de transformação da natureza, não são menos importantes. Falar não é apenas uma atividade representacional, é também um *ato* pelo qual se modifica a ordem das coisas, faz as relações sociais moverem-se: "Qualquer discurso, em sua produção, em sua circulação, nos efeitos que produz na sua recepção é analisável como processo de transformação ideológica" (Ebel e Fiala, 1983).

Essa concepção *materialista* das práticas linguageiras, concebidas como agentes ativos da construção e da transformação das situações sociais, se opunha ao mesmo tempo a concepções *idealistas* do signo linguístico e às concepções *marxistas* do "reflexo". Hoje, graças ao desenvolvimento da *pragmática*, teorias da *enunciação* e da *etnometodologia** em ciências da linguagem, por um lado, e graças ao impulso das teorias da *ação* em sociologia, do outro, tornou-se comum pensar a linguagem como uma ação sobre o mundo: ação sobre si, sobre outrem e sobre as situações; e não mais apenas como um instrumento de comunicação ou como uma representação do mundo.

EM ANÁLISE DO DISCURSO
Essa noção foi pouco utilizada no campo da análise do discurso proveniente de Foucault e de Pêcheux: a noção de "práticas* discursivas" que constitui o quadro teórico de referência. Ela foi, em compensação, largamente retomada nos trabalhos mais centrados na análise de discurso de linha anglo-americana: análises de conversações, de interações, de diálogos orais e, de modo mais amplo, de produções, tanto orais quanto escritas, que emanam de locutores não institucionais e não legítimos. Observaremos que essa noção é frequentemente utilizada numa acepção não teórica, sendo, então, equivalente a "conduta linguageira ou verbal" ou a "produção verbal".

EM SOCIOLINGUÍSTICA
Encontramos um desenvolvimento teórico da noção de "prática linguageira" particularmente em Boutet (1994) e Bautier (1995), sendo que ambos a relacionam

ao domínio da cognição social. Boutet mostra como a análise linguística de práticas linguageiras no trabalho permite pôr em evidência sistemas de *categorização* das situações sociais, características de grupos sociais que enunciam dessa forma suas relações específicas com o mundo. Bautier constrói um quadro teórico mais amplo que integra os domínios do linguageiro, do cognitivo e do social: uma abordagem "*sociocognitiva*" inspirada, dentre outros, em Bourdieu e no psicossociólogo inglês Bernstein (1975). Pelo estudo das práticas linguageiras de jovens e de adultos, em situação de formação ou em situação profissional, Bautier mostra o trabalho "cognitivo-linguageiro" dos sujeitos.

EM AQUISIÇÃO DA LINGUAGEM

A noção teórica de prática linguageira, no que toca à dimensão praxeológica e social da linguagem, é compatível com os desenvolvimentos da psicolinguística oriunda das pesquisas do psicólogo soviético Vygostski. Bruner, na Inglaterra, François, na França e, mais recentemente, Bronckart, na Suíça, propuseram uma concepção do desenvolvimento da linguagem fundamentada na noção de *atividade linguageira* no diálogo. De acordo com esses pesquisadores, a criança não adquire sistemas de regras de funcionamento do sistema linguístico, por etapas, como o sustenta a psicolinguística chomskiana e cognitiva, mas um conjunto de "condutas linguageiras", de "habilidades discursivas", de *savoir-faire* com a linguagem, no interior da comunicação e do diálogo com o outro.

ver **formação discursiva, formação linguageira, prática discursiva**

J. B. (F. C. M.)

praxema – ver **praxemática**

praxemática – A **praxemática**, desenvolvida por Lafont (1973) e sua equipe a partir de 1970, pretende ser um modelo dinâmico da produção do sentido que leve em conta a tensão entre a pulsão comunicativa dos sujeitos e a estabilização de um sentido social.

A praxemática deve à filosofia marxista a noção materialista de **práxis** (atividade de produção material), que destaca a importância das condições sociais e das condições técnicas da utilização da linguagem por sujeitos concretos historicamente determinados (práxis linguística). Assim sendo, ela se opõe às linguísticas saussuriana ou gerativista. Ela deve sua concepção do sujeito à psicanálise e seus principais conceitos linguísticos à psicossistemática de Guillaume, de quem retoma a noção de **operatividade** e a conceitualização do espaço-tempo (Bres, 1994).

A praxemática desenvolveu mais instrumentos de análise *linguística* do que uma problemática de análise do discurso: com efeito, ela não tem por objeto central a articulação entre organização linguageira e condições sociais de utilização da linguagem. Todavia, essa teoria linguística desenvolve um procedimento de análise que interessa à análise do discurso em vários aspectos. Podemos assinalar notadamente a noção de regulagem semântica do **praxema** – ou instrumento fonológico de produção do sentido (Lafont, 1973: 100) – que substitui o "signo saussuriano" e a "palavra" tradicional. Em suas análises concretas, os praxematistas privilegiaram casos em que se manifestam *tensões* entre um valor de uso próprio do sujeito e as coerções da comunicação social (Barbéris, 1998; Siblot, 1997).

Numa direção que se aproxima da sociolinguística, a praxemática estudou o conjunto das representações que uma sociedade atribui a si mesma (ou práxis sociocultural), considerando mais particularmente a diglossia* occitana e confrontando os discursos menos valorizados com as produções de conhecimento linguístico (práxis da linguística, Bres, 1993). A vitalidade dessa corrente se manifesta especialmente por meio de uma revista, *Les Cahiers de praxématique*.

S. B.-R. (F. C. M.)

praxeograma – Esquema de ações verbais ou não verbais que corresponde à *representação cognitiva interiorizada* que se tem do desenvolvimento de uma interação (por exemplo, as diferentes etapas que devemos seguir num aeroporto internacional quando embarcamos) e que serve de *modelo* para a gestão de uma situação de comunicação estereotipada ou de um gênero discursivo monologal*, que permite a cada um planejar a ordem de suas atividades e de suas intervenções verbais.

Para Ehlich e Rehbein, que propuseram essa noção em 1972 ("De la constitution d'unités pragmatiques dans une institution: le restaurant") tratava-se tanto de ir além das concepções dos atos* de linguagem de Austin e de Searle, excessivamente linguísticas, levando em consideração o contexto institucional e social (e até mesmo político, pois sua análise se inscreve numa crítica marxista, representativa de algumas correntes na Alemanha nessa época), como de articular uma teoria da ação com uma teoria da produção do discurso. A partir de um exemplo concreto, as representações praxeológicas do que se passa no restaurante (as interações entre garçons e clientes, entre garçons e pessoal da cozinha...), propõem unidades discursivas maiores (**os pragmemas**), que misturam ações não verbais (entrar, sentar-se, comer...) a atos verbais (fazer o pedido, chamar...) em função de um desenvolvimento normatizado que foi interiorizado. Essas unidades podem inscrever-se em sequências de pragmemas (**os hiperpragmemas**), que se mostram difíceis de interromper ou de inverter (do pedido dos pratos ao pagamento da conta).

Esquema

No domínio das ciências cognitivas, houve interesse pela maneira como os conhecimentos, as crenças, as experiências humanas são estocadas, repertoriadas, classificadas em nossa memória. Desse modo, a estocagem na memória do desenvolvimento da maior parte de nossas atividades cotidianas e profissionais, e que estaria na base dos processos de compreensão e de produção, teria a forma de um *esquema*: "Falamos igualmente em sentidos muito próximos a '*script*', 'cenário', 'quadro' para designar, em ciência cognitiva, as formas estereotipadas de saber que permitem que nos orientemos nas situações sociais. A totalidade dos esquemas de que um indivíduo dispõe constitui sua competência de ação" (Bange, 1992: 211). É, com efeito, em um quadro de pesquisas diferente do de Ehlich e Rehbein, em processamento automático das línguas, que Schank e Abelson (1977) introduzem a noção de *script** para analisar textos referentes a ações estereotipadas inscritas em um desenvolvimento normatizado (ou em desenvolvimentos paralelos conexos); em seguida, considerando as críticas, eles a estendem a situações menos estereotipadas, essencialmente narrativas, para as quais será proposta a noção de **plano**; e como o esquema proposto está estruturado em diferentes *cenas*, isso explica a introdução do termo **cenário**, especialmente na análise dos diálogos e das interações verbais.

No domínio da análise das interações, o termo **cenário***, que é vizinho do de **quadro**, parece ser utilizado com maior frequência para definir uma competência de ação que permitiria aos indivíduos administrarem as situações que encontram à medida que se desenvolvem, mas que nem sempre conservam sua dimensão cognitiva. O termo se torna, então, sinônimo de *esboço*, utilizado em versão não acabada para preparar as tramas narrativas das encenações. Contrariamente, Roulet e sua equipe subdividem os conhecimentos interiorizados em dois tipos de representações mentais, as representações conceptuais, que incidem sobre os seres e as coisas, e as representações praxeológicas, que "consistem em esquemas de ações e apresentam os diferentes percursos que se tornam possíveis em uma situação particular" (Fillietaz, 1996: 57).

Essas noções de esquemas de desenvolvimento dos textos e das conversações deram lugar a análises estimulantes: (1) No domínio dos discursos profissionais, o conceito de praxeograma foi retomado em Ehlich e Wagner (1995) no quadro de análises de negociações empresariais, por Moirand (1992) a propósito das descrições de doenças, que dão conta do procedimento do médico ou a propósito da exposição de pesquisa, por Cali (1999), para uma análise das interações verbais no contexto das conferências internacionais. (2) No quadro das pesquisas sobre a compreensão da linguagem (Winograd, 1972), em conexão com as noções de inferência, de antecipação, e de memória (Grunig, 1999, por exemplo).

Podemos perguntar-nos sobre as denominações em uso: "cenário" e "*script*" causam alguma confusão devido a sua pertença ao vocabulário do cinema (em que eles se aproximam de esboço, roteiro); "praxeograma" é mais adequado às situações em que se alternam ações não verbais e interações verbais; "plano" (no sentido de planificação) aparece no estudo das produções discursivas em linguística textual e em concorrência, que seria necessário esclarecer, com a noção de *protótipo textual* (Adam, 1992). Não é menos verdade que esses esquemas que relatam representações cognitivas experienciais constituem um aporte incontestável à análise do desenvolvimento mais ou menos regrado de gêneros discursivos diversos e à reflexão sobre os processos mentais da compreensão e da produção dos textos e das interações.

ver **gênero de discurso, ritual**

S. M. (F. C. M.)

pré-construído – A noção de **pré-construído** – elaborada por Henry (1975) e desenvolvida posteriormente em Pêcheux (1975) – é uma reformulação das teorias da pressuposição* de Ducrot. O pré-construído pode ser entendido como a marca, no enunciado, de um discurso anterior; portanto, ele se opõe àquilo que é construído no momento da enunciação. Um sentimento de evidência se associa ao pré-construído, porque ele foi "já dito" e porque esquecemos quem foi seu enunciador. Os fenômenos que desencadeiam esse efeito discursivo estão ligados às operações de encaixamento sintático (relativa, nominalização, adjetivo deslocado etc.).

A noção de pré-construído está intimamente ligada à de interdiscurso*: ela contribui para desestabilizar a oposição entre o exterior e o interior de uma formação* discursiva, em benefício da noção de imbricação entre discursos e de relações com outras formações discursivas exteriores e anteriores – que entram no discurso de um sujeito.

ver **implícito, interdiscurso, polifonia, pressuposto**

S. B.-R. (F. C. M.)

prescrito – Proveniente das ciências jurídicas, esse termo não é exclusivo das ciências da linguagem. Distinguem-se, no interior dessas últimas, duas grandes acepções: ou a linguagem é *objeto de uma prescrição*, ou a linguagem é *agente de uma prescrição*.

A LINGUAGEM É PRESCRITA

É na sociolinguística que encontramos esse uso do termo. Nela geralmente se opõe a norma* **descritiva** à norma **prescritiva**.

Dentre as diferentes maneiras de falar e dentre as diferentes línguas presentes no interior de uma comunidade linguística, a norma denominada prescritiva seleciona algumas delas que serão consideradas como as boas maneiras de dizer, como os usos corretos, ou como as línguas autorizadas. Qualquer desvio dessa norma constitui um erro, cuja sanção varia de acordo com a situação: falar em bretão num tribunal é proibido pela lei francesa e pode ser considerado um ultraje ao magistrado. Falar em basco ou em picardo na escola pública do século XIX era motivo de sanções e punições (limpar a sala de aula, usar um "sinal"). Atualmente, utilizar formas de gíria ou de "verlan" (na França) numa redação escolar é uma atitude frequentemente reprovada e punível com uma avaliação negativa.

A prescrição linguística pode incidir também sobre o próprio **formato**, tanto dos discursos escritos quanto dos orais. É o caso, por exemplo, no universo do trabalho, em que a atividade de escritura dos empregados pode estar sujeita a codificações, a formatações muito estritas: tipo de texto, tamanho, organização material da página, forma de argumentação conveniente. Em muitos setores profissionais, o formato dos textos é até mesmo previamente prescrito: cartas padronizadas, tabelas ou modelos de fichas para preencher, relatórios. Por outro lado, constata-se que cada vez mais os serviços (venda, *telemarketing*, prestadoras de serviço) prescrevem a forma das mensagens **orais**: um modelo de interação, uma lista de argumentos utilizados pelo vendedor, assim como fórmulas de abertura e encerramento dos diálogos são ensinados e impostos. Criam-se formas de controle muito eficazes, que permitem à administração certificar-se de que as operações respeitaram os formatos prescritos de comunicação. Nesse sentido, prescrever uma forma linguística ou uma língua é, na verdade, uma atividade assimilável à esfera do jurídico.

Meios de prescrição linguística

Para que a prescrição linguística possa se realizar, as diferentes sociedades implementaram um conjunto de **meios**: a gramatização das línguas (Auroux, 1994); a criação de dicionários; o estabelecimento de dispositivos de escolarização e de alfabetização em que a norma linguística é difundida; instituições, como a Academia francesa, que garantem a manutenção e a evolução linguísticas. Mas é quando a prescrição linguística toma forma *em textos de leis* que a esfera do jurídico e a do linguístico apresentam pontos em comum. Na França, a Assembleia Nacional tem que decidir periodicamente sobre a questão das línguas e seus usos. Assim sendo, em 1951, ela teve que resolver quais seriam as línguas reconhecidas pelo Estado, e dotadas, portanto, de um aparelho de difusão como a escola, assim como o acesso aos meios audiovisuais (lei nº 51-46, de janeiro de 1951, relativa ao ensino de línguas e dos dialetos locais, conhecida como Lei Deixonne).

A linguagem é a prescrição

Nessa acepção, o termo "prescrito" remete ao campo da análise de discurso; ele é, mais especificamente, utilizado na análise dos discursos associados ao trabalho. Os sintagmas "discursos prescritivos", "escritos prescritivos" são utilizados para justificar a força, o poder de imposição que alguns discursos têm sobre a ação humana.

Os ergônomos, como observadores do trabalho, propuseram a distinção entre o "trabalho real" e o "trabalho prescrito". O trabalho real é o que decorre da competência das funções e da atividade dos executores. O trabalho prescrito é aquele que é planejado pelo escritório central, pela supervisão. Esse trabalho prescrito adquire forma escrita e é descrito em conjuntos de textos: regulamentos, organogramas, procedimentos, instruções de uso, descrição dos cargos, regulamentos de segurança etc. Esses escritos são de natureza prescritiva: eles impõem modos de agir, maneiras de fazer e de se comportar. Raramente utilizados na rotina da ação, eles funcionam como provas em caso de conflito ou de incidente. Nesse sentido, após um grave acidente na estação de Lyon, durante o julgamento do maquinista, a acusação utilizou como argumento o fato de ele não ter executado as manobras previstas, regulamentadas e escritas no manual de condução dos trens, um enorme livro que os próprios maquinistas denominam "a Bíblia".

Escrita e prescrição

É mais facilmente *sob sua forma escrita* do que oral que a linguagem funciona como prescrição da ação dos homens. Assim sendo, caímos na questão das origens da escrita das línguas. Para muitos pesquisadores, a função da escrita para registro e memorização seria fundamental. O escrito funciona como uma prova, como uma garantia entre as pessoas. Essa função de natureza jurídica confere à escrita um estatuto que a língua falada não possui. Embora a função jurídica da escrita seja aparentemente um dos motores de sua criação, ela foi ocultada num país como a França, durante muitos séculos, pelo desenvolvimento de uma literatura escrita. Foram as pesquisas sobre os discursos associados ao trabalho que permitiram fazer ressurgir essa problemática e questionar novamente os laços entre os escritos e a lei.

ver **diglossia, escrito/oral, letramento, norma**

J. B. (F. C. M.)

pressuposto / **pressuposição** – Esses termos podem ser considerados em relação a seu uso ordinário ou à sua utilização mais técnica em lógica e em linguística.

No uso ordinário e em lógica

Segundo o uso ordinário, retomado por Goffman (1987: 205): "Define-se uma **pressuposição**, *grosso modo*, [...] como um estado de coisas que se assume como dado quando alguém se entrega a uma atividade. [...] Uma definição tão ampla levará a dizer que, prevendo, na véspera, que se partirá no dia seguinte ao raiar o dia, pressupõe-se que o sol nascerá". Em outros termos: os locutores dispõem, num dado momento, de certo número de saberes e de crenças estocados na memória, que servem de base para suas atividades, especialmente as linguageiras. Com efeito, sem serem em si mesmas de natureza linguística, essas pressuposições desempenham um papel importante nos mecanismos de produção e de interpretação dos enunciados (especialmente para a identificação dos conteúdos implícitos*).

Em lógica, os **pressupostos** de um enunciado são geralmente identificados às condições que permitem a esse enunciado receber um valor de verdade. Segundo Martin (1976: 38-40), a **pressuposição** se opõe à **implicação*** da seguinte forma: a proposição *p pressupõe* a proposição *q*, se *q*, que é necessariamente verdadeira se *p* é verdadeira, mantém-se necessariamente verdadeira mesmo quando *p* é negada (exemplo: "Pedro impediu Maria de partir", que pressupõe /Maria tentava partir/). Ao contrário, se *q* é apenas *implicada* por *p*, essa proposição, que é necessariamente verdadeira se *p* é verdadeira, pode ser verdadeira ou falsa se *p* é negada (exemplo: "Pedro vendeu seu fusquinha", que implica /Pedro vendeu um carro/).

Em linguística

Para os linguistas, seguindo exemplo de Ducrot (1972a), a **pressuposição** é o *ato de pressupor*, e os **pressupostos** são *tipos particulares de conteúdos* inscritos nos enunciados. Os pressupostos têm as seguintes características: (1) Eles correspondem a realidades supostas já conhecidas do destinatário (evidências partilhadas ou fatos particulares decorrentes de seus saberes prévios), e constituem um tipo de pedestal sobre o qual se formulam os *postos* (que, ao contrário, presume-se que correspondem a informações novas), garantindo a coesão do discurso, quando os postos se encarregam de sua progressão. Devido a isso, eles são assumidos por uma espécie de voz coletiva e são, segundo Ducrot (1984: 231-233), da ordem da polifonia* enunciativa. (2) Eles não são afetados pela negação nem pela interrogação. (3) Eles não podem, em princípio, nem ser "anulados" nem servir de base para o encadeamento.

Essas diferentes propriedades foram e ainda são objeto de calorosos debates entre os especialistas em semântica e em pragmática linguística (Levinson, 1983: cap. 4). Elas são problemáticas a ponto de os pressupostos poderem prestar-se a diversas formas de "manipulações" e de nem todos os tipos de pressupostos se comportarem exatamente do mesmo modo. Efetivamente, o vasto conjunto de pressupostos compreende numerosas subclasses – ver o inventário não exaustivo proposto por Zuber (1972: 53-55) – que se opõem segundo:

· *A natureza do conteúdo pressuposto*: pressupostos **existenciais** (as expressões definidas pressupondo a existência de seu referente), pressupostos **factivos** ou **contrafactivos** ("Pedro sabe que *p*" pressupõe a verdade de *p*, ao passo que "Pedro supõe que *p*" pressupõe, ao contrário, a falsidade de *p*), pressupostos **pragmáticos** (ligados às condições de felicidade do ato* de linguagem, como em: "Feche a porta", que pressupõe que a porta esteja aberta no momento da enunciação do ato) etc.

· *A natureza do suporte significante* responsável pelo pressuposto: significante *lexical* (exemplo dos verbos transformativos: "Pedro parou de fumar" e "Pedro começou a fumar" pressupõem respectivamente /Pedro fumava antes/ e /Pedro não fumava antes/); *advérbios e conectores* ("ainda", "mas", "mesmo" etc.); *construção sintática* (exemplo das estruturas clivadas "Foi Pedro que partiu" pressupõe /Alguém partiu/, ou interrogações de constituinte: "Quando você parte?" pressupõe /Você vai partir/, "Por que você não me ama mais?" pressupõe /Você não me ama mais/, proposição que, por sua vez, pressupõe, segundo um mecanismo bem demonstrado de *enquadramento pressuposicional*, /Você me amava antes/); e *curva melódica* (exemplo dos pressupostos ligados ao "foco" do enunciado).

Com efeito, pelo menos a respeito desse ponto existe consenso: os pressupostos têm sempre, diferentemente dos subentendidos*, um *marcador* no enunciado, o que lhes confere uma relativa independência em relação ao contexto.

ver **ato de linguagem, implicação, implícito**

C. K.-O. (F. C. M.)

processo discursivo – Foi Pêcheux quem lançou, em 1969, a expressão **processo discursivo**. Muito ligada a sua teoria das formações* discursivas e à análise* automática do discurso (AAD), ela não é muito empregada atualmente.

Desde seu livro fundador, "Análise automática do discurso", Pêcheux associa estreitamente a noção de *processo discursivo* àquelas de condições* de produção e de *funcionamento*. "Em outros termos, uma vez que existem sistemas sintáticos, aventa-se a hipótese de que existam, da mesma forma, sistemas míticos, sistemas literários etc., ou seja, que os textos, assim como a língua, funcionem" (Pêcheux, 1969: 6). O *processo discursivo* é, nesse texto, aquilo que se desenvolve e funciona sobre a base da língua e para além dela, no sentido saussuriano do termo: "Aventamos a hipótese de que, a um estado dado das condições de produção corresponde uma estrutura definida do processo de produção do discurso a partir da língua, o que significa que, se o estado das condições é fixado, o conjunto dos discursos suscetíveis de serem engendrados nessas condições manifesta invariantes semântico-retóricas estáveis no conjunto considerado e características do processo de produção posto em jogo" (Pêcheux, 1969: 16). Antecipando a noção de interdiscurso*, Pêcheux precisa que "o processo discursivo não tem, de direito, início: o discurso se apoia sempre sobre um discursivo prévio ao qual ele atribui o papel de matéria-prima" (Pêcheux, 1969: 14).

Em 1975, Pêcheux e Fuchs retornam a esse conceito e o associam ao do sujeito e do *sentido*: "Com a condição de entender por processo discursivo as relações de paráfrases interiores àquilo que denominamos a matriz do sentido inerente à formação discursiva, nós diremos que o procedimento AAD constitui o esboço de uma análise não subjetiva dos efeitos de sentido que atravessam a ilusão do efeito-sujeito (produção/leitura) e que remontam ao processo discursivo por uma espécie de arqueologia regulada" (Pêcheux e Fuchs, 1975: 14).

Durante os anos 70 e 80, esse conceito é utilizado pelos pesquisadores que situam seus trabalhos no quadro de uma teoria das ideologias* (Guespin, 1976: 72) e/ou recorrem à AAD. A fórmula aparece até mesmo no título de um número da revista *Langages* (Bonnafous, 1983).

Atualmente, com o abandono da AAD como dispositivo técnico de análise e o refluxo das referências explícitas e teorizadas à ideologia em análise do discurso, a expressão "processo discursivo" parece ter desaparecido em proveito de fórmulas mais simples, mas também mais vagas, como discurso*, texto*, debate, escrita etc. É preciso ver nisso uma regressão epistemológica ou uma salutar libertação em relação a uma metáfora um pouco mecânica demais? Em todo caso, certamente existe um elo entre o recuo do uso dessa fórmula e o interesse cada vez mais acentuado da análise do discurso pela questão dos gêneros, em detrimento da relação *ideologia* vs *discurso*.

ver **análise automática do discurso, análise do discurso, formação discursiva, ideologia**

S. B. (F. C. M.)

progressão temática – vet **tema/rema**

proponente – Os termos **proponente** e **oponente** designam os dois papéis fundamentais da troca argumentativa dialética*. O *proponente* formula uma proposição que o *oponente* rejeita, o que faz com que o *proponente* se obrigue a defendê-la. O *proponente* é a parte que produz a intervenção inicial; ele vai contra a doxa*; ele suporta a responsabilidade da prova*. O *oponente* tem como tarefa característica a refutação*.

ver **contradição, dialética**

C. P. (F. C. M.)

propósito – ver **contrato de comunicação, situacional (nível–), situação de comunicação**

prosódia – O termo **prosódia** é utilizado, desde a Antiguidade grega e latina, para designar as variações de acento, de tempo e de altura na pronúncia: aplica-se essencialmente na poesia, na métrica e na melodia. Considerados marginais pela linguística pós-saussuriana (linguística da língua), os fenômenos prosódicos tornaram-se centrais em uma linguística da fala e constituem, hoje, um domínio específico de estudos.

Esse termo é utilizado ora em uma perspectiva descritiva para qualificar fenômenos ditos prosódicos, ora para designar o sistema complexo (métrico, tonal e temporal) ligado aos outros sistemas da língua, ora para o próprio estudo desse sistema.

Tipos de fenômenos relacionados e definições

Os fenômenos relativos à prosódia foram primeiramente considerados, por oposição aos aspectos segmentais (fonemas e tons), como **suprassegmentais** (Lehiste, 1970; Ladd, 1996), isto é, abrangendo unidades mais amplas que os fonemas. A *entonação* foi, durante muito tempo, o único fenômeno estudado, mas somente a partir de frases lidas e enunciadas em laboratório. Mesmo sendo definida, geralmente, pela maioria dos autores (Delattre, 1966; Cruttenden, 1986) como uma combinação dos traços de altura, de intensidade e de duração utilizados na produção da fala, seu estudo, como destaca Crystal (1969: 195) foi demasiadamente restringido apenas ao movimento da frequência fundamental (*pitch movement*). Esse mesmo autor considera que a entonação é um agrupamento de traços, entre os quais os mais centrais são o tom (a altura), a extensão da *frequência* e da *intensidade*, traços estreitamente ligados ao ritmo e ao tempo.

A integração desses traços determina para os ouvintes a percepção dos fenômenos melódicos, acentuais e rítmicos (*parâmetros prosódicos percebidos*). Esses parâmetros podem ser medidos (*parâmetros prosódicos físicos*) em termos de variação da frequência fundamental (curva melódica da frequência fundamental medida em hertz), de variação da intensidade (medida em decibéis) e de duração (comprimento das vogais, das pausas, cálculo do fluxo). Devido ao caráter *pluriparamétrico* da prosódia e das interações perceptivas às quais ela dá lugar, não se pode, entretanto, considerar que há adequação entre os parâmetros percebidos e os parâmetros físicos: assim, a percepção do fenômeno acentual pode ser provocada por uma proeminência melódica, como é o caso em inglês (*pitch accent*) (Crystal, 1969; Cruttenden, 1986) e/ou por um aumento de intensidade e/ou por um alongamento vocálico.

O estudo de situações de fala espontânea e o interesse pelas comunicações não verbais fizeram com que se levassem em conta outros fenômenos (silêncios, pausas, vocalizações diversas, risos, ritmo, qualidades da voz) que foram chamadas **paralinguísticas** (Trager, 1958; Abercrombie, 1972; Crystal, 1971; Poyatos, 1993). Essas classificações estão longe de ser unânimes para seus autores, dada a heterogeneidade dos fenômenos levados em conta (segmentais ou não segmentais, sonoros ou não) e do seu modo de produção. As *qualidades da voz* foram objeto de várias tentativas de classificação em língua inglesa (Laver, 1979; Poyatos, 1993). Essas qualidades vocais se devem à respiração e ao modo vibratório das cordas vocais, e, ainda, a outros parâmetros (laríngeos e articulatórios, especialmente). Geralmente são utilizados para estudos sobre a *dimensão emocional* da voz. O ritmo nas conversações foi objeto de estudos recentes: Couper-Khulen, 1993; Auer *et alii*, 1999. A definição ampla da prosódia se deve, geralmente, aos pesquisadores que se interessam por suas funções interacionais (Couper-Khulen e Seltin, 1966; Auer e Di Luzio, 1992; Grosjean, 1993, 1995).

O sistema prosódico se expandiu, assim, para além da entonação à qual foi durante muito tempo assimilado, e seu caráter pluriparamétrico é hoje amplamente reconhecido.

Extensão do domínio

A prosódia é multifuncional: abrange funções *linguísticas*, *pragmáticas* e *interacionais* que são estudadas por diversas disciplinas e subdisciplinas. As funções extralinguísticas são menos estudadas.

Em linguística, como sistema complexo que pertence à língua, a prosódia destaca-se do seu sistema formal: "Ela mesma é um suprassistema constituído de três ordens estruturais (métrica, tonal e temporal) relativamente independentes [...], mas, apesar disso, interativas [...] que se aplicam ao léxico" (oposição de acentos, de tons e de quantidade) "e/ou a unidades de hierarquia superior" (ritmo, entonação, tempo dos enunciados) (Di Cristo, 2000: 2). A fonossintaxe tem estudado, há muito tempo, a contribuição da prosódia na estruturação morfossintática da língua, que é caracterizada por "padrões entonacionais típicos" (demarcação da cadeia falada, organização sintática etc.; cf. Delattre, 1966; Rossi *et alii*, 1981). A prosódia, nesse sentido, tem "uma função de assistência na codificação e decodificação da fala" (Di Cristo, 2000: 9). As descrições formais dão lugar a modelizações informáticas para a análise e a síntese da fala e às comparações interlínguas (Hirst e Di Cristo, 1984, 1998; Touati, 1987).

Desde os trabalhos fundadores de Delattre (1966) sobre os *entonemas*, a contribuição da forma da curva melódica para as funções sintático-pragmáticas como marcadores de ato de linguagem direto ou indireto (pergunta, ordem, exclamação...) foi explorada por inúmeros trabalhos que defendiam a função distintiva da entonação (Halliday, 1967). Mas a congruência da sintaxe e da entonação é discutida (Rossi *et alii*, 1981), da mesma maneira que o valor pragmático absoluto das marcas prosódicas: as mesmas funções podem ser preenchidas por meios diferentes, uma mesma marca pode ter vários valores e vários níveis de interpretação. Como nota Crystal (1980: 65), uma marca prosódica interrogativa refere-se, ao mesmo tempo, a uma atitude, a um padrão sintático ou a um ato de linguagem.

Outros trabalhos se vinculam às funções semânticas da prosódia por estruturação hierárquica do discurso: tematização e rematização, colocação em evidência da informação "dada" em relação à informação nova, estruturação hierárquica dos argumentos. Diversos parâmetros prosódicos (jogo das alturas relativas dos diferentes segmentos, foco entonativo, subidas e descidas melódicas, recorrências melódicas, pausas, fluxo, alongamentos) são levados em consideração (Fónagy e Fónagy, 1983; Brazil, 1985; Morel e Danon-Boileau, 1998).

Enfim, um certo número de estudos *fonoestilísticos* (Fónagy e Fónagy, 1983; Salins, 1987; Callamand, 1987) colocaram em evidência as funções da prosódia para a diferenciação dos gêneros discursivos (leitura, fala espontânea, discurso radiofônico...).

Em psicolinguística, na fronteira entre a linguística e a psicologia, uma literatura bastante vasta foi consagrada às características prosódicas das *atitudes* e das *emoções** (Leon, 1970, 1976; Fónagy, 1983) e às qualidades vocais ligadas à expressão das emoções (Scherer, 1985). Esses trabalhos tendem a inscrever as marcas prosódicas em um substrato de motivação (motivação pulsional para Fónagy, motivação psicofisiológica cf. Scherer, 1985). O papel da prosódia na *aquisição da linguagem* é estabelecido no nível lexical e sintático. A utilização de modalidades prosódicas específicas (altura tonal, contornos ascendentes) na interlocução com a criança tende igualmente a facilitar a aprendizagem solicitando a atenção da criança (Fernald *et alii*, 1989).

Em análise conversacional, graças às possibilidades de registro sonoro em situação natural (conversações, interações de trabalho), a prosódia foi estudada essencialmente por *sua contribuição para a gestão da interação* conversacional: sistema de gestão dos turnos de fala e de regulação da fala (Cutler e Pearson, 1986; Auer, 1996), colocação em evidência para o outro da informação, intersincronização de diversos parâmetros prosódicos entre falantes (altura, ritmo), marcas de polifonia (Gunthner, 1996), papéis* adotados (Grosjean, 1993), ou quadro participativo (Gumperz, 1989). Nessa perspectiva, as marcas prosódicas não têm um sentido referencial preciso; elas tomam sentido no contexto: são *índices de contextualização* que se combinam com outras modalidades e pelas quais "os locutores assinalam e os alocutários interpretam a natureza da atividade em curso, a maneira pela qual o conteúdo deve ser entendido e a maneira pela qual cada frase se liga ao que a precede ou que a segue" (Gumperz, 1989: 28). Essa perspectiva comunicacional salienta o valor intencional e interacional dos fenômenos prosódicos. Ela tem utilizações em **sociolinguística** para a compreensão de certos mal-entendidos* interculturais* (Erickson e Schultz, 1982; Gumperz, 1989).

QUESTÕES TEÓRICAS E METODOLÓGICAS

O estudo da prosódia suscita numerosas questões *teóricas* e *metodológicas* ainda longe de estar resolvidas.

Certos problemas teóricos dizem respeito à *natureza semiótica* das marcas prosódicas (signos, sinais, índices, sintomas, ícones; motivação ou convencionalidade) assim como *seu valor* (intrínseco ou relativo à situação). Além disso, os modelos teóricos que permitem conhecer o lugar da prosódia em relação aos outros subsistemas linguísticos são objeto de controvérsias. Essas questões se articulam com a da distinção dos níveis sintáticos, pragmáticos, semânticos, expressivos, interacionais: há níveis específicos e identificáveis em que se aplicam essas marcas (Bolinger, 1970)? Deve-se considerá-las, a exemplo de Gumperz, como índices que permitem a contextualização dos enunciados em situação, sendo que essa contextualização se faz com base em uma comparação entre as realizações prosódicas e o sistema de expectativas?

Os problemas metodológicos são também muito numerosos: citemos aqueles que estão ligados ao caráter multiparamétrico da prosódia, às interações perceptivas entre os diferentes parâmetros (intensidade, altura, duração, timbre) e à ausência de adequação biunívoca entre o percebido (a altura melódica, a intensidade) e o medido (a frequência fundamental e a intensidade em decibéis). É preciso mencionar, ainda, os problemas encontrados pela análise da conversação no tocante à ausência de um código unificado para os sistemas de transcrição da prosódia, à diversidade dos parâmetros estudados e ao caráter impressionista das notações.

ver **análise conversacional, emoção, escrito/oral**

M. G. (N. M.)

prova – A aspiração à **prova** orienta a exposição científica e o debate argumentativo, que ela tem por função fechar ou tornar supérfluo por uma afirmação da evidência.

A prova demonstração. Segundo a concepção formal, a prova é uma demonstração* hipotético-dedutiva. Essa definição da prova não pode aspirar a uma validade universal; os modos de construção da prova dependem dos domínios científicos considerados. A argumentação* propõe, sobretudo, uma visão não formal da prova e da racionalidade.

A prova fato decisivo. A prova de que eu não assassinei Pedro é que ele está aí, bem vivo, na sua frente; ou como diz Grize, "o fato é o melhor dos argumentos" (1990: 44). A passagem da prova como demonstração para a prova como fato supõe um duplo apagamento do discurso: primeiramente, o do enunciado que relata o fato e, em seguida, o do laço entre o convincente e o provado. Nesse sentido, a prova nega o discurso que ela supõe. Ela supõe uma *evidência* não discursiva das realidades materiais (dadas a ver e a tocar) e das realidades intelectuais, claras, distintas e necessárias. A retórica dispõe dos meios para criar a evidência, especialmente pela descrição e pela narração, que tornam presentes as coisas e os acontecimentos, criando a ilusão de uma "supressão da 'tela' do discurso" (Molinié, 1992: 148).

A responsabilidade pela prova desempenha um papel fundamental no debate. É um princípio conservador, que corresponde ao raciocínio por *default*, expresso pela regra: "Eu continuarei a fazer a mesma coisa a menos que você me dê uma boa razão para mudar". Esse princípio é definidor do papel de Proponente* (aquele que suporta a responsabilidade pela prova), assim como o é a doxa* (sendo um "*endoxon*" uma crença *normal*, que não tem necessidade de ser provada). De certo modo, tal princípio justifica o apelo à autoridade* ou ao bom senso popular (argumento conhecido como "*ad populum*"). Em Direito, a atribuição da responsabilidade pela prova determina legalmente quem deve provar o quê, e ela fundamenta o apelo aos precedentes.

Prova e argumento. No discurso científico, "argumento" e "prova" às vezes têm sentidos muito próximos. "Argumento" é correntemente empregado sobretudo no caso das *controvérsias* científicas, em que se fala dos argumentos favoráveis às teorias em confronto.

A contribuição da prova constitui "*a knock-down argument*" (Hamblin, 1970: 249). Ela torna as coisas "indisputáveis", encerra o debate, elimina a dúvida do espírito das pessoas racionais, que só ela tem a capacidade de *convencer* – é como se se dissesse que ela fornece um meio para caracterizar os locutores como insensatos, com vontades estranhas, levados por suas paixões, antissociais, por burrice ou por maldade.

A retórica antiga às vezes fala indiferentemente de *provas* ou de *argumentos*. A colocação em série de *provas éticas, patéticas* e *lógicas* equivale a definir a prova retórica como qualquer estímulo, verbal ou não verbal, capaz de induzir a uma crença. Ela estabelece a distinção entre *provas técnicas* (extraídas da técnica retórica, isto é, da tópica) e provas não técnicas: os elementos materiais levados ao conhecimento do tribunal, "os precedentes judiciários, os rumores, as torturas, as peças, o juramento, as testemunhas" (Quintiliano, *Institution*, V: 1,1) – ou, dito de outro modo, os fatos. Essa oposição não é mais utilizável, pois ela repousa numa terminologia agora contraintuitiva e negligencia o fato de que todos esses elementos, por mais convincentes que possam parecer, demandam um tratamento discursivo "para sustentá-los ou refutá-los" (ibid.).

No calor do debate, a distinção prova / argumento é uma simples questão de ponto de vista enunciativo: o locutor fala de suas provas; o juiz, terceiro, as considera como argumentos; seu adversário, como chicanas.

ver **argumentação, autoridade, demonstração, destinatário**

C. P. (F. C. M.)

proxêmica – O antropólogo americano Hall propôs o termo **proxêmica** (*proxemics*) para designar "o conjunto das observações e teorias que dizem respeito ao uso que o homem faz do espaço como produto cultural específico" (1978: 30).

A noção de "espaço" ("psicossocial" ou "transacional") se assemelha à de "território", mas o território é fixo, tem algum suporte material, enquanto o espaço é móvel, liga-se aos indivíduos como entidades psicocorporais, e corresponde à bolha imaginária que envolve cada um e que cada um desloca consigo. Assim, cada indivíduo é o centro de uma série de bolhas concêntricas caracterizadas pelas **distâncias** que separam os interlocutores e que são escolhidas preferencialmente segundo o tipo de interação* desejada. Segundo Hall e seus colaboradores, essas distâncias são, para o "americano das classes médias", as seguintes: (1) *Distância íntima*: até 40 cm. A aproximação corporal é acompanhada de uma colocação em jogo dos canais curtos: o contato, o calor, os odores, os barulhos respiratórios e, às vezes, cardíacos são percebidos. As circunstâncias em que essa distância é imposta (lugares públicos lotados, elevadores etc.) provocam a adoção de um certo número de medidas defensivas como a atitude de "indiferença civilizada". (2) *Distância pessoal*: de 40 cm a 1,20 m; é a distância escolhida para a conversa corrente. (3) *Distância social*: de 1,20m a 3,60m; essa distância permite eventualmente a cada um isolar-se e trabalhar sem indelicadeza na presença do outro. (4) *Distância pública*: a partir de 3,60m; essa distância corresponde a uma relação de caráter impessoal: é a que impõem as personagens oficiais importantes ou os oradores.

Hall concorda com o valor esquemático desse recorte e admite a existência de importantes *variações de uma cultura a outra* no que concerne às normas proxêmicas em vigor (às culturas "de contato próximo" se opõem as culturas "de contato distante", sendo essa distinção gradual). Mas, *no seio de uma mesma cultura*, constatam-se igualmente importantes variações, ligadas ao estatuto dos interactantes e a sua estrutura psicológica, assim como à atividade em curso. Certas correlações entre o comportamento discursivo das pessoas em presença e a distância que as separa foram postas em evidência. Por exemplo: duas pessoas colocadas em situação de proximidade tenderão a personalizar suas trocas enquanto, situadas a uma distância social ou pública, elas terão propósitos mais gerais e menos comprometedores; em um grupo, o número de emissões de fala de um locutor é máximo quando se encontra em uma relação face a face, e decresce regularmente em função da distância do interlocutor ("efeito Steinzor"). A influência das coerções proxêmicas na estrutura do discurso foi assinalada por Moscovici e seus colaboradores; outros pesquisadores mostraram que havia também uma modificação da gestualidade* de acordo com as características do lugar onde a interação se desenvolve (por exemplo, a gestualidade é menos comunicativa e mais "autocentrada" no caso em que o canal visual estiver excluído).

Em caso de invasão do território ou de violação do espaço de outrem, os efeitos produzidos sobre o desenvolvimento da interação são fáceis de observar. A vida corrente é fértil em exemplos e uma grande parte dos rituais*, das prescrições e das proscrições que fundam a "polidez"* tem como finalidade primeira evitá-las. Notemos que, aplicada às sociedades humanas, a noção de territorialidade não se limita simplesmente, como em etologia animal, ao território propriamente dito: ela concerne também às diversas "reservas" e dependências do EU (cf. Goffman, retomado por Brown e Levinson, que rebatizaram de "face* negativa" o território assim ampliado). As formas de violação territorial podem então ser mais variadas que a simples intrusão no espaço reservado de outrem. Assim, pode-se citar a intrusão sensorial, a intrusão temporal, ou a violação das reservas (indiscrição em relação a objetos ou documentos íntimos de outrem).

Como se vê, a maior parte dessas considerações atribui as noções de espaço e de território ao esquema corporal e as suas projeções. A zona de junção mais sensível é, evidentemente, o invólucro corporal e o contato desse invólucro com outrem, daí a importância do olhar e do toque; o *olhar* (que permite a penetração à distância do espaço de outrem e assinala seu investimento, às vezes mesmo no sentido guerreiro do termo) e o *toque* (que, para os cegos, supre em parte o olhar) obedecem a regras sofisticadas e variáveis segundo as culturas. Se o olhar é o sinal do investimento afetivo (positivo ou negativo) e da atenção dirigida ao outro, o toque é frequentemente portador de uma dimensão erótica que demanda um controle estreito. Olhar e toque intervêm também nos dispositivos reguladores da interação, o que constitui uma razão suplementar para a codificação de seu uso.

ver **face, gestualidade, polidez, relação interpessoal**

J. C. (N. M.)

quadro participativo – Na análise das conversações e de outras formas de interações verbais, a noção de quadro participativo destaca-se entre os parâmetros que permitem caracterizar uma situação de comunicação: estudam-se os participantes*, sua quantidade, sua qualidade e as relações que os unem no momento da troca comunicativa. É necessário distinguir entre uma acepção geral dessa noção e a concepção bastante específica proposta por Goffman em sua abordagem microssociológica dos comportamentos conversacionais (1987).

De uma maneira geral, o quadro participativo diz respeito aos elementos do **contexto*** que são ao mesmo tempo pré-estabelecidos e coelaborados durante o desenvolvimento da interação: se o número de participantes é, num *site*, um dos dados constitutivos do quadro interacional, isso não garante o número de locutores efetivamente *comprometidos* nas diferentes sequências conversacionais. Do mesmo modo, se os **papéis interacionais** (sociais) podem ser imediatamente definidos a partir de uma tipologia das interações, a hipótese central de trabalho em análise das interações estabelece que esses papéis são objeto de uma *coelaboração* constante durante o encontro, em função das ações realizadas e das imagens identitárias projetadas a todo instante pelos interactantes (a esse respeito, cf. principalmente a noção de "espaço interlocutivo" em Vion, 1992, e a análise das "relações de lugar" em Kerbrat-Orecchioni, 1992). O estudo da relação social, tal como ela resulta das evoluções trazidas ao quadro participativo durante uma interação, extrapolou o quadro das interações duais (cf. *Le Trilogue*, Kerbrat-Orecchioni e Plantin, eds., 1995) e conheceu numerosas aplicações, em particular a partir dos anos 80, no domínio das interações de trabalho (cf. os estudos sobre grupos de trabalhadores, como o dirigido por Joseph, a propósito dos centros de controle de RER [*Réseau Express Regionale* – trens que ligam pontos da periferia, passando pelo centro da cidade de Paris] (1993), ou a de Grosjean e Lacoste, 1999, no domínio médico).

Em Goffman, a noção de quadro participativo tem acepção mais restrita. Ela é relativa aos **papéis interlocutivos** potenciais em uma reunião social: "A relação de cada membro com [uma] enunciação modifica seu 'estatuto participativo' em relação à enunciação, e a relação do conjunto dos membros é o 'quadro participativo' para esse momento da fala. Esses dois termos podem ser utilizados mesmo se modificarmos o ponto de referência em direção a algo mais amplo, a saber, a totalidade da atividade na situação. [...] A enunciação não divide precisamente o mundo em torno do locutor em duas partes – membros recentes e antigos do grupo; ao contrário, abre todo um leque de possibilidades estruturalmente diferenciadas, colocando assim o quadro participativo no seio do qual o autor dirige sua produção" (1987: 146-147). O locutor ocupa um lugar à parte nesse dispositivo descritivo (seu modo de participação é analisado com a ajuda da noção de "formato de produção"). São, portanto, os outros participantes que são visados pelo quadro participativo e, mais precisamente, a diversidade de seu estatuto participativo, de acordo com os momentos da fala. Eles são, assim, selecionáveis como participantes "ratificados", sejam ou não *designados* como tais, ou como participantes "não ratificados", isto é, *terceiros* com presença mais ou menos clandestina – e qualquer que seja o tipo de atenção manifestada (da escuta atenta, mas silenciosa, ao "grunhido ocasional" na execução de uma tarefa, ou às intervenções mais ou menos cooperativas), o tipo de interação considerada (privada ou institucional, conversação dual ou com plurilocutores, tratamento conferido a um auditório a partir de cenas mais ou menos midiáticas), e a sequência interativa mantida (dominante ou subordinada, dissimulada ou visualizada). Dessa perspectiva, a concepção do **destinatário*** encontra-se, por um lado, consideravelmente complexificada, dada sua divisão em diversas figuras, e, por outro, radicalmente dinamizada, na medida em que a distribuição interlocutiva é continuamente reinterpretada ao longo das sequências.

É pelas modificações trazidas ao quadro de participação e ao formato de produção – os dois elementos constitutivos da noção de posição ou *footing** de Goffman – que os atores confiam a si mesmos e a seus parceiros sua interpretação do evento de comunicação e seu *engajamento* nas atividades em curso. Para o analista das interações, o estudo dos posicionamentos participativos dos atores, que se fundamenta em indícios linguísticos mais ou menos refinados, frequentemente não verbais, constitui um modo de acesso privilegiado à compreensão das forças e das fontes trabalhadas pelos atores de uma cena interativa qualquer.

ver contexto, destinatário, diálogo, *footing*, interação, papel

S. Br. (F. C. K.)

questão (em argumentação) – A análise do discurso argumentativo define a **questão** como um ponto controverso, resultado da expressão de pontos de vista divergentes sobre um mesmo tema. Colocar em questão é condição necessária ao desenvolvimento de uma argumentação.

A teoria das questões ou "estados de causa" desenvolvida por Hermágoras (século II a.C.) e por Hermógenes (século II) é um elemento essencial da teoria retórica argumentativa (Hermógenes, *Retórica*; Patillon, 1988). Ela se propõe a caracterizar as questões essencialmente no domínio judiciário por meio das seguintes distinções: (1) as questões "mal formadas", que não podem dar lugar ao debate argumentativo, seja porque a resposta é evidente, seja porque elas são indecidíveis; em resumo, as questões *indiscutíveis*; (2) as questões "bem formadas". Por exemplo, diante da acusação "Você roubou minha bicicleta!", podem ser adotadas diversas estratégias de defesa, que determinam o tipo de debate que segue: (a) negar a materialidade do delito: "É uma máquina velha sem valor"; (b) negar a ação: "Não roubei nada, não!" (c) reconhecer o fato e negar a qualificação: "A sua bicicleta, eu não roubei, só peguei emprestada"; (d) reconhecer os fatos e sua qualificação, mas rejeitar a responsabilidade "O chefe da gangue me obrigou", ou invocar circunstâncias atenuantes "Era só para ir buscar balas para minha irmãzinha"; (e) simplesmente se desculpar "Cometi um erro, Senhor Presidente".

A questão, isto é, o ponto a ser julgado, deduz-se, assim, da natureza da réplica dirigida pelo acusado ao acusador. Sublinhemos que este sentido da palavra "questão" é bem distinto daquele de "questão retórica", que designa uma questão da qual o locutor conhece a resposta e sabe que seus interlocutores a conhecem, e cujo valor é um desafio dirigido aos contraditores potenciais.

Condições de "disputabilidade". Tudo pode ser posto em questão? Pode-se tomar como regra fundamental da discussão crítica que "os parceiros [do debate argumentativo] não devem colocar obstáculo à expressão ou colocar em dúvida pontos de vista" (Van Eemeren e Grootendorst, 1996: 124). Essa possibilidade teórica é temperada pelo fato de que certas questões não podem ser colocadas seriamente, por razões epistêmicas ou morais; "aqueles que, por exemplo, se colocam a questão de saber se é preciso ou não honrar os deuses e amar seus pais, precisam apenas de uma boa correção, e aqueles que se perguntam se a neve é branca ou não, precisam apenas olhar" (Aristóteles, *Topiques*: I, 11). Em qualquer caso, as condições de "disputabilidade" de um ponto de vista não podem ser consideradas evidentes.

Paradoxo. A existência de uma questão está na origem do paradoxo da argumentação. Se há argumentação, é porque há debate, portanto, contradiscurso atestado ou possível, dúvida lançada sobre a posição que está sendo defendida e, em contrapartida, legitimação do discurso que a combate: "Para a maioria das pessoas, a argumentação torna o ponto em questão ainda mais duvidoso e consideravelmente menos impressionante" (Newman 1870 / 1975: 154). O primeiro ato para legitimar uma posição original ou paradoxal é legitimar o debate a seu respeito, portanto, encontrar um contraditor.

ver **argumentação, contradição**

C. P. (N. M.)

receptor – O **receptor** é, na teoria da informação*, o aparelho ou a pessoa que recebe, registra e decodifica a mensagem que lhe é transmitida por um emissor*.

Na linguística, foi criticada uma concepção da comunicação na qual emissor e receptor se encontrariam em uma relação simétrica, face a face um com o outro. Efetivamente, nada permite provar que o receptor apenas decodifique passivamente a intenção de sentido do emissor. Jakobson, que, no seu esquema da comunicação, substituiu o termo "receptor" por "destinatário*" – mas não parece que o receptor tenha, nesse esquema, sua própria autonomia –, parece não levar em conta o destinatário exceto na medida em que uma das funções da linguagem (a conativa) remete a ele, mas não se sabe se se trata de um destinatário interno ao processo de enunciação ou de um receptor externo a este último. Mais tarde, Benveniste, introduzindo a noção de enunciação* e de subjetividade na linguagem entre um *eu* e um *tu*, e, posteriormente, Culioli, assinalaram que cada um desses atores é tão ativo quanto o outro e que cada um realiza um trabalho linguageiro diferente do outro em um processo de coenunciação*, mas não se explicita qual é a natureza desse *tu*, pois os termos "enunciatário", "alocutário" e "destinatário" não são claramente diferenciados.

Na análise do discurso das mídias, em semiótica, o termo **receptor** continua a ser empregado por comodidade, designando a pessoa que recebe a mensagem verbal, mas este emprego é ambíguo, pois frequentemente não se determina se é em referência ao *sujeito interno* ao ato da enunciação ou ao *sujeito externo* que o recebe e o interpreta.

Foi sob a influência dos estudos em análise* conversacional que se começaram a operar distinções entre diferentes tipos de receptores. Com efeito, esses estudos evidenciaram que podia haver: receptores presentes ou ausentes; receptores únicos ou múltiplos; receptores, presentes, aos quais nos dirigimos, e/ou outros, igualmente presentes, aos quais não nos dirigimos; receptores que têm o direito de tomar a palavra, no seu turno de fala, outros que podem responder apenas de determinadas maneiras (por escrito, por exemplo), outros, enfim, que só podem ocupar a posição de escuta (em uma conferência, por exemplo). Kerbrat-Orecchioni propôs, em 1997, distinguir, sob esta denominação geral de receptor, diferentes tipos de **alocutários***, segundo o esquema:

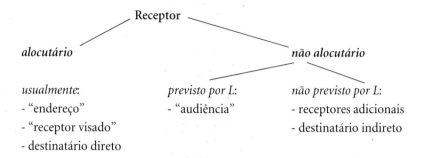

usualmente:
- "endereço"
- "receptor visado"
- destinatário direto

previsto por L:
- "audiência"

não previsto por L:
- receptores adicionais
- destinatário indireto

A autora acrescenta que "o receptor pode ainda ser real, virtual ou fictício" (ibid.). Esses casos se produzem, por exemplo, quando o receptor ocupa o lugar do leitor* de um romance; o narrador pode ser levado a inscrevê-lo em seu enunciado de determinada maneira e, assim, a instituí-lo de forma real, virtual ou fictícia.

Em uma perspectiva comunicativa da análise do discurso, Charaudeau propõe distinguir o sujeito que, no lugar e na posição daquele que recebe uma mensagem (sendo o destinatário ou não), deve interpretá-la, e o sujeito ideal que é visado e construído pelo ato de enunciação do locutor-emissor*. O primeiro, chamado **sujeito interpretante**, tem uma identidade psicossociolinguageira, e desempenha o papel de intérprete das mensagens procedendo por inferências*, a partir dos dados situacionais* que está em condições de selecionar, do próprio contexto* da mensagem, da maneira como imagina o locutor-emissor (sujeito* comunicante) e de seu próprio posicionamento (Charaudeau, 1988c: 74). O segundo, o sujeito idealmente visado, é chamado **sujeito* destinatário**, isto é, aquele ao qual o emissor *destina* sua mensagem com a ideia de que será interpretada da maneira que ele o deseja, e que inscreve, portanto, em seu ato de enunciação.

ver **destinatário, emissor, enunciador, interlocutor, sujeito falante**

P. C. (N. M.)

redator – ver **autor**

referência – A noção de **referência** ocupa o debate filosófico, mas também o lógico e o semântico. Em análise do discurso, sua relevância se decorre de sua relação com as noções de anáfora*, de dêixis* e de correferência*, mas se decorre igualmente dos dados lexicológicos.

As noções de referência e de referente não devem ser confundidas. A **referência** designa a propriedade do signo linguístico ou de uma expressão de remeter a uma realidade. O **referente** é a realidade que é apontada pela referência. *Referência* e *referente* são frequentemente confundidos, a ponto de serem sinônimos, notadamente para Milner (1982: 10), que conceitualizou a divisão entre **referência virtual** e **referência atual** e para quem *referência* é empregada com o sentido de *referente*. A referência virtual é definida em relação à unidade lexical: "A cada unidade lexical individual está relacionado um conjunto de condições que um segmento de realidade deve satisfazer para poder ser a referência de uma sequência na qual interviria crucialmente a unidade lexical em questão. [...] O conjunto de condições que caracteriza uma unidade lexical é sua referência virtual." A referência atual é constituída pelos segmentos de realidade, os referentes, que estão ligados à expressão empregada. As noções de referência *virtual* e *atual* atravessam a distinção entre léxico e discurso. A descrição da referência atual só se opera a partir de unidades de discurso. A estimativa e o cálculo da distância ou das distorções necessariamente existentes entre os dois tipos de referência estão relacionadas tanto à lexicologia quanto à análise do discurso. O estudo dos paradigmas* designacionais se situa na intersecção das duas disciplinas e constitui em objeto propício para a análise do discurso por entradas lexicais. Se a noção de referência virtual pode ser sinônima daquela de sentido lexical, a de referência atual não equivale ao sentido em discurso, pois este implica informações ligadas à situação de enunciação, às relações entre enunciadores, a seu saber, a sua posição enunciativa, aos rituais comunicativos, ao gênero discursivo, ao efeito buscado sobre o destinatário.

Para Frege, uma **expressão referencial** se distingue de uma **expressão predicativa** pelo fato de que a primeira refere enquanto a segunda apenas predica. Em "O gato dorme", "o gato" é considerado uma expressão referencial e "dorme", expressão predicativa. Em "o gato come o rato", "o gato" e "o rato" são expressões referenciais e "come" é uma expressão predicativa. Uma tal divisão se baseia, ao mesmo tempo, em fundamentos ontológicos e gramaticais. Ontológicos, pois ela outorga ao nome um privilégio, cuja justificativa não é linguística, percebido como a única unidade suscetível de referir o existente. Gramaticais, pois ela se baseia na incompletude lógica do verbo (que exige um sujeito que refira) para negar a essa unidade qualquer capacidade referencial.

A *distinção entre* **referência anafórica*** *e* **referência dêitica*** se inscreve tradicionalmente, desde Benveniste, na problemática mais ampla da enunciação*, em que ela se cruza com a dos tempos verbais. Para Benveniste, uma expressão pode referir segundo duas modalidades, seja relativamente à situação de enunciação na qual ela toma corpo, seja de maneira independente, objetiva. Essa distinção fundou a divisão correntemente admitida em linguística entre referência dêitica e referência anafórica. A noção de referência dêitica pode ser assimilada à de anáfora memorial, que implica que a retomada se opera com um referente presente no espírito do locutor.

Distinção entre **referência genérica** *e* **referência específica**. No primeiro caso, ela visará não um segmento de realidade efetiva, mas a categoria à qual ele se relaciona: "Mas, observando na boca da cratera este novo lago ressuscitado, percebo que várias características essenciais dos *lagos de lava* estavam aqui ausentes. *Um lago de lava* é um fenômeno raro, caracterizado pela manutenção e fusão da *dita lava*". No plano sintático, uma expressão genérica pode ser introduzida por um determinante definido ou indefinido. No plano discursivo, uma expressão genérica corresponde a uma generalização em um raciocínio ou em uma demonstração. Ela apresenta um valor argumentativo pelo fato de que intervém como premissa para justificar uma conclusão explícita ou não. Uma expressão genérica é igualmente um dos meios privilegiados para a expressão de um *tópos** no discurso (os *topoi* se exprimem no modo genérico). Diferentemente, uma expressão específica, pelo fato de que indica um referente particular inscrito *hic et nunc* no contexto extralinguístico, não pode fornecer um *tópos* sobre o qual apoiar a argumentação. Se ela permite à predicação abrir para uma generalização de valor argumentativo, não poderia assumir por si mesma a expressão dessa generalização. Mais que antagonistas, as expressões genéricas e as específicas são complementares: as segundas abrem caminho para os conteúdos expressos pelas primeiras.

ver **anáfora, atualização, dêixis, paradigma definicional/designacional**

G. P. (N. M.)

referencial (função –) – ver **funções da linguagem**

reformulação – Em linguística e em análise do discurso, a **reformulação** é uma relação de paráfrase*. Ela consiste em retomar um dado utilizando uma expressão linguística diferente daquela empregada para a referenciação anterior. Ela cobre os fenômenos de anáfora*, de cadeia* de referência e de correferência*.

Funções da reformulação

Ela participa da constituição dos "tópicos" discursivos realizando uma isotopia* (ex. a noção de cachorro) por meio dos deslocamentos semânticos operados pelas expressões que a significam no discurso (O cachorro... *Este animal... Sua valentia... Este perigo público...*). O estudo da reformulação alcança, entre outros, o dos paradigmas* designacionais e dos paradigmas* definicionais.

A reformulação pode ser encarada igualmente como um fenômeno *enunciativo*: um locutor retoma, reformulando-o, o discurso de um outro locutor ou o seu próprio discurso. Estão concernidos os fatos do discurso* citado (discurso direto, discurso indireto, discurso indireto livre, discurso direto livre, ilhota textual), mas também o dialogismo*, no sentido bakhtiniano do termo, inerente a qualquer produção discursiva. A reformulação é, por este viés, o vetor da heterogeneidade* do discurso, seja ela "mostrada" (discurso citado) ou "constitutiva" (dialogismo), segundo a expressão de Authier (1982a).

A reformulação pode ter uma função *explicativa* ou *imitativa*. No primeiro caso, participa da didaticidade* das produções enunciativas. A reformulação *explicativa* se situa no nível da significação do texto fonte, que ela reatualiza retrabalhando-a (portanto, alterando-a e deformando-a) para chegar a um texto alvo que seja o reflexo dos conteúdos veiculados ou compreendidos – nos dois sentidos do termo – no texto inicial. Estão concernidas no primeiro plano as atividades de definição*, sejam elas normatizadas (definição de dicionário, de um termo em um texto) ou não (definição natural de uma palavra...), mas igualmente as práticas de resumo, de síntese de um texto. A reformulação *imitativa* se situa no nível do significante, procurando reproduzir as características salientes. Dessa forma procedem gêneros como o pastiche* (no qual o empréstimo está marcado, contrariamente ao plágio), a sátira, a paródia* (na qual a reformulação tem uma função declaradamente lúdica).

Para a análise do discurso

A observação dos tipos de formulação (exófora*) e de reformulação (anafórica, catafórica*) permite seguir a constituição dos "tópicos" discursivos e efetuar a seleção dos temas sobre os quais se apoia a predicação. A anáfora e a catáfora colocam em destaque o intradiscurso* inerente a qualquer produção. O estudo individual dos reformulantes, sejam eles pronominais ou lexicais, permite depreender configurações múltiplas que a esquematização* empresta para conceitualizar o real. Os pré-construídos* culturais inerentes ao léxico são solicitados pela retomada anafórica ("anáfora" entendida no sentido amplo de "endófora* ou exófora*", ou em sua acepção restrita). Assim, a significação em língua das unidades lexicais sofre uma dupla distorção: de um lado, por sua conversão em vocábulos* e sua atualização no interior de grupos (nominais, adjetivais...), de outro lado, por sua inscrição em redes de retomadas nas quais a correferência vem tecer relações entre unidades semanticamente aparentadas ou ainda *a priori* disjuntas. O estudo das modalidades de reformulação (anáfora pronominal, lexical, convergente, divergente, conceitual, pressuposicional...) informa sobre a orientação do discurso. Reformular com a ajuda de pronomes significa para o locutor postular a invariância semântica do dado inicial e recusar sua declinação. Optar por uma anáfora lexical induz à perspectiva inversa. O locutor se engaja em jogos de ajustes semânticos e referenciais que ultrapassam, às vezes, os limites previstos pela acepção lexical das unidades. Os paradigmas designacionais constituem um exemplo de reformulação fundada na declinação.

O estudo da reformulação por *catáfora* apresenta características análogas à da *anáfora*, notadamente no que concerne à escolha das modalidades de reformulação (pronominal *vs* lexical). A catáfora se distancia da anáfora pelo menos em dois pontos. Se é possível, para a *anáfora*, declinar as diferentes dações do referente e criar assim segmentos mais ou menos vastos e complexos, para a *catáfora* parece que a extensão dessa operação fica limitada, já que a reformulação repousa sobre competências lexicais (é difícil imaginar a produção de um grande número de reformulantes antes da enunciação da unidade fonte). Por isso, salvo indicação explicitamente fornecida pela sintaxe, a análise terá tendência a considerar como anafóricas sequências de mais de um reformulante.

ver **anáfora, cadeia de referência, correferência, paradigma definicional/designacional**

G. P. (N. M.)

reformulação argumentativa – Há **reformulação argumentativa** quando a conclusão é uma **quase paráfrase** do argumento, como em "é nosso dever, devemos, portanto, fazê-lo", se se admite que "dever" é "dever fazer". No-limite, poder-se-ia dizer que, em um sistema parafrásico, a orientação* do argumento em direção à conclusão é tão marcada que o argumento se confunde com a conclusão.

Do ponto de vista puramente *lógico*, a consequência "P, então P" é boa. Do ponto de vista da argumentação como progressão *epistêmica*, trata-se de uma petição de princípio (raciocínio circular, que pretende provar uma coisa por ela mesma). Do ponto de vista *discursivo*, é preciso notar que qualquer reformulação introduz um desnível entre argumento e conclusão, o que é suficiente para dar ao conjunto um certo valor argumentativo. Por exemplo, dir-se-á que o argumento precedente funciona como uma lembrança de que o "dever fazer" está fundado, no caso, apenas em um dever moral, e não, por exemplo, em um interesse.

Reencontra-se aqui a tensão entre a lei lógica, a exigência epistêmica de separabilidade argumento / conclusão (que devem denotar fatos distintos, avaliáveis separadamente) e as condições de redundância exigidas pela estrutura textual (ou produzidas por ela).

ver **orientação argumentativa, paralogismo**

C. P. (N. M.)

refutação – A **refutação** é um ato reativo argumentativo de oposição. Do ponto de vista do uso, "refutar" tende a designar quaisquer formas de rejeição explícitas de uma posição, com exceção das proposições de ação: refutam-se teses, opiniões que se pretendem verdadeiras, mas rejeita-se (e não "refuta-se") um projeto; as acusações podem ser "refutadas" ou "rejeitadas".

Do ponto de vista *científico*, uma proposição é refutada se for provado que ela é falsa (o cálculo do qual ela deriva contém um erro, as predições que ela opera são contraditórias com os fatos observados...). Do ponto de vista *dialogal*, uma proposição é refutada se, depois de ter sido discutida, é abandonada pelo adversário, explícita ou implicitamente (isso não está mais em questão na interação).

O objetivo da refutação, em sua forma radical, é a destruição do discurso atacado (Windisch, 1987). Quaisquer elementos que definem um discurso em situação podem ser utilizados ou manipulados para torná-lo indefensável.

Desqualificação do discurso. A refutação em sentido amplo pode proceder por desqualificação do discurso do adversário, que se rejeita porque é **mal formado**, qualquer que seja a natureza da má formação: significação obscura, sintaxe incorreta, léxico ridículo, pronúncia defeituosa ou provinciana..., o que permite economizar o exame da proposição: "Não entendo o que você diz", "Nem vou mencionar os argumentos de meu adversário". A desqualificação pode incidir **sobre o adversário** propriamente dito (explicitação da contradição dos dizeres, ou dos atos e dos dizeres do adversário), ou tomar a forma de um ataque pessoal, sem relação com o tema da discussão.

Disposições do discurso a ser refutado. A refutação supõe, se não uma retomada palavra por palavra do discurso a ser refutado, ao menos uma conexão com esse discurso, sua "colocação em cena" pelo discurso refutador. Nos gêneros argumentativos social ou cientificamente codificados, a refutação incide, em princípio, sobre um segmento essencial extraído do discurso no qual se exprime uma posição isolável. Nos diálogos correntes, o oponente pode proceder a diversas disposições diafônicas* do discurso ao qual se opõe, a fim de facilitar sua refutação, por redução ou exagero que o torna absurdo: "L_1: Este jardim tem poucas plantas! – L_2: Escuta, isso aqui não é uma floresta!".

A mudança de orientação* argumentativa substitui um termo de orientação argumentativa não C por um termo de orientação argumentativa C: "O que você chama coragem, eu chamo temeridade". O mesmo efeito pode ser obtido por encadeamento dos pressupostos: "L_1: Quase não bebi nada. – L_2: Então, você reconhece que bebeu".

O modelo argumentativo proposicional distingue diferentes componentes que podem ser o alvo do ato de refutação:

· *Inclusão de argumento* que vai no sentido de uma conclusão que está em contradição* com a primeira: "L_1a: Vamos construir a nova escola aqui, os terrenos são menos caros. – L_2a: Mas se a construirmos aqui, os alunos terão menos transporte". De uma maneira geral, como efeito do jogo da negação em situação bipolarizada, o fato de fornecer uma razão para fazer A se transforma em razão para não fazer B. Pode-se dizer que a argumentação em favor de A é uma contribuição à refutação de B, ou uma contra-argumentação* em desfavor de B.

· *Rejeição do argumento,* a conclusão é ao menos desestabilizada. Logicamente, ela pode ser mantida: "L_1: Pedro chegará terça, na quarta ele quer estar no aniversário de Paulo. – L_2: Mas o aniversário de Paulo é segunda!". A rejeição do argumento pode levar à abertura de uma nova questão argumentativa (subdebate), incidindo desta vez sobre o argumento antigo.

· *Rejeição da lei de passagem:* "L_1: Pedro é nativo das ilhas Malvinas, portanto, é argentino. – L_2: Exatamente, as ilhas Falklands são território britânico"; o conector "exatamente" permite a reorientação de um argumento em favor de uma nova conclusão (Ducrot, 1982).

· *Ataque contra um elemento qualquer do esquema argumentativo.* Seja o diálogo: L_1: "Você não vai sair esta noite! Sua irmã teve de esperar até os dezesseis anos". – L_2: "Mas eu não sou minha irmã!", L_1 utiliza o princípio de justiça: "Os seres de uma mesma categoria devem ser tratados da mesma maneira". L_2 recusa a **assimilação categorial** necessária para a aplicação dessa regra.

· *O discurso contra.* De uma maneira geral, a cada tipo de argumento corresponde um modo de refutação particular, um discurso contra: "contra-autoridade", "contra os testemunhos", "contra as definições"... Por exemplo, a refutação das argumentações fundadas nos dizeres de peritos se faz de acordo com as linhas seguintes, que se encontram em quaisquer discursos "contra os peritos": "a autoridade invocada não satisfaz a condições exigidas de um perito no domínio em questão; ela não é citada corretamente; o domínio em questão não pertence ao domínio de competência específica do perito; não se dispõe de nenhuma prova direta; não há consenso entre os peritos". O discurso contra fornece a *ossatura* de uma posição crítica diante de um tipo de argumento que lhe corresponde.

ver **concessão, contradição, contra-argumentação, objeção, retórica**

C. P. (N. M.)

regime discursivo – Esta expressão é utilizada para designar conjuntos textuais homogêneos e descritíveis com predomínio descritivo, narrativo, explicativo, prescritivo... **Regime discursivo** é, assim, preferido a gênero* ou tipo* de texto, pois, como o determina Beacco (1993: 38), "O fato [...] de que ele possa se realizar tanto sob a forma de verdadeiros artigos quanto de simples encartes, cujo estatuto hesita entre o texto e a nota, incita a preferir regime discursivo a gênero textual, que apresenta um grau de identidade linguística superior." O regime discursivo se refere a combinações estabilizadas de marcas linguísticas ou semióticas homogeneizantes, ou seja, segmentos de textos, textos ou elementos paratextuais.

Modo discursivo

A expressão é utilizada em um sentido próximo ao de regime discursivo, em particular para designar o deslizamento do modo informativo constitutivo dos discursos midiáticos em direção a outros modos, como o modo explicativo ou o argumentativo no discurso sobre as ciências na mídia (Moirand, 1997), e, em particular, no interior de um mesmo texto ou de um mesmo documento. Entretanto, e diferentemente de **regime discursivo**, a expressão "modo discursivo" decorre de uma concepção dialógica* do discurso e da intertextualidade*, que não procura determinar dominantes textuais, mas que se preocupa mais em evidenciar as heterogeneidades* semióticas e enunciativas dos *corpora* midiáticos constituídos a partir de momentos* discursivos particulares (Moirand, 2000, 2001).

ver **gênero de discurso, matriz discursiva, sequência, tipo de discurso**

S. M. (N. M.)

registro – *Em sociolinguística*, o termo **registro** foi difundido por Ferguson (1982) para designar uma variedade isolável de uma língua empregada em situações sociais definidas (Auger, 1997). Contudo, a delimitação dos registros coloca problemas, pois não é possível fazer coincidir características sociais e um conjunto de variáveis: o mesmo locutor, na mesma situação, pode recorrer a traços derivados de vários "registros".

Em análise de discurso, Achard (1995: 87) contrasta **registro discursivo** com **gênero discursivo**: os *registros* (que ele aproxima dos jogos de linguagem de Wittgenstein) são a face externa dos discursos e remetem às práticas dos locutores. Os *gêneros** são constituídos pelas regularidades formais normalmente associadas aos registros.

ver **gênero de discurso**

S. B.-R. (N. M.)

regulação (princípio de –) – Essa palavra, que evoca um processo de controle do funcionamento de um sistema complexo, é central em psicologia. Oriunda da cibernética, redefinida por Piaget para a psicologia como "um controle retroativo que mantém o equilíbrio relativo de uma estrutura organizada ou de uma organização em via de construção" (1967: 239), retomada por Caron (1983: 155), é desenvolvida por Chabrol (1990) no quadro de uma psicossociologia da linguagem que supõe "a existência de um mecanismo regulador sociocognitivo-linguageiro agindo durante o desenvolvimento do discurso para controlar a 'boa' construção discursiva com vistas a finalidades identitárias" (1990: 218). Define, então, dois grandes tipos de regulação, que intitula "egocentrada antecipada" (1990: 218) e "egocentrada retroativa" (1990: 219).

Em análise de discurso, Charaudeau retoma essa noção tal como é definida por Chabrol para fazer dela um dos quatro princípios que fundam o ato de linguagem (com os princípios de *alteridade**, de *influência** e de *relevância**). Para ele, o **princípio de regulação** é o que permite dominar o jogo das influências. "Constitui, ao mesmo tempo, a condição para que os parceiros se engajem no processo de reconhecimento do contrato* de comunicação, e a condição para que se persiga e se conclua a troca comunicativa" (1995a: 88). "Permite, portanto, ao sujeito comunicante pôr em ação certas estratégias* de base, cuja finalidade consiste em assegurar a *continuidade* ou a *ruptura* da troca por: *aceitação/rejeição* da fala do outro e de seu estatuto enquanto ser comunicante, *valorização/desvalorização* do parceiro, concedendo-lhe o direito à palavra, *reivindicação/compromisso* da parte do sujeito falante, a propósito da construção de sua identidade" (1991a: 31).

ver **alteridade (princípio de –)**, **influência (princípio de –)**, **relevância (princípio de –)**

P. C. (N. M.)

regulador – O termo **regulador** designa a atividade verbal, vocal e mímico-gestual pela qual os ouvintes monitoram a produção do turno de fala de um locutor. É utilizado para traduzir o termo inglês *back-channel*, introduzido por Yngve (1970) para designar o canal por meio do qual a pessoa que detém o turno recebe mensagens curtas tais como "sim", "hum", este canal se distingue do canal principal (*main-channel*) por meio do qual o locutor emite. A noção de regulação se aproxima também da de *feed-back*, que se inscreve em uma concepção sistêmica da comunicação. Jackson propõe, assim, definir a interação familiar "como um sistema de informação fechado, de tal forma que as variações de comportamento, ou *output*, são reinjetadas [*feed-back*] no sistema a fim de corrigir as reações" (1981: 225).

O estudo dos reguladores verbovocais está evidentemente ligado ao dos *turnos** de fala, e a distinção entre esses dois tipos de contribuições nem sempre é fácil de estabelecer. Diferentes critérios são utilizados para caracterizar os reguladores em relação ao turno: sua brevidade, sua localização frequentemente superposta ao turno do locutor, o fato de que frequentemente estão fracamente articulados e são produzidos com uma intensidade vocal reduzida. Mas essas atividades de manutenção na interação não se limitam ao canal verbal, elas dizem respeito, também, ao gestual: "esse sistema '*back-channel*' compreende, além disso, elementos verbovocais classicamente considerados, elementos gestuais e mímicas, sendo que esse conjunto se associa para assegurar a 'pilotagem' da interação, termo que preferimos a '*back-channel*', de conotação muito restritiva" (Cosnier, 1988: 183). Como o sublinha também Cosnier, esses sinais de pilotagem aparecem frequentemente em resposta a uma solicitação do locutor (pelo olhar, um movimento de cabeça, um sorriso, uma pausa etc.); convém, portanto, distinguir os dois aspectos do fenômeno para dar conta do sistema global de sincronização interacional: "o aspecto 'fático*' que tem a ver com a atividade do falante, e o aspecto 'regulador' que tem a ver com a atividade do ouvinte" (1987: 312).

No que concerne à função dos reguladores (essencialmente verbais), Gaulmyn distingue "a atividade de regulação que *registra* o simples fato de que o locutor fala, sem ratificar a enunciação* nem o enunciado*, e que pode incitá-lo a prosseguir ou a preparar uma transição; por outro lado, a regulação que *aprova* a enunciação e/ou o enunciado do locutor, que o sustenta ou que marca o acabamento de um tema e o fim próximo da intervenção; enfim, a regulação que *desaprova* ou coloca em dúvida o enunciado do locutor e que pode também provocar uma continuação ou acarretar uma interrupção do locutor" (1987b: 220). Em seu estudo dos sinais "*back-channel*", em situação de encontro, Laforest retém três categorias funcionais: *marcador de recepção* [*sim, hum-hum, tá* etc.], *apoio* por avaliação ou declaração de atitude (categoria retomada em Bublitz, 1988), *retorno* por "sinais complexos que servem para declinar um convite à fala com a finalidade de incitar o locutor a continuar falando" (1992: 143).

ver **enunciado, enunciação, interação, turno de fala**

V. T. (N. M.)

reinvestimento – ver **captação (II)**

relação/conteúdo – ver **conteúdo/relação**

relação interpessoal – Qualquer conversação* (tanto no sentido estrito quanto no sentido amplo) pode ser encarada como uma sequência de eventos cujo conjunto constitui um tipo de "texto", produzido coletivamente em um contexto determinado, que obedece a certas regras de organização interna. Mas é também o lugar onde se constrói entre os participantes *um certo tipo de relação socioafetiva* – de distância ou de familiaridade, de igualdade ou de hierarquia, de conivência ou de conflito... O reconhecimento desses dois níveis de análise é familiar aos interacionistas, quer se trate, por exemplo, da oposição introduzida pela Escola de Palo Alto (Bateson, Watzlawick etc.) entre o nível do "conteúdo*" e o da "relação*", ou da distinção estabelecida por Goffman entre as "coerções do sistema" e as "coerções rituais". Quaisquer enunciados produzidos na interação podem ser encarados sob esses dois ângulos: mesmo que estejam fortemente carregados de conteúdo informacional (não são puramente "fáticos*"), os enunciados possuem sempre, além disso, algum valor relacional (busca de um consenso; desejo de ter razão, ou de dar razão ao outro; preocupação em poupar a face do outro, ou de desqualificá-la...), valor que age insidiosa mas eficazmente no diálogo, mesmo sendo, frequentemente, mais dissimulado, por ser menos "oficial" do que o conteúdo informacional.

Numerosos e diversos são os aspectos que decorrem do nível relacional, mas dois, entre eles, sobretudo, foram objeto de investigações mais profundas: (1) a dimensão da *distância* (relação "horizontal") – distância mais ou menos afastada ou próxima, com suas diversas variantes (familiaridade, intimidade, solidariedade); (2) a dimensão do *poder* ou da *dominação* (relação "vertical"). Convém, nesse sentido, distinguir teoricamente "complementaridade" e "hierarquia", isto é, opor três tipos de trocas: as trocas **simétricas** (trocas igualitárias em que os diferentes participantes dispõem, em princípio, dos mesmos direitos e deveres), **complementares não hierárquicas** (exemplo: a relação comerciante-cliente) e **complementares hierárquicas** (exemplo: a relação professor-aluno).

Por outro lado, a constituição de um tipo particular de relação entre os interactantes depende de dois tipos de fatores: (1) *os dados contextuais*, que constituem o quadro "externo" da interação (situação comunicativa e tipo de interação, e estatuto dos participantes etc.); (2) *o que se passa no interior da interação propriamente dita*: mesmo se forem em parte determinados pelo contexto*, os eventos conversacionais podem *remodelar* os dados externos, estando a relação em permanente redefinição por meio da manipulação dos signos partilhados, e, em particular, pelo jogo de certas unidades pertinentes, os **relacionemas** (ou **taxemas**, no caso dos marcadores da relação vertical [Kerbrat-Orecchioni, 1992: 1ª parte]). Por exemplo, uma relação de familiaridade (dado "externo") favorece a produção de "confidências", mas, ao contrário, a troca de confidências (dado "interno") pode instaurar uma intimidade até então desconhecida dos interlocutores; ou ainda: para dar uma ordem, é preciso, em princípio, estar "autorizado", mas, pelo simples fato de dá-la, o locutor pretende exercer sobre seu destinatário uma certa influência e colocar-se em uma posição superior, que ele não necessariamente detém previamente.

A tarefa principal dos linguistas que trabalham nessa perspectiva consiste, portanto, em fazer o inventário e a descrição dos principais relacionemas – *não verbais* (dados proxêmicos*, posturas, gestos, mímicas), *paraverbais* (intensidade vocal, "tom" da voz) e *verbais* (funcionamento dos turnos* de fala, formas de tratamento*, temas abordados e conteúdos compartilhados, registros de língua, atos* de linguagem produzidos de ambos os lados, marcadores de polidez* ou de impolidez etc.). Consiste também em ver como esses marcadores funcionam em contexto, e em que medida determinam a evolução da relação ao longo da troca comunicativa – pois a principal característica da relação interpessoal é que ela é *evolutiva*, e quase sempre *negociável*: a interação é um processo dinâmico, no qual nada está definitivamente determinado no princípio nem é fixado de uma vez por todas, principalmente a "relação de lugares*" (Flahault, 1978; Vion 1992).

ver **tratamento (formas de –)**, **metacomunicação/metadiscurso**, **negociação**, **polidez**

C.K.-O. (N. M.)

relevância (princípio de –) – *Em pragmática*, Grice (1979) faz da *exigência de relevância* uma das máximas* que governam a troca verbal. Sperber e Wilson (1989) retomam essa noção, ampliando seu sentido, e a tornam a base de sua teoria, conhecida como *teoria da relevância*. Partindo do *postulado de intencionalidade* de Searle (1983), retomando a definição da comunicação como fato intencional de Grice (1957), ao mesmo tempo em que criticam alguns de seus aspectos, esses autores mostram "como o princípio de relevância basta por si só para explicar de que modo a significação linguística de um enunciado e seu contexto interagem e determinam a maneira pela qual esse enunciado será compreendido" (1989: 7). Assim sendo, eles definem o princípio de relevância como "aquilo que torna manifesta a intenção que subjaz à ostensão" (1989: 2), de modo que esse princípio é "aquilo que permite fazer do modelo inferencial da comunicação um modelo explicativo" (1989: 82). Assim sendo, o que torna o enunciado relevante é a possibilidade para o interpretante de construir inferências* a partir de dados de um enunciado, colocando-os em relação com outros dados já registrados em sua memória.

Em análise do discurso, a expressão *princípio de relevância* foi retomada por Charaudeau (1995a), que fez dela um dos quatro princípios que fundam o ato de linguagem (juntamente com os princípios de *alteridade**, de *regulação** e de *influência**). Inspirando-se no sentido comum desse termo, ao mesmo tempo em que na noção de "ambientes cognitivos mutuamente manifestos" de Sperber e Wilson (1989: 64), Charaudeau diz desse princípio que ele "implica que existe, por parte dos parceiros do ato de comunicação, um reconhecimento recíproco de aptidões-competências para falarem 'sobre' e terem 'direito à palavra'. É preciso, portanto, por um lado, que esses parceiros possam supor que eles tenham uma intenção, um *projeto de fala* que dará ao ato de linguagem sua motivação, sua razão de ser, e, por outro lado, que, dado esse postulado de intencionalidade, eles postulem ainda, por meio da intervenção de um olhar avaliador, que o outro compartilha dos mesmos lugares de reconhecimento" (1995a: 87).

ver **alteridade (princípio de –)**, **influência (princípio de –)**, **regulação (princípio de –)**

P. C. (F. C. M.)

rema – ver **tema/rema**

reparação – Segundo nos refiramos aos trabalhos de Goffman (em particular, 1973) ou aos da análise conversacional, "**reparação**" (*repair*) recebe duas acepções diferentes.

Para Goffman, a atividade reparadora tem por função "mudar a significação atribuível a um ato, transformar o que se poderia considerar como ofensivo naquilo que se pode conceber como aceitável" (1973: 113). As formas mais correntes da atividade reparadora são para ele as *justificações,* as *desculpas* e as *súplicas*. Essas noções adquirem sentido no quadro de sua representação da interação como uma cena na qual os atores se esforçam para não prejudicar a face* de ninguém. Nas palavras de Goffman: "Quando as pessoas estão em presença umas das outras, ocorrem numerosos eventos imprevistos que correm o risco de jogar sobre elas um reflexo desfavorável. O indivíduo percebe que está agindo (ou vai agir) de tal maneira que dará a impressão de invadir os diversos territórios e reservas de outras pessoas; ou ainda, ele percebe que vai dar uma impressão ruim de si mesmo; ou ambos os casos; em tais circunstâncias, ele apela, geralmente, a uma atividade reparadora, a fim de recompor uma definição satisfatória de si mesmo" (ibid.: 177).

No quadro dos pequenos incidentes da vida quotidiana, a atividade reparadora se efetua pela produção de trocas reparadoras que se estruturam, geralmente, em três intervenções (por oposição às trocas confirmadoras, que são binárias): ofensa/reparação/reação (aceitação ou rejeição da reparação), como em "A pisa no pé de B. – A: "Desculpe. – B: Não foi nada" (ibid: 139). Assinalemos que, nas descrições de Goffman, o tratamento dos pedidos (que ele integra na categoria das súplicas) pode levar a confusão, porque *reparação* acaba por designar o próprio ato de ofensa, pelo fato de que ele é atenuado, como em "Reparação A: "Você poderia me passar o leite?" / Satisfação B: "Pois não"/ Apreciação A: "Obrigado" (ibid.: 140). A troca reparadora compreende, frequentemente, uma quarta intervenção de minimização. Numerosos trabalhos foram consagrados a esse tipo de comportamento, em particular no quadro das pesquisas sobre polidez* linguística (Kerbrat-Orecchioni, 1992, 1994, 1997; sobre a desculpa e o pedido, ver também Blum-Kulka *et alii*, 1989, em uma perspectiva contrastiva).

Em análise conversacional, o termo "reparação" designa o conjunto dos procedimentos disponíveis para reparar os erros, as violações ou os problemas de que a interação pode ser objeto em seus diferentes níveis de organização (Sacks, Schegloff e Jefferson, 1978). Entre esses procedimentos de reparação, alguns dizem respeito ao funcionamento dos turnos* de fala. Nessa categoria, podemos destacar: a gestão das interrupções com, por exemplo, o emprego de marcadores* específicos; os falsos inícios, repetições ou reciclagens daquela parte de um turno na qual se produziu uma superposição; as suspensões dos turnos de fala quando ocorre o início simultâneo no momento da passagem do turno. Outros procedimentos reparadores não dizem respeito aos turnos de fala, como é o caso, em particular, daqueles que são iniciados depois do final do turno que contém o elemento "reparável".

As reparações são, então, abordadas sob o ângulo de sua sequencialidade (elas são iniciadas no próprio turno que contém o elemento reparável, no turno imediatamente seguinte ou nos turnos seguintes). Os numerosos trabalhos descritivos realizados sobre esses fenômenos estabeleceram a distinção entre **autorreparação** e **heterorreparação** e evidenciaram a *preferência pela autorreparação*. Eles permitiram, também, tornar precisa a noção de elemento "reparável": esse elemento não é necessariamente um erro, e reparações efetuadas pelo locutor no curso de seu turno de fala, por exemplo, podem muito bem produzir-se na ausência de qualquer "erro". Estão ligados à reparação, portanto, tanto o estudo da gestão interacional dos mal-entendidos* quanto a investigação dos processos de reformulação* (Gulich e Kotschi, 1983, 1987; Gaulmyn, 1987a).

ver **mal-entendido, marcador conversacional, polidez**

V. T. (N. M.)

réplica – *No sentido corrente*, o tipo de encadeamento reativo designado pelo termo "réplica" é: "Resposta viva, feita com humor e marcando uma oposição" (*Petit Robert*, 2000).

No seu sentido técnico, a réplica é uma intervenção reativa que incide sobre a enunciação e não sobre o enunciado da intervenção precedente, por exemplo: "A: Você vem amanhã?" – B: "Qual a diferença pra você?", no lugar de "sim" ou "não" que seriam *respostas*. Para Moeschler (1985), a réplica é sempre um encadeamento negativo (1985: 95); quanto a Kerbrat-Orecchioni, ela refere-se, também, para designar certos tipos de encadeamentos positivos, nos quais a função contestadora da réplica se funde com a resposta, por exemplo: "Está tudo certo?" – "Se não estivesse, você acha que eu estaria aqui?" (resposta positiva indireta, amalgamada a uma réplica, indicando que essa resposta é evidente) (1990: 207).

No diálogo teatral, a réplica é equivalente ao "turno* de fala" da análise das conversações.

ver **troca, turno de fala**

V. T. (N. M.)

representação social – A noção de **representação social** nasceu na sociologia sob a denominação de "representação coletiva" (Durkheim, 1898). Sob denominações diversas, ela trata da questão da relação entre a *significação*, a *realidade* e sua *imagem*. No campo filosófico, no qual esta noção é muito discutida, dois pontos de vista se opõem: de um lado, aquele pelo qual a existência de uma "realidade ontológica" seria dissimulada pelas "falsas aparências do mundo sensível", de outro, aquele pelo qual, entre a realidade ontológica, sempre presente como proposição, e o sujeito se encontra a "tela da construção de um real" como significação do mundo (Baudrillard, 1972). Esse segundo ponto de vista é igualmente o do filósofo Wittgenstein, para quem as representações não testemunham o mundo, mas são o mundo, são aquilo em razão do que tomamos conhecimento do mundo (Wittgenstein, 1986), e o do sociólogo Bourdieu, para quem é preciso "incluir no real a representação do real..." (Bourdieu, 1982: 136).

Em psicologia social, essa noção foi retomada e reformulada por Moscovici (1972). Ela é definida, nessa disciplina, a partir de sua função primeira, que é "interpretar a realidade que nos envolve, de um lado, mantendo com ela relações de simbolização e, de outro, atribuindo-lhe significações" (Guimelli, 1999: 64). Desse modo, as representações sociais "recobrem o conjunto das crenças, dos conhecimentos e das opiniões que são *produzidas* e *partilhadas* pelos indivíduos de um mesmo grupo, a respeito de um dado objeto social" (ibid.: 63). É no quadro dessa disciplina que se encontram as definições mais elaboradas, tentando distinguir diferentes níveis de construção das representações: um nível profundo, concebido com um 'nó central', no qual se constroem por consenso representações 'não negociáveis', que constituem a memória da identidade social (ibid.: 83); um 'sistema periférico', no qual se constroem 'categorizações' que permitem à representação "ancorar-se na realidade do momento, [...] como grade de 'decifração' das situações sociais" (ibid.: 84).

A questão das representações sociais é atual nas ciências humanas e sociais, pois ela remete às questões bastante complexas da distinção entre *sistemas de pensamentos, sistemas de valores, doutrinas* e *ideologias*, sua definição e sua estruturação.

Em pragmática, essa noção é diversamente empregada. De maneira restrita como na teoria da relevância de Sperber e Wilson, para quem a *representação* é um dos dois processos (o outro é a *computação*) pelo qual um sujeito interpreta os enunciados. É preciso, com efeito, que ele seja capaz "de representar mentalmente esse fato e aceitar sua representação como sendo verdadeira ou provavelmente verdadeira" (1989: 65). De maneira ampla, sob a denominação de "representações supostamente partilhadas", referindo-se ao saber comum que se presume que os interlocutores partilham para que a intercompreensão possa se estabelecer. Alguns preferem a noção de "esquematização*", que "tem por papel fazer ver alguma coisa a alguém; mais precisamente, é uma representação discursiva, orientada em direção a um destinatário, daquilo que seu autor concebe ou imagina de uma certa realidade" (Grize, 1996: 50).

Em análise de discurso, inspirando-se nas proposições do filósofo e semiólogo Marin, poder-se-ia ligar essa noção à de *interdiscursividade** e de *dialogismo** de

Bakhtin. Marin (1993) confere às *representações* três funções sociais: de "representação coletiva", que organiza os esquemas de classificação, de ações e de julgamentos; de "exibição" do ser social por meio dos rituais, estilizações de vida e signos simbólicos que os tornam visíveis; de "presentificação", que é uma forma de encarnação, em um representante, de uma identidade coletiva. Essa posição acarreta um certo número de consequências: (1) "já que as representações constroem uma organização do real por meio das próprias imagens mentais veiculadas por um discurso [...] elas estão incluídas no real, são, até mesmo, dadas pelo próprio real" (Charaudeau, 1997a: 47). Assim, as representações se configuram em discursos sociais que testemunham, alguns, sobre o saber de conhecimento sobre o mundo, outros, sobre um saber de crenças que encerram sistemas de valores dos quais os indivíduos se dotam para julgar essa realidade. (2) Esses discursos sociais se configuram ora de maneira explícita, "objetivando-se" (Bourdieu, 1979) em signos emblemáticos (bandeiras, pinturas, ícones, palavras ou expressões), ora de maneira implícita, por alusão (como no discurso publicitário). (3) Esses discursos de conhecimento e de crença desempenham um papel identitário, isto é, constituem a mediação social que permite aos membros de um grupo construírem uma *consciência de si* e que parte de uma *identidade coletiva*.

Enfim, essa noção de representação permite distinguir, nas análises dos discursos sociais, diversos tipos de *corpora**: aqueles que são construídos em torno de *acontecimento* (por exemplo "uma catástrofe ferroviária"), aqueles que são construídos em torno de um mesmo *gênero** (por exemplo, a "reportagem"), aqueles que são construídos em torno de *representações* (por exemplo, o tratamento da "juventude" na mídia).

ver **conhecimento/crença (saber de –), dialogismo, interdiscurso**

P. C. (N. M.)

retórica – A retórica é a ciência teórica e aplicada do exercício público da fala, proferida diante de um auditório dubitativo, na presença de um contraditor. Por meio de seu discurso, o orador se esforça para impor suas representações, suas formulações e para orientar uma ação. A retórica foi definida pelos teóricos da Antiguidade e foi desenvolvida até a época contemporânea por um paradigma de pesquisa autônomo.

As definições clássicas

Elas acentuam os aspectos *estruturais* ou *funcionais* dessa disciplina: (1) Platão, no *Górgias*, coloca a **contradição** no coração da retórica, definida por Górgias como "o poder de convencer, graças aos discursos, [...] em não importa qual reunião de cidadãos" (452b-453b), e por Sócrates como "a contrafação de uma parte da política" (463a-d), sendo a política, para Sócrates, "a arte que se ocupa da alma" (464ac). (2) Aristóteles a entende como uma *ciência* orientada para o *particular*: "Admitamos, portanto, que a retórica é a faculdade de descobrir, especulativamente, aquilo que, em cada caso, é apropriado para persuadir" (*Retórica*: 1, 2, 25). (3) Para Quintiliano, é uma *técnica normativa* da fala, "a arte de bem dizer" (*Institution*: II, 17, 37). Ela vem depois da gramática, que é a arte de dizer corretamente.

Processo e produto. A prática retórica tende a normalizar tanto o processo de produção do discurso quanto seu produto. O **processo** comporta, tradicionalmente, cinco etapas:

· **Invenção**: etapa cognitiva de pesquisa metódica de argumentos, guiada pela técnica das questões tópicas ("inventar" não é tomado no sentido moderno de "criar", mas no sentido de "encontrar, descobrir"). Somente são retidos os melhores argumentos, em função do caso e das circunstâncias de enunciação.

· **Disposição**: etapa de planificação textual, que organiza a sucessão dos argumentos e das partes do discurso. Essas duas primeiras etapas são de ordem linguístico-cognitiva.

· **Elocução:** colocação do discurso em palavras e frases. O discurso toma forma em uma língua e em um estilo.

· **Memorização** do discurso: como a invenção, ela coloca em jogo fatores cognitivos.

· **Ação** oratória: momento da "*performance*", da entrega, da espetacularização do discurso. A técnica retórica é aqui a do corpo, do gesto, da voz. As coerções da ação retórica pesam igualmente sobre o rétor, sobre o ator ou sobre o pregador.

No final desse processo, obtém-se o *produto* acabado, isto é, o discurso em situação tal como foi enunciado. Ele se articula em partes, tradicionalmente chamadas **exórdio, narração, argumentação** e **conclusão**. A argumentação é a parte central. Ela repousa sobre a exposição dos pontos litigiosos e das posições sustentadas; ela compreende uma parte positiva, a **confirmação** da posição defendida, e uma parte negativa, a **refutação** da posição do adversário. Não há oposição entre a argumentação e a narração, que se efetua sempre segundo uma orientação argumentativa particular, a dos interesses e dos valores defendidos no discurso.

Três tipos de efeitos perlocutórios são perseguidos pelo orador: **agradar** (pela imagem de si projetada no seu discurso, ou ethos*); **informar** e **convencer** (pela lógica de sua narrativa e de sua argumentação, ou logos); **comover** (pathos*). A terminologia fala de três tipos de provas*; trata-se, de fato, de meios de orientação*, verbais ou paraverbais. Tradicionalmente, os atos que visam a produzir esses efeitos são concentrados, respectivamente, na introdução (apresentar-se); a narração e a argumentação (informar e argumentar); a conclusão (emudecer).

As concepções da retórica

Os sistemas, ou visões, da retórica propostos no decorrer dos séculos articulam-se em uma problemática organizada por um feixe de questões como as seguintes: (1) A **meta** atribuída ao discurso: ela é intradiscursiva (justa expressão linguística do verdadeiro ou do belo) ou extradiscursiva (persuasão)? (2) Os domínios **semióticos** levados em conta: verbal, mímico-postural-gestual... (3) Seus **domínios** e seus lugares de exercício: a retórica se interessa pela fala pública (política, judiciária...) / pela fala literária / pela fala corrente? (4) a natureza dos **saberes** ou das competências que a constituem: são de natureza linguística (elocução, saber das figuras) / de natureza cognitivo-linguística (estados de causa e argumentos)?

Pode-se perguntar se a retórica não sofreu com sua sistematização, pretensamente pedagógica, sob forma de catecismo enumerando distinções supostamente claras e distintas; a retórica da apresentação da retórica está singularmente cristalizada. De qualquer maneira, a retórica codificou, estimulou e descreveu as práticas comunicacionais orais, contraditórias, públicas, nos domínios político e religioso, antes do rádio e da televisão. Seus objetos reais são tomados nas transformações do mundo da comunicação eletrônica; seu objeto teórico, a circulação da fala, está bem definido em um grupo no qual circulam discursos contraditórios.

A retórica argumentativa parte de uma competência natural, a competência* discursiva, e a trabalha orientando-a para as práticas linguageiras sociais. Ela combina capacidades enunciativas e interacionais (colocar em dúvida, opor-se, construir uma posição autônoma). Uma intervenção retórica é constituída por um conjunto de atos de linguagem planificados, orientados, que se dirigem a um público dubitativo, solicitado por discursos contraditórios, que visam a uma ação sobre os participantes na reunião, em vista de uma tomada de decisão.

Do ponto de vista cognitivo, a situação de argumentação retórica é marcada pela *insuficiência de informação* disponível (falta de tempo, falta de informação, ou natureza da questão discutida). Essa condição essencial diferencia situações de argumentação retórica e situações nas quais a informação é suficiente, mas repartida de modo desigual. Nesse último caso, trata-se de clarificação e eliminação dos mal-entendidos, sendo que, depois disso, a conclusão supostamente se imporia a todos por simples cálculo. No primeiro caso, além dessas tarefas de clarificação e de cálculo, sempre presentes, intervêm pontos de vista (posições discursivas, sistemas de valores*, interesses) que podem ser radicalmente incompatíveis. Nenhuma das posições pode ser eliminada totalmente, fica sempre uma aposta, portanto, um risco: Eu escolho A acreditando que a escolha certa não seja B; defendo meu partido, mesmo sabendo que o juiz ou o futuro talvez deem razão a meu adversário.

A retórica da fala (Kallmeyer, 1996) estende a abordagem retórica a quaisquer formas de fala, na medida em que elas implicam um modo de gestão das faces* dos interactantes (ethos); um tratamento dos dados orientado para um fim prático (logos); um tratamento correlativo dos afetos (pathos).

Na França, a retórica desapareceu oficialmente do currículo da Universidade republicana na virada do último século (Douay, 1999). A questão de um renascimento da retórica é um *tópos*; o apagamento da palavra "retórica" talvez seja necessário para sua sobrevida na análise do discurso.

ver **argumentação, gênero retórico**

C. P. (N. M.)

retrato discursivo – Essa noção, introduzida por Moirand (1988a, 1988b), diz respeito à representação que um locutor transmite de si mesmo por meio de sua enunciação, isto é, por meio do modo como ele se inscreve como enunciador* na materialidade textual, e frequentemente de forma não voluntária: "Esses retratos são *mostrados* pela enunciação, não são explicitados" (Maingueneau, 1991: 104).

Essa noção pode ser aproximada parcialmente daquilo que Grize designa como imagem do locutor no modelo que ele propõe da esquematização*, quando "se está em presença da superposição de dois fenômenos: o da imagem do locutor e, se me é permitido dizer, o de seu 'retrato'. Por exemplo, numa natureza morta, o pintor fornece uma imagem de si pela sua maneira de pintar" (Grize, 1978: 49-50), o que ele distingue da noção de representação no mesmo modelo: "Eu distinguirei as representações das imagens desta forma: as representações são aquelas do locutor, enquanto as *imagens* são propostas pelo discurso. As imagens são aquilo que a esquematização permite ver. As representações só podem ser inferidas a partir de índices, as imagens podem, em princípio, ser descritas com base nas configurações discursivas" (ibid.: 48).

Mas, no quadro de análise proposto por Moirand, trata-se de reconstruir o **retrato discursivo** de um locutor, com suas variantes ao longo do tempo ou dos gêneros atravessados, a partir de um *corpus** de textos produzidos por um mesmo autor durante um período mais ou menos longo de sua trajetória, num mesmo suporte (por exemplo, uma revista pedagógica, Moirand, 1988a) ou em suportes diferentes (por exemplo um universitário que se exprime, durante sua carreira, em revistas científicas, em diversos colóquios, em revistas de associações ou militantes, em periódicos destinados ao grande público, em jornais de empresas...). A noção não pode, nesse caso, ser confundida com a de ethos*.

ver **dialogismo, enunciação, esquematização, ethos, microuniverso**

S. M. (F. C. M.)

ritos genéticos – Noção introduzida por Maingueneau (1984: 150) para designar as atividades rotinizadas verbais e não verbais de *elaboração* de um tipo de texto determinado. Os pré-textos ("rascunhos", "esboços"...) são a pista. Essa noção não é válida para as interações orais espontâneas.

Em um campo* discursivo, os **ritos genéticos** podem permitir distinguir diversos posicionamentos*, por exemplo, no discurso literário, o posicionamento naturalista implica ritos genéticos nos quais os escritores fazem pesquisa de campo, acumulam documentação etc. Procedimento que pretende opor-se ao dos escritores românticos, que supostamente privilegiam outros ritos. Num registro diferente, certas correntes científicas podem distinguir-se pelo caráter individual ou coletivo da redação, da releitura etc.

A cada gênero de discurso estão ligados certos ritos genéticos; pode tratar-se de ritos impostos por imperativos industriais estritos, como na produção de um jornal diário de grande tiragem, ou de ritos "artesanais", como na produção religiosa ou filosófica. Frequentemente, esses ritos são objeto de uma aprendizagem metódica, seja do tipo escolar (cf. os cursos de jornalismo), seja por impregnação.

Tanto em um caso como em outro, a noção de ritos genéticos permite enfatizar que a especificidade de um discurso *não se limita ao texto* propriamente dito, que o gênero de discurso ou o posicionamento regulam também as práticas que deles derivam.

ver **gênero de discurso, posicionamento**

D. M. (N. M.)

ritual – Essa noção é relevante, essencialmente, para três domínios: (1) *A etologia animal*, na qual os **rituais** obedecem a uma codificação rígida e imutável. (2) *A etnoantropologia* (Durkheim, Mauss...), que se interessa, sobretudo, pelos grandes rituais coletivos, pelas "cerimônias", essas também bastante detalhadamente codificadas, e que possuem um caráter religioso ou sagrado (mais ou menos "degradado": ao lado dos rituais religiosos em sentido estrito, Mauss admite aqueles ligados à magia ou às superstições, e mesmo ao folclore). (3) *A análise das interações cotidianas*, nas quais são necessários "pequenos rituais" que se desenvolvem entre indivíduos ou grupos restritos, chegando Javeau (1992, 1996) a denominá-los **microrrituais**, a propósito das conversas sobre a chuva e o tempo, ou do tipo "tudo bem? – tudo bem!". Esses "ritos de interação" (Goffman, 1974) recobrem em grande parte o que se chama comumente **polidez*** (comportamentos à mesa, maneiras de se portar ou de se vestir, mas também manifestações discursivas: saudações, agradecimentos, desculpas...). Em uma perspectiva vizinha, Coulmas (1981) denomina **rotinas** ("*Routine Formulae*") as expressões "pré-fabricadas" que aparecem em situações "padronizadas" ("*prepatterned speech*"), mostrando sua importância para o bom funcionamento da interação, e propondo um certo número de critérios que permitem a identificação dessas sequências.

Duas características essenciais do ritual

Comparado ao dois primeiros usos, aquele que a *linguística interacionista* faz da noção de ritual se amplia sensivelmente, conservando, entretanto, sob uma forma abrandada, suas duas características essenciais:

· *No que concerne ao caráter codificado do ritual*: os rituais de polidez são práticas **regradas**, que se reproduzem mais ou menos de maneira idêntica em situações idênticas. A diferença é apenas o *grau* entre os rituais "fortes", feitos de sequências processuais estritas e rígidas, e as formas convencionais da polidez cotidiana. Em particular, as "formas de polidez" ocupam uma posição intermediária nesse *continuum* que liga a estereotipia radical e a criatividade pura (Rothenbuhler, 1998): elas são, mais frequentemente, *semirrotinas*.

Essas fórmulas podem, aliás, ser *mais ou menos codificadas*: um agradecimento ou um elogio podem certamente buscar o caminho preguiçoso de uma fórmula "pronta", mas permitem também um número ilimitado de variações. A "fórmula" pode ainda apresentar-se sob a forma não de um segmento ou de um enunciado pré-formado sintática e lexicalmente (como "desculpe" ou "queira me desculpar, por favor"), mas de um simples "molde" susceptível de ser preenchido por um material infinitamente variável (é, por exemplo, o caso dos votos, nos quais se pode engendrar um número quase infinito a partir de duas estruturas de base "*bom* + substantivo" [Bom Natal!; Bom ano novo!] e verbo no imperativo + *bem*" [Passe bem!]. É preciso, também, levar em conta, nesse assunto, as *variações culturais:* nas sociedades "tradicionais", as formas rituais obedecem a uma codificação estrita (correspondências regulares entre tal situação e tal fórmula), enquanto, nas sociedades mais "fluidas", como a nossa, as regras conversacionais são mais flexíveis, deixando uma margem importante para a improvisação individual – sociedades nas quais se valoriza, mais que a conformidade às normas preexistentes, uma certa dose de fantasia inovadora (percebida como garantia de uma grande sinceridade). Sendo assim, todas as sociedades conhecem a possibilidade de jogar com os códigos rituais, pelo menos em certas circunstâncias (por exemplo, no caso de uma "brincadeira").

· *No que diz respeito ao caráter sagrado do ritual* (conotação, aliás, ausente da palavra "rotina"): os etnólogos já operaram recentemente uma "dessacralização" da noção, interessando-se por "ritos profanos" (Rivière, 1995) tais como os trotes, as cerimônias esportivas, as atividades de lazer etc.; basta que essas atividades sejam dotadas de uma significação simbólica forte, encarnando os "valores-totens" da sociedade ou da instituição envolvidas, para merecer o nome de ritual. Ora, pode-se admitir, com Javeau (que mantém uma distinção terminológica entre os **rituais** profanos e os **ritos** religiosos) que mesmo o mais "micro" dos rituais confere à vida quotidiana "uma sacralidade que as aparências da banalidade parecem lhe negar", sacralidade que torna essa vida "mais digna, mais suportável também" (1992: 68-9). Quanto a Goffman, considera que as "sociabilidades cotidianas" têm uma ligação com o sagrado, pois são colocadas a serviço da proteção ou da valorização da face* dos interactantes; ora, "a face é um objeto sagrado", ao qual cada um dedica um verdadeiro culto, que deve se exercer por meio de um certo número de práticas cerimoniais e de pequenas oferendas (1974: 81 e 84) – todo ser social é, de alguma forma, ao mesmo tempo, deus e padre, celebrando ofícios para si próprio e, ao mesmo tempo, para as outras pessoas.

Função dos rituais

Para Goffman (inspirando-se livremente em Durkheim), os rituais se distribuem entre os rituais **reparadores**, que têm por função tentar neutralizar uma ofensa (desculpa, justificações etc.) e rituais **confirmadores**, que servem para restaurar, manter, modificar ou interromper uma relação: encontraremos principalmente os rituais de contato (saudações, apresentações etc.) e de separação (como "rituais de fim de noite" em contexto de visita, cujo funcionamento é bastante complexo e sutil, pois trata-se, para o convidado, de liberar o território do anfitrião, sem manifestar, no entanto, muita pressa, o que poderia passar por ofensivo: o ritual permite, nesse caso, conciliar, em uma situação de dupla* coerção, os interesses opostos do "território" e da "face" dos protagonistas).

A frequente complexidade dos rituais vem do fato de que eles ocorrem, de preferência, em situações complexas e "arriscadas": são, de alguma forma, soluções prontas que a língua coloca à disposição dos sujeitos para lhes permitir que resolvam, da melhor maneira, os problemas comunicativos que encontram ao longo da sua vida cotidiana. Fator de *economia* (pois os atos repetitivos têm um "custo cognitivo" bem inferior que o dos atos inéditos), o ritual é ao mesmo tempo *dá segurança*, portanto, é pacificador: permite conjurar a angústia e a agressividade a ela correlativa, que a presença do outro sempre suscita (seu corpo, suas faces) – a polidez é "desarmadora", é uma "violência feita à violência". Papel facilitador, papel regulador (os rituais "balizam nossa novela quotidiana", nos diz Javeau), papel estabilizador (social e afetivo), papel pacificador... Mesmo as "fórmulas de impolidez" (muito menos numerosas, para dizer a verdade, que as fórmulas de polidez) são dotadas de virtudes positivas, como a prática desses "insultos rituais", cujo funcionamento nos guetos negros americanos Labov analisa, mostrando que eles permitem a integração ao grupo de pares e que a ritualização mantém à distância a violência real, pois "o ritual é um santuário; [...] ele despersonaliza a situação e reduz muito os perigos de enfrentamento e desafio à autoridade" – e Labov conclui: "Isto mostra *o quanto* o *estudo do comportamento ritual é importante para a elaboração de uma teoria geral do discurso*" (1978: 455-6; itálico nosso).

Em nossas sociedades modernas, os rituais são às vezes condenados, devido ao seu caráter convencional, portanto "insincero" e desprovido de sentido. No que diz respeito à questão de sua sinceridade: como bem mostra Picard (1995), a polidez repousa, de fato, sobre um paradoxo, porque consiste em submeter-se a regras preexistentes parecendo reinventá-las a cada instante (é a isso que Picard chama de "dualidade entre o coração e o sentimento"). No que diz respeito a sua pretensa "insignificância": é certo que as expressões formulares não devem ser tomadas "ao pé da letra" (o "não foi nada", que acolhe por convenção a desculpa, não significa evidentemente que não houve ofensa, mas alguma coisa como: você fez questão de produzir um comportamento "reparador", assim você provou sua boa vontade social, e então eu *agi como se não tivesse acontecido nada*, passei uma borracha, o incidente está acabado). As fórmulas rituais são pobres em conteúdo informacional, mas ricas em significação relacional.

É, ao contrário, quando eles falham que aparece escancaradamente a importância das "pequenas cortesias da vida quotidiana" (Goffman, 1973, 2: 230): a falta de um ritual esperado é percebida como sintoma que ameaça rasgar o tecido social, cujas consequências podem ser desastrosas. Em outros termos (emprestados de Javeau): "Os microrrituais da vida quotidiana não são gestos fúteis ou índices de um conservadorismo pesado e esterilizador. Eles protegem nosso eu profundo e permitem entrar em contato harmonioso com nosso próximo. [...] Eles nos lembram que somos humanos somente porque outros seres humanos nos constituem como tais" (1992: 70-1).

ver **dupla coerção, face, polidez**

C.K.-O. (N. M.)

rotina – ver **ritual**

script – As noções de *script* (ou de **esquema**) foram elaboradas de forma específica *em psicologia cognitiva e em psicologia linguística textual*. Apresentaremos aqui uma síntese necessariamente muito simplificada dos problemas que elas desencadearam.

Caron (1989: 208-215) atribui a Bartlett a introdução da noção de **esquema** como "uma organização muito geral, presente entre os sujeitos, em função da qual se estruturaria a lembrança (de um texto na memória)" (1932: 209). As lembranças que os sujeitos retêm de um texto não são reproduções fiéis deste, mas formam o objeto de uma elaboração que o simplifica e o estereotipa. É como se os leitores tivessem memorizado uma *representação formal* da estrutura do *gênero textual*, no desenvolvimento da narrativa (além disso, o único evocado nas pesquisas), em outras palavras, uma representação dos elementos e de sua ordem (por exemplo: *exposição, complicação, resolução, avaliação, moral*), mas também um conhecimento geral dos *conteúdos* da ordem dos eventos das sequências habituais.

Uma primeira hipótese conduziu ao desenvolvimento das "gramáticas da narrativa" (Mandler e Johnson, 1977), que, de modo simples, consistem em conjunto de regras de reescrita e de transformação que poderiam definir a *estrutura canônica das narrativas partilhada* pelos membros de uma comunidade cultural. Como aponta Caron (1989: 212), o que mobiliza os sujeitos "é um esquema que demanda algumas expectativas, esquema que somente faz refletir as regularidades" formalizadas de maneira ideal pelas regras.

De acordo com uma segunda hipótese, os esquemas são também "conhecimentos sobre as situações e os eventos" (Richard, 1990: 59), e as experiências proporcionadas pelas gramáticas da narrativa não permitem a distinção entre a hipótese de um conhecimento específico da estrutura narrativa dos textos e aquela de um conhecimento geral das sequências dos eventos e de comandos habituais (Caron, 1989: 212). Compreende-se melhor, então, o interesse do desenvolvimento das pesquisas ligadas a esquemas como os "*frames*" ou conjunto de conhecimento (Minsky, 1975) e os *scripts* (Schank e Abelson, 1977). Um "*frame*" é uma estrutura que representa uma situação conhecida sob a forma de um conjunto ordenado de informações vazias ("*slots*") para particularizá-lo e adaptá-lo à situação. "Valores por *default*" existem em caso de ausência de elementos disponíveis, o que permite supor que o que não está dito ou visto está de acordo com o que se conhece habitualmente. "*Frames*" linguísticos, narrativos ou da ordem dos eventos são considerados.

O *script* é um "*frame*" utilizado para a *compreensão das sucessões de* eventos sob a forma de cenas e episódios. Os falsos reconhecimentos em relação a sequências habituais de eventos ausentes nas narrativas ou nos filmes mostram a validade dessas hipóteses (Bower, Black e Turner, 1979, citados por Caron, 1989: 215). Esses esquemas são *complexos* e constituídos de ações, relações e conceitos ou de esquemas mais gerais, como os MOP (*Memory Organization Packet*) ou Planos. Assim, um *script* como "a visita ao médico" remete a um esquema geral de "consulta" que compreende: "marcação da consulta, o deslocamento, o encontro e o pagamento". Cada um desses elementos pode ser desmembrado em subprograma presente também em todas as consultas a especialistas. "O encontro" se desmembraria, por exemplo, em "exposição do problema, busca de informações para o diagnóstico ou resultado, estabelecimento do diagnóstico, conselho ou prescrição", elementos que se encontrariam em qualquer situação como essa.

Esses conhecimentos podem ser utilizados para constituir *expectativas* que, sem dúvida, orientam parcialmente os processos de *pré-programação* na percepção, ação e compreensão dos textos ou das imagens. Elas subentendem as *inferências** necessárias para atribuir valor aos elementos implícitos (não formulados, não visíveis) ou inscrever *no lugar vazio previsto* ("*slots*") os elementos concretos para facilitar a particularização.

Concluindo, as noções de *scripts*, de "*frames*" ou mesmo de planos permitiram, sobretudo, até o momento, um primeiro estudo das representações de conhecimentos "esquematizados" na memória para a compreensão de alguns tipos de eventos estereotipados e dos conteúdos semânticos correspondentes nos textos. Elas nos informam primeiramente sobre processos inferenciais importantes para a referenciação.

Por outro lado, a noção de "*frame*" foi utilizada também para exprimir conhecimentos matemáticos (tipos de problemas em matemática ou física) e a apreensão de relações não pertinentes aos usos práticos ordinários. Poderíamos considerar o esquema normatizado similar ao "contrato de leitorado" proposto por Georget e Chabrol (2000) como uma variedade de "*frame*" semiolinguístico, relacional. Seria preciso, em todo caso, diferenciá-lo mais claramente dos *esquemas muito gerais* desprovidos de conteúdos semânticos evocados pelas gramáticas da narrativa, mas não sem evocar "as estruturas narrativas" construídas pelos semioticistas nos anos 60 (Greimas, 1970). Naturalmente, a articulação entre os esquemas de textos gerais, muito pouco contextualizados, e os "*frames*", os "planos" (MOP) e os cenários semiolinguísticos bem-consolidados nos contextos socioculturais é uma questão importante para todas as teorias dos gêneros* e, sem dúvida, para aquelas do contrato* de comunicação.

ver **praxeograma**

C. C. (P. L. N. B.)

segmentação gráfica – Com a obra *Pertinence linguistique de la présentation typographique*, de Védénina (1989), a reflexão sobre a pontuação ultrapassa, enfim, os limites frásticos para se estender do espaço entre as palavras à alínea do parágrafo e à tipografia e para considerar as variadas possibilidades que oferecem a literatura, a imprensa escrita e a publicidade.

Podemos considerar a pontuação como um fenômeno de *segmentação gráfica* da cadeia verbal. Dos mais baixos níveis aos limites do peritexto*, ela fornece orientação para a construção do sentido por recorte e reagrupamento de unidades de complexidade variável. Vírgula, ponto e vírgula, ponto, ponto de exclamação, de interrogação, reticências, parênteses ou travessões, travessões no início de linha para assinalar uma mudança de tomada de fala de personagens, desempenham um papel sintático e enunciativo que acompanha as marcas morfossintáticas. A extensão e a complexidade da frase tipográfica variam sob o impacto das necessidades enunciativas do sentido comunicado. Em um segundo nível, mais propriamente textual, as alíneas criadoras de parágrafos e de sequências de parágrafos (por brancos complementares e/ou subtítulos), as mudanças de página e/ou de capítulos/partes, marcam a estrutura do plano* do texto. Os parágrafos constituem blocos de coerência* semântica frequentemente (sobre) marcados didaticamente em seu início por conectores*. Fator de legibilidade importante, *por um lado* empregado no início de parágrafo, deixa aguardando um *de outro lado*, em posição comparável; um *certamente* é mais frequentemente revertido por um *mas*, um *entretanto* ou outro concessivo no mesmo parágrafo ou no seguinte. Desse modo, realiza-se o equilíbrio de todo o texto, entre segmentação (recorte de unidades de diferentes níveis de complexidade) e articulação (construção de sentido).

ver **conector, enunciado, paratexto, plano de texto**

J.-M. A. (P. L. N. B.)

segmento repetido – Quando um texto ou um *corpus* de textos abrange infinitas ocorrências, torna-se impossível constatar num olhar as sequências de formas cristalizadas que costumam se repetir. O levantamento do inventário sistemático e exaustivo desses **segmentos repetidos** (SR) pode somente se realizar, portanto, por computador. (Lafon, 1984; Lafon e Salem, 1983). Mas isso exige a definição das condições e da repetição.

Sequência de formas gráficas (cada uma sendo definida por delimitadores de forma, espaços em branco e pontuações) num espaço próprio definido por separadores de sequência (pontuação), um segmento textual é marcado pelo computador, desde que, sobreposto a todas as sequências já utilizadas – seja qual for sua extensão – ele se mostre *idêntico na sequência de todos os seus caracteres, espaços em* branco, hífens e apóstrofes, numa sequência de caracteres já utilizados. O SR é, então, reservado, compatibilizado (cada SR tem uma *frequência* e uma *probabilidade* de emprego associada), classificado, ordenado e listado.

Os programas computacionais utilizados para o reagrupamento dos biformes, triformes, quadriformes etc. (o limite máximo da **extensão** de um SR que esteja dentro dos parâmetros), marcando todos os segmentos que ocorrem, ao menos, em dois trechos do texto ou do *corpus*, e os classificam por ordem de extensão depois, por ordem alfabética ou hierárquica, que atribui, em uniformidade de frequência, ao SR mais longo a preeminência sobre os SR incluídos, mais curtos (Salem, 1987).

A metodologia das coocorrências* pouco considera as distâncias que separam as palavras de um par, sejam elas ligadas ou bem separadas pela variação de outras palavras. Nas coocorrências dos SR são apreendidas somente as sequências cristalizadas sem separação. Os SR podem ser tratados como as formas simples e formar o objeto, com elas, de análises lexicométricas (especificidades*, análise fatorial das correspondências, estudo da locucionalidade, dos graus de cristalização* etc.).

ver **coocorrência, cristalização, especificidades, lexicometria**

M. T. (P. L. N. B.)

semiolinguístico (nível –) – ver **situacional (nível –)**

sequência – A teoria das **sequências** (Adam, 1992) foi elaborada em virtude da grande generalidade das tipologias de texto (Werlich, 1975) surgidas com as gramáticas* de texto. Próxima da teoria das superestruturas*, ela considera que existe, entre a frase e o texto, um *nível intermediário* de estruturação, aquele dos períodos* e das macroproposições. Um pequeno número de *tipos de sequência* de base guia os empacotamentos prototípicos de proposições que formam as diversas macroproposições (narrativas, descritivas, explicativas, argumentativas, dialogais, segundo o tipo de sequência correspondente).

Sequência narrativa (Narrativa*)

Como Todorov (1968: 82) foi um dos primeiros a sugerir, a sequência narrativa prototípica abrange cinco macroproposições de base (Pn). Desse modo, nessa nota jornalística de Fénéon: "*Mal acabou sua tragada [1], Chevrel tossiu [2] e, caindo da carroça de feno [3] que ele trazia de Pervenchères (Orne), [4] expirou [5]*". A proposição [1] aparece como o **nó** (Pn_2) de uma narrativa que começa sem exposição de sua situação inicial: é porque pega o cigarro para fumar (causa voluntariamente escolhida) que o infeliz Chevrel tosse (consequência involuntária). A proposição [2] aparece como a *re-ação* Pn_3. A proposição [4], inserida tardiamente na sequência da frase (o parêntese indicativo do lugar encontra-se geralmente no início), explica o que faz a personagem na carroça; seja a **situação inicial** da narrativa (Pn$_1$). A ligação entre o gerúndio de [3] e o passado [5] é um ligação de causa e efeito no qual [3] aparece como o **desfecho** Pn$_2$ e [5], como a **situação final** Pn$_5$.

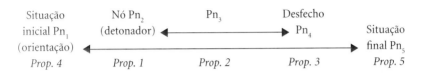

Situação inicial Pn$_1$ (orientação)	Nó Pn$_2$ (detonador)	Pn$_3$	Desfecho Pn$_4$	Situação final Pn$_5$
Prop. 4	Prop. 1	Prop. 2	Prop. 3	Prop. 5

A inscrição de uma sequência narrativa em um cotexto dialogal (oral, teatro ou narração enquadrada) se traduz pelo acréscimo, na abertura do bloco narrativo, de uma **Entrada-prefácio** e, ao final da narração, de uma **Avaliação final** *(moral* das fábulas). Essas proposições asseguram a transição de uma sequência a outra.

SEQUÊNCIA EXPLICATIVA (EXPLICAÇÃO*)

Na sequência explicativa de base (Grize, 1981; Coltier, 1986; Adam, 1992: 127-142), um operador de tipo *Por quê?* ou *Como?* questiona uma representação problemática e o operador *porque* permite passar do problema a sua solução/explicação. O que as macroproposições de base seguintes realizam: **Esquematização*** inicial (Pex$_0$), fase da pergunta que formula uma **Questão-problema** *(por que/como?* Pex$_1$), segue-se uma **Explicação-resposta** *(porque* Pex$_2$) e a **Conclusão-avaliação** final dessa resposta (Pex$_3$). É frequente que uma estrutura explicativa enquadre uma sequência narrativa. A narrativa aparece, então, em posição de resposta, em posição e lugar de Pex$_2$. É, particularmente, o que ocorre com a forma popular tradicional da narrativa etiológica (narrativas de origem de um lugar, de um nome etc.)

SEQUÊNCIA ARGUMENTATIVA (ARGUMENTAÇÃO*)

Quer demonstremos quer refutemos uma tese, o movimento argumentativo é o mesmo: partimos de premissas (dadas) que não saberíamos aceitar sem admitir também uma ou outra conclusão. Entre os dois, a passagem é assegurada por "processos argumentativos" que tomam a aparência de encadeamento de argumentos-prova, correspondendo seja aos suportes (apoios) de uma regra de inferência* que constitui os *topoi**, seja aos movimentos argumentativos encaixados. Esse esquema de base não exclui o fato de que as restrições ou especificações possam vir a bloquear o movimento conclusivo esperado. A sequência argumentativa prototípica tem a seguinte forma:

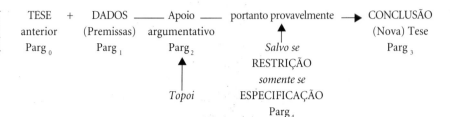

Esse esquema em três macroproposições de base ($Parg_1$, $Parg_2$ e $Parg_3$) apoia-se, explicitamente, em $Parg_0$ (*tese anterior*), no caso particular da refutação. Observemos que essa estrutura sequencial não é uma ordem linear imutável: a (nova) *tese* ($Parg_3$) pode ser formulada no início e retomada ou não por uma conclusão que a reinicie ao fim da *sequência*: a tese anterior ($Parg_0$) pode ser subentendida. A *restrição* ($Parg_4$) pode dar lugar ao encaixamento de uma nova sequência.

Sequência descritiva (Descrição*)

Às diversas operações descritivas (de **ancoragem** e de **afetação** de aspectualização por *fragmentação* e por *qualificação*, de **relacionamento** por *contiguidade* e por *analogia* e, enfim, de **reformulação**) correspondem a um igual número de macroposições de base (Adam e Petitjean, 1989; Adam, 1991). A sequência descritiva, diferente das precedentes, não comporta a ordem de macroproposições. A questão da inserção de sequências descritivas na narração ocupou a reflexão retórica e estilística clássica como a poética moderna.

Sequência dialogal (Diálogo*)

O texto dialogal pode ser definido como uma estrutura hierárquica de dois tipos de sequências: de uma lado as **sequências fáticas*** de abertura e de fechamento do texto; de outro, as **sequências transacionais** combináveis, que constituem o *corpus* de interação. Um texto conversacional elementar completa a seguinte forma:

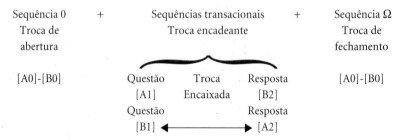

Esses diferentes tipos de sequência entram na composição dos textos por três modos de combinação: o **encaixamento-intercalação**, o **encadeamento-adição**

linear e a **alternância-entrelaçamento**. As sequências combinadas podem ser do mesmo tipo (o que gera um efeito simples de "tipo de texto"), elas podem ser (caso mais frequente) de tipos diferentes e, nesse caso, a sequência encaixante confere ao texto global seu próprio valor. Por vezes, um efeito de dominante confere mais ou menos claramente sua marca ao texto: o texto é, então, *mais* narrativo, ou *mais* descritivo etc. A estruturação sequencial organiza muito frequentemente somente uma parte ou subparte de um texto completo. Frequentemente, um **plano* de texto** encarrega-se da composição global.

ver **argumentação, conversação, descrição, explicação, narrativa, texto**
J.-M. A. (P. L. N. B.)

sequência conversacional – No quadro da análise das interações em níveis, a sequência constitui uma unidade intermediária entre a interação* (situação maior) e a troca* (menor unidade dialogal). O termo é, entretanto, cercado de uma certa flexibilidade terminológica, na medida em que (1) certos autores empregam outra terminologia para designar essa unidade (ela é denominada, por exemplo *transação* pela Escola de Birmingham ou por Roulet *et alii*, 1985); (2) o termo inglês *sequence* equivale, em um grande número de suas ocorrências, ao francês *échange* [em português, *troca*]; (3) no domínio da análise* conversacional, *sequence* remete sobretudo à noção de *sequencialidade* explicada pelo princípio de dependência condicional nos pares* adjacentes. Por outro lado, a unidade chamada "sequência" na análise em níveis é ela própria o objeto de uma organização flexível, cuja delimitação precisa na interação pode ser problemática.

As **sequências conversacionais** mais facilmente delimitáveis, e, portanto, as mais estudadas, são as sequências de abertura e de fechamento. Com efeito, como afirma Kerbrat-Orecchioni, "a maioria das interações desenvolvem-se segundo o esquema global: (1) sequência de abertura; (2) corpo de interação (que ele mesmo pode comportar um número indeterminado de sequências); (3) sequência de fechamento" (1990: 220).

A sequência de *abertura*, por exemplo, comporta uma série de trocas, que permitem a prática da interação: tentativa de contato (troca de cumprimentos), trocas rituais* sobre a saúde, e, de acordo com as situações, considerações meteorológicas e outras complementares. Para a sequência de *fechamento*, consideramos, em geral, que tenha seu início com a produção do primeiro pré-fechamento (*pre-closings*, Schegloff e Sacks, 1973), pelo qual um dos participantes demonstra desejar conduzir a interação em direção ao fechamento e que ele continua até a separação dos participantes. Ele contém, frequentemente, trocas de cumprimentos, de votos, de projetos de se reencontrar.

Além dessas sequências que envolvem a interação, facilmente isoláveis em razão de sua localização, de seu caráter fortemente ritualizado e rotineiro e dos atos específicos que as compõem (ainda que a passagem de abertura ao corpo da interação possa estar sujeita à discussão [André-Larochebouvy, 1984]), o recorte de uma interação em sequências repousa sobre critérios pragmáticos e temáticos; por exemplo, uma sequência de encontros ao fim de uma reunião de trabalho, uma confidência durante uma conversa etc.

A questão das sequências conversacionais encontra em muitos casos aquela dos gêneros* do discurso, e ela conduz da mesma maneira a consideração da heterogeneidade inerente a todo tipo de interação: por exemplo, uma interação num comércio pode resultar em uma sequência de conversação (ver também a noção de módulo* na obra de Vion, 1992). Mas a especificidade das sequências conversacionais encontra-se na sua coelaboração pelos participantes e nos diferentes fenômenos de adaptação e de negociação* que podem nelas se manifestar, em particular no curso de seu exercício e de seu fechamento (ver a descrição de diferentes tipos de sequência na conversação, em Traverso, 1996).

ver **interação, troca**

V. T. (P. L. N. B.)

silogismo – Segundo a definição de Aristóteles, "o silogismo é um discurso no qual, estando postas algumas coisas, resulta necessariamente numa outra coisa diferente" (*Topiques*: 100 a 25). As "coisas postas" são as **premissas** do silogismo, "a coisa diferente na qual resulta, necessariamente", sua conclusão*. As proposições que entram no silogismo são da forma sujeito-predicado, com ou sem negação, podendo o termo sujeito ser tomado de acordo com diferentes quantidades ("isso", "todos os", "alguns", "nenhum").

Falamos de **silogismo** quando o discurso faz intervir duas premissas, e de **inferência*** **imediata**, se a premissa é única. Por extensão, o termo "silogismo" é utilizado para designar um encadeamento de proposições cuja forma sintática e o modo de encadeamento imitam mais ou menos aqueles de um silogismo e convergem para uma conclusão afirmada categoricamente.

ver **argumentação, dialética, entimema, lógica/discurso**

C. P. (P. L. N. B.)

simétrica/complementar – ver **relação interpessoal**

sincronização interacional – ver **interação**

sincronização intersemiótica – Esse termo é empregado no âmbito das análises da televisão, quando se trata de dar conta dos jogos de interação entre o *aspecto verbal* da comunicação televisiva e a *apresentação de imagens* dos locutores na tela.

A apresentação de imagens pode ou "se alinhar com os jogos comunicacionais diretos da troca, assegurando o segmento verbal [...], gestual [...] ou dos propósitos [...] ou ainda conservar sua completa autonomia [...]" (Lochard e Soulages, 1999: 73).

Esses autores propõem levar em conta quatro tipos de interação, que eles chamam de "tipos demonstrativos": "**a sincronia comunicacional**" (op. cit.: 73), quando há coincidência entre a tomada da palavra de um locutor e sua aparição na tela; "**assincronia comunicacional**", quando o locutor não está mais na tela, porém seu parceiro aparece" (op. cit.: 74); "**sincronia situacional**", quando é mostrada em seu conjunto uma cena que evoca a situação comunicacional na qual se encontram os interlocutores, de "um *ponto de vista* não atribuível aos protagonistas imediatos" (op. cit.: 74); "**sincronia temática**", quando "o assunto apresentado se alinha com o tema do enunciado, desenvolvendo-o ou ilustrando-o" (op. cit.: 75).

P. C. (F. Z.)

sinédoque – Verificada pela primeira vez na *Institution oratoire* de Quintiliano (século I), esta *figura* do discurso* constitui um dos *tropos** tradicionais da retórica. Ela define as *transferências de denominação* entre noções que *se integram umas às outras*: "Um termo que designa comumente um objeto se refere a um outro objeto ligado ao primeiro por uma relação de inclusão" (Meyer, 1995: 168).

Uma figura problemática

As relações da sinédoque com outros tropos deram lugar a algumas divergências entre os teóricos. Alguns, como do Groupe μ (1977: 49), veem nela a *base* dos outros tropos, que são a metáfora* e a metonímia*, as quais resultariam de uma combinação diversificada de sinédoques. Outros teóricos consideram a sinédoque um *tropo específico* apoiado sobre "relações de pertença" (Eggs, 1994: 200). Para a maioria dos teóricos, "a sinédoque é apenas uma *variedade de metonímia*" (Molinié, 1992: 317). Nessa visão ela toma lugar no *quadro isotópico*, com a diferença de que ela opera entre noções não mais contíguas, mas inclusivas.

O conteúdo figural da sinédoque apresenta uma grande heterogeneidade (Le Guern, 1973: 30), pelo fato de que ela reagrupa muitas relações de inclusão: as *relações partitivas* no seio de uma entidade (todo – parte), as *relações numéricas* (plural – singular) e englobantes (conjunto – componente) entre entidades, as *relações hipero/hiponômicas* (gênero – espécie) que estruturam uma categoria nocional.

SINÉDOQUE E ANÁLISE DO DISCURSO
A sinédoque interessa principalmente à análise do discurso, pelas *variações de denotação* que ela permite na produção dos enunciados*.

A sinédoque particularizante engendra *focalizações referenciais* que concentram a visão do discurso (Bonhomme, 1987: 166). Representando uma coletividade por um elemento representativo, a sinédoque de número [singular/plural] produz *efeitos de exemplificação* que promovem "a unidade em nível de excelência" (Morier, 1975: 1117): "O romano é o mais belo soldado da história" (Michelet). Denotando um elemento por uma das suas partes constitutivas [parte/todo], a sinédoque cria igualmente "*efeitos de grande superfície*" (Morier, 1975: 1110): "Nós perseguimos no ar cem asas multicoloridas" (Hugo).

A sinédoque generalizante [todo/parte, conjunto/componente...] é fonte de *diluições referenciais* que dão uma inclinação mais sintética aos enunciados (Bonhomme, 1987: 187). Assim, quando alguns indivíduos (policiais) que fazem parte de uma instituição (a polícia), são denotados por esta última: "A Polícia veio à casa de Ester" (Balzac). Para o Groupe µ (1970: 113) "a sinédoque generalizante confere ao discurso um comportamento abstrato." Segundo Fromilhague (1995: 62), ela forma "um dos modos de expressão da hipérbole." A sinédoque generalizante contribui principalmente para a *amplificação denotativa* que caracteriza determinados tipos de discurso: *estilo épico* ("O Parta beberá o Saone ou o Germânico, o Tigre", Virgílio), *narrações dramáticas* ("O pobre pequeno corpo da moribunda apareceu [...] Oh! Massacre da infância!", Zola), *títulos da imprensa* ("Ainda sabemos filmar a velhice como De Sica?", *Le Monde*).

ver **metáfora, metonímia, tropo**

M. B. (F. Z.)

situação de comunicação – O termo **situação** é empregado de diversas maneiras e, frequentemente, é equivalente a *contexto*. Ele tende, entretanto, a se distinguir de contexto, sob diversas denominações: *situação de comunicação, situação de discurso, situação contextual ou contexto situacional, situação de enunciação.*

De maneira geral, sem se opor, no momento, ao "contexto", esse termo refere-se ao conjunto de condições que organizam a emissão de um ato de linguagem. Essas condições permitem, por exemplo, saber a que ou a quem remetem os pronomes e certos advérbios (eu, tu, ele, este, aqui, lá, ontem, o seu...), e desambiguizar*, eventualmente, um enunciado polissêmico (por exemplo, "ele executou a 5ª Sinfonia de Beethoven" será compreendido diferentemente, de acordo com o que *ele* representa: um "regente" ou um "produtor musical"); descobrir o implícito que se encontra escondido nos atos de fala nos quais o explícito é diferente (por exemplo, se um cliente entra num bar e pede "Tem refri?", o garçom compreenderá que esta pergunta significa "sirva-me um refrigerante"); descobrir o sentido de um enunciado de acordo com o posicionamento* ideológico daquele que o pronuncia (por exemplo, um enunciado como "é preciso reivindicar nosso direito ao trabalho" não terá a mesma significação caso seu autor seja um sindicalista de esquerda ou um político de extrema direita). Desse modo, para interpretar um enunciado, é preciso conhecer um certo número de dados que desempenhem o papel de instruções situacionais*, sem os quais haveria risco de mal-entendidos ou de incompreensão.

Várias questões são levantadas sobre essa noção. Uma consiste em saber se essas condições são externas (extralinguísticas), ou internas (intralinguísticas) aos enunciados produzidos e se há maneira de opor claramente a *situação* que seria extralinguística, e o *contexto**, que seria intralinguístico. Outra questão reside na natureza desse extralinguístico: é preciso incluir nele tudo o que constitui o "ambiente cognitivo mutuamente partilhado" (Lyons, 1980; Sperber e Wilson, 1989), aquele saber que deve ser de domínio dos parceiros do ato de linguagem para se compreender, ou trata-se somente de um certo número de dados de tipo sociológico e psicológico? Correlativamente, devemos considerar todos os dados do ambiente linguístico ou devemos somente "remeter as formas linguísticas e os aspectos pertinentes das situações extralinguísticas que os sustentam..." (Kleiber, 1994)? Enfim, esses dados situacionais são secundários, incorporando-se como uma ampliação de sentido ao sentido de base dos enunciados, ou eles constituem o ponto de partida de toda interpretação?

Diversas respostas mostraram-se dependentes da posição teórica dos analistas. Para Searle (1982), é preciso incluir nessa situação o conjunto de conhecimentos (*"background"*) sem os quais os enunciados não teriam sentido. Para Ducrot (1984), é a situação de discurso que permite passar da significação da frase (*componente linguístico*) ao sentido do enunciado (*componente retórico*), e é a situação de discurso que os alimenta igualmente de instruções que orientam a atividade de compreensão. Kerbrat-Orecchioni (1990), para quem o contexto é essencialmente situacional, propõe, em concordância com Brown e Fraser (1979), definir os componentes gerais: participantes, situação e objetivo. Charaudeau distingue a situação de comunicação, que é sempre extralinguística, e o contexto intralinguístico, que "é o lugar em que se instituem as coerções que determinam o jogo da troca, essas coerções provenientes ao mesmo tempo da *identidade**, dos parceiros e do lugar que eles ocupam na troca (em termos físico-sociais), da *finalidade** que os liga (em termos de objetivos), da *proposição**, que pode ser convocada (em termos de macrotema, aquele, global, que é objeto da troca)" (2000b). Quanto à questão da relação entre o externo e o interno, desobriga-se de um consenso para dizer, como Kleiber, que "o contexto não é mais concebido como algo exterior, mas como uma realidade cognitiva" (1994). Essa relação, entretanto, fixa uma oposição metodológica entre aqueles – mais linguistas – que consideram ser preciso primeiramente descrever o sentido fora de contexto e depois acrescentar-lhe as especificações mostradas pela situação, e aqueles, analistas do discurso, que consideram, ao contrário, que não podemos descrever um enunciado partindo apenas de dados situacionais.

Tendo em vista os empregos diversos dos termos *situação de comunicação, situação de enunciação* e *situação de discurso*, poderíamos propor distinguir a *situação de comunicação*, quando nos referimos ao meio extralinguístico no qual se encontram os dados que correspondem aos diferentes componentes acima descritos, a *situação de enunciação*, quando nos referimos ao processo mesmo da discursivização que se caracteriza por marcas linguageiras de valor dêitico*, anafórico ou ilocutório, e a *situação de discurso*, quando nos referimos aos dados de saber que circulam interdiscursivamente e que sobredeterminam os sujeitos da troca verbal. Por exemplo, para compreender um enunciado de gênero "nós nos comprometemos em cumprir vossos deveres", podemos ter recursos na situação de enunciação que nos diz que o enunciador representa uma entidade coletiva (nós); o destinatário, uma entidade coletiva ou individual tratada com deferência (vossos) e que o ato de fala tem uma aparência "performativa" (nós nos comprometemos); mas é questionando a situação de comunicação que compreendemos que se trata de um enunciado publicitário, que atrás do *nós* encontra-se um banco; atrás do *vosso*, os consumidores em potencial, pois é a intenção do anunciante incentivá-los a fazer algo (abrir conta nesse banco), o que oculta o efeito de performatividade do enunciado; e é, enfim, recorrendo à situação de discurso que aceitamos essa estranha proposição (pois *nenhum banco pode pretender cumprir nossos deveres em nosso lugar*), como partilhando de um jogo linguageiro e, portanto, de uma ideologia da sedução comercial característica do discurso publicitário (*a publicidade tenta atingir os imaginários coletivos com fins de captação**).

ver **cena de enunciação, comunicação, condições de produção, contexto, enunciação, funções da linguagem, gênero de discurso, interdiscurso, locutor coletivo**

P. C. (P. L. N. B.)

situação de enunciação – ver **enunciação**

situacional (nível –) – Esse termo, em oposição a *discursivo* e *semiolinguístico*, designa níveis distintos da discursivização. É utilizado por Charaudeau, que propõe um modelo de análise de discurso em três níveis, cada um correspondendo a um tipo de competência*: um nível (ou competência) *situacional*, um nível (ou competência) *discursivo* e um nível (ou competência) *semiolinguístico* (ou textual).

O *nível situacional* (às vezes chamado *comunicacional*) é o lugar em que se encontram os dados externos que desempenham o papel de coerções, os quais "determinam o jogo da troca, essas coerções provenientes ao mesmo tempo da identidade* dos parceiros e do lugar que eles ocupam na troca, da *finalidade** que os une em termos de visada do propósito* que pode ser chamado e das *circunstâncias* materiais nas quais ele se realiza" (2000b).

O *nível discursivo* é o lugar em que se instauram as diferentes "maneiras de dizer" mais ou menos codificadas do sujeito: "seus modos de falar, os papéis linguageiros que deve ter (...) em função das instruções contidas nas coerções situacionais" (2000b: 70). É nesse nível que o sujeito se utiliza de diferentes procedimentos de encenação discursiva.

O *nível semiolinguístico* é o lugar das escolhas linguísticas que configuram o texto em que são ordenadas "as formas dos signos, suas regras de combinação e seus sentidos, sabendo que estes são empregados para exprimir uma intenção de comunicação, em relação com os dados do quadro situacional e as coerções da organização discursiva" (2000b: 49).

Desse modo, todo enunciado deve construir o objeto, para análise, como uma tripla interrogação: quais são as condições situacionais do ato de linguagem? Qual(is) procedimento(s) discursivo(s) ele aciona? Em que consiste sua configuração textual?

ver **cena de enunciação, competência discursiva, gênero de discurso, situação de comunicação**

P. C. (P. L. N. B.)

slogan – ver **sloganização**

sloganização – Esse neologismo, que se distingue do termo *slogan* do qual deriva, designa o uso especializado que a lexicometria* faz dele em relação ao grau de cristalização* e de repetitividade que apresenta um texto. Para Tournier (1996), "sem chegar propriamente ao próprio *slogan*, na maioria das vezes uma mensagem política se insere num tecido de redundâncias organizadas. No Laboratório de Saint-Cloud, chamamos 'sloganização' o conjunto dos momentos em que o discurso retorna sobre si mesmo e pratica o já dito, endurecendo-se assim em martelamentos verbais que se constituem como a expressão primária da mensagem a produzir". Se o ***slogan***, seja ele publicitário ou político, condensa o discurso em um núcleo temático, uma fórmula reunida, ritmada, para fins mnemônicos e pragmáticos, visando mobilizar e conduzir à ação (Reboul, 1975), a **sloganização** caracteriza-se pelas propriedades estatísticas, tais quais o número e a extensão dos segmentos* repetidos (Salem, 1987), o número e a importância das coocorrências*, o fechamento e a redundância dos lexicogramas (Tournier, 1985).

ver **coocorrências** (em lexicometria), **cristalização**, **língua de madeira**

P. F. (P. L. N. B.)

sobredestinatário – Conceito introduzido por Bakhtin para designar uma terceira pessoa virtualmente presente na interação verbal, e que se sobrepõe ao destinatário*.

Para Bakhtin (1984: 336-337), de fato, se o enunciado tem sempre um destinatário, "o autor de um enunciado, de modo mais ou menos consciente, pressupõe um **sobredestinatário** superior (o terceiro), cuja compreensão responsiva absolutamente exata é pressuposta, seja numa metafísica longínqua, seja num tempo histórico remoto [...]. Em épocas variadas, em favor de uma percepção do mundo variada, esse sobredestinatário [...] toma uma identidade ideológica concreta variável (Deus, a variedade absoluta, o julgamento da consciência humana imparcial, o povo, o julgamento da história, a ciência etc.)". Essa terceira pessoa pode se manifestar primeiramente no discurso interior, que é atravessado, para Bakhtin, pelo **dialogismo***, quando, por exemplo, hesita-se diante de uma decisão a ser tomada, entrando-se, então, em discussão consigo mesmo, "Nossa consciência parece assim nos falar por intermédio de duas vozes independentes uma da outra, cujas propostas são contrárias. *E, a cada vez, independentemente de nossa vontade e de nossa consciência, uma dessas vozes confunde-se com o que exprime o ponto de vista da classe à qual pertencemos, sua opiniões, suas avaliações.* Ela se torna sempre a voz daquele que seria o representante mais típico, o mais ideal de sua classe" (Volochinov, 1981: 294-295). Por consequência, "um autor não pode nunca se direcionar totalmente a isso e liberar toda a sua produção verbal à única vontade absoluta e *definitiva* de destinatários atuais ou próximos [...], e sempre ele pressupõe (com uma consciência maior ou menor) alguma instância de compreensão responsiva que pode ser diferida nas direções variadas. Todo diálogo se desenrola, diríamos, na presença do terceiro, invisível, dotado de uma compreensão responsiva, e que se situa abaixo de todos os participantes do diálogo (os parceiros)" (Bakhtin, 1984: 337).

Para Moirand (1988: 458), que primeiramente repensou essa noção no quadro dos discursos científicos, esse terceiro se apresenta como uma espécie de arquétipo da consciência coletiva do domínio de referência cujo autor se firma ou ao qual pretende ter acesso: desse modo, um universitário que escreve na imprensa cotidiana remete-se não somente aos leitores habituais do jornal, mas igualmente a seus pares, aos colegas de sua universidade, até mesmo às diversas instâncias, em posição de avaliá-lo etc. Ultrapassando esse domínio particular, o **sobredestinatário** seria, de alguma forma, a voz do representante mais típico, seja do grupo ao qual pertence, seja do grupo social ao qual sonha pertencer, e não seria forçosamente idêntico de uma situação a outra para um mesmo locutor, variando, assim, de acordo com a diversidade das comunidades* discursivas ou linguageiras que cruzamos (profissionais, familiares, políticas, esportivas...). A propósito da figura do jornalista na mídia, podemos assim evidenciar, ao lado das diferentes formas de dialogismo* repertoriadas, a posição instável do mediador, que se encontra pressionado a negociar, em particular nos eventos de caráter científico-político, entre os discursos previsíveis do público, a diversidade dos discursos-fonte, sua própria memória* interdiscursiva e a consciência de um sobredestinatário, que seria esse arquétipo do jornalista independente, informado e crítico, conforme os interesses de uma sociedade democrática (Moirand, 1999b, 2000). A noção de sobredestinatário permite se desembaraçar de uma concepção muito unitária do destinatário, que tende a confundir situação* de enunciação e situação* de comunicação: o destinatário não é a pessoa empírica física ou virtualmente apresentada do quadro da comunicação, mas um interlocutor que se inscreve na representação mental da situação de enunciação que o enunciador reconstrói (conscientemente ou não) em função de suas experiências e de sua história discursiva anteriores.

ver **avaliação, destinatário, insegurança discursiva, interlocutor, memória discursiva**

S. M. (P. L. N. B.)

sofisma – *Em lógica*, um **sofisma** é um raciocínio erístico*.

Do ponto de vista interacional, é um discurso embaraçoso, enganoso, manipulador e perigoso, recebido como evidentemente falso, mas cuja refutação é difícil. Seja qual for o tipo de discurso que se denuncie, uma vez colocado nessa categoria, o conceito é essencial para a análise da recepção polêmica do discurso argumentativo.

Do ponto de vista filosófico, a sofística representa, com o ceticismo, um movimento intelectual essencial para a argumentação retórica, especialmente porque criou o princípio do debate e dos discursos irredutivelmente contraditórios (as antilogias), a noção de ponto de vista, a reflexão sobre o verossímil*. Essas posições foram estigmatizadas pelo idealismo platônico, que lhes impôs deformações, sofridas ao menos até Hegel na filosofia, e que a linguagem corrente simplesmente incorporou.

A distinção sofisma/paralogismo* repousa sobre uma imputação de intenção inconfessável que pode ou não ser considerada legítima. O paralogismo está ao lado do **erro** e da **estupidez**; o sofisma é um paralogismo que serve aos **interesses** ou às **paixões** de seu autor. Em virtude do princípio "Procure o beneficiário do crime", um tal "erro" é carregado de intenção maligna em relação àquele que é sua vítima. Da descrição, passa-se assim à **acusação**, que encontramos na orientação negativa de termos como "sofisma", "sofista", "sofística" (adjetivo), nas suas acepções modernas correntes.

ver **erística, paralogismo, prova**

C. P. (P. L. N. B.)

subentendido – ver **implícito**

subjetividade – Em 1958, Benveniste publica no *Journal de psychologie* um artigo intitulado "Da subjetividade na linguagem" (retomado em Benveniste, 1966: cap.XXI). Se outros linguistas antes dele tinham se interessado por esse aspecto do funcionamento da língua – por exemplo Bréal (o cap. XXV do *Essai de sémantique*, 1897, intitula-se "O elemento subjetivo") ou Bally (que retoma obstinadamente, em particular em *Le Langage et la vie* [1913], a necessidade de estudar "a linguagem expressiva, veículo do pensamento afetivo"), é em Benveniste que se deve atribuir um estatuto verdadeiramente *linguístico* à noção de **subjetividade**.

Para Benveniste, com efeito (1966: 259-260), a subjetividade nada mais é que a "capacidade do locutor de se posicionar como 'sujeito'", e é na linguagem que devemos procurar os fundamentos dessa aptidão, "é na e pela linguagem que o homem se constitui como sujeito". Ele assim o faz, apropriando-se de certas formas que a língua lhe disponibiliza, primeiramente com o pronome *eu*, cujo uso é o próprio fundamento da consciência de si. Benveniste acrescenta que "a consciência de si é possível somente quando ela se testa por contraste. Somente emprego *eu* quando me dirijo a alguém, que será, na minha alocução, um *tu*": não existe subjetividade sem intersubjetividade. Outras formas diferentes de pronomes pessoais, existentes na língua, participam da instauração da subjetividade no *discurso*: Benveniste menciona as formas temporais e outros indicadores da **dêixis*** ("este", "aqui", "agora", "amanhã" etc.), assim como os verbos ditos "modalizadores", tais como "crer", "supor", "presumir", que, empregados na primeira pessoa, exprimem a atitude que o locutor adota diante do conteúdo de sua enunciação: "O tempo vai mudar" é um enunciado "objetivo" (ou "impessoal"), enquanto "Creio que o tempo vai mudar" é uma enunciação subjetiva.

Kerbrat-Orecchioni, em *L´Énonciation. De la subjectivité dans le langage* (1980), continua o trabalho de Benveniste, fazendo o inventário e a descrição dos lugares de ancoragem em que mais se manifesta a subjetividade linguageira. Ela amplia o inventário dos marcadores de subjetividade (ou **subjetivemas**) distinguindo, além dos dêiticos, os termos **afetivos**, os **avaliativos** (ou **apreciativos**) **axiológicos** e não axiológicos, os **modalizadores**, e outros lugares ainda de inscrição no enunciado do sujeito da enunciação (escolha denominativa, seleção e hierarquização das informações etc.). Insistindo nas ambiguidades que pesam sobre as noções de subjetividade/objetividade, a obra chega à conclusão de que "a subjetividade está em todo lugar", sendo que todos os discursos são marcados subjetivamente, mas segundo *formas* e *graus* extremamente variáveis.

Hoje, essa problemática reduz-se, sobretudo, à questão da *avaliação* que alimenta certos debates no campo de estudo da argumentação, sendo considerada em seus diferentes aspectos (linguísticos, mas também sociais e cognitivos – ver, sobre essas questões, a obra-síntese de Malrieu [2000]).

ver **dêixis, emoção, modalidade, valor**

C. K.-O. (P. L. N. B.)

subversão/captação – ver **captação (II)**

sujeito comunicante – ver **emissor, locutor**

sujeito destinatário – ver **destinatário**

sujeito do discurso – O **sujeito do discurso** é uma noção necessária para precisar o estatuto, o lugar e a posição do sujeito* falante (ou do locutor*) com relação a sua atividade linguageira. Ela leva a considerar as relações que o sujeito mantém com os dados da situação* de comunicação na qual ele se encontra, os procedimentos de discursivização, assim como os saberes, opiniões e crenças que possui e que supõe serem compartilhados pelo seu interlocutor. Sua competência* não é mais simplesmente linguística, ela é ao mesmo tempo *comunicacional, discursiva* e *linguística*.

Essa noção foi o objeto de diferentes definições, cada uma testemunhando a posição teórica de seus autores.

Para Pêcheux, o sujeito do discurso não se pertence, ele se constitui "pelo 'esquecimento' daquilo que o determina" (1975: 228). Trata-se do fenômeno da "interpelação do indivíduo em sujeito de seu discurso [...] pela identificação (do sujeito) com a formação discursiva que o domina" (ibid.), porque o sujeito é sobredeterminado por *pré-construídos* ideológicos ("efeito Munchausen", ibid.: 223).

Para Ducrot, no quadro daquilo que ele denomina *pragmática integrada*, devemos distinguir, no sujeito que produz o ato da linguagem, um *ser empírico* exterior a todo ato de linguagem, um *ser de discurso* (o locutor), responsável pelo enunciado, um *ser de pura enunciação* (o enunciador*) que determina o ponto de vista do enunciado (1984).

Para Charaudeau, no quadro de uma problemática da alteridade, o sujeito do discurso é, ao mesmo tempo, sobredeterminado – mas somente em partes – pelos condicionamentos de ordens diversas, e livre para operar suas escolhas no momento de focalizar seu discurso. Ele é, ao mesmo tempo, coagido pelos dados da situação de comunicação (contrato*) que o conduzem a se comportar discursivamente de uma certa maneira, e livre de *se individuar*, o que o leva a usar estratégias*. Para tratar desse mecanismo complexo da discursivização, esse autor propõe distinguir um *sujeito* comunicante* de um *sujeito* interpretante* externos ao dito (nível situacional*), um *sujeito* enunciador* e um *sujeito* destinatário* interno ao dito (nível discursivo*) (Charaudeau, 1988e).

De toda maneira, é conveniente considerar que o sujeito do discurso é um sujeito composto de várias denominações. Ele é polifônico, uma vez que é portador de várias vozes enunciativas (polifonia*). Ele é dividido, pois carrega consigo vários tipos de saberes, dos quais uns são conscientes, outros são não conscientes, outros ainda, inconscientes. Enfim, ele se desdobra na medida em que é levado a desempenhar alternativamente dois papéis de bases diferentes: papel de sujeito que produz um ato de linguagem e o coloca em cena, imaginando como poderia ser a reação de seu interlocutor, e papel do sujeito que recebe e deve interpretar um ato de linguagem em função do que ele pensa a respeito do sujeito que produziu esse ato. Cada um desses papéis conduz o sujeito do discurso a se lançar em operações diferentes. No primeiro caso, ele exerce o papel de codificador; no segundo, o papel de decodificador, sendo ambos produtos de inferências que não são exatamente idênticas.

ver **coenunciador, destinatário, emissor, enunciador, locutor, sujeito falante**

P. C. (P. L. N. B.)

sujeito enunciante – ver **enunciador**

sujeito falante – O termo **sujeito falante** é empregado em linguística para designar o ser humano que exerce a atividade da linguagem. Dizemos então que o sujeito falante tem uma competência* linguística, ou seja, que ele possui a capacidade de utilizar os sistemas de uma determinada língua para construir ou reconhecer corretamente as formas (morfologia), respeitando as regras de combinação (sintaxe) e levando em consideração o sentido das palavras (semântica). Mas esse termo é igualmente empregado com um sentido genérico, referindo-se a todo indivíduo que produz um ato de linguagem. Nesse emprego não são exatas nem a diferença que é conveniente estabelecer entre as naturezas desse sujeito, segundo o que ele fala ou pensa ou entre os papéis que ele é obrigado a assumir (do sujeito que produz o ato de linguagem ou que o recebe e o interpreta), nem as operações que ele faz quando diz respeito à produção ou à compreensão de um enunciado em situação de comunicação.

É para responder a essas questões que os linguistas interessados pelo discurso foram levados a encontrar diferentes denominações cujas definições variam em função das opções teóricas em que umas são mais orientadas para os fenômenos da enunciação, e outras, para os fenômenos da comunicação. Além do mais, e isso não simplifica as coisas, essas denominações coexistem com outras de uso corrente, as quais ora são empregadas no lugar das primeiras, ora tomam um sentido particular. Assim elas são, por um lado, do locutor, emissor, enunciador, e, por outro lado, do receptor, ouvinte, interlocutor, destinatário, alocutário, coenunciador.

Para tentar classificar esses termos, propusemos distingui-los segundo dois tipos de critério, que inclusive se cruzam: (1) a oposição entre locutor *externo/interno* ao discurso; (2) a oposição *produção/recepção*.

A oposição locutor *externo/interno* ao discurso repousa sobre a hipótese de que todo sujeito falante é suscetível de ter dois tipos de identidade: uma identidade social e uma identidade discursiva. A identidade social define o sujeito falante como aquele que toma a fala, que tem um estatuto social – como ser comunicante, que é dotado de uma intenção comunicativa. A identidade discursiva define o sujeito falante como um ser de linguagem que se exprime, por meio da sua realização do processo de enunciação.

A oposição *produção/recepção* remete aos papéis que assumem os parceiros de uma troca verbal no momento de seu desenrolar. Sucessiva e alternativamente, eles assumem o papel daquele que produz um ato de linguagem no lugar de um outro, e daquele que recebe um ato de linguagem e tenta interpretá-lo.

Assim, apesar dos empregos múltiplos e normalmente cruzados, poderíamos repartir os diferentes sujeitos de linguagem da seguinte maneira:

Sujeito	Posição de produção	Posição de recepção
externo (*ao discurso*)	Emissor	Receptor *
	Locutor *	Interlocutor / *Alocutário
	Autor	Ouvinte / Leitor
interno (*ao discurso*)		Destinatário / *Alocutário / Coenunciador
	Enunciador *	
	Narrador	Narratário
	Autor modelo	Leitor modelo

ver emissor, interlocutor, locutor, polifonia, receptor, sujeito do discurso

P. C. (P. L. N. B.)

sujeito interpretante – ver receptor

superestruturas textuais – No modelo cognitivo de textualidade de Van Dijk (1981, 1984), *num primeiro nível*, um sentido (representação proposicional) e um valor ilocutório (tipo de ato* de linguagem) são atribuídos às proposições. *Num segundo nível*, conjuntos de proposições são, por ciclos de tratamento, condensados para ser armazenados na memória de trabalho, o que permite a continuidade da construção do sentido por integração dos enunciados seguintes. Esses conjuntos formam as "macroestruturas semânticas". O estabelecimento desses reagrupamentos semânticos é facilitado, num último nível, pelo reconhecimento de organizações convencionais – "estruturas globais de formas" (Van Dijk, 1996: 17) ou esquemas de textos (Bereiter e Scardamalia, 1992) – que Van Dijk propôs chamar de "**superestruturas**": "Diferentemente das macroestruturas, elas não determinam um 'conteúdo' global, mas de preferência a 'forma' global de um discurso [...]. As macroproposições, dentre aquelas de um nível suficientemente elevado, serão organizadas pelas categorias esquemáticas da superestrutura, por exemplo, o esquema narrativo" (1981: 26-27).

Van Dijk, ao usar o termo "superestruturas", refere-se tanto à narrativa* e à argumentação* quanto ao soneto ou a um artigo científico, recobre a noção de unidades textuais bastante diferentes. Os conceitos de plano* de texto e de sequência* permitem esclarecê-la.

ver **plano de texto, sequência**

J.-M. A. (P. L. N. B.)

superfície discursiva – A noção de **superfície discursiva** foi empregada com um conteúdo preciso no modelo de Pêcheux, mas ela é também utilizada com um valor bastante amplo.

Na obra de Pêcheux (1969), a superfície discursiva é "uma sequência linguística limitada por dois *brancos semânticos*, isto é, dois silêncios (reais ou virtuais), correspondentes à mudança das condições que representam o *acesso ao papel de locutor* e *o abandono desse mesmo papel*" (1969: 40). A superfície discursiva é então uma espécie de equivalência de "enunciado". Mais tarde, em Pêcheux e Fuchs (1975), a "superfície discursiva" é substituída pela **superfície linguística**, o que permite a distinção de dois níveis: aquele dos enunciados "concretos", lugar de ilusão de completude e de autonomia do sentido, e aquele do **objeto discursivo**, que constrói a análise do discurso, um objeto que é o "resultado da transformação da superfície linguística de um discurso concreto em objeto teórico, isto é, um objeto linguisticamente "dessuperficializado" (1975: 24). Essa "dessuperficialização" era operada pela análise* automática do discurso.

No uso corrente da análise do discurso, falamos de "superfície discursiva" para opor o *corpus* tal como ele se oferece de maneira imediata e esse mesmo *corpus* que se fez o objeto de um tratamento, do qual extraímos os elementos pertinentes para uma pesquisa dada.

ver análise automática do discurso, *corpus*, Escola Francesa de Análise do Discurso

D. M. (P. L. N. B.)

suporte de escritura – A análise do discurso privilegia as formas sonoras, lexicais e sintáticas, bem como as modalidades enunciativas. Transposta para o quadro dos trabalhos sobre a escrita, essa abordagem é insuficiente, pois, paradoxalmente, ela ignora os **suportes**, que desempenham um papel importante na comunicação escrita. Os historiadores desenvolveram diversas disciplinas eruditas, como a epigrafia, a papirologia, a paleografia, nas quais o suporte é um objeto de conhecimento. Distinguiremos entre a *matéria objetiva* do documento – ou seja, a matéria física utilizada (papel, pedra, pergaminho, suporte eletrônico), a *forma do suporte* (livro, caderno, caderneta etc.), os *instrumentos* que foram utilizados para escrever (pena, lápis, caneta, máquina de escrever, teclado de computador etc.), *a escrita e suas diversas formas* (caixa alta, maiúsculas, minúsculas, e também organizações tipográficas), *a organização dos signos de escritura* no campo gráfico (composição da página) – e o *texto* propriamente dito. Todos esses elementos constitutivos da escrita desempenham um papel mais ou menos importante, mais ou menos estudado também na construção do sentido: os trabalhos produzidos sobre a leitura dos jornais, por exemplo, puseram em evidência as funções próprias à composição da página e ao uso das distinções tipográficas específicas que estruturam o discurso jornalístico.

No domínio jurídico

O suporte escrito pode, graças a certas marcas de validação, adquirir o estatuto de um ato jurídico portador de obrigações. A tradição diplomática descreve o processo dessa transformação: um cidadão remete ao rei um pedido, esse último devolve-lhe sua carta aprovada por uma menção de próprio punho: ela se torna, desse modo, um ato jurídico. O jornal de bordo utilizado na marinha mercante fornece outro exemplo: esse documento é apresentado "virgem", antes da partida do navio, à administração dos negócios marítimos, para que nele seja impresso um timbre. Cada folha timbrada adquire, assim, um estatuto oficial e torna-se o suporte de escrita do comandante.

Em análise de discurso

É principalmente no domínio dos estudos que incidem sobre as práticas linguageiras no trabalho que os suportes foram considerados. As atividades de escrita no trabalho efetuam-se em suportes diferenciados, variados, que dependem do tipo de produção, das tradições da profissão, dos dispositivos próprios às organizações. O inventário dos suportes e sua tipologia são em si um domínio de pesquisa (Cottereau *et alii*, 1989).

De um ponto de vista linguístico, os suportes participam da construção do sentido das mensagens escritas, na medida em que são portadores de normas discursivas. Assim, os físicos registram certas informações num caderno de experiências e outras num caderno de laboratório (Welfelé, 1994). Certos suportes, como os registros de produção em uma seção de uma fábrica, serão preenchidos num estilo fortemente elíptico; outros supõem enunciados mais explícitos. Para os profissionais, a leitura, a interpretação de uma nota, de uma anotação, de uma descrição dependem estritamente dos suportes.

De um ponto de vista cognitivo, a diversidade dos suportes corresponde aos usos complementares e simultâneos: o prontuário médico de um hospital será consultado a todo o momento com uma simples olhadela, servirá de ponto de apoio às trocas orais, ao passo que o fichário, contendo as fichas classificadas segundo o tipo de cuidado, será consultado individualmente (Lacoste e Grosjean, 1999).

A presença e a permanência de suportes escritos nos lugares de produção fornecem recursos aos agentes comprometidos na ação produtiva. Esses **artefatos cognitivos** (Norman, 1993) podem ser acessados por todos, abertos, ou reservados a quaisquer pessoas.

ver **assinatura, materialidade discursiva, midialogia, plano de texto**

B. F. (P. L. N. B.)

taxema – ver **relação interpessoal**

tema/rema – Esta distinção aparece nos trabalhos da Escola de Praga, nos fins dos anos 20, nos trabalho de Mathesius. Ela é retomada em *Perspective Fonctionnelle de la Phrase,* fundamentada na progressão temática e na dinâmica comunicativa do que se chama "o segundo Círculo de Praga" (Firbas, 1964; Danes, 1674), antes de ser amplamente desenvolvida no domínio francês, nos anos 1970 (Slakta, 1975; Adam, 1977; Combetttes, 1978 e 1983). A distinção do **Tema** e da **Rema** não deve ser confundida nem com a abordagem *sintática* Sintagma Nominal (SN) / Sintagma Verbal (SV), nem com a abordagem *proposicional* (Halliday e Hasan, 1976). Ela é centrada, por um lado, no grau de *informatividade e de dinâmica comunicativa* no interior de uma frase e, por outro, na gramática dos *encadeamentos frásticos.*

A Perspectiva Funcional da Frase focaliza a progressão da informação: a estrutura canônica de base (nível *sintático* dos sintagmas) determina um certo número de lugares para as unidades (nível *semântico* dos actantes) e organiza a informação e a comunicação. Os lugares de início (Tema), de meio (transição) e do fim da frase (Rema) possuem diferentes graus de dinamismo comunicativo: do mais baixo grau para o Tema (do que se fala) ao mais alto grau para o Rema (o que se fala do Tema).

A progressão temática se reporta principalmente aos *encadeamentos transfrásticos** de um texto, explicitando sua *coesão** e sua progressão transfrástica. Três grandes tipos de progressão temática, na maior parte dos casos associadas no interior de um mesmo texto, podem ser desencadeados:

· *A progressão de tema constante*: um mesmo tema é retomado de uma frase a outra e associado a remas diferentes: "Quaisquer lugares de comércio permitem aos amantes de livros se reencontrarem livremente em calma. Há lugares em que se encontram as novidades no dia do seu lançamento. Há lugares onde se pode falar sobre os livros a pessoas que os leram. Onde qualquer um tem possibilidade de constituir sua própria biblioteca" (Lindon).

· *A progressão linear simples*: o tema de uma frase é tirado do tema da frase precedente; o verbo da transição pode igualmente ser nominalizado em uma frase seguinte: "Sobre o mar, há um barco – no barco, há uma cabine – na cabine, há uma gaiola – na gaiola, há um pássaro – no pássaro, há um coração..." (Schwob, *Le Livre de Monelle*, citado por Slakta, 1975).

• *A progressão de temas derivados*: ela se organiza a partir de um tema no qual são desenvolvidos diferentes subtemas: "As duas admiráveis narrativas que compõem este livro estão entre as mais características do gênio de James porque estão centradas no segredo e na morte. *O altar dos mortos*, escrito em Londres em 1894, evoca um acontecimento determinante na vida de James. *Na gaiola* data de 1898 e evoca o período no qual James se retira para Rye, um vilarejo ao sul da Inglaterra" (Stock, Coleção "Biblioteca cosmopolita").

ver **coerência, transfrástico**

P. L. (F. Z.)

terminologia – Denomina-se **terminologia** o conjunto de palavras e expressões munidas de sua definição, por meio das quais uma disciplina científica ou técnica refere-se às noções que a constituem. "Terminologia" é, às vezes, sinônimo de "nomenclatura", embora esta última palavra remeta mais a um conjunto sistematizado de formas (cf. "a nomenclatura da química constituída por Lavoisier"). Distingue-se de "vocabulário*", empregado pelos lexicólogos para fins descritivos (cf. "o vocabulário da aviação"). Pode-se aproximar também do sintagma utilizado notadamente na didática das línguas: língua de especialidade* (para uma síntese, ver Cabré, 1998).

ATIVIDADE TERMINOLÓGICA

Fundada por Wüster (1968, 1974, 1979) e fortemente influenciada pela escola soviética, em particular por Lotte, a terminologia tenta responder às necessidades crescentes de uma comunicação sem ambiguidade entre os especialistas de uma ciência ou de um domínio técnico, no interior de uma língua e entre as línguas. Ela procura, como a lógica clássica, contornar as "imperfeições" das línguas naturais. Seu ponto de partida é *descritivo e onomasiológico*: discriminação e articulação dos domínios de atividades, inventário e organização de noções (ou conceitos), relacionamento dos termos que lhes correspondem e formalização de suas relações. O objetivo é construir expressões denotativas* específicas. Seu ponto de chegada é *prático*: proposição de terminologias intralinguísticas que evitem a polissemia e a sinonímia, o estabelecimento de dicionários plurilíngues (é a atividade terminográfica), equipamento terminológico das línguas que não possuem os termos de um domínio ou de uma tecnologia. A tarefa dos terminólogos pode, assim, variar enormemente de um país a outro, segundo as necessidades e as políticas linguísticas.

A unidade da terminologia, o **termo***, é uma palavra (termo **simples**) ou grupo de palavras (termo **complexo**) que designa de maneira unívoca uma **noção** (ou **conceito**) no interior de um **domínio de atividade**. A "noção" é uma unidade de pensamento constituído de um conjunto de caracteres atribuído a um objeto ou a uma classe de objetos (ela pode realizar-se por um símbolo não linguístico). A terminologia pratica uma *démarche* onomasiológica que parte de noções supostas e pesquisa as palavras que a traduzem ou que poderiam traduzi-la em uma ou mais línguas, com uma propriedade dada a uma noção que, universal, pode se realizar identicamente (por um só termo), não importa em qual língua. Em nome dessas ambições e dos jogos socioeconômicos e geopolíticos que estejam em pauta, a atividade terminológica se efetua em relação estreita, de um lado com os especialistas dos domínios correspondentes, de outro lado com os grandes organismos nacionais e internacionais de normalização (Norma ISO, Infoterm...)

SOCIOTERMINOLOGIA

As aporias ligadas aos efeitos derivados das visões normalizadoras e utilitárias da terminologia têm levado à construção de uma socioterminologia (Gaudin, 1993) que, constatando que as fronteiras entre domínios científicos e técnicos são porosas e interessando-se pelas práticas linguageiras efetivadas pelos seus atores, leva em conta os discursos de interface entre ciências e técnicas ou entre iniciados e leigos, considera as variações entre o oral e o escrito no interior dos domínios, estuda os efeitos da pluralidade das línguas em contato. Ela toma igualmente como objeto as atividades terminológicas e terminográficas. Desse ponto de vista, ela é uma *análise crítica do discurso da terminologia*.

ver **especialidade (discurso de –/língua de –), palavra, vocabulário/léxico**

B. G. (F. Z.)

termo – O **termo**, chamado igualmente de **unidade terminológica**, é uma unidade lexical, com função denominativa, que se encontra definida em relação com outras unidades do mesmo tipo no interior de um domínio de atividade estreitamente delimitada. Por exemplo, uma unidade lexical como *depressão*, em uma acepção não terminológica, corresponde a "afundamento sob o efeito de uma pressão", e em acepções terminológicas nos domínios da geografia, da meteorologia, da medicina e da economia; ela pertence ao *vocabulário** da geografia, da meteorologia etc. O uso de termos pode ser considerado como um índice de *especialidade**, mesmo que a penetração de objetos técnicos no nosso universo familiar incite o locutor leigo a usá-los. Por outro lado, a partir da noção de **palavra-chave**, define, por vezes, em função de um cálculo de frequência, as análises de discurso que optaram em favor de uma entrada lexical construíram uma ferramenta indispensável, a *palavra pivô**.

No quadro da análise do discurso, a distinção entre palavra e termo é operatória, pois, sendo todo *termo* uma unidade lexical forjada conforme as regras morfológicas em vigor em uma língua, ele não se distingue de uma *palavra* ordinária a não ser por uma especificação de emprego. Assim, é somente por força de um critério enunciativo que se pode selecionar o sentido apropriado de uma dada situação.

ver **especialidade (discurso de –/língua de –), palavra, vocabulário/léxico**

F. C.-B. (F. Z.)

território – ver **face**

texto – No livro IX da *Institution oratoire*, Quintiliano fala do texto na perspectiva da *composição*, ou seja, da união entre a *invenção* (escolha dos argumentos), a *elocução* (colocação em palavras), e a *disposição* (organização ou plano do texto). Ele emprega duas palavras: *textus* e *textum*. O *textus* (IX, 4, 13) está próximo da "bela conjuntura" medieval, tradução do latim *junctura* da *Ars poetica* de Horácio, ou seja, "aquilo que reúne, junta ou organiza elementos diversos e mesmo dissociados, [...] aquilo que os transforma em um todo organizado" (Vinaver, 1970). Quanto à palavra *textum* (IX, 4, 17), está mais próxima da "infinita contextura de debates" de Montaigne (*Essais*, Livro II), ou seja, da ideia de composição aberta e menos finalizada. O texto é então definido, a partir da origem, tanto por sua unidade quanto pela sua abertura, que posteriormente foi teorizada como **transtextualidade** por Genette (1979, 1982, 1987). Esse autor distingue oportunamente o **paratexto*** (que cerca materialmente o texto), o **metatexto** e o **epitexto*** (comentários de um texto em e por um outro texto), o **intertexto*** (citação, alusão a outro texto), o **hipertexto** (no sentido de retomada, pastiche e paródia) e, finalmente, o **arquitexto** (gêneros* de discurso e modelos de textualidade como a narrativa, a descrição*, o comentário e as diferentes formas de encenação da palavra).

PROBLEMAS DE DEFINIÇÃO

A palavra "texto", apesar da definição corrente – "todo discurso fixado pela escritura" (Ricœur, 1986: 137) – , não se remete prioritariamente à escrita. Opor *texto escrito* a *discurso oral* reduz a distinção ao suporte ou meio e dissimula o fato de que um texto é, na maioria das vezes, *plurissemiótico**. Uma receita de cozinha, um *outdoor* ou um artigo de jornal, um discurso político, um curso universitário ou uma conversação não comportam apenas signos verbais, eles são igualmente feitos de gestos, de entonações e de imagens (fotografias e fotogramas, desenhos e infografias). Por outro lado, é preferível distinguir **texto** e **discurso*** como duas faces complementares de um objeto comum tomado pela *linguística textual* – que privilegia a organização do cotexto e da coesão como coerência* linguística, "*Textverknupfung*"

(Stierle, 1977: 172) – e pela *análise de discurso* – mais atenta ao contexto* de interação verbal e à coerência como *"Textzusammenhang"* (id.).

A definição do conceito de texto foi inicialmente gramatical e tipologizante. Para as *gramáticas* de texto*, um texto é uma "sequência bem-formada de frases ligadas que progridem para um fim". (Slakta, 1985: 138). Essas diferentes concepções foram largamente criticadas, pois não é seguro que se possa partir assim da unidade frase, e ainda menos seguro que as gramáticas de texto sejam um dia capazes de gerar as sequências "bem-formadas" em questão. A gramaticalização de textos fracassou, assim como a vontade de estabelecer tipologias (Werlich, 1975; Adam 1992, 1999). O texto revelou ser uma unidade muito complexa, para ser fechada em tipologias e para que só a coesão ou coerência linguística possam dar conta daquilo que faz sua unidade. Se existem regras de boa formação, estas regras são certamente relativas aos gêneros de discurso, ou seja, às práticas sociodiscursivamente reguladas.

Texto e contexto

Halliday e Hasan definiram o texto como *uma unidade de uso da língua em uma situação de interação* e como *uma unidade semântica*: *"Um texto é mais bem pensado não como uma unidade gramatical, mas antes como uma unidade de tipo diferente: uma unidade semântica. A unidade que o texto tem é uma unidade de sentido em contexto, uma textura que expressa o fato de que ele se relaciona como um todo com o ambiente no qual está inserido"* (1976: 293). Insistindo, por outro lado, no fato de que um texto não se define absolutamente por seu tamanho (uma frase proverbial, uma máxima ou vários volumes são textos do mesmo teor que "Proibido fumar" ou "Vende-se"), relativiza-se a questão da frase como unidade de base da textualidade. É certamente preferível, conforme Weinrich (1973: 13 e 198), definir o texto como uma *sequência significante (considerada coerente) de signos entre duas interrupções marcadas da comunicação*. Essa sequência, geralmente ordenada linearmente, possui a particularidade de constituir uma totalidade na qual elementos de diferentes graus de complexidade estabelecem, uns em referência aos outros, relações de interdependência. *A frase* é um patamar (morfossintático) de organização situado entre signos e proposições, de um lado, e períodos*, parágrafos, sequências* e partes de um plano* de texto, de outro lado. Essa organização do texto em sistema – ou seja, em um complexo de determinações, cadeia de valores textuais (Weinrich, 1973: 13) – forneceu um (pres/pré)sentimento de unidade, *um efeito de texto*, já que as bases linguísticas facilitam o estabelecimento de um sentido configuracional* e a determinação de um propósito argumentativo (macroato* de linguagem). O julgamento definitivo de coerência resulta da articulação do texto com o contexto sociopragmático da interação, ou seja, com a dimensão discursiva englobante.

ver **coerência, configuração, esquematização, gramática de texto, linguística textual, macroato de linguagem**

J.-M. A. (F. Z.)

tipo de discurso – A noção de **tipo de discurso** recebe diversas acepções na análise de discurso francófona. Ao lado de uma definição *ampla*, que o faz designar não importa qual classe de discurso, qualquer que seja o critério que preside seu estabelecimento, existem duas significações *restritivas*: (1) Uma opõe "tipo de discurso" e "gênero* de discurso", como um setor de produção verbal de uma sociedade com um dispositivo de comunicação particular (implicando papéis, um canal, temas etc., particulares); o *tipo* de discurso político, por exemplo, recobre múltiplos gêneros: debates televisivos, panfletos, programa eleitoral... (2) A outra faz dos "tipos de discurso" modos fundamentais de estruturação que se combinam nos textos concretos. É o caso de Bronckart (1996: 138), que distingue quatro grandes "tipos de discurso": *discurso interativo, narrativa interativa, discurso teórico, narração*. Esses são, ao mesmo tempo, *tipos linguísticos* (que mobilizam marcas específicas em cada língua natural) e *arquétipos psicológicos*, independentes das línguas particulares. É o parecer também de Bouchard (1991), que distingue nove tipos de discurso, fundamentados em três critérios: semântico-referencial (narrativo, descritivo, expositivo), enunciativo (intervenção, discurso escrito, realizações orais ou escritas) e pragmático (injuntivo, explicativo, argumentativo).

ver **gênero de discurso, sequência, tipologia dos discursos**

D. M. (F. Z.)

tipologia dos discursos – Uma das tarefas essenciais da análise do discurso é classificar os discursos produzidos numa sociedade. Como componentes de sua competência* comunicativa, os locutores dispõem de **tipologias**, adquiridas por contato ou por ensino explícito, necessárias para compreender ou produzir textos, mas, também, para circular na sociedade. Existem, ao lado das tipologias comuns (cf. nas livrarias: "romances policiais", "históricos", "sentimentais"...), tipologias de especialistas (cf. no jornalismo: "editorial", "notícia", "chapéu", "box"...). Como a classificação dos discursos pode se fundamentar em critérios variados (grau de generalidade dos critérios, lugar social de pertinência da tipologia, nível discursivo apreendido... [Charaudeau, 1997b]), existem muitas tipologias.

Tipologias homogêneas, intermediárias e heterogêneas

Petitjean (1989) propôs uma tipologia das tipologias. As tipologias *homogêneas* apoiam-se numa base única para elaborar uma grade abstrata, distinta dos textos concretos: é o caso, por exemplo, de Werlich (1975), ou de Adam (1990, 1992), que distinguem, baseados em procedimentos cognitivos, diversos tipos fundamentais: descritivo, narrativo, argumentativo... As tipologias *intermediárias* recorrem a critérios heterogêneos, mas organizando-os a partir de um "foco classificatório": essencialmente o modo enunciativo, a intenção de comunicação ou as condições de produção. As tipologias *heterogêneas* associam critérios relacionados a focos classificatórios distintos: intenção comunicativa, temática, médium, modo enunciativo etc. É dessa maneira que se analisam os gêneros* de discurso, ou seja, os dispositivos de fala sócio-historicamente constituídos: o jornal televisivo, a consulta médica, a crônica, a dissertação literária etc.

As tipologias enunciativas

Elas se fundamentam na relação entre o enunciado e sua situação de enunciação (com seus três "polos": interlocutores, momento, lugar de enunciação). Nesse sentido, a *tipologia* fundadora é distinção de Benveniste entre **discurso e história,** reformulável na distinção entre um *plano embreado*,* que implica a correlação com uma situação de enunciação, e um *plano não embreado,* no qual o enunciado se apresenta como disjunto dessa situação de enunciação. Essa oposição foi tornada mais complexa por Simonin-Grumbach (1975, 1984), que distingue **discurso, história, discurso indireto-livre, textos teóricos, textos poéticos.** A tipologia de Bronckart (1985, 1996) distingue, com base em critérios ao mesmo tempo psicológicos e linguísticos, quatro "tipos de discursos" fundamentais, combinando dois critérios: *implicação* vs *autonomia* em relação à situação de enunciação e *conjunção* (expor) vs *disjunção* (relatar): o **discurso interativo** (expor/implicado), a **narrativa interativa** (relatar/implicado), o **discurso teórico** (expor/autônomo), a **narração** (relatar/autônomo).

As tipologias comunicacionais ou funcionais

Procura-se classificar os discursos segundo a intenção comunicacional que os anima. A mais célebre das *tipologias* dessa espécie é a de Jakobson (1963: cap.11), que distingue os discursos a partir das maneiras por meio das quais eles hierarquizam as funções* da linguagem (referencial, emotiva, conativa, fática, metalinguística, poética). Mas existem outras funções. A literatura anglo-saxônica distingue frequentemente duas funções maiores: **transacional,** que corresponde à expressão de conteúdos e **interacional** (ou **interpessoal**), "implicada na expressão de relações sociais e de atitudes pessoais" (Brown e Yule, 1983). O desenvolvimento da teoria dos atos* de linguagem tem uma incidência sobre essas tipologias, à medida que tende-se a associar as duas classificações: "A intenção funcional do locutor é conhecida como a força ilocucionária do enunciado" (Nunan, 1993: 65). Esse tipo de classificação esbarra em numerosas dificuldades. As *funções* comunicativas não correspondem necessariamente às *intenções* comunicativas dos locutores. Além disso, elas frequentemente se articulam mal com a complexidade dos enunciados efetivos: um mesmo discurso associa várias funções, cuja relação é problemática. De qualquer modo, essas tipologias baseiam-se em grades simultaneamente sociológicas e psicológicas, fundamentadas em postulados filosóficos implícitos difíceis de serem validados.

As TIPOLOGIAS SITUACIONAIS

Elas recorrem ao domínio da atividade social na qual se efetua o discurso. Encontram-se, então, classificações que distribuem o discurso em diversos segmentos da sociedade (a escola, a família, as mídias, os lazeres etc.) Pode-se classificar os diversos gêneros de discurso relacionados com tal ou tal lugar (os gêneros em uso na escola, no hospital etc.) ou com certo setor (os gêneros jornalísticos, os gêneros políticos etc.); é preciso, então, considerar a relação entre os gêneros *institucionalizados* próprios a um lugar (assim como o curso para a escola) e os gêneros *efetivos* (assim como as conversações entre os cursos). Outras tipologias consideram o *estatuto* dos participantes do discurso (superioridade/inferioridade, idade, pertencimento ou não ao mesmo grupo étnico etc.).

Algumas tipologias são fundamentadas nos posicionamentos* ideológicos: o discurso comunista ou patronal em certa época e em certo lugar. Nesse caso, fala-se, sobretudo, de "formação* discursiva". Centrada, em primeiro lugar, no estudo dos conteúdos ideológicos dos discursos, a análise do discurso tende, desde os anos 1980, a articular estreitamente os posicionamentos aos lugares que os tornam possíveis: em particular, a seus gêneros de discurso e a suas comunidades* discursivas.

TIPOLOGIA, GÊNERO DE DISCURSO E ANÁLISE DO DISCURSO

As atividades de fala efetivas nas quais são tomados os locutores são nomeadas mais frequentemente **gêneros de discurso**, e menos frequentemente, **gêneros de textos** (Rastier, 1989; Bronckart, 1996). Toda classificação rígida é impossível, pois "esses gêneros se adaptam permanentemente à evolução dos relacionamentos sociocomunicativos, e são portadores de múltiplas *indexações* sociais. Eles são organizados em *nebulosas*, com fronteiras incertas e instáveis" (Bronckart, 1996: 110). De qualquer maneira, podemos analisá-los e classificá-los somente recorrendo a critérios heterogêneos: estatuto dos participantes, meio, finalidade, lugar e momento, organização textual, em particular. Muitos critérios podem servir de base às classificações. De modo geral, para tornar eficiente, estabelecem-se as tipologias no interior de um domínio delimitado: os gêneros televisuais de informação (Charaudeau, 1997b), os gêneros da filosofia (Cossutta, 1998) etc.

Sendo possíveis várias classificações – e então várias tipologias – a propósito dos mesmos objetos, o problema lançado para essa noção é o de sua eficácia, que é ligada à natureza e ao número de variáveis escolhidas para estabelecê-la. "Ao tentarmos integrar o maior número de variáveis possível em nome da complexidade dos gêneros, ganhamos em compreensão mas perdemos em clareza [...]. Ao retermos apenas duas (em rigor três) variáveis, ganhamos em clareza mas perdemos em compreensão [...]" (1997b: 86). Charaudeau propõe sair desse dilema através de uma hierarquização dos critérios: primeiramente descrever as características *situacionais**, correspondentes ao lugar das coerções do contrato* de comunicação; depois, as características *discursivas*, correspondentes aos modos de organização do discurso determinados pelas coerções situacionais; enfim, as características *semiolinguísticas*, correspondentes às recorrências formais instruídas pelas restrições anteriores. Ao final dessas descrições, é possível estabelecer redes de gêneros ou subgêneros. Por exemplo, no gênero de informação midiático, distinguir a mídia impressa, o rádio, a televisão e, no interior de cada uma delas, distinguir e relacionar os gêneros debate (político e social), entrevista (políticas e civis), discussões (de intelectuais, de especialistas) etc.

Alguns estudiosos propõem distinguir alguns *grandes tipos aos quais* se incorporariam os gêneros de discurso particulares. Na obra de Bakhtin (1979 / 1984: 267), essa concepção assume um percurso histórico: haveria, de um lado, os **gêneros primários** (aqueles das interações da vida cotidiana) e, de outro, os **gêneros secundários** (aqueles dos discursos literários, científicos etc.), que resultariam de uma complexificação desses gêneros "primários".

Biber (1988, 1989), apoiando-se na *divisão estatística de características gramaticais* (passiva, pronome, subordinação etc.) num amplo *corpora* oral e escrito, distingue alguns grandes tipos: *interação interpessoal* (como as conversações familiares), *interação informativa* (como as conversações em contexto profissional), *exposição científica* (como os artigos científicos), *exposição erudita* (como a crítica jornalística), *ficção narrativa* (como o romance), *narração expositiva* (como as biografias), *reportagem ao vivo* (como as reportagens esportivas), *persuasão com implicação pessoal* (como as alocuções políticas). Por sua vez, Maingueneau (1998a) fala de **hipergênero** para esses "formatos" relativamente estáveis em longos períodos (o diálogo, o diário, a carta), nos quais os autores inserem dispositivos de enunciação extremamente variados; um hipergênero não é, então, um gênero propriamente dito.

Dado o ponto de vista específico da análise do discurso, não é possível contentar-se com tipologias puramente linguísticas ou puramente situacionais. A análise do discurso é inevitavelmente conduzida a privilegiar as tipologias que associam propriedades linguísticas e coerções ligadas aos gêneros de discurso.

ver **embreado (plano)/não embreado, formação discursiva, funções da linguagem, gênero de discurso, tipo de discurso**

D. M. (F. Z.)

topologia discursiva – Em análise do discurso, este conceito, recente e programático (Beacco e Moirand, 1995a), deve ser entendido em contraste com o conceito de tipo* de discurso, por meio do qual se propõe classicamente caracterizar os tipos ou os gêneros de discurso por meio de uma classificação fundamentada em traços distintivos intrínsecos. Essas classificações, que se baseiam em critérios de origens teóricas múltiplas, revelam-se constantemente pouco satisfatórias, segundo seus próprios formuladores, porque elas não bloqueiam as categorizações cruzadas (Adam, 1999: 81-84). Ademais, o objeto da análise do discurso não é fundamentalmente de natureza tipológica, porque se trata de construir modelos de relações entre a discursividade e suas exterioridades, ou, ao menos, de descrever as formas de "imbricação de um modo de enunciação e de um lugar social determinado" (Maingueneau, 1995a: 7-8).

A origem desse conceito está nas investigações dos primeiros trabalhos da Escola* Francesa de Análise do Discurso, perspectiva teórica na qual os discursos são caracterizados por sua localização relativa nos espaços ou campos* discursivos. Com efeito, propõe-se que as formações* discursivas organizam um espaço de lugares* ou posições (Haroche *et alii*, 1971) e, por isso, os discursos são produzidos e colocados em circulação em relações antagônicas, que são precisamente aquelas dos dispositivos ideológicos das formações sociais. Devido a esses posicionamentos, torna-se possível caracterizar as formas discursivas umas em relação às outras, sem levar em conta outras organizações possíveis, como os gêneros discursivos ou as situações de comunicação, julgadas muito de superfície.

Uma perspectiva topológica sobre a discursividade consiste em construir um sistema de marcas de discursos que seja de nível inferior ao das formações discursivas, ao da comunidade* de comunicação e eventos de comunicação que os caracterizam, dando, assim, uma base de natureza sociolinguística ao estudo dos discursos considerados isoladamente ou como vetores de representações ideológicas. A topologia dos discursos se estrutura em relação às comunidades* discursivas, em particular em relação às suas características quanto às formas de circulação dos discursos que elas organizam e que as constituem. Uma primeira organização é a distinção entre circulação *interna* dos discursos e circulação *para o exterior* de uma dada comunidade discursiva (pode se falar de discursos abertos ou fechados*: Maingueneau, 1992: 122). Para as comunidades científicas, por exemplo, diz-se que certos gêneros (artigos de revistas especializadas, dissertações, teses...) são destinadas aos pares, internamente, e que outros gêneros visam a leitores diferentes, conforme distintas finalidades: transmissão didática dos conhecimentos (manuais de ensino), difusão do conhecimento (tratados, enciclopédias, artigos de periódicos de vulgarização científica), informação científica (resumos de eventos científicos, sob a forma de relatórios ou artigos *ad hoc*). Posicionados dessa maneira, os discursos direcionados ao exterior podem ser descritos de maneira diferencial (Beacco, 1999), em conformidade com as suas condições de produção, de circulação e de recepção.

Essa estruturação do espaço discursivo é operada por meio de outros parâmetros, permitindo, além de descrever as comunidades discursivas, como a hierarquia dos gêneros do discurso produzidos / recebidos em uma comunidade discursiva, o caráter (ou não) de mercadoria dos textos colocados em circulação, a forma das relações entre escritores e ouvintes, o acesso restrito ou o caráter público dos documentos, as relações intertextuais exibidas ou efetivas (por exemplo, a cadeia intertextual da constituição da informação midiática). O exame dessas características permite localizar discursos no interior e fora da comunidade de origem e em relação com outras. Assim, as comunidades discursivas econômicas (empresas, administrações...), organizadas para a produção de bens e de serviços, apresentam uma forte hierarquização de lugares e gêneros (redator *vs* signatário), e o acesso a certos escritos é confidencial (documentos reservados), todas características locais que constituem condições de produção, de circulação e de recepção que podem controlar e modelar as formas das enunciações singulares. Essa estruturação interna e a forma das intermediações com o exterior não são de mesma natureza nas comunidades com dominância ideológica (política, religiosa...), por exemplo.

A topologia do espaço midiático é específica no sentido de que organiza um mercado de textos, em que se constrói a informação e que pode constituir até mesmo um espaço de confrontação de opiniões e de valores. O campo da mídia e da editoração, em que se faz comércio de textos, criou gêneros que lhe são específicos *(talk-shows, reportagens, editoriais, entrevistas...)* Mas essas comunidades midiáticas e editoriais tiram partido de todo acontecimento discursivo que se produz em outras comunidades e, assim, criam circulações e posicionamentos* intertextuais complexos.

Essa topologia de campos discursivos permite apoiar as descrições linguísticas de regularidades discursivas a lugares, que não são nem ideológicos nem sociológicos, mas que permitem problematizar a descrição dos discursos, porque eles possibilitam esclarecer diretamente as escolhas enunciativas particulares e assegurar pontos de vista controlados das produções verbais.

ver **midialogia, tipologia dos discursos**

J.-C. B. (F. Z.)

tópos – A palavra *tópos* (plural, *topoi*) foi emprestada do grego. Ela corresponde ao latim *locus communis*, de que resultou *lugar comum*. (1) Fundamentalmente, um *tópos* é um *elemento de uma tópica, sendo uma* tópica uma heurística, uma arte de coletar informações e fazer emergirem argumentos. (2) Um *tópos* é um esquema discursivo característico de um tipo de argumento. A época contemporânea juntou novas acepções a esses sentidos de base.

O *TÓPOS* COMO QUESTÃO TÓPICA

Uma tópica é um sistema empírico de coleta, de produção e de tratamento da informação para finalidades múltiplas (narrativa, descritiva, argumentativa), essencialmente práticas, funcionando em uma comunidade relativamente homogênea em suas representações e normas. As tópicas exprimem uma ontologia popular que oscila entre o cognitivo e o linguístico. Elas comportam diferentes graus de generalidade, sendo a mais geral aquela que tem a forma "quem fez o quê, quando, onde, como, por quê...". É nesse sentido que se fala de um *tópos* (ou de um lugar) da pessoa, do objeto etc.

Cada uma dessas questões se divide em subquestões. Assim, o exame da pessoa se faz sob a questão "quem?" e admite subquestões sobre o nome, a família, a nacionalidade, a pátria, o sexo, a idade, a educação, a formação, a constituição física, as disposições características e os estados emocionais, o gênero de vida, a profissão, as pretensões e ideais, as atividades gerais e profissionais, os tipos de discurso apropriados... (cf. Quintiliano: V, 10, 135). O conjunto de respostas a essa gama de perguntas permite construir retratos argumentativos. Essas subcategorias correspondem às linhas de estruturação de uma doxa*, conglomerado de *endoxon* (estereótipos, clichês, lugares comuns).

Como auxiliar na busca de argumentos, o locutor utiliza as técnicas tópicas nas seguintes circunstâncias. Se eu sou advogado e é colocada uma questão ("Meu cliente fraudou o fisco?"), como posso encontrar os argumentos capazes de sustentar uma resposta negativa ("Não, verdadeiramente não") que por minha função eu sou forçado a assumir? Se, na exposição dedutiva, a conclusão parece deduzida dos argumentos, na busca de justificação a conclusão é dada ("Meu cliente é perfeitamente inocente") e os *topoi* são os instrumentos que permitem encontrar os argumentos que sustentam essa conclusão.

Categorização tópica. Esquematicamente, a técnica argumentativa utilizando o *endoxon* procede por categorização (1) *Questão debatida*: "Martin cometeu esse crime horrível?" (2) *Categorização*: por exemplo, a aplicação da subquestão tópica "Nação?" permite destacar a informação: "Martin é bósnio. Ora, à categoria "bósnio" são ligados predicados endoxais do tipo "Os bósnios são desse jeito", dotados de uma orientação argumentativa particular. Essa resposta é entendida como um argumento que leva ao sentido da inocência/culpabilidade de Martin, por meio do seguinte mecanismo. (3) *Endoxon sobre os bósnios*: "Os bósnios são de uma natureza pacífica/sanguinária". (4) *Aplicação do predicado endoxal ligando a categoria ao indivíduo membro dessa categoria*: "Martin é (certamente) de natureza pacífica/sanguinária". (5) *Conclusão*: "A culpabilidade de Martin é pouco plausível/muito plausível".

Outras questões colocadas sobre Martin poderiam fornecer outras orientações, eventualmente contraditórias com a primeira.

Outras tópicas correspondem a **domínios específicos**. Por exemplo, a tópica da deliberação política é constituída pelo conjunto de perguntas que convém fazer antes de se tomar a decisão de adotar ou rejeitar uma medida de interesse geral: "A medida a ser tomada é legal, justa, honrosa? Oportuna? Útil? Segura? Possível? Fácil? Agradável? Quais as consequências previsíveis?" (cf. Nadeau, 1958: 62). O exame de exemplos concretos mostra facilmente que a **robustez** e a **simplicidade** do sistema tópico cria um instrumento particularmente eficaz.

Por extensão, chamamos igualmente "*tópos*" o discurso que desenvolve uma resposta a uma questão tópica. O termo é dotado, então, de um conteúdo substancial.

Os tópicos comportam algumas variantes de uso que lhes permitem servir a diferentes finalidades. Por exemplo, a tópica deliberativa pode ser colocada sob as formas: (1) *interrogativa*: "Se você procura saber se tal medida é ou não recomendável, então pergunte: ela é justa, necessária, realizável, gloriosa, rentável? Terá ela consequências positivas?"; a tópica é utilizada como uma heurística; (2) *prescritiva*: "Se você deseja recomendar uma medida, faça-a! Ou seja, mostre que ela é justa, necessária etc."; (3) *constatativa*: "O discurso mostra que a medida é justa, necessária, gloriosa; (mas) ele não diz nada sobre as consequências e sobre as modalidades práticas de sua realização". Sob esta forma, a tópica serve à análise, eventualmente à crítica de um discurso.

O *TÓPOS* COMO ESQUEMA DE ARGUMENTOS

Segundo uma definição de inspiração lógica, um *tópos* é um esquema capaz de formalizar e de gerar argumentações concretas.

Na formulação de Aristóteles, um *tópos* é "aquilo sob o qual recai uma multiplicidade de entimemas* (*Retórica*: 2, 26, 1403 a 17). Esses *topoi* não se constituem em tópica sistemática do tipo precedente. Eles correspondem muito bem aos tipos de argumentação*. Exemplos:

· *Tópos* "**com mais forte razão**" ("*a fortiori*"): (1) Se "P é O" é mais verossímil (mais recomendável...) que "E é O", e se "P é O" é falso/não verossímil, então "E é O" é falso/não verossímil. (2) Argumentação fundada sobre esse *tópos*: "Se os professores não sabem tudo, com mais forte razão os estudantes".

· *Tópos* dos contrários: (1) "Se A é B, então não A é não B". (2) Argumentação fundada sobre esse *tópos*: (2) "Se eu não te sirvo para nada durante minha vida, que a minha morte, ao menos, te seja útil".

Tal esquema pode ser especificado em um tema ou em um domínio discursivo. Ao *tópos* formal "a mais forte razão", especificado no gênero discurso de consolação, corresponde a forma semiabstrata: "O fato de que 'A morte não deve tocar as pessoas jovens' é mais aceitável (mais normal...) do que 'A morte não deve tocar as pessoas mais velhas', mas vocês sabem que ao seu redor algumas pessoas jovens morrem; aceitem então a morte". Essa forma é subjacente ao enunciado "Alguns morrem bem jovens." e supõe incitar os moribundos idosos à resignação e consolar os vivos da perda de um próximo.

O tópos pode corresponder a uma argumentação completa, que trata simplesmente de enunciar a sentença judicial: "Você diz que foi condenado injustamente (que o que aconteceu foi injusto...) e eu creio em você. Cristo é inocente por excelência. Ora, Cristo aceitou uma morte injusta. Você deve então aceitar essa injustiça".

Uma vez encontrado e corretamente adaptado ao caso, só resta ampliar o *tópos*. Eventualmente, o discurso se destacará do seu contexto de produção argumentativo para se tornar descritivo e literário.

Na teoria da "argumentação na língua"

Nessa teoria defendida por Ducrot e Anscombre, *os topoi* são **princípios gerais, comuns,** "apresentados como aceitos pela coletividade" (1988: 103), colocando em relação **gradual** propriedades (predicados ou escalas) elas mesmas graduais (1988: 106). "Quanto mais se eleva na escala P, mais se eleva na escala Q." O *tópos* notado <+/–P, +/–Q> corresponde a quatro formas distintas, entre as quais "–P, +Q: Quanto menos tempo se tem, mais se apressa". Esses *topoi* são evocados em análises de encadeamentos como "São / não são apenas oito horas, apressemo-nos / é inútil nos apressarmos". O conceito é comparável ao da estereotipia em semântica.

Em análise literária

O conceito foi reintroduzido por Curtius para designar um dado substancial (tema, matéria, argumento*), permanente, ampliável e adaptável, ou mesmo "arquétipo, [...] representação do subconsciente coletivo no sentido, como o entendia Jung" (Curtius, 1984 /1956: 180). Por exemplo, a associação "a velhice e a infância" constitui, nesse sentido, um *tópos*, sempre explorado na publicidade sobre a gestão de patrimônio. Esse tema poder permitir o preenchimento de uma lacuna discursiva obrigatória. Assim, a evocação de eventuais contraexemplos, ou mesmo a refutação daqueles aos quais declara-se haver-se submetido pacificamente anteriormente, é um *tópos* de fechamento das exposições científicas. Em todo o caso, a utilização do *tópos* refere-se aos lugares comuns*. Essas proposições estão na origem de uma vasta corrente de pesquisa sobre os *topoi*, notadamente na Alemanha.

Constata-se que, em todos os casos, as definições dos *topoi* vão de um **polo formal** até um **polo substancial**. Eles são sempre caracterizados por sua **plausibilidade** inerente, que se comunica com discursos nos quais eles entram, quer os *topoi* sejam expressamente **citados**, quer deles seja feita **alusão** ou quer eles constituam o esquema que atribui coerência ao discurso.

ver **argumentação, doxa, estereótipo, retórica**

C. P. (F. Z.)

trabalho (discurso em situação de –) – As **situações de trabalho colocam** problemas específicos ao exercício do **discurso**, tanto do ponto de vista da cooperação dos locutores quanto das formas de escritura e de leitura.

I. Cooperação e linguagem no trabalho

A cooperação no trabalho é um fenômeno divulgado – poucas atividades podem ultrapassar esse conceito – antigo e amplamente repertoriado em ciências sociais (em economia política, em sociologia, em ergonomia, em gestão). O fato de agir em conjunto permanece, portanto, um complemento, em parte enigmático; e a análise da linguagem, uma perspectiva relativamente recente nesse domínio. Cooperar no trabalho é um processo coletivo frágil que se cria, mantém-se ou não, que tem suas regras endógenas, que não pode ser inteiramente prescrito de cima para baixo, nem imposto de fora para dentro, seja qual for o dispositivo tecnológico (a cadeia taylorista ou o "*groupware*" contemporâneo) concebido para assegurar a *coordenação* de um sistema de produção complexo. A cooperação não se decreta, é preciso ainda querer e poder cooperar: ela é *o fruto de uma construção social*.

A linguagem representa uma matéria-prima indispensável para garantir a cooperação entre atores no trabalho: para comunicar, informar, interpretar; para prescrever, dividir, verificar, relembrar; para argumentar, explicar, justificar, analisar; para programar a ação, para decidir em grupo, para negociar. A teoria dos *atos* de linguagem* serviu, nas ciências sociais que estudam o trabalho, para pôr em evidência e objetivar essas *práticas* linguageiras*.

A linguagem representa também um recurso analítico precioso para descrever *as formas* muito variadas da cooperação no trabalho (restrito ou à distância, no tempo, no espaço; cooperação *de amplificação de diversificação, de confrontamento*: Schmidt, 1994), seus *protagonistas* (o quadro* participativo: Goffman, 1987), suas *funções* ("trocas operacionais de co-ação", "metaoperacionais", "intersticiais": Grosjean e Lacoste, 1999), e suas *condições* (voluntária ou imposta: Dejours, 1995).

A. B. (F. Z.)

II. POLIGRAFIA (OU PLURIGRAFIA)

A observação de situações decorrentes da produção escrita, em particular no trabalho, permite identificar diferentes formas de enunciação escrita e, em particular, a importância das situações de escrita coletivas. Essa constatação autoriza a adaptação do conceito de polifonia* às realidades de enunciação escrita coletiva, utilizando o termo **poligrafia**, prolongando, assim, os trabalhos de Bakhtin (1977) e de Ducrot (1980).

Distinguem-se os seguintes níveis de análise:

· *Do ponto de vista dos significantes,* a poligrafia pode se manifestar graficamente: diversas "mãos" são descobertas num documento.

· *Do ponto de vista enunciativo,* a poligrafia pode resultar de uma "cadeia de escritura": diferentes escreventes produzem documentos que são apenas a transformação de uma mesma escrita-fonte ou somente uma etapa em direção à redação final.

· *Do ponto de vista discursivo,* a poligrafia pode resultar da intertextualidade* descrita por Bakhtin: uma escrita estereotipada, uma carta de resposta, por exemplo, é "adaptada" por um redator, de acordo com o assunto que ele está tratando.

· *Do ponto de vista pragmático,* finalmente, a presença de um nome próprio, de uma assinatura* no final de uma resolução, de um relatório, pode ocultar, sob um referente único, um grupo de trabalho cujos membros caem no anonimato. Fala-se, então, de "sujeito coletivo" (Gardin, 1989).

OS "TURNOS DE ESCRITURA"

A observação e a análise das práticas de escritura coletiva revelaram algumas regularidades que podem ser aproximadas do modelo dos turnos* de fala elaborados em análise da conversação. Numerosos escritos mostram a participação sucessiva de vários agentes na redação de um documento (jornal de bordo, prontuário hospitalar). Cada "turno de escritura" pode ser distinguido, as diferentes "mãos" são visíveis, pois os escreventes são obrigados a assinar seus escritos. O estudo dos enunciados, de seus encadeamentos, de sua interdependência mostra a importância desses registros para organizar coletivamente a ação (Lacoste e Grosjean, 1998). Estamos, então, em presença de uma enunciação plural, na qual cada agente participa, de acordo com seu *estatuto* e seu papel, na obra coletiva. Em muitos casos, o suporte é destinado a ser arquivado. Em caso de contestação, ele servirá de prova e permitirá, eventualmente, atribuir a uns e outros a responsabilidade de um ato.

As "cadeias de escritura"

Os escritos de trabalho são, habitualmente, produzidos no interior de "cadeias de escritura". A cópia, caso de heterogeneidade* enunciativa máxima (Authier-Revuz, 1982a), descrita, a justo título, como atividade quase servil dos escritórios do início do século passado, existe ainda, mas ela é somente parcial e representa apenas uma parte das atividades de escritura. Ela é particularmente interessante de observar, pois, longe de ser reprodução idêntica, ela busca uma transformação do escrito inicial. Os documentos passam de mão a mão, cada escrevente copia o texto escrito por um outro, mas apenas uma parte do texto será conservada; ou ainda a paginação será modificada, transformando-se, por exemplo, uma escrita linear em escrita tabular. Num outro domínio, aquele dos textos legislativos, observam-se igualmente cadeias de escritura misturando diferentes redatores, revelando a participação de redes de agentes, mais ou menos complexas, na escritura das leis.

A perspectiva inicial dos trabalhos sobre a enunciação polifônica se encontra modificada quando adaptada às realidades de enunciação coletiva de sujeitos envolvidos em uma ação coletiva. O desafio de tais trabalhos para a análise do discurso é menos descrever as modalidades formais da presença do outro num discurso assumido por um sujeito pretensamente único do que sinalizar os contornos de um aparelho formal da enunciação no interior de produções linguísticas padronizadas, rotineiras e que, *a priori*, são refratárias a qualquer apropriação pessoal.

B. F. (F. Z.)

III. Leitores no trabalho

Dados estatísticos

As pesquisas realizadas pelo OCDE sobre a frequência da utilização das capacidades de leitura dos trabalhadores qualificados no quadro de seu trabalho mostram o quanto ela varia conforme a profissão: a leitura de gráficos, por exemplo, é distintiva dos trabalhadores qualificados. Ela varia também, em taxas iguais, de um país a outro. Se, entre os intelectuais e os quadros dirigentes, as distâncias são menores, elas são importantes para os trabalhadores menos qualificados. As competências serão mais ou menos exploradas, de acordo com as culturas nacionais de trabalho. Entretanto, a informatização e a automação de numerosos setores produtivos tendem a ampliar de modo geral os usos da escrita e em particular da leitura.

Práticas de leitura "situadas"

A observação de situações de trabalho permite identificar os usos da leitura em ruptura com o modelo de referência da maioria dos trabalhos científicos – aquele do livro, que supõe uma leitura contínua, concentrada, separada do mundo. Essa relação com a escrita é pouco corrente no trabalho, pois a leitura, assim como a escritura, está misturada às atividades. Os escritos do trabalho não podem ser interpretados sem recorrer a elementos situacionais. A leitura depende de um trabalho permanente de interpretação da situação e da tomada de decisão para a ação.

Copresença dos modos de leitura

A leitura organiza-se a partir de rotinas. Alguns escritos, como os cronogramas, são lidos rapidamente, consultados regularmente com uma "vista d'olhos" pelos agentes, que os comentam entre si. Para outros, como os manuais de instrução, são reservados momentos precisos, o que favorece uma leitura atenta. A crescente importância da leitura na tela introduziu novas modalidades de leitura que vão da atenção superficial a momentos de forte focalização.

ver **funções da linguagem, heterogeneidade mostrada/constitutiva, intertexto, letramento, locutor coletivo, polifonia, situação de comunicação, suporte de escritura**

B. F. (F. Z.)

trajeto temático – A expressão **trajeto temático** aparece no campo da análise do discurso associada à História, no início dos anos 1980. Ela está ligada, nos trabalhos de historiadores linguistas sobre as linguagens do século XVIII e da Revolução Francesa (Guilhaumou, 1981, 1984), a uma nova maneira de ler o arquivo*. É assim que, no interior da descrição configuracional*, a caracterização de um *trajeto temático* ocupa um lugar central. Ela procede, em razão da tríplice funcionalidade histórica do enunciado* do arquivo, de uma sequência de enunciados significativa do itinerário de um assunto, da formação de um conceito e da organização de um objeto. Ela não se relaciona ao simples estudo da progressão * temática efetuada pela análise textual. Somos confrontados com uma descrição discursiva complexa, que nos mergulha, através da *leitura de arquivos*, em uma multiplicidade de redes de enunciados.

Um trajeto em uma dispersão máxima de enunciados

Na perspectiva aberta por Faye (1982), pode-se considerar que o principal interesse da descrição de um trajeto temático consiste no fato de que a progressão interna desse trajeto e consecutivamente a articulação de vários trajetos permitem *seguir o itinerário de uma figura histórica, a determinação de um tema, a formação de um conceito numa dispersão máxima de enunciados de arquivo,* sem, por outro lado, remeter sua coerência a uma explicação externa, em termos de condições de produção. Todas as formas de movimentos discursivos são, assim, recuperáveis sem que sejam reduzidos seja a estratégias discursivas, seja a decalques de um referente histórico.

No início, *a descrição de um trajeto temático* inseria-se tanto na análise compreensiva de um acontecimento* discursivo de curta duração, para nele "alongar" a apresentação e, assim, valorizar a riqueza dos recursos representativos, quanto ao longo de um eixo cronológico mais extenso, em que cada momento discursivo pode ser categorizado, como ato configurante singular, sob uma descrição produtora de julgamentos e de argumentos.

O primeiro caso se encontra, por exemplo, na descrição discursiva das "marchas cívicas" dos "missionários patriotas" marselheses na região de Provence durante a primavera de 1792, cujo objetivo é o de constituir um espaço cívico conforme o direito revolucionário da iniciativa da Marselha *republicana* (Guilhaumou, 1992). Somos aqui imersos em um acontecimento linguageiro no qual se pode seguir com minúcia o itinerário dos homens e dos lugares que lhe dão coerência discursiva: a figura discursiva de um ator*, o "missionário patriota", e os lugares que ele "visita" estão no centro do trajeto descrito.

O segundo caso nos permite percorrer a temática da subsistência ao longo do século XVIII, sobre a base de uma diversificação crescente de usos das palavras *pão, trigo, grãos*: em relação à agitação popular sobre o pão, no rumor da opinião sobre o rei, "vendedor de trigo", na classificação dos objetos "trigo" e "grãos" na definição das "subsistências gerais", da tradução da demanda de pão na linguagem da liberdade (1789) à expressão das subsistências como força de lei (1793). Por outro lado, esse trajeto de longa duração (1709-1795) é demarcado por momentos de *corpus*, tanto reveladores dos recursos discursivos de algumas expressões recorrentes durante a Revolução Francesa (por exemplo "do pão ao X") quanto de estratégias discursivas colocadas em evidência no estudo comparativo de narrativas a respeito de um mesmo acontecimento relativo à questão das subsistências (Guilhaumou, 1984, 2000a; Guilhaumou e Maldidier, 1986; Guilhaumou e Robin, 1994).

Atualmente, a abordagem em termos de trajeto temático diversifica-se como mostra o exemplo do trabalho de Wahnich (1997) sobre o tema do *estrangeiro* durante a Revolução Francesa. Aqui, *a descrição configuracional de enunciados parlamentares no sentido amplo (discurso, debates e mensagens) se organiza*, de 1789 ao Ano II, em torno de três trajetos imbricados: da hospitalidade à desconfiança, da fraternidade à exclusão, da amizade à traição. A originalidade do procedimento da historiadora do discurso encontra-se no fato de que cada uma das três descrições de trajeto temático começa pela análise do argumento final. Além disso, no terceiro trajeto, o que torna visível a traição dos ingleses é a utilização de sintagmas cristalizados como "os soldados de Robespierre", "as hordas convencionais" na língua pervertida dos ingleses que coloca obstáculo ao desenvolvimento da nova língua política. Reencontramos aqui uma das maiores preocupações da análise do discurso associada à História: a consideração da materialidade sintática na materialidade discursiva.

Enfim, a caracterização dos recursos discursivos multiformes de um trajeto temático encontra-se nos estudos discursivos publicados pela equipe "18ª Revolução" (1995, 1985-1999) do Laboratório de lexicologia e de lexicometria da Escola Normal Superior de Fontenay-Saint-Cloud, e abre, assim, novas perspectivas na reflexão sobre a palavra* (Branca, 1988) e mais geralmente em lexicologia (Eluerd, 2000).

UMA HISTÓRIA LINGUAGEIRA DOS CONCEITOS

Entretanto, além do caso específico dos estudos sobre as linguagens do século XVIII e da Revolução Francesa, *a história linguística dos usos conceituais* e mais amplamente *a história linguageira dos conceitos* procedem, também, em grande parte, de tal abordagem configuracional de trajetos temáticos. A história dos conceitos, associada ao "movimento linguageiro" (*"linguistic turn"*), desde os anos 70 não cessa de ampliar-se no universo anglofônico e alemão (Guilhaumou, 2000b). Ela se interessa por vastos trajetos de historicidade. Desse modo, Pacock (1997) estudou a recorrência de um paradigma discursivo, o humanismo cívico, da Renascença florentina à Revolução americana. Por outro lado, Skinner (1978, 2000) estuda as convenções linguísticas que explicitam a *força ilocucionária** dos argumentos desenvolvidos nas teorias modernas da liberdade, de Maquiavel a Hobbes. Quanto a Koselleck (1990), ele iniciou uma história semântica de conceitos cuja influência estende-se sobre numerosas pesquisas europeias (Hampster-Monk *et alii*,1998), em particular a vasta empreitada em curso do *Manuel des concepts politiques et sociaux fondamentaux en France de 1680 à 1820* (Reichardt *et alii*, 1985-2000). O estudo de Deleplace (2001) sobre a pluralidade dos discursos sobre a anarquia, no momento em que o conceito, de Mably a Proudhon, forma-se e se dota de um designante, *anarquista*, é, por um lado, exemplo de contribuição do historiador do discurso para a análise lexicológica (Eluerd, 2000: 107).

ver **acontecimento discursivo/linguístico, arquivo, condições de produção, configuração, estratégia de discurso, momento discursivo**

J. G. (F. Z.)

transfrástico – A extensão da linguística frástica aos encadeamentos mínimos de proposições, de frases (raramente mais de duas) ou à estrutura de períodos* conhece hoje um certo desenvolvimento, com os trabalhos sobre a macrossintaxe (Berrendonner, 1990a), as anáforas* e os conectores*. Nessa perspectiva, o período é o limite máximo de descrições linguísticas. Stati (1990) assim delimita seu objeto: "O estudo do **transfrástico** deveria levar à explicação do processo de constituição dos textos a partir da combinação de frases. Limitar-nos-emos, na presente obra, aos encadeamentos de dois enunciados e de duas réplicas dialogais" (Stati, 1990: 12).

Mesmo que elas atribuam um lugar importante aos microencadeamentos, a linguística* textual e a análise* do discurso não podem se satisfazer com esse nível mínimo de análise dos encadeamentos interproposicionais. Da macrossintaxe transfrástica ao texto, a linguística textual postula que existem outros níveis de organização (planos* de texto, superestruturas*, sequências*) e ela se pergunta, sobretudo, sobre a interação dos fatos *ascendentes* (do transfrástico ao texto) e *descendentes* (do global do texto e do gênero* de discurso ao microtextual transfrástico).

ver **anáfora, coerência, conector, gramática de texto, linguística textual, período, texto**

P. L. (F. Z.)

transtextualidade – ver **intertextualidade**

tratamento (formas de –) – Por **formas de tratamento** entende-se o conjunto de expressões de que o locutor dispõe para designar seu alocutário (assim como os **apelativos** podem designar, da mesma maneira, o delocutado e, mesmo, o locutor). Essas expressões têm, muito geralmente, além do seu valor dêitico (exprimir a "segunda pessoa", isto é, referir-se ao destinatário da mensagem), um valor relacional, que serve para estabelecer um certo tipo de laço socioafetivo entre os interlocutores (em uma concepção mais ampla da dêixis*, pode-se dizer que essas expressões têm que ver, ao mesmo tempo, com a "dêixis pessoal" e com a "dêixis social"). Por exemplo, retomando os termos de Brown e Gilman (1960), as formas *Tu* e *Vous*, empregadas concorrentemente em francês para designar um alocutário singular, opõem-se da seguinte maneira: se o seu uso é recíproco, T e V opõem-se no eixo da "distância", V exprimindo uma grande distância e T uma distância mais reduzida (familiaridade, intimidade, solidariedade); se o seu uso é não recíproco, T e V exprimem uma diferença de estatuto hierárquico entre os interlocutores (eixo do "poder"). [Em português, funciona basicamente da mesma maneira a dupla *Você* e *Senhor*].

PRONOMES E NOMES DE TRATAMENTO

As formas de tratamento se dividem em duas grandes categorias:

· **Os pronomes de tratamento**: o francês só tem duas formas, *Tu* e *Vous* (sem falar do caso, muito particular, de "iloiement" ["uso do il"], isto é, a utilização de uma forma de terceira pessoa para designar seu interlocutor, por exemplo: "Qu'est-ce qu'elle veut [la dame]?" ["O que é que ela quer [a senhora]?], enquanto outras línguas possuem um paradigma mais rico de pronomes de tratamento (o inglês e o árabe, na verdade, contentam-se em uma única forma). Os princípios que presidem a escolha de uma ou outra dessas duas formas são difíceis de explicitar e implicam numerosos fatores heterogêneos (idade dos interlocutores, tipo de laço social, grau de conhecimento, características da situação comunicativa etc.). [A situação é praticamente idêntica em português].

· **Os nomes de tratamento**, que comportam numerosas subclasses (André-Larochebouvy, 1980; Braun, 1988): *nomes próprios* (nomes e/ou sobrenomes de família, diminutivos e apelidos), *nomes de parentesco* (de uso limitado em francês, mas muito frequente em várias línguas como o vietnamita, na qual eles são empregados com valor metafórico e também literal), *títulos, termos profissionais, termos afetuosos* ou *injuriosos,* como também esses apelativos "*passe-partout*", que são *Monsieur/Madame/Mademoiselle* [*Senhor/Senhora/Senhorita*] e que, sem qualquer outra justificativa que não seja a histórica, alguns assimilam a títulos [cf. o uso de *doutor,* no português do Brasil].

A escolha de uma ou de outra forma no interior do paradigma dos nomes de tratamento obedece, igualmente, a regras fluidas e variáveis (não há correlação automática entre certo tipo de relação – colegas, pais / crianças, professor / aluno – e certa forma de tratamento) e pode haver negociação* entre os interlocutores. Além do tipo de termo a ser utilizado, coloca-se, ainda, o problema de saber em qual condição é conveniente recorrer a um termo de tratamento (isto é, com qual ato de linguagem e em qual situação).

FUNÇÕES DAS FORMAS DE TRATAMENTO

As formas de tratamento têm funções diversas: interpelação e designação do interlocutor, marcação de final de um turno* de fala e designação do "sucessor", marcação da relação etc. Como são unidades diretamente ligadas ao contexto social, não é surpreendente que seu sistema *varie consideravelmente de uma cultura a outra* – na maior parte das línguas, o sistema de formas de tratamento é muito mais rico e complexo do que no francês, em particular nas línguas asiáticas nas quais essas formas são indissociáveis do conjunto dos procedimentos "honoríficos" (Kerbrat-Orecchioni, 1982: 18 ss.) –, mas também *diacronicamente.* Nesse sentido, Brown e Gilman mostraram (1960: 266) que, nas nossas sociedades ocidentais, assistimos, a partir do século XIX, à instalação progressiva de uma "forte ideologia igualitária que visa a suprimir toda expressão convencional de assimetria de poder" (abandono dos títulos, rarefação de situações marcadas por um uso dessimétrico do pronome de tratamento), e, correlativamente, no eixo horizontal, a uma tendência à diminuição da distância (aquilo que os autores resumem pela fórmula "*shift from power to solidarity*" ["mudança do poder para solidariedade"]). Na França, além disso, parece (dada a ausência de estudos precisos sobre essa questão) que assistimos a uma rarefação notável do emprego dos nomes de tratamento: na maioria das situações comunicativas, a saudação e o agradecimento não são mais acompanhadas automaticamente de um nome de tratamento como o recomendam as gramáticas e os tratados de etiqueta (em compensação, o nome de tratamento aparece automaticamente quando se trata de uma reprovação, de um protesto, de uma reclamação, isto é, quando há uma conotação polêmica).

Apesar dessa *crise* relativa das formas de tratamento em francês, elas desempenham, sempre, um papel fundamental para a marcação da relação* interpessoal.

ver dêixis, **relação interpessoal**

C. K.-O. (M. R. G.)

trílogo – ver **diálogo**

troca – Costuma-se distinguir, para **troca**, uma acepção ordinária e uma técnica no quadro da análise do discurso e das interações. Nesse último caso, a noção de troca se aproxima daquela de *par* adjacente* da análise* conversacional.

Sentido ordinário e sentido técnico

No sentido ordinário, troca designa todo discurso produzido por muitos indivíduos. É a noção de coprodução que importa aqui, e, no sentido geral, *troca* funciona como sinônimo de *interação** ou de *diálogo** e se opõe a *monólogo**.

No sentido técnico, a troca é um dos níveis da *análise hierárquica* das interações, conforme as propostas da Escola de Birmingham (Sinclair e Coulthard, 1975) ou da Escola de Genebra (Roulet *et alii*, 1975). Uma troca é constituída por pelo menos duas contribuições produzidas por locutores diferentes. Ela é, nesse sentido, a unidade de base da interação.

Para a Escola de Birmingham, cujos pesquisadores trabalharam com discursos em situação de sala de aula, os diferentes níveis da análise da interação são: a aula (*lesson*) ou interação (*interaction*), a transação (*transaction*), a troca (*exchange*), a intervenção (*move*), o ato* (*act*). A Escola de Genebra, nos seus primeiros trabalhos (Roulet *et alii*, 1985), propõe também cinco níveis (*a incursão, a transação, a troca, a intervenção, o ato*). Nos seus trabalhos atuais, ela integra o estudo da organização hierárquica do discurso num grande modelo constituído de módulos* no interior do qual a organização hierárquica apresenta não mais do que três níveis: *a troca, a intervenção e o ato* (as duas categorias de nível superior, *a incursão e a intervenção*, situam-se em um outro módulo: o módulo referencial.

Na análise em níveis, as unidades de mais baixo nível são constitutivas daquelas que lhes são superiores, sendo que a unidade de posição mais baixa não pode ser decomposta sem que se mude de plano de análise (ou de modelo).

Unidades constituintes e unidades constituídas

Como unidades constituintes, as trocas formam *transações* (Escola de Birmingham), denominadas também de sequências* (Kerbrat-Orecchioni, 1990).

Como unidades constituídas, as trocas comportam pelo menos uma *intervenção* dita iniciativa e uma *intervenção* dita reativa. Numerosas discussões opuseram os pesquisadores na questão de saber quais seriam as trocas mais frequentes (duas ou três intervenções), em particular na esteira da distinção estabelecida por Goffman entre as trocas **confirmativas** compostas de duas intervenções ("uma solicitação leva a uma contrassolicitação", Goffman, 1973: 74) cujo exemplo típico é a troca de saudações e as trocas **reparadoras**, constituídas de três intervenções, por exemplo ofensa/reparação/aceitação ("Toda infração cometida reclama um diálogo, pois o ofensor deve dar explicações e garantias de reparação e o ofendido faz um sinal por meio do qual mostra a aceitação e a satisfação. Em resumo, "uma 'troca reparadora' ocorreu", ibid.). A partir de 1981, Goffman abandonou a ideia de trocas que contêm um número preciso de intervenções, e passa a propor a intervenção iniciativa seguida de um número variável de intervenções, sendo que as trocas podem ser mais ou menos *ampliadas*. Fala-se de **truncamento** de troca para os casos em que uma intervenção iniciativa não dá lugar a nenhuma intervenção reativa (Kerbrat-Orecchioni, 1990: 234).

As intervenções se compõem de atos por meio dos quais se distingue o **ato diretor** que fornece o valor ilocutório à intervenção e que pode ser precedido ou seguido de **atos subordinados** facultativos (por exemplo, os de preparação, de justificação etc., do ato principal). Para a Escola de Genebra, segundo o *princípio de recursividade*, uma intervenção pode ser também formada de constituintes de nível superior (troca).

A noção de *ato* apresenta problemas nessa análise estrutural. Como tratar as ações não verbais: um ato material pode constituir uma intervenção numa troca (por exemplo, a ordem de fechar a porta e a sua realização)? É tradicionalmente admitido que: "A: Você pode me passar o sal? – B: Passe o sal. – A: Obrigado" constitui uma troca ternária, mas deve-se atribuir da mesma maneira o estatuto de intervenção a todos os tipos de atos materiais? Como tratar o conjunto da atividade não verbal dos locutores com ferramentas forjadas para as atividades verbais? Coloca-se, portanto, a questão da delimitação dos atos nas intervenções e de sua natureza. Roulet precisa, por exemplo: "A categoria ato não deve ser confundida com o conceito de ato de linguagem que mobilizávamos no primeiro modelo [...]. O ato que constitui a unidade textual mínima é definido, de um lado, como a menor unidade delimitada, e de outro, por uma passagem na memória discursiva" (1999: 210). Sobre o conjunto dos problemas colocados pela utilização da teoria dos atos da linguagem na análise das interações, ver Kerbrat-Orecchioni (1995, 2001).

ver **ato de linguagem, diálogo, sequência**

V. T. (R. L. B.)

tropo – Os **tropos** (do grego *tropos*, "desvio", "torção") são "figuras por meio das quais atribui-se a uma palavra uma significação que não é precisamente aquela própria dessa palavra" (Dumarsais, 1968: 69). Eles constituem, então, uma subclasse das figuras* de retórica, as *figuras de significação* (Fontanier), que repousam sobre uma transferência de sentido.

Para Dumarsais, "cada tropo difere de um outro tropo, e esta diferença particular consiste na maneira como uma palavra se desvia de sua significação própria". De acordo com a natureza da relação entre sentido "primitivo" e sentido "tropológico" (em outras palavras: sentido "próprio" ou "literal" *vs* sentido "derivado" ou "figurado"), distinguem-se, então, diferentes tipos de tropo, mais especificamente: a **metáfora*** ("tropo dos tropos", segundo Genette), que se baseia em uma relação de *analogia* percebida entre os dois objetos correspondentes aos dois sentidos; a **metonímia***, que se baseia numa relação de *contiguidade referencial* (metonímias do instrumento, do efeito, do conteúdo, do lugar, do signo...); e a **sinédoque***, que se fundamenta numa relação de *inclusão* (relação da parte pelo todo, ou inclusão de classes nas sinédoques de gênero e de espécies). Cada uma dessas três grandes categorias comporta diferentes subclasses. A esses "tropos propriamente ditos ou em uma só palavra" Fontanier acrescenta os "tropos em várias palavras ou impropriamente ditos", entre os quais encontramos a **lítotes*** e a **hipérbole***, a **alegoria*** e o **alegorismo***, a **ironia***e o **asteísmo** etc.

Outras distinções importantes foram introduzidas entre tropo *in praesentia* (atestado sobretudo pela metáfora: "este homem é um tigre") e *in absentia* ("coloque um tigre em seu motor"); ou ainda entre tropo *lexicalizado* e tropo *inventado*. Essas duas modalidades não são igualmente atestadas para todos os tropos, e esta distinção é, na realidade, gradual: o "clichê*" ocupa uma posição intermediária e a catacrese ("pés da cadeira", "pás do moinho", "folha de papel" etc.) representa o degrau último da lexicalização. Quanto mais o tropo é lexicalizado, mais ele torna-se transparente e mais fraco se torna seu caráter de tropo. As catacreses, de alguma maneira, são "semitropos" (nas "pás do moinho", a palavra "pá" não está em seu sentido próprio, mas constitui o meio mais comum de denominar o objeto). Mais recentemente, Kerbrat-Orecchioni (1986: cap. 3) propôs, no campo de uma "teoria estendida" do tropo, nele associar um certo número de fenômenos cujo funcionamento é, de alguma maneira, análogo àqueles dos tropos "clássicos", como o **tropo ilocutório** (problema dos atos* de linguagem indiretos), o **tropo implicativo** (e mais especialmente "pressuposicional"), o **tropo ficcional** e o **tropo comunicacional** (deslocamento entre o destinatário* aparente do enunciado e seu destinatário real).

A pragmática contemporânea interessou-se igualmente pelo mecanismo, que permite a interpretação do tropo. Tal mecanismo é complexo, uma vez que implica as seguintes operações: (1) identificação do sentido primitivo ("próprio" no caso do tropo lexicalizado, "literal" no caso do tropo não lexicalizado); (2) constatação da inadequação contextual desse sentido primeiro, e desencadeamento da busca de um sentido derivado mais adequado; (3) identificação do "verdadeiro" sentido, isto é, do sentido que se supõe corresponder à intenção comunicativa do locutor. As duas últimas operações fundamentam-se num certo número de *índices* (paratextuais, cotextuais ou contextuais), e o *cálculo interpretativo* exige a mobilização de certos saberes prévios, assim como a intervenção de algumas "máximas* conversacionais". Mas não é sempre possível ao receptor responder a essas três questões: há tropo? Qual? Qual é exatamente o sentido derivado? – e acontece que o tropo pode ser "mal-sucedido" (quando o sentido derivado é mal interpretado, ou não identificado).

Os tropos, explica-nos Fontanier (1968: 167), emprestam às ideias "uma forma estrangeira que as mascara sem as esconder": a camuflagem do verdadeiro sentido deve, normalmente, levar ao seu desvelamento. O que não significa dizer que ao termo desse processo o sentido literal seja colocado definitivamente no esquecimento, pois não vemos qual benefício o discurso tiraria então do tropo, com relação à formulação simples e direta. O receptor não deve ser vítima do sentido literal, continuando, assim, de certa maneira, a acreditar nisso: a "duplicidade" do tropo implica numa espécie de *clivagem do eu* (Kerbrat-Orecchioni, 1986: 147 ss.), o que significa um desdobramento correlativo dos sujeitos emissor e receptor.

ver **ato de linguagem, figura, hipérbole, ironia, lítotes, máxima conversacional, metáfora, metonímia, sinédoque**

C.K.-O. (F. Z.)

turno de fala – O **turno de fala** é a contribuição de um locutor dada em um certo momento da conversação; essa noção equivale, então, àquilo que, no teatro, se denomina de réplicas*. Os turnos de fala de diferentes locutores se encadeiam segundo um sistema de alternância. Em análise*conversacional, o turno de fala constitui a unidade essencial da organização das produções orais dialogadas.

No artigo fundador de 1978, Sacks, Schegloff e Jefferson formulam as regras de alternância de turnos de fala na conversação ("*turn talking*"), as quais permitem evitar os silêncios e reduzir as sobreposições de fala: (1) No seu turno de fala, o locutor seleciona o locutor seguinte por meio de índices de natureza sintática, prosódica, gestual e/ou postural. (2) Se ele não selecionou ninguém no momento em que deixou a fala, um sucessor pode se autosselecionar. Nesse caso, se dois candidatos ao turno iniciam a fala em sobreposição, é o primeiro a se autosselecionar que adquire os direitos sobre o turno. (3) Se o turno não é passado a ninguém e nenhum outro locutor se autosseleciona, o locutor que detém o turno deve continuá-lo.

O turno de fala é uma "realização interativa" (Bange, 1992), não somente em razão das regras de alternância e de alocação que o governam, mas, na sua própria construção, em função do *ajustamento* (orientação e formatação) *ao receptor* ("*recipient design*"), que designa os aspectos múltiplos por meio dos quais o locutor constrói o seu turno de modo a se ajustar aos seus interlocutores (Sacks, Schegloff e Jefferson, 1978: 43).

Os turnos de fala são constituídos de unidades, as **unidades componentes do turno** ("*turn constructional units*"), separadas por **pontos de transição** que marcam lugares passíveis de abandono do turno pelo locutor. Essas unidades e esses pontos de transição não correspondem sempre a unidades sintáticas completas, são unidades interativas, que fazem também intervir os dados prosódicos e rítmicos próprios da oralidade, da mesma forma que os dados não verbais. Sua meticulosa descrição efetuada por Goodwin (1981) evidencia a colaboração estreita entre os produtores e os receptores de um turno de fala. O turno de fala do locutor se constrói sob a orientação do seu receptor, em particular através do fenômeno da regulação*. Esses estudos conduzem, hoje, a busca de uma "gramática" da interação (Ochs, Schegloff e Thompson, 1996), que permite dar conta da organização de um fluxo de fala em turnos. Essa gramática busca se ater a uma relação de determinação recíproca com a organização dos turnos de fala. Assim, as contingências da organização em turnos a formatam e, ao mesmo tempo, ela influencia a formatação do turno, seja em uma ocasião dada seja de forma mais global, já que as propriedades gramaticais de uma língua podem contribuir para a organização da alternância dos turnos de fala nessa língua. (Shegloff, 1996: 56; Mondada, 1999).

Diferentes tipos de incidente podem se produzir no funcionamento do sistema de turnos. Inicialmente, as sobreposições de fala ("*overlaps*"), que são os mais rapidamente resolvidos pelo abandono de um dos concorrentes, ou, ao contrário, os brancos ("*gaps*"), que ocorrem no momento de passagem do turno. A alternância pode também ser desordenada por interrupções. Estas podem ser originadas pela antecipação equivocada de um fim de turno, quando este não passa de um ponto de transição no interior de um turno; elas podem, ao contrário, ser efetuadas quando o locutor, sem apresentar qualquer índice de abandono de turno, o finaliza. Assinalemos que a definição precisa desses dois tipos de incidente apresenta diferentes problemas: por exemplo, aquele dos reguladores*, que são frequentemente produzidos em sobreposição, ou as tomadas de fala relativas àquilo que Schegloff (2000) chama de "o acesso condicional ao turno" ("*conditional access to the turn*"), tais como os sussurros ou as produções em coro.

A questão dos turnos de fala revela, enfim, toda a sua complexidade quando a situação de interlocução não é dual. Essas situações nas quais existem múltiplos participantes fazem, com efeito, multiplicar os casos de **intrusão** (o locutor A que está no turno seleciona o locutor B, mas é o locutor C quem o assume) e de **construção colaborativa** de turno de fala por locutores diferentes (conforme diferentes artigos em Sack, 1992; Kerbrat-Orecchioni e Plantin, ed., 1995). Com o aumento do número de participantes, aumentam também os casos de negociação de turnos.

ver **análise conversacional, regulador**

V. T. (F. Z.)

universo de conhecimento – ver **conhecimento/crença (saber de –)**

universo de crença – ver **conhecimento/crença (saber de –)**

universo discursivo – ver **campo discursivo**

valor

Em Filosofia

A tradição filosófica considerava as questões "sobre o bem, o fim, o certo, o necessário, o virtuoso, o julgamento moral, o julgamento estético, o belo, o verdadeiro, o válido" (Franken, 1967) relativas a **domínios separados** (moral, direito, estética, lógica, economia, política, epistemologia). No final do século XIX essas questões foram retomadas no quadro de uma **teoria geral de valores**, de influência platônica; mais tarde "essa ampla discussão sobre o valor, os valores, os julgamentos de valor dispersou-se na psicologia, nas ciências sociais, nas humanidades e mesmo no discurso ordinário" (ibid.).

Em Argumentação

Perelman e Olbrechts-Tyteca distinguem "os **valores abstratos** tais como a justiça ou a verdade, e os **valores concretos** como a França ou a Igreja" (1970: 105). As frequentes contradições podem resolver-se através de sua *hierarquização* (id.: 107). Os valores são particularmente ligados ao gênero* epidítico, o qual "se propõe amplificar a intensidade da adesão a certos valores" (Perelman e Olbrechts-Tyteca, 1958: 67).

Se a argumentação oral procede com base em valores partilhados pelo orador e pelo auditório*, em um debate contraditório, os discursos do Proponente* e o do Oponente* podem apoiar-se em valores radicalmente **incompatíveis** (por exemplo, quando os interesses materiais estão em primeiro plano); o papel de árbitro (juiz ou eleitores) torna-se, então, mais importante para decidir do que para resolver uma questão. A aspiração a uma linguagem "não enviesada", isto é, completamente desprovida de **julgamentos de valor** (subjetivos, emocionais, orientados) em proveito de apenas **julgamentos de fato**, não pode ser satisfeita a não ser renunciando à linguagem natural em favor de uma língua formal ou angelical.

Do ponto de vista linguageiro, "valor" acaba por ser simplesmente sinônimo de "opinião". A noção de valor remete às problemáticas da **subjetividade,** da **afetividade** e das **orientações***. *As palavras* "que exprimem valores" são fundamentalmente palavras portadoras de orientações argumentativas, constituídas em pares antonímicos; todo esse léxico pode ser considerado como um gigantesco reservatório de pares **polêmicos**: "prazer/desprazer", "saber/ignorância", "beleza/feiura", "verdade/mentira", "virtude/vício"; "harmonia/caos, discórdia"; "amor/ódio", "justiça/injustiça", "liberdade/opressão"... A **dissociação** se exprime igualmente por *sintagmas mais ou menos cristalizados* ("expressão do eu / recalque", "vida ao ar livre / vida nos escritórios"); e *o discurso* pode construir longas sequências antiorientadas, sob a figura da antítese*.

Na gênese do discurso argumentativo, o julgamento de valor corresponde à **tomada de posição**: "É muito legal essa colônia de férias!". Carregado pelo seu próprio entusiasmo ou estimulado por uma contradição* ("Aaah... nada disso!"), o discurso pode ampliar-se numa tabela coerente (uma esquematização*), composta unicamente por termos de orientação positiva.

De maneira um pouco mais complicada, vê-se, às vezes, na tríade "prestígio, amor, dinheiro" valores que não necessitam de justificativa, que justificam todas as ações que podem estar relacionadas a eles, por exemplo, pela ligação meio/fim: "Este sabão em pó deixará as mãos suaves e brancas, custará mais barato, terá um resultado mais branco que o de sua vizinha". Ou, numa outra situação, é porque a **coerência** é um valor lógico, que geralmente pode ser utilizada para contestar o interlocutor de maneira eficaz, mostrando que ele sustenta argumentos contraditórios.

A questão da **argumentação de valores** – como se justifica a genialidade de uma tabela, o caráter virtuoso de uma ação – depende do domínio considerado, do mesmo modo que as argumentações que reorientam as oposições: elogio da ignorância, virtudes do caos, crítica da liberdade... Como sempre, os contextos de contradição são particularmente favoráveis para tais estudos.

Em tese, os *topoi*, no sentido de esquemas de argumentação, são estruturas macrodiscursivas em número muito grande; mas *finito*. A noção de valor-orientação introduz boas razões em número tão *infinito* quanto é a variedade das coisas desejáveis.

ver **emoção, orientação argumentativa, pathos**

C. P. (F. Z.)

verossímil – A noção de **verossímil** é tradicionalmente explorada na retórica argumentativa. A *priori*, característica de um modo de correlação entre o enunciado e a realidade, o verossímil deve ser compreendido tanto como um produto quanto como um fundamento do discurso.

O normal. O verossímil é uma qualidade da opinião, que a opõe ao verdadeiro. Ele corresponde ao **provável** da estatística ou ao **plausível** da doxa*, ou seja, às representações, maneiras de fazer, de pensar e de dizer normais, coerentes, frequentes numa comunidade (rotinas, cenários*, lugares* comuns, estereótipos*), que pré-formam as expectativas e guiam as ações. Distinguem-se o verossímil dos argumentos e o verossímil dos esquemas argumentativos ou *topoi**, que, conjuntamente, devem produzir a persuasão*. Relativamente aos argumentos, o verossímil é definido como aquilo sobre o qual não pesa a carga da prova*. Assim, para se defender de uma acusação de assassinato, uma atriz utilizará os *topoi* da profissão e do tempo para se defender: "não se assassina o genro às vésperas de uma estreia" (Pedro Almodóvar).

Paradoxos do verossímil. Os cálculos que contemplam ao mesmo tempo o provável humano e o conhecimento que se pode ter, podem levar ao surgimento de paradoxos do tipo "a lebre e a tartaruga", já sublinhados pelos sofistas: (1) uma atriz não assassina seu genro às vésperas de uma estreia (probabilidade de primeiro nível); (2) mas, como a futura assassina sabe, em virtude de (1), que ninguém suspeitará dela, se assassinar seu genro às vésperas de uma estreia então... (3) ela assassina seu genro às vésperas de uma estreia (probabilidade de segundo nível)... etc. O que tem por consequência que "a verdade pode algumas vezes não ser verossímil" (Boileau, *Art poétique*: 3, 48). Esse paradoxo torna necessário o trabalho de *produção discursiva da verossimilhança* (narrativa ou argumentativa) a partir de um material sobre o qual não se sabe se é verdadeiro, falso ou indecidível. Levado a seu termo, ele produz uma sensação de **evidência**. Na literatura, a verossimilhança contribui para a produção de um *efeito de realidade*.

ver **argumentação, argumento, doxa, estereótipo, retórica, tópos**

C. P. (F. Z.)

vocabulário/léxico – O termo **vocabulário** é, no uso corrente, compreendido como um sinônimo de **léxico**, essas duas unidades lexicais designando um conjunto de palavras*.

Em Linguística

O estatístico Muller (1967) estabeleceu uma distinção entre o *léxico* – que se relaciona com o que Saussure (1972) chama de **língua** – e o *vocabulário* – que se inscreve na **fala**, ou seja, no discurso. Posteriormente, essa distinção foi retomada por lexicólogos como Wagner (1967: 17), que instaura uma relação de inclusão entre o **léxico**, definido como o "conjunto de palavras por meio das quais os membros de uma comunidade linguística se comunicam entre si", e o **vocabulário**, que vem a ser "um domínio do léxico que se presta a um inventário e a uma descrição". Picoche, sem problematizar essa bipartição, a explica diferentemente propondo "chamar de léxico o conjunto de palavras que uma língua coloca à disposição dos locutores, e vocabulário o conjunto de palavras utilizadas por um dado locutor em dadas circunstâncias" (1977: 45).

EM ANÁLISE DO DISCURSO
É o funcionamento das palavras no discurso que interessa essencialmente aos analistas. Os **vocábulos***, isto é, as unidades lexicais realizadas em um discurso – em oposição aos **lexemas*** que são unidades virtuais – constituem, nesta perspectiva, um dado observável pertinente. Na observação de discursos especializados* – e até de vulgarização* – o exame dos vocábulos ligados ao domínio é incontornável. Por exemplo, o desconhecimento do vocabulário médico torna perigosa a interpretação de uma receita aviada por um especialista. Sublinha-se, entretanto, que a atenção dispensada ao vocabulário não exclui o reconhecimento da existência de um sistema lexical que preside à atualização das unidades em discurso, o que leva a afirmar que a distinção léxico/vocabulário é fundamentada no princípio de uma relação interativa entre língua e discurso. Essa relação se manifesta com uma intensidade particular quando, por exemplo, no interior de uma comunidade* discursiva, introduz-se uma designação* correferencial a uma denominação anterior, mas não necessariamente neológica – o que corresponde ao que denominamos de **neonímia** (Cusin-Berche, 1998), para destacar que a inovação, nesse caso, é essencialmente discursiva. Constata-se, com efeito, que o novo uso que modifica a relação denominativa estabelecida anteriormente é suscetível de provocar uma modificação semântica do vocábulo em questão e, como consequência, da representação que se tinha do lexema. Por exemplo, a introdução, no domínio empresarial francês, em concorrência com a denominação* *directeur* (diretor), da designação *manageur* – em uso anteriormente no meio esportivo (*entraîneur* = treinador) e artístico (*imprèsario* = empresário) – amplificou a visibilidade do traço *dirigeant* (dirigente) – menos saliente nos empregos anteriormente usados.

ver **discurso, especialidade (discurso de /língua de –), lexema/vocábulo, paradigma definicional/designacional**

F.C.-B. (F. Z.)

vocábulo/lexema – ver **vocabulário/léxico**

vocação enunciativa – Essa noção, introduzida por Maingueneau (1984: 147), procura dar conta do fato de que um dado posicionamento* filtra uma certa população de locutores, que ela define tacitamente "as condições que levam um sujeito a se inserir, ou, mais especificamente, a sentir-se "chamado" a se inserir". Um posicionamento, com efeito, não é somente uma doutrina, é um dispositivo que, por sua própria natureza, qualifica ou desqualifica certos tipos de locutores. É desse modo que os autores ligados, na França, ao discurso humanista devoto (século XVIII), pertencem sobretudo às ordens religiosas regulares, no interior das quais exercem responsabilidades: esse tipo de estatuto está estreitamente ligado à doutrina defendida por essa corrente religiosa. Da mesma maneira, o discurso tecnocrático seleciona locutores que tenham um perfil determinado: o dos especialistas econômicos mais do que o dos padres ou dos artistas.

ver **posicionamento**

D. M. (F. Z.)

vulgarização – Definida primeiramente por Michelet como "uma ação de pôr à disposição de todos" (1846: 60), essa operação é mais frequentemente associada à difusão dos conhecimentos científicos e técnicos para o grande público. No uso corrente, por contaminação do adjetivo *vulgar*, o termo acaba impregnado por uma conotação pejorativa, o que leva a propor termos equivalentes mais valorizados, tais como *informação científica, comunicação científica* (Jacobi, 1999), *divulgação científica, cultura científica e técnica;* entretanto, nenhum dentre eles parece apropriado ao objeto designado.

A emergência da noção no século XIX não é fortuita, na medida em que "a vulgarização científica é uma prática que se desenvolve no interior de uma sociedade diferenciada pelas competências em grupos de especialistas" (Mortureux, 1983: 54) Essa atividade só pode, então, realizar-se numa sociedade caracterizada pela presença de um patamar científico elevado e estimulada por um cuidado democrático. Numerosos estudos forneceram diversos esclarecimentos sobre esse problema: "A filosofia colocou em evidência os paradoxos de uma transumância do saber; a semiologia deixou claro que vulgarizar é, antes de mais nada, uma questão de signos; a sociologia se interrogou sobre os atores implicados na vulgarização; a história destacou a extrema diversidade das formas da atividade vulgarizadora" (Jeanneret, 1994: 8). O discurso de **vulgarização**, no interior dessas múltiplas abordagens, é, pouco a pouco, percebido como uma tradução e/ou como uma traição.

Em análise do discurso, os discursos de vulgarização tomam lugar entre os discursos de transmissão de conhecimentos, uma vez que sua vocação é a de colocar um saber à disposição de não especialistas. Trata-se, então, de um discurso segundo, "cuja produção, funcionamento e legitimidade remetem a discursos 'primários' [...], que são as publicações por meio das quais os pesquisadores expõem a seus pares os resultados de seus trabalhos" (Mortureux, 1988a: 119). Por isso, um dos primeiros quadros de observação privilegiados pelos analistas construiu-se em torno de uma abordagem comparativa entre *discurso fonte* e *discurso de divulgação*. Esse procedimento favorece a multiplicação dos "contatos entre enunciados que decorrem da mesma sincronia e que tratam do mesmo tema, ou de temas estreitamente dependentes, mas produzidos em condições sociais diferentes: enunciadores, destinatários, objetivos, efeitos" (Mortureux e Petit, 1989: 43). Entretanto, Beacco, sem negar a necessidade dessa primeira abordagem, sugere "não restringir as condições de produção, de circulação e de recepção dos discursos de divulgação apenas às incidências que podem ter os discursos científicos eruditos sobre suas formas linguísticas e genéricas" (2000: 16). O linguista que é levado a estudar esses discursos vulgarizadores se interessará, particularmente, pelas reformulações*, pelas paráfrases*, pelos paradigmas* designacionais que põem em foco as especificidades verbais constitutivas desse tipo de texto.

Beacco e Moirand explicitaram uma nova forma de vulgarização que se exprime no interior de discursos midiáticos ordinários, os quais "tornam-se lugares de transmissão de saber, já que, na narrativa, no anedótico, no singular, são introduzidas a generalização*, colocações em perspectiva, corpos de saberes 'reconhecidos' de natureza enciclopédica, ou empréstimos dos dizeres dos eruditos" (1995a: 41). Essa emergência é estudada por Wolton como um deslizamento "da vulgarização da ciência à comunicação das ciências", que possui implicações metodológicas uma vez que se trata, daqui por diante, "de considerar a passagem de duas para quatro lógicas: o meio científico, a sociedade com seus interesses econômicos e políticos, o mundo da mediação e os públicos com níveis culturais e de exigência crescentes" (1997: 11). Todavia, como observa Moirand, dois discursos sobre a ciência coexistem, atualmente, na imprensa ordinária: um que visa explicar a ciência, e outro, motivado pelos acontecimentos científicos-políticos, que tende "a construir, sobretudo, representações do mundo científico e de suas relações com a política e a sociedade, por meio de um entrelaçamento de falas emprestadas de diversos tipos de especialistas" (2000: 46).

ver **especialidade (discurso de –/língua de –), explicação e transmissão de conhecimentos, terminologia, vocabulário/léxico**

F. C.-B. (F. Z.)

BIBLIOGRAFIA

ABERCROMBIE D. (1972), "Paralanguage", *in* J. LAVER ET S. HUTCHESON (éds.): *Communication in Face to Face Interaction*, Harmondsworth, Penguin Books, 64-70.

ACHARD P. (1995), *La sociologie du langage*, Paris, PUF.

_____., GRUENAIS M.-P., JAULIN D. (éds.) (1984), *Histoire et linguistique*, Paris, Editions de la Maison des Sciences de l'Homme.

ADAM J.-M. (1977), "Ordre du texte, ordre du discours", *Pratiques*, 13, 103-111.

_____. (1989), "Pour une pragmatique linguistique et textuelle", *in* REICHLER C. (éd.): *L'Interprétation des textes*, Paris, Minuit, 183-222.

_____. (1990), *Éléments de linguistique textuelle*, Bruxelles, Mardaga.

_____. (1991), *Langue et littérature*, Paris, Hachette.

_____. (1992), *Les textes: types et prototypes*, Paris, Nathan.

_____. (1993), *La description*, Paris, PUF.

_____. (1995), *Le texte narratif*, Paris, Nathan.

_____. (1996), "L'argumentation dans le dialogue", *Langue Française*, 112, 31-49.

_____. (1997a), *Le style dans la langue, Une reconception de la stylistique*, Lausanne, Delachaux et Niestlé.

_____. (1997b), "Une alternative au 'tout narratif': les gradients de narrativité", *Recherches en communication*, 7, Université Catholique de Louvain, 11-35.

_____. (1997c), "Unités rédactionnelles et genres discursifs: cadre général pour une approche de la presse écrite", *Pratiques*, 94, 3-18.

_____. (1999), *Linguistique textuelle. Des genres de discours aux textes*, Paris, Nathan.

_____., LUGRIN G. (2000), "L'hyperstructure: un mode privilégié de présentation des événements scientifiques", *Les Carnets du CEDISCOR*, 6, 133-150.

_____., PETITJEAN A. (1989), *Le texte descriptif*, Paris, Nathan.

_____., REVAZ F. (1996), *L'analyse des récits*, Paris, Seuil [*A análise da narrativa*. Lisboa: Gradiva, 1997].

ALBALAT A. (1992), *L'art d'ecrire enseigne en vingt leçons*, Paris, Armand Colin (1e éd. 1899) [*A arte de escrever: ensinada em vinte lições*. Lisboa: Clássica, 1924].

ALBER J.-L., PY B. (1986) "Vers un modèle exolingue de la communication interculturelle: interparole, coopération et conversation", *Études de Linguistique Appliquée*, 61, 78-89.

ALI BOUACHA A. (1992), "La généralisation dans le discours: langue officielle et discours de bois", *Langages*, 105, 100-113.

_____. (1993), "La question générique: statut linguistique et enjeu discursif", *Parcours linguistique de discours spécialisés*, Berne, Peter Lang, 279-289.

ALTHUSSER L. (1965), *Pour Marx*, Paris, Maspéro.

_____. (1970), "Idéologie et Appareils Idéologiques d'Etat", *La Pensée*, 151 (repris dans *Positions* (1976), Paris, Editions Sociales, 67-125) [*Aparelhos ideológicos de Estado*. Rio de Janeiro: Graal, 2001].

AMOSSY R. (1991), *Les Idées reçues. Sémiologie du stéréotype*, Paris, Nathan.

_____. (1997), "La force des évidences partagées", *in* "Stéréotypes et alentours", *ELA, Revue de didactologie des langues-cultures*, 107, 265-277.

_____. (éd.) (1999), *Images de soi dans le discours. La construction de l'ethos*, Lausanne, Delachaux et Niestlé.

_____. (2000), *L'Argumentation dans le discours. Discours politique, littérature d'idées, fiction*, Paris, Nathan.

_____., HERSCHBERG PIERROT A. (1997), *Stéréotypes et clichés. Langue, discours, société*, Paris, Nathan.

_____., ROSEN E. (1982), *Les discours du cliché*, Paris, CDU-SEDES.

ANDRÉ-LAROCHEBOUVY D. (1980), *La conversation: jeux et rituels*, Thèse de Doctorat d'État, Université Paris IV.

_____. (1984), *La conversation quotidienne*, Paris, Hatier-Didier.

ANGENOT M. (1980), *La Parole pamphlétaire*, Paris, Payot.

_____. (1989), *1889: Un état du discours social*, Québec, Le Préambule.

ANIS J. (1983), "Pour une graphématique autonome", *Langue française*, 59, 31-44.

_____. (éd.) (1983), "Le signifiant graphique", *Langue française*, 59.

_____. (1989), "De certains marqueurs graphiques dans un modèle linguistique de l'écrit", *DRLAV*, 41, 33-52.

_____., CHISS J.-L., PUECH CH. (1988), *L'écriture. Théorie et descriptions*, Bruxelles, De Boeck.

ANSCOMBE G. E. M. (1958), *Intention*, Oxford, Blackwell.

ANSCOMBRE J.-C. (1980), "Voulez-vous dériver avec moi?", *Communications* 32, 61-124.

_____. (1995), *Théorie des topoï*, Paris, Kimé.

_____., DUCROT O. (1983), *L'argumentation dans la langue*, Liège, Mardaga.

_____., DUCROT O. (1986) "Informativité et argumentativité", *in* M. MEYER (éd.): *De la métaphysique à la rhétorique*, Bruxelles, Editions de l'Université de Bruxelles, 79-94.

APOSTEL L. (1980), "Communication et action", *in Langage en contexte*, PARRET H., APOSTEL L. et al (éds.): Amsterdam, J. Benjamins.

APOTHÉLOZ D., MIÉVILLE D. (1989), "Cohérence et discours argumenté", *in* CHAROLLES M. (éd.): *The resolution of discourse – Processing coherence or Consistency Dissonances*, Hamburg, Helmut Buske, 68-87.

APOTHÉLOZ D., GROSSEN M. (1996), "Dynamique conversationnelle dans un entretien psychothérapeutique: analyse des reformulations", *Interaction et cognitions*, vol 1(1), Paris, L'Harmattan, 115-149.

ARABYAN M. (1994), *Le paragraphe narratif. Étude typographique et textuelle de la ponctuation dans les récits classiques et modernes*, Paris, L'Harmattan.

ARISTOTE (1967-1973) *Rhétorique I-III*, trad. par M. Dufour, Paris, Les Belles Lettres (1e éd. 1938) [*Retórica*. Lisboa: INCM, 1998].

_____. (1967), *Topiques*, trad. par J. Brunschwig, Paris, Les Belles-Lettres.

_____. (1977), *Les Réfutations sophistiques*, trad. par J. Tricot, Paris, Vrin.

ARMENGAUD F. (1981), "L'impertinence ex-communicative ou comment annuler la parole d'autrui", *Degrés*, 26-7, a-a 32.
ARNAULD R. et LANCELOT G. (1969), *Grammaire générale et raisonnée*, Paris, Republications Paulet (1º éd. 1660) [*Gramática de Port-Royal*. São Paulo: Martins Fontes, 2001].
ARON R. (1968), *L'opium des intellectuels*, Paris, Gallimard (1º éd. 1955).
ARRIVÉ M. (1972), "Structuration et destructuration du signe dans quelques textes de Jarry", *in* GREIMAS A.-J. (éd.): *Essais de sémiotique poétique*, Paris, Larousse, 64-79.
_____. (1973), "Pour une théorie des textes poly-isotopiques", *Langages*, 31, 53-63.
ASCH S. (1946), "Forming impressions of personality", *Journal of Abnormal and Social Psychology*, 41, 258-290
AUCHLIN A. (1981), "Réflexions sur les marqueurs de structuration de la conversation", *Etudes de Linguistique Appliquée*, 44, 88-104.
AUER J.C.P. (1996), "On the prosody and syntax of turn-continuations", *in* COUPER-KUHLEN et SELTING (éds.), 57-101.
_____., COUPER-KUHLEN E., MULLER F. (1999), *Language in Time: The Rhythm and Tempo of Spoken Interaction*, Oxford, Oxford University Press.
_____., LUZIO A. DI (éds.) (1992), *The Contextualization of Language*, Amsterdam/Philadelphia, John Benjamins.
AUGER J. (1997), "Registre", dans MOREAU M.-L. (éd.): *Sociolinguistique. Concepts de base*, Liège, Mardaga.
AUGUSTIN (1976), *De magistro*, in *Œuvres de saint Augustin*, tome VI, III, *De l'âme à Dieu*, trad. par F.-J. Thonnard, Namur, Desclée de Brouwer (1ᵉ éd. 389).
AUROUX S. (1986), "Le sujet de la langue: la conception politique de la langue sous l'Ancien Régime et la Révolution", *in* BUSSE W. et TRABANT J., *Les Idéologues*, Amsterdam, John Benjamins, 259-278.
_____. (éd.) (1989-2000), *Histoire des idées linguistiques*, Liège, Mardaga.
_____. (1994), *La révolution technologique de la grammatisation*, Liège, Mardaga [*A revolução tecnológica da gramatização*. Campinas: UNICAMP, 1992].
_____. (1998), *La raison, le langage et les normes*, Paris, PUF.
_____., CHEVALIER J.-C., GUILHAUMOU J., POUSTOVAIA I. (2000), "Entretien autour du livre de S. Auroux 'Le langage, la raison, et les normes'", *Langage & Société*, 93, 109-132.
AUSTIN J.L. (1970), *Quand dire, c'est faire*, Paris, Seuil, trad. fr. par G. Lane (1ᵉ éd. *How to do things with words*, Oxford, 1962) [*Quando dizer é fazer*. Porto Alegre: ARTMED, 1990].
AUTHIER J. (1978), "Les formes du discours rapporté – Remarques syntaxiques et sémantiques à partir des traitements proposés", *DRLAV*, 17, 1-78,
_____. (1981), "Paroles tenues à distance", *in* CONEIN B. et al. (éds.): *Matérialités discursives*, Lille, Presses Universitaires de Lille, 127-143.
AUTHIER-REVUZ J. (1982a), "Hétérogénéité montrée et hétérogénéité constitutive: éléments pour une approche de l'autre dans le discours", *DRLAV*, 26, 91-151.
_____. (1982b), "La mise en scène de la communication dans les textes de vulgarisation scientifique", *Langue française*, 53, 34-47.
_____. (1984), "Hétérogénéité(s) énonciative(s)", *Langages*, 73, 98-111 [Heterogeneidade(s) enunciativa(s). In: *Cadernos de Estudos Linguísticos*. Campinas, (19): Instituto de Estudos da Linguagem, jul./dez.1990. p. 25-42].

_____. (1985), "Dialogisme et vulgarisation scientifique", *Discoss*, 1, 117-122.

_____. (1990), "La non-coïncidence interlocutive et ses reflets métaénonciatifs", *in* BERRENDONNER A ET PARRET H. (éds.): *L'interaction communicative*, Berne, Peter Lang, 173-193.

_____. (1992), "Repères dans le champ du discours rapporté", *in l'Information grammaticale*, 55, 38-42.

_____. (1995), *Ces mots qui ne vont pas de soi, Boucles réflexives et non-coïncidences du dire*, Paris, Larousse, 2 volumes.

_____. (1996), "Remarques sur la catégorie de 'l'îlot textuel'", *Cahiers du français contemporain*, 3, 91-116.

BACHELARD G. (1967), *La poétique de l'espace*, Paris, PUF [*A poética do espaço*. São Paulo: Martins Fontes, 2000].

BACHMANN C., LINDENFELD J., SIMONIN J. (1981), *Langage et communications sociales*, Paris, Hatier-Didier.

BADIOU A. (1988), *L'être et l'événement*, Paris, Seuil.

BAKHTINE M. (1970), *La Poétique de Dostoïevski*, trad. fr., Paris, Seuil (1ᵉ éd. 1929, modifiée en 1963) [*Problemas da poética de Dostoievski*. Rio de Janeiro: Forense Universitária, 2002].

_____. (1978), *Esthétique et théorie du roman*, trad. fr., Paris, Gallimard (1ᵉ éd. 1975) [*Questões de literatura e de estética: a teoria do romance*. São Paulo: HUCITEC, 1993].

_____. (1984), *Esthétique de la création verbale*, trad. fr., Paris, Gallimard (1ᵉ éd. 1979) [*Estética da criação verbal*. São Paulo: Martins Fontes, 2003].

_____. (1981), *Ecrits du cercle de Bakhtine*, *in* TODOROV T.: *Mikhaïl Bakhtine, le principe dialogique*, Paris, Seuil (1ᵉ éd. entre 1926 et 1930, textes signés de V.N. Volochinov et M.M. Bakhtine).

_____., VOLOCHINOV V.N. (1977), *Le marxisme et la philosophie du langage*, Trad.fr., Paris, les Editions de Minuit (1ᵉ éd. 1929) [*Marxismo e filosofia da linguagem*. São Paulo: Annablume, 2002].

BAL M. (1977), *Narratologie*, Paris, Klincksieck.

BALIBAR R. (1983), "Le colinguisme dans le cas du français républicain", *Littérature et Nation*, 3, Tours, Université François Rabelais, 1-23.

_____. (1985), *L'institution du français. Essai sur le colinguisme des Carolingiens à la République*, Paris, PUF.

_____. (1991), *Histoire de la littérature française*, Paris, PUF.

_____. (1993), *Le colinguisme*, Paris, PUF.

BALIBAR-MRABTI A. (éd.) (1995), "Grammaire des sentiments", *Langue Française*, 105.

BALLY Ch. (1905), *Précis de stylistique française, Esquisse d'une méthode fondée sur l'étude du français moderne*, Genève, Eggimann et Cie.

_____. (1909), *Traité de stylistique française*, Genève, Librairie de l'université et Georg (4ᵉ éd.: Heidelberg-Paris, Winter-Klincksieck, 1963).

_____. (1913), *Le langage et la vie*, Genève, Atar (3ᵉ éd.: Genève, Droz, 1952).

_____. (1965), *Linguistique générale et linguistique française*, Berne, Francke (1ᵉ éd. 1932, Paris, Ernest Leroux).

BANFIELD A. (1973), "Le style narratif et la grammaire des discours direct et indirect", *Change*, 16-17, 190-226.

_____. (1995), *Phrases sans parole, Théorie du récit et style indirect libre*, Paris, Seuil (1ᵉ éd. 1982, *Unspeakable sentences*, London, Routledge and Kegan Paul).

BANGE P. (éd.) (1987), *L'analyse des interactions verbales. La dame de Caluire: une consultation*, Berne, Peter Lang.

_____. (1989), "Analyse conversationnelle et théorie psychologique de l'action", *Verbum*, Presses Universitaires de Nancy, T. XII, 1, 27-41.

_____. (1992), *Analyse conversationnelle et théorie de l'action*, Paris, Hatier-Didier.

BARATIN M. (1989), "Les difficultés de l'analyse syntaxique", *in* AUROUX S. (éd.): *Histoire des idées linguistiques*, tome 1, Liège-Bruxelles, Mardaga, 228-243.

BARBÉRIS J.-M. (1998), "Représenter l'espace de la ville en contexte interculturel: l'impasse identitaire", *Cahiers de praxématique*, 31, 39-68.

_____., BRES J., GARDES-MADRAY F., LAFONT R., SIBLOT P. (1989), *Concepts de la praxématique et bibliographie indicative*, Langue et Praxis, Groupe de recherche en linguistique praxématique, Montpellier, Université Paul Valéry.

_____., BRES J., SIBLOT P. (1998), *De l'actualisation*, Paris, CNRS Editions.

BARDIN L. (1993), *L'analyse de contenu*, Paris, PUF (1ᵉ éd. 1977) [*Análise de conteúdo*. Lisboa: Edições 70, 2002].

BARTHES R. (1957), *Mythologies*, Paris, Seuil [*Mitologias*. Rio de Janeiro: Bertrand Brasil, 2003].

_____. (1964), *Le degré zéro de l'écriture*, Paris, Seuil (1ᵉ éd. 1953) [*O grau zero da escrita*. São Paulo: Martins Fontes, 2000].

BARTHES R. (1964), "Rhétorique de l'image" et "Éléments de sémiologie", *Communications*, 4, 40-52 et 91-135.

_____. (1966), "Introduction à l'analyse structurale du récit", *Communications*, 8, 1-27

_____. (1973), Article "Texte (théorie du-)", *Encyclopoedia Universalis*, Paris.

_____. (1975), *Roland Barthes par Roland Barthes*, Paris, Seuil [Roland Barthes por Roland Barthes. São Paulo: Estação Liberdade, 2003].

_____. (1984), "La mort de l'auteur", *in Essais critiques IV: le Bruissement de la langue*, Paris, Seuil, 61-67.

_____. (1994), "Le discours de l'histoire", *Oeuvres*, tome 2, Paris, Seuil 417-427 (article publié en 1967).

BARTLETT F. (1932), *Remembering: a study in experiemental and social psychology*, London, Cambridge University Press.

BATESON G. (1977), *Vers une écologie de l'esprit*, Paris, Seuil, 2 tomes.

_____., RUESCH J. (1988), *Communication et société*, Paris, Seuil.

_____., BIRDWHISTELL R., GOFFMAN E., HALL E.T., JACKSON D. D., SCHLEFEN A., SIGMAN S., WATZLAWICK P. (1981), *La Nouvelle communication*, Textes recueillis et présentés par YVES WINKIN, Paris, Seuil.

_____., JACKSON D.D., HALEY J., WEAKLAND J. (1956), "Toward a theory of schizophrenia", *Behavioral Sciences* 1, 251-264.

BATTEUX Abbé Ch. (1824), *Cours de Belles Lettres, ou Principes de littérature*, Paris (1ᵉ éd. 1747-1748, *Cours des belles-lettres*; rééd. 1753, *Cours de belles-lettres ou Principes de littérature*).

BAUDRILLARD J. (1972), *Pour une critique de l'économie politique du signe*, Paris, Gallimard [*Para uma crítica da economia política do signo*. Rio de Janeiro: Elfos, 1995].

BAUTIER E. (1995), *Pratiques langagières, pratiques sociales*, Paris, L'Harmattan.
BAYARD P. (1997), *Le hors-sujet, Proust et la digression*, Paris, Minuit.
BEACCO J.-C. (1988), *La rhétorique de l'historien. Une analyse linguistique de discours*, Berne, Peter Lang.
_____. (1992), "Les genres textuels dans l'analyse du discours: écriture légitime et communautés translangagières", *Langages*,105, 8-27.
_____. (éd.) (1992), "Ethnolinguistique de l'écrit", *Langages*, 105.
_____. (1993), "L'explication d'origine encyclopédique: remarques sur un régime discursif", *Les Carnets du CEDISCOR*, 1, Paris, Presses de la Sorbonne Nouvelle, 33-54.
_____. (1994), "Données multilingues et description des textes: enjeux théoriques", dans MOIRAND S. et al. (éds.): *Parcours linguistiques de discours spécialisés*, Berne, Peter Lang, 263-270.
_____. (1999), "L'actualité des sciences astronomiques dans les quotidiens: le gai savoir", dans BEACCO J.-C. (éd.), *L'astronomie dans les médias. Analyses linguistiques de discours de vulgarisation*, Paris, Presses de la Sorbonne nouvelle, 199-226.
_____. (2000), "Écritures de la science dans les médias", *les Carnets du CEDISCOR* nº 6, Paris, Presses de la Sorbonne Nouvelle, 15-24.
_____., DAROT M. (1984), *Analyses du discours. Lecture et expression*, Paris, Hachette/Larousse.
_____., MOIRAND S. (1995a), "Autour des discours de transmission des connaissances", *Langages*, 117, 32-53.
_____., S. MOIRAND (éds.) (1995b), *Les carnets du CEDISCOR*, 3 "Les enjeux des discours spécialisés", Paris, Presses de la Sorbonne Nouvelle.
BÉAL C. (1993), "Les stratégies conversationnelles en français et en anglais: conventions ou reflet de divergences culturelles profondes?", *Langue française*, 98, 9-23.
BEAUDICHON J. (1988), "Interactions sociales et acquisitions des connaissances chez l'enfant: une approche multidimensionnelle", *Revue internationale de psychologie sociale*, 1, 129-141.
BEAUGRANDE R. A. DE (1979), "Text and sentence *in* discourse planning" *in* J. S. PETÖFI (éd.): *Text VS Sentence. Basic questions of text linguistics*, Hamburg, Buske.
_____. (1999), "Discourse Studies and the Ideology of Liberalism", *Discourse Studies* 1, 3, 259-296.
_____., DRESSLER W.U. (1981), *Introduction to textlinguistics*, London, Longman.
BEAUZÉE N. (1986), article "Mot" de *L'Encyclopédie*, repris *in* SWIGGERS P. (éd.), *Grammaire et théorie du langage au XVIIIème siècle: "Mot", "Temps" & "Mode" dans l'Encyclopédie méthodique*, Lille, Presses Universitaires de Lille.
BELLERT I. (1970), "On a condition for the coherence of texts", *Semiotica*, II-4, La Haye, Mouton, 335-363.
BENVENISTE E. (1966), *Problèmes de linguistique générale*, Paris, Gallimard [*Problemas de linguística geral I*. Campinas: Pontes, 1995].
_____. (1974), *Problèmes de linguistique générale II*, Paris, Gallimard [*Problemas de linguística geral II*. Campinas: Pontes, 1989].
_____. (1969), "Sémiologie de la langue", *Sémiotica*, La Haye, Mouton, 1, 1-12, 2, 127-135 (repris dans *Problèmes de linguistique générale II* (1974), Paris, Gallimard, 43-66)

[*Problemas de linguística geral II*. Campinas: Pontes, 1989. p. 43-67].
BENZÉCRI J.-C. et al. (1981), *Pratique de l'analyse des données*, tome 3, *Linguistique et lexicologie*, Paris, Dunod.
BEREITER, C., SCARDAMALIA, M. (1982), "From Conservation to Composition: The Role of Instruction in a Developmental Process", *in* GLASER R (éd.): *Advances in Unstructional Psychology* Vol. 2, Hillsdale, Lawrence Erlbaun Ass.
BERGOUNIOUX A., LAUNAY M.-F., MOURIAUX R., SUEUR J.-P., TOURNIER M. (1982), *La parole syndicale. Étude du vocabulaire confédéral des centrales ouvrières françaises (1971-1976)*, Paris, PUF.
BERGSON, H. (1957), *L'évolution créatrice*, Paris, PUF [*A evolução criadora*. Lisboa: Edições 70, 2001].
BERNSTEIN B. (1975), *Langage et classes sociales*, trad. fr., Paris, Minuit (1ᵉ éd. 1971, *Class, Codes and Control*, London, Routledge and Kegan Paul).
BERRENDONNER A. (1981), *Eléments de pragmatique linguistique*, Paris, Minuit.
_____. (1990), "Pour une macro-syntaxe", *Travaux de linguistique*, Gand, Duculot, 21, 25-36.
_____. (1990), "Avant-propos", *in* BERRENDONNER A & PARRET H. (éds.): *L'interaction communicative*, Berne, Peter Lang, 7-8.
_____., REICHLER-BEGUELIN M.-J. (1989), "Décalages: les niveaux de l'analyse linguistique", *Langue Française*, 81, 99-125.
BERRIER A. (1997), "La conversation à quatre: quelques aspects interculturels", *in* LEFEBVRE M.-L., M.-A. HILY (éds.): *Les situations plurilingues et leurs enjeux*, Paris, L'Harmattan, 59-81.
BERTHOUD A.-C. (1987), "Ambiguïté, malentendu et stratégies paradiscursives", *in* FUCHS C. (éd.): *L'ambiguïté et la paraphrase*, Centre de Publications de l'Université de Caen, 139-143.
_____. (1996), *Paroles à propos. Approche énonciative et interactive du topic*, Paris, Ophrys.
BESSÉ de B. (1990), "La définition terminologique", *in La définition*, Paris, Larousse, 252-261.
BIBER D. (1988) *Variation across Speech and Writing*, Cambridge, Cambridge University Press.
_____. (1989), "A Typology of English Texts", *Linguistics*, 27, p. 3-43.
BIRDWHISTELL R.L. (1970), *Kinesics and context: Essays on body motion communication*, Philadelphia, University of Philadelphia Press.
BLACK M. (1962), *Models and metaphors*, Ithaca, Cornell University Press.
BLAIR H. (1808), *Cours de rhétorique et de Belles-Lettres*, Genève, Manget & Cherbuliez (1ᵉ éd. 1783).
BLAIR J. A., JOHNSON, R. H. (1980), *Informal logic*, Inverness, Edgepress.
BLANCHE-BENVENISTE C. (1997), *Approches de la langue parlée en français*, Paris, Ophrys.
BLANCHET A., BROMBERG M., URDAPILLETTA I. (1990), "L'influence non directive", *Psychologie française*, 35-3, 217-226.
_____., GOTMAN A. (1992), *L'enquête et ses méthodes. L'entretien*, Paris, Nathan.
BLONDEL E. (1994), *Les notices de catalogues d'exposition de peinture: analyse linguistique, logico-discursive et typologie*, Thèse pour le doctorat en linguistique, Université Paris III.
_____., CICUREL F. (éds.) (1996), "La construction interactive des discours en classe de langue", *les Carnets du* CEDISCOR, 4, Paris, Presses de la Sorbonne Nouvelle.

BLOOMFIELD L. (1970), *Le langage*, Paris, Payot (1ᵉ éd. *Language*, New York, Holt, Rinehart et Winston, 1933).
BLUMER H. (1939), *Symbolic Interactionism*, New Jersey, Prentice Hall.
BLUM-KULKA S., HOUSE J., KASPER G (éds.) (1989), *Cross-Cultural Pragmatics: Requests and Apologies*, Norwood (N.J.), Ablex.
BOISSINOT A. (1992), *Les textes argumentatifs*, Toulouse, Bertrand-Lacoste.
BOLINGER, D.L.(1970), "Relative Height in Prosodic Feature Analysis", *Studia Phonetica*, 3, 109-129.
BONHOMME M. (1987), *Linguistique de la métonymie*, Berne, Peter Lang.
_____. (1998), *Les figures clés du discours*, Paris, Seuil.
BONNAFOUS S. (1983), "Processus discursifs et structures lexicales. Le congrès de Metz (1979) du Parti Socialiste", *Langages*, 71, 3-126.
_____. (1991), *L'immigration prise aux mots*, Paris, Kimé.
_____. (1998), "Les argumentations de Jean-Marie Le Pen", *Revue politique et parlementaire*, 995, 27-39.
_____., TAGUIEFF P.A. (éds.). (1989), "Racisme et antiracisme. Frontières et recouvrements", *Mots*, 18, Paris, Presses de la Fondation Nationale des Sciences Politiques.
_____., TOURNIER M. (1995), "Analyse du discours, lexicométrie, communication et politique", *Langages*, 117, 67-81.
BOONE A., JOLY A. (1996), *Dictionnaire terminologique de la Systématique du langage*, Paris, L'Harmattan.
BOREL M.-J., GRIZE J.-B., MIÉVILLE D. (1983), *Essai de logique naturelle*, Berne, Peter Lang.
BORILLO M., VIRBEL J. (1977), "Une maladie infantile de l'analyse des données textuelles dans les constructions scientifiques en histoire : la 'théorie du discours'", *in* BORILLO M. et VIRBEL J. (éds.): *Analyse et validation dans l'étude des données textuelles*, Paris, Editions du Centre National de la Recherche Scientifique.
BOUCHARD R. (1991), "Repères pour un classement sémiologique des événements communicatifs", *Etudes de linguistique appliquée*, 83, 29-62.
_____. (2000), "*M'enfin*!!! Des 'petits mots' pour les 'petites' émotions?", PLANTIN, C., DOURY M., TRAVERSO V. (éds.): *Les émotions dans les interactions*, Lyon, Presses Universitaires de Lyon/ARCI, 223-238.
BOUCHERON S. (1996), *Parenthèse et tiret double: Etude linguistique de l'opération de décrochement typographique*, Thèse de Doctorat, Université Paris III.
BOUGNOUX D. (1991), *La communication par la bande*, Paris, La Découverte.
BOURDIEU P. (1976), "Le champ scientifique", *in Actes de la recherche en sciences sociales* 2-3, 88-104.
_____., 1982, *Ce que parler veut dire*, Paris, Fayard [*A economia das trocas linguísticas: o que falar quer dizer*. São Paulo: EDUSP, 1998].
BOUTET J. (1993), "Ecrits au travail", *in* FRAENKEL B. (éd.), *Illettrismes*, Paris, Centre Georges Pompidou, B.P.I.
_____. (1994), *Construire le sens*, Berne, Peter Lang.
_____. (éd.). (1995), *Paroles au travail*, Paris, L'Harmattan.
_____. (1998), "Quand le travail rationalise le langage", *in* KERGOAT J., BOUTET J.,

JACOT J., LINHART D. (éds.), *Le monde du travail*, Paris, La Découverte, 153-165.
_____., FIALA P., SIMONIN-GRUMBACH J. (1976), "Sociolinguistique ou sociologie du langage", *Critique*, 344, 68-85.
_____., GARDIN B., LACOSTE M. (1995), "Discours en situation de travail", *Langages*, 117, 12-31.
BOUTMY E. (1883), *Dictionnaire de l'argot des typographes* (réimpression 1979, Paris, les Insolites).
BOWER G.H., BLACK J.B, TURNER T.J. (1979), "Scripts in memory fot texts", *Cognitive Psycology*, 11, 177-220.
BOYER H. (1998), "La part des représentations partagées dans la dynamique des conflits sociolinguistiques", *in Ve Trobada de Sociolinguistes Catalans*, Barcelona, Generalitat de Catalunya-Departament de Cultura, 133-152.
BRANCA-ROSOFF S. (éd.) (1998), *Le mot. Analyse du discours et sciences sociales*, Aix-en-Provence, Publications de l'Université de Provence.
_____. (1999a) "Des innovations et des fonctionnements de langue rapportés à des genres" *Langage & Société*, 87, 115-129.
_____. (1999b), "Types, modes et genres: entre langue et discours", *Langage & Société*, 87, 5-24.
_____., COLLINOT A., GUILHAUMOU J., MAZIERE F. (1995), "Questions d'histoire et de sens", *Langages*, 117, 54-66.
_____., SCHNEIDER N. (1994), *L'écriture des citoyens. Une analyse linguistique de l'écriture des peu-lettrés pendant la Révolution française*, Paris, Klincksieck.
BRANDT P.-Y., APOTHÉLOZ D. (1991), "L'articulation raisons-conclusion dans la contre-argumentation", *in* "La négation", *Travaux du Cercle de Recherches Sémiologiques*, 59, 88-102.
BRASSAC C. (1989), "Vers une approche cognitive de la conversation", *Connexions*, Toulouse, Erès, 53, 161-170.
BRAUN F. (1988), *Terms of address. Problems of patterns and usage in various languages and cultures*, Berlin/ New York/ Amsterdam, Mouton de Gruyter.
BRAZIL D. (1985), "Phonology. Intonation *in* Discourse", *in* DIJK T.A. VAN (éd.): *Handbook of Discourse Analysis*, vol. 2, *Dimensions of discourse*, London, Academic Press, 57-75.
BRÉAL M. (1976), *Essai de sémantique*, Genève, Slatkine (1e éd. 1897) [*Ensaio de semântica*. São Paulo: EDUC, 1992].
BREMOND C. (1973), *Logique du récit*, Paris, Seuil.
BRES J. (1993), *Récit oral et production d'identité sociale*, Montpellier, Publications de l'Université de Montpellier III.
_____. (1994), *La narrativité*, Louvain-la-Neuve, Duculot.
_____. (1998), "Entendre des voix: de quelques marqueurs dialogiques en français", *L'autre en discours*, Montpellier, Publications de l'Université de Montpellier III, 191-212.
BRETON P. (1996), *L'argumentation dans la communication*, Paris, La Découverte [*A argumentação na comunicação*. Florianópolis: EDUSC, 1999].
_____. (1997), *La parole manipulée*, Paris, la Découverte [*A manipulação da palavra*. São Paulo: Loyola, 1999].
BROMBERG M. (1990), "La communication: le 'pourquoi'", *in* GHIGLIONE R. (éd.), *Traité de Psychologie Cognitive*, T. III. Paris, Dunod 229-274.
_____., GHIGLIONE R. (1988), "Contraintes de situation, stratégies discursives et influence sociale", *Verbum*, XI, 2, 85-102.

BRONCKART J.-P. (1996), *Activité langagière, textes et discours – Pour un interactionisme socio-discursif*, Lausanne, Delachaux et Niestlé [*Atividade de linguagem, textos e discursos: por um interacionismo sociodiscursivo*. São Paulo: EDUC, 1999].

———. et al. (1985), *Le fonctionnement des discours. Un modèle psychologique et une méthode d'analyse*, Neuchâtel-Paris, Delachaux et Niestlé.

BROWN P., LEVINSON S. (1978), "Universals in language use: Politeness phenomena", *in* GOODY E. (éd.): *Questions in politeness. Stratégies in social interaction*, Cambridge, Cambridge University Press, 56-289.

BROWN P., FRASER C. (1979), "Speech as a marker of situation", *in* SCHERER K.R. et GILES H. (éds.): *Social markers in speech*, Cambridge, CUP/Paris, Maison des Sciences de l'Homme, 33-62.

BROWN P., LEVINSON S. (1987), *Politeness. Some universals in language use*, Cambridge, CUP.

BROWN R.W., GILMAN A. (1960), "The pronouns of power and solidarity", *in* SEBEOK T.A (éd.): *Style in Language*, Cambridge, MIT Press, 253-276.

BROWN G., YULE G. (1983), *Discourse analysis*, Cambridge, Cambridge University Press.

BRUNA CUEVAS M. (1996), "Le discours direct introduit par *que*", *Le Français moderne*, 1, 8-50.

BRUNER J. S. (1983), *Le développement de l'enfant. Savoir faire, savoir dire*, Paris, PUF.

BRUNET E. (1981), *Le vocabulaire français de 1789 à nos jours, d'après les données du Trésor de la langue française*, Genève-Paris, Slatkine-Champion, 2 vol.

———. (1994), "Hyperbase. Synopsis", *in* MARTIN E. (éd.): *Traitements informatisés de corpus textuels*, Paris, Didier, 169-184.

———. (1976), *Le vocabulaire de Jean Giraudoux. Structure et évolution*, Nice, Université de Nice.

BRUNETON-GOVERNATORI A., MOREUX B. (1997), "Un modèle épitolaire populaire: les lettres d'émigrés béarnais", *in* FABRE D. (éd.), 79-103.

BRUNOT F. (1905-1953), *Histoire de la langue française*, Paris, A. Colin (nlle. éd. revue et augmentée, 15 tomes en 24 volumes, 1966-1969).

BRUNSCHWIG J. (1967), "Introduction" aux *Topiques* d'Aristote, Paris, Les Belles-Lettres.

———. (1996), "Aristotle's Rhetoric as a 'counterpart' to Dialectic", *in* RORTY A.O.R. (éd.): *Aristotle's Rhetoric*, Berkeley, University of California Press.

BRUXELLES S., DOBROVIE-SORIN C., DUCROT O., FRADIN B., NGUYEN T.-B., RÉCANATI F., VICHER A. (1982), "*Justement*, inverseur argumentatif", *Lexique* 1, Lille, Presses Universitaires de Lille, 151-164.

BUBLITZ W. (1988), *Supportive Fellow-Speakers and Cooperative Conversations*, Amsterdam, John Benjamins.

BUHLER K. (1934), *Sprachtheorie. Die Darstellungsfunktion der Sprache*, Iena, Fisher.

C.A.D. (1991), *La Télévision. Les débats culturels. "Apostrophes"*, Paris, Didier-Erudition.

———. (1999), *Paroles en images, images de paroles. trois talk-show européens*, Paris, Didier Erudition.

CAFFI C.L., JANNEY R.W. (1994), "Toward a pragmatics of emotive communication", *Journal of pragmatics*, 22, 325-373.

CAHNÉ P., MOLINIE G. (éds.) (1994), *Qu'est-ce que le style?*, Paris, PUF.

CALBRIS G. (1987), "Geste et motivation", *Sémiotica*, 65, 1-2, 57-96.

_____. (1990), *Semiotics of French Gestures*, Bloomington, Indiana University Press.
_____., PORCHER L. (1989), *Geste et communication*, Paris, Hatier-Didier.
CALI Ch. (1999), *Rituels langagiers dans les prises de parole en contexte multilingue: "la conférence internationale" à l'épreuve de l'analyse du discours*, Thèse de Doctorat, Université de la Sorbonne Nouvelle.
CALLAMAND M. (1987), "Les marques prosodiques du discours: premier inventaire", *Études de linguistique appliquée*, 66, 49-71.
CANUT C. (2000), "Subjectivité, imaginaires et fantasmes des langues: la mise en discours 'épilinguistique'", *Langage & Société*, 93, 71-97.
CAREL M., DUCROT O. (1999), "Le problème du paradoxe dans une sémantique argumentative", *Langue française* 123, 6-26.
CARNAP R. (1934), *The Logical Syntax of language*, Londres, Routledge et Kegan Paul.
CARON J. (1983), *Les régulations du discours. Psycholinguistique et Pragmatique du langage*, Paris, PUF.
_____. (1984), "Les opérations discursives comme instructions de traitement", *Verbum*, T. VII, Presses Universitaires de Nancy, 149-164.
_____. (1988), "Comment aborder l'interaction verbale dans un modèle psycholinguistique?", *in* COSNIER J., GELAS N., KERBRAT-ORECCIONI (éds.): *Echanges sur la conversation*, Paris, Editions du CNRS, 123-134.
_____. 1989, *Précis de psycholinguistique*, Paris, PUF.
CATACH N. (éd.) (1980), "La ponctuation", *Langue française*, 45.
_____. (1994), *La ponctuation*, Paris, PUF.
CHABROL, C. (1988), "Le lecteur: Fantôme ou réalité? Etude des processus de réception", *in* CHARAUDEAU P. (éd.): *La Presse, Produit, Production, Réception*, Paris, Didier-Erudition, 161-183.
_____. (1990), "Réguler la construction de l'identité du sujet du discours", *in* BERRENDONNER A. et PARRET H. (éds.), *L'interaction communicative*, Berne, Peter Lang.
_____. (1991), "La Réception: étude des processus d'évaluation des débats médiatiques", *in* CHARAUDEAU P. (éd.): *La Télévision, les débats culturels "Apostrophes"*, Paris, Didier-Erudition, 189-230.
_____. (1993) (a) "Psycho-sociologie du langage: vers un calcul effectif du sens", *in* DECROSSE A. (éd.): *L'Esprit de société*, Liège, Mardaga, 81-102.
_____. (1994), *Discours du travail social et pragmatique*, Paris, PUF.
_____. (1995), "Stratégies dans la gestion des interactions discordantes", *in* VERONIQUE D., VION R. (éds.): *Modèles de l'interaction verbale*, Aix-en-Provence, Publications de l'Université de Provence, 347-364.
_____. (2000), "De l'impression des personnes à l'expression communicationnelle des émotions", *in* PLANTIN Ch., DOURY M., TRAVERSO V., *Les émotions dans les interactions*, Lyon, Presses Universitaires de Lyon, 105-124.
_____., BROMBERG M. (1999), "Préalables à une classification des actes de parole", *in* "L'interaction et ses processus d'influence", *Psychologie française*, tome 44, 4, 291-306.
_____., CAMUS O. (1994), "Un discours politique en réception, mémorisation et compréhension", *Mots*, 40, 7-24.

_____., FLOUZAT D., CAMUS-MALAVERGNE O. (1993), "Visualisation et restitution d'un discours télévisuel argumentatif", *Psychologie Française*, 38-2, 161-175.

_____., GHIGLIONE, R. (2001), "Contrats de communication: stratégies et Enjeux", Introduction au numéro spécial de la *Revue Internationale de Psychologie Sociale*, 4, 7-15.

CHAIKEN S, LIBERMAN A, EAGLY A.H. (1989), "Heuristic and systematic processing within and beyond the persuasion context", *in* ULEMAN J.S. et BARGH J.A. (éds.): *Unintended Thought*, New York, Guilford Press, 212-252.

CHARAUDEAU P. (1977), *Les conditions linguistiques d'une analyse du discours*, Thèse de doctorat d'Etat, Service de Reproduction des Thèses, Université de Lille III.

_____. (1983), *Langage et discours. Eléments de sémioliguistique*, Paris, Hachette.

_____. (1984), "L'interlocution comme interaction de stratégies discursives", *Verbum*, tome VII, Presses Universitaires de Nancy, 165-183.

_____. (1986), "L'interview médiatique: qui raconte sa vie?", *in Cahiers de sémiotique textuelle*, 8-9, Paris, Université de Paris X, 129-137.

_____. (1988a), "La critique cinématographique: faire voir et faire parler", *in La Presse. Produit, Production, Réception*, Paris, Didier-Érudition, 47-70.

_____. (1988b), "Langue, métalangue et discours", *in Hommage à Bernard Pottier*, annexes des Cahiers de Linguistique Hispanique Médiévale, Paris, Klincksieck, 157-164.

_____. (1988c), "La grammaire, c'est pas du bidon!", *Le Français aujourd'hui*, 83, 19-24.

_____. (1988d), "Ce que communiquer veut dire", Conférence de clôture du 9ᵉ Congrès de l'Association Québécoise des Enseignants de Français Langue Seconde, *in Bulletin de l'AQEFLS*, vol. 10, 1, 29-37.

_____. (1988e), "Une théorie des sujets du langage", *Modèles linguistiques*, X, Fasc. 2, Lille, 67-78.

_____. (1988f), "L'interculturel, une histoire de fou", *in Dialogues et cultures*, revue de la Fédération Internationale des Professeurs de Français, 32, 89-97.

_____. (1989a), "Le dispositif socio-communicatif des échanges langagiers", *Verbum*, Tome XII, Fasc. 1, Université de Nancy II, 13-25.

_____. (1989b), "La conversation entre le situationnel et le linguistique", *Connexions*, Erès, Toulouse, 53, 9-22.

_____. (1989c), "Lecteurs cibles et destinataires visés. A propos de l'argumentation publicitaire", *Versus*, 52/53, Milan, Bompiani, 151-161.

_____. (1990), "L'interculturel entre mythe et réalité", *Le Français dans le Monde*, 230, Paris, Hachette-Edicef, 48-53.

_____. (1991a), "Le droit à la parole à travers la dialectique du même et de l'autre", *in Cahiers de Praxématique*, 17, Université Paul Valéry, Montpellier, 33-47.

_____. (1991b), "Contrats de communication et ritualisations des débats télévisés", *in La Télévision. Les débats culturels. "Apostrophes"*, Paris, Didier Erudition, 11-35.

_____. (1991c), "Les outils de l'analyse du verbal. Les concepts de l'interlocution", *in La Télévision. Les débats culturels. "Apostrophes"*, Paris, Didier Erudition, 231-266.

_____. (1992), *Grammaire du sens et de l'expression*, Paris, Hachette.

_____. (1993a) "A propos des débats médiatiques: l'analyse de discours des situations d'interlocution", *Psychologie française*, 38-2, Dunod, Paris, 11-123.

_____. (1993b) "Catégories de langue, catégories de discours et contrat de communication", *in* MOIRAND S., ALI BOUACHA A., BEACCO J.-C., COLLINOT A. (éds.): *Parcours linguistiques de discours spécialisés*, Berne, Peter Lang, 315-326.

_____. (1993c), "Le contrat de communication dans la situation de classe", *in Inter-actions. L'interaction, actualités de la recherche et enjeux didactiques*, Metz, Université de Metz, 121-137.

_____. (1993 d), "Des conditions de la mise en scène du langage", *in L'esprit de société*, A. Decrosse (éd.), Liège, Mardaga, 27-65.

_____. (1994a), "Le contrat de communication médiatique", *in Médias, faits et effets*, *in Recherches et applications*, Paris, Hachette, 8-19.

_____. (1994b), "Le discours publicitaire, genre discursif", *Mscope*, 8, Versailles, CRDP, 34-44.

_____. (1995a), "Rôles sociaux et rôles langagiers", *in Modèles de l'interaction verbale*, Aix-en-Provence, Publications de l'Université de Provence, 79-96.

_____. (1995b), "Une analyse sémiolinguistique du discours", *Langages*, 117, 96-111.

_____. (1995c) "Le dialogue dans un modèle de discours", *Cahiers de linguistique française*, 17, Genève, Université de Genève, 141-178.

_____. (1997a), *Le discours d'information médiatique. La construction du miroir social*, Paris, Nathan-INA.

_____. (1997b), "Les conditions d'une typologie des genres télévisuels d'information", *Réseaux*, 81, Paris, CNET, 79-101.

_____. (1998a), "L'argumentation n'est peut-être pas ce que l'on croit", *Le Français aujourd'hui*, 123, Paris, 6-15.

_____. (1998b) "La télévision peut-elle expliquer?", *in* BOURDON P. et JOST F. (éds.): *Penser la télévision*, Paris, Nathan, 249-268.

_____. (1999), "Análise do discurso, controvérsias e perspectivas", *in* H. MARI et al. (éds.): *Fundamentos e dimensões da análise do discurso*, Belo Horizonte, Núcleo de Análise do discurso, Belo Orizonte, Carol Borges, 27-44.

_____. (2000a), "Une problématique discursive de l'émotion. A propos des effets de pathémisation à la télévision", *in* PLANTIN C., DOURY M. et TRAVERSO V. (éds.), *Les émotions dans les interactions*, Lyon, Presses universitaires de Lyon, 125-155.

_____. (2000b), "De la compétence sociale de communication aux compétences de discours", *Didactique des langues romanes: le développement des compétences chez l'apprenant*, Louvain-la-Neuve, DeBoeck Université, 41-54.

_____., GHIGLIONE R. (éds.) (1999a), *Paroles en images. Images de paroles. Trois talk-shows européens*, Paris, Didier Érudition.

CHARBONNEL N. (1991), *L'important, c'est d'être propre*, Strasbourg, Presses Universitaires de Strasbourg

_____. (1993), "Lieux communs et métaphores: pour une théorie de leurs rapports", *in* PLANTIN Ch. (éd.).: *Lieux communs, topoï, stéréotypes clichés*, Paris, Kimè, 144-151.

CHAROLLES M. (1988a), "Les plans d'organisation textuelle: périodes, chaînes, portées et séquences", *Pratiques*, 57, 3-43.

_____. (1988b), "Les études sur la cohérence, la cohésion et la connexité textuelles depuis la fin des années 1960", *Modèles linguistiques*, X-2, Presses Universitaires de Lille, 45-66.

_____. (1990) "L'anaphore associative. Problèmes de délimitation", *Verbum* XIII, Nancy, 119-148.

_____. (1995), "Cohésion, cohérence et pertinence du discours", *Travaux de linguistique*, 29, 125-151.

_____., COMBETTES B. (1999), "Contribution pour une histoire récente de l'analyse du discours", *Langue française*, 121, 76-116.

CHARTIER R. (éd.) (1991), *La correspondance. Les usages de la lettre au XIXe siècle*, Paris, Fayard.

_____. (1998), *Au bord de la falaise. L'histoire entre certitudes et inquiétude*, Paris, Albin Michel.

CHASTAIN C. (1975), "Reference and context", *in* GUNDERSON K., *Language Mind and Knowledge*, Minneapolis, University of Minnesota Press.

CHAURAND J., F. MAZIÈRE (éds.) (1990), *La définition*, Paris, Larousse.

CICERON (1961), *De l'orateur*, III, Paris, Les Belles Lettres.

_____. (1990), *Divisions de l'art oratoire – Topiques*, texte établi et traduit par H. Bornecque, Paris, Les Belles Lettres (1e éd. 1924).

CLANCHY M. T. (1993), *From Memory to Written Record, England 1066-1307*, Oxford UK & Cambridge USA, Blackwell (1e éd. 1979).

CLARK H.H., CARLSON T.B. (1982), "Hearers and Speech Acts", *Language*, 58-2, 332-373.

CLYNE M. (1994), *Inter-cultural communication at work*, Cambridge, Cambridge University Press.

COHEN J. (1966), *Structures du langage poétique*, Paris, Flammarion.

COLLECTIF SAINT-CLOUD, (GEFFROY A., LAFON P., SEIDEL G., TOURNIER M.) (1973), "Lexicometric analysis of co-occurrences", *in The computer and literary studies*, Edinburgh, Edinburgh University Press, 113-133.

_____. (GEFFROY A., LAFON P., TOURNIER M. et al.) (1975), *Des tracts en Mai 68. Mesures de vocabulaire et de contenu*, Paris, Presses de la FNSP (rééd. Paris, Champ Libre, 1978).

_____. (BERGOUNIOUX A., LAUNAY MICHEL F., MOURIAUX R., SUEUR J.-P., TOURNIER M.) (1982), *La parole syndicale. Etude du vocabulaire confédéral des centrales ouvrières françaises (1971-1976)*, Paris, PUF.

_____. (HETZEL A.-M., LEFÈVRE J., MOURIAUX R., TOURNIER M.) (1998), *Le syndicalisme à mots découverts. Dictionnaire des fréquences (1971-1990)*, Paris, Syllepse.

COLLINOT A., MAZIERE F. (1997), *Un prêt à parler: le dictionnaire*, Paris, PUF.

COLTIER D. (1986), "Approches du texte explicatif", *Pratiques*, 51, 3-22.

COMBE D. (1991), *La pensée et le style*, Paris, Editions Universitaires.

COMBETTES B. (1978), "Thématisation et progression thématique dans les récits d'enfants", *Langue française*, 38, Larousse, 74-86.

_____. (1983), *Pour une grammaire textuelle, la progression thématique*, Paris-Gembloux, De Boeck-Duculot.

_____. (1992a), *L'Organisation du texte*, Université de Metz.

_____. (1992b), "Questions de méthode et de contenu en linguistique du texte", *Etudes de linguistique appliquée*, 87, 107-116.

COMPAGNON A. (1979), *La seconde main ou le travail de la citation*, Paris, Seuil [*O trabalho da citação*. Belo Horizonte: UFMG, 1997].

CONDON S., OGSTON D. (1966), "Sound film analysis of normal and pathological behavior patterns", *Journal of Nervous and Mental Disease*, 143, 338-347.

CONEIN B. (1978), *Langage politique et mode d'affrontement. Le jacobinisme et les massacres de septembre*, Thèse de 3ème cycle en histoire, Paris, Ecole des Hautes Etudes en Sciences Sociales.

_____., COURTINE J.-J., GADET F., MARANDIN J.-M., P CHEUX M. (éds.) (1981), *Matérialités discursives*, Lille, Presses Universitaires de Lille.

_____. (1987), "Pourquoi dit-on bonjour? (Goffman relu par Sacks)", *in* JOSEPH I. (éd.): *Le parler frais d'Erving Goffman*, Paris, Minuit, 196-209.

COQUET J.-C. (1976), "Les modalités du discours", *Langages*, 43, 64-70.

CORBIN D. (1991), *Morphologie dérivationnelle et structuration du lexique*, Lille, Presse Universitaire de Lille (1ᵉ éd. 1987).

CORBLIN F. (1985), *Anaphore et interprétation des segments nominaux*, Thèse d'État, Université de Paris VII.

_____. (1995), *Les formes de reprise dans le discours*, Rennes, Presses de l'Université de Rennes.

CORNISH F. (1986), *Anaphoric relations in English and French*, London, Cromm Helm.

_____. (1988), "Anaphoric Pronouns", *Journal of Semantics*, 5, 233-260.

_____. (1990), "Anaphore pragmatique, référence et modèles du discours", *in* KLEIBER G., TYVAERT J. (éds.): *L'anaphore et ses domaines*, Paris, Klincksieck.

CORNULIER B. de (1985), *Effets de sens*, Paris, Minuit.

COSNIER J. (1987), "L'éthologie du dialogue", *in* COSNIER J., KERBRAT-ORECCHIONI C. (éds.), 291-317.

_____. (1988), "Grands tours et petits tours", *in* COSNIER J., GELAS N., KERBRAT-ORECCHIONI C. (éds.), 175-184.

_____. (1989), "Les tours et le copilotage dans les interactions conversationnelles", *in* JOSEPH I. et al. (éds.): *Le parler frais d'Erving Goffman*, Paris, Minuit, 233-244.

_____. (1992), "Synchronisation et copilotage de l'interaction conversationnelle", *Protée*, 20-2, 33-39.

_____. (1994), *Psychologie des émotions et des sentiments*, Paris, Retz/Nathan.

_____., BROSSARD A. (1984), *La communication non verbale*, Neuchâtel, Delachaux et Niestlé.

_____., GELAS N., KERBRAT-ORECCHIONI C. (éds.) (1988), *Echanges sur la conversation*, Paris, Editions du C.N.R.S.

_____., KERBRAT-ORECCHIONI C. (éds.) (1987), *Décrire la conversation*, Lyon, Presses Universitaires de Lyon.

_____., VAYSSE J. (1992), "La fonction référentielle de la kinésique", *Protée*, 20-2, 40-50.

COSSUTTA F. (1989), *Eléments pour la lecture des textes philosophiques*, Paris, Bordas [*Elementos para a leitura dos textos filosóficos*. São Paulo: Martins Fontes, 2001].

_____. (1995), "Pour une analyse du discours philosophique", *Langages*, 119, 12-39.

_____. (éd.) (1996), *Descartes et l'argumentation philosophique*, Paris, PUF.

_____. (1998), "Les genres en philosophie", *in* MATTÉI J.-F. (éd.): *Le discours philosophique*, Paris, PUF, 1512-1532.

_____. (2000), "Typologie des phénomènes polémiques dans le discours philosophique", *in* ALI BOUACHA M., COSSUTTA F. (éds.): *La polémique en philosophie*, Editions Universitaires de Dijon, 167-206.

COTTEREAU A., DAVIET J.P., THEVENOT L. (1989), "Les imprimés d'entreprises à la Bibliothèque nationale: une mine à découvrir pour la recherche scientifique", Préface à MOISSET C., *Industrie textile, industrie mécanique: inventaire d'un fond d'imprimés d'entreprises*, Paris, Bibliothèque Nationale.

COTTERET J.-M., MOREAU R. (1969), *Le vocabulaire du général De Gaulle*, Paris, Armand Colin.

COUPER-KÜHLEN E. (1986), *An Introduction to English Prosody*, London, Edward Arnold/ Tubingen, Niemeyer.

COULMAS F. (éd.) (1981), *Conversational Routine*, La Haye, Mouton.

COULON A. (1987), *L'ethnométhodologie*, Paris, PUF [*Etnometodologia e educação*. Petrópolis: Vozes, 1995].

COULTHARD M. (éd.) (1992), *Advances in Spoken Discourse Analysis*, London-New York, Routledge.

_____., BRAZIL D. (1992), "Exchange Structure", *in* COULTHARD M. (éd.), 50-79.

COUPER-KÜHLEN E. (1993), *English Speech Rhythm. Form and Function in Everyday verbal Interaction*, Amsterdam/ Philadelphia, John Benjamins.

_____., SELTING M. (éds.) (1996), *Prosody in conversation. Interactional studies*, Cambridge, Cambridge University Press.

_____., SELTING M.(1996), "Towards an interactional perspective on prosody and a prosodic perspective on interaction", *in* COUPER-KÜHLEN E., SELTING M. (éds.), 11-57.

COUPLAND N., GILES H, WIEMANN J.M. (éds.) (1991), *Miscomunication and problematic Talk*, Newbury Park, Sage.

COURDESSES L. (1971), "Blum et Thorez en mai 1936", *Langue française*, 9, 22-33

COURTINE J.-J. (1981) "Quelques problèmes théoriques et méthodologiques en analyse du discours. À propos du discours communiste adressé aux chrétiens", *Langages*, 62, 9-127.

_____., MARANDIN J.-M. (1981), "Quel objet pour l'analyse du discours", *in* CONEIN et al. (éds.): *Matérialités discursives*, Lille, Presses Universitaires de Lille, 21-33.

CRESSOT M. (1947), *Le style et ses techniques, Précis d'analyse stylistique*, Paris, PUF [*O estilo e suas técnicas*. Lisboa: Edições 70, 1980].

CREVIER M. (1767), *Rhétorique française*, Paris, Saillant et Desaint.

CRITIQUE (1986), 471-472, "Michel Foucault: du monde entier", Paris, Minuit.

CROLL A. (1991), "La dynamique des échanges. Les modes de participation", *in* CHARAUDEAU P. (éd.): *La télévision. Les débats culturels "Apostrophes"*, Paris, Didier Erudition, 67-92.

CRUSE A. (1986), *Lexical Semantics*, Cambridge, Cambridge University Press.

_____. (1996) "La Signification des noms propres de pays en anglais", *in* REMI-GIRAUD et RÉTAT P. (éds.), 93-102.

CRUTTENDEN A. (1986), *Intonation*, Cambridge, Cambridge University Press.

CRYSTAL D. (1969), *Prosodic System and Intonation in English*, Cambridge, Cambridge University Press.

_____. (1971), "Prosodic and Paralinguistic Correlate of Social Categories", *in* ARDENER E. (éd.): *Social Anthropology and Language*, London, Tavistock, 185-206.

_____. (1980), "The Analysis of Nuclear Tones", *in* WAUGH L.R et VAN SCHOONEVELD C.H (éds.): *The Melody of Language*, Baltimore, University Park Press, 55-71.

CULIOLI A. (1968), "La formalisation en linguistique", *Cahiers pour l'analyse*, 9, 106-117 (repris dans CULIOLI 1999a, 17-30).

_____. (1973), "Sur quelques contradictions en linguistique", *Communications*, 20, 83-91.

_____. (1990), *Pour une linguistique de l'énonciation. Opérations et représentations*, Paris, Ophrys.

_____. (1999a), *Pour une linguistique de l'énonciation. Formalisation et opérations de repérage*, Paris, Ophrys.

_____. (1999b), *Pour une linguistique de l'énonciation. Domaine notionnel*, Paris, Ophrys.

CURTIUS E. R. (1948/1956), *La littérature européenne et le Moyen Age latin*, trad. fr., Paris, PUF (1ᵉ éd. 1948) [*Literatura europeia e Idade Média Latina*. São Paulo: Hucitec, 1996].

CUSIN-BERCHE F. (1997), "A la recherche de quelques caractéristiques linguistiques des textes spécialisés et de la rédaction technique", *Le langage et l'homme*, Leuven, De Boeck, XXXII, 4, 21-55.

_____. (1998), *Le management par les mots. Etude sociolinguistique de la néologie*, Paris, L'Harmattan.

_____. (éd.) (2000), "Rencontres discursives entre sciences et politique dans les médias", *les Carnets du CEDISCOR*, 6, Paris, Presses de la Sorbonne Nouvelle.

CUTLER A., PEARSON M. (1986), "On the analysis of turn-taking cues", *in* JOHN-LEWIS C. (éd.): *Intonation in discourse*, London, Croom Helm, 139-155.

DABÈNE, L. et al. (1990), *Variations et rituels en classe de langue*, Paris, Hatier.

DAMOURETTE J. (1939), *Traité moderne de ponctuation*, Paris, Larousse.

_____., PICHON E. (1950), *Essai de grammaire française. Des mots à la pensée*, Paris, d'Artrey.

DANES F. (éd.) (1974), *Papers on Functional Sentence Perspective*, La Haye, Mouton.

DANLOS L. (1981), "La morphosyntaxe des expressions figées", *Langages*, 63, 53-74.

_____. (éd.) (1988), "Les expressions figées", *Langages*, 90.

DANON-BOILEAU L. (1982), *Produire le fictif*, Paris, Klincksieck.

_____. (1995), *Du texte littéraire à l'acte de fiction*, Paris, Ophrys.

DANTO A. C. (1973), *Analytical Philosophy of Action*, Cambridge University Press.

DARRAULT I. (1976), Présentation de "Modalités. Logique, linguistique, sémiotique", *Langages*, 43, 3-9.

DASCAL M. (1998), "La controverse en philosophie", *in* MATTÉI J.-F. (éd.): *Le discours philosophique*, Paris, PUF, 1583-1604.

_____. (1999), "Introduction: some questions about misunderstanding", *Journal of Pragmatics*, 31/6, 753-762.

DAUSENDSCHÖN-GAY U. (1988), "Particularités des réparations en situation de contact", *in* COSNIER J., GELAS N., KERBRAT-ORECCHIONI C. (éds.), 269-285.

DAVOINE J.-P. (1980), "... Des connecteurs phatiques, *tu penses – Penses-tu! – Remarque.– Ecoute...*", *in Le discours polémique*, Lyon, Presses Universitaires de Lyon, 83-107.

DEBRAY R. (1991), *Cours de médiologie générale*, Paris, Gallimard [*Curso de midialogia geral*. Petrópolis: Vozes, 1993].

_____. (1992), *Vie et mort de l'image. Une histoire du regard en Occident*, Paris, Gallimard [*Vida e morte da imagem*. Petrópolis: Vozes, 1994].

_____. (1994), *Manifestes médiologiques*, Paris, Gallimard [*Manifestos midialógicos*. Petrópolis: Vozes, 1999].
DECETY J. et al. (1998), Article "Information", *in Vocabulaire des sciences cognitives*, Paris, PUF.
DEJOURS C. (1998), "Analyse psychodynamique des situations de travail et sociologie du langage", *in* KERGOAT J. et al. (éds.): *Paroles au travail*, Paris, L'Harmattan.
DELATTRE P. (1966), "Les dix intonations de base du français", *French Review*, 40-1, 1-14
DELEPLACE M. (2000*), Le concept d'anarchie de Mably à Proudhon (1750-1850)*, Lyon, ENS éditions.
DELEUZE G. (1986), *Foucault*, Paris, Minuit [*Foucault*. São Paulo: Brasiliense, 1988].
DELOMIER D., MOREL M.-A. (1986), "Caractéristiques intonatives et syntaxiques des incises", *DRLAV*, 34-35, 141-160.
DEMONET M. et al. (1978), *Des tracts en mai 1968*, Paris, Champ Libre (1ᵉ éd. 1975, Paris, Armand Colin).
DEMORGON J., LIPIANSKY E.-D. (1999), *Guide de l'interculturel en formation*, Paris, Retz.
DERRIDA J. (1967), *De la grammatologie*, Paris, Minuit [*Gramatologia*. São Paulo: Perspectiva, 1973].
_____. (1972), *La dissémination*, Paris, Seuil.
DÉSIRAT C., HORDÉ T. (éds.) (1977), "Formation des discours pédagogiques", *Langages*, 45.
DEVELOTTE C. (1996), "Les interactions discursives en jeu dans un système éducatif", *in* MOIRAND S. (éd.): *Le Français dans le monde*, numéro spécial, "Le Discours: enjeux et perspectives", Paris, Hachette, 142-149.
DI CRISTO A. (2000), "Interpréter la prosodie", *in* BADIN P. et BAILLY G. (éds.): *Actes des XXIIIᵉ journées d'étude sur la parole*, Grenoble, Institut de la Communication Parlée, 13-29.
DIJK T. A Van (1972b), *Some Aspects of Text Grammars*, The Hague, Mouton.
_____. (1972), "Aspects d'une théorie générative du texte poétique", *in* GREIMAS A.-J. (éd.): *Essais de sémiotique poétique*, Paris, Larousse, 180-206 [*Ensaios de semiótica poética*. São Paulo: Cultrix, 1976].
_____. (1973a) "Grammaires textuelles et structures narratives", *in* CHABROL C. (éd.): *Sémiotique narrative et textuelle*, Paris, Larousse, 177-206 [*Semiótica narrativa e textual*. São Paulo: Cultrix, 1977].
_____. (1973b), "Modèles génératifs en théorie littéraire", *in* BOUAZIS Ch. et al. (éds.): *Essais de la théorie du texte*, Paris, Galilée.
_____. (1977), "Semantic macrostructures and knowledge frames in Discourse comprehension", (trad. fr. *in* DENHIERE G. (éd.): *Il était une fois*, Lille, Presses Universitaires de Lille (1984).
_____. (1977), *Text and Context*, London/New York, Longman.
_____. (éd.) (1985), *Handbook of discourse analysis*, 4 volumes, London, Academic Press.
_____. (1986), "News schemata", *in* GREENBAUM S. et COOPER C. (éds.): *Studying writing*, Bevely Hills, Sage, 155-186.
_____. (1996), "De la grammaire de texte à l'analyse socio-politique du discours", *in* MOIRAND S. (éd.), *Le Français dans le monde*, numéro spécial, "Le Discours: enjeux et perspectives", Paris, Hachette, 16-29.
_____. (1980), *Macrostructures*, Hillsdale (NJ), Lawrence Erlbaum.

_____. (1981), "Le Texte: structures et fonctions. Introduction élémentaire à la science du texte", *in* KIBEDI VARGA A. (éd.): *Théorie de la littérature*, Paris, Picard.

_____. (1984), article "Texte", *in* BEAUMARCHAIS J.-P. de et al. (éds.): *Dictionnaire des littératures de langue française*, Paris, Bordas.

_____. (1993), "Principles of Critical Discourse Analysis", *Discourse and Society*, 4 (2), 249-283.

_____., KINTSCH W. (1983), *Strategies of discourse comprehension*, New York, Academic Press.

DOMENACH J. M. (1950), *La propagande politique*, Paris, PUF.

DONALDSON S. K. (1979), "One kind of Speech Act: How do you know we're conversing?", *Semiotica*, 28-3/4, 259-299.

DOUAY-SOUBLIN F. (1999), "La rhétorique en France au XIXe siècle à travers ses pratiques et ses institutions: restaurations, renaissance, remise en cause", *in* M. FUMAROLI (éd.),1071-1214.

DOUGNAC F., GEFFROY A., GUILHAUMOU J. (1985-1990), *Dictionnaire des usages socio-politiques (1770-1815)*, Paris, Klincksieck (5 vols.).

DOURY M. (1997), *Le débat immobile – L'argumentation dans le débat médiatique sur les parasciences*, Paris, Kimé.

DRESSLER W. U. (éd.) (1977), *Current trends in textlinguistics*, Berlin-New York, Walter de Gruyter.

_____. (1978), *Textlinguistik*, Darmstadt, Wissenschaftliche Buchgesellschaft.

DREYFUS H., RABINOW P. (1984), *Michel Foucault. Un parcours philosophique*, Paris, Gallimard [*Michel Foucault*: uma trajetória filosófica para além do estruturalismo e da hermenêutica. Rio de Janeiro: Forense-Universitária, 1995].

DUBOIS D., RESCHE-RIGON P. (1993), "Prototypes ou stéréotypes: productivité et figement d'un concept", *in* PLANTIN C. (éd.), *Lieux communs. Topoï, stéréotypes, clichés*, Paris, Kimé, 372-389.

DUBOIS Jacques (1972), *L'Assommoir d'E. Zola: société, discours, idéologie*, Paris, Larousse.

DUBOIS Jean (1962), *Le vocabulaire politique et social en France de 1869 à 1872*, Paris, Larousse.

DUBOIS J. (1969), "Enoncé et énonciation", *Langages* 13, 100-110.

DUBOIS J. et al. (1994), *Dictionnaire de linguistique et des sciences du langage*, Paris, Larousse [*Dicionário de linguística*. São Paulo: Cultrix, 1997].

DUBOIS J., SUMPF J. (1970), "Un modèle d'enseignement du français: analyse linguistique des rapports d'agrégation et du CAPES", *Langue française*, 5, 27-44.

DUCHET C. (1971), "Pour une sociocritique, ou variations sur un incipit", *Littérature*, 1, Larousse, 5-14.

DUCROT O. (1966), "Le roi de France est sage", *Etudes de linguistique appliquée*, 4, 39-47 ["O rei da França é sábio" *in Provar e dizer*. São Paulo: Global Universitária. p. 167-177].

_____. (1972a), *Dire et ne pas dire, Principes de sémantique linguistique*. Paris, Hermann [*Princípios de semântica linguística: (dizer e não dizer)*. São Paulo: Cultrix, 1977].

_____. (1972b), "De Saussure à la philosophie du langage", préface à *Les actes de langage* de J. SEARLE, Paris, Hermann.

_____. (1973), "Les échelles argumentatives", *in La Preuve et le dire*, Tours, Mame, 225-285 (reparu en 1980: *Les échelles argumentatives*, Paris, Minuit) ["As escalas argumentativas" *in Provar e dizer*. São Paulo: Global Universitária. p. 178-228].

_____. et al. (1980), *Les mots du discours*, Paris, Minuit.

_____. (1982), "Note sur l'argumentation et l'acte d'argumenter", Genève, *Cahiers de linguistique française*, 4, 143-163.

_____. (1983), "Opérateurs argumentatifs et visée argumentative", Genève, *Cahiers de linguistique française*, 5, 7-36.

_____. (1984), *Le Dire et le dit*, Paris, Minuit [*O dizer e o dito*. Campinas: Pontes, 1987]

_____. (1988), *Polifonia y argumentacion*, Cali, Universidad del Valle, [citations traduites par Ch. Plantin].

_____. (1998), "Sémantique linguistique et analyse des textes", Campinas (Brésil), *Cadernos de Estudos linguísticos*, 35, 19-36.

_____., SCHAEFFER J.-M. (1995), *Nouveau dictionnaire encyclopédique des sciences du langage*, Paris, Seuil.

DUMARSAIS C. (1988), *Des tropes ou des différents sens*, Présentation, notes et traduction de F. Douay-Soublin, Paris, Flammarion (1ᵉ éd. 1730).

DUNCAN S., FISKE P.W. (1977), *Face to face interaction research*, Hillsdale (NJ), Erlbaum.

D'UNRUG M.-Ch. (1974), *L'analyse de contenu*, Paris, Éditions Universitaires.

DUPRIEZ B. (1980), *Gradus, les procédés littéraires (Dictionnaire)*, Paris, U.G.E.

DURAND J. (1970), "Rhétorique et image publicitaire", *Communications*, 15, 70-95.

DURANTI A., GOODWIN C. (éds.) (1992), *Rethinking Context*, Cambridge, Cambridge University Press.

DURKHEIM E. (1967), "Représentations individuelles et représentations collective", *in Sociologie et philosophie*, Paris, PUF (1ᵉ éd.1898, *in Revue de métaphysique et de morale*) [*Sociologia e filosofia*. São Paulo: Icone, 2003].

EBEL M. (1981), "L'explication: acte de langage et légitimité du discours", *Revue Européenne des sciences sociales et Cahiers Vilfredo Pareto*, Tome XIX, 56, 15-36.

_____., FIALA P. (1983), *Sous le consensus, la xénophobie*, Lausanne, Institut de Science Politique.

ECO U. (1965), *L'œuvre ouverte*, trad. fr., Paris, Seuil [*Obra aberta*. São Paulo: Perspectiva, 2001].

_____. (1985a), *Lector in fabula*, trad. fr., Paris, Grasset (1ᵉ éd. Milan, Bompiani, 1979) [*Lector in fabula*. São Paulo: Perspectiva, 2002].

_____. (1985b), *Apostille au Nom de la rose*, Paris, Grasset (1ᵉ éd. 1983) [*Pós-escrito a O nome da Rosa*. Rio de Janeiro: Nova Fronteira, 1993].

EDWARD S., POTTER J. (1992), *Discursive Psychology*, London, Sage.

EEMEREN F. Van, GROOTENDORST R., SNOEK HENKEMANS F., BLAIR J. A., JOHNSON R. H., KRABBE E. C. W., PLANTIN C., WALTON D. N., WILLARD C. A., WOODS J., ZAREFSKY D. (1996), *Fundamentals of argumentation theory, A Handbook of historical backgrounds and contemporary developments*, Mahwah, H. J., Lawrence Erlbaum.

EEMEREN F. Van, GROOTENDORST R. (1996), *La nouvelle dialectique*, Paris, Kimé (trad. fr. de *Argumentation, communication, fallacies*, 1992).

EGGS E. (1994), *Grammaire du discours argumentatif*, Paris, Kimé.

_____. (1999), "Ethos aristotélicien, conviction et pragmatique moderne", *in* R. AMOSSY (éd.): *Images de soi dans le discours. La construction de l'éthos*, Genève, Delachaux et Niestlé, 31-59.

EHLICH K. (1982), "Anaphora and Deixis: Same, Similar or Different?", *in* JARVELLA R. et KLEIN W. (éds.): *Speech, Place and Action*, Chichester, John Wiley and Sons, 315-338.

_____. (1989), "Zur Genese von Textformen, Prolegomena zu einer pragmatischen Textypologie", *in* ANTOS G. et KRINGS H.P. (éds.): *Textproduktion*, Tubingen, Max Niemeyer, 84-99.

_____., REHBEIN J. (1972), "Zur Konstitution pragmatischer Einheiten in einer Institution: Das Speiserestaurant", *in* WUNDERLICHE D. (éd.): *Linguistische Pragmatik*, Frankfurt/M., Athenaum, 209-254.

_____., WAGNER J. (1995), *The discourse of business negociation*, Berlin-New York, Mouton de Gruyer.

EKMAN P. (éd.) (1973), *Darwin and facial expression: a century of research in review*, New York, Academic Press.

_____., FRIESEN W.V. (1967), "The repertoire of non verbal behavior", *Semiotica*, 1, 49-98.

_____., FRIESEN W. V. (1982), *Manual for the facial action code*, Palo Alto, Consulting Psychologists Press.

ELUERD R. (2000), *La lexicologie*, Paris, PUF.

EQUIPE "18ᵉ ET RÉVOLUTION" (ARNOLD N., DOUGNAC F., GEFFROY A. (1985-1995), *Langages de la Révolution (1770-1815)*, Paris, Klincksieck.

ERICKSON F., SCHÜLTZ J. (1982), *The counselor as gatekeeper. Social interaction in interview*, London/New York, Academic Press.

ESPERET E. (1990), "Apprendre à produire du langage: construction des représentations et processus cognitifs", *in* "Acquisition et utilisation d'une langue étrangère. L'approche cognitive", *Le Français dans le Monde*, numéro spécial, Paris, Hachette, 6-15.

FABRE D. (éd.) (1997), *Par écrit. Ethnologie des écritures quotidiennes*, Mission du patrimoine ethnologique, Collection Ethnologie de la France, Cahier 11, Paris, Éditions de la Maison des Sciences de l'Homme.

FAIRCLOUGH N. (1988), "Discourse représentation in media discourse", *Sociolinguistics*, 17, 125-139.

FASOLD R. (1990), *Sociolinguistics of language*, Oxford, Basil Blackwell.

FAUCONNIER G. (1974), *La coréférence: syntaxe ou sémantique ?*, Paris, Seuil.

FAYE J.-P. (1972), *Langages totalitaires*, Paris, Hermann.

_____. (1982), *Dictionnaire politique portatif en cinq mots*, Paris, Gallimard.

FEBVRE L. (1953), *Combats pour l'histoire*, Paris, Armand Colin [*Combates pela história*. Lisboa: Presença, 1989].

FENOGLIO I. (1997), "La notion d'événement enonciatif: le 'lapsus comme une donnée d'articulation entre discours et parole", *Langage et société*, 80, 39-71.

FERGUSON C. (1959), "Diglossia", *Word* 15, 325-340 (repris dans *Language structure and language use*, Stanford, Stanford University Press, 1971).

_____. (1982), "Simplified registers and linguistic theory", *in* OBLER L. et L. MENN (éds.): *Exceptional Language and Linguistics*, New York, Academic Press, 49-66.

FERNALD A., TAESCHNER T., DUNN J., PAPOUSEK M., BOYSSON-BARDIES B., FUKUI I. (1989), "A cross-language study of prosodic modifications in mother's and father's speech to preverbal infants", *Journal of Child Language*, 16, 477-501.

FERNANDEZ M.-J. (1994), *Les particules énonciatives dans la construction du discours*, Paris, PUF.

FIALA P. (1987), "Pour une approche discursive de la phraséologie", *Langage et Société*, 42, 27-44.

_____., HABERT B. (1989), "La langue de bois en éclat: les défigements dans les titres de presse quotidienne française", *Mots*, 21, 83-98.

_____., HABERT B., LAFON P., PINEIRA C. (1987), "Des mots aux syntagmes: figements et variations dans la Résolution Générale du congrès de la CGT de 1987", *Mots*, 14, 47-87.

FILLIETAZ L. (1996), "Vers une approche interactionniste de la dimension référentielle du discours", *Cahiers de linguistique française*, 18, Université de Genève, 33-64.

FILLMORE Ch. J. (1968), "The case for Case", *in* BACH E. et HARMS R. T. (éds.): *Universals in linguistic theory*, New York, Holt, Rinehart et Winston.

_____. (1975), "Quelques problèmes posés à la grammaire casuelle", *Langages*, 38, 65-80.

FIRBAS J. (1966), "On defining the Theme in Functional Sentence Analysis", *Travaux linguistiques de Prague*, I, 267-280.

FIRTH A. (éd.) (1995), *The discourse of negotiation. Studies of language in the workplace*, Oxford, Pergamon.

FISHMAN J. A. (1971), *Sociolinguistique*, Bruxelles-Paris, Labor-Nathan (trad. fr. de *Sociolinguistics: a brief introduction*, 1970).

FLAHAULT F. (1978), *La parole intermédiaire*, Paris, Seuil.

_____. (1979), "Le fonctionnement de la parole", *Communications*, 30, 73-79.

FODOR J. A. (1983), *The modularity of mind*, Cambridge, MIT Press (trad. fr.: *La modularité de l'esprit, Essai sur la psychologie des facultés*, Paris, Minuit, 1986).

FONAGY I. (1980), "Structure sémantique des signes de ponctuation", *Bulletin de la société linguistique de Paris*, 75-1, 95-129.

_____. (1983), *La vive voix. Essais de psycho-phonétique*, Paris, Payot.

_____. (1988), "Structure sémantique des guillemets", *Traverses*, 43, 90-101.

_____., FÓNAGY J. (1983), "L'intonation et l'organisation du discours", *Bulletin de la Société Linguistique de Paris*, LXXVIII-1, 161-209.

FONTANIER P. (1968), *Les figures du discours*, Paris, Flammarion (1ᵉ éd. 1821-1827).

FONTANILLE J. (1989), *Les espaces subjectifs. Introduction à la sémiotique de l'observateur*, Paris, Hachette.

_____. (1995), *Sémiotique du visible. Des mondes de lumière*, Paris, PUF.

FOUCAULT M. (1969), *L'Archéologie du savoir*, Paris, Gallimard [*A Arqueologia do saber*. Rio de Janeiro: Forense, 2004].

_____. (1971), *L'Ordre du discours*, Paris, Gallimard [*A ordem do discurso*. São Paulo: Loyola, 1996].

_____. (1962), *Folie et déraison. Histoire de la folie à l'âge classique*, Paris, Plon [*História da loucura na Idade Clássica*. São Paulo: Perspectiva, 2003].

_____. (1963), *Naissance de la clinique. Une archéologie du regard médical*, Paris, PUF [*O nascimento da clínica*. Rio de Janeiro: Forense, 1998].

_____. (1966), *Les mots et le choses*, Paris, Gallimard [*As palavras e as coisas*: uma arqueologia das ciências humanas. São Paulo: Martins Fontes, 2002].

_____. (1969), "Qu'est-ce qu'un auteur?", *Bulletin de la société française de Philosophie*, séance du 22 Février 1969, tome LXIV, 73-104 [*O que é um autor?*. Lisboa: Vega, 2000].

_____. (1994), *Dits et écrits I (1954-1969)*, Paris, Gallimard [*Ditos & escritos I*. Rio de Janeiro: Forense, 1999].
_____. (1994), *Dits et écrits II (1970-1975)*, Paris, Gallimard [*Ditos & escritos II*. Rio de Janeiro: Forense, 2000].
FRADIN B., MARANDIN J.-M. (1979), "Autour de la définition: de la lexicographie à la sémantique", *Langue française*, 43, 60-80.
FRAENKEL B.(1992), *La signature, Genèse d'un signe*, Paris, Gallimard.
_____. (1993), "Pratiques d'écriture en milieu hospitalier: le partage de l'énonciation dans les écrits de travail", *Cahiers Langage et Travail*, 5, Paris, CRG-École Polytechnique, 65-83.
_____. (1994), "Le style abrégé des écrits de travail", *Cahiers du Français Contemporain*, 1, Paris, Credif-Didier érudition, 177-194.
_____. (1997), "Répondre à tous. Une enquête sur le service du courrier présidentiel", *in* FABRE D. (éd.), *Par écrit, ethnologie des écritures quotidiennes*, Paris, Editions de la Maison des Sciences de l'Homme, 243-273.
_____., MOATTY F. (2000), "La mesure de la littératie au travail", *in L'illettrisme et le monde du travail*, La Documentation française, 15-23.
FRANÇOIS J. et DENHIÈRE G. (éds.) (1990), "Cognition et Langage", *Langages*, 100.
FRANKEN A. (1967): "Value and valuation", *in* EDWARDS P., (éd.), *The Encyclopedia of Philosophy*, New York, MacMillan.
FRASER T., JOLY A. (1980), "Le système de la déixis. Endophore et cohésion discursive en anglais", *Modèles linguistiques*, 2 (II), 22-51.
FRASER B. (1980), "Conversational mitigation", *Journal of Pragmatics*, 4, 341-350.
FRASER T. et JOLY A. (1979) "Le système de la *deixis*. Esquisse d'une théorie d'expression en anglais", *Modèles linguistiques* I (1), 97-157.
FROMILHAGUE C. (1995), *Les figures du style*, Paris, Nathan.
FUCHS C. (1982), *La paraphrase*, Paris, PUF.
_____. (1990), *Paraphrase et énonciation*, Paris, Ophrys.
FUMAROLI M. (1994), *L'âge de l'éloquence*, Paris, Albin Michel (1ᵉ éd. Genève, Droz, 1980).
_____. (éd.) (1999), *Histoire de la rhétorique dans l'Europe moderne 1450-1950*, Paris, PUF.
FURET F. et OZOUF M. (1977), *Lire et écrire, L'alphabétisation des Français de Calvin à Jules Ferry*, Paris, Minuit.
G. RELPRED (1990), divers articles *in* AUROUX S. (éd.): *Les Notions philosophiques* de l'*Encyclopédie philosophique universelle*, Paris, PUF.
GADET F. (1981), "Tricher la langue", *in* CONEIN B. et al. (éds.): *Matérialités discursives*, Lille, Presses Universitaires de Lille, 117-126.
_____., HAK T. (éds.) (1990), *Por uma análise automática do discurso. Uma introdução à obra de Michel Pêcheux*, Campinas (Brésil), Unicamp.
GALATOLO R., MIZZAU M. (1998), "Conflit conversationnel et malentendu: quelques relations possibles", *La linguistique*, 34/1, 151-164.
GALATOLO, R. (1999), "Il malinteso conversazionale: definizione e tipologia", *in* GALATOLO R., PALLOTTI G. (éds.): *La conversazione. Un'introduzione allo studio dell'interazione verbale*, Milano, Raffaello Cortina Editore, 227-265.
GALISSON R., COSTE D. (1976), *Dictionnaire de didactique des langues*, Paris, Hachette.
GALLIE W. B. (1968), *Philosophy and the Historical Understanding*, New York, Schocken Books.

GARDIES A. (1999), *Décrire à l'écran*, Paris, Méridien Klincksieck / Québec, Nota Bene.
GARDIN B. (1988), "Le dire difficile et le devoir dire", *DRLAV*, 39, 1-20.
_____. (1989), "'Machine à dessiner' ou 'machine à écrire'? La production collective d'une formulation", *in* "Parole(s) ouvrière(s)", *Langages*, 93, 84-98.
GARDINER A.H. (1989), *Langage et acte de langage. Aux sources de la pragmatique*, Presses Universitaires de Lille (1ᵉ éd.: *The theory of Speech and Language*, Oxford, Clarendon, 1932).
GARFINKEL H. (1967), *Studies in Ethnomethodology*, Englewood Cliffs (New Jersey), Prentice Hall.
GAUDIN F. (1993), *Pour une socioterminologie, des problèmes sémantiques aux pratiques institutionnelles*, Rouen, Presses de l'Université de Rouen.
GAULMYN M.-M. de (1987a), "Reformulation et planification métadiscursive", *in* COSNIER J. et KERBRAT-ORECCHIONI C. (éds.), 167-199.
_____. (1987b), "Les régulateurs verbaux: le contrôle des récepteurs", *in* COSNIER J. et KERBRAT-ORECCHIONI C. (éds.), 203-223.
GENETTE G. (1968), "La rhétorique des figures", Introduction à FONTANIER P. (1968), 5-17.
_____. (1972), *Figures III*, Paris, Seuil.
_____. (1979), *Introduction à l'architexte*, Paris, Seuil [*Introdução ao arquitexto*. Lisboa: Vega, 1986].
_____. (1982), *Palimpseste*, Paris, Seuil.
_____. (1983), *Nouveau discours du récit*, Paris, Seuil.
_____. (1987), *Seuils*, Paris, Seuil.
_____. (1991), *Fiction et diction*, Paris, Seuil.
GENOT G. (1984), *Grammaire et récit. Essai de linguistique textuelle*, Université de Paris X-Nanterre, Document du C.R.L.L.I., 32.
GEORGET P., CHABROL C. (2001), "Traitement langagier des accroches et publicités argumentées", *in Revue Internationale de Psychologie Sociale*, 4, 17-49.
GERVAIS B. (1990), *Récits et actions*, Le Préambule, Québec.
GHIGLIONE R. (1984), "Situations potentiellement communicatives et contrats de communication effectifs", *Verbum*, Presses Universitaires de Nancy, t.VII, 2-3, 185-208.
_____. (1986), *L'homme communiquant*, Paris, Armand Colin.
_____. (1992), "La réception des messages. Approches psychosociologiques", *Hermès*, 11/12, 247-264.
_____., BLANCHET A. (1991), *Analyse de contenu et contenus d'analyses*, Paris, Dunod.
_____., CHARAUDEAU P. (éds.) (1999), *Paroles en images. Images de paroles. Trois talk-shows européens*, Paris, Didier-Erudition.
_____., LANDRÉ A., BROMBERG M., MOLETTE P. (1998), *L'analyse automatique des contenus*, Paris, Dunod.
_____., MATALON B. (1978), *Les enquêtes sociologiques*, Paris, Armand Colin.
_____., TROGNON A. (1993), *Où va la pragmatique? De la pragmatique à la psychologie sociale*, Paris, PUF.
GIRANDOLA, F. (2000), "Peur et persuasion, présentations des recherches (1953-1998) et nouvelle lecture", *L'Année psychologique*, 100, 333-376.
GLADY M. (1996), *Communication d'entreprise et identité d'acteurs, Pour une théorie discursive des représentations sociales*, Thèse en sociologie, Aix-en-Provence, Université de Provence.

GOFFMAN E. (1964), "The Neglected Situation", *in* GUMPERZ J.J. et HYMES D. (éds.): "The Ethnography of Communication", *American Anthropologist*, 66, 6, II, 133-7 (trad. fr. *in* Y. WINKIN (éd.): *Les moments et leurs hommes*, Paris, Seuil/ Minuit, 143-9).

_____. (1973), *La Mise en scène de la vie quotidienne*, tome 1: *La présentation de soi* (trad. fr., 1ᵉ éd.: 1959); tome 2 : *Les relations en public* (trad.fr., 1ᵉ éd.: 1971), Paris, Minuit.

_____. (1974), *Les rites d'interaction*, Paris, Minuit (trad. fr., 1ᵉ éd. 1967).

_____. (1987), *Façons de parler*. trad. fr., Paris, Minuit (1ᵉ éd.: *Forms of talk*, 1981).

_____. (1988), "L'ordre de l'interaction", *in* Y. WINKIN (éd.): *Les moments et leurs hommes*, Paris, Seuil/Minuit, 186-230.

_____. (1991), *Les cadres de l'expérience*, trad.fr., Paris, Minuit (1ᵉ éd.: 1974).

GOLDMAN N. (1989), *El discurso como objeto de la historia*, Buenos-Aires, Hachette.

GOLDMAN S. (1953), *Information Theory*, New York, Prentice-Hall.

GOLOPENTJA S. (1988), "Interaction et histoire conversationnelle", *in* COSNIER J., GELAS N., KERBRAT-ORECCHIONI C. (éds.), 69-81.

GOODWIN C. (1981), *Conversational Organisation*, New York, Academic Press.

GOODY J. (éd.) (1968), *Literacy in Traditional Societies*, Cambridge.

GOODY J. (1979), *La Raison graphique*, trad. fr., Paris, Minuit (1ᵉ éd. *The domestication of the Savage Mind*, Cambridge University Press, 1977) [*Domesticação do pensamento selvagem*. Lisboa: Presença, 1988].

GORDON D., LAKOFF G. (1973), "Postulats de conversation", *Langages*, 30, 32-55.

GOUDAILLER J.-P.(1997), *Comment tu tchaches?*, Paris, Maisonneuve et Larose.

GOUGENHEIM G. (1970), *Etudes de grammaire et de vocabulaire français*, Paris, Picard.

GREENWALD A.G. (1968), "Cogntive learning, cognitiv response to persuasion, and attitude change", *in* GREENWALD A.G., BROCK T.C. (éds.): *Psychological foundations of attitudes*, San Diego, Academic Press, 147-170.

GREIMAS A.-J. (1966), *Sémantique structurale*, Paris, Larousse [*Semântica estrutural: pesquisa de método*. São Paulo: Cultrix, 1976].

_____. (1970), *Du Sens*, Paris, Seuil [*Sobre o sentido*: ensaios semióticos. Petrópolis: Vozes, 1975].

_____. (1983), *Du Sens II. Essais sémiotiques*, Paris, Seuil.

_____., COURTÈS J. (1979), *Sémiotique. Dictionnaire raisonné de la théorie du langage*, Paris, Hachette.

GRESILLON A., MAINGUENEAU D. (1984), "Polyphonie, proverbe et détournement", *Langages* 73, 112-125.

GRICE H. P. (1979), "Logique et conversation", trad. fr., *Communications*, 30, 57-72 (1ᵉ éd.: "Logic and conversation", *in* COLE P. et MORGAN J.-L. (éds.): *Syntax and Semantics*, vol. III, *Speech Acts*, 1975, New York, Academic Press, 41-58) ["Lógica e conversação". In: DASCAL, M. (Org.) *Fundamentos metodológicos da linguística*, vol. IV – Pragmática. Campinas: Editora do Autor. p. 81-103].

_____. (1957), "Meaning", *The Philosophical Review*, 66, 377-388.

GRIMSHAW A. (1980), "Mishearings, Misunderstandings, and other nonsuccesses in Talk: a Plea for the Redress of Speaker-Oriented Bias", *Sociological Inquiry*, 50, 31-74.

GRIZE J.-B. (1978), "Schématisation, représentations et images", *in Stratégies discursives*, Lyon, Presses Universitaires de Lyon, 45-52.

_____. (1981), "Logique naturelle et explication", *Revue européenne des sciences sociales*, 56, tome XIX, 7-14.

_____. (1982), *De la logique à l'argumentation*, Genève, Droz.

_____. (1990), *Logique et langage*, Paris-Gap, Ophrys.

_____. (1996), *Logique naturelle et communication*, Paris, PUF.

GROSJEAN M. (1993), "Polyphonies et 'positions' de la sage-femme dans la conduite de l'accouchement", in COSNIER J., GROSJEAN M., LACOSTE M. (éds.): *Soins et communication. Une approche interactionniste des relations de soins*, Lyon, Presses Universitaires de Lyon, 121-158.

_____., LACOSTE M. (1999), *Communication et intelligence collective. Le travail à l'hôpital*, Paris, PUF.

GROSS E.-U. (1976), *Text und Kommunikation*, Stuttgart, Kolhammer.

GROSS G. (1988), "Degré de figement des noms composés", *Langages*, 90, 57-72.

_____. (1996), *Les expressions figées en français*, Paris, Ophrys.

GROSS M. (1968), *Grammaire transformationnelle du français. Syntaxe du verbe*, Paris, Larousse.

_____. (1988), "Les limites de la phrase figée", *Langages*, 90, 7-22.

_____., SENELLART J. (1998), "Nouvelles bases statistiques pour les mots du français", in *Actes des Quatrièmes Journées Internationales d'Analyse des Données Textuelles*, Nice, 19-21 février, 335-348.

GROUPE ì (1970), *Rhétorique générale*, Paris, Larousse.

_____. (1974), "Lecture du poème et isotopies multiples", *Le Français moderne*, 3, 217-236.

_____. (1977), *Rhétorique de la poésie*, Bruxelles, Complexe.

GRUNIG B.-N. (1995), "Une conception dynamique du contexte", *La Linguistique*, 31-2, 5-13.

_____. (1999), "Anticipation et compréhension", in CORTÈS C. et ROUSSEAU A. (éds.): *Catégories et connexions*, Lille, Presses du Septentrion, 361-369.

GUESPIN L. (1971), "Problématique des travaux sur le discours politique", *Langages*, 23, 3-24.

_____. (1976), "Les embrayeurs en discours", *Langages* 41, 47-77.

GUILBAUD G.-T. (1985), *Leçons d'à peu près*, Paris, Christian Bourgois.

GUILBERT L. (1965), *La formation du vocabulaire de l'aviation*, Paris, Larousse.

GUILHAUMOU J. (1981), "La formation d'un mot d'ordre: 'Plaçons la terreur à l'ordre du jour' (l'été 1793)", *Bulletin du Centre d'analyse du discours*, 5, 149-196.

_____. (1984), "Subsistances et discours publics sous l'Ancien Régime (1709-1785)", *Mots*, 9, 57-87.

_____. (1986a), "La mort de Marat (13-16 juillet 1793)", in *La Mort de Marat*, BONNET J.-C. (éd.), Paris, Flammarion, 39-81.

_____. (1986b), "L'historien du discours et la lexicométrie. Etude d'une série chronologique: le Père Duchesne d'Hébert (juillet 1793 – mars 1794)", *Histoire & Mesure*, vol. 1, 3/4, 27-46.

_____. (1988), "Enoncés et récits sur la mort de Marat", *Lexique*, 5, 229-252.

_____. (1989), *La Langue politique et la Révolution française*, Paris, Meridiens/KLincksieck.

_____. (1992), *Marseille républicaine (1791-1793)*, Paris, Presses de la Fondation Nationale des Sciences Politiques.

_____. (1993), "A propos de l'analyse de discours: les historiens et le 'tournant linguistique'", *Langage & Société*, 65, 5-38.

_____. (1996), "Vers une histoire des événements linguistiques. Un nouveau protocole d'accord entre l'historien et le linguiste", *Histoire/Epistémologie/Langage*, 1996-2, 103-126.

_____. (1998a), *La parole des sans. Les mouvements actuels à l'épreuve de la Révolution française*, Fontenay, ENS éditions (www.ens-fcl.fr./bibli/guilhaumou/).

_____. (1998b), *L'avènement des porte-parole de la République (1789-1792)*, Lille, Presses Universitaires du Septentrion.

_____. (1998c), "Le tout de la nation. Portée et limites du discours d'Assemblée, 1989-1990", *in* BRANCA-ROSOFF (éd.).

_____. (2000a), "Subsistances (pain, bleds, grains)", *Handbuch politish-sozialer Grundbegriffe in Frankreich, 1680-1820, op. cit.*, Heft 19-20, Munich, R. Oldenbourg Verlag, 141-202.

_____. (2000b), "De l'histoire des concepts à l'histoire linguistique des usages conceptuels", *Genèses*, 38, 105-118.

_____. (2001), *Sieyès et l'invention de la langue politique*, Paris, PUF.

_____., MALDIDIER D. (1979), "Courte critique pour une longue histoire", *Dialectique*, 26, repris dans GUILHAUMOU J., MALDIDIER D. et ROBIN R. (1994), 75-90.

_____. et MALDIDIER D. (1986a), "Effets de l'archive: l'analyse de discours du côté de l'histoire", *Langages*, 81, 43-57

_____., MALDIDIER D. (1986b), "L'apport de l'analyse de discours à la saisie historique de l'événement: la journée révolutionnaire du 4 septembre 1793", *in* JOUTARD P. et VOVELLE M. (éds.): *L'Evénement*, Marseille, Lafitte, 171-18.

_____., MALDIDIER D (1990), "De nouveaux gestes de lecture ou le point de vue de l'analyse du discours sur le sens", *in* NORMAND C. (éd.): *La quadrature du sens*, Paris, PUF, repris dans GUILHAUMOU J., MALDIDIER D. et ROBIN R. (1994), 193-202.

_____., MALDIDIER D., PROST A., ROBIN R. (1974), *Langage et idéologies. Le discours comme objet de l'histoire*, Paris, Les Editions Ouvrières.

_____., MONNIER R., PIGUET M.-F. (1985-1999), *Dictionnaire des usages socio-politiques (1770-1815)*, Paris, Klincksieck, collection "Saint-Cloud", six fascicules parus.

_____., MALDIDIER D., ROBIN R. (1994), *Discours et archive. Expérimentations en analyse de discours*, Liège, Mardaga.

_____. (1969), *Langage et science du langage*, Paris-Québec, Presses universitaires de Laval (1ᵉ éd. 1964).

_____. (1973), *Principes de linguistique théorique de Gustave Guillaume*, VALIN R. (éd.), Presses de l'Université Laval, Québec / Paris, Klincksieck.

_____. (1971-1992), *Leçons de linguistique*, VALIN R. et JOLY A. (éds.), Québec-Lille Presses de l'Université Laval-Le Septentrion.

_____. (1985), *Leçons de linguistique, 1945-1946, Série C*, VALIN R. et JOLY A. (éds.), Québec-Lille, Presses de l'Université Laval-Le Septentrion.

GUIMELLI C. (1999), *La pensée sociale*, Paris, PUF.

GUIRAUD P. (1953), *Les caractères statistiques du vocabulaire*, Paris, PUF.

_____. (1960), *Problèmes et méthodes de la statistique linguistique*, Dordrecht-Paris, Reidel-PUF.

_____. (1963), *L'argot*, Paris, PUF.

_____. (1967), *Structures étymologiques du Lexique français*, Paris, Larousse.

GÜLICH E. (1970), *Makrosyntax der Gliederungsignale im gesprochenen Französisch*, München, Fink.

_____. (1990), "Pour une ethnométhodologie linguistique", *Le discours. Représentations et interprétations*, Nancy, Presses Universitaires de Nancy, 71-109.

_____., KOTSCHI T. (1983), "Les marqueurs de la reformulation paraphrastique", *Cahiers de Linguistique Française*, 5, 305-351.

_____., KOTSCHI T. (1987), "Les actes de reformulation dans la consultation *La Dame de Caluire*", *in* BANGE P. (éd.), 15-83.

GUMPERZ J. (1987), "Cadrer et comprendre. Une politique de la conversation", *in* JOSEPH I. (éd.): *Le parler frais d'Erwing Goffman*, Paris, Minuit, 123-154.

_____. (1989a), *Engager la conversation. Introduction à la sociolinguistique interactionnelle*, Paris, Minuit.

_____. (1989b), *Sociolinguistique interactionnelle. Une approche interprétative*, Paris, L'Harmattan.

_____., HYMES D. (éds.) (1964), "The ethnography of communication", Publication spéciale de l'*American Anthropologist* 66 (6), 2.

_____., HYMES D. (éds.) (1972), *Directions in Sociolinguistics. The Ethnography of Communication*, New York, Holt, Rinehart and Winston.

GÜNTHNER S. (1996), "The prosodic contextualization of moral work: an analysis of reproaches in 'why'-formats", *in* COUPER-KUHLEN E. et SELTING M. (éds.), 271-303.

HABERMAS J. (1987a), *Théorie de l'agir communicationnel*, Paris, Fayard, 2 vol.

_____. (1987b), *Logique des sciences sociales et autres essais*, Paris, PUF.

HABERT B., NAZARENKO A., SALEM A. (1997), *Les linguistiques de corpus*, Paris, Armand Colin.

HALL E. T. (1978), *La dimension cachée*, Paris, Seuil (1ᵉ éd. *The Hidden Dimension*, 1966) [*A dimensão oculta*. Lisboa: Relógio D'água, 1986].

HALLIDAY M.A.K. (1962), "Linguistique générale et linguistique appliquée à l'enseignement des langues", *Etudes de linguistique appliquée*, t.1, 5-42.

_____. (1967), *Intonation and grammar in British English*, The Hague, Mouton.

_____. (1970), "Language structure and language function", *in* LYONS J. (éd.): *New Horizons in Linguistics*, Harmondsworth, Middlesex, Penguin Books.

_____. (1973), "The functional basis of language", *in* BERNSTEIN B. (éd.): *Class, codes and control*, vol.2, London, Routledge and Kegan Paul.

_____., HASAN R. (1976), *Cohesion in English*, London, Longman.

HAMBLIN C. L. (1970), *Fallacies*, Londres, Methuen.

HAMON Ph. (1972), "Qu'est-ce qu'une description?", *Poétique*, 12, 465-485.

_____. (1981), *Introduction à l'analyse du descriptif*, Paris, Hachette (republié en 1993: *Du descriptif*, Paris, Hachette).

_____. (1991), *La description littéraire, de l'Antiquité à Roland Barthes, une anthologie*, Paris, Macula.

HAMPSTER-MONK I., TILMANS K., VREE F. Van (1998), *History of Concepts: Comparative Perspectives*, Amsterdam, Amsterdam University Press.

HAROCHE C., HENRY P., PCHEUX M. (1971), "La sémantique et la coupure saussurienne: langue, langage, discours", *Langages*, 24, 93-106 (repris dans MALDIDIER D. (éd.) (1990), *L'inquiétude du discours. Textes de Michel Pêcheux, choisis et présentés par D. Maldidier*, Paris, Éditions des Cendres, 133-154.

HARRIS Z. S. (1969), "Analyse du discours", trad. fr., *Langages*,13, 8-45 (1ᵉ éd. (1952): "Discourse analysis", *Language*, vol. 28, 1-30).

HARRIS W. V. (1989), *Ancient literacy*, Cambridge, Mass. & London, Harvard University Press.

HATAKEYAMA K., PETOFI J. S., SÖZER E. (1984), "Texte, connexité, cohésion, cohérence", *Documents de travail et pré-publications*, 132-133-134, série A, Université d'Urbino.

HAUSSMANN F. -J. (1979), "Un dictionnaire des collocations est-il possible?", *Travaux de linguistique et de littérature*, 17-1, 187-195.

_____. (1986), "Langue de bois. Etude sur la naissance d'un néologisme", *in* BARRERA-VIDAL A. et al. (éds.): *Französische Sprachlehre und Bon Usage*, Munich, Huber, 91-102.

HAUTECOEUR J.-P. (éd.). (1997), *Alpha 97, Formation de base et environnement institutionnel*, Québec, Institut de l'UNESCO pour l'éducation.

HEIDEN S. (1999), *Lexploreur. Manuel Utilisateur, version 2.3.*, Saint-Cloud, Publications de l'UMR 8503.

_____. et al. (1998), "CORTECS. Manuel de l'utilisateur", Saint-Cloud, Publications de l'UMR 8503.

_____., LAFON P. (1998), "Cooccurrences. La CFDT de 1973 à 1992", *in Des mots en liberté*, Fontenay-aux-roses, ENS-Editions, tome 1, 65-83.

_____. (2000), "WEBLEX", www.lexico.ens-lsh.fr.

HELSLOOT N., HAKS T. (2000), "La contribution de Michel Pêcheux à l'analyse du discours", *Langage & Société*, 91, 5-33.

HENRY A. (1971), *Métonymie et métaphore*, Paris, Klincksieck.

HENRY P. (1975), "Constructions relatives et articulations discursives", *Langages*, 37, 81-98 [Construções relativas e articulações discursivas. *In Cadernos de Estudos Linguísticos*. Campinas, (19): Instituto de Estudos da Linguagem, jul./dez.1990. p. 43-64].

HÉRÉDIA C. (1986), "Intercompréhension et malentendus. Étude d'interactions entre étrangers et autochtones", *Langue Française*, 71, 48-69.

HERITAGE J. (1987), "Interactional accountability: A conversation analytic perspective", *in* CONEIN, B., DE FORNEL M., QUÉRÉ L. (éds.): *Les formes de la conversation*, vol. 1., Paris, CNET ("Reseaux"), 23-49.

HERMOGÈNE (1997), *L'art rhétorique*, trad. fr., introduction et notes par M. Patillon, Lausanne, L'Age d'Homme.

HERSCHBERG PIERROT A. (1988), *Le dictionnaire des idées reçues de Flaubert*, Lille, Presses Universitaires de Lille.

_____. (1993), *Stylistique de la prose*, Paris, Belin.

HIRST D.J., DI CRISTO A. (1984) "French intonation: a parametric approach", *Die Neuen Sprachen*, 83-5, 554-569.

_____. (1998), *Intonation systems: a survey of twenty languages*, Cambridge, Cambridge University.

HJELMSLEV L. (1968), *Prolégomènes à une théorie du langage*, Paris, Minuit (1ᵉ éd. 1943) [*Prolegômenos a uma teoria da linguagem*. São Paulo: Perspectiva, 2003].

HOEK L. (1981), *La marque du titre – Dispositifs sémiotiques d'une pratique textuelle*, La Haye, Mouton.
HOGGART R. (1970), *La culture du pauvre*, trad. fr., Paris, Minuit (1ᵉ éd. *The uses of literacy*, 1957) [*As utilizações da cultura*. Lisboa: Presença, 2003].
HOUSE J., KASPER G. (1981), "Politeness Markers in English and German", *in* COULMAS F. (éd.): *Conversational Routine*, La Haye, Mouton, 157-185.
HOVLAND C.I., WEISS W. (1951), "The influence of source credibility on communication effectiveness", *Public Opinion Quarterly*, 15, 635-650.
HOVLAND C.I., JANIS I.L., KELLEY, H.H. (1953), *Communication and persuasion*, New Haven, Yale University Press.
HUMBLEY J., CANDEL D. (1994), "Oralisation de sigles en aéronautique", *LINX*, 30, Université Paris X-Nanterre, 133-151.
HUTCHBY I., WOOFFITT R. (1998), *Conversation Analysis*, Cambridge, Polity Press.
HYMES D.H. (1962), "The ethnography of speaking", *in* GLADWIN T. et STURTEVANT W.C. (éds.): *Anthropology and human behavior*, Washington, The Anthropological Society of Washington.
_____. (1972), "Models of Interaction of Language and Social Life", *in* GUMPERZ J. J. et HYMES D. H. (éds.): *Directions in Sociolinguistics. The ethnography of communication*, New-York, Holt, Rinehart et Winston, 35-71.
_____. (1984), *Vers la compétence de communication*, trad. fr., Paris, Hatier-Crédif (1ᵉ éd. 1973, "Towards linguistic competence", *Working Papers in Sociolinguistics* 16, Austin, University of Texas, Dept. of Anthropology).
IHWE J. (1972), "On the foundations of a general theory of narrative structure", *Poetics*, 3, 5-14.
IMBS P., QUEMADA B. (éds.) (1971-1998), *Trésor de la langue française*, Paris, Gallimard, puis CNRS-Klincksieck, 17 vol.
ISENBERG H. (1971), "Der Begriff 'Text' in der Sprachtheorie", *ASG-Berichte*, 8, August, Berlin, Deutsche Akademie der Wissenschaften zu Berlin, Zentralinstitut fur Sprachwissenschaft, Arbeitsgruppe Strukturelle Grammatik, 25 pages.
_____. (1984), "Texttypen als Interaktionstypen. Eine Texttypologie", *Zeitschrift für Germanistik*, 5, 261-270.
ISO 1087 (1990), *Terminologie-Vocabulaire*, Genève, Edition bilingue, Organisation Internationale de Terminologie.
JACKSON Don D. (1981), "La question de l'homéostasie familale", *in* WINKIN Y. (éd.): *La nouvelle communication*, Paris, Seuil, 224-238 [*A nova comunicação*. Campinas: Papirus, 1998].
JACOBI D. (1999), *La communication scientifique*, Grenoble, Presses Universitaires de Grenoble.
JACQUES F. (1979), *Dialogiques. Recherches logiques sur le dialogue*, Paris, PUF.
_____. (1985), *L'espace logique de l'interlocution*, Paris, PUF.
_____. (1991), "Consensus et conflit: une réévaluation", *in* DECROSSE A. (éd.): *La communauté en paroles*, Liège, Mardaga, 97-125.
JAFFRE J.-P. (1991), "La ponctuation du français: études linguistiques contemporaines", *Pratiques*, 70, 61-83.
JAKOBI, J.-M., BLANCHET A., GROSSIR-LE NOUVEL B. (1990), "Quatre formes d'interrogation propositionnelle dans l'entretien de recherche", *Psychologie française*, T. 35-3, 207-216.

JAKOBSON R. (1963), *Essais de linguistique générale*, Paris, Minuit.
_____. (1969), *Langage enfantin et aphasie*, Paris, Minuit.
JAUSS H. R. (1978), *Pour une esthétique de la réception*, trad. fr., Paris, Gallimard.
JAVEAU C. (1992), "Micro-rituels et gestion du temps", *Cahiers Internationaux de Sociologie*, XCII, 59-71.
_____. (1996), "Parler pour ne rien dire. 'Ça va? Ça va!'", *Ethnologie française*, XXVI-2, 255-263.
JEANNERET T. (1999), *La co-énonciation en français*, Berne, Peter Lang.
JEANNERET Y. (1994), *Écrire la science*, Paris, PUF.
JENNY J. (1997), "Méthodes et pratiques formalisées d'analyse de contenu et de discours dans la recherche sociologique française contemporaine. Etat des lieux et essai de classification", *Bulletin de Méthodologie Sociologique*, 54, 64-122.
JOSEPH I. (1993), "Régulation du trafic et information des voyageurs au PCC de la ligne A du RER", *Réseaux 2000*, Paris, RATP.
JOST F. (1987), *L'œil-caméra. Entre film et roman*, Lyon, Presses Universitaires de Lyon.
JOUTARD P. (1995), *Ces voix qui nous viennent du passé*, Paris, Hachette.
KALLMEYER W. (éd.) (1996), *Gesprächsrhetorik – Rhetorisches Verfahren im Gesprächsprocess*, Tubingen, Gunter Narr.
KARABETIAN E. (2000), *Histoire des stylistiques*, Paris, Armand Colin.
KATZ D., BRALY K. W. (1933), "Racial Stereotypes of 100 College Students", *in Journal of Abnormal and Social Psychology*, 28, 280-290.
KENDON A. (1977), *Studies in the Behavior of Social Interaction*, Bloomington, Indiana University Publications.
KERBRAT-ORECCHIONI C. (1977), *La connotation*, Lyon, Presses Universitaires de Lyon.
_____. (1980a), *l'Enonciation de la subjectivité dans le langage*, Paris, Armand Colin.
_____. (1980b), "L'ironie comme trope", *Poétique*, 41, 108-127.
_____. (1980c), "La polémique et ses définitions", *in Le discours polémique*, Presses Universitaires de Lyon, 3-40.
_____. (1984), "Les négociations conversationnelles", *Verbum* T.VII, Nancy, Université de Nancy II, 223-243.
_____. (1986), *L'implicite*, Paris, Armand Colin.
_____. (1990), *Les interactions verbales*, tome I, Paris, Armand Colin.
_____. (1992), *Les interactions verbales*, tome II, Paris, Armand Colin.
_____. (1994), *Les interactions verbales*, tome III, Paris, Armand Colin.
_____. (1995), "Où en sont les actes de langage?", *L'Information Grammaticale*, 66, 5-13
_____. (1996), *La conversation*, Paris, Seuil.
_____. (1997), "Le traitement des actes de langage en analyse des conversations: l'exemple du remerciement", *in* WEIGAND E. (éd.): *Dialogue Analysis: Units, relations and strategies beyond the sentence*, Tubingen, Max Niemeyer Verlag, 129-143.
_____. (2000), "Quelle place pour les émotions dans la linguistique du XXe siècle? Remarques et aperçus", *in* PLANTIN C., DOURY M., TRAVERSO V. (éds.): *Les émotions dans les interactions*, Lyon, Presses Universitaires de Lyon.
_____. (2000), "L'analyse des interactions verbales: la notion de 'négociation conversationnelle' – défense et illustration", *Lalies*, 20, 63-141.

———. (2001), *Les actes de langage*, Paris, Nathan.
———., PLANTIN C. (éds.) (1995), *Le trilogue*, Lyon, Presses Universitaires de Lyon.
KIBEDI-VARGA A. (1982), "Les déterminations du texte", *Langage et société*, 19, 3-22.
KINTSCH, W. (1980), "Learning from texts, levels of comprehension, or why any one would read a story any way", *Poetics*, 9, 87-98.
———. (1981-1982), "Aspects de la compréhension de texte", *Bulletin de psychologie*, Tome XXXV, 356, 777-783.
———., MANDEL T.S., KOZMINSKY E. (1977), "Summarizing scrambled stories", *Memory and Cognition*, 5, 547-552.
———., DIJK T. A. Van (1984), "Vers un modèle de la compréhension et de la production de textes", trad. fr. *in* DENHIÈRE G., *Il était une fois…*, Lille, Presses Universitaires de Lille, 85-142 (paru dans *Psychological Review*, 1978, 85, 5, 363-394).
KLEIBER G. (1981), *Problèmes de référence. Descriptions définies et noms propres*, Paris, Klincksieck.
———. (1983), "Les démonstratifs (dé)montrent-ils? Sur le sens référentiel des adjectifs et pronoms démonstratifs", *Le Français moderne*, 51-2, 99-117.
———. (1984) "Dénomination et relations dénominatives", *Langages*, 76, 77-94.
———. (1986), "Déictiques, embrayeurs, token-reflexives, symboles indexicaux, etc.: comment les définir?", *L'Information grammaticale*, 30, 4-22.
———. (1990a), *La sémantique du prototype*, Paris, PUF.
———. (1990b), "Sur l'anaphore associative: article défini et adjectif démonstratif", *Rivista di linguistica*, 2, 1,155-175.
———. (1993a), *Anaphores et pronoms*, Louvain-la-Neuve, Duculot.
———. (1993b), "Anaphore associative, pontage et stéréotypie", *Linguisticae investigationes*, XVII-1, 35-82.
———. (1993c), "L'anaphore associative roule-t-elle ou non sur des stéréotypes?" *in* PLANTIN. C. (éd.): *Lieux communs. Topoï, stéréotypes, clichés*, Paris, Kimé, 355-371.
———. (1994), "Contexte, interprétation et mémoire: approche standard *vs* approche cognitive", *Langue française*, 103, 9-22.
———. (1997a) "Les anaphores associatives actancielles", *Scolia*, 10, Strasbourg, Université des Sciences humaines, 89-120.
———. (1997b), "Des anaphores associatives méronymiques aux anaphores associatives locatives", *Verbum*, tome XIX, 1-2, Nancy, Presses universitaires de Nancy, 25-66.
KOCOUREK R. (éd.) (1991), *La langue française de la technique et de la science: vers une linguistique de la langue savante*, Wiesbaden, Brandstetter Verlag.
KOREN R. (1996), *Les enjeux éthiques de l'écriture de presse*, Paris, L'Harmattan.
KOSELLECK R. (1990), *Le futur passé. Contribution à la sémantique des temps historiques*, trad. fr., Paris, Editions de l'Ecole des Hautes Etudes en Sciences Sociales (1ᵉ éd. (1979): *Vergangene Zukunft. Zur Semantik geschichtliche Zeiten*, Frankfurt am Main, Suhrkamp).
KOSELLECK R. (1997), *L'expérience de l'histoire*, Paris, Gallimard/ Seuil.
KRIEG A. (1996) "La 'purification ethnique' dans la presse: avènement et propagation d'une formule", *Mots*, 47, 109-126.
———. (2000), *Émergence et emplois de la formule 'purification ethnique' dans la presse française (1980-1994). Une analyse de discours*, Thèse de l'Université Paris-XIII, 3 vol.

KRISTEVA J. (1969), *Séméiotikè, Recherches pour une sémanalye*, Paris, Seuil [*Introdução à semanálise*. São Paulo: Perspectiva, 1974].
KRUGLANSKI A.W., THOMPSON E.P. (1999), "Persuasion by a single route: a view from the unimodel", *Psychological Inquiry*, vol. 10, 2, 83-109.
LABBE P. (1980), "Sur la variabilité de la fréquence des formes dans un corpus", *Mots*, 1, 127-165.
_____. (1984), *Dépouillements et statistiques en lexicométrie*, Genève-Paris, Slatkine-Champion, 86-200.
_____. (1990), *Le vocabulaire de François Mitterrand*, Paris, Presses de la Fondation nationale des sciences politiques.
_____., SALEM A., (1983), "L'inventaire des segments répétés d'un texte", *Mots*, 6, 161-177.
LABBÉ D., THOIRON P., SERANT D. (1988), *Etudes sur la richesse et la structure lexicales*, Paris-Genève, Slatkine-Champion.
LABOV W. (1976), *Sociolinguistique*, Paris, Minuit (1ᵉ éd. *Sociolinguistic Patterns*, 1972).
_____. (1978), *Le parler ordinaire: la langue dans les ghettos noirs des États-Unis*, Paris, Minuit (1ᵉ éd. *Language in the Inner City. Studies in the Black English vernacular*, 1972).
_____., WALETZKY J. (1967), "Narrative analysis: oral versions of personal experience", *in* HELM J. (éd.): *Essays on the verbal and visual arts*, Seattle, Washington University Press, 14-44.
LACOSTE M. (1992), "L'entrée en matière et la catégorisation des demandes", *Langage et Travail*, 4, Paris, Ecole Polytechnique, 99-113.
_____., GROSJEAN M. (1998), "L'oral et le 'tout-écrit' à l'hôpital", *Sociologie du travail*, XL- 4/98, 439-464.
_____., GROSJEAN M. (1999), *Communication et intelligence collective*, Paris, PUF.
LACROIX M. (1990), *De la Politesse. Essai sur la littérature du savoir-vivre*, Paris, Commentaire/Julliard.
LADD R. (1996), *Intonational Phonology*, Cambridge, Cambridge University Press, 116-123.
LAFARGUE P. (1977), "La langue française avant et après la Révolution" (paru en 1894), *in* CALVET L-J. (éd.): *Marxisme et linguistique*, Paris, Payot, 78-144.
LAFON P. (1984), *Dépouillements et statistiques en lexicométrie*, Genève-Paris, Slatkine-Champion.
LAFONT R. (1973) *Le travail et la langue*, Paris, Flammarion.
_____., GARDES-MADRAY F. (1970), *Introduction à l'analyse textuelle*, Paris, Larousse.
LAFOREST M. (1992), *Le back-channel en situation d'entrevue*, Québec, CIRAL.
LAKOFF G., JOHNSON M. (1985), *Les métaphores dans la vie quotidienne*, Paris, Minuit [*Metáforas da vida cotidiana*. Campinas: Mercado de Letras, 2002].
LAKOFF R. (1973), "The logic of politeness", *Papers from the Eight Regional Meeting*, Chicago Linguistic Society, 183-228.
LAKOFF G. (1987), *Women, Fire and Dangerous Things, what categories reveal about the mind*, Chicago, Chicago University Press.
LALANDE A. (1997), *Vocabulaire technique et critique de la philosophie*, Paris, PUF (1ᵉ éd. 1926) [*Vocabulário técnico e crítico da filosofia*. São Paulo: Martins Fontes, 1993].
LAMY B. (1701), *La Rhétorique ou l'Art de parler*, Brighton, Sussex Reprints (1ᵉ éd. 1675).
LANE P. (1992), *La périphérie du texte*, Paris, Nathan.

_____. (1993), "L'édition à la rencontre des publics étudiants: les collections universitaires du premier cycle", *in* FRAISSE E. (éd.): *Les étudiants et la lecture*, Paris, PUF, 221-238.

_____. (1998), "La promotion du livre", *in* FOUCHÉ P. (éd.): *L'édition française depuis 1945*, Paris, Editions du Cercle de la Librairie, 594-628.

LANG E. (1972), "Quand une 'grammaire de texte' est-elle plus adéquate qu'une 'grammaire de phrase'?", *Langages*, 26, 75-80.

LANGACKER R. (1987), *Foundations of Cognitive Grammar*, I, Stanford, Stanford University Press.

LANGAGE & SOCIÉTÉ nº 83-84 (1998), "Colinguisme et lexicographie".

_____. nº 89 (1999), "Ethnométhodologie et analyse conversationnelle".

LANGAGES nº 13 (1969), DUBOIS J. et SUMPF (éds.): "l'Analyse du discours".

_____. nº 100 (1990), FRANÇOIS J. et DENHIÈRE G. (éds.): "Cognition et Langage".

_____. nº 118 (1995), DELAS D. (éd.): "Les enjeux de la stylistique".

LARIVAILLE P. (1974), "L'analyse (morpho)logique du récit", *Poétique*, 19, 363-388.

LATRAVERSE F. (1987), *La pragmatique. Histoire et critique*, Liège, Mardaga.

LAURENDEAU P. (1998), "De la 'déformabilité' des notions en discours", *Langage & Société*, 82, 27-47.

LAUSBERG, H. (1960), *Handbuch der literarischen Rhetorik*, Munich, Max Hueber [*Elementos de retórica literária*. Lisboa: Calouste-Gulbenkian, 1993].

LAVER J. (1979), *Voice Quality: a classified Research Bibliography*, Amsterdam, John Benjamins.

LEBART L., SALEM A. (1994), *Statistique textuelle*, Paris, Dunod.

LEBOVICI, S. (1970), *Le nourrisson, sa mère et le psychanalyste*, Paris, Le Centurion.

LEECH G. N. (1997), *Principles of Pragmatics*, London/ New York, Longman (1ᵉ éd. 1983).

LE GUERN M. (1973), *Sémantique de la métaphore et de la métonymie*, Paris, Larousse.

LEHISTE I. (1970), *Suprasegmentals*, New York, MIT Press.

LEJEUNE Ph. (1975), *Le pacte autobiographique*, Paris, Seuil.

LÉON P.R. (1970), "Systématique des fonctions expressives de l'intonation", *Studia phonetica*, 3, 57-72.

_____. (1976), "De l'analyse psychologique à la catégorisation auditive et acoustique des émotions dans la parole", *Journal de psychologie*, 3-4, 305-325.

_____. (1993), *Précis de phonostylistique, Parole et expressivité*, Paris, Nathan.

LE QUERLER N. (1996), *Typologie des modalités*, Caen, Presses Universitaires de Caen.

LES CARNETS DU CEDISCOR Nº 1 (1993), "Un lieu d'inscription de la didacticité, les catastrophes naturelles dans la presse quotidienne", Paris, Presses de la Sorbonne Nouvelle.

LE TASSE (1992), *Discours sur le dialogue*, Paris, Les Belles Lettres (1ᵉ éd. 1585).

LEVENTHAL A. et al. (1984), "Illness representations and coping with health threat", *in* BAUM A., TAYLOR S.E., SINGER J.E (éds.): *Handbook of psychology and health*, Hillsdale, Lawrence Erlbaum, vol. 4, 219-252.

LEVINSON S.C. (1983), *Pragmatics*, Cambridge, Cambridge University Press.

LEVI-STRAUSS C. (1958), *Anthropologie structurale*, Paris, Plon [*Antropologia estrutural*. Rio de Janeiro: Tempo Brasileiro, 1996].

LEVY P. (1990), *Les technologies de l'intelligence*, Paris, La Découverte [*As tecnologias da inteligência: o futuro do pensamento na era da informática*. São Paulo: Editora 34, 1996].

LEXIQUE nº 5, (1985), "Lexique et faits sociaux", Lille, Presses Universitaires de Lille.

LIBERMAN A., CHAIKEN S. (1992), "Defensive processing of personally relevant health message", *Personality and Social Psychology Bulletin*, 18, 669-679.
LICOPPE Ch. (1996), *La formation de la pratique scientifique: le discours de l'expérience en France et en Angleterre (1630-1820)*, Paris, La Découverte.
LINDENFELD J. (1990), *Speech and sociability at French Urban Marketplaces*, Amsterdam/ Philadelphie, John Benjamins.
LINTVELT J. (1981), *Essai de typologie narrative*, Paris, José Corti.
LIPPMANN W. (1946), *Public Opinion*, New York, Pelican Books (1ᵉ éd. 1922).
LIVINGSTONE S., LUNT P. (1993), "Un public actif, un téléspectateur critique", *Hermès*, Editions du CNRS, 11-12, 147-157.
LOCHARD G., SOULAGES J.-C. (1998), *La communication télévisuelle*, Paris, Armand Colin.
———. (1999), "La mise en scène visuelle", *in Paroles d'images, images de paroles. Trois talk-shows européens*, Paris, Didier Érudition.
LOCKE J. (1959), *An essay concerning human understanding*, New York, Dover, 2 vol. (1ᵉ éd. 1690) [*Ensaio sobre o entendimento humano*. Lisboa: Calouste Gulbenkian, 1999].
LOFFLER-LAURIAN A.-M. (1994), "Réflexions sur la métaphore dans les discours scientifiques de vulgarisation", *Langue française*, 101, 72-79.
LORENCEAU A. (1980a), "La ponctuation chez les écrivains d'aujourd'hui. Résultats d'une enquête", *Langue française*, 45, 88-97.
———. (1980b), "La ponctuation au XIXᵉ siècle. George Sand et les imprimeurs", *Langue française*, 45, 50-59.
LUNDQUIST L. (1980), *La Cohérence textuelle: syntaxe, sémantique, pragmatique*, Copenhague, Nyt Nordisk Forlag Arnold Busck.
LUSCHER J.-M. (1989), "Propositions pour un pré-traitement des unités conversationnelles", *Verbum*, T. XII-2, 179-192.
LÜSEBRINK H., REICHARDT R. (1990), *Die "Bastille". Zur Symbolgeschichte von Herrschaft und Freiheit*, Frankfurt am Main, Fisher.
LUZZATI D. (1982), "*Ben* appui du discours", *Le français moderne*, 50, 193-207.
———. (1985), "Analyse périodique du discours", *Langue Française*, 65, 62-79.
LYONS J. (1970), *Linguistique générale*, trad. fr., Paris, Larousse (1ᵉ éd.1968).
———. (1980), *Sémantique linguistique*, trad. fr., Paris, Larousse (1ᵉ éd. *Semantics II*, 1978).
MACHADO I.L. (1999), "A paródia vista sob a luz da análise do discurso", *in* MARI H. et al. (eds.): *Fundamentos e dimensões da análise do discurso*, Belo Horizonte, Núcleo de Análise do discurso, Belo Horizonte, Carol Borges, p. 327-334.
MAINGUENEAU D. (1976), *Initiation aux méthodes de l'analyse du discours*, Paris, Hachette.
———. (1981), *Approche de l'énonciation en linguistique française*, Paris, Hachette; nlle. éd. (1994): *L'Enonciation en linguistique française*, Paris, Hachette.
———. (1983), *Sémantique de la polémique. Discours religieux et ruptures idéologiques au XVIIᵉ siècle*, Lausanne, l'Age d'homme.
———. (1984), *Genèses du discours*, Liège, Mardaga.
———. (1990), *Pragmatique pour le discours littéraire*, Paris, Bordas [*Pragmática para o discurso literário*. São Paulo: Martins Fontes, 2002].
———. (1987) *Nouvelles tendances en analyse du discours*, Paris, Hachette [*Novas tendências em análise do discurso*. Campinas: Pontes, 1997].

_____. (1991), *L'Analyse du discours, Introduction aux lectures de l'archive*, Paris, Hachette; nlle. éd. (1997): *L'Analyse du discours*, Paris, Hachette.

_____. (1993), *Le contexte de l'œuvre littéraire. Enonciation, écrivain, société*, Paris, Dunod [*O contexto da obra literária*. São Paulo: Martins Fontes, 2001].

_____. (1992), "Le tour ethnolinguistique de l'analyse du discours", *Langages*, 105, 114-125.

_____. (1995a), "Présentation", *Langages*, 117, 5-12.

_____. (1995b), "L'Enonciation philosophique comme institution discursive", *Langages*, 119, 40-62.

_____. (1998a), "Scénographie épistolaire et débat public", *in* SIESS J. (éd.): *La lettre entre réel et fiction*, Paris, SEDES, 55-71.

_____. (1998b), *Analyser les textes de communication*, Paris, Dunod [*Análise de textos de comunicação*. São Paulo: Cortez, 2001].

_____. (1999), "Analysing self-constituting discourses", *Discourse studies*, 1(2),175-199.

_____. (2000), "Lecture, incorporation, monde éthique", *Etudes de linguistique appliquée*, 119, 265-276.

_____., COSSUTTA F. (1995), "L'analyse des discours constituants", *Langages*, 117, 112-125.

MALDIDIER D. (éd.) (1990), *L'inquiétude du discours*. Textes de Michel Pêcheux, choisis et présentés par D. Maldidier, Paris, Éditions des Cendres [*A inquietação do discurso*. Campinas: Pontes, 2003].

_____. (1994), "Eléments pour une histoire de l'analyse de discours en France", *in* GUILHAUMOU J., MALDIDIER D., ROBIN R., *Discours et archive*, Liège, Mardaga, 173-184.

MALINOWSKI B. (1972), "Phatic Communion", *in* LAVER J. et HUTCHESON S. (éds.): *Communication in Face to Face Interaction*, Harmondsworth, Penguin books, 146-162 (1ᵉ éd. (1923): "The problem of meaning in primitive languages", *in* OGDEN C.K. et RICHARDS I.A. (éds.): *The meaning of meaning*, London, Routledge and Kegan Paul)

MALRIEU J.-P. (2000), *Evaluative Semantics. Cognition, Language and Ideology*, London, Routledge.

MANDLER J.M., JOHNSON N.S. (1977), "Remembrance of things parsed: story structure and recall", *Cognitive Psychology*, 9, 111-151.

MARANDIN J.-M. (1979), "Problèmes d'analyse du discours. Essai de description du discours français sur la Chine", *Langages*, 55, 17-88.

_____. (1986), "*Ce* est un autre. L'interprétation anaphorique du syntagme démonstratif", *Langages*, 81, 75-109.

MARC E., PICARD D. (1983), *L'École de Palo Alto*, Paris, Retz.

_____. (1997), *L'interaction sociale*, Paris, PUF (1ᵉ éd. 1989).

MARCELLESI J.-B, GARDIN B. (1974), *Introduction à la sociolinguistique, la linguistique sociale*, Paris, Larousse.

MARCHAND P. (1998), *L'Analyse du Discours Assistée par Ordinateur. Concepts, méthodes, outils*, Paris, Armand Colin.

MARIN L. (1993), *Des pouvoirs de l'image.Gloses*, Paris, Seuil.

MAROUZEAU J. (1969), *Précis de stylistique française*, Paris, Masson (1ᵉ éd.1941).

MARTIN R. (1976), *Inférence, antonymie et paraphrase*, Paris, Klincksieck.

_____. (1983), *Pour une logique du sens*, Paris, PUF.
_____. (1990), "La définition naturelle", *in La définition*, Paris, Larousse, 86-95.
_____. (1991), "Typicité et sens des mots", *in* DUBOIS D. (éd.): *Sémantique et cognition. Catégories, prototypes, typicalité*, Paris, Editions du CNRS, 151-159.
MARTINET A. (1974), *Eléments de linguistique générale*, Paris, Armand Colin (1ᵉ éd. 1967) [*Elementos de linguística geral*. São Paulo: Martins Fontes, 1978].
MARTINS D. (1982), "Influence of affect on comprehension of a text", *Text*, 2, 141-154
_____. (1993), *Les facteurs affectifs dans la compréhension et la mémorisation des textes*, Paris, PUF.
MATORÉ G. (1953), *La méthode en lexicologie*, Paris Didier.
MAYAFFRE D. (2000), *Le poids des mots. Le discours de gauche et de droite dans l'entre-deux-guerres*, Paris, Champion.
MAYNARD D.W. (1984), *Inside plea bargaining. The language of negotiation*, New York, Plenum.
MAZIERE F. (1998), *in* BRANCA-ROSOFF S. (éd.): *Le mot. Analyse du discours et sciences sociales*, Aix-en-Provence, Publications de l'Université de Provence, 67-80.
MC CAWLEY J.D. (1981), *Everything that Linguists Have always Wanted to Know about Logic, but Where Ashamed to Ask*, Chicago, The University of Chicago Press.
MAILLARD M. (1974), "Essai de typologie des substituts diaphoriques", *Langue française*, 21, 55-71.
McGUIRE W.J. (1969), "The nature of attitude and attitude change", *in* LINDSEY G. et ARONSON E. (eds.): *Handbook of Social Psychology*, Vol. III, 2ⁿᵈ edition, Reading (Mass.), Addison-Wesley, 136-314.
McLUHAN M. (1968), *Pour comprendre les média*, trad.fr., Paris, Seuil (1ᵉ éd. 1964) [*Os meios de comunicação como extensões do homem*. São Paulo: Cultrix, 1969].
McNEILL D. (1987), *Psycholinguistics, a new approach*, New York, Haperand Row.
_____. (1990), *Hand and mind, what gestures reveal about thought*, Chicago, University of Chicago Press.
MEAD G.H.(1963), *L'esprit, le Soi et la Société*, trad. fr. Paris, PUF (1ᵉ éd. 1934, *Mind, Self and society from the stand point of a social behaviorist*, Chicago, University Press of Chicago).
MEHRABIAN A. (1971), *Non verbal communication*, Chicago, Aldine.
MEL'CUK I. (1993), "La phraséologie et son rôle dans l'enseignement-apprentissage d'une langue étrangère", *Etudes de linguistique appliquée*, 92, 82-113.
MESCHONNIC H. (1982), *Critique du rythme. Anthropologic historique du langage*, Paris, Verdier.
METZ C. (1973), "La connotation, de nouveau", *in Essais sur la signification au cinéma*, tome II, Paris, Klincksieck, 163-172.
MEYER B. (1995), *Synecdoques II*, Paris, L'Harmattan.
MICHELET J. (1846), *Le peuple*, Paris, Hachette-Paulin [*O povo*. São Paulo: Martins Fontes, 1988].
MILLER G. (1975), *Les pousse-au-jouir du maréchal Pétain*, Paris, Seuil.
MILNER J-C (1982), *Ordres et raisons de langue*, Paris, Seuil.
MINK L.O. (1965), "The Autonomy of historical Understanding", *History and Theory*, V. 1, Middletown, 24-47.

_____. (1968), "Historical Understanding", *Review of Metaphysics*, XXI, New Haven, 667-698.

_____. (1969-70), "History and Fiction as Modes of Comprehension", *New Literary History*, I, Charlottesville, 541-558.

MINSKY M. (1975), "A framework for representing knowledge", *in* WINSTON P. (éd.): *The Psychology of computer vision*, New York, McGraw Hill., 211-277.

MISRI G. (1987), "Approches du figement linguistique: critères et tendances", *La linguistique*, 23-2, 71-83.

MOESCHLER J. (1985), *Argumentation et conversation*, Paris, Hatier-Credif.

_____. (1989), "Signification et interprétation dans la conversation", *Verbum*, T. XII, Presses Universitaires de Nancy, 193-206.

_____., REBOUL A. (1994), *Dictionnaire encyclopédique de Pragmatique*, Paris, Seuil.

MOIRAND S. (1990), *Une grammaire des textes et des dialogues*, Paris, Hachette.

_____. (1988a), *Une histoire de discours,* Paris, Hachette.

_____. (1988b), "Les mots d'autorité: quand les discours de la didactique se réfèrent à la linguistique", *DRLAV*, 39, 5166.

_____. (1992), "Des choix méthodologiques pour une linguistique de discours comparative", *Langages*, 105, 28-41.

_____. (1994), "Décrire les discours de spécialité", dans *Lenguas para fines específicos*, Universitad de Alcala de Henares, Espagne.

_____. (éd.) (1996), *Le discours: enjeux et perspectives*, Paris, Hachette.

_____. (1997), "Formes discursives de la diffusion des savoirs dans les médias", *Hermès*, 21, 33-44.

_____. (1999), "Les indices dialogiques de contextualisation dans la presse ordinaire", *Cahiers de praxématique*, 33, Université de Montpellier 3, 145-184.

_____. (2000), "Variations discursives dans deux situations contrastées de la presse ordinaire", *les Carnets du CEDISCOR*, 6, 45-62.

_____. (2001), "Du traitement différent de l'intertexte selon les genres convoqués", *Semen*, 13, Université de Besançon, 97-117.

MOLINIÉ G. (1992), *Dictionnaire de rhétorique*, Paris, Librairie générale Française ("Le livre de poche").

MOLINO J. (1979), "Métaphores, modèles et analogies dans les sciences", *Langages*, 54, 83-102.

MONDADA L. (1999), "L'organisation séquentielle des ressources linguistiques dans l'élaboration collective des descriptions", *Langage & société*, 89, 9-37.

_____. (2000*), Décrire la ville. La construction des savoirs urbains dans l'interaction et dans le texte*, Paris, Anthropos.

MONTAGNER H. (1978), *L'enfant et la communication*, Paris, Stock.

MONTANDON A. (éd.) (1995), *Dictionnaire raisonné de la politesse et du savoir-vivre*, Paris, Seuil.

MOREL M.-A. (1982), "Pour une typologie des figures de rhétorique: points de vue d'hier et d'aujourd'hui", *DRLAV*, 26, 1-62.

_____. (1985), "Etude de quelques réalisations de la fonction métadiscursive dans un corpus d'échanges oraux", *Métalangue, métadiscours, métacommunication*, Paris, *DRLAV*, 32, 93-116.

_____., DANON-BOILEAU L. (1998), *Grammaire de l'intonation. L'exemple du français*, Paris, Ophrys.
_____., DANON-BOILEAU L. (éds.) (1992), *La Déixis*, Paris, PUF.
MORFAUX L.-M. (1980), *Vocabulaire de la philosophie et des sciences humaines*, Paris, Armand Colin.
MORIER H. (1975), *Dictionnaire de poétique et de rhétorique*, Paris, PUF (1ᵉ éd.1961).
MORRIS C. W. (1938), *Foundations of the Theory of Signs*, Chicago, Chicago University Press [*Fundamentos da teoria dos signos*. Rio de Janeiro: Eldorado, 1976].
MORTUREUX M.-F. (1983), *La formation et le fonctionnement d'un discours de la vulgarisation scientifique au XVIIème siècle à travers l'œuvre de Fontenelle*, Paris, Didier Erudition.
_____. (1988a), "La vulgarisation scientifique, parole médiane ou dédoublée", dans *Vulgariser la science*, Seyssel, Champ Vallon, 118-148.
_____. (1988b), "Vocabulaire scientifique et circulation du savoir", dans *La divulgation du savoir, Protée*, vol 16, 3, 99-105.
_____. (1993), "Paradigmes désignationnels", *Semen*, 19, *Configurations discursives*, Université de Besançon, 123-141.
_____. (1997), *La lexicologie entre langue et discours*, Paris, SEDES.
_____. (1998), "Lexique, vocabulaire, comptages", *in Des mots en liberté. Hommage à M. Tournier*, Fontenay/Saint-Cloud, ENS Editions, 257-266.
_____., PETIT G. (1989), "Fonctionnement du vocabulaire dans la vulgarisation et problèmes de lexique", *DRALV*, 40, 41-62.
MOSCOVICI S. (1972), *Introduction à la psychologie sociale* 1, Paris, Larousse.
_____. (1976), *La psychanalyse, son image et son public*, Paris, PUF (1ᵉ éd.1961).
_____., MALRIEU D. (1966), "Les situations colloques (2). Organisation des canaux de communication et structure syntaxique", *Bulletin de Psychologie*, 21, 521-530.
_____., PLON M. (1966), "Les situations colloques. Observations théoriques et expérimentales", *Bulletin de Psychologie*, 19, 702 722.
MOSEGAARD HANSEN M.-B. (1998), *The Function of Discourse Particles. A Study with Special Reference to Spoken Standard French*, Amsterdam, John Benjamins.
MOTS nº 10 (1985), "Le nous politique", Paris, Presses de la Fondation Nationale des Sciences Politiques.
MOUNIN G. (1974), *Dictionnaire de la linguistique*, Paris, PUF
MÜLLER B. (1975), *Das Französische der Gegenwart: Varietäten, Strukturen, Tendenzen*, Heidelberg, Winter.
MÜLLER C. (1964), *Essai de statistique lexicale. 'L'Illusion comique' de Pierre Corneille*, Paris, Klincksieck.
_____. (1968), *Initiation à la statistique linguistique*, Paris, Larousse.
_____. (1969), "La statistique lexicale", *Langue française*, 2, 30-43.
_____. (1973), *Initiation aux méthodes de la statistique linguistique*, Paris, Hachette.
_____. (1977), *Principes et méthodes de statistique lexicale*, Paris, Hachette.
_____. (1979a), *Etude de statistique lexicale. Le vocabulaire du théâtre de Pierre Corneille*, Genève, Slatkine (1ᵉ éd. 1967, Paris, Larousse).
_____. (1979b), *Langue française et linguistique quantitative*, Genève, Slatkine.

MULLER P. (1994), *Jaurès, vocabulaire et rhétorique*, Paris, Klincksieck.
NADEAU R. (1958), "Hermogenes on 'Stock Issues' *in* Deliberative Speaking", *Speech Monographs*, 25, 59-66.
NEF F. (1980), "Note pour une pragmatique textuelle", *Communications*, 32, 183-189.
NEWMAN J. H. (1975), *Grammaire de l'assentiment*, trad. fr., Paris, Desclée de Brouwer (1ᵉ éd. 1870).
NIDA E. A. (1949), *Morphology: the Descriptive Analysis of Words*, Ann Arbor, Michigan, University Press.
NOIRIEL G. (1998), *Qu'est-ce que l'histoire contemporaine?*, Paris, Hachette.
NOLKE H. (1993), *Le regard du locuteur. Pour une linguistique des traces énonciatives*, Paris, Kimé.
———. (1998), "La polyphonie: analyses littéraire et linguistique", *Tribune* 9, Skriftserie for romansk institutt, Universitetet i Bergen (Norvège), 5-19.
———. (1999), "Linguistique modulaire: principes méthodologiques et applications", *in* NØLKE H. et ADAM J.-M. (éds.), 17-70.
———., ADAM J.-M. (éds.) (1999), *Approches modulaires: de la langue au discours*, Lausanne, Delachaux et Niestlé.
———. & OLSEN M. (2000), "Polyphonie: théorie et terminologie", *Polyphonie linguistique et littéraire*, II, Samfundslitteratur Roskilde, 45-170.
NORMAN D.A. 1993, "Les artefacts cognitifs", *Raisons Pratiques*, 4, Paris, Editions de l'Ecole des Hautes Etudes en Sciences Sociales, 15-35.
NORMAND C. (1979), *Métaphore et concept*, Bruxelles, Complexe.
NOYAU C., PORQUIER R. (1984), *Communiquer dans la langue de l'autre*, Paris, Presses Universitaires de Vincennes.
NUCHEZE V. de (1998), *Sous le discours, l'interaction*, Paris, L'Harmattan.
NUNAN D. (1993), *Introducing Discourse Analysis*, London, Penguin English Applied Linguistics.
NYSSEN H. (1993), *Du texte au livre, les avatars du sens*, Paris, Nathan.
OCDE (1995), *Littératie, économie et société*, Paris, OCDE.
———. (1997), *Littératie et société du savoir*, Paris, OCDE.
OCHS E., SCHEGLOFF E., THOMPSON S. (1996), *Interaction and Grammar*, Cambridge, Cambridge University Press.
OGDEN C.K., RICHARDS I.A. (1923), *The meaning of meaning*, Londres, Kegan Paul [*O significado do significado*. Rio de Janeiro: Zahar, 1972].
OLESKY W. (éd.) (1989), *Contrastive Pragmatics*, Amsterdam, John Benjamins.
OLRY-LOUIS I., SOIDET I., MARRO C., HUTEAU M. (1999), *Situations didactiques, activités langagières et différences individuelles dans la qualité des acquisitions*, Rapport définitif présenté au Comité National de Coordination de la recherche en Education (CNCRE), Paris, INETOP.
ONG W. J. (1982), *Orality and Literacy*, Londres et New York, Routledge.
ORIOL T., MURY G. (1968), *La connaissance. Traité de philosophie*, Paris, Didier.
PAICHELER, G. (1985), *Psychologie des influences sociales – Contraindre, convaincre, persuader*, Neuchâtel / Paris, Delachaux et Niestlé.

PARK R.E, BURGESS E. (1921), *Introduction to the science of sociology*, Chicago, Univ. Press of Chicago.
PARRET H. (1989), "La communication et les fondements de la pragmatique", *Verbum*, T. XII, Presses Universitaires de Nancy, 1989.
_____. (1991), "Communiquer par *aisthésis*", *in* DECROSSE A. (éd.): *La communauté en paroles*, Liège, Mardaga.
PATILLON, M. (1988), *La théorie du discours d'Hermogène le rhéteur. Essai sur la structure de la rhétorique ancienne*, Paris, Les Belles-Lettres.
PAULHAN J. (1941), *Les Fleurs de Tarbes, in Oeuvres complètes*, t. III, Paris, Cercle du livre précieux.
PAVIS P. (1980), *Dictionnaire du Théâtre*, Paris, Éditions sociales [*Dicionário de teatro*. São Paulo: Perspectiva, 1999].
PCHEUX M. (1969), *Analyse automatique du discours*, Paris, Dunod. (La partie non technique de ce livre est reproduite dans MALDIDIER D. (éd.) (1990), 97-132) [Análise automática do discurso (AAD-69) (1ª parte). *In* GADET, F. & HAK, T. (Orgs.) *Por uma análise automática do discurso*: uma introdução à obra de Michel Pêcheux. 2.ed. Campinas: Editora da UNICAMP, 1993. p. 61-161.].
_____., FUCHS C. (1975a), "Mises au point et perspectives à propos de l'analyse automatique du discours", *Langages*, 37, 7-80 [A propósito da análise automática do discurso: atualização e perspectivas. In: GADET, F. & HAK, T. (Orgs.) *Por uma análise automática do discurso*: uma introdução à obra de Michel Pêcheux. 2.ed. Campinas: Editora da UNICAMP, 1993. p.163-252.].
_____. (1975b), *Les Vérités de la Palice. Linguistique, sémantique, philosophie*, Paris, Maspéro [*Semântica e discurso*. Campinas: UNICAMP, 1995].
_____. (1977), "Remontons de Foucault à Spinoza", *in* MALDIDIER D. (éd.) (1990), 245-260.
_____. (1981), "L'étrange miroir de l'analyse de discours", *Langages*, 62, 5-8.
_____. (1983) "Analyse de discours. Trois époques", *in* MALDIDIER D. (éd.) (1990), 295-302 [A análise do discurso: três épocas. *In* GADET, F. & HAK, T. (Orgs.) *Por uma análise automática do discurso*: uma introdução à obra de Michel Pêcheux. 2. ed. Campinas: UNICAMP, 1993. p. 311-319].
_____. (1984) "Matériel en vue de l'article 'Complétives/Infinitifs/Infinitives'", *LINX*, 10, 7-22.
_____., LÉON J., BONNAFOUS S., MARANDIN J.-M. (1982), "Présentation de l'analyse automatique du discours (AAD 69). Théories, procédures, résultats, perspectives", *Mots*, 4, 95-123 [Apresentação da análise automática do discurso. *In* GADET, F. & HAK, T. (Orgs.) *Por uma análise automática do discurso*: uma introdução à obra de Michel Pêcheux. 2. ed. Campinas: UNICAMP, 1993. p. 253-282].
PELLISSIER A. (1894), *Principes de rhétorique française*, Paris, Hachette.
PENE S. (1997), "Lettre administrative et espace social", *in* FABRE D. (éd.): *Par écrit. Ethnologie des écritures quotidiennes*, Paris, Editions de la Maison des Sciences de l'Homme, 201-209.
PERELMAN C., OLBRECHTS-TYTECA L. (1983), *Traité de l'argumentation, La nouvelle rhétorique*, Bruxelles, Editions de l'Université de Bruxelles (1ᵉ éd. 1970) [*Tratado de argumentação*. São Paulo: Martins Fontes, 2002].

PERRET M. (1994), *L'énonciation en grammaire du texte*, Paris, Nathan.

PERRIN L. (1990), "Bonheur et malheur des hyperboles. Les effets de l'exagération dans l'interprétation des énoncés", *Cahiers de Linguistique Française*,11, 199-214.

PERRIN-NAFFAKH, A.-M. (1985), *Le cliché de style en français moderne*, Bordeaux, Presses universitaires de Bordeaux.

PETIT J.-L. (éd.) (1991), *L'événement en perspective*, Paris, Editions de l'Ecole des Hautes Etudes en Sciences Sociales.

PETITJEAN A. (1989), "Les typologies textuelles", *Pratiques*, 62, 86-125.

PETÖFI J. S. (1975), "Vers une théorie partielle du texte", *in Papers in Textlinguistics*, 9, Hamburg, H. Buske.

_____. (1979), *Text vs Sentence. Basic questions of text linguistics*, Hamburg, Buske.

_____., OLIVI T. (1986), "Texture, composition, signification. Vers une textologie sémiotique", *Degrés*, 46-47, Bruxelles, c1-27.

_____., RIESER H. (éds.) (1973), *Studies in Text Grammar*, Dordrecht, Reidel.

PETTY R. E., BROCK T.C. (1981), "Thought disruption and persuasion: Assessing the validity of attitude change experiments", *in* PETTY R.E, BROCK T.C., OSTROM T.M. (éds.): *Cognitive responses in persuasion*, Hillsdale, Lawrence Erlbaum, 55-79.

PETTY R.E, CACIOPPO J.T, (1986), "The elaboration likelihood model of persuasion", *Advances in Experimental Social psychology*, 19, 123-205.

PETTY R. E., CACIOPPO J.T (1990), "Involvement and persuasion: tradition versus integration", *Psychological Bulletin*, 107, 3, 367-374.

PETTY R.E. (1997), "The evolution of theory and research *in* social Psychology: from single to multiple effect and process models of persuasion", *in* MC GARTY C., HASLAM S.A (éds.): *The message of social psychology: Perspectives on mind in society*, Oxford (England), Blackwell Publishers, 268-290.

PEYTARD J. (éd.) (1984), "Français technique et scientifique: reformulation, enseignement", *Langue française*, 64.

_____. (1994), "De l'altération et de l'évaluation des discours", *in* MOIRAND et al. (éds.): *Parcours linguistiques de discours spécialisés*, Berne, Peter Lang, 69-80.

_____., MOIRAND S. (1992), *Discours et enseignement du français*, Paris, Hachette.

PICARD D. (1995), *Les rituels du savoir-vivre*, Paris, Seuil.

PICOCHE J. (1992), *Précis de lexicologie française*, Paris, Nathan. (1ᵉ éd. 1977).

PIGUET M.-F. (1996), *"Classe", Histoire du mot et genèse du concept, des Physiocrates aux historiens de la Restauration*, Lyon, Presses Universitaires de Lyon.

PIKE K.L. (1967), *Language in relation to a unified theory of the structure of human behavior*, La Haye-Paris, Mouton.

PINEIRA-TRESMONTANT C., TOURNIER M. (1989) "De quel bois se chauffe-t-on? Origines et contextes actuels de l'expression *langue de bois*", *Mots*, 21, 5-19.

PINEIRA-TRESMONTANT C. (1988), "Rigidités discursives et flou sémantique", *Mots*, 17,145-169.

PLANTE P. (1988), *DEREDEC, Atelier de programmation pour l'Analyse et la Modélisation de Systèmes symboliques, version 4.1*, Montréal, Centre d'ATO, Université du Québec à Montréal.

PLANTIN C. (éd.) (1993), *Lieux communs: topoï, stéréotypes, clichés*, Paris, Kimé.

PLATON (1987), *Gorgias*, trad. fr. par M. Canto, Paris, Flammarion [*Gorgias*. Lisboa: Edições 70, 1997].

PLETT H. F. (1975), *Textwissenschaft und Textanalyse*, Heidelberg, Quelle und Meyer, UTB.

POCOCK J. (1997), *Le moment machiavélien. La pensée politique florentine et la tradition républicaine antique*, Paris, PUF (1ᵉ éd. 1975, *The Machiavellian Moment. Florentine Political Thought and the Atlantic Republican Tradition*, Princeton University Press).

POMERANTZ A. (1984), "Agreeing and disagreeing with assessments: some features of preferred/dispreferred turn-shapes", *in* ATKINSON J.-M., HERITAGE J. (éds.): *Structures of Social Action – Studies in conversation Analysis*, Cambridge, Cambridge University, 79-112.

PONS BORDERIA S. (1998), *Conexión y connectores. Estudio de su relación en el registro informal de la lengua*, València, Universitat de València.

PORQUIER R. (1984), "Communication exolingue et apprentissage des langues", *Acquisition d'une langue étrangère III*, Paris, Presses de l'Université de Vincennes, 17-47.

———. (1986), "Remarques sur les interlangues et leurs descriptions", *Etudes de linguistique appliquée*, 63, 101-107.

POTTIER B. (1964), "Vers une sémantique moderne", *Travaux de Linguistique et Littérature*, 2, 107-137.

———. (1974), *Linguistique générale. Théorie et description*, Paris, Klincksieck.

POTTIER B. (1976), "Sur la formulation des modalités en linguistique", *Langages*, 43, 39-46.

POUILLON J (1946), *Temps et roman*, Paris, Gallimard [*O tempo no romance*. São Paulo: Cultrix, 1974].

POULANTZAS N., 1968, *Pouvoir politique et classes sociales I*, Paris, Maspéro [*Poder político e classes sociais*. São Paulo: Martins Fontes, 1986].

POYATOS F. (1993), *Paralanguage*, Amsterdam, John Benjamins.

PRIETO J.-F. de (1988), "Conversations exolingues. Une approche linguistique des interactions interculturelles", *in* COSNIER J., GELAS N., KERBRAT-ORECCHIONI C. (éds.), 251-269.

PRINCE E.F. (1981), "Toward a Taxonomy of Given-New Information", *in* COLE P. (éd.): *Radical Pragmatics*, New York, Academic Press, 223-255.

PRINCE G. (1973), *A Grammar of stories*, The Hague, Mouton.

PROPP W. (1970), *Morphologie du conte*, trad. fr., Paris, Gallimard (1ᵉ éd. 1928) [*Morfologia do conto*. Lisboa: Vega, 2000].

PUTNAM H. (1990), "La sémantique est-elle possible", trad.fr., *in* CHAURAND J. et MAZIÈRES F. (éds.): *La définition*, Paris, Larousse (1ᵉ éd. 1970).

QUEMADA B. (1955) *Introduction à l'étude du vocabulaire médical (1600-1710)*, Besançon-Paris, Les Belles Lettres.

———. (1959), "La mécanisation dans les recherches lexicographiques", *Cahiers de lexicologie*, 1.

———. (1978), *Technique et langage*, *in* GILLE B. (éd.): *Histoire des techniques*, Paris, La Pléiade, Gallimard, 1146-1240.

QUÉRÉ L. (1990), "L'opinion: l'économie du vraisemblable", *Réseaux*, 43, Paris, C.N.E.T., 36-58.

———. (1999), *La sociologie à l'épreuve de l'herméneutique*, Paris, L'Harmattan.

QUINE W. Van O. (1951), *Mathematical logic*, Cambridge, Harvard University Press.
_____. (1973), *Logique élémentaire*, trad. fr., Paris, Armand Colin.
QUINTILIEN, *Institution oratoire*, trad. fr., Paris, Les Belles-Lettres, 1975.
RABATEL A. (1997), *Une histoire de point de vue*, Université de Metz, Diffusion Klincksieck (Paris).
_____. (1998), *La construction textuelle du point de vue*, Lausanne, Delachaux et Niestlé.
RASTIER F. (1972), "Systématique des isotopies", *in* GREIMAS A.-J. (éd.): *Essais de sémiotique poétique*, Paris, Larousse, 80-126 [*Ensaios de semiótica poética*. São Paulo: Cultrix, 1976].
_____. (1987), *Sémantique interprétative*, Paris, PUF.
_____. (1989), *Sens et textualité*, Paris, Hachette.
REBOUL A., MOESCHLER J. (1998), *Pragmatique du discours. De l'interprétation de l'énoncé à l'interprétation du discours*, Paris, Armand Colin.
REBOUL O. (1975), *Le slogan*, Bruxelles, Editions Complexe [*O slogan*. São Paulo: Cultrix, 1975].
_____. (1980), *Langage et idéologie*, Paris, PUF.
_____. (1989), "La figure de l'argument", *Rhétoriques*, 9, 9-28.
RÉCANATI F. (1981), *Les énoncés performatifs*, Paris, Minuit.
REICHARDT R., LUSEBRINK H.-J., SCHMITT E. (1985-2000), *Handbuch politish-sozialer Grundbegriffe in Frankreich, 1680-1820*, Munchen, Oldenbourg, Heft 1-20.
REICHENBACH H. (1947), *Elements of symbolic logic*, New York-London, Mac Millan.
REINERT M. (1990), "ALCESTE, une méthodologie d'analyse des données textuelles et une application: *Aurélia* de Gérard de Nerval", *Bulletin de Méthodologie Sociologique*, 26, 24-54.
RÉMI-GIRAUD S. (1987), "Délimitation et hiérarchisation des échanges", *in* COSNIER J., KERBRAT-ORECCHIONI C. (éds.), 17-73.
_____., RÉTAT P. (éds.) (1996), *Les mots de la nation*, Presses Universitaires de Lyon.
REVAZ F. (1997), *Les Textes d'action*, Université de Metz, Diffusion Klincksieck (Paris).
REY A. (1986), "Les implications théoriques d'un dictionnaire phraséologique", *in La Locution*, Montréal, CERES, 119-133.
_____. (1989) *"Révolution", histoire d'un mot,* Paris, Gallimard.
_____. (1990), "Polysémie du terme *définition*", *in* CHAURAND J. et MAZIÈRES F. (éds.): *La définition*, Paris, Larousse.
_____. (1991), "Avant-propos" de KOCOUREK R., *La langue française de la technique et de la science*, Wiesbaden, Bradstetter Verlag.
_____., 1998, (éd.), *Dictionnaire historique de la langue française*, Paris, Le Robert.
REY-DEBOVE J. (1978), *Le métalangage*, Paris, Le Robert.
_____. (1998), *La linguistique du signe*, Paris, Armand Colin.
Rhétorique à Herennius (1989), trad. fr. par Guy Achard, Paris, Les Belles Lettres, [auteur inconnu]
RICHARD J.-F. (1990), *Les activités mentales*, Paris, Armand Colin.
RICŒUR P. (1983), *Temps et récit I*, Paris, Seuil [*Tempo e narrativa, tomo I*. Campinas: Papirus, 1994].
_____. (1984), *Temps et récit II*, Paris, Seuil [*Tempo e narrativa, tomo II*. Campinas: Papirus, 1995].

_____. (1986), *Du texte à l'action*, Paris, Seuil [*Do texto à acção*. Porto: Rés-Editora, 1991].
_____. (1990), *Soi-même comme un autre*, Paris, Seuil [*O si-mesmo como um outro*. Campinas: Papirus, 1991].
_____., TIFFENEAU D. (1977), *La sémantique de l'action*, Paris, Editions du CNRS.
RIEGEL M., PELLAT J.-C., RIOUL R. (1994), *Grammaire méthodique du français*, Paris, PUF.
RIFFATERRE M. (1971), *Essais de stylistique structurale*, Paris, Flammarion [*Estilística estrutural*. São Paulo: Cultrix, 1973].
RIVIÈRE C. (1995), *Les rites profanes*, Paris, PUF [*Os ritos profanos*. Petrópolis: Vozes, 1997].
ROBERT (LE) (1990), *Dictionnaire de la langue française*, Paris, Larousse.
_____. (1994), *Dictionnaire historique de la langue française*, Paris, Larousse.
ROBIN R. (1973), *Histoire et linguistique*, Paris, Armand Colin [*História e linguística*. São Paulo: Cultrix, 1977].
ROMANO C. (1998, 1999), *L'événement et le monde, L'événement et le temps*, Paris, PUF.
ROSCH E. et LLOYD B. (1978), *Cognition and Categorization*, Hillsdale, (N.J.), Lawrence Erlbaum.
ROSIER L. (1997), "Le discours rapporté entre binarité et continuum?", *Modèles linguistiques*, vol. 35, tome XVIII, fasc.1, 7-16.
_____. (1999), *Le discours rapporté, Histoire, théories, pratiques*, Bruxelles, Duculot.
ROSOLATO G. (1974), "L'oscillation métonymico-métaphorique", *Topiques*, 13, 75-99.
ROSSI M., DI CRISTO A., HIRST, D.J., MARTIN, P., NISHINUMA, Y. (1981), *Études linguistiques XXV. L'intonation. De l'acoustique à la sémantique*, Paris, Klincksieck.
ROTHENBUHLER E.W. (1998), *Ritual Communication. From Everyday Conversation to Mediated Ceremony*, London, Sage.
ROULET E. (1981), "Echanges, interventions et actes de langage dans la structure de la conversation", *Etudes de linguistique appliquée*, 44, 7-39.
_____. (1985), "De la conversation comme négociation", *Le français aujourd'hui*, 71, 7-13.
_____. (1991), "Vers une approche modulaire de l'analyse de discours", *Cahiers de linguistique française*, 12, 53-81.
_____. (1995), "Étude des plans d'organisation syntaxique, hiérarchique et référentiel du dialogue: autonomie et interrelations modulaires", *Cahiers de linguistique française*, 17, Genève, Université de Genève.
_____. (1999), "Une approche modulaire de la complexité de l'organisation du discours", *in* NØLKE H., ADAM J.-M. (éds.), 187-256.
_____. et al. (1987), *L'articulation du discours en français contemporain*, Berne, P. Lang (1ᵉ éd. 1985).
_____., FILLIETTAZ, L., GROBET, A. (2001), *Un modèle et un instrument d'analyse de l'organisation du discours*, Berne, Peter Lang.
RUWET N. (1967), *Introduction à la grammaire générative*, Paris, Plon [*Introdução à gramática gerativa*. São Paulo: Perspectiva, 2001].
SABAH, G. (1988-1989), *L'intelligence artificielle et le langage: I/ Représentations des connaissances, II/ Processus de compréhension*, Paris, Hermès.
SACKS H. (1987), "On the preferences for agreement and contiguity in sequences in conversation", *in* BUTTON G., LEE J.R.E. (éds.): *Talk and Social Organisation*, Clevedon, Multilingual Matters, 54-69.

_____. (1992), *Lectures on Conversation*, Oxford, Blackwell.

_____., SCHEGLOFF E., JEFFERSON G. (1978), "A simplest systematics for the organization of turn-taking in conversation", *in* SCHENKEIN J. (éd.): *Studies in the Organization of Conversational Interaction*, New York, Academic Press, 7-56 (article publié en 1974 dans *Language*, 55).

SALEM A. (1987), *Pratique des segments répétés. Essai de statistique textuelle*, Paris, Klincksieck.

_____., LEBART L. (1988), *Analyse statistique des données textuelles*, Paris, Dunod.

_____., LEBART L. (1994), *Statistique textuelle*, Paris, Dunod.

SALINS G.-D. de (1987), "Signaux prosodiques et marqueurs discursifs dans les opérations d'alignement d'une conversation dominante: exemple du discours de l'enseignant", *Études de linguistique appliquée*, 66, 118-133.

_____. (1988), *Une approche ethnographique de la communication. Rencontres en milieu parisien*, Paris, Hatier-Crédif.

_____. (1992), *Une introduction à l'ethnographie de la communication. Pour la formation à l'enseignement du français langue étrangère*, Paris, Didier.

SARFATI G.-E. (1997), *Eléments d'analyse du discours*, Paris, Nathan.

_____. (1999), *Discours ordinaires et identités juives*, Paris, Berg International.

SARTRE J.-P. (1947), *Situations I. Critiques littéraires*, Paris, Gallimard [*Situações I*. Lisboa: Europa-América, 1968].

SAUSSURE F. (de) (1972), *Cours de linguistique générale*, édition critique de T. de Mauro, Paris, Payot (1ᵉ éd. 1916) [*Curso de linguística geral*. São Paulo: Cultrix, 1997].

SCAVEE P., INTRAVAIA P. (1979), *Traité de stylistique comparée*, Bruxelles, Didier.

SCHANK R.C. (1979), "Interestingness: controling inferences", *Artificial Intelligence*, 12, 273-297.

_____., ABELSON R.P. (1977), *Scripts, Plans, Goals and Understanding: an inquiry into human knowledge structures*, Hillsdale (N.J.), Laurence Erlbaum.

SCHAPIRO M. (1982), *Style, artiste et société*, Paris, Gallimard.

SCHEGLOFF E. (1968), "Sequencing in Conversational Openings", *American Anthropologist*, 70, 1075-1095.

_____. (1988), "On actual virtual servo-mechanism for guessing bad news: a single case conjecture", *Social Problem*, 32, 442-457.

_____. (1992), "Repair after next turn: The last structurally provided defense of intersubjectivity in conversation", *American Journal of Sociology*, 97, 1295-1345.

_____. (1996), "Turn organization: one intersection of grammar and interaction", *in* OCHS E., SCHEGLOFF E., THOMPSON S. (éds.), 52-134.

_____. (2000), "Overlapping talk and the organization of turn-taking for conversation", *Language in Society*, 29, 1-63.

_____., JEFFERSON J., SACKS H. (1977), "The preference for self-correction in the organization of repair", *Language*, 53/2, 361-383.

_____., SACKS H. (1973), "Opening up closings", *Semiotica*, VIII/4, 289-327.

SCHERER K.R. (1984), "Les émotions: fonctions et composantes", *Cahiers de Psychologie Cognitive*, 4, 9-39.

_____. (1985), "Vocal affect signaling: a comparative approach", in ROSENBLATT J.S., BEER C., BUSNEL M.C., SLATER P.J.B. (éds.): *Advances in the study behavior*, 15, New York, Academic Press, 189-244

_____. (1984), "Les émotions: Fonctions et composantes", *Cahiers de psychologie cognitive*, 4, 9-39 (repris *in* RIMÉ B. et SCHERER K. (éds.), 1993: *Les émotions* Neuchâtel/Paris, Delachaux et Niestlé, 97-133).

_____., GILES H. (1977), *Social Markers in Speech*, Cambridge University Press / Editions de la Maison des Sciences de l'Homme.

SCHIFFRIN D. (1987), *Discourse markers*, Cambridge: Cambridge University Press.

_____. (1994), *Approaches to discourse*, Oxford (UK)-Cambridge (USA), Blackwell.

SCHLIEBEN-LANGE B. (1996), *Idéologie, révolution et uniformité de la langue*, Liège, Mardaga.

SCHMIDT K., (1994), "Cooperation Work and its articulation: requirements for Computer Support", *Le Travail Humain*, t. 57, 4, 345-366.

SCHMIDT S. J. (1973), *Texttheorie*, Munchen, Fink [*Teoria de texto*. São Paulo: Pioneira, 1978].

SCHMOLL P. (éd.) (1996), Numéro spécial "Contexte(s)", *Scolia*, 6, Université de Strasbourg.

SCHÖTTLER P. (1988), "Sozialgeschichtliches Paradigma und historische Diskursanalyse", *in* FOHRMANN J. et MULLER H. (éds.): *Diskurstheorien und Literaturwissenschaft*, Frankfurt am Main, Surkhamp.

SCHÜTZ A. (1962), *Collected Papers*, 3 vol., La Haye, M. Nijhoff.

_____. (1987), *Le chercheur et le quotidien*, Paris, Méridiens-Klincksieck.

SEARLE J. R. (1972), *Les actes de langage*, Paris, Hermann (trad. fr. de *Speech Acts*, Cambridge, Cambridge University Press, 1969) [*Os actos da fala*. Coimbra: Almedina, 1981].

_____. (1982), *Sens et expression*, Paris, Minuit (1ᵉ éd.: *Expression and Meaning*, Cambridge, Cambridge University Press, 1979) [*Expressão e significado*. São Paulo: Martins Fontes, 2002].

_____. (1983), *L'intentionalité. Essai de philosophie des états mentaux*, Paris, Minuit [*Intencionalidade*. São Paulo: Martins Fontes, 2002].

_____. (1991), "L'intentionnalité collective", *in* PARRET H. A. (éd.): *La communauté en paroles*, Liège, Mardaga, 227-243.

SEGUIN B., TEILLARD F. (1996), *Les Céfrans parlent aux français*, Paris, Calmann-Lévy.

SEKHRAOUI M. (1995), *Concordances: Histoire, méthodes et pratique*, (thèse), Saint-Cloud, Publications de l'Ecole Normale Supérieure.

SELINKER L. (1972), "Interlanguage", *International Review of Applied Linguistics*, 10-3, 209-231.

SERCA I. (1997), *La parenthèse chez Proust, Etude stylistique et linguistique*, Thèse de Doctorat, Université de Toulouse-Le Mirail, 3 vol.

SERIOT P. (1983), *Préliminaires linguistiques à une analyse du discours politique soviétique: les relations prédicatives non verbales*, Thèse de troisième cycle, Université de Grenoble III.

_____. (1989), "Langue de bois, langue de l'autre et langue de soi. La quête du parler vrai en Europe socialiste dans les années 1980", *Mots*, 21, 50-66.

SHANNON C.E., WEAVER W. (1975) *Théorie mathématique de la communication*, trad. fr, Paris, C.E.P.L. (1ᵉ éd. *Mathematical theory of Communication*, Urbana, Illinois University Press, 1949).

SIBLOT P. (1993) "De la prototypicalité lexiacle à la stéréotypie discursive. La *casbah* des textes français", *in* C. PLANTIN. C. (éd.): *Lieux communs. Topoï, stéréotypes, clichés*, Paris, Kimé, 342-354.

_____. (1995), *"Comme son nom l'indique..." Nomination et production de sens*, Thèse de doctorat d'État, Université de Montpellier.

_____. (1997) "Nomination et production de sens: le praxème", *Langages*, 127, 38-55.

SILBERZTEIN, M. (1993), *Dictionnaires automatiques et analyse automatique de textes: le système INTEX*, Paris, Masson.

_____. (1998), "Normalisation des textes", *Actes des Quatrièmes Journées Internationales d'Analyse des Données Textuelles*, Nice, 19-21 février, 601-614.

SIMATOS I. (1986), *Eléments pour une théorie des expressions idiomatiques (identité lexicale, référence et relations argumentales)*, Thèse de l'Université Paris VII.

SIMMEL G. (1992), "Le domaine de la sociologie", *in* K. VAN METER (éd.): *La Sociologie*, Paris, Larousse, 232-254 (1ᵉ éd. 1917).

SIMONIN-GRUMBACH J. (1975), "Pour une typologie des discours", *in* KRISTEVA J. et al. (éds.): *Langue, discours, société*, Paris, Seuil [*Língua, discurso e sociedade*. São Paulo: Global Editora, 1983].

_____. (1984), "Les repérages énonciatifs dans les textes de presse", *in La langue au ras du texte*, Lille, Presses Universitaires de Lille.

SINCLAIR J. Mc H. (1996), *Preliminary Recommendations on Corpus Typology*, rapport technique de l'Expert Advisory Group on Language Engineering Standards (EAGLE), CEE, Bruxelles.

_____., COULTHARD R.M. (1975), *Towards an Analysis of Discourse. The English used by teachers and pupils*, Oxford, Oxford University Press.

SITRI F. (1995), "L'incise: un point d'hétérogénéité dans les échanges entre pairs", *Les carnets du CEDISCOR* 3, Presses de la Sorbonne Nouvelle, 173-190.

_____. (1998), *Un modèle d'objet de discours dialogique, entre thématisation et reprise*, Thèse pour le doctorat en Sciences du langage, Université de la Sorbonne Nouvelle, à paraître aux Presses de la Sorbonne Nouvelle (2001).

SKINNER Q. (1978), *Foundations of Modern Political Thought*, 2 vol., Cambridge University Press [*Fundações do pensamento político moderno (2 vol.)*. São Paulo: Companhia das Letras, 1996].

_____. (2000), *La liberté avant le libéralisme*, Paris, Seuil [*Liberdade antes do liberalismo*. São Paulo: UNESP, 1999].

SLAKTA D. (1975), "L'ordre du texte", *Etudes de linguistique appliquée*, 19, 30-42.

_____. (1985), "Grammaire de texte: synonymie et paraphrase", *in* FUCHS C. (éd.): *Aspects de l'ambiguïté et de la paraphrase dans les langues naturelles*, Berne, Peter Lang, 123-140.

_____. (1994), "Stéréotype: sémiologie d'un concept", *in* GOULET A. (éd.): *Le stéréotype*, Caen, Presses Universitaires de Caen, 35-45.

SOURIAU E. et al. (1953), *L'Univers filmique*, Paris, Flammarion.

SOWINSKI B. (1983), *Textlinguistik, eine Einfuhrung*, Stuttgart-Mainz, Kohl- Kohlhammer.
SPERBER D., WILSON D. (1978), "Les ironies comme mentions", *Poétique* 36, 399-412.
_____. (1979), "Remarques sur l'interprétation des énoncés selon Paul Grice", *Communications*, 30, 80-94.
_____. (1989), trad.fr., *La pertinence*, Paris, Minuit (1ᵉ éd. *Relevance, Communication and Cognition*, Oxford, Blackwell, 1986).
SPITZER L. (1928), *Stilstudien*, Munich, Max Hueber.
STATI S. (1990), *Le transphrastique*, Paris, PUF.
STERN D.N. (1977), *The first relationship. Infant and mother*, London, Fontarra.
STIERLE K. (1977), "Die Einheit des Textes", *in Frenk-Kolleg Literatur*, BRACKERT H., LÄMMERT E. (éds.), Frankfurt, Fischer, 168-187.
STONE Ph., DUNPHY D.C., SMITH M.S., OGILVIE D.M. (1966), *The General Inquirer. A computer approach to content analysis in the behavorial sciences*, Cambridge Mass., MIT Press.
STONE P.J., BALES R.F., NAMENWIRTH J.Z., OGILVIE D.M. (1962), "The General Inquirer: a computer system for content analysis and retrieval based on the sentence as a unit of information", *Behavioral Science*, 7, 484-498.
STREECK, J. (1996): "How to do things with things", *Human Studies*, 19, 365-384.
SWALES J. M. (1990), *Genre Analysis. English in academic and research settings*, Cambridge University Press, Cambridge.
TAMBA MECZ I. (1988), *La sémantique*, Paris, PUF.
TANNEN D. (1984), *Conversational Style. Analysing Talk Among Friends*, Norwood (New Jersey), Ablex.
TARDE G. (1890), *Les lois de l'imitation*, Paris, Alcan [*As leis da imitação*. Porto: Rés-Editora, 1986].
_____., (1989), *L'opinion et la foule*, Paris, PUF (1ᵉ éd. 1901) [*A opinião e as massas*. São Paulo: Martins Fontes, 1992].
TESNIÈRE L. (1965), *Éléments de syntaxe structurale*, Paris, Klincksieck (1ᵉ éd. 1959)
THIRY B. (1990), article "Idéologie", *in Encyclopédie Philosophique Universelle*, *in* AUROUX S. (éd.), *Les notions*, tome 1, Paris, PUF, 1213-1220.
THUDEROZ C. (2000), *Négociations. Essai de sociologie du lien social*, Paris, PUF.
THUMMEL W. (1968), "Deutsche *und*-Koordination und die rekursive Kapazität", *Lingua*, 20, 381-414.
TING-TOOMEY S. (ed.) (1994), *The challenge of facework: Cross-cultural and interpersonal issues*, Albany, State University of New York Press.
TODOROV T. (1967), *Littérature et signification*, Paris, Larousse (Appendice: "Tropes et figures", 91-118).
_____. (1968), "Poétique", *in Qu'est-ce que le structuralisme?*, vol. 2, Paris, Seuil [*Estruturalismo e poética*. São Paulo: Cultrix, 1971].
_____. (1981), *Mikhaïl Bakhtine. Le principe dialogique*, suivi de *Ecrits du Cercle de Bakhtine*, Paris, Minuit.
TORT P. (1989), *La raison classificatoire*, Aubier, Paris.
TOUATI P. (1987), *Structures prosodiques du suédois et du français. Profils temporels et configurations tonales*, Lund, Lund University Press.

TOULMIN, S. E. (1958), *The Uses of Argument*, Cambridge, Cambridge University Press [*Os usos do argumento*. São Paulo: Martins Fontes, 2001].

TOURNIER M. (1975), *Un vocabulaire ouvrier en 1848. Essai de lexicométrie*, (thèse), Saint-Cloud, Publications de l'ENS, 4 vol.

_____. (1985), "Texte 'propagandiste' et cooccurrences; hypothèses et méthodes pour l'étude de la sloganisation", *Mots*, 11, 155-187.

_____. (1992), *Des mots sur la grève. Propos d'étymologie sociale*,1, Publications de l'Inalf, Paris, Klincksieck.

_____. (1993), *Lexicometria (séminaire 1988)*, Lisbonne, Universidade Aberta.

_____. (1996) " 'Français' à l'extrême-droite, un mot habité", *in* RÉMI-GIRAUD S et RÉTAT P. (éds.), *Les mots de la nation*, Lyon, Presses Universitaires de Lyon, 65-81.

_____. (1997), *Des mots en politique. Propos d'étymologie sociale 2*, Paris, Klincksieck.

_____. (1998), "Des mots en histoire", *in Communiquer*, Lille, Presses Universitaires du Septentrion, 131-143.

_____. (2000), *Aux sources du sens. Propos d'étymologie sociale 3*, Paris, Klincksieck-ENS Editions.

TRAGER G.L. (1958), "Paralanguage, a first approximation", *Studies in Linguistics*, 13, 1-12.

TRAVERSO V. (1995), "Gestion des échanges dans la conversation à trois participants", *in* KERBRAT-ORECCHIONI C. et. PLANTIN C. (éds.): *Le trilogue*, Lyon, Presses Universitaires de Lyon, 29-53.

_____. (1996), *La conversation familière*, Lyon, Presses Universitaires de Lyon.

_____. (1999), *L'analyse des conversations*, Paris, Nathan.

_____. (éd.) (2000), *Perspectives interculturelles sur l'interaction*, Lyon, Presses Universitaires de Lyon.

TREMBLAY G. (1984), "L'opinion publique, une théorie de la représentation sociale", *in Les savoirs dans les pratiques quotidiennes*, Paris, Editions du CNRS.

TROGNON A. (1993), "La négociation du sens dans l'interaction", *in* HALTE J.-F. (éd.): *Inter-actions*, Metz, Centre d'analyse syntaxique de l'Université de Metz, 91-121.

_____., KOSTULSKI K. (1999), "Elements d'une théorie sociocognitive de l'interaction conversationnelle", *Psychologie française*, tome 44, 4, 307-318.

_____., SAINT-DIZIER V. (1999), "L'organisation conversationnelle des malentendus: le cas d'un dialogue tutoriel", *Journal of Pragmatics*, 31/6, 787-815.

TUOMARLA U. (1999), "Le discours direct dans la presse écrite: un lieu de l'oralisation de l'écrit", *Faits de langue*, 13, Paris, Ophrys.

TUOMARLA U. (2000), *La citation mode d'emploi, Sur le fonctionnement du discours rapporté direct*, Helsinki, Academia Scientiarum Fennica.

UNESCO World Symposium (1995), "Family Literacy", Final report (Paris 3-5 octobre, 1994), Paris, UNESCO.

VACHEK J. (1988) *Written Language revisited*, Amsterdam, Benjamins.

VEDENINA L.G. (1989), *Pertinence linguistique de la présentation typographique*, Paris, Peeters/Selaf.

VERON E. (1991), "Pour en finir avec la communication", *Réseaux*, 46/47, 121-126.

VÉRONIQUE D. (1995), "L'altérité dans l'interaction verbale: à propos d'une enquête longitudinale sur l'acquisition des L2 (projet ESF)", *in* VÉRONIQUE D. et VION R. (éds.), 143-161.

_____., VION R. (éds.) (1995), *Des savoir-faire communicationnels, Modèles de l'interaction verbale*, Aix en Provence, Publications de l'Université de Provence.

VIALA A. (1985), *Naissance de l'écrivain. Sociologie de la littérature à l'âge classique*, Paris, Minuit.

VIGNAUX, G. (1981), "Enoncer, argumenter: opérations du discours, logiques du discours", *Langue Française*, 50, 91-116.

VINAVER E. (1970), "Regards sur la *conjointure*", *in A la recherche d'une poétique médiévale*, Nizet, Paris.

VINCENT D. (1993), *Les ponctuants de la langue et autres mots du discours*, Québec, Nuit Blanche.

VION R. (1992), *La communication verbale. Analyse des interactions*, Paris, Hachette.

VITOUX P. (1982), "Le jeu de la focalisation", *Poétique*, 51, 359-368.

_____. (1988), "Focalisation, point de vue, perspective", *Protée*, vol.16, Université du Québec à Chicoutimi, 33-38.

VOLOCHINOV V.N. (1981), "Le discours dans la vie et le discours dans la poésie" (1ᵉ éd. 1926), trad. fr., *in* TODOROV T. *Mikhaïl Bakhtine. Le principe dialogique*, Paris, Minuit, 181-215.

_____. (1981), "La structure de l'énoncé" (1ᵉ éd. 1930), trad. fr, *in Mikhaïl Bakhtine. Le principe dialogique*, Paris, les Editions de Minuit, 287-316.

VON NEUMANN J. et MORGENSTERN O. (1964), *Theory of Games and Economic Behavior*, New York, J. Wiley and ons (1ᵉ éd. 1944).

VUILLAUME M. (1990), *Grammaire temporelle des récits*, Paris, Minuit.

_____. (1986), "Les démonstratifs allemands DIES- et JEN-. Remarques sur les rapports entre démonstratifs et embrayeurs", *in* DAVID J. ET KLEIBER G. (éds.): *Déterminants: syntaxe et sémantique*, Paris, Klincksieck.

WAGNER R.L. (1967-1970), *Les vocabulaires français*, I–II, Paris, Didier.

WAHNICH S. (1997), *L'impossible citoyen. L'étranger dans le discours de la Révolution française*, Paris, Albin Michel.

WALD P. (1986), "Du répertoire linguistique chez les Yakoma de Bangui", *Langage & Société*, 38, 51-67.

WATZLAWICK P. (1978), *La Réalité de la réalité*, trad. fr., Paris, Seuil [*A realidade é real?*. Lisboa: Relógio D'água, 1991].

_____., HELMICK BEAVIN, JACKSON DON D. (1972), *Une Logique de la communication*, trad. fr., Paris, Seuil (1ᵉ éd. 1967).

_____., WEAKLAND J., FISCH R. (1975), *Changements, paradoxes et psychothérapies*, Paris, Seuil.

WEBER M. (1971), *Economie et société*, trad. fr., Paris, Plon (1ᵉ édition 1922) [*Economia e sociedade (2 vol.)*. Brasília: UNB, 1994-9].

_____. (1992), "Les concepts fondamentaux de la sociologie" (1ᵉ éd. 1917), *in* METER K. Van (éd.): *La Sociologie*, Paris, Larousse, 336-354.

WEIGAND E. (1999), "Misunderstanding: the standard case", *Journal of Pragmatics*, 31/6, 763-785.

WEIL G. E. (1964), *Initiation à la Massorah*, Leyde, Brill.

WEIL S. (1983), *Trésors de la politesse française*, Paris, Belin.
WEINRICH H. (1973), *Le temps*, trad. fr., Paris, Seuil (1ᵉ éd. *Tempus*, Stuttgart, Kohlhammer, 1964).
_____. (1977), *Sprache in Texten*, Stuttgart, Klett-Cotta.
_____. (1979), "Les temps et les personnes", *Poétique*, 39, 338-352.
WEITZMAN E.A., MILES M.B. (1995), *Computer programs for qualitative data analysis: A software Sourceboo*, Southand Oaks, Sage.
WELFELE O. (1994), "La souris et l'encrier. Pratiques scientifiques et inscriptions documentaires", *Alliage*,19, 1-5.
WERLICH E. (1975), *Typologie der Texte*, Heidelberg, Quelle et Meyer.
WIDDOWSON H.G. (1995), "Discourse Analysis – A Critical View", *Language and Literature*, 4, 157-172.
WIENER N. (1950), *The Human Use of Human Beings*, Boston, Houghton Mifflin [*Cibernética e sociedade*. São Paulo: Cultrix, 1968].
WIERZBICKA A. (1991), *Cross-Cultural Pragmatics. The semantics of Human Interaction*, Berlin/New York, Mouton de Gruyter.
WINDISH, U. (1987), *Le K.-O. verbal. La communication conflictuelle*, Lausanne, L'Age d'Homme.
WINKIN Y. (éd.) (1981), *La nouvelle communication*, Paris, Seuil [*A nova comunicação*. Campinas: Papirus, 1998].
WINKIN Y. (1996), *Anthropologie de la communication*, Paris, Bruxelles, De Boeck & Larcier.
WINOGRAD T. (1972), *Understanding natural language*, Edinburgh Academic Press.
WITTGENSTEIN L. (1975), *The Blue and Brown Book*, Oxford, Basil Blackwell [*O livro azul e o livro castanho (2 vol.)*. Lisboa: Edições 70, 1992].
_____. (1986) *Tractatus logico-philosophicus* (1ᵉ éd. 1921) suivi de *Investigations philosophiques* (1ᵉ éd. 1952), trad. fr., Paris, Gallimard [*Tractatus logico-philosophicus*. São Paulo: Edusp, 1994].
WODAK R. (1996), *Disorders of Discourse*, London, Longman.
_____. (éd.) (1997), *Gender and Discourse*, London, Sage.
WOLTON D. (1997), "De la vulgarisation à la communication", *Hermès*, 21, Paris, Éditions du CNRS, 9-14.
www.hum.au.dk/romansk/polyfoni (les travaux scandinaves sur la polyphonie).
YNGUE V. (1970), "On getting a word in edgewise", *in Papers from the sixth Regional Meeting of the Chicago Linguistic Society*, Chicago, Chicago Linguistic Society, 567-578.
YZERBIT, V., CORNEILLE, O. (éds.) (1994), *La persuasion*, Neuchâtel/Paris, Delachaux et Niestlé.
ZAJONC R.B. (1980), "Feeling and thinking: preferences need no inferences", *American Psychologist*, 35, 151-175.
ZANNA M.P., REMPEL J.K. (1988), "Attitudes: A new look at an old concept", *in* BAR-TAL D. et KRUGLANSKI A. (éds.): *The Social psychology of knowledge*, New York, Cambridge University Press, 315-334.
ZILBERBERG C. (1989), "Modalités et pensée modale", *Nouveaux actes de sémiotique*, Limoges, Université de Limoges.

ZUBER R. (1972), *Structure présuppositionnelle du langage*, Paris, Dunod.
ZUMTHOR P. (1983), *Introduction à la poésie orale*, Paris, Seuil [Introdução à poesia oral. São Paulo: Hucitec, 1997].

Tabela (agrupamento de verbetes por área de interesse)

Para facilitar o manuseio deste dicionário, propomos alguns grupos de verbetes. Sua delimitação não tem pretensão teórica; ela objetiva unicamente proporcionar uma manipulação mais fácil e, como toda classificação desse gênero, pronta a algumas contestações. Mencionamos somente os verbetes aos quais corresponde um assunto e não aqueles que constituem somente uma remissão. Naturalmente, um certo número de verbetes figura em mais de um grupo.

Noções gerais de análise do discurso

ação linguageira, actante, alteridade (princípio de –), análise automática do discurso, análise do discurso, arqueológica (análise –), arquitexto, arquivo, atualização, autor, campo, campo discursivo, canônico (gênero –), cena de enunciação, código linguageiro, competência discursiva, comunicação, comunidade de fala, comunidade discursiva, comunidade translinguageira, condições de produção, conteúdo/relação, contexto, contrato de comunicação, *corpus* (pl. *corpora*), dialogismo, didaticidade, discurso, discurso citado, enquadramento, enunciado, Escola Francesa de Análise do Discurso, escrito/oral, estereótipo, estilística, etnografia da comunicação, exposição discursiva, fechado/aberto (discurso –), formação discursiva, formação linguageira, funções da linguagem, gênero de discurso, gênero e história, gíria, heterogeneidade mostrada/constitutiva, hipertextualidade, identidade, ideologia, incorporação, individuação, informação, insegurança discursiva, instituição discursiva, interdiscurso, interlíngua, intertextualidade, intradiscurso, investimento genérico, isotopia, leitor, língua de madeira, local de emprego, lugares (relação de –), materialidade discursiva, matriz discursiva, memória discursiva, método harrisiano, momento discursivo, norma, posicionamento, prática discursiva, prática linguageira, praxemática, pré-construído, processo discursivo, regime discursivo, registro, ritos genéticos, sujeito do discurso, sujeito falante, superfície discursiva, texto, tipo de discurso, tipologia dos discursos, topologia discursiva, vocação enunciativa.

Da palavra ao interdiscurso
Palavra

aspas, autonímia, concordância, conector, conotação, coocorrência, cristalização, definição, denominação/designação, especialidade (discurso de –/língua de –), especificidades, etimologia social, fórmula, fraseologia, gíria, lexema/vocábulo, lexicometria, metáfora, método harrisiano, metonímia, neologia, palavra, paradigma definicional/designacional, referência, segmento repetido, sinédoque, terminologia, termo, vocabulário/léxico.

Texto

ações/eventos (em narratologia), anáfora, cadeia de referência, catáfora, coerência, conector, conector argumentativo, configuração, correferência, descrição, endófora/exófora, explicação, gramática de texto, isotopia, linguística textual, macroato de linguagem, memória discursiva, modo de organização do discurso, narrativa, objeto de discurso, paradigma definicional/designacional, paratexto, período, plano de texto, ponto de vista, pontuação, praxeograma, *script*, segmentação gráfica, sequência, superestruturas textuais, tema/rema, texto, transfrástico.

Interdiscurso

arquitexto, campo discursivo, captação, contra-argumentação, *corpus* (pl. *corpora*), dialogismo, didaticidade, discurso citado, etimologia social, explicação e transmissão de conhecimentos, fórmula, hipertextualidade, inferência, insegurança discursiva, interdiscurso, interlíngua, intertextualidade, mal-entendido, matriz discursiva, memória discursiva, paráfrase, pastiche, polêmica, polifonia, posicionamento, pré-construído, reformulação, reformulação argumentativa, trajeto temático, vulgarização.

Das abordagens
Abordagens enunciativas e pragmáticas

ambiguidade, apreciação, aspas, asserção, assinatura, ato de linguagem, ato de linguagem indireto, atualização, autodesignação, autor, autoridade, avaliação, cena de enunciação, contexto, definição, dêitico, dêixis, denominação/designação, destinatário, discurso, discurso citado, elipse, embreado (plano –)/não embreado, embreador, emissor, ênfase, enquadramento, enunciação, enunciador, escrito/oral, esquematização, ethos, eufemismo, explicitação/implicitação, focalização, funções da linguagem, generalização, heterogeneidade mostrada/constitutiva, implícito, inferência, interlocutor, ironia, leis do discurso, leitor, lítotes, local de emprego, locutivo (ato –), locutor, locutor coletivo, macroato de linguagem, máxima conversacional, metacomunicação/metadiscurso, modalidade, modalização, objeto de discurso, paráfrase, parêntese, pastiche, polifonia, pragmática, pressuposto, referência, reformulação, relevância (princípio de –), retrato discursivo, situação de comunicação, situacional (nível –), sobredestinatário, subjetividade, sujeito do discurso, sujeito falante, tropo.

Abordagens argumentativas e retóricas
analogia, antífrase, antítese, argumentação, argumento, autoridade, captação, concessão, conclusão, conector argumentativo, contra-argumentação, contradição, dedução, deliberação, demonstração, dialética, dilema, doxa, emoção, ênfase, entimema, erística, esquematização, estratégia de discurso, ethos, eufemismo, explicação, figura, gênero retórico, hipérbole, implicação, indução, ironia, leis do discurso, lítotes, lógica/discurso, metáfora, metonímia, microuniverso, objeção, objeto de discurso, orientação argumentativa, paralogismo, parêntese, pathos, persuasão, petição de princípio, proponente, prova, questão (em argumentação), reformulação argumentativa, refutação, retórica, silogismo, sinédoque, sofisma, *tópos*, tropo, valor, verossímil.

Abordagens comunicacionais
ação, alteridade (princípio de –), ator, canal (de transmissão), captação, comunicação, condições de produção, conhecimento/crença (saber de –), contexto, contrato de comunicação, credibilidade (estratégia de –), destinatário, efeito de sentido, efeito pretendido/efeito produzido, emissor, emoção, enquadramento, escrito/oral, estereótipo, estratégia de discurso, ethos, gênero de discurso, gestualidade, identidade, individuação, influência (princípio de –), legitimação (estratégia de –), letramento, locutivo (ato –), locutor, lugares (relação de –), macroato de linguagem, midialogia, opinião, papel, paratexto, persuasão, pontuação, praxeograma, proxêmica, regulação (princípio de), relevância (princípio de –), representação social, ritos genéticos, *script*, sincronização intersemiótica, situação de comunicação, situacional (nível –), sujeito do discurso, sujeito falante, suporte de escritura, trabalho (discurso em situação de –).

Abordagens conversacionais
análise conversacional, atenuador, ato de linguagem, ato de linguagem indireto, conversação, destinatário, diafonia, dialogismo, diálogo, etnografia da comunicação, etnometodologia, eufemismo, exolíngue (comunicação –), face,

footing, gestualidade, hipérbole, implícito, interação, intercultural, lítotes, mal-entendido, marcador conversacional, máxima conversacional, metacomunicação/metadiscurso, módulo conversacional, negociação, par adjacente, polidez, prosódia, proxêmica, quadro participativo, regulador, relação interpessoal, reparação, réplica, ritual, sequência conversacional, tratamento (formas de –), troca, turno de fala.

Abordagens quantitativas
análise automática do discurso, análise de conteúdo, automática (análise –), concordância, coocorrência, especificidades, lexicometria, segmento repetido.

(F. Z.)

CADASTRE-SE

EM NOSSO SITE,
FIQUE POR DENTRO DAS NOVIDADES
E APROVEITE OS MELHORES DESCONTOS

LIVROS NAS ÁREAS DE:

História | Língua Portuguesa | Educação
Geografia | Comunicação | Relações Internacionais
Ciências Sociais | Formação de professor
Interesse geral | Romance histórico

ou
editoracontexto.com.br/newscontexto

Siga a Contexto
nas Redes Sociais:
@editoracontexto

GRÁFICA PAYM
Tel. [11] 4392-3344
paym@graficapaym.com.br